ABAP® Cloud

SAP PRESS

André Tiebing, Benjamin Kunold, Patrick Jungk

ABAP® Cloud

ABAP Environment in SAP BTP und SAP S/4HANA Cloud

Rheinwerk
Publishing

Liebe Leserin, lieber Leser,

SAP-Landschaften sind komplex, und wir alle wissen, wie schnell sich Technologien und Anforderungen in der IT-Welt ändern. Genau da setzt SAP PRESS an: mit Büchern, die nicht nur Theorie vermitteln, sondern konkret im Alltag helfen.

In diesem Buch finden Sie direkt umsetzbare Ratschläge, praktische Beispiele und Lösungen für drängende Herausforderungen. Unsere Autorinnen und Autoren sind Profis, die wissen, wo der Schuh drückt – und wie man Probleme effizient löst. Mit ihrer Erfahrung an Ihrer Seite können Sie Ihre SAP-Projekte gezielter angehen, fundiertere Entscheidungen treffen und die vielen Facetten von SAP besser meistern.

Ob Sie gerade erst beginnen oder schon lange im SAP-Umfeld tätig sind: Wir sind davon überzeugt, dass dieses Buch Ihnen hilfreiche Anleitungen und Tipps an die Hand gibt, um Ihre täglichen Aufgaben und Projekte erfolgreich zu meistern.

Wir freuen uns stets über Lob, aber auch über kritische Anmerkungen, die uns helfen, unsere Bücher zu verbessern. Zögern Sie also nicht, sich bei mir zu melden; Ihr Feedback ist jederzeit willkommen.

Wir wünschen Ihnen viele Aha-Momente und eine erfolgreiche Umsetzung mit diesem Buch!

Ihre Janina Schweitzer
Senior-Lektorin SAP PRESS

janina.schweitzer@rheinwerk-verlag.de
www.rheinwerk-verlag.de
Rheinwerk Verlag · Rheinwerkallee 4 · 53227 Bonn

Auf einen Blick

TEIL I Einführung in das neue Entwicklungsmodell für ABAP

1 Die SAP-Anwendungsentwicklung im Wandel ... 25
2 ABAP-Plattform ... 55
3 Das ABAP-Cloud-Entwicklungsmodell ... 79
4 Die Arbeitsumgebung einrichten ... 101

TEIL II Entwicklung von Geschäftsobjekten und Erweiterung von SAP-Anwendungen

5 Aufbau des Datenmodells der Beispielanwendung ... 117
6 Geschäftsobjekte modellieren ... 157
7 Geschäftslogik entwickeln ... 181
8 Erweiterung des Speicherverhaltens ... 247
9 Verwendung von Geschäftsobjekten ... 263
10 Gestalten von Benutzeroberflächen ... 293
11 Berechtigungen implementieren ... 339
12 Business Configuration bereitstellen ... 383
13 Erweiterung von Geschäftsobjekten ... 405

TEIL III Weiterführende Konzepte

14 Kommunikation mit externen Systemen ... 435
15 Kundeneigenen Quellcode migrieren ... 489
16 Software Lifecycle Management ... 535
17 ABAP Cloud für On-Premise-Systeme anwenden ... 557

Wir hoffen, dass Sie Freude an diesem Buch haben und sich Ihre Erwartungen erfüllen. Ihre Anregungen und Kommentare sind uns jederzeit willkommen. Bitte bewerten Sie doch das Buch auf unserer Website unter **www.rheinwerk-verlag.de/feedback**.

An diesem Buch haben viele mitgewirkt, insbesondere:

Lektorat Janina Schweitzer
Korrektorat Annette Lennartz, Bonn
Herstellung Stefanie Meyer
Typografie und Layout Vera Brauner
Einbandgestaltung Noah Neuhaus
Coverbild Shutterstock: 446619553 © Gumpanat
Satz III-Satz, Kiel
Druck Beltz Grafische Betriebe, Bad Langensalza

FSC
www.fsc.org
MIX
Papier | Fördert gute Waldnutzung
FSC® C089473

Dieses Buch wurde gesetzt aus der TheAntiquaB (9,35/13,7 pt) in FrameMaker.

Gedruckt wurde es mit mineralölfreien Farben auf chlorfrei gebleichtem, FSC®-zertifiziertem Offsetpapier (90 g/m²).

Hergestellt in Deutschland.

Bibliografische Information der Deutschen Nationalbibliothek:
Die Deutsche Nationalbibliothek verzeichnet diese Publikation in der Deutschen Nationalbibliografie; detaillierte bibliografische Daten sind im Internet über http://dnb.dnb.de abrufbar.

ISBN 978-3-367-10239-6

2., aktualisierte und erweiterte Auflage 2025

Rheinwerk Verlag GmbH • Rheinwerkallee 4 • 53227 Bonn
service@rheinwerk-verlag.de

Informationen zu unserem Verlag und Kontaktmöglichkeiten finden Sie auf unserer Verlagswebsite **www.rheinwerk-verlag.de**. Dort können Sie sich auch umfassend über unser aktuelles Programm informieren und unsere Bücher und E-Books bestellen.

Inhalt

Einleitung 17

TEIL I Einführung in das neue Entwicklungsmodell für ABAP

1 Die SAP-Anwendungsentwicklung im Wandel 25

1.1 Herausforderungen des digitalen Zeitalters 26
1.1.1 Die digitale Transformation 27
1.1.2 Die Herausforderungen der Unternehmen 28
1.1.3 Clean Core 30
1.1.4 Composable Architecture 30

1.2 Cloud-Computing und die SAP Business Technology Platform 33
1.2.1 Cloud-Computing 33
1.2.2 Einstieg in die SAP Business Technology Platform 35

1.3 Konzepte der SAP Business Technology Platform 36
1.3.1 Service- und Bereitstellungsmodelle 37
1.3.2 Umgebungen 42
1.3.3 Account-Struktur 44

1.4 Cloud Foundry als Basis für das ABAP Environment 45
1.4.1 Cloud-Foundry-Laufzeitumgebung 46
1.4.2 Cloud-Foundry-Services 47
1.4.3 Orgs und Spaces 49

1.5 Dienste der SAP Business Technology Platform 49

1.6 Zusammenfassung 52

2 ABAP-Plattform 55

2.1 SAP S/4HANA Cloud und on premise ... 56
2.1.1 Die verschiedenen Editionen von SAPS/4HANA ... 57
2.1.2 Erweiterbarkeit von SAP S/4HANA ... 59
2.1.3 SAP S/4HANA Cloud, ABAP Environment ... 63

2.2 SAP Business Technology Platform, ABAP Environment ... 65
2.2.1 Anwendungsszenarien ... 65
2.2.2 Architektur des SAP BTP, ABAP Environments ... 69
2.2.3 Lizenzmodell ... 72
2.2.4 Updates und Wartung ... 74

2.3 Einordnung in die SAP-Systemlandschaft ... 76

2.4 Zusammenfassung ... 77

3 Das ABAP-Cloud-Entwicklungsmodell 79

3.1 Evolution der ABAP-Programmiermodelle ... 79

3.2 Was ist ABAP Cloud? ... 82

3.3 Freigegebener Sprachumfang und Objekte ... 85
3.3.1 ABAP-Sprachversion und -elemente ... 86
3.3.2 Freigegebene Repository- und Objekttypen ... 88
3.3.3 Freigegebene Objekte suchen ... 92

3.4 Zusammenfassung ... 100

4 Die Arbeitsumgebung einrichten 101

4.1 Das Dashboard als Administrationsoberfläche ... 101

4.2 Identitäts- und Zugriffsverwaltung ... 104
4.2.1 Authentifizierung ... 104
4.2.2 Autorisierung ... 106

4.3 ABAP Development Tools als Entwicklungs-umgebung einrichten ... 107
4.3.1 Voraussetzungen ... 109
4.3.2 ABAP-Cloud-Projekt hinzufügen ... 110

4.4 Zusammenfassung ... 113

TEIL II Entwicklung von Geschäftsobjekten und Erweiterung von SAP-Anwendungen

5 Aufbau des Datenmodells der Beispielanwendung 117

5.1 Einführung in die Beispielanwendung 118

5.2 Softwarekomponenten 120

5.2.1 Softwarekomponenten anlegen 121

5.2.2 Projektstruktur anlegen 127

5.2.3 Paketinhalte kapseln 131

5.3 Datenmodell implementieren 131

5.3.1 Datenbanktabellen anlegen 132

5.3.2 Fremdschlüsselbeziehungen implementieren 140

5.4 Eine Konsolenanwendung anlegen 143

5.5 Virtuelles Datenmodell 147

5.5.1 CDS-Views verknüpfen 153

5.6 Zusammenfassung 155

6 Geschäftsobjekte modellieren 157

6.1 ABAP RESTful Application Programming Model als Grundlage für die Geschäftsobjektmodellierung 157

6.2 Aufbau des Geschäftsobjekts 160

6.3 Geschäftsobjektmodellierung mittels CDS-Views 163

6.4 Business-Services erstellen 167

6.4.1 Servicedefinition 167

6.4.2 Service-Binding 171

6.4.3 Aufruf von Business-Services 174

6.5 Zusammenfassung 180

7 Geschäftslogik entwickeln 181

7.1 Implementierungsszenarien ... 181

7.2 Transaktionales Verhalten implementieren ... 186

7.2.1 Ablauf einer Transaktion ... 186

7.2.2 Verhaltensdefinition anlegen ... 188

7.2.3 Verhaltensimplementierung anlegen ... 194

7.3 Nummerierung implementieren ... 198

7.3.1 Möglichkeiten der Nummernvergabe ... 199

7.3.2 Nummernkreis anlegen ... 200

7.3.3 Nummernvergabe implementieren ... 203

7.4 Entity Manipulation Language ... 208

7.4.1 Lesende Operationen auf Geschäftsobjekten ... 209

7.4.2 Ändernde Operationen auf Geschäftsobjekten ... 211

7.5 Ermittlungen implementieren ... 214

7.5.1 Ermittlungen in der Verhaltensdefinition definieren ... 215

7.5.2 Ermittlungen in der Verhaltensimplementierung implementieren ... 217

7.5.3 Annotationsbasierte Ermittlungen ... 220

7.6 Validierungen implementieren ... 221

7.7 Aktionen implementieren ... 227

7.8 Zusätzliche Feldeigenschaften definieren ... 231

7.8.1 Statische Feldeigenschaften definieren ... 232

7.8.2 Dynamische Feldeigenschaften definieren ... 234

7.9 Sperrkonzepte ... 238

7.10 Zusammenfassung ... 244

8 Erweiterung des Speicherverhaltens 247

8.1 Erweitertes Speicherverhalten implementieren ... 248

8.2 Eigene Speicherroutinen implementieren ... 256

8.3 Zusammenfassung ... 262

9 Verwendung von Geschäftsobjekten 263

9.1 Flexible Konsumierung von Geschäftsobjekten mittels Projektionsschicht 264

9.2 Projektionsschicht erstellen 267

9.2.1 CDS-Projektions-Views anlegen 269
9.2.2 Projektionsverhaltensdefinition anlegen 273
9.2.3 UI-Service definieren 276

9.3 Virtuelle Elemente modellieren 278

9.4 Geschäftsobjekte freigeben 282

9.5 Zusammenfassung 290

10 Gestalten von Benutzeroberflächen 293

10.1 Einheitliche Benutzeroberflächen mit SAP Fiori Elements 294

10.1.1 Floorplans 295
10.1.2 SAP Fiori Elements 298

10.2 UI-Annotationen 300

10.2.1 Grundlegende UI-Annotationen 301
10.2.2 Suchfelder definieren 308
10.2.3 Textassoziationen hinzufügen 310
10.2.4 Wertehilfe modellieren 315
10.2.5 Erweiterte Gestaltungsmöglichkeiten 318

10.3 Metadatenerweiterungen 325

10.4 Aktive Annotationen 327

10.5 Benutzeroberflächen mit dem SAP Business Application Studio anlegen 329

10.6 Benutzeroberflächen bereitstellen 336

10.7 Zusammenfassung 337

11 Berechtigungen implementieren 339

11.1 Berechtigungsobjekte 340
11.1.1 Eigene Berechtigungsfelder anlegen 343
11.1.2 Eigenes Berechtigungsobjekt anlegen 345

11.2 Berechtigungsprüfungen für Geschäftsobjekte 347
11.2.1 CDS-Zugriffskontrollen anlegen 347
11.2.2 Berechtigungsprüfungen in der Verhaltensimplementierung 350

11.3 Anwendungsbenutzer*innen Berechtigungen zuweisen 357
11.3.1 IAM-Anwendungen 358
11.3.2 Anwendungskataloge erstellen und veröffentlichen 361
11.3.3 Einschränkungsfelder und -typen definieren 362
11.3.4 Anwendungsrollen verwalten 365

11.4 Technischen Benutzern Berechtigungen zuweisen 371

11.5 Zugriff auf SAP-Fiori-Anwendungen bereitstellen 373

11.6 Zusammenfassung 379

12 Business Configuration bereitstellen 383

12.1 Eine Business-Configuration-Anwendung entwickeln 384
12.1.1 Customizing-Tabellen anlegen 386
12.1.2 Business-Configuration-Anwendung bereitstellen 388
12.1.3 Berechtigung für das Business-Configuration-Pflegeobjekt anlegen 392

12.2 Customizing Lifecycle Management 395
12.2.1 Softwarekomponente anlegen 398
12.2.2 Transportauftrag anlegen 399
12.2.3 Die Anwendung »Benutzerdefinierte Business Configurations« verwenden 401

12.3 Zusammenfassung 403

13 Erweiterung von Geschäftsobjekten 405

13.1 Erweiterbare Geschäftsobjekte ermitteln 406
13.1.1 SAP Business Accelerator Hub 407
13.1.2 SAP Fiori Apps Reference Library 409
13.1.3 ABAP Development Tools 410

13.2 Geschäftsobjekt erweitern 411
13.2.1 ABAP RESTful Application Programming Model als Grundlage für die Geschäftsobjekterweiterung 411
13.2.2 Datenmodellerweiterung anlegen 418
13.2.3 Geschäftslogikerweiterung implementieren 423
13.2.4 UI-Erweiterung bereitstellen 427

13.3 Zusammenfassung 431

TEIL III Weiterführende Konzepte

14 Kommunikation mit externen Systemen 435

14.1 Kommunikationsmanagement 436
14.1.1 Kommunikationsszenario 437
14.1.2 Kommunikationssystem 439
14.1.3 Kommunikationsbenutzer 440
14.1.4 Kommunikationsvereinbarung 441
14.1.5 Destinations und SAP Destination Service 443

14.2 Mit APIs arbeiten 447
14.2.1 APIs aufrufen 447
14.2.2 APIs bereitstellen 451

14.3 Anbindung an On-Premise-SAP-Systeme 458
14.3.1 On-Premise-System an die SAP Business Technology Platform anbinden 459
14.3.2 On-Premise-System über einen Funktionsbaustein aufrufen 463
14.3.3 On-Premise-System über einen OData-Service aufrufen 467

14.4 Mit Events arbeiten 473
14.4.1 SAP Event Mesh 473
14.4.2 Events bereitstellen 475
14.4.3 Events konsumieren 481

14.5 Zusammenfassung 485

15 Kundeneigenen Quellcode migrieren 489

15.1 Cloud-Readiness-Prüfungen durchführen 490
15.1.1 Prüfung mit dem ABAP Test Cockpit 493
15.1.2 Prüfung mit der Anwendung »Migration der Eigenentwicklungen« 499

15.2 Migration in das ABAP Environment 506
15.2.1 Quellcode aus einem Backend-System exportieren 507
15.2.2 Quellcode in das ABAP Environment importieren 516

15.3 Halbautomatische Quellcodeanpassungen 522

15.4 Zusammenfassung 532

16 Software Lifecycle Management 535

16.1 Git 536

16.2 Git-fähiges Change and Transport System 539

16.3 Software Lifecycle Management im SAP BTP, ABAP Environment 540
16.3.1 Mit Softwarekomponenten arbeiten 541
16.3.2 Entwicklungsobjekte transportieren 543
16.3.3 Mit Branches arbeiten 546

16.4 Software Lifecycle Management in SAP S/4HANA 552

16.5 Zusammenfassung 556

17 ABAP Cloud für On-Premise-Systeme anwenden 557

17.1 Embedded ABAP Environment ... 558

17.2 Vorgehen bei der On-Stack-Erweiterung ... 561

17.2.1 ABAP Cloud ... 563

17.2.2 Cloud API Enablement ... 564

17.2.3 Legacy ABAP ... 567

17.3 Wahl der richtigen Erweiterungsstrategien ... 570

17.3.1 Wann ist welche ABAP-Erweiterungsstrategie zu verwenden? ... 570

17.3.2 Klassische Erweiterungsstrategien ... 574

17.4 Zusammenfassung ... 575

Anhang 577

A Eine ABAP-Serviceinstanz anlegen ... 579

B Quellen- und Literaturverzeichnis ... 587

Das Autorenteam ... 591

Index ... 593

Einleitung

Seit Ende 2020 die erste Auflage unseres Buches unter dem Titel »ABAP-Entwicklung auf der SAP Cloud Platform« erschien, hat sich im Bereich der cloudfähigen ABAP-Entwicklung viel getan. Während die erste Auflage vor allem das seit September 2018 verfügbare *SAP BTP, ABAP Environment* (kurz *ABAP Environment*) behandelte, liegt der Schwerpunkt dieser zweiten Auflage auf der modernen ABAP-Entwicklung mit dem Entwicklungsmodell *ABAP Cloud*.

ABAP Cloud

Durch ABAP Cloud und das mit SAP S/4HANA 2208 eingeführte *SAP S/4HANA Cloud, ABAP Environment* (kurz *Embedded ABAP Environment*) haben Sie heute die Möglichkeit, eng gekoppelte, cloudfähige und upgradestabile Entwicklungen direkt in Ihrem SAP-S/4HANA-System vorzunehmen. ABAP Cloud steht nicht nur in *SAP S/4HANA Cloud Public Edition* und *SAP S/4HANA Cloud Private Edition* zur Verfügung, sondern auch in SAP-S/4HANA-On-Premise-Systemen. Damit ermöglicht ABAP Cloud eine flexible und zukunftssichere ABAP-Programmierung, die den Anforderungen der modernen Geschäftswelt gerecht wird.

Die neuesten ABAP-Innovationen stehen weiterhin als Erstes im SAP BTP, ABAP Environment zur Verfügung und werden erst zu einem späteren Zeitpunkt in SAP S/4HANA bereitgestellt. Das ABAP Environment dient somit als Innovationsplattform für die ABAP-Entwicklung. Unterstützt wird dieses Konzept durch einen quartalsweisen Releasezyklus. Im Gegensatz zu SAP S/4HANA, mit unterschiedlichen Releasezyklen abhängig von der Edition, profitieren Sie im ABAP Environment auf der BTP somit von einem schnelleren Innovationszyklus.

Zielgruppe dieses Buches

Dieses Buch richtet sich vor allem an ABAP-Expert*innen, die an den neuesten Technologien im Bereich der ABAP-Entwicklung interessiert sind. Sie sind in ihrem Unternehmen für die technische Umsetzung von betriebswirtschaftlichen Prozessen zuständig. Ihre Kernkompetenz ist die ABAP-Entwicklung, das heißt, sie kennen sich vor allem mit den technischen Gegebenheiten der ABAP-Plattform aus.

Zielsetzung dieses Buches

Unser Ziel ist es, Ihnen mit diesem Buch detaillierte Kenntnisse der ABAP-Entwicklung mit dem ABAP-Cloud-Entwicklungsmodell zu vermitteln. Dazu gehören neben der Fähigkeit, Anwendungen nach dem *ABAP RESTful Application Programming Model* zu entwickeln, auch Kenntnisse der Architektur von ABAP Environment und Embedded ABAP Environment.

Folgende Fragestellungen behandeln wir in diesem Buch:

- Was ist das ABAP Environment/das Embedded ABAP Environment und wie ordnen sich diese Umgebungen in die SAP-Systemlandschaft ein?
- Welche Funktionalitäten bietet das ABAP-Cloud-Entwicklungsmodell und wie setzen Sie diese ein?
- Wie entwickeln Sie mit dem ABAP RESTful Application Programming Model moderne SAP-Fiori-Anwendungen und ABAP-Services auf Basis von ABAP Cloud?
- Wie können Sie ABAP Cloud in Ihren ABAP-Systemen verwenden und so Ihre Geschäftsprozesse um innovative Services ergänzen?

Releasestand

Der Großteil dieses Buches ist auf Basis von Release 2405 des ABAP Environments entstanden, das im Mai 2024 veröffentlicht wurde. Durch den quartalsweisen Releasezyklus werden fortlaufend neue Funktionen und Services bereitgestellt. Zum Zeitpunkt der Veröffentlichung dieses Buches wird daher bereits Release 2411 aktuell sein. Daher empfehlen wir Ihnen, die von SAP bereitgestellte Roadmap stets im Blick zu haben, um über die neuesten Funktionen auf dem Laufenden zu sein. SAP Roadmaps finden Sie auf der Internetseite *https://roadmaps.sap.com/*. Suchen Sie auf dieser Seite ganz einfach nach dem Stichwort »SAP BTP, ABAP Environment«.

Beispielanwendung für das Buch

Wir verwenden in diesem Buch eine durchgehende Beispielanwendung. Im Zentrum dieser Beispielanwendung steht das Geschäftsobjekt *Rabattaktion*. Im Verlauf des Buches werden wir diese Anwendung gemeinsam mit Ihnen Schritt für Schritt aufbauen, angefangen beim Datenbankmodell über die Modellierung des Geschäftsobjekts und die Definition einer Benutzeroberfläche bis hin zur finalen Bereitstellung auf der SAP BTP. Sollte Ihnen kein ABAP Environment zur Verfügung stehen, können Sie die Beispielanwendung ab Release 2208 auch auf einem SAP-S/4HANA-System im Embedded ABAP Environment implementieren. Materialien zu der Beispielanwendung finden Sie auf der Webseite zum Buch unter *www.sap-press.de/5921* im Bereich **Materialien**.

Aufbau des Buches

Das Buch teilt sich in 17 Kapitel auf, die Sie chronologisch durcharbeiten, aber auch zum Nachschlagen einzelner Themen verwenden können. **Teil I**, »Einführung in das neue Entwicklungsmodell für ABAP«, umfasst die ersten vier Kapitel.

Teil I

In **Kapitel 1**, »Die SAP-Anwendungsentwicklung im Wandel«, stellen wir Ihnen die Grundlagen des Cloud-Computings und die SAP Business Technology Platform (SAP BTP) vor. Dieses Kapitel richtet sich vor allem an diejenigen, die mit den grundlegenden Prinzipen und Konzepten des Cloud-Computings und speziell der SAP BTP noch nicht vertraut sind.

In **Kapitel 2**, »ABAP-Plattform«, erfahren Sie, auf welchen verschiedenen Plattformen Sie mit ABAP Cloud entwickeln können. Wir vergleichen die verschiedenen SAP-S/4HANA-Editionen miteinander und stellen Ihnen das ABAP Environment und das Embedded ABAP Environment im Detail vor.

Kapitel 3, »Das ABAP-Cloud-Entwicklungsmodell«, befasst sich mit der Evolution der ABAP-Programmiermodelle, ausgehend von ABAP/4 bis hin zu ABAP Cloud. Eine zentrale Rolle bei ABAP Cloud spielt der Umfang an freigegebenen ABAP-Sprachelementen und Repository-Objekten. Sie erfahren in diesem Kapitel daher, wie Sie Objekte finden, die für die Verwendung in ABAP Cloud freigegeben sind.

In **Kapitel 4**, »Die Arbeitsumgebung einrichten«, zeigen wir Ihnen Schritt für Schritt, wie Sie über die ABAP Development Tools for Eclipse eine ABAP-Cloud-Systemverbindung herstellen. Des Weiteren stellen wir Ihne die Administrationsoberfläche des ABAP Environments vor.

In **Teil II**, »Entwicklung von Geschäftsobjekten und Erweiterung von SAP-Anwendungen«, beginnen wir mit unserer Bespielanwendung, die Sie während der gesamten Lektüre dieses Buches begleiten wird. Wir starten in **Kapitel 5**, »Aufbau des Datenmodells der Beispielanwendung«, mit einem Überblick über die Anforderungen. Anschließend werden Sie selbst aktiv und legen die Datenbasis der Anwendung in Form von Datenbanktabellen, einer Konsolenanwendung und Basic Interface Views an. Teil II

Im Zentrum von **Kapitel 6**, »Geschäftsobjekte modellieren«, steht die Modellierung des Geschäftsobjekts Rabattaktion. Bei ABAP Cloud kommt dazu das ABAP RESTful Application Programming Model zum Einsatz, das wir Ihnen in diesem Kapitel ausführlich vorstellen.

Wie Sie die Geschäftslogik einer Anwendung definieren und implementieren, zeigen wir Ihnen in **Kapitel 7**, »Geschäftslogik entwickeln«. Dazu gehen wir auf die verschiedenen Implementierungsszenarien des ABAP RESTful Application Programming Models ein und zeigen Ihnen anhand der Beispielanwendung, wie Sie Ermittlungen, Validierungen und Aktionen für Geschäftsobjekte bereitstellen können. Abschließend gehen wir auf die unterstützten Sperrkonzepte ein.

In **Kapitel 8**, »Erweiterung des Speicherverhaltens«, lernen Sie die Möglichkeit kennen, in das Speicherverhalten des ABAP RESTful Application Programming Models einzugreifen. Sie können so Einfluss auf die Persistierung von Geschäftsobjektdaten nehmen und das Speicherverhalten durch eigene Funktionalitäten erweitern bzw. ersetzen.

Kontextabhängige Services stellen Sie im ABAP Environment durch Projektionsschichten zur Verfügung. In **Kapitel 9**, »Verwendung von Geschäftsobjekten«, bringen wir Ihnen daher die Möglichkeit näher, eine Projektionsschicht mithilfe von CDS-Projektions-Views zu erstellen und so nur bestimmte Teile eines Geschäftsobjekts als Service bereitzustellen.

Wie Sie mithilfe von SAP Fiori Elements benutzerfreundliche SAP-Fiori-Anwendungen bereitstellen können, ohne tiefgreifende Kenntnisse im Bereich der SAPUI5-Entwicklung zu haben, demonstrieren wir Ihnen in **Kapitel 10**, »Gestalten von Benutzeroberflächen«. Dieses Thema ist unserer Meinung nach von zentraler Bedeutung, da das ABAP-Cloud-Entwicklungsmodell Oberflächentechnologien wie Dynpro oder Web Dynpro nicht mehr unterstützt.

Zugriffschutz und Berechtigungen sind auch mit ABAP Cloud essenziell für betriebswirtschaftliche Anwendungen. In **Kapitel 11**, »Berechtigungen implementieren«, befassen wir uns daher mit der Absicherung des Zugriffs auf Anwendung und Daten, der Überprüfung von Berechtigungen sowie deren Verwaltung in Benutzerrollen und -katalogen.

In **Kapitel 12**, »Business Configuration bereitstellen«, zeigen wir Ihnen Schritt für Schritt, wie Sie Customizing-Funktionalität für Ihre Anwendungen bereitstellen können. Sie definieren dazu eigene Customizing-Tabellen und stellen diese den Anwender*innen zur Pflege zur Verfügung. In diesem Zusammenhang gehen wir auf die Unterschiede zum Customizing in On-Premise-Systemlandschaften ein.

Kapitel 13, »Erweiterung von Geschäftsobjekten«, befasst sich mit der Erweiterung von Geschäftsobjekten, die auf dem ABAP RESTful Application Programming Model basieren. Wir zeigen Ihnen, wie Sie die erweiterbaren Geschäftsobjekte eines SAP-S/4HANA-Systems ermitteln können und diese mit ABAP Cloud erweitern.

Teil III

Nach Abschluss unserer Beispielanwendung beschäftigt sich **Teil III**, »Weiterführende Konzepte«, mit weiteren Themen im Umfeld der ABAP-Cloud-Entwicklung.

In **Kapitel 14**, »Kommunikation mit externen Systemen«, betrachten wir die Integration externer Systeme mit dem ABAP Environment. Wir stellen Ihnen die verschiedenen Komponenten des Kommunikationsmanagements vor, die für die Kommunikation mit externen Systemen zum Einsatz kommen. Auch die eventbasierte Kommunikation mit SAP Event Mesh ist Thema dieses Kapitels.

Wie Sie Ihren Quellcode auf seine Cloud-Fähigkeit hin prüfen und anschließend in ein ABAP-Cloud-System wie das ABAP Environment migrieren können, ist Thema von **Kapitel 15**, »Kundeneigenen Quellcode migrieren«.

Das Thema »Software Lifecycle Management« soll in diesem Buch ebenfalls nicht zu kurz kommen. Daher behandeln wir in **Kapitel 16** das Transportwesen des ABAP Environments, das sich von dem eines On-Premise-Systems unterscheidet. Zusätzlich zeigen wir Ihnen die verschiedenen Möglichkeiten des Software Lifecycle Managements in SAP S/4HANA.

Abschließend betrachten wir in **Kapitel 17**, »ABAP Cloud für On-Premise-Systeme anwenden«, wie Sie das Entwicklungsmodell ABAP Cloud für eine zukunftssichere und upgrade-stabile ABAP-Entwicklung auch in bestehenden SAP-S/4HANA-on-Premise-Landschaften anwenden können. Wir stellen die Möglichkeiten für den Einsatz von ABAP Cloud in SAP S/4HANA on premise und SAP S/4HANA Cloud Private Edition vor und geben konkrete Handlungsempfehlungen.

Informationskästen

In hervorgehobenen Informationskästen finden Sie in diesem Buch Inhalte, die wissenswert und hilfreich sind, aber etwas außerhalb der eigentlichen Erläuterung stehen. Damit Sie die Informationen in den Kästen sofort einordnen können, haben wir die Kästen mit Symbolen gekennzeichnet:

[«]

In Kästen, die mit diesem Symbol gekennzeichnet sind, finden Sie Informationen zu *weiterführenden Themen* oder wichtigen Inhalten, die Sie sich merken sollten.

[+]

Die mit dem *Tippsymbol* gekennzeichneten Kästen geben Ihnen spezielle Empfehlungen, die Ihnen die Arbeit erleichtern können.

[!]

Kästen mit dem *Achtungsymbol* weisen Sie auf typische Probleme oder Fallstricke hin.

Abschließend wünschen wir Ihnen viel Freude beim Lesen und viel Erfolg bei Ihren ersten Schritten und Projekten mit dem Entwicklungsmodell ABAP Cloud.

André Tiebing, **Benjamin Kunold** und **Patrick Jungk**

TEIL I

Einführung in das neue Entwicklungsmodell für ABAP

Kapitel 1
Die SAP-Anwendungsentwicklung im Wandel

Cloud-Computing ist nicht nur ein Schlagwort, sondern verändert grundlegend die Art und Weise, wie Software entwickelt, bereitgestellt und genutzt wird. Doch was bedeutet das für die SAP-Anwendungsentwicklung?

Cloud-first-Geschäftsstrategie

Mit den folgenden Worten wurde Eric van Rossum, Chief Marketing Officer für Cloud ERP von SAP Anfang 2024 vielfach zitiert:

> *»Every company needs a cloud-first business strategy.«*
>
> *(Jedes Unternehmen braucht eine Cloud-first-Geschäftsstrategie.)*

Betrachtet man das SAP-Produktportfolio, ist erkennbar, wie SAP diesen Gedanken konsequent für seine Business-Lösungen umsetzt, allen voran SAP S/4HANA. Weite Bereiche des SAP-Produktportfolios haben sich von klassischen On-Premise-Softwarelösungen zu cloudbasierten Diensten für Unternehmen gewandelt. *Cloud-first* ist demnach ein strategischer Leitsatz von SAP.

Damit steht SAP nicht allein. Cloud-Computing spielt längst eine Hauptrolle bei der Bereitstellung betriebswirtschaftlicher Anwendungssoftware, und auch andere Unternehmen bieten den überwiegenden Teil ihrer Geschäftsanwendungen ausschließlich als Cloud-Dienste an, wie beispielsweise Microsoft über die Plattform *Microsoft Azure*. Doch warum eigentlich ist das so? In diesem Kapitel werden wir die Motivation und die Ziele von Cloud-Computing ergründen und darstellen, warum Cloud-Computing gerade in der heutigen Zeit so relevant für Unternehmen ist.

Des Weiteren stellen wir in diesem Kapitel grundlegende Prinzipien für die Anwendungsentwicklung in der Cloud vor und sehen uns in diesem Zusammenhang auch den *Clean-Core-Ansatz* für SAP S/4HANA an. Da speziell im Umfeld von ERP-Anwendungen (Enterprise Ressource Planning) viele Unternehmen erst am Anfang ihres Weges in die Cloud stehen und auch viele ABAP-Entwickler*innen gerade erst dabei sind, die ersten kleinen Schritte in der neuen Welt der SAP-Entwicklung zu machen, richten wir uns hier vor allem an diejenigen, die mit den grundlegenden Prinzipen und Konzepten des Cloud-Computings und speziell der *SAP Business Technology Platform* (SAP BTP) noch nicht vertraut sind. Diese Einführung soll Ihnen helfen, das Zusammenspiel von SAP S/4HANA, SAP BTP und speziell dem SAP BTP, ABAP Environment zu verstehen, und Ihnen den Start mit der SAP-Anwendungsentwicklung in der Cloud erleichtern.

Aufbau dieses Kapitels

In Abschnitt 1.1, »Herausforderungen des digitalen Zeitalters«, betrachten wir zunächst die Aufgaben und Probleme, mit denen sich Unternehmen im Zeitalter der Digitalisierung konfrontiert sehen. Mit den Prinzipien Composable Architecture und Clean Core stellen wir zwei Ansätze vor, um die beschriebenen Herausforderungen zu bewältigen.

In Abschnitt 1.2, »Cloud-Computing und die SAP Business Technology Platform«, führen wir in die SAP BTP als zentrale Komponente einer Cloud-first-Strategie im SAP-Kontext ein.

In Abschnitt 1.3, »Konzepte der SAP Business Technology Platform«, und Abschnitt 1.4, »Cloud Foundry als Basis für das ABAP Environment«, nehmen wir grundlegende Konzepte des Cloud-Computings, wie Service- und Bereitstellungsmodelle, in den Blick. Ebenso gehen wir in diesen Abschnitten auf spezielle Konzepte der SAP BTP ein, die für die ABAP-Entwicklung in der Cloud von besonderer Relevanz sind.

Abschnitt 1.5, »Dienste der SAP Business Technology Platform«, gibt Ihnen einen Überblick, welche Dienste neben dem ABAP Environment noch über die SAP BTP verfügbar sind.

1.1 Herausforderungen des digitalen Zeitalters

Seit 2020 die erste Auflage dieses Buches erschien, haben die Herausforderungen, mit denen sich Unternehmen im digitalen Zeitalter konfrontiert sehen, noch deutlich zugenommen. Neue Technologien, speziell im Bereich der künstlichen Intelligenz (KI), haben das Potenzial, immensen Einfluss auf die Gestaltung digitaler Unternehmensprozesse zu nehmen. Prominente Stimmen, wie die des Microsoft-Gründers Bill Gates, sprechen sogar vom Beginn einer neuen Ära. Technologien wie KI bringen neben einer Vielzahl neuer Möglichkeiten allerdings auch eine Vielzahl neuer Herausforderungen und Risiken mit sich.

Beginn eines neuen Zeitalters

Nicht nur technologisch stehen wir am Beginn eines neuen Zeitalters. Die weltweite Coronapandemie hat an vielen Stellen als Katalysator für den digitalen Wandel gewirkt und nachhaltigen Einfluss darauf genommen, wie wir heute kommunizieren, unseren Alltag bestreiten oder zusammenarbeiten.

Beispielsweise sind Arbeitskonzepte wie Homeoffice, die früher in vielen Unternehmen noch undenkbar waren, heute gängige Praxis. Diese Veränderungen, die teilweise von existenzieller Bedeutung für Unternehmen sind, können unter dem Begriff *digitale Revolution* zusammengenfasst werden.

Digitale Transformation

Um Teil dieser Revolution zu werden und das katalysatorische Potenzial der Digitalisierung für sich nutzbar machen zu können, müssen Unternehmen Prozesse und Geschäftsmodelle neu denken. Im Verlauf der verschiedenen industriellen Revolutionen war es auch in der Vergangenheit schon so, dass sich Unternehmen den jeweiligen Herausforderungen des technischen Wandels ihrer Zeit stellen mussten. Nun, da wir uns dem zweiten Viertel des 21. Jahrhunderts nähern, befinden sich Industrie und Gesellschaft in einer Phase des Fortschritts, in der Technologie beinahe jeden Lebensbereich und weite Teile der Wirtschaft durchdringt und vernetzt. Je größer der Einfluss der Digitalisierung auf unsere Gesellschaft wird, je digitaler unser Leben stattfindet, desto mehr müssen sich auch Unternehmen diesem Wandel anpassen. Sie müssen zu agilen, *digitalen Unternehmen* werden. Dieser Paradigmenwechsel wird häufig unter dem Begriff der *digitalen Transformation* zusammengefasst.

1.1.1 Die digitale Transformation

Treiber der digitalen Transformation

Digitale Transformation meint die Veränderung von Geschäfts- und Produktionsprozessen durch die Nutzung moderner digitaler Technologien. Beschleunigt wird diese Transformation maßgeblich durch die stark voranschreitende digitale Vernetzung, besonders durch das Internet und die Verbreitung mobiler Endgeräte wie dem Smartphone sowie durch die Verfügbarkeit von Unmengen digitaler Daten und Informationen und deren Nutzbarmachung durch KI.

Chancen moderner Technologie

In wirtschaftlicher Hinsicht ist dieser digitale Wandel aus zwei Perspektiven zu betrachten:

- **Technische Perspektive**
  Auf der einen Seite ermöglichen es Technologien wie KI oder das *Internet of Things* (Internet der Dinge, kurz IoT), bestehende Geschäfts- oder Produktionsprozesse effizienter zu gestalten. Durch das Internet besteht die Möglichkeit, Informationen in Echtzeit zu übertragen und zu bewerten. Mithilfe von *Big-Data-Methodiken* können Analysen erstellt werden, die aktuelle Entwicklungen und Trends aufzeigen. So können sich Unternehmen immer besser der aktuellen Marktsituation anpassen. Zusätzlich entstehen völlig neue Möglichkeiten, Menschen, Prozesse und Infrastrukturen zu vernetzen und damit weite Teile der Wertschöpfungskette zu automatisieren.

- **Soziale Perspektive**
  Neben diesen technologischen Aspekten sind auf der anderen Seite die durch die Digitalisierung ausgelösten gesellschaftlichen Veränderungen zu betrachten, besonders im Hinblick auf unser Verhalten als potenzielle Kund*innen oder Mitarbeiter*innen eines Unternehmens. Mit der Digitalisierung ändert sich die Art der vom Kunden nachgefragten Leistungen. Unbestreitbar hat kaum eine Technologie die Gesellschaft so sehr verändert wie das Internet und das Smartphone. Digitale Dienste oder Informationen können von beinahe überall her und zu jeder Zeit abgerufen werden. Ein Beispiel für die neue Art von Leistungen sind Onlinestreamingdienste, die den Konsum von Musik oder Filmen auf beinahe jedem Gerät von überall möglich machen.

Wandel vom Produkt hin zur Dienstleistung

Es findet ein Wandel von der Besitzorientierung hin zu einer Service- oder Dienstleistungsorientierung statt, bei der der Besitz einer Ware weniger relevant oder notwendig für ihren Nutzen ist. Dies ist auch in Unternehmen der Fall. So wie eine große Anzahl von Menschen ihre Lieblingsmusik über Online-Cloud-Dienste konsumiert, anstatt sich eine sperrige und teure Platten- oder CD-Sammlung zuzulegen, nutzen auch Unternehmen verstärkt cloudbasierte Geschäftsanwendungen anstelle von Softwarelösungen, die eigenständig betrieben, gewartet und weiterentwickelt werden müssten.

Neudenken bestehender Prozesse

Die geänderten Ansprüche von Kunden sind dabei nicht auf einzelne Branchen beschränkt. Viele Unternehmen sehen sich daher gezwungen, alte Prozesse zu überdenken oder gänzlich neu zu entwerfen. Nur so kann die Wettbewerbsfähigkeit gesichert werden. Dank digitaler Kanäle war es für Unternehmen zwar noch nie einfacher, eine große Zahl Kunden in relativ geringer Zeit zu erreichen, dies gilt jedoch natürlich auch für alle Wettbewerber. Unternehmen, die ihr Angebot nicht rechtzeitig auf die sich schnell ändernde Nachfrage hin anpassen oder nicht die gewünschte Servicequalität erfüllen, werden von der Konkurrenz überholt und verschwinden oft schnell wieder von der Bildfläche.

1.1.2 Die Herausforderungen der Unternehmen

Herausforderungen der Unternehmen

Wichtig ist also, dass Unternehmen mit dem digitalen Wandel Schritt halten. Das erfordert, sich den schnell wechselnden Kundenansprüchen, dem hohen Innovationsdruck und dem hohen Wettbewerbsdruck zu stellen. Von der Buchhaltung über die Produktion bis hin zum Vertrieb müssen Prozesse optimiert werden, um die Erwartungen der Kunden zu erfüllen.

IT-Herausforderungen

Unternehmensprozesse sind heute ohne die Nutzung von *Informationstechnologie* (IT) undenkbar. Es ist selbsterklärend, dass der Faktor »Unternehmens-IT« bei der Bewältigung der Herausforderungen der Digitalisierung entscheidend ist. Viele Unternehmen haben bereits erkannt, dass in digitalen Unternehmen die IT über ihre Kernfunktion des Betriebs und der Steuerung der Unternehmensprozesse hinauswachsen kann und muss. Sie ist ein wesentlicher Faktor zur Effizienz- und Produktivitätssteigerung.

Aber IT muss nicht nur die internen Prozesse unterstützen, sondern auch die externen Beziehungen zu Kunden, Partnern und Lieferanten verbessern. Sie muss also in der Lage sein, sowohl interne als auch externe Schnittstellen bereitzustellen, zu integrieren und zu orchestrieren. Dabei müssen Aspekte wie Sicherheit, Datenschutz, Compliance und Qualitätssicherung berücksichtigt werden. Und auch mit Anforderungen des Betriebs, wie hohen Zugriffszahlen oder wachsendem Bedarf an Hardwareressourcen, muss umgegangen werden. Ebenso muss die IT flexibel genug bleiben, um die Realisierung neuer Geschäftsmodelle unterstützen zu können, die sich beispielsweise aus der Nutzung von Daten, Cloud-Diensten oder generativer KI ergeben. Die IT nimmt demnach bei der Generierung von Wettbewerbsvorteilen und Kundennutzen eine strategische Rolle ein und ist ein Treiber von Innovationen.

Die digitale Identität von Unternehmen

Die digitale Transformation hat nicht nur Einfluss auf ein Unternehmen als Anbieter eines Produkts, sondern auch auf die Rolle eines Unternehmens als Arbeitgeber und auf die Arbeit an sich. Wissensmanagement und -verteilung sowie die interne Kommunikation der Angestellten sind wichtige Aspekte der Digitalisierung von Unternehmen. Daher sollte im Rahmen der digitalen Transformation nicht ausschließlich auf die Umstrukturierung der Prozesse eines Unternehmens geachtet werden, sondern auch auf die Entwicklung der eigenen digitalen Identität. Die Unternehmenswebsite, soziale Medien oder das Intranet werden zu primären Kommunikationskanälen für Unternehmen.

Anpassung der internen Prozesse

Unternehmen müssen sich also außerhalb der IT-Prozesse weiteren Herausforderungen stellen. Für den Wandel zu einem digitalisierten Unternehmen müssen Prozesse und Strukturen so verändert werden, dass die benötigte Flexibilität erreicht wird, um beispielsweise die Zeit bis zur Marktreife eines Produkts (*Time to Market*) so gering wie möglich zu halten. Dieser Veränderungsprozess ist jedoch nicht innerhalb von ein paar Tagen oder Wochen vollziehbar. Vielmehr muss die digitale Transformation schon bei der Ausrichtung des Unternehmens berücksichtigt werden. Dafür ist es wichtig, dass Mitarbeitende und Management die Tragweite dieser Änderungen verstehen und dabei helfen, sie umzusetzen.

1.1.3 Clean Core

Einer der wichtigsten Aspekte der digitalen Transformation ist die Modernisierung der Kerngeschäftsprozesse und -anwendungen, die das Rückgrat eines Unternehmens bilden. In der Praxis werden diese oft noch durch alte Systeme der SAP Business Suite unterstützt, die seit Jahrzehnten laufen und schwer zu ändern oder zu ersetzen sind. Diese sogenannten *technologischen Schulden* können zu hohen Kosten bei der Einführung neuer Technologien führen. Dies wird besonders im Zusammenhang mit SAP-S/4HANA-Projekten deutlich, die oftmals einen erheblichen Aufwand für Unternehmen bedeuten. Diese zeit- und aufwandsintensiven Projekte stehen im klaren Widerspruch zu den Anforderungen der digitalen Transformation. Es ist also nicht verwunderlich, dass im Kontext von SAP S/4HANA das Konzept des *Clean Cores* und der Abbau technologischer Schulden immens an Bedeutung gewonnen haben und dass entsprechende Forderungen mantraähnlich über beinahe jedem SAP-S/4HANA-Migrationsprojekt schweben. Doch was bedeutet Clean Core eigentlich?

Integrität des digitalen Kerns

Clean Core beschreibt die Einhaltung definierter Richtlinien über alle Dimensionen der digitalen Kernanwendungen eines Unternehmens (des *Digital Cores* oder *digitalen Kerns*) hinweg. Ziel ist es, die Integrität des digitalen Kerns nicht durch etwaige Anpassungen zu beeinträchtigen. Aktualisierungen sollen so ohne großen manuellen Aufwand für das Testen und Anpassen bestehender Strukturen vorgenommen werden können.

Im Rahmen dieses Buches betrachten wir das Konzept des Clean Cores besonders im Kontext der Erweiterbarkeit von Unternehmenssoftware. In Abschnitt 17.3, »Wahl der richtigen Erweiterungsstrategien«, stellen wir Ihnen einige Vorgehensmodelle vor, um die Clean-Core-Richtlinien für die SAP-Anwendungsentwicklung schrittweise umzusetzen. Ein Clean Core ist in der Regel ein Zustand, der nicht über Nacht, sondern durch das konsequente Einhalten der entsprechenden Richtlinien bei allen Neuentwicklungen sowie durch das Abbauen technologischer Schulden erreicht wird.

Ein Clean Core erleichtert auch über SAP S/4HANA hinaus die Umsetzung zukunftsfähiger Architekturansätze wie der Composable Architecture.

1.1.4 Composable Architecture

Neue Anforderungen der Softwareentwicklung

Die neuen Anforderungen an IT-Lösungen spiegeln sich direkt in der Art und Weise wider, wie Softwareentwicklung heute erfolgt. Hier wird ein anderes Vorgehen notwendig, als man es beispielsweise bei der ABAP-Entwicklung bislang gewohnt war. Änderungen müssen in hohem Tempo umgesetzt und bereitgestellt werden. Einzelne Funktionen müssen angepasst werden können, ohne dass andere Funktionen von diesen Änderungen betroffen sind. Neue Technologien müssen schnell integriert und nutzbar gemacht werden, und das alles auf einer leistungsfähigen und skalierbaren Infrastruktur.

Probleme von On-Premise-Architekturen

Leider bringen die klassischen On-Premise-Architekturen, also lokal betriebene Systeme und monolithische Softwaremodelle, diesbezüglich einige Probleme mit sich, besonders im Hinblick auf die neuen Anforderungen an die Erweiterbarkeit und Skalierbarkeit der IT-Systeme. Klassische betriebswirtschaftliche Anwendungen sind nicht selten sehr komplex und umfangreich. Selbst kleine Änderungen an diesen meist historisch gewachsenen Anwendungen sind daher häufig sehr aufwendig und zeitintensiv.

Neuer Architekturansatz

Ein Ansatz, die benötigte maximale Flexibilität und Anpassbarkeit von Softwaresystemen bei stabilem Betrieb zu ermöglichen, ist die *Composable Architecture*. Composable Architecture ist ein Architekturansatz, bei dem Anwendungen aus mehreren unabhängigen und wiederverwendbaren Komponenten zusammengesetzt werden, die über standardisierte Schnittstellen miteinander interagieren. Eine Composable Architecture ermöglicht es, Anwendungen schnell und flexibel wechselnden Anforderungen anzupassen, indem man die besten verfügbaren Komponenten auswählt und kombiniert, ohne sich auf eine einzige Technologie oder einen einzigen Anbieter festzulegen. Komponenten werden als abgeschlossene entkoppelte Einheiten betrachtet, die in der Regel eine eindeutige Geschäftsdomäne repräsentieren. Sie sind modular und autonom, das bedeutet möglichst unabhängig voneinander, sodass einzelne Komponenten jederzeit ausgetauscht werden können. Letzteres ist von besonderer Bedeutung in der Composable Architecture, deren wichtigster Grundgedanke die Austauschbarkeit bzw. unabhängige Anpassbarkeit der einzelnen Komponenten ist. Alle Komponenten, die aufgrund von technischen Abhängigkeiten nicht ohne Weiteres geändert werden können, sind im Rahmen der Composable Architecture als technologische Schulden zu betrachten, die abgebaut werden sollten.

MACH-Prinzipien

Die technologischen Komponenten einer Composable Architecture werden in der Regel auf Basis der *MACH-Prinzipien* umgesetzt. MACH steht für:

- Microservices
- API-first
- cloudnativ
- Headless

Diese Konzepte erläutern wir in der Folge im Einzelnen.

Microservices *Microservices* bündeln alle Eigenschaften und Funktionalitäten eines spezifischen Geschäftsobjekts in einer abgeschlossenen Einheit. Ein microserviceorientiertes Programmiermodell versucht auf diesem Weg, die Geschäftslogik bis hin zur Datenhaltung zu dezentralisieren und dann die einzelnen Funktionalitäten über lose gekoppelte Programmierschnittstellen (*Application Programming Interfaces*, APIs) zu vollständigen Anwendungen zusammenzuführen.

API-first *API-first* beschreibt einen Entwicklungsansatz, bei dem Anwendungen als Services über eine klar definierte Programmierschnittstelle nach außen freigegeben werden. Der API-first-Ansatz ermöglicht die Wiederverwendbarkeit, Skalierbarkeit und Interoperabilität von Software und ist eine wichtige Grundlage für die Entwicklung von Microservices. Der Ansatz erfordert, dass die APIs klar dokumentiert, getestet und versioniert werden.

Cloudnativ *Cloudnativ* beschreibt einen Entwicklungsansatz, bei dem Anwendungen von Anfang an für die Ausführung in der Cloud optimiert werden. Diese Anwendungen profitieren von den Vorteilen von Cloud-Diensten wie automatischer Skalierung, Load Balancing oder Monitoring. Cloudnative Anwendungen nutzen typischerweise auch die zuvor beschriebenen Ansätze, d. h., sie werden in der Regel als Microservices umgesetzt, die über APIs kommunizieren. Der cloudnative Ansatz ermöglicht es darüber hinaus, Anwendungskomponenten, die als Cloud-Dienste von Drittanbietern bereitgestellt werden (sogenannte *Software-as-a-Service-Dienste*, siehe Abschnitt 1.3.1, »Service- und Bereitstellungsmodelle«), mit selbst entwickelten Services zu kombinieren. Wir werden die Vorteile solcher Cloud-Architekturen in Abschnitt 1.2.1, »Cloud-Computing«, detaillierter betrachten.

Headless *Headless-Anwendungen* geben keine Technologie für die Benutzeroberflächen vor. Stattdessen stellen sie ihre Funktionalität über APIs zur Verfügung, die von beliebigen Oberflächenapplikationen auf beliebigen Endgeräten genutzt werden können. Damit ist die Geschäftslogik vollkommen unabhängig von der Präsentationsebene.

Plattformen für Composable Architecture Natürlich stellt eine dezentrale Architektur, wie sie von der Composable Architecture gefordert wird, höhere Anforderungen an die Orchestrierung des Zusammenwirkens der einzelnen Komponenten. Sie benötigt leistungsfähige Plattformen für die Bereitstellung, die Integration und das Monitoring der diversen Services. Im SAP-Umfeld erfüllt die SAP BTP diese Rolle.

1.2 Cloud-Computing und die SAP Business Technology Platform

In den vorangegangenen Abschnitten haben wir bereits die Einschränkungen klassischer On-Premise-Systeme angesprochen. Unter anderem die mangelnde Skalierbarkeit ist hier problematisch. On-Premise-Systeme müssen auf eventuelle Lastspitzen ausgelegt werden, da ihre Leistung nicht bedarfsgerecht gesteuert werden kann. Daraus resultieren jedoch höhere Anschaffungs- und Betriebskosten, die nur in bestimmten Situationen ihren Nutzen offenbaren. Im Umkehrschluss bedeutet dies auch, dass bei unzureichender Leistung nicht ohne Weiteres zusätzliche Hardwarekapazität mobilisiert werden kann. Ebenso müssen bestehende On-Premise-Systeme in der Regel aufwendig manuell betrieben, verwaltet und aktualisiert werden.

Viele Unternehmen versprechen sich Lösungen für die beschriebenen Probleme durch die Cloud. In diesem Abschnitt geben wir Ihnen daher zunächst einen Einblick in das Cloud-Computing und cloudbasierte Microservicearchitekturen. Danach gehen wir speziell auf die SAP BTP ein.

1.2.1 Cloud-Computing

SAP in der Cloud

Mit der SAP BTP steht Cloud-Computing im SAP-Umfeld längst im Mittelpunkt vieler Diskussionen über den Einsatz von SAP-Anwendungssoftware. Doch was bedeutet eigentlich Cloud-Computing und welche Eigenschaften zeichnen einen Cloud-Dienst wie die SAP BTP aus?

Gemäß der Definition des *National Institutes of Standards and Technology* (NIST), einer amerikanischen Behörde für nationale Standards und die Unterstützung technologischer Innovationen in der Wirtschaft, bezeichnet der Begriff Cloud-Computing ein Modell für den Zugriff auf einen geteilten Pool von IT-Ressourcen. *IT-Ressourcen* meint hier im engeren Sinne Server, Speicher, Anwendungen oder Services. Der Zugriff auf diese Ressourcen erfolgt über ein Netzwerk, wie beispielsweise das Internet (Mell/Grance (2011): The NIST Definition of Cloud Computing, Seite 2).

IT-Ressourcen als Dienstleistung

Cloud-Computing ist also die Bereitstellung von IT im Sinne einer Dienstleistung, weshalb wir in diesem Zusammenhang auch von einem *Cloud-Dienst* sprechen. Ein *Cloud-Provider*, der über eine ausreichend leistungsfähige Serverinfrastruktur verfügt, übernimmt beim Cloud-Computing einen Teil der Aufgaben des IT-Betriebs und stellt die von ihm gehosteten Systeme und Anwendungen für andere zur Verfügung. Der Cloud-Provider bietet somit seine IT-Kapazitäten als Dienstleister für alle an, die eine Cloud-Plattform nutzen. Die Nutzer*innen können ihrerseits über diese IT-Kapazitäten verfügen, ohne die notwendigen Server, das Netzwerk oder die Anwendungen selbst betreiben zu müssen.

Charakteristika des Cloud-Computings

Cloud-Computing weist unter anderem die vier folgenden Charakteristika auf, auf die wir im Folgenden näher eingehen:

- On-Demand-Self-Service
- Broad Network Access
- Resource Pooling
- Rapid Elasticity

On-Demand-Self-Service und Rapid Elasticity

Diese Charakteristika sind speziell im Hinblick auf die Herausforderungen der Digitalisierung wünschenswerte Eigenschaften für IT-Systeme. Ein *On-Demand-Self-Service* ermöglicht es allen, die einen Cloud-Dienst nutzen, die benötigte Menge an IT-Kapazitäten gemäß ihrem persönlichen Bedarf abzufragen. In Kombination mit *Rapid Elasticity*, also mit der schnellen und nahezu unbegrenzten Skalierbarkeit der Rechenleistung, kann die IT-Leistung im Gegensatz zum klassischen On-Premise-Hosting bedarfsgerecht angepasst werden. Das kann Kosten sparen, da die Hardware anders als beim klassischen Ansatz nicht für eine Maximalauslastung bereitgestellt werden muss, sondern die entsprechenden Hardwarekapazitäten dynamisch angefordert werden können. So kann auf Lastspitzen schnell reagiert und die Erreichbarkeit der IT dann sichergestellt werden, wenn sie benötigt wird.

Gemäß diesen Prinzipien ermöglicht es die SAP BTP ihren Nutzer*innen, die benötigten Cloud-Dienste selbst zu buchen. Flexible, nutzungsbasierte Abrechnungsmodelle und eine vereinfachte Bereitstellung von Servicekapazitäten ermöglichen die Skalierbarkeit der angebotenen Dienste.

Resource Pooling

Das *Resource Pooling* ermöglicht die beschriebene Skalierbarkeit und Flexibilität des Cloud-Dienstes, indem die verfügbaren Server oder virtuellen Maschinen für die Nutzung von mehreren Nutzenden mehrmandantenfähig gebündelt werden. Sie können so bedarfsabhängig den einzelnen Nutzer*innen des Cloud-Dienstes zugewiesen oder abgeschaltet werden.

Wer einen Cloud-Dienst nutzt, hat hierbei in der Regel keine volle Kontrolle darüber, wo die genutzten IT-Ressourcen gehostet werden. Im Fall der SAP BTP wird die IT-Infrastruktur von ausgewählten Hyperscalern wie Amazon oder Microsoft bereitgestellt. Diese Unternehmen verfügen über große Hardwarekapazitäten und können eine ausreichende Menge an Rechenleistung für den Betrieb von Geschäftsanwendungen flexibel bereitstellen (mehr hierzu in Abschnitt 1.3.1, »Service- und Bereitstellungsmodelle«).

On-Premise-Geschäftsanwendungen sind nicht selten nur über eine spezifische, mitgelieferte Benutzeroberfläche bedienbar. Ein bekanntes Beispiel für eine solche Oberfläche ist das *SAP Graphical User Interface* (SAP GUI). Dies steht im Konflikt mit dem Headless-Grundsatz der Composable Architecture und hat den Nachteil, dass eine solche Oberfläche zumeist nur von einer bestimmen Art von Endgeräten unterstützt wird. Dies ist in der heutigen Zeit und bei der wachsenden Heterogenität und hohen Verbreitung mobiler Endgeräte ein entscheidender Nachteil. Wie wir bereits festgestellt haben, wollen Nutzer*innen in der Regel von verschiedenen Endgeräten aus auf Services und Anwendungen zugreifen, z. B. von Laptop, Tablet oder Smartphone.

Broad Network Access

Aus diesem Grund werden Cloud-Dienste und -Anwendungen netzwerkbasiert auf Basis von verbreiteten plattformunabhängigen Protokollen wie dem *Hypertext Transfer Protocol* (HTTP) bereitgestellt. Die SAP BTP bietet eine solche vollständig webbasierte Benutzeroberfläche. Die bereitgestellten Anwendungen und Dienste sind in der Regel über entsprechende Webprotokolle aufrufbar. Dieses Prinzip wird als *Broad Network Access* bezeichnet.

Microservices

Cloud-Computing betrifft nicht nur die Hardwareseite der IT, sondern erfordert auch, dass klassische Programmiermodelle überdacht werden. Wir haben bereits beschrieben, dass monolithische Anwendungen den neuen Anforderungen an Flexibilität und Anpassbarkeit nicht genügen können, und haben die Vorteile von microserviceorientierten Programmiermodellen in der Cloud benannt.

Auch die SAP BTP ermöglicht die Entwicklung von microservicebasierten Webservices in diversen Programmiersprachen auf Basis von leistungsfähigen Laufzeitumgebungen wie *Cloud Foundry* (siehe Abschnitt 1.4, »Cloud Foundry als Basis für das ABAP Environment«) oder *Kyma*.

1.2.2 Einstieg in die SAP Business Technology Platform

Entwicklung, Integration und Erweiterung

SAP liefert mit der SAP BTP eine Plattform für die Entwicklung und Bereitstellung von Geschäftsanwendungen in der Cloud aus. Sie ermöglicht Ihnen die Integration Ihrer Geschäftsprozesse und -anwendungen, sogar unabhängig davon, ob es sich um Cloud-Anwendungen oder on premise betriebene Software handelt. Die SAP BTP ermöglicht die Entwicklung von cloudbasierten Anwendungen auf Basis diverser Programmiermodelle. Außerdem stellt sie ein umfangreiches Portfolio sofort nutzbarer Dienste bereit. Wir werden im Rahmen dieses Buches nur einen kleinen Ausschnitt des gesamten Funktionsumfangs vorstellen.

SAP BTP Cockpit

Ihnen stehen allerlei nützliche Werkzeuge zur Entwicklung und Bereitstellung von Cloud-Anwendungen sowie zur Verwaltung Ihrer eigenen Ressourcen und Services auf der SAP BTP bereit. Eines der wohl wichtigsten Werkzeuge im Umgang mit der SAP BTP ist das *SAP BTP Cockpit*. Es dient als zentraler Einstiegspunkt der SAP BTP. Über eine browserbasierte Benutzeroberfläche können Sie über dieses Cockpit sämtliche administrativen Aufgaben ausführen. Entwickelte Anwendungen und gebuchte Services, wie das SAP BTP, ABAP Environment, können Sie hier verwalten und bei Bedarf starten oder herunterfahren.

Sie erreichen das SAP BTP Cockpit über die URL *https://emea.cockpit.btp.cloud.sap/cockpit*.

[+]

Testversion der SAP Business Technology Platform

Falls Sie sich ein genaueres Bild von den Funktionen der SAP BTP machen möchten, steht Ihnen eine kostenlose Testversion zur Verfügung. In der Testversion haben Sie – mit gewissen Einschränkungen – Zugriff auf die Funktionen der SAP BTP und können diese risikolos und ohne Installationsaufwand für Ihre Anforderungen ausprobieren.

Ein Tutorial, das erklärt, wie Sie einen Testzugang zur SAP BTP erhalten, finden Sie beispielsweise unter folgendem Link:

http://s-prs.de/v783000

Wir stellen Ihnen in den folgenden Abschnitten weitere wichtige Konzepte von Cloud-Computing vor und verknüpfen diese mit den einzelnen Funktionen der SAP BTP. Wir führen Sie unter anderem in die verschiedenen auf der Plattform genutzten Programmiermodelle ein (siehe Abschnitt 1.3.2, »Umgebungen«) und betrachten einzelne Dienste der SAP BTP (siehe Abschnitt 1.5, »Dienste der SAP Business Technology Platform«) genauer.

1.3 Konzepte der SAP Business Technology Platform

Auf der SAP BTP und insbesondere im SAP BPT, ABAP Environment ändert sich für die Entwicklergemeinde so manches im Vergleich zur klassischen On-Premise-Entwicklungsumgebung. Die Cloud bildet ein deutlich anderes Umfeld für Softwareentwicklung als die gewohnten On-Premise-Systeme. Auch die Art und Weise, wie Anwendungen den Nutzer*innen zur Verfügung gestellt werden, wandelt sich. Besonders, wenn Sie das Umfeld des SAP-ERP-Systems und das SAP GUI gewohnt sind und mit dem ABAP Environment Ihre ersten Schritte »in die Wolke« wagen, ist es wichtig für Sie, die wesentlichen Konzepte des Cloud-Computings zu verstehen. Dies gilt speziell im Hinblick auf die SAP BTP.

Wir führen Sie daher in diesem Kapitel in wesentliche Begrifflichkeiten aus dem Umfeld der SAP BTP ein. Wir wollen Ihnen ein allgemeines Verständnis der unterschiedlichen Service- und Bereitstellungsmodelle von Cloud-Computing vermitteln, Ihnen deren Abgrenzung von klassischen On-Premise-Architekturen ermöglichen und die SAP BTP hier einordnen. Hierbei gehen wir nur auf die Konzepte ein, die uns im Zusammenhang mit dem SAP BTP, ABAP Environment relevant erscheinen. Für detailliertere Informationen empfiehlt sich weiterführende Literatur, wie beispielsweise das Buch »Business Technology Platform. Einsatz, Services, Konzepte« von Holger Seubert (3. Auflage, SAP PRESS 2024).

1.3.1 Service- und Bereitstellungsmodelle

Service- und Bereitstellungsmodelle

Wie in Abschnitt 1.2, »Cloud-Computing und die SAP Business Technology Platform«, beschrieben, zeichnet sich das Cloud-Architekturmodell dadurch aus, dass bestimmte Aufgaben des IT-Betriebs an einen externen Dritten ausgelagert werden. Welcher Art diese Cloud-Dienstleistungen sind, kann sich jedoch stark unterscheiden. Die wesentlichen Unterscheidungsmerkmale sind hierbei:

- die Art und Weise, wie die technologische Infrastruktur der Plattform zugänglich gemacht wird
- wo Server und Anwendungen laufen
- in welchem Umfang der IT-Betrieb vom Cloud-Provider übernommen wird und welcher Anteil weiterhin unter der Verwaltung der Nutzenden steht

Zur Kategorisierung der verschiedenen Cloud-Dienstleistungen wird im Allgemeinen zwischen dem *Bereitstellungsmodell* (Deployment Model) und dem *Servicemodell* (Service Model) eines Cloud-Dienstes unterschieden.

Servicemodelle

Cloud-Provider stellen ihren Kunden nicht ausschließlich bloße Hardwarekapazitäten zur Verfügung. Das Dienstleistungsspektrum eines Cloud-Providers erstreckt sich vielmehr von der Bereitstellung von Hardwareleistung bis hin zur Bereitstellung ganzer Anwendungspakete. Servicemodelle grenzen ab, welche Aufgaben des IT-Betriebs der Cloud-Provider im konkreten Fall übernimmt und welche von denen zu leisten sind, die den Cloud-Dienst nutzen. Das NIST unterscheidet folgende Servicemodelle:

- Infrastructure as a Service
- Platform as a Service
- Software as a Service

Cloud-Computing-Stack Die drei Servicemodelle bauen logisch aufeinander auf. Die nächsthöhere Ebene schließt jeweils die darunterliegenden Servicemodelle mit ein. Die drei Ebenen zusammen werden deshalb auch als *Cloud-Computing-Stack* bezeichnet. Abbildung 1.1 stellt die drei Servicemodelle gegenüber, die wir im Folgenden näher beschreiben.

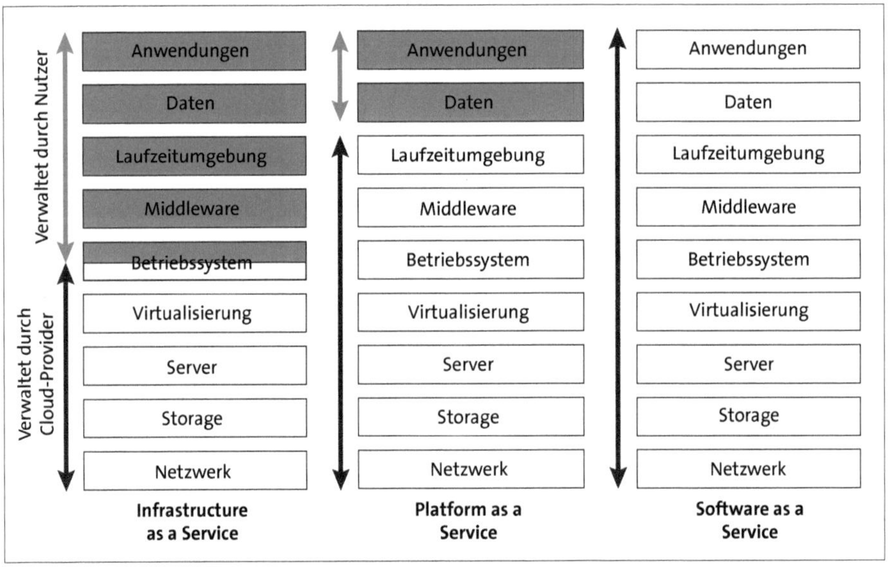

Abbildung 1.1 Cloud-Servicemodelle

Infrastructure as a Service Die unterste und grundlegende Ebene des Cloud-Computing-Stacks bildet das Servicemodell *Infrastructure as a Service* (IaaS). Hierbei stellt der Cloud-Provider ausschließlich die benötigte Serverinfrastruktur zur Verfügung. Die Nutzenden greifen in der Regel nicht direkt auf die Hardware des Cloud-Providers zu, sondern auf entsprechende virtuelle Maschinen. Sie können die Anzahl und Leistungsfähigkeit der virtuellen Maschinen ganz nach ihrem Bedarf festlegen.

Der Cloud-Provider übernimmt das Hosting der virtuellen Maschinen und installiert – je nach Angebot – eine rudimentäre Betriebssystemsoftware. Jegliche hierauf aufbauende Software muss von den Nutzenden der IaaS eigenständig installiert und verwaltet werden.

Platform as a Service Aufbauend auf dem IaaS-Modell bildet das Modell *Platform as a Service* (PaaS) die nächste Ebene des Cloud-Computing-Stacks. Primäre Zielgruppe einer PaaS sind alle, die eigene Software in der Cloud entwickeln und bereitstellen möchten. Beim PaaS-Modell stellt der Cloud-Provider die Entwicklungs- und Laufzeitumgebung bereit, die notwendig ist, um Software zu entwickeln und auszuführen. Meist erfolgt der Zugriff durch die Entwickler*innen über spezielle Webanwendungen oder über APIs.

PaaS bietet Unternehmen die Möglichkeit, Cloud-Anwendungen schnell und einfach umzusetzen, ohne sich dabei den Betrieb der notwendigen Hardware und Laufzeitumgebungen leisten zu müssen. Das ABAP Environment ist eines von vielen Beispielen für eine PaaS. Es stellt Ihnen eine vollständige Laufzeitumgebung für ABAP-Anwendungen auf Basis einer SAP-HANA-Datenbank zur Verfügung. Es unterstützt Sie durch verschiedene APIs und stellt Ihnen die aktuellen Technologien zur Verfügung, um ABAP-Anwendungen in der Cloud zu entwickeln. Neben dem SAP BTP, ABAP Environment ist auch die SAP BTP selbst insgesamt dem PaaS-Servicemodell zuzuordnen.

Software as a Service

Software as a Service (SaaS) bildet die oberste Ebene des Cloud-Computing-Stacks. Bei SaaS werden vorgefertigte und voll funktionsfähige Anwendungen zur Verfügung gestellt. Diese Anwendungen bzw. Anwendungspakete sind zumeist über einen Webbrowser oder eine ähnliche lokal installierte Anwendung nutzbar. Sie lassen sich flexibel auf Basis monatlicher oder nutzungsabhängiger Gebühren konsumieren. Die Anwendungen obliegen in der Regel ausschließlich der Wartung durch den Cloud-Provider und werden von den Nutzenden nicht selbstständig aktualisiert oder gar verändert. Beispielsweise haben Sie bei der Nutzung der SaaS-ERP-Lösung *SAP S/4HANA Cloud Public Edition* nicht mehr die Möglichkeit, Standardanwendungen nach Belieben zu modifizieren, sondern müssen die von SAP vorgesehenen Erweiterungsmöglichkeiten verwenden.

SaaS-Dienste erweitern

Über SaaS angebotene Software kann also für den eigenen Bedarf erweiterbar sein. Manche Cloud-Provider erlauben den Zugriff auf die der SaaS zugrunde liegende PaaS. Über diese kann der Funktionsumfang einer SaaS flexibel um eigene Funktionalität ergänzt werden. Wir werden die Erweiterungsmöglichkeiten im Kontext von SAP S/4HANA Cloud in Abschnitt 2.1.2, »Erweiterbarkeit von SAP S/4HANA«, detaillierter darstellen.

Die Grundfunktionen der SaaS lassen sich meist einfach über definierte APIs, im Sinne der Composable Architecture, in eigene Anwendungen integrieren. Im Kontext von SAP S/4HANA wird dieses Konzept auch als *Side-by-Side-Erweiterbarkeit* bezeichnet.

SaaS bietet Unternehmen somit alle Möglichkeiten einer on premise installierten Standardsoftware, ohne dass die Unternehmen selbst für den Betrieb oder die Wartung verantwortlich wären. Zur Veranschaulichung der Servicemodelle haben wir in Abbildung 1.2 das Zusammenspiel der unterschiedlichen Ebenen des Cloud-Computing-Stacks in den Kontext der SAP BTP gestellt.

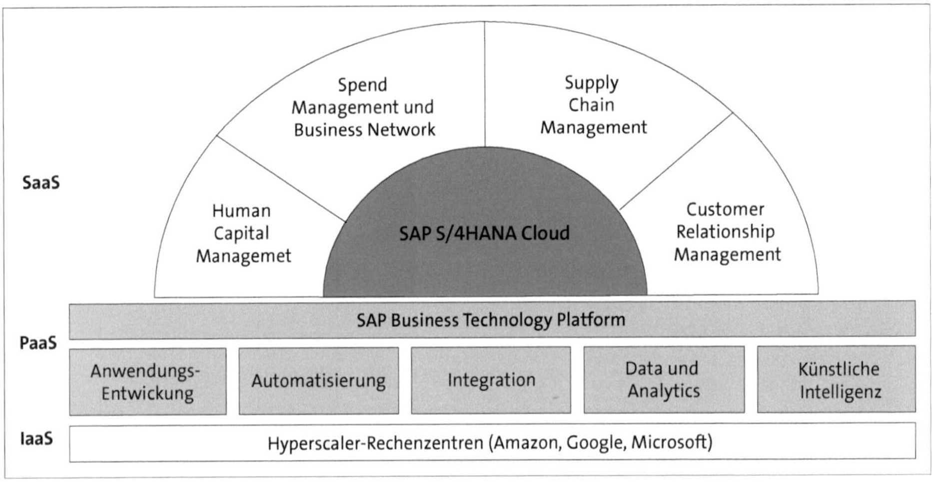

Abbildung 1.2 Cloud-Servicemodelle am Beispiel der SAP Business Technology Platform (Quelle: SAP)

IaaS-Schicht der SAP BTP

Die IaaS-Schicht setzt sich hierbei aus dem IaaS-Angebot bekannter Cloud-Provider zusammen. Bei diesen Cloud-Providern handelt es sich um Microsoft (*Microsoft Azure*), Google (*Google Cloud*) und Amazon (*Amazon Web Services*).

Die SAP BTP als PaaS

Auf dieser Infrastruktur aufbauend bildet die SAP BTP das Herzstück des Cloud-Computing-Angebots von SAP. Sie stellt eine umfangreiche Laufzeitumgebung für die Entwicklung und den Betrieb von Cloud-Anwendungen diverser Programmiersprachen bereit (siehe Abschnitt 1.3.2, »Umgebungen«). Dieses Angebot für Anwendungsentwicklung wird ergänzt um ein umfangreiches Angebot weiterer *Plattformdienste* (mehr dazu in Abschnitt 1.5, »Dienste der SAP Business Technology Platform«) für Anwendungsentwicklung und Automatisierung, Integration, Daten und Analytics oder künstliche Intelligenz. Diese Plattformdienste umfassen auf der einen Seite technisch orientierte Services für die Anwendungsentwicklung, beispielsweise für Benutzerauthentifizierung und Autorisierung, und auf der anderen Seite sofort nutzbare Funktionalität für bestimmte Geschäftsszenarien, z. B. für Stammdaten-Governance oder Omnichannel Promotion Pricing.

Das SaaS-Angebot von SAP

Zu dem SaaS-Angebot von SAP gehört neben der ERP-Lösung SAP S/4HANA Cloud auch ein umfangreiches Angebot cloudbasierter Geschäftsanwendungen aus den Bereichen Human Capital Management (HCM), Spend Management und Business Network sowie Supply Chain Management (SCM) und Customer Relationship Management (CRM). Dieses Angebot umfasst beispielsweise die folgenden Produkte:

- SAP Ariba
- SAP SuccessFactors
- SAP Concur
- SAP Customer Experience

Industry Cloud

Das Portofolio wird komplettiert durch die Lösungen der sogenannten *Industry Cloud*. Diese umfasst neben SAP-eigenen Anwendungen auch von SAP-Partnern entwickelte Lösungen für spezielle Geschäftsszenarien, die über die SAP BTP genutzt werden.

Bereitstellungsmodelle

Bei der Bereitstellung von Cloud-Diensten ist es, ähnlich wie bei der Bereitstellung klassischer Anwendungen, entscheidend, wo ein Cloud-Dienst ausgeführt wird und wer in welcher Form Zugriff darauf hat. Hierbei ist vor allem relevant, wo die Hardware des Cloud-Dienstes betrieben wird und wer für den Betrieb verantwortlich ist. Ebenso ist die Anzahl der Nutzer*innen, die parallel auf dieselben Hardwareressourcen zugreifen können, ein wichtiges Unterscheidungsmerkmal.

Wir unterscheiden in diesem Zusammenhang die folgenden Bereitstellungsmodelle:

- Public Cloud
- Private Cloud
- Hybrid Cloud

Public Cloud

Beim Bereitstellungsmodell *Public Cloud* ist die technologische Infrastruktur der Cloud für alle über das Internet nutzbar. Die einzelnen Nutzer*innen erhalten also keinen dedizierten Server, sondern müssen sich diesen mit anderen Kunden des Cloud-Providers »teilen«. Die von den Kunden in der Public Cloud betriebenen Anwendungen und ihre Daten bleiben von denen der übrigen Nutzer*innen logisch abgeschirmt und können von Dritten weder genutzt noch eingesehen werden.

Die SAP BTP wird, wie die meisten SaaS-Lösungen von SAP, als Public Cloud zur Verfügung gestellt. Dies ermöglicht eine schnelle und flexible Bereitstellung von Cloud-Diensten. Eine Skalierung der Leistung ist, abhängig vom Bedarf der Nutzer*innen, nahezu unbegrenzt und in der Regel unkompliziert und schnell möglich. Das Bereitstellungsmodell Public Cloud ist daher besonders für leistungsintensive Anwendungen zu bevorzugen.

Allerdings ist die jeweilige Dienstleitung aufgrund der großen Zielgruppe einer Public Cloud zumeist hochstandardisiert und daher eher unflexibler gegenüber Erweiterungen oder Modifikationen einzelner Nutzer*innen. Der Zugriff auf den Cloud-Dienst über das Internet ist zusätzlich im Hinblick auf Datenschutz- oder Compliance-Anforderungen zu bewerten.

Private Cloud

Public Cloud ist ebenfalls eine Bereitstellungsvariante für SAP S/4HANA. Neben der Nutzung der Public-Cloud-Variante ist es allerdings auch möglich, SAP S/4HANA in einer privaten Variante zu nutzen (*SAP S/4HANA Cloud Private Edition*). Dieses Bereitstellungsmodell wird auch als *Private Cloud* bezeichnet. Es stellt den Gegenentwurf zur Public Cloud dar. Alle Nutzer*innen der Private Cloud erhalten ausschließlich Zugriff auf die ihnen gewidmeten Server.

Private Clouds können von Unternehmen in Eigenregie lokal betrieben oder ebenfalls von einem Cloud-Provider verwaltet werden. Das Bereitstellungsmodell Private Cloud bietet sich z. B. dann an, wenn Unternehmen die Vorteile des Cloud-Computing-Architekturansatzes nutzen möchten, aber die Nutzung einer Public Cloud wegen hochsensibler Daten und Prozesse nicht infrage kommt.

Hybrid Cloud

Sowohl Public als auch Private Cloud bieten in ihrer Reinform manchmal keine in jeder Hinsicht zufriedenstellende Lösung für die Anforderungen der Unternehmen an die Sicherheit, Flexibilität und Skalierbarkeit eines Cloud-Dienstes. Das Bereitstellungsmodell *Hybrid Cloud* ist eine Mischform aus Private und Public Cloud. Dieses Modell verfolgt das Ziel, die Vorteile beider Modelle hinsichtlich ihrer Leistungsfähigkeit, Flexibilität und Sicherheit zu vereinen. Beim Hybrid-Cloud-Modell können beispielsweise kritische Anwendungen und sensible Daten innerhalb einer Private Cloud liegen, während unkritischere Anwendungen über eine Public Cloud bereitgestellt werden.

1.3.2 Umgebungen

Umgebungen der SAP BTP

In den vorangegangenen Abschnitten haben wir Ihnen einen groben Überblick über wesentliche Grundbegriffe und Konzepte von Cloud-Computing gegeben und die SAP BTP darin eingeordnet. In den folgenden Abschnitten setzen wir uns nun mit der inneren Struktur der SAP BTP auseinander. In der Vergangenheit wurde zwischen zwei sogenannten *Umgebungen* der SAP BTP unterschieden. Hierbei handelte es sich um die *Neo-Umgebung* und die *Cloud-Foundry-Umgebung*. Die Neo-Umgebung wird Ende 2028 jedoch eingestellt und steht bereits heute nur noch für Kunden mit bereits bestehenden Verträgen zur Verfügung. Wir werden diese Umgebung daher nicht weiter betrachten. Die Cloud-Foundry-Umgebung ist inzwischen in der sogenannten *Multi-Cloud-Foundation* (oder auch *Multi-Environment*) aufgegangen, die das aktuelle PaaS-Angebot der SAP BTP abbildet.

Obwohl alle Services der SAP BTP damit auf einer einheitlichen Basis zusammengefasst wurden, können dennoch verschiedene Umgebungen im Hinblick auf die Entwicklung und die Bereitstellung von Anwendungen unterschieden werden. Diese Umgebungen heißen:

- ABAP Environment
- Cloud Foundry Environment
- Kyma Environment

Cloud Foundry Environment

Obwohl wir uns in diesem Buch vornehmlich mit den Aspekten der ABAP-Entwicklung in der Cloud beschäftigen wollen, ist das *Cloud Foundry Environment* dennoch interessant für uns, da es gewissermaßen das technologische Umfeld des ABAP Environments darstellt. Es basiert auf der *Cloud Foundry Application Runtime*, einer Open-Source-Laufzeit- und Entwicklungsumgebung für containerbasierte Anwendungen, die weitestgehend unabhängig von Programmiersprachen ist.

[«]

Container

Als *Containervirtualisierung* wird eine Methode zur Bereitstellung von Anwendungen bezeichnet. Sowohl der Anwendungscode als auch sämtliche Abhängigkeiten, wie die Laufzeitumgebung oder Bibliotheken, die zum Ausführen des Codes notwendig sind, werden dabei in einer standardisierten Einheit gekapselt. Diese Einheit wird als *Container* bezeichnet. Container stellen damit eine Abstraktion der Anwendungsschicht dar, die es ermöglicht, Anwendungen schnell und unabhängig von der Systeminfrastruktur bereitzustellen. Anders als virtuelle Maschinen, die einen vollständigen Server mit einem eigenen Betriebssystem abstrahieren, teilen sich Container den Betriebssystem-Kernel mit anderen Containern. Eine der populärsten Containerlaufzeitumgebungen ist *Docker* (*https://www.docker.com*).

Cloud Foundry ermöglicht die Entwicklung eigener Anwendungen auf Basis diverser Laufzeitumgebungen und Programmiersprachen. Wir gehen in Abschnitt 1.4, »Cloud Foundry als Basis für das ABAP Environment«, vertiefender auf diese Umgebung ein.

Kyma Environment

Das *Kyma Environment* bietet eine vollständig verwaltete *Kubernetes-Laufzeitumgebung* auf der Grundlage des Open-Source-Projekts Kyma (*https://kyma-project.io*). Kyma ist, ähnlich wie Cloud Foundry, eine quelloffene cloudnative Plattform für die Verwaltung des Lebenszyklus von Anwendungen. Im Gegensatz zu Cloud Foundry konzentriert sie sich stärker auf Containerorchestrierung und Skalierbarkeit und bietet zusätzlich weitere Funktionen wie eine Serverless Runtime. Aufgrund der tiefgreifenden Konfigurationsmöglichkeiten bei der Bereitstellung von Anwendungen ist das Kyma Environment jedoch mit einer höheren Einstiegshürde für Entwickler*innen ohne Cloud-Entwicklungserfahrungen verbunden.

SAP BTP, ABAP Environment

Mit dem *SAP BTP, ABAP Environment* (auch unter der SAP-intern als Arbeitsname eingeführten Bezeichnung *Steampunk* bekannt) können Sie ABAP-Anwendungen in der Cloud entwickeln und ausführen. Es bietet eine robuste und sichere Plattform für die ABAP-Entwicklung. Wir werden die Möglichkeiten der ABAP-Entwicklung mit dem SAP BTP, ABAP-Environment im Verlauf dieses Buches ausführlich behandeln.

1.3.3 Account-Struktur

Die Nutzung der SAP BTP wird über eine spezifische Account-Struktur organisiert. Innerhalb dieser Struktur lassen sich zwei Arten von Accounts unterscheiden, die User Accounts und die strukturgebenden Global und Subaccounts. Daneben gibt es die Directories.

Global Account

Global und *Subaccounts* dienen der Organisation und Verteilung der auf der SAP BTP verfügbaren Ressourcen und Dienste. Global und Subaccounts bilden Gruppen oder hierarchische Einheiten einer Organisationsstruktur ab. An oberster Stelle steht hierbei der Global Account. Er repräsentiert den mit SAP geschlossenen Nutzungsvertrag für die zur Verfügung stehenden Dienste. Die über diesen Nutzungsvertrag gebuchten Dienste werden auch als *Entitlements* bezeichnet. Für jedes dieser Entitlements steht eine bestimmte Menge abrufbarer Kontingente, also eine bestimmte Anzahl von Serviceinstanzen, zur Verfügung. Diese Kontingente werden im Cloud-Umfeld auch als *Quotas* bezeichnet. Der Global Account grenzt also das gesamte vertraglich vorgesehene Nutzungsspektrum eines Kunden ab. Meist existiert ein Global Account pro Unternehmen oder Organisation.

Subaccounts

Zur Untergliederung und Verteilung der verfügbaren Quotas können dem Global Account Subaccounts mit gewissen Teilkontingenten zugeordnet werden. Subaccounts dienen im Wesentlichen der Strukturierung, sind aber auch einzelne, voneinander abgegrenzte Einheiten. Verschiedene Subaccounts unterhalb eines Global Accounts können innerhalb eines *Directorys* gebündelt werden. Jeder Subaccount unterstützt ein Multi-Environment-Prinzip. Das bedeutet, dass sämtliche im vorangegangenen Abschnitt beschriebenen Environments zur Anwendungsentwicklung parallel in einem Subaccount genutzt werden können. Ein Subaccount erhält eine Teilmenge der Quotas des globalen Accounts. Zusätzlich werden Subaccounts einer sogenannten *Region* zugeordnet. Diese gibt an, wo die Kontingente des Subaccounts physisch gehostet werden, also an welchem Ort das entsprechende Rechenzentrum betrieben wird.

[+]

Unterschiede zwischen Regionen

Abhängig von der Region ändert sich das Serviceangebot der SAP BTP im Hinblick auf die Verfügbarkeit oder die bereitgestellte Serviceversion. Es ist daher empfehlenswert, die Verfügbarkeit aller benötigten Services für Ihre Region gründlich zu prüfen.

Es wird nicht empfohlen, abhängige Subaccounts, beispielsweise für Entwicklung und Produktion, in unterschiedlichen Regionen anzulegen, um Probleme infolge einer Inkompatibilität von regionsabhängigen Serviceversionen zu vermeiden.

User Accounts

Neben den strukturgebenden Global und Subaccounts gibt es die *User Accounts*, über die Nutzer*innen auf die bereitgestellten Dienste der SAP BTP zugreifen können. Die Authentifizierung eines User Accounts erfolgt zumeist über eine globale SAP-ID oder eine Anmeldung mittels E-Mail und Passwort über einen alternativen Identity Provider, beispielsweise Microsoft Entra ID. Es wird zwischen *Business Accounts* für Fachanwender*innen und *Platform Accounts* für Administration und Entwicklung unterschieden. Die Platform und User Accounts werden den entsprechenden Global und Subaccounts zugeordnet.

1.4 Cloud Foundry als Basis für das ABAP Environment

Das ABAP Environment ist als Service in das Cloud Foundry Environment der BTP integriert. Zwar sind für die ABAP-Entwicklung innerhalb des SAP BTP, ABAP Environments nicht zwingend Kenntnisse der Funktionsweise des Cloud Foundry Environments notwendig, für die Installation und Administration der Umgebung sowie für die Integration externer Systeme und die Nutzung der verschiedenen übrigen Services der SAP BTP sind sie jedoch sehr hilfreich.

Cloud Foundry auf der SAP BTP

Bei Cloud Foundry handelt es sich um eine eigenständige, quelloffene Plattform und einen etablierten Industriestandard für die Entwicklung und den Betrieb von *cloudnativen Anwendungen*, also von Anwendungen, die speziell für den Betrieb in der Cloud konzipiert und entwickelt werden. Cloud Foundry kann auf der eigenen Hardware oder auf einer IaaS-Cloud diverser Anbieter installiert und betrieben werden. Es ist allerdings auch möglich, Cloud Foundry als meist kostenpflichtigen Dienst eines bestimmten zertifizierten PaaS-Providers zu nutzen. Auch SAP bietet diese Art der Nutzung mit dem Cloud Foundry Environment der SAP BTP an. Hinsichtlich der Funktionalität bestehen kaum Unterschiede zwischen der Open-Source-Variante und den kostenpflichtigen PaaS-Modellen. Obwohl das Framework auf der SAP BTP in einen SAP-typischen Dress eingekleidet wurde, gelten auch hier die von Cloud Foundry geprägten Begriffe und Konzepte, die wir im Folgenden erläutern.

1.4.1 Cloud-Foundry-Laufzeitumgebung

Die Gesamtarchitektur des Cloud Foundry Environments der SAP BTP ist relativ komplex, und bleibt Ihnen bei der Entwicklung in der Regel zu großen Teilen verborgen. Wir wollen uns daher in diesem Abschnitt auf ihre wesentlichen Bestandteile beschränken. Um einen detaillierteren Einblick in die Gesamtarchitektur des Frameworks zu erhalten, empfehlen wir die ausführliche Dokumentation der Cloud Foundry Foundation (*https://docs.cloudfoundry.org*).

Komponenten von Cloud Foundry

Abbildung 1.3 gibt einen groben Überblick über die in diesem Abschnitt betrachteten Komponenten von Cloud Foundry.

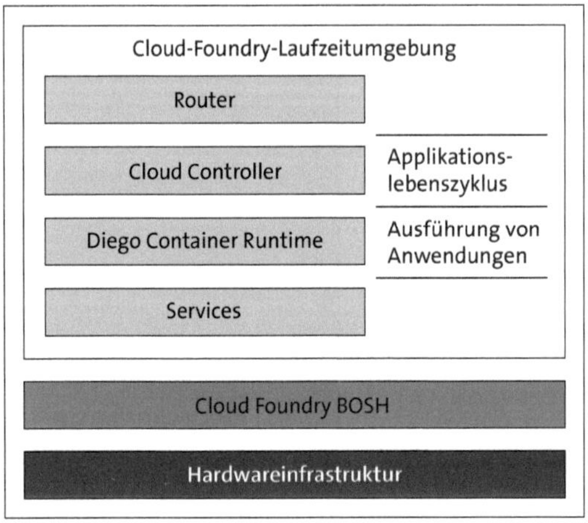

Abbildung 1.3 Cloud-Foundry-Architektur

Cloud Foundry BOSH

Das Cloud Foundry Environment teilt sich in zwei Hauptkomponenten auf: die Cloud-Foundry-Laufzeitumgebung und Cloud Foundry BOSH. *Cloud Foundry BOSH* bildet die Grundlagen der Cloud-Foundry-Laufzeitumgebung. BOSH ist die Deployment-Plattform der Cloud-Foundry-PaaS. Die Plattform abstrahiert die zugrunde liegende Hardware, unabhängig davon, ob diese per IaaS oder auf einem lokalen Server bereitgestellt wird. Sie stellt eine eigene virtuelle Infrastruktur bereit, auf der die Cloud-Foundry-Laufzeitumgebung letztlich ausgeführt wird.

Laufzeitumgebung

Bei der Ausführung von Anwendungen im Cloud Foundry Environment spielen verschiedene Einheiten des Frameworks zusammen, die jeweils unterschiedliche Funktionen übernehmen – von Deployment und Staging der Anwendung über die Erzeugung von Containern bis hin zur Zugriffsteuerung für laufende Anwendungen.

Der *Cloud Controller* ist der zentrale Dreh- und Angelpunkt des Cloud Foundry Environments. Er stellt API-Endpunkte wie das *Cloud Foundry Command Line Interface* (CLI) zur Verfügung, über die Sie mit dem System interagieren können. Über den Cloud Controller kann beispielsweise die Organisationstruktur der Plattform (siehe Abschnitt 1.4.3, »Orgs und Spaces«) gesteuert werden. Außerdem verwaltet der Cloud Controller den Lebenszyklus von Anwendungen.

Die Interaktion mit dem Cloud Controller über das CLI kann Ihnen zu Beginn noch etwas unhandlich vorkommen, wenn Sie nicht an die Verwendung von Kommandozeilenbefehlen gewöhnt sind. Mit der SAP BTP haben Sie daher ebenfalls die Möglichkeit, Ihr Cloud Foundry Environment über eine webbasierte Oberfläche zu konfigurieren, User und Spaces zu verwalten oder Anwendungen zu deployen.

Deployment von Anwendungen

Wie zu Beginn dieses Abschnitts erwähnt, werden Anwendungen im Cloud Foundry Environment auf Basis von Containern ausgeführt. Die Anwendungen werden dazu lokal entwickelt und in die Cloud-Foundry-Laufzeitumgebung hochgeladen. Bei dem Upload einer Anwendung werden alle Informationen über Abhängigkeiten und notwendige Services (die sogenannten *Anwendungsmetadaten*) mit dem Quellcode der Anwendung gebündelt an die *Diego-Laufzeitumgebung* weitergeleitet. Diego ist eine in Cloud Foundry integrierte Laufzeitumgebung für containerbasierte Anwendungen, die dann die Anwendung mittels sogenannter *Garden Container* ausführt. Jeder dieser Container ist über einen eigenen Endpunkt ansprechbar.

1.4.2 Cloud-Foundry-Services

Services spielen eine wichtige Rolle bei der Entwicklung von cloudbasierten Anwendungen. Viele dieser Anwendungen müssen mit Daten aus einer Datenbank arbeiten oder nutzen externe Funktionen für bestimme Aufgaben, wie beispielsweise zur Abwicklung der Benutzerauthentifizierung und des Logins. In den folgenden Kapiteln dieses Buches wird Ihnen vermehrt der Begriff der *Cloud-Foundry-Services* begegnen, sowohl im Kontext der Installation als auch bei der Integration externer Systeme (siehe Kapitel 14, »Kommunikation mit externen Systemen«). Bei dem ABAP Environment selbst handelt es sich um einen solchen Service innerhalb des Cloud Foundry Environments.

Service Ein Service bildet eine dedizierte Ressource ab, die in der Regel über eine API in andere Services oder Anwendungen on demand integriert werden kann. Services werden anders als Anwendungen im Cloud Foundry Environment nicht über die Containerlaufzeit provisioniert, sondern sind dediziert bereitgestellte Ressourcen. Hierbei handelt es sich z. B. um Datenbankservices oder Accounts anderer SaaS-Lösungen. Auf der SAP BTP genutzte Services lassen sich in der Regel von Anwendungen in allen drei der beschriebenen Environments nutzen.

Die Services lassen sich innerhalb eines Subaccounts der SAP BTP über den *Service Marketplace* konsumieren, wenn dem Subaccount die entsprechenden Quotas zugewiesen sind. Weitere Beispiele für Services innerhalb des Cloud Foundry Environments sind neben dem ABAP Environment der Datenbankservice *SAP HANA Cloud* oder der Portalservice *SAP Build Work Zone*.

Serviceinstanz Ein Service selbst ist zunächst nur eine abstrakte Definition der bereitzustellenden Funktionalität. Eine konkrete Ausprägung eines solchen Service wird als *Serviceinstanz* bezeichnet (siehe Abbildung 1.4).

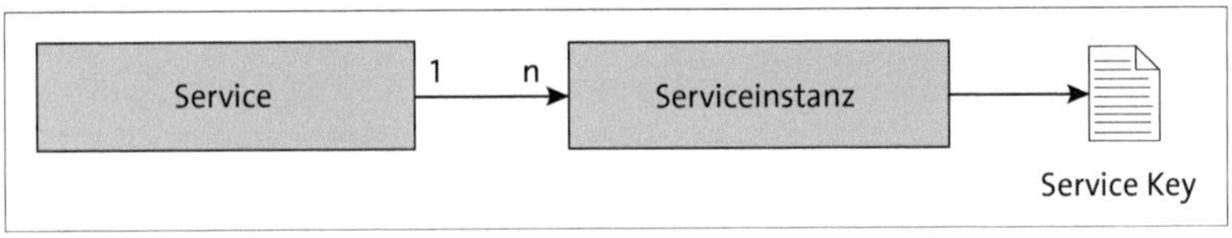

Abbildung 1.4 Services und Serviceinstanzen

Die Abgrenzung zwischen Service und Serviceinstanz kann schwerfallen, daher wollen wir sie Ihnen an einem Beispiel verdeutlichen: Nehmen wir an, die Funktionalität eines Datenbankservice wäre die Bereitstellung einer API für den Zugriff auf einen Datenbankserver. Eine Serviceinstanz eines solchen Service würde den Zugriff auf eine konkrete Datenbank mit einer entsprechenden Speicherkonfiguration etc. umfassen. Für jede Serviceinstanz ergeben sich gegebenenfalls Unterschiede hinsichtlich der Funktionalität oder der Abrechnung. Diese Eigenschaften werden in einem sogenannten *Serviceplan* zusammengefasst. Viele Services der SAP BTP können über einen kostenlosen Serviceplan instanziiert werden. Diese Serviceinstanzen sind dann jedoch oft in ihrer Funktionalität oder Leistungsfähigkeit eingeschränkt.

Im Fall des ABAP-Environment-Service wäre eine Serviceinstanz eine konkrete ABAP-Umgebung, also ein konkretes ABAP-System. Zu jedem Service können mehrere Serviceinstanzen existieren. Jede dieser Instanzen verwaltet ihre eigenen Daten und besitzt einen eigenen Endpunkt, über den die

Serviceinstanz angesprochen werden kann. Dieser Endpunkt wird über einen *Service Key* beschrieben.

1.4.3 Orgs und Spaces

Orgs

Im Cloud Foundry Environment der SAP BTP wurde die Organisationstruktur der Open-Source-Variante weitestgehend übernommen. Die wichtigsten Elemente innerhalb dieser Struktur sind die sogenannten *Cloud-Foundry-Organisationen* (kurz *Orgs*) und *Spaces*. Orgs und Spaces ähneln den Global Accounts und Subaccounts der SAP BTP. Eine Org ist eine übergeordnete Organisationseinheit innerhalb der Cloud-Foundry-Laufzeitumgebung, unter der Quotas, Anwendungen und Services gebündelt werden. Es existiert eine Cloud-Foundry-Org pro SAP-BTP-Subaccount.

Spaces

Eine Org enthält eine Menge von Bereichen für die Anwendungsentwicklung, die Spaces. Üblicherweise wird jeder Anwendung ein eigener Cloud-Foundry-Space zugeordnet. Dieser bündelt die Anwendung und abhängige Serviceinstanzen. Entwicklungs- und Administrations-User werden den Orgs und Spaces zugeordnet. Diese Zuordnung legt fest, auf welche Objekte innerhalb des Cloud Foundry Environments ein spezifischer User zugreifen kann. Über org- und space-spezifische *Rollen* kann zusätzlich der Handlungsspielraum der User abgesteckt werden.

1.5 Dienste der SAP Business Technology Platform

ABAP-Entwicklung in der Cloud

Wir haben in Abschnitt 1.3.1, »Service- und Bereitstellungsmodelle«, die verschiedenen Plattformdienste der SAP BTP bereits kurz angesprochen. Diese Dienste der SAP BTP sind von entscheidender Bedeutung bei der Entwicklung von Cloud-Anwendungen. Das gilt natürlich auch für ABAP-basierte Cloud-Anwendungen. Anders als in der klassischen ABAP-Entwicklung, bei der man in der Regel nur die gegebene Funktionalität des SAP NetWeaver Application Servers (SAP NetWeaver AS) für ABAP genutzt hat, entstehen ABAP-basierte Cloud-Anwendungen aus der Kombination verschiedenster Dienste und Technologien. Die ABAP-Entwicklung in der Cloud folgt damit mehr oder weniger dem in Abschnitt 1.2.1, »Cloud-Computing«, vorgestellten Microservice-Architekturmodell. In diesem Abschnitt betrachten wir das Portfolio der Dienste der SAP BTP daher noch einmal etwas detaillierter.

Erweiterung von Anwendungen

Die verschiedenen Dienste der SAP BTP eröffnen Ihnen die Möglichkeit, Ihre SAP-Standardlösungen mithilfe innovativer Technologie für kundenspezifische Anwendungsfälle zu erweitern. Darüber hinaus vereinfachen Services die Integration der entwickelten Anwendungen in bestehende Prozesse. Sie erleichtern beispielsweise die Entwicklung und Bereitstellung von

Web- oder mobilen Anwendungen, Geschäftsprozessen oder Full-Stack-ABAP-Services. Auf diese Weise tragen die Dienste zu einer Vereinfachung des Entwicklungsprozesses bei und erhöhen die Produktivität in der Softwareentwicklung. Die Services der SAP BTP nutzen etablierte, in Unternehmen einsatzbereite Technologien, wodurch eine gleichbleibend hohe Softwarequalität gewährleistet werden kann.

Integration von Anwendungen

Neben Diensten für die Entwicklung, Erweiterung und Bereitstellung von Services zählen diverse Kommunikationsdienste für die Integration von Cloud-Anwendungen und externen Systemen oder Anwendungen zum Portfolio der SAP BTP. Diese *Integrationsdienste* ermöglichen es Ihnen beispielsweise, Daten aus On-Premise-Systemen in Ihrem ABAP Environment in der Cloud zu nutzen, entwickelte Schnittstellen zu verwalten oder Events zu konsumieren oder zu erzeugen. Im Folgenden stellen wir einige Dienste für die Anwendungsentwicklung und Integration vor. Abbildung 1.5 gibt Ihnen einen groben Überblick über wichtige Dienste aus den beschriebenen Bereichen.

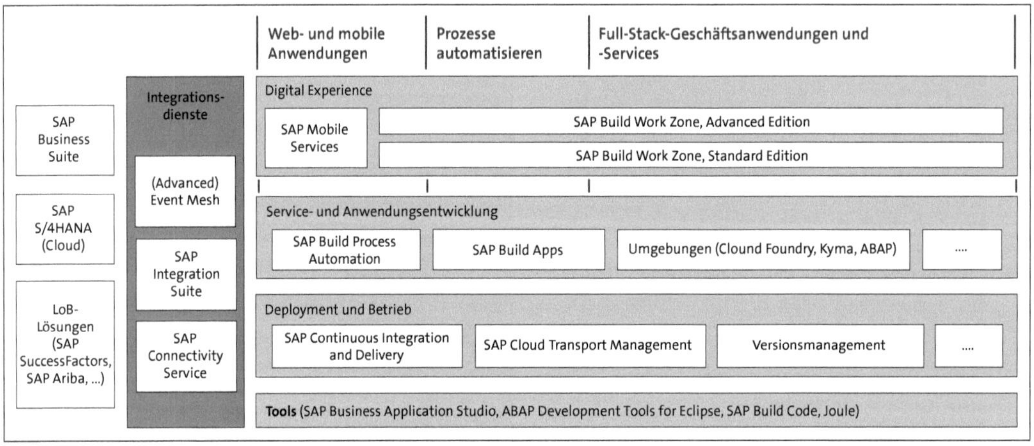

Abbildung 1.5 Erweiterung und Integration von Anwendungen über die Dienste der SAP Business Technology Platform

[+]

SAP Discovery Center

Wir stellen Ihnen in diesem Abschnitt nur einen kleinen Ausschnitt der Dienste der SAP BTP vor. Für einen umfangreicheren Überblick empfehlen wir Ihnen die Nutzung des *SAP Discovery Centers* (*https://discovery-center.cloud.sap*). Dort können Sie das gesamte aktuelle Serviceangebot der SAP BTP erkunden und erhalten Zugriff auf eine detaillierte Dokumentation der Funktionalität und der Konditionen jedes einzelnen Dienstes.

Dienste für die Anwendungsentwicklung

Die Dienste für die Anwendungsentwicklung der SAP BTP werden grob in die drei Bereiche *Digital Experience, Service- und Anwendungsentwicklung* und *Deployment und Betrieb* eingeordnet. Zusätzlich stehen verschiedene Entwicklertools, wie das SAP Business Application Studio oder *SAP Build Code* zur Verfügung.

Digital Experience

Digital-Experience-Dienste sollen Sie dabei unterstützen, eine einheitliche und angenehme Nutzungserfahrung über alle digitalen Kanäle Ihres Unternehmens hinweg bereitzustellen. Sie sollen Zusammenarbeit ermöglichen und die Produktivität bei der Interaktion mit Geschäftsanwendungen erhöhen. Aufgrund der in Abschnitt 1.1, »Herausforderungen des digitalen Zeitalters«, beschriebenen Heterogenität der Endgeräte und der Vielfalt der digitalen Kanäle ist dies eine technologisch äußerst komplexe Aufgabe. Die *SAP Mobile Services* erleichtern beispielsweise die Entwicklung, Bereitstellung und Verwaltung von mobilen Anwendungen auf Basis Ihrer ABAP-APIs. Die Dienste *SAP Build Work Zone, Advanced Edition* und *SAP Build Work Zone, Standard Edition* ermöglichen unter anderem die Bereitstellung von SAP-Fiori-Anwendungen über einen umfangreichen digitalen Arbeitsplatz in der Cloud.

Service- und Anwendungsentwicklung

Die SAP BTP liefert sofort nutzbare Funktionalitäten, Werkzeuge und Frameworks zur Vereinfachung und Beschleunigung von Entwicklungsprojekten in der Cloud. Das entsprechende Angebot ist sehr umfangreich. Es erstreckt sich von der Bereitstellung bestimmter Umgebungen wie dem ABAP Environment über Basisfunktionalitäten wie Persistenz-, Monitoring- und Sicherheitsdienste bis hin zur Integration innovativer Technologien wie KI. Mit *SAP Build Apps* steht ihnen zusätzlich eine grafische Oberfläche für die Entwicklung von Anwendungen nach dem Low-Code-Ansatz zur Verfügung. *SAP Build Process Automation* ergänzt die beschriebenen Dienste um Funktionalität für die Steuerung, Visualisierung und Automatisierung von Geschäftsprozessen. Dieser Dienst umfasst neben einer Umgebung für die Entwicklung und das Monitoring von Workflows auch die Möglichkeiten, Entscheidungslogik in einem zentralen Regelwerk abzulegen oder manuelle Tätigkeiten durch die Verwendung von bot-basierter Technologie zu automatisieren.

Integration Suite

Die *SAP Integration Suite* liefert Ihnen umfangreiche Funktionalität und Werkzeuge für die Integration von Cloud-Anwendungen miteinander und in Ihre On-Premise-Systemlandschaft. Die innerhalb dieser Suite bereitgestellten Dienste vereinfachen gerade in hybriden Landschaften die Bereitstellung integrativer Anwendungen und Prozesse, auch wenn verteilte Systeme vorliegen.

So ermöglicht Ihnen beispielsweise der Dienst *SAP Connectivity Service* den Aufruf von OData-Services oder RFC-Funktionsbausteinen (Remote Funktion Call) in einem lokalen Netzwerk über den *Cloud Connector* (mehr hierzu in Abschnitt 14.3, »Anbindung an On-Premise-SAP-Systeme«).

SAP Event Mesh erlaubt es Ihnen, Ereignisse (*Events*) über verteilte Anwendungen zu veröffentlichen, zu konsumieren und zu verwalten. Bei Events handelt es sich um Nachrichten, die Abonnenten über Änderungen am Zustand eines Geschäftsobjekts oder einer Ressource informieren. Ein Event kann beispielsweise ausgelöst werden, wenn eine neue Bestellung erstellt, eine Lieferung zugestellt oder eine Zahlung empfangen wird. Mit Events können Sie Ihre Anwendungen entkoppeln und asynchrone Kommunikationsmuster implementieren. SAP Event Mesh ermöglicht es Ihnen, Events in verschiedenen Kanälen, sogenannten *Topics*, zu organisieren, die von verschiedenen Konsumenten abonniert werden können (mehr hierzu in Abschnitt 14.4, »Mit Events arbeiten«).

In einer API-basierten Anwendungsentwicklung ist die kontrollierte Bereitstellung, Dokumentation, Absicherung und Überwachung der verschiedenen APIs essenziell. Das *API Management* dient als zentraler Einstiegspunkt für alle APIs Ihres Unternehmens und erleichtert es Ihnen, diese APIs zu entwerfen, zu bündeln, zu dokumentieren und zu testen. Ebenso können Sie die Nutzung der APIs analysieren. Auf Basis einer solchen Analyse können Richtlinien festgelegt werden, um die Verwendung der APIs zu steuern und zu optimieren.

Weitere Dienste

Wir könnten Ihnen an dieser Stelle noch viele weitere Beispiele für interessante und nützliche Dienste der SAP BTP nennen. Die in diesem Abschnitt genannten sollten allerdings genügen, um Ihnen zu verdeutlichen, welche Möglichkeiten Ihnen die Nutzung solcher Dienste für die Entwicklung ABAP-basierter Cloud-Anwendungen bietet. ABAP-Entwicklung in der Cloud bedeutet nicht zuletzt, sich dieser Möglichkeiten bewusst zu werden und sie in die Konzipierung und Entwicklung eigener Anwendungen mit einzubeziehen.

1.6 Zusammenfassung

Die Digitalisierung verändert die Art und Weise, wie wir leben und kommunizieren und auch unsere Bedürfnisse sowie unser Verhalten als Kund*innen. Trends werden schnell verfolgt, aber häufig genauso schnell auch wieder fallen gelassen. Es findet ein Wandel von einem besitzorientierten hin zu einem serviceorientierten Konsum statt. Unternehmen müssen sich diesen neuen Anforderungen anpassen. Eine wichtige Rolle spielt hierbei die Unternehmens-IT, jedoch ist es ebenso wichtig, dass ein ganzheitlicher Anpassungsprozess in den Unternehmen stattfindet. Dieser darf nicht nur die IT betreffen, sondern muss sämtliche Prozesse des Unternehmens berücksichtigen.

Es ist fraglich, ob die klassischen IT-Infrastrukturen, also On-Premise-Server und monolithische Softwaresysteme, den neuen Anforderungen an Flexibilität, Skalierbarkeit und Erweiterbarkeit gewachsen sind. Cloudbasierte Umgebungen sind hier eine vielversprechende Alternative. Sie bieten eine flexible und technologisch offene Basis, um Funktionalität und Services anzubieten, die zu den aktuellen Kundenwünschen passen, sowie um bestehende Geschäftsprozesse zu erweitern, miteinander zu integrieren oder gänzlich neue Prozesse bzw. Geschäftsmodelle zu etablieren.

Die SAP BTP präsentiert sich in diesem Kontext als umfangreiche Plattform für den Betrieb und die Entwicklung cloudbasierter Anwendungen. Sie erleichtert die Integration moderner Technologien wie KI durch die Bereitstellung von Diensten, die einfach in bestehende Prozesse und Anwendungen integriert werden können.

Für ABAP-Entwickler*innen ist der Schritt in die Cloud gleichzeitig auch ein Schritt in eine ungewohnte Technologiewelt. Bisherige Paradigmen der ABAP-Entwicklung müssen überwunden werden. So werden Funktionalität und Prozesse in Zukunft nicht mehr in Reports oder Dynpro-Anwendungen abgebildet, sondern müssen dem serviceorientierten Modell der Cloud folgen. Bevor Sie mit der ABAP-Entwicklung in der Cloud beginnen, ist es daher empfehlenswert, die Ideen und Prinzipien der Cloud-Entwicklung verinnerlicht zu haben. Nach der Lektüre dieses Kapitels sollten Sie die Prinzipien klassischer On-Premise-Architekturen von denen der Cloud-Architekturen abgrenzen können. Sie sollten die Motivation und die Ideen, die hinter der SAP BTP stehen, verinnerlicht haben. Ein grobes Verständnis der Begrifflichkeiten im Umfeld von Cloud-Computing, z. B. der Unterscheidung zwischen Service- und Bereitstellungsmodellen, hilft Ihnen, sich im Cloud-Umfeld zurechtzufinden. Auch die Konzepte Composable Architecture und Clean Core sollte Ihnen bekannt sein. Mit der Lektüre dieses Kapitels sollten Sie ein grundlegendes Verständnis für den Aufbau und die Komponenten der SAP BTP und des Cloud Foundry Environments erlangt haben.

Kapitel 2
ABAP-Plattform

Mit SAP S/4HANA und dem SAP BTP, ABAP Environment stellt SAP verschiedene Plattformen für die Programmiersprache ABAP bereit.

ABAP erblickte 1983 als *Allgemeiner Berichtsaufbereitungsprozessor* das Licht der Welt. Als Makrosprache wurde ABAP mit SAP R/2 für die Entwicklung von Auswertungen eingesetzt. Die Änderung von Datenbanktabellen war mit der zu diesem Zeitpunkt noch recht rudimentären Programmiersprache noch nicht möglich. Erst mit der Weiterentwicklung, der von *Cobol* beeinflussten, proprietären Programmiersprache entstand das heute vielen bekannte ABAP/4. Mit dieser innovativen Weiterentwicklung konnten in SAP R/2 nun auch Anwendungsfunktionen implementiert werden. Seit 1990 basieren alle SAP-R/3-Module auf ABAP/4. ABAP bildet seitdem die Grundlage für unzählige Geschäftsanwendungen. Auch heute noch basiert ein großer Teil des digitalen Kerns der SAP-Software auf ABAP.

Weiterentwicklung von ABAP

In den vergangenen Jahren hat SAP weiterhin viel Zeit und Mühe in die Weiterentwicklung von ABAP gesteckt. So wurde beispielsweise mit dem Release SAP R/3 Enterprise Edition 4.6 *ABAP Objects* als objektorientierte Erweiterung eingeführt. Mit SAP NetWeaver 7.4 wurde der Sprachumfang so erweitert, dass viele Anweisungen vereinfacht in Operandenpositionen notiert werden können. Aber nicht nur ABAP als Programmiersprache hat sich weiterentwickelt. Seit 2012 können Sie mit den *ABAP Development Tools* (ADT) das quelloffene Programmierwerkzeug *Eclipse* als Entwicklungsumgebung für Ihre ABAP-Anwendungen nutzen.

ABAP-Entwicklung in der Cloud

Trotz all der Weiterentwicklungen von ABAP konnte man die SAP-eigene Programmiersprache jedoch nicht für die Entwicklung cloudbasierter Anwendungen oder die Erweiterung von SAP-Cloud-Anwendungen wie der SAP S/4HANA Cloud nutzen. Viele aus der weltweiten Entwicklergemeinde wünschten sich, die SAP-eigene Programmiersprache auch für die Entwicklung und den Betrieb von cloudbasierten Anwendungen nutzen zu können und somit Teil dieser neuen Welt zu werden. Als Björn Goerke, damals Chief Technology Officer (CTO) von SAP, im September 2017 auf der SAP TechEd in Las Vegas verkündete, dass eine zusätzliche Entwicklungs- und Laufzeitumgebung für ABAP in die SAP Cloud Platform, der Vorgänger der SAP BTP, aufgenommen werde, war dies daher ein neuer Meilenstein der ABAP-Geschichte. Ein weiterer Meilenstein folgte im Jahr 2022, als die ABAP-Plattform der SAP S/4HANA Cloud Public Edition unter dem Namen *SAP S/4HANA Cloud, ABAP Environment* (SAP-intern auch als *Embedded ABAP Environment* oder *Embedded Steampunk* bezeichnet) für die ABAP-basierte Programmierung geöffnet wurde. Damit wurde die ABAP-Entwicklung analog zu den On-Premise-Auslieferungen von SAP S/4HANA auch in SAP S/4HANA Cloud Public Edition möglich.

Ähnlich wie beim Übergang von SAP R/2 nach SAP R/3 ist ABAP auch beim Übergang in die Cloud ein wesentlicher Baustein des Prozesses. Damals wurden ABAP-Programme von einer Großrechneranlage in die Client-Server-Welt überführt. Heute können sie von der On-Premise-Welt in die Cloud übernommen werden.

Aufbau dieses Kapitels

In diesem Kapitel stellen wir Ihnen die verschiedenen SAP-Systeme vor, mit denen Sie Anwendungen und Services mit der Programmiersprache ABAP bereitstellen können.

In Abschnitt 2.1, »SAP S/4HANA Cloud und on premise«, stellen wir Ihnen SAP S/4HANA als Nachfolger von SAP ERP und der SAP Business Suite vor. Wir erläutern, welche verschiedenen Editionen von SAP S/4HANA zur Verfügung stehen und welche Möglichkeit der Erweiterbarkeit diese Editionen jeweils bieten.

In Abschnitt 2.2, »SAP Business Technology Platform, ABAP Environment«, stellen wir Ihnen das SAP BTP, ABAP Environment vor. Wir erläutern, welche Einsatzmöglichkeiten die Umgebung bietet, und sehen uns deren Anwendungsserver und die Datenbank genauer an. Abschließend ordnen wir in Abschnitt 2.3 die verschiedenen Entwicklungsumgebungen in die SAP-Systemlandschaft ein.

2.1 SAP S/4HANA Cloud und on premise

Aktuell wird das ERP-Flaggschiffprodukt *SAP S/4HANA* in verschiedenen Editionen zur Verfügung gestellt. Diese Editionen unterscheiden sich sowohl hinsichtlich ihrer Infrastruktur, ihrer Lizenzierungsmodelle, Upgrade-Zyklen und Upgrade-Durchführung als auch hinsichtlich des unterstützten ABAP-Sprachumfangs voneinander. Auch der im Rahmen einer Einführung von SAP S/4HANA gewählte Implementierungsansatz (Greenfield-Einführung oder Brownfield-Migration mit Codekonvertierung) hat Auswirkungen auf die Wahl der SAP-S/4HANA-Edition und auf das empfohlene ABAP-Entwicklungsmodell.

Wir führen daher im Rahmen dieses Abschnitts zunächst in alle aktuell verfügbaren SAP-S/4HANA-Editionen ein und erläutern deren Unterschiede. Dabei gehen wir insbesondere auf die Erweiterungsmöglichkeiten der verschiedenen Editionen ein. Schließlich stellen wir Ihnen das SAP S/4HANA Cloud, ABAP Environment als integrierte Entwicklungsumgebung vor.

2.1.1 Die verschiedenen Editionen von SAPS/4HANA

Cloud- und On-Premise-Editionen

Aktuell wird SAP S/4HANA in drei verschiedenen Editionen angeboten, SAP S/4HANA, SAP S/4HANA Cloud Public Edition und SAP S/4HANA Cloud Private Edition. Tabelle 2.1 gibt Ihnen einen Überblick über diese Editionen.

Edition	Infrastruktur	Lizenzmodell	Upgrade
SAP S/4HANA Cloud Public Edition	geteilte Infrastruktur, die ausschließlich von SAP bereitgestellt und verwaltet wird	Software as a Service (SaaS); Software wird auf Abonnementbasis lizenziert und ist über das Internet zugänglich.	Software-Upgrades werden von SAP durchgeführt. Upgrade-Zeiträume sind festgelegt und verpflichtend.
SAP S/4HANA Cloud Private Edition	dedizierte Infrastruktur, verwaltet durch SAP und bereitgestellt durch Hyperscaler	Software wird auf Abonnementbasis lizenziert.	Vom Kunden gesteuerter Upgrade-Prozess. Die Upgrade-Zeiträume werden individuell festgelegt. SAP leistet ausschließlich technische Unterstützung bei der Durchführung.
SAP S/4HANA (on premise)	dedizierte, vom Kunden verwaltete Infrastruktur	unbefristete Softwarelizenz	Vom Kunden gesteuerter Upgrade-Prozess. Die Upgrade-Zeiträume werden individuell festgelegt.

Tabelle 2.1 Editionen von SAP S/4HANA im Überblick

Verwendung der Begriffe

Im weiteren Verlauf dieses Buches werden wir zur besseren Unterscheidbarkeit für die On-Premise-Installation den Begriff *SAP S/4HANA on premise* verwenden. Bei SAP S/4HANA Cloud werden wir die Editionsbezeichnungen ergänzen. Bezieht sich eine Aussage auf das Produkt SAP S/4HANA als solches, verwenden wir den Begriff SAP S/4HANA ohne Editionsbezeichnung.

SAP S/4HANA Cloud Public Edition

SAP S/4HANA Cloud Public Edition ist die cloudbasierte ERP-Lösung von SAP, die standardisierte und vorkonfigurierte Geschäftsprozesse für verschiedene Branchen und Szenarien bietet. Es handelt sich hierbei um ein *Multi-Tenant-System*. Das bedeutet, dass mehrere Kunden dieselbe Softwareinstanz teilen. Die Hardwareressourcen werden dabei ausschließlich von SAP gehostet und verwaltet. Trotz des gemeinsamen Zugriffs auf Hardwareressourcen werden kundenspezifische Daten sicher voneinander getrennt.

Da SAP S/4HANA Cloud Public Edition über ein SaaS-Modell angeboten wird, haben Kunden keinen Einfluss auf die Durchführung von Upgrades. SAP S/4HANA Cloud Public Edition unterliegt einem halbjährlichen Update-Zyklus (bis 2022 noch vierteljährlich). Die Updates sind fest terminiert und werden automatisch von SAP durchgeführt. Auf diese Weise erhalten Public-Edition-Systeme immer den aktuellen Releasestand der ABAP-Plattform.

SAP S/4HANA Cloud Public Edition ist eine Option für Neukunden oder für Bestandskunden, die bei der Einführung von SAP S/4HANA einen *Greenfield-Ansatz* verfolgen möchten, d. h., keine Altsysteme konvertieren. Brownfield-Implementierungsszenarien sind bei der Einführung von SAP S/4HANA Public Edition in der Regel nicht durchführbar.

[»]

Veraltete Bezeichnungen für SAP S/4HANA Cloud Public Edition

Veraltete und nicht mehr zu verwendende Bezeichnungen für SAP S/4HANA Cloud Public Edition sind *SAP S/4HANA Cloud, Essentials Edition* und *SAP S/4HANA Cloud, Multi-Tenant Edition*.

S/4HANA Cloud Private Edition

SAP S/4HANA Cloud Private Edition ist eine Variante von SAP S/4HANA Cloud, die über das PaaS-Modell angeboten wird. Sie wird auf einer dedizierten Infrastruktur betrieben, die entweder von SAP oder einem ausgewählten Hyperscaler über dessen Platform (Microsoft Azure, Amazon Webservices oder Google Cloud) gehostet wird.

SAP S/4HANA Cloud Private Edition bietet mehr Flexibilität und Anpassungsmöglichkeiten als die Public Edition, nimmt den Kunden jedoch auch in die Verantwortung für die Wartung des Systems und das Einspielen von Upgrades. Kunden können den Zeitpunkt der Upgrades selbst bestimmen, während SAP lediglich technische Unterstützung bei der Durchführung leistet. Private-Edition-Systeme müssen also nicht zwangsläufig über den aktuellen Releasestand der ABAP-Plattform verfügen. Allerdings muss die aktuelle Systemversion innerhalb der Mainstream-Wartung liegen. Hierdurch ergeben sich für den Kunden deutlich längere und flexiblere Upgrade-Zyklen. So bleibt ab SAP S/4HANA 2023 jede Version sieben Jahre lang in der Mainstream-Wartung, frühere Versionen fünf Jahre.

SAP S/4HANA Cloud Private Edition ist eine Option für SAP-Bestandskunden, die einen Brownfield-Ansatz mit entsprechender Codekonvertierung verfolgen möchten, oder für Neukunden, die spezielle Anforderungen haben, die nicht durch die Public Edition abgedeckt sind. Aber auch Greenfield-Implementierungen können mit der Private Edition realisiert werden.

[«]

Veraltete Bezeichnungen für SAP S/4HANA Cloud Private Edition

Veraltete und nicht mehr verwendete Bezeichnungen für SAP S/4HANA Cloud Private Edition sind *SAP S/4HANA Cloud, Extended Edition* und *SAP S/4HANA Cloud, Single-Tenant Edition*.

SAP S/4HANA on premise

Bei SAP S/4HANA on premise handelt es sich um das Bereitstellungsmodell, das SAP-Kunden von ihren ehemaligen SAP-Business-Suite-Systemen gewöhnt sind. Bei der On-Premise-Bereitstellung wird SAP S/4HANA in einem kundeneigenen Rechenzentrum betrieben. Dieses wird entweder vom Kunden selbst gehostet oder von einem Hyperscaler oder sonstigen Infrastrukturanbieter angeboten.

Das On-Premise-Modell bietet Kunden volle Flexibilität bei voller Verantwortung. Sowohl die Verwaltung der Systemressourcen als auch die Planung und Durchführung von Software-Upgrades liegen ausschließlich in der Verantwortung des Kunden.

2.1.2 Erweiterbarkeit von SAP S/4HANA

Bedeutung von Erweiterbarkeit

In der Vergangenheit waren Erweiterbarkeit und Anpassbarkeit wichtige Eigenschaften von SAP-ERP-Lösungen. Die damit einhergehende Flexibilität ermöglichte es SAP-Kunden, die von der Software vorgegebenen Geschäftsprozesse ihren individuellen Anforderungen anzupassen und sie zu ergänzen. Bei SAP S/4HANA Cloud (speziell der Public Edition) sind die klassischen Erweiterungsmöglichkeiten per ABAP-Programmierung wegen der zyklischen, automatisierten Upgrades jedoch nicht mehr durchführbar. Es sind neue Werkzeuge und Techniken notwendig, um SAP-Kunden das flexible und upgrade-stabile Erweitern ihrer Lösungen zu ermöglichen. Wir stellen Ihnen im Rahmen dieses Abschnitts die unterschiedlichen Erweiterungsmöglichkeiten für SAP S/4HANA vor und gehen dabei insbesondere auf die Unterschiede zwischen den einzelnen SAP-S/4HANA-Editionen hinsichtlich der Erweiterbarkeit ein. Im weiteren Verlauf dieses Buches bringen wir Ihnen mit *ABAP Cloud* ein zukunftsorientiertes und upgrade-sicheres Entwicklungsmodell für die ABAP-Programmierung nahe. In Abschnitt 17.3, »Wahl der richtigen Erweiterungsstrategien«, geben wir Ihnen außerdem

Hilfestellung bei der Wahl des richtigen Erweiterungsvorgehens für ihren jeweiligen Anwendungsfall.

Allgemeine Erweiterungsmöglichkeiten

Abbildung 2.1 vermittelt einen groben Überblick über die verschiedenen Erweiterungsmöglichkeiten von SAP S/4HANA, zunächst einmal unabhängig von der Edition. Sie erkennen hier auch, für welche Rollen im Unternehmen (z. B. Entwickler*in oder Key User) welche Erweiterungsmöglichkeiten ausgelegt sind.

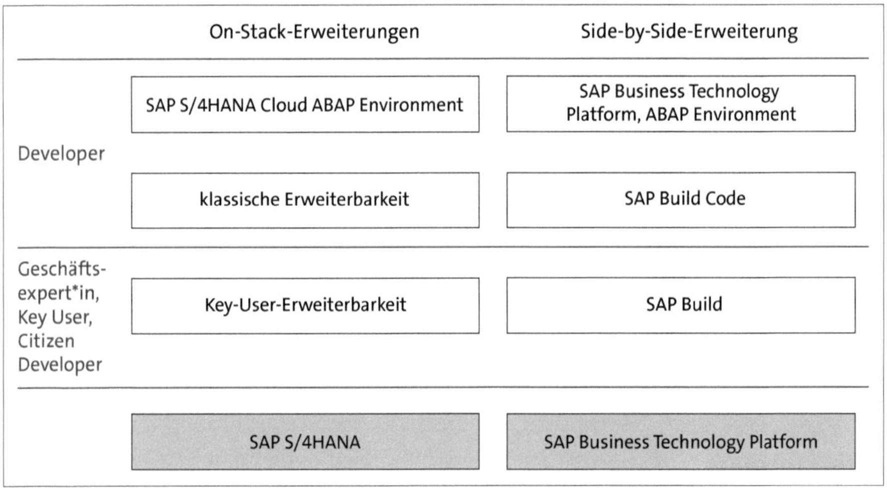

Abbildung 2.1 Erweiterungsmöglichkeiten für SAP S/4HANA

Erweiterungskategorien

Bei der Erweiterungsimplementierung für SAP S/4HANA Cloud wird zunächst zwischen zwei Erweiterungskategorien unterschieden:

- On-Stack-Erweiterungen
- Side-by-Side-Erweiterungen

Die Erweiterungskategorie beschreibt den technologischen Rahmen für die Erweiterung. Jede Erweiterungskategorie bietet sich für unterschiedliche Anwendungsfälle an, und die Kategorien unterscheiden sich hinsichtlich der verwendeten Methodiken und Werkzeuge.

Low-Code- und Pro-Code-Erweiterungen

Neben den Erweiterungskategorien kann zusätzlich zwischen *Low-Code-* und *Pro-Code-Erweiterungsmöglichkeiten* unterschieden werden. Erstere richten sich besonders an sogenannte *Citizen Developer*, also Key User aus den Fachbereichen ohne umfangreiche Programmierkenntnisse. Die Pro-Code-Erweiterungsmöglichkeiten richten sich dagegen an professionelle Entwickler*innen.

Wir sehen uns die beiden Erweiterungskategorien im Folgenden genauer an.

On-Stack-Erweiterbarkeit

Bei *On-Stack-Erweiterungen* handelt es sich um Erweiterungen, die direkt auf dem SAP-S/4HANA-System (also »on the stack«) durchgeführt werden. Diese Erweiterungen werden technisch direkt auf dem SAP-S/4HANA-Anwendungsserver ausgeführt und sind in der Regel eng an Daten und Prozesse des SAP-S/4HANA-Systems gekoppelt oder von diesen abhängig.

Die On-Stack-Erweiterbarkeit umfasst im Einzelnen folgende Erweiterungsmöglichkeiten:

- klassische Erweiterbarkeit
- Erweiterungen mittels SAP S/4HANA Cloud, ABAP Environment
- Key-User-Erweiterbarkeit

Klassische Erweiterbarkeit

Der Begriff der *klassischen Erweiterbarkeit* beschreibt im weitesten Sinne das in der der Vergangenheit gewohnte Vorgehen zur Erweiterung der SAP Business Suite. Dieses Vorgehen erlaubt die vollständige Erweiterung der Standardfunktionen von SAP S/4HANA. Dabei kann auf verschiedene Erweiterungstechnologien, wie z. B. *Business Add-ins* (BAdIs), *Enhancements*, *User-Exits* oder *Customer-Exits* zurückgegriffen werden. Sie können sämtliche ABAP-basierten Technologien wie Reports oder Dynpros verwenden und auf sämtliche SAP-Standardschnittstellen uneingeschränkt zugreifen. Selbst Modifikationen von SAP-Coding können bei Bedarf durchgeführt werden.

Die klassische Erweiterbarkeit ist damit sehr leistungsfähig und flexibel, aber es fehlt eine klare und stabile Schnittstelle zwischen SAP- und kundenindividuellem Code, was zu Konflikten oder Inkompatibilitäten bei System-Upgrades führen kann, wenn sich die SAP-Standardprogramme ändern. Aus diesem Grund waren Release-Upgrades in der Vergangenheit oft mit hohen Anpassungsaufwänden verbunden.

Es leuchtet ein, dass sich ein solches Erweiterungsvorgehen nicht für die SAP S/4HANA Cloud Public Edition, mit ihren automatisierten und kurzfristigen Upgrade-Intervallen eignet, weshalb klassische Erweiterungsmöglichkeiten in der Public-Cloud-Edition nicht mehr verwendet werden können. Sie stehen in SAP S/4HANA on premise und SAP S/4HANA Cloud Private Edition jedoch weiterhin zur Verfügung. Aufgrund der beschriebenen Risiken bei Release-Upgrades wird diese Art der Erweiterung jedoch nicht mehr empfohlen und sollte nur als letzte Option verwendet werden. Stattdessen können Key-User-Erweiterbarkeitstools oder (ab SAP S/4HANA 2022) das SAP S/4HANA Cloud, ABAP Environment für Erweiterungen genutzt werden. Diese Werkzeuge bieten eine ähnliche Flexibilität bei deutlich höherer Stabilität.

[»]

> **Überarbeitung bestehender Erweiterungen**
>
> Im Rahmen von Brownfield-Migrationsprojekten wurden häufig klassische Erweiterungen nach SAP S/4HANA migriert. Es ist langfristig empfehlenswert, diese Erweiterungen zu überarbeiten oder durch upgrade-stabile Erweiterungen abzulösen. Näheres hierzu erläutern wir in Kapitel 17, »ABAP Cloud für On-Premise-Systeme anwenden«.

SAP S/4HANA Cloud, ABAP Environment

Das SAP S/4HANA Cloud, ABAP Environment ist eine umfangreiche und upgrade-stabile Umgebung für die ABAP-Entwicklung. Sie bietet ähnliche Möglichkeiten wie die klassische Erweiterbarkeit, allerdings mit einer kontrollierten Schnittstelle zwischen kundeneigenem Code und SAP-Code. Bei den in dieser Umgebung ausgeführten Erweiterungen spricht man, in Abgrenzung zu den Key-User-Erweiterungen, auch von *Entwicklererweiterungen* oder *Developer Extensibility*. Das SAP S/4HANA Cloud, ABAP Environment sowie das zugehörige Entwicklungsmodell ABAP Cloud werden wir in Abschnitt 2.1.3, und Kapitel 3, »Das ABAP-Cloud-Entwicklungsmodell«, umfassender behandeln.

Key-User-Erweiterungen

Bei *Key-User-Erweiterungen* handelt es sich um Anpassungen, die von Business-Expert*innen vorgenommen werden können, ohne tiefergehende Kenntnisse der Implementierungsdetails der zugrunde liegenden SAP-Anwendungen vorweisen zu müssen. Key User bzw. Business-Expert*innen verfügen in der Regel über tiefgreifende Kenntnisse der Geschäftsprozesse in SAP S/4HANA und deren Konfiguration. Allerdings verfügen sie typischerweise nicht über Entwicklerkenntnisse oder nur über begrenzte. Die Key-User-Erweiterungsoptionen nutzen deshalb Low-Code oder sogar No-Code-Werkzeuge für die Implementierung von Erweiterungen.

Key-User-Erweiterungen sind immer upgrade-stabil und können somit in allen SAP-S/4HANA-Editionen eingesetzt werden. Am besten für Key-User-Erweiterungen geeignet sind Anpassungen auf der sogenannten »letzten Meile«, d. h. Anpassungen der Benutzeroberflächen oder von Formularen. Key-User-Erweiterungen können – mit gewissen Einschränkungen – jedoch auch für tiefergehende Anpassungen von Geschäftsobjekten und Prozessen verwendet werden.

Side-by-Side-Erweiterbarkeit

Erweiterungen auf Cloud-Entwicklungsplattformen

Side-by-Side-Erweiterungen sind Anpassungen, die in einer separaten Umgebung außerhalb des SAP-S/4HANA-Systems entwickelt und ausgeführt werden. Üblicherweise werden diese Erweiterungen auf Basis von Cloud-Entwicklungsplattformen implementiert und bereitgestellt. An erster Stelle sei hier die SAP BTP zu nennen. Side-by-Side-Erweiterungen können jedoch auch unter Verwendung anderer Plattformen wie Microsoft Azure oder über eine Kombination aus mehreren Plattformen (*Multi-Cloud-Ansatz*) bereitgestellt werden.

Side-By-Side-Erweiterungen sind daher technologisch hochgradig flexibel und bieten kaum Einschränkungen bei der Wahl der Programmiermodelle und -sprachen sowie bei der Integration moderner Technologien. Die SAP BTP bietet neben dem ABAP Environment für die Entwicklung ABAP-basierter Erweiterungen mit den Cloud Foundry und Kyma Environments leistungsfähige und hochskalierbare Umgebungen für die Bereitstellung containerbasierter Anwendungen. Im Rahmen dieses Buches fokussieren wir uns jedoch ausschließlich auf ABAP-basierte Side-by-Side-Erweiterungen mit dem SAP BTP, ABAP Environment.

Kommunikation mit dem SAP-S/4HANA-System

Side-by-Side-Erweiterungen kommunizieren mit dem SAP-S/4HANA-System über standardisierte Schnittstellen und APIs. Sie sind daher vollständig upgrade-stabil und unabhängig von der SAP-S/4HANA-Edition und deren Releases. Daher können Side-by-Side-Erweiterungen auch für SAP-Business-Suite-Systeme implementiert werden. Sie sind die bevorzugte Option für Erweiterungsszenarien, die sich über eine lose Kopplung an Daten, Transaktionen oder Anwendungen des ERP-Systems realisieren lassen. Für eng gekoppelte Erweiterungen von SAP-S/4HANA-Geschäftsprozessen, also beispielsweise für Anpassungen, die Daten innerhalb einer Logical Unit of Work (LUW) verändern müssen, ist die diese Art der Erweiterung dagegen nicht geeignet. Hierfür werden in der Regel die beschriebenen On-Stack-Erweiterungsoptionen verwendet.

2.1.3 SAP S/4HANA Cloud, ABAP Environment

Embedded ABAP Environment

Im vorangegangenen Abschnitt haben wir Ihnen die verschiedenen Möglichkeiten zur Erweiterung von SAP S/4HANA vorgestellt. Mit den unterschiedlichen Erweiterungsstrategien steht Ihnen für jede Kundenanforderung das passende Werkzeug zur Verfügung. Für Kunden von SAP S/4HANA Cloud Public Edition war das nicht immer so. Vor dem Release 2208 konnte SAP S/4HANA Cloud Public Edition lediglich mit Key-User- und Side-by-Side-Erweiterungen erweitert werden. Die Implementierung komplexer kundeneigener ABAP-Entwicklungen und der Zugriff auf SAP-S/4HANA-Standardanwendungen war nicht möglich. Mit SAP S/4HANA 2208 und der Einführung des SAP S/4HANA Cloud, ABAP Environments hat sich das geändert. Der Einfachheit halber sprechen wir im weiteren Verlauf dieses Buches vom *Embedded ABAP Environment*, um das SAP S/4HANA Cloud, ABAP

Environment vom SAP BTP, ABAP Environment abzugrenzen, für das wir die Kurzschreibweise *ABAP Environment* verwenden werden.

ABAP Cloud

Beim Embedded ABAP Environment handelt es sich um eine Umgebung, mit der Sie kundeneigene ABAP-Entwicklungen direkt auf dem Cloud-Stack des SAP-S/4HANA-Systems vornehmen können. Das Embedded ABAP Environment verwendet das Entwicklungsmodell *ABAP Cloud* und ermöglicht es Ihnen, eng gekoppelte, cloudfähige und upgrade-stabile Erweiterungen in Ihrem System vorzunehmen. Dazu werden Ihnen auf der ABAP-Plattform und mit den SAP-S/4HANA-Anwendungen verschiedene freigegebene Objekte und lokale öffentliche APIs zur Verfügung gestellt, mit denen Sie auf Services und Geschäftsobjekte zugreifen können.

Positionierung innerhalb von SAP S/4HANA

Abbildung 2.2 verdeutlicht die Positionierung des Embedded ABAP Environments innerhalb des SAP-S/4HANA-Systems.

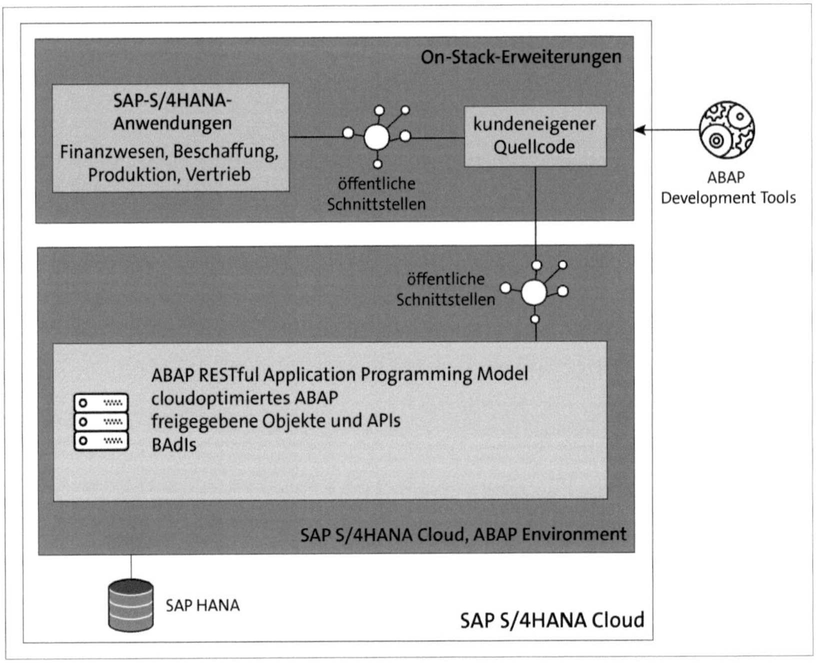

Abbildung 2.2 Embedded ABAP Environment in SAP S/4HANA Cloud

ABAP Cloud on premise und in Private Cloud

Seit SAP S/4HANA 2022 ist das Embedded ABAP Environment auch in SAP S/4HANA on premise und SAP S/4HANA Cloud Private Edition verfügbar. Damit können Sie auch in diesen Editionen das ABAP-Cloud-Entwicklungsmodell nutzen, um cloudfähige und upgrade-stabile Erweiterungen zu implementieren. Die Verwendung von ABAP Cloud in diesen SAP-S/4HANA-Editionen ist jedoch optional.

ABAP for Cloud Development

Sie wird über die Sprachversion *ABAP for Cloud Development* direkt in den Eigenschaften eines Entwicklungsobjekts aktiviert (siehe Abbildung 2.3). Alternativ können Sie die Sprachversion auch für ein komplettes Entwicklungspaket festlegen. Nachdem Sie **ABAP for Cloud Development** für ein Entwicklungsobjekt oder Entwicklungspaket aktiviert haben, stellen der ABAP Compiler und die Laufzeitumgebung sicher, dass die Implementierung nach den Regeln und Vorgaben des ABAP-Cloud-Entwicklungsmodells vorgenommen wird.

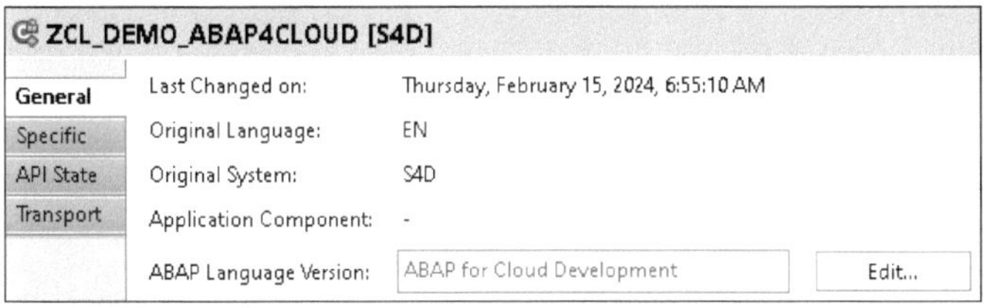

Abbildung 2.3 Aktivieren des Embedded ABAP Environments

Umfassendere Informationen zu ABAP Cloud finden Sie in Kapitel 3, »Das ABAP-Cloud-Entwicklungsmodell«.

2.2 SAP Business Technology Platform, ABAP Environment

Mit dem seit September 2018 allgemein verfügbaren SAP BTP, ABAP Environment hat SAP sein PaaS-Angebot um eine zusätzliche Plattform zur ABAP-Entwicklung erweitert. Man spricht bei dieser Umgebung daher auch von einer *ABAP-PaaS*. Als ABAP-Entwickler*in haben Sie damit die Möglichkeit, cloudbasierte Anwendungen und Services bereitzustellen. Der Einfachheit halber verwenden wir im weiteren Verlauf dieses Buches die Kurzschreibweise *ABAP Environment* für das SAP BTP, ABAP Environment.

2.2.1 Anwendungsszenarien

In diesem Abschnitt möchten wir die Frage beantworten, für welche Unternehmen und Anwendungsfälle das ABAP Environment geeignet ist. Diese Frage pauschal zu beantworten, ist gar nicht so einfach, da die Antwort immer abhängig von der spezifischen Unternehmenssituation ist. Aufgrund der technologischen Eigenschaften des ABAP Environments und der vielfältigen Möglichkeiten, Systeme anzubinden, bietet sich eine Vielzahl an Anwendungsszenarien.

Abbildung 2.4 verdeutlicht die Positionierung des ABAP Environments innerhalb einer SAP-Systemlandschaft.

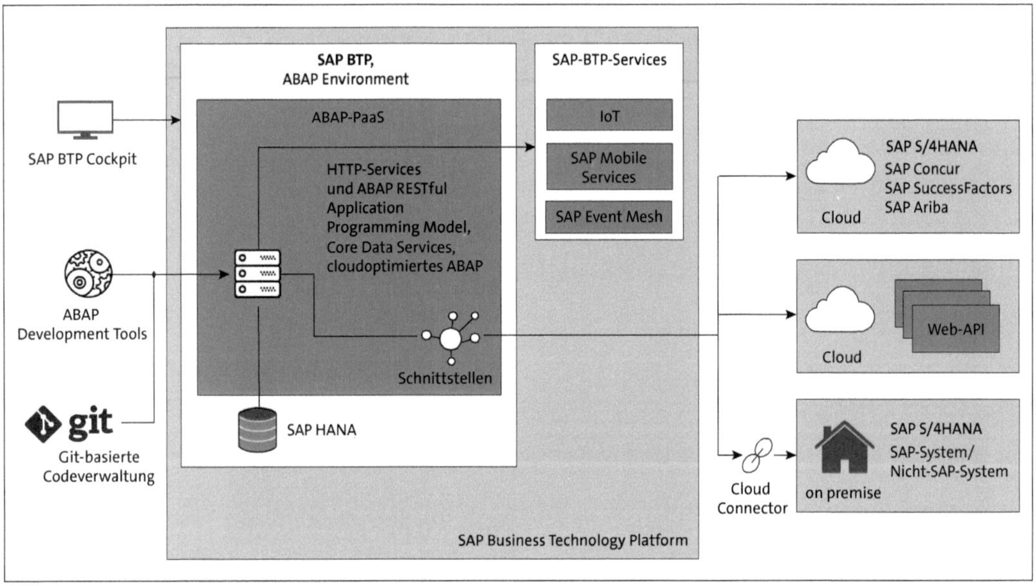

Abbildung 2.4 SAP BTP, ABAP Environment in der SAP-Systemlandschaft

Erweiterung von Cloud-Systemen

Das ABAP Environment wurde ursprünglich für die Side-by-Side-Erweiterung von SAP-Cloud-Systemen wie SAP S/4HANA Cloud entwickelt. Anwendungen und Prozesse dieser Systeme konnten zuvor nur mit der Key-User-Erweiterbarkeit erweitert werden. Eine kundeneigene ABAP-Entwicklung in Form der On-Stack-Erweiterbarkeit direkt auf einem SAP-S/4HANA-Cloud-System war zunächst nicht möglich. Abhilfe schaffte hier das ABAP Environment, dass die SAP Business Technology Platform als zentrale Erweiterungsumgebung nutzte (siehe Abbildung 2.5). SAP setzte dazu auf das Verfahren der Side-by-Side-Erweiterbarkeit. Analog zur Side-by-Side-Erweiterbarkeit mit Java und Node.js konnten ABAP-Entwickler*innen nun ihre Erweiterungen mittels freigegebener APIs von den Kernfunktionalitäten der Standardsoftware entkoppeln. Unternehmen profitieren hier insbesondere von einer signifikanten Verbesserung der Stabilität ihrer Entwicklungen. Durch die neue Möglichkeit der On-Stack-Erweiterbarkeit verliert dieses Anwendungsszenario in Zusammenspiel mit SAP S/4HANA Cloud aber zusehends an Bedeutung.

Innovationsplattform

Neben der Erweiterung von SAP-Cloud-Anwendungen können Sie das ABAP Environment auch für die Entwicklung eigener, cloudbasierter Anwendungen und Services nutzen. Dabei steht Ihnen SAP HANA zur Datenspeicherung und -verarbeitung zur Verfügung. Mit dem zukunftssicheren *ABAP*

RESTful Application Programming Model, dessen Anwendung wir in Kapitel 6, »Geschäftsobjekte modellieren«, ausführlich zeigen, können Sie darüber hinaus Ihre eigenen innovativen SAP-Fiori-Anwendungen erstellen.

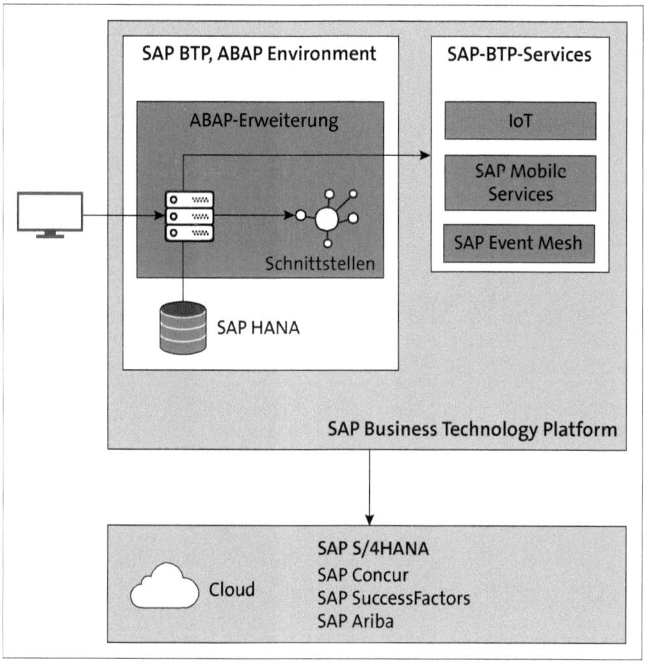

Abbildung 2.5 Anbindung von SAP-Cloud-Systemen an das SAP BTP, ABAP Environment

Anbindung von On-Premise-Systemen

Über den Cloud Connector können Sie zudem Ihre On-Premise-Systeme an das ABAP Environment anbinden und das ABAP Environment so als Verbindungsglied zwischen älteren On-Premise-Systemen und modernen Cloud-Anwendungen nutzen (siehe Abbildung 2.6). Sie profitieren so unabhängig vom Stand Ihrer Systemlandschaft von den neuesten Features und SAP-HANA-Technologien.

Dienste der SAP BTP

Mit dem ABAP Environment als integralem Bestandteil der SAP BTP können Sie selbstverständlich auch alle Dienste der SAP BTP nutzen. Dienste für künstliche Intelligenz (KI) und eventbasierte Architekturen ermöglichen Ihnen so Szenarien, die in einem klassischen On-Premise-System nicht möglich wären.

Hub-ähnliche Nutzung

Aufgrund der vielfältigen Möglichkeiten, verschiedene Datenquellen und Systeme anzubinden, können Sie das ABAP Environment darüber hinaus auch wie einen *Daten-Hub* verwenden. Sie sammeln in diesem Fall die Daten aus unterschiedlichen Quellen für die weitere Verarbeitung oder Analyse (siehe Abbildung 2.7).

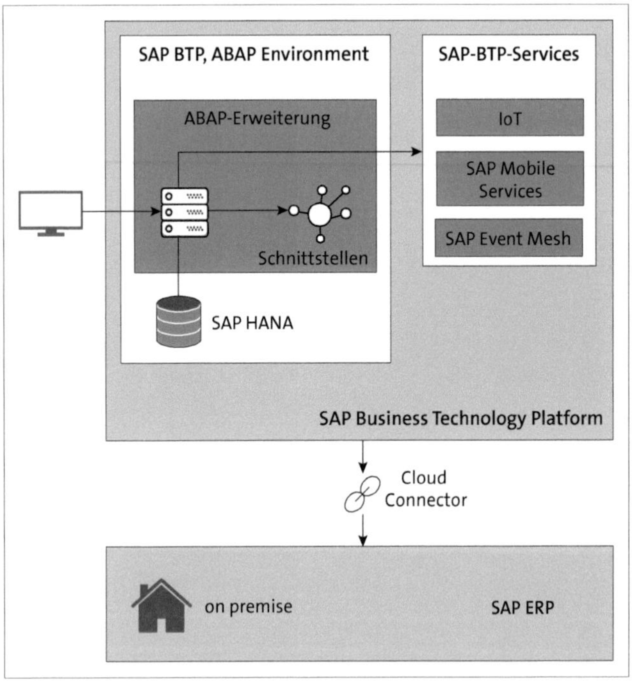

Abbildung 2.6 Anbindung von On-Premise-Systemen an das ABAP Environment

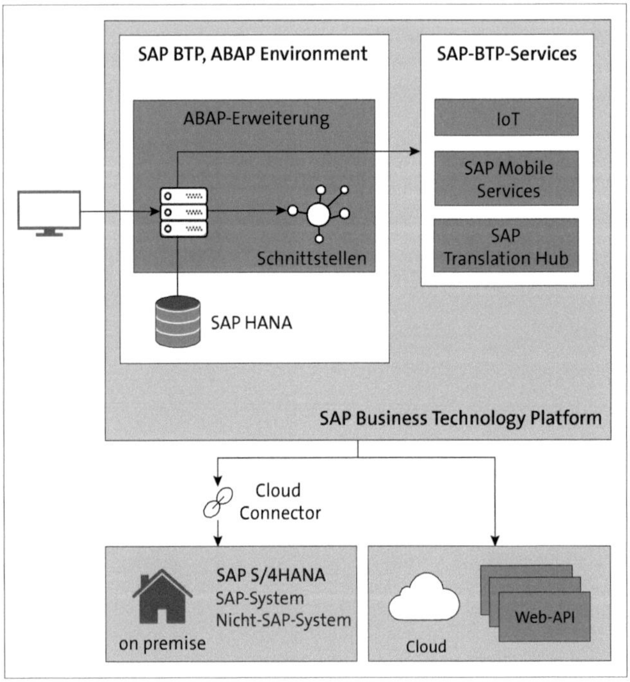

Abbildung 2.7 Nutzung des SAP BTP, ABAP Environments als Daten-Hub

Ihre zentralen Geschäftssysteme sind komplett von Ihren Entwicklungen im ABAP Environment entkoppelt. Somit können Sie Ihre eigenen Anwendungen oder Web-APIs auch einer breiten Benutzergruppe bereitstellen, ohne dass es nötig ist, dieser Benutzergruppe Zugriff auf Ihre Geschäftssysteme zu gewähren.

2.2.2 Architektur des SAP BTP, ABAP Environments

Beim ABAP Environment handelt es sich um eine eigenständige Plattform für das Bereitstellen ABAP-basierter Cloud-Dienste und -Anwendungen. Diese Plattform basiert komplett auf der Cloud-Foundry-Technologie (siehe Abschnitt 1.4, »Cloud Foundry als Basis für das ABAP Environment«) und läuft auf der Infrastruktur von Cloud-Providern, wie Amazon Web Services (AWS) oder Microsoft Azure.

[«]

Region und Provider

Die aktuell unterstützten Regionen und Cloud-Provider für das ABAP Environment können Sie der folgenden Seite im SAP Help Portal entnehmen: *http://s-prs.de/v1023901*

Infrastruktur und Services

SAP stellt Ihnen die Infrastruktur sowie alle Services als Teil Ihres Lizenzvertrags für das ABAP Environment zur Verfügung. Daraus resultiert, dass Sie hinsichtlich der Architektur an die Vorgaben und Restriktionen von SAP gebunden sind. Das ABAP Environment basiert immer auf dem aktuellsten Release der ABAP-Plattform, auf dem auch SAP S/4HANA Cloud basiert. Zusätzlich zum Anwendungsserver beinhaltet das ABAP Environment eine SAP-HANA-Datenbank für die Datenspeicherung.

Der Anwendungsserver

Speichergröße

Als Laufzeitumgebung für das ABAP Environment dient ein eigenständiger SAP NetWeaver Application Server (SAP NetWeaver AS) für ABAP. Die maximale Speichergröße der Laufzeitumgebung hängt von der Anzahl erworbener Speicherblöcke ab, den sogenannten *Compute Units*. Ein Speicherblock der Laufzeitumgebung entspricht einer Speichergröße von 16 GB. Für den Anwendungsserver können Sie bis zu 128 Speicherblöcke auswählen, was einer Speichergröße von 2 TB entspricht. Er kann unabhängig von der Speichergröße der SAP-HANA-Datenbank konfiguriert werden. Die Minimalausprägung beträgt 16 GB für die Laufzeitumgebung.

Whitelisted API

Mit dem Anwendungsserver des ABAP Environments stellt SAP verschiedene Komponenten und Funktionen in Form einer *Whitelisted API* zur Verfügung (siehe Abbildung 2.8). Diese kann von Kunden- und Partnerunternehmen frei verwendet werden, um eigenständige Anwendungen und Dienste bereitzustellen. Worum es sich bei der Whitelisted API genau handelt, erfahren Sie in Abschnitt 3.3, »Freigegebener Sprachumfang und Objekte«.

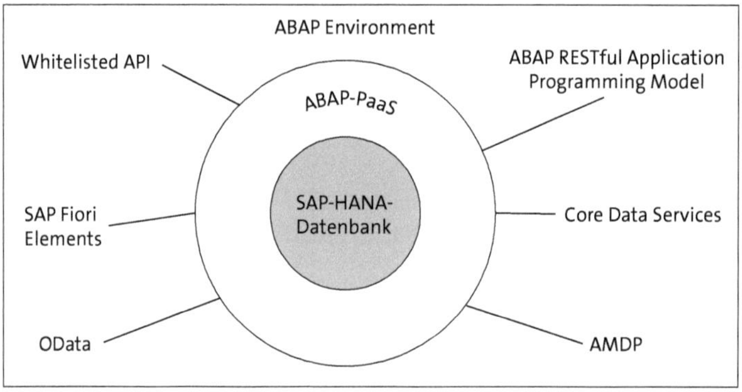

Abbildung 2.8 Komponenten und Funktionen des ABAP Environments

Programmiermodell

Daneben stellt der Anwendungsserver das ABAP RESTful Application Programming Model zur Verfügung, das auf *SAP Fiori* und *Core Data Services* (CDS) basiert. Dieses Programmiermodell unterstützt Sie bei der Implementierung kundeneigener Geschäftsobjekte.

Keine Geschäftsobjekte

Bekannte Geschäftsobjekte oder -prozesse, wie man sie aus einem vollwertigen SAP-System kennt, sucht man im ABAP Environment hingegen vergebens. Aus Entwicklungssicht bedeutet das, dass bekannte Datenbanktabellen, wie z. B. die Tabellen für den Materialstamm, nicht vorhanden sind und sich daher auch nicht zur Implementierung von Anwendungen verwenden lassen. Semantisch entspricht das ABAP Environment einem AS ABAP ohne die darauf aufbauende Anwendungsebene.

Abbildung 2.9 veranschaulicht beispielsweise die erfolglose Suche nach der Datenbanktabelle `MARA` innerhalb eines ABAP-Environment-Cloud-Projekts. Das Ergebnisfeld **Matching items** gibt hier keine Treffer aus. Das liegt daran, dass die Tabelle `MARA` im ABAP Environment nicht verwendet werden kann.

Eine Anmeldung am Anwendungsserver des ABAP Environments ist nur über die ABAP Development Tools (ADT) in Eclipse (siehe Abschnitt 4.3, »ABAP Development Tools als Entwicklungsumgebung einrichten«), über das zentrale Dashboard (siehe Abschnitt 4.1, »Das Dashboard als Administrationsoberfläche«) oder über selbst entwickelte SAP-Fiori-Anwendungen möglich. Eine Anmeldung über *SAP Logon* und das SAP GUI wird nicht mehr unterstützt.

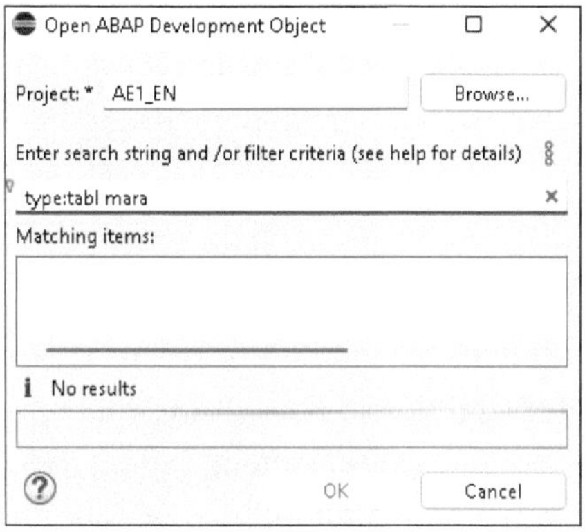

Abbildung 2.9 Erfolglose Suche nach der Datenbanktabelle MARA

Die Datenbank

Wie bereits zu Beginn dieses Abschnitts erwähnt, wird die Architektur des ABAP Environments durch SAP vorgegeben. Zur Persistierung von Daten beinhaltet das ABAP Environment eine SAP-HANA-Datenbank. Andere Datenbanksysteme stehen bewusst nicht zur Verfügung, um die Innovationen von SAP HANA nutzen zu können.

In-Memory-Technologie

Bei der SAP-HANA-Datenbank handelt es sich um eine vollständige relationale Datenbank, bei der alle relevanten Geschäftsdaten spaltenorientiert im Hauptspeicher abgelegt werden. Durch die sogenannte *In-Memory-Technologie* kann schneller als bei herkömmlichen Datenbanksystemen auf Daten zugegriffen werden. Ein weiterer Performancevorteil ergibt sich dadurch, dass datenintensive Berechnungen direkt auf der Datenbank ausgeführt werden können.

Code Pushdown

Werden Anwendungslogik oder Berechnungen in die Datenbank verschoben, spricht man von einem *Code Pushdown*. Dieser Code Pushdown kann im ABAP Environment angewendet werden. Ihnen stehen dazu die folgenden drei Möglichkeiten zur Verfügung:

- **ABAP SQL**
  Mit SAP NetWeaver 7.40 hat SAP die Open-SQL-Syntax stark erweitert. Die in ABAP eingebetteten SQL-Befehle heißen seit dem SAP NetWeaver Release 7.53 *ABAP SQL*. Mit der erweiterten Syntax ist es unter anderem möglich, Berechnungen direkt innerhalb der Feldleiste durchzuführen und diese so auf die Datenbank zu verlagern.
- **CDS-Views und CDS-Tabellenfunktionen**
  Mit CDS steht ein weiteres mächtiges Werkzeug zur Verfügung, um Datenbank-Views und Tabellenfunktionen zu definieren und so Anwendungslogik an die Datenbank auszulagern.

- **ABAP Managed Database Procedures**
  Durch *ABAP Managed Database Procedures* (AMDP) wurde die Möglichkeit geschaffen, direkt im ABAP-Anwendungsserver Datenbankprozeduren zu definieren.

Ein direkter Zugriff auf die Datenbank, um beispielsweise native SAP-HANA-Prozeduren zu schreiben, ist mit dem ABAP Environment nicht möglich.

Speichergröße

Die Speichergröße der SAP-HANA-Datenbank kann im ABAP Environment unabhängig von der Speichergröße der Laufzeitumgebung konfiguriert werden. Anders als bei der Speichergröße der Laufzeitumgebung wird die Speichergröße der SAP-HANA-Datenbank nicht immer in 16-GB-Blöcken verwaltet, sondern ist abhängig vom ausgewählten Cloud-Provider. Beim Cloud-Provider AWS beträgt die Größe der Speicherblöcke 15 GB und bei Microsoft Azure 16 GB. Die Minimalausprägung beträgt unabhängig vom Cloud-Provider zwei Speicherblöcke und kann auf bis zu 64 Speicherblöcke erhöht werden. Wichtig ist zu beachten, dass mit den SAP-HANA-Speicherblöcken die Speichergröße des Arbeitsspeichers (*SAP HANA Cloud Memory Size*) angegeben wird und nicht die eigentliche Festplattengröße (*SAP HANA Cloud Disc Size*).

[»]

ABAP-System-Sizing

Für weiterführende Informationen zu den Speichergrößen der ABAP-Laufzeitumgebung und der SAP-HANA-Datenbank empfehlen wir Ihnen folgende Seite im SAP Help Portal: *http://s-prs.de/v1023902*

2.2.3 Lizenzmodell

Für die Nutzung des in Abschnitt 2.2.2, »Architektur des SAP BTP, ABAP Environments«, vorgestellten Anwendungsservers und der Datenbank bietet SAP ein nutzungsbasiertes Lizenzmodell an. Das ABAP Environment wird, wie bereits beschrieben, als PaaS angeboten. Dieses Modell zielt nicht darauf ab, ein Produkt zu verkaufen, sondern Funktionalität in Form eines Dienstes anzubieten.

[+]

Kostenlose Testversion

SAP stellt eine kostenfreie Testversion des ABAP Environments zur Verfügung. Mit dieser Testversion können Sie erste ABAP-basierte Cloud-Dienste und -Anwendungen unter Nutzung des ABAP RESTful-Application Programming Models implementieren. Auf diese Weise können Sie einen ersten Eindruck vom ABAP Environment gewinnen und sich mit den neuen Technologien vertraut machen. Beachten Sie jedoch, dass Sie sich die Testumgebung mit mehreren Benutzer*innen teilen.

Der Zugriff auf die Testversion hat eine Laufzeit von 30 Tagen, die sich höchstens zweimal auf insgesamt 90 Tage verlängern lässt. Nach Ablauf der maximalen Laufzeit werden Ihr Test-Account und Ihre Anwendungen gelöscht. Ein weiterer Test-Account lässt sich beliebig oft anlegen.

Eine detaillierte Anleitung zur Einrichtung der Testversion finden Sie unter *http://s-prs.de/v783003*.

Nutzungsbasierte Abrechnung

Bei der nutzungsbasierten Abrechnung, im SAP-Umfeld auch als *Consumption-Based Commercial Model* bekannt, bezahlen Sie nur die Leistung, die Sie auch wirklich nutzen. Die Abrechnung erfolgt auf Basis der Nutzungsdauer und des Nutzungsumfangs. Bei der nutzungsbasierten Abrechnung können Sie zwischen den beiden folgenden Varianten wählen:

- Cloud Platform Enterprise Agreement (CPEA)
- Pay-As-You-Go

Cloud Platform Enterprise Agreement

Beim CPEA investiert Ihr Unternehmen im Voraus in Cloud-Guthaben und verpflichtet sich zur Nutzung von SAP-BTP-Diensten für einen Zeitraum von einem Jahr. Die verwendeten Services lassen sich während der gesamten Vertragslaufzeit wechseln. Sie sind also nicht an einen einzelnen Service gebunden. Sie erhalten eine monatliche Abrechnung, die Auskunft über die Nutzung der einzelnen Dienste und die entsprechenden Kosten gibt. Die monatlichen Gesamtkosten werden dann von Ihrem Cloud-Guthaben abgezogen. Diese Variante eignet sich vor allem für Kunden, die gut etablierte und geplante Anwendungsfälle haben.

Pay-As-You-Go

Bei der Pay-As-You-Go-Variante haben Sie Zugang zu den gleichen Services wie beim CPEA, tätigen jedoch keine Vorauszahlung in Cloud-Guthaben. Die Abrechnung der genutzten SAP-BTP-Dienste erfolgt monatlich im Nachhinein. Sie zahlen also nur für die Dienste, die Sie auch wirklich genutzt haben. Diese Variante eignet sich daher eher für Kunden, deren Anwendungsfälle noch nicht genau definiert sind oder die erste Proof of Concepts durchführen wollen.

[«]

Free Tier Model

SAP stellt das ABAP Environment auch über das *Free Tier Model* zur Verfügung. Mit dem Free Tier Model können Sie in dem Global Account Ihres Unternehmens das ABAP Environment auf der SAP BTP ohne zusätzliche Kosten testen. Dabei teilen Sie sich das System nicht mit anderen Benutzer*innen, wie es bei der kostenlosen Testversion der Fall ist. Beachten Sie jedoch, dass das Free Tier Model auf eine Laufzeit von maximal 90 Tagen begrenzt ist. Nach den 90 Tagen wird die ABAP-Environment-Instanz automatisch gelöscht.

Estimator Tool Abbildung 2.10 zeigt das von SAP bereitgestellte *Estimator Tool* (*http://s-prs.de/v783004*), mit dessen Hilfe Sie die voraussichtlichen Kosten für die geplante Nutzungsdauer des ABAP Environments in Stunden ermitteln können.

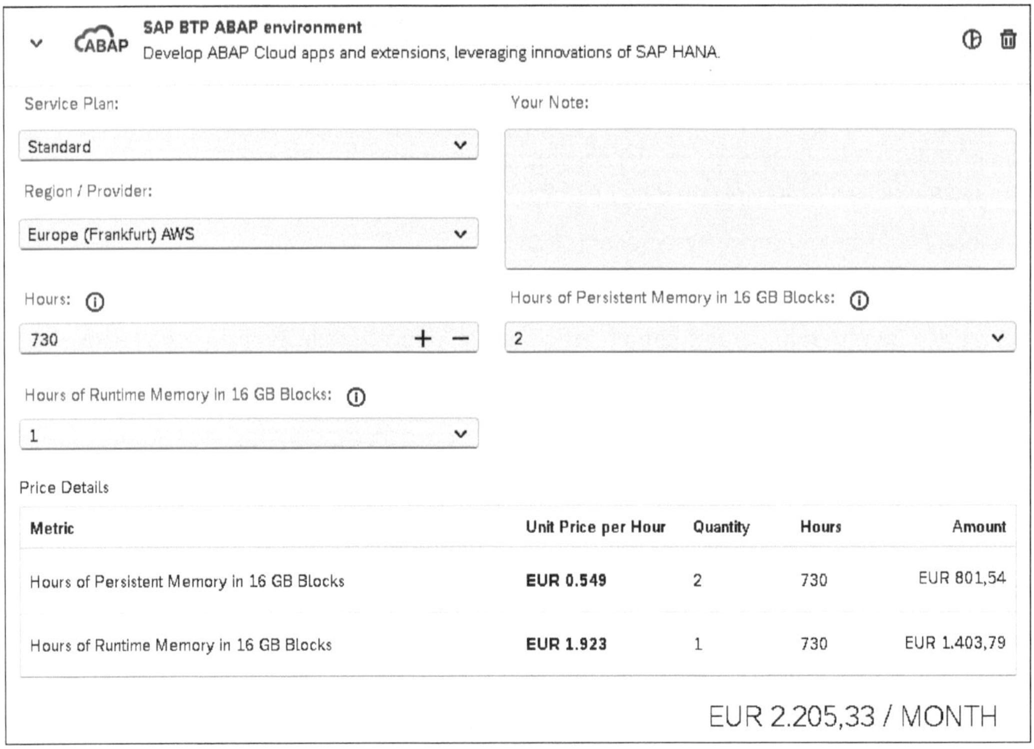

Abbildung 2.10 Estimator Tool für das ABAP Environment

2.2.4 Updates und Wartung

Bei der SAP BTP ist SAP nicht nur für das Bereitstellen der Infrastruktur verantwortlich, sondern auch für das Einspielen neuer Releases und Fehlerkorrekturen. In diesem Abschnitt schauen wir uns das Thema Updates und Wartung ein wenig genauer an.

Releasezyklus Wie Sie Abbildung 2.11 entnehmen können, weist das ABAP Environment einen quartalsweisen Releasezyklus auf. Im Vergleich zu SAP-S/4HANA-Systemen profitieren Sie dank dieser viermal im Jahr vorgesehenen *Major Upgrade Windows* von einem schnelleren Innovationszyklus.

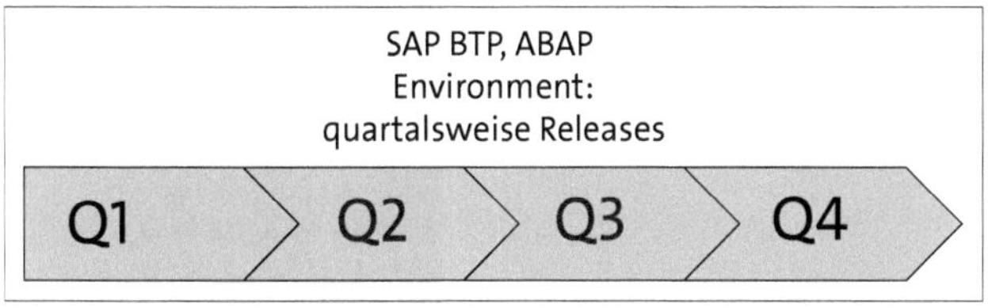

Abbildung 2.11 Releasezyklus des ABAP Environments

Automatische Upgrades

Im Gegensatz zu On-Premise-Systemen müssen Sie sich nicht um das Einplanen und die Durchführung eines Upgrades kümmern. Die Upgrades werden automatisch nach einem vorher bekannt gegebenen Zeitplan durchgeführt. Auf diesen Zeitplan haben Sie keinen Einfluss. Anschließend stehen Ihnen die neuesten Funktionen im ABAP Environment zur Verfügung.

Wartungsfenster

Neben diesen quartalsweise stattfindenden Releasewechseln behält es sich SAP vor, Einzelkorrekturen im Rahmen eines wöchentlichen Wartungsfensters einzuspielen. Tabelle 2.2 fasst die durch das *Service Level Agreement* (SLA) für SAP-Cloud-Services definierten Wartungsfenster und Wartungszeiträume zusammen. Die Wartungsfenster sind unter anderem von der Region abhängig, in der das ABAP Environment betrieben wird.

Wartungsart	Zeitraum in UTC nach Region	Dauer
Fehlerkorrekturen etc.	MENA: Fr. 19 Uhr APJ: Sa. 15 Uhr Europe: Sa. 22 Uhr America: So. 4 Uhr	maximal 4 Stunden
Releasewechsel/ Aktualisierung Produktversion	APJ: Fr. 21 Uhr Europe: Sa. 4 Uhr America: Sa. 10 Uhr	abhängig vom definierten Zeitplan (maximal 24 Stunden)

Tabelle 2.2 Wartungsfenster des ABAP Environments

SAP behält sich im Zuge des SLA vor, die Zeiten der Wartungs- und Update-Fenster von Zeit zu Zeit zu ändern. Über aktuelle Zeiten werden Sie unter der URL *http://s-prs.de/v1023903* informiert.

2.3 Einordnung in die SAP-Systemlandschaft

Weltweit ist heute noch eine Vielzahl von SAP-Business-Suite-Systemen bei den SAP-Kunden vor Ort, also on premise, im Einsatz. Der Großteil der ABAP-Entwicklergemeinde arbeitet mit diesen Systemen, die entweder SAP HANA oder eine andere Datenbank (*AnyDB*) einsetzen. Diese ca. 100.000 produktiven Systeme werden von SAP allerdings nur noch gewartet und nicht mehr weiterentwickelt. SAP investiert stattdessen vor allem in die Weiterentwicklung vier innovativer Produkte: SAP S/4HANA on premise, SAP S/4HANA Cloud Public Edition, SAP S/4HANA Cloud Private Edition und ABAP Environment.

Cloud-first-Strategie

Alle vier Produkte basieren auf einer gemeinsamen Codelinie und profitieren somit gleichermaßen von innovativen Weiterentwicklungen. Des Weiteren sind alle vier Produkte für SAP HANA optimiert. Der Einsatz eines anderen Datenbanksystems ist nicht möglich. Bei der Weiterentwicklung der gemeinsamen Codelinie verfolgt SAP eine Cloud-first-Strategie: Upgrades werden vorzugsweise für die von SAP betriebenen Cloud-Systeme, d. h. für das ABAP Environment und SAP S/4HANA Cloud Public Edition, bereitgestellt. Für das ABAP Environment werden die Upgrades quartalsweise und für die SAP S/4HANA Cloud Public Edition halbjährlich bereitgestellt und durch SAP automatisch durchgeführt. Kunden, die SAP S/4HANA on premise oder SAP S/4HANA Cloud Private Edition einsetzen, erhalten diese Upgrades alle zwei Jahre und müssen sich selbst um das Einplanen und Durchführen der Upgrades kümmern.

Abbildung 2.12 stellt die Codelinie, die Upgradezyklen, Systemart und Plattform der vier genannten Produkte einander gegenüber.

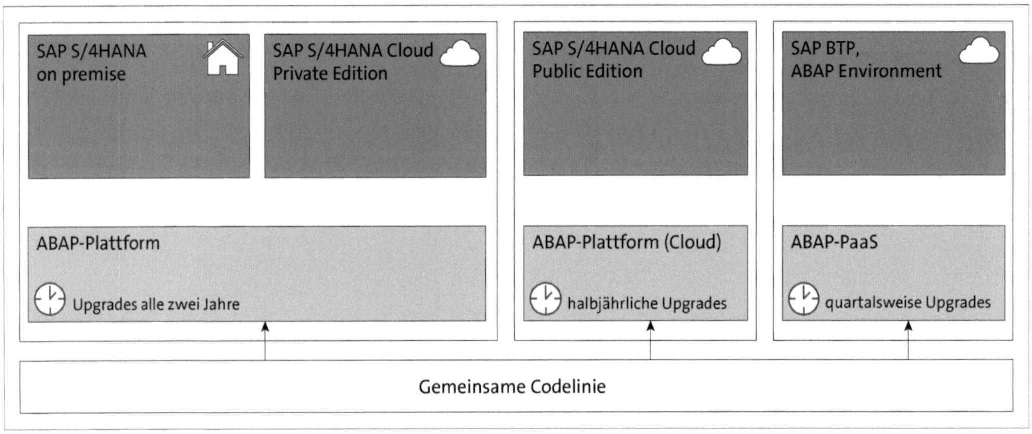

Abbildung 2.12 Gegenüberstellung von SAP S/4HANA, SAP S/4HANA Cloud und SAP BTP, ABAP Environment

2.4 Zusammenfassung

In diesem Kapitel haben wir Ihnen die verschiedenen Plattformen vorgestellt, die SAP für die ABAP-Programmierung bereitstellt. Zu Beginn des Kapitels haben Sie die Unterschiede zwischen den drei SAP-S/4HANA-Editionen SAP S/4HANA Public Cloud, SAP S/4HANA Private Cloud und SAP S/4HANA on premise kennengelernt. Alle drei Editionen können mit Key-User-Erweiterungen, On-Stack-Erweiterungen und Side-by-Side-Erweiterungen erweitert werden.

Bei der On-Stack-Erweiterbarkeit spielt vor allem das mit SAP S/4HANA 2208 bereitgestellte SAP S/4HANA Cloud, ABAP Environment (Embedded ABAP Environment) eine zentrale Rolle. Damit können Sie komplexe kundeneigene ABAP-Entwicklungen direkt auf dem Stack des SAP-S/4HANA-Systems vornehmen.

Für die Side-by-Side-Erweiterbarkeit kommt das SAP BTP, ABAP Environment zum Einsatz, das wir Ihnen in Abschnitt 2.2, »SAP Business Technology Platform, ABAP Environment«, näher vorgestellt haben. Das ABAP Environment lässt sich als zentrales Erweiterungssystem für SAP-Cloud-Anwendungen, als Innovationsplattform zur Entwicklung eigener moderner Cloud-Anwendungen oder als Hub-System zur Sammlung von Daten aus unterschiedlichen Systemen einsetzen. Selbstverständlich sind auch kombinierte Szenarien denkbar.

Wir haben Ihnen einen Überblick über die Architektur und das Lizenzmodell des ABAP Environments gegeben. Dazu haben wir den technischen Aufbau sowie die nutzungsbasierte Abrechnung erläutert. Zum Schluss haben wir Ihnen den quartalsweisen Releasezyklus und das SLA für SAP-Cloud-Services vorgestellt.

Kapitel 3
Das ABAP-Cloud-Entwicklungsmodell

Mit dem Entwicklungsmodell ABAP Cloud können Sie upgrade-stabile und cloudfähige Anwendungen, Dienste und Erweiterungen erstellen.

In diesem Kapitel wollen wir Ihnen *ABAP Cloud* als neues Entwicklungsmodell vorstellen. In einer Cloud-Umgebung wie dem ABAP Environment oder SAP S/4HANA Cloud Public Edition, bei dem SAP die Stabilität des Systems für alle Nutzer*innen gewährleisten muss, kann kein voller Zugriff auf den ABAP-Sprachumfang gewährt werden. Das Entwicklungsmodell ABAP Cloud stellt sicher, dass nur noch ABAP-Anweisungen verwendet werden, die in der Cloud als sicher gelten und die Upgrade-Stabilität gewährleisten. Des Weiteren setzt ABAP Cloud auf Technologien wie *Core Data Services* (CDS), das ABAP RESTful Application Programming Model, freigegebene SAP-APIs sowie die ABAP Development Tools (ADT) als Entwicklungsumgebung.

In Abschnitt 3.1, »Evolution der ABAP-Programmiermodelle«, geben wir Ihnen einen Überblick über die historische Entwicklung der ABAP-Programmiermodelle.

In Abschnitt 3.2, »Was ist ABAP Cloud?«, stellen wir Ihnen das ABAP-Cloud-Entwicklungsmodell und dessen wichtigste Tools und Techniken vor.

In Abschnitt 3.3, »Freigegebener Sprachumfang und Objekte«, widmen wir uns der für ABAP Cloud zugelassenen Sprachversion sowie den zur Verwendung freigegebenen ABAP-Sprachelementen. Zusätzlich nennen wir die von SAP zur Verwendung freigegebenen Repository-Objekte und geben Ihnen einen Überblick über die mit ABAP Cloud generell zur Verfügung stehenden Objekttypen.

3.1 Evolution der ABAP-Programmiermodelle

Die Art und Weise, wie Geschäftsanwendungen im SAP-Umfeld erstellt werden, hat sich in den letzten Jahren verändert. Generell unterliegt die Softwareentwicklung einem stetigen Wandel. Dieser Wandel macht sich vor allem durch neue technische Möglichkeiten bemerkbar. Auch bei der ABAP-

Entwicklung werden wir stetig von der Einführung neuer Technologien begleitet. Wiederholt wurden neue Oberflächentechnologien eingeführt, und ABAP wurde als Programmiersprache weiterentwickelt.

Einfluss von SAP HANA und SAPUI5

Bisher hat jedoch keine Veränderung die Entwicklung von SAP-Geschäftsanwendungen so sehr beeinflusst wie die Einführung der SAP-HANA-Datenbank und von SAPUI5. Langfristig verfolgt SAP das Ziel, das SAP GUI komplett durch webbasierte Anwendungen zu ersetzen. Die Umsetzung dieses Ziels hat dazu beigetragen, dass SAP mit dem *ABAP-Programmiermodell für SAP Fiori* das erste »richtige« Programmiermodell entwickelt hat.

Klassische ABAP-Programmierung

Alle zuvor genutzten Vorgehensmodelle für die ABAP-Entwicklung sind keinem Programmiermodell im eigentlichen Sinne zuzuordnen. Die klassische ABAP-Programmierung ist vielmehr ein Sammelbecken für eine Vielzahl von Techniken und Technologien, die bei der Erstellung von Geschäftsanwendungen vor dem Release 7.5 des SAP NetWeaver Application Servers (SAP NetWeaver AS) für ABAP zum Einsatz gekommen sind. So erfolgte beispielsweise die Datenmodellierung bei der Entwicklung einer neuen Anwendung im *ABAP Dictionary*. Dort wurden alle notwendigen Tabellen, Strukturen und Datenelemente entsprechend den Anforderungen angelegt und in Relation zueinander gesetzt.

Anwendungslogik

Die Entwicklung der eigentlichen Anwendungslogik wurde in Form von Reports, Funktionsbausteinen und Klassen realisiert. Abhängig von der Anforderung und den Fähigkeiten der Entwickler*innen konnten die Klassen gegebenenfalls mit Entwurfsmustern strukturiert werden.

Datenzugriff

Für das Fortschreiben auf die Datenbank wurde auf Standardlogik aus BAPI-Funktionsbausteinen (*Business Application Programming Interfaces*) zurückgegriffen. Dennoch mussten der Datenzugriff, das Sperrverhalten und das transaktionale Verhalten häufig eigenständig implementiert werden. Das war mit einem hohen zeitlichen Aufwand verbunden.

Oberflächen

Zur Entwicklung der Oberflächen stand mit der Zeit eine Vielzahl alternativer Technologien zur Verfügung. Dazu zählten unter anderem Technologien wie *Dynpro*, *Business Server Pages* (BSP), *Web Dynpro ABAP*, *Floorplan Manager* und SAPUI5. Die Wahl der Oberflächentechnologie war nicht zuletzt von den Fähigkeiten des Entwicklers oder der Entwicklerin und den entsprechenden Anforderungen abhängig.

Anbindung von Drittsystemen

Auch bei der Datenversorgung von Drittsystemen gab es kein einheitliches Vorgehen. Oft wurden diese Systeme mit flachen Dateischnittstellen oder unter dem Einsatz von *SOAP-Webservices* mit Daten versorgt.

ABAP-Programmiermodell für SAP Fiori

Mit dem ABAP-Programmiermodell für SAP Fiori stellte SAP mit dem Release 7.5 des SAP NetWeaver AS ABAP ihr erstes Programmiermodell zur Verfügung. Dieses Programmiermodell definierte ein standardisiertes Verfahren für die Entwicklung von Anwendungen im Umfeld von SAP S/4HANA. Auf Basis von CDS, dem *Business Object Processing Framework* (BOPF) und *OData* können mit diesem Programmiermodell moderne, webbasierte und für SAP HANA optimierte Anwendungen entwickelt werden.

Datenmodellierung und Geschäftsobjektgenerierung

Anders als bei der klassischen ABAP-Programmierung erfolgt die Datenmodellierung bei diesem Programmiermodell nicht ausschließlich über Tabellen, sondern über darauf aufbauende *CDS-Views*. Diese bilden auch die Grundlage für die automatische Generierung von BOPF-Geschäftsobjekten und den zugehörigen OData-Services. Sie müssen sich lediglich um die Ausprogrammierung des transaktionalen Verhaltens in BOPF kümmern.

Generierung von Oberflächen

Selbst die automatische Generierung rudimentärer Programmoberflächen zur Verarbeitung von CRUD-Operationen (Create, Read, Update, Delete) ist mit dem ABAP-Programmiermodell für SAP Fiori möglich. Schon im CDS-View können Sie dazu mit Annotationen Einfluss darauf nehmen, welche Felder angezeigt oder wie diese gruppiert werden sollen. Letztlich stehen alle diese Informationen in einem OData-Service bereit und können von einem Generierungswerkzeug im *SAP Business Application Studio* ausgelesen werden, um eine den SAP-Fiori-Designrichtlinien entsprechende Oberfläche zu generieren.

ABAP RESTful Application Programming Model

Doch auch die Vorgehensweise im ABAP-Programmiermodell für SAP Fiori ließ sich noch weiter vereinfachen und vereinheitlichen. Als logische Konsequenz sollten die genannten Konzepte in ABAP und CDS integriert werden. Die gesamte Entwicklungstätigkeit sollte nach Eclipse verlagert und der zeitliche Gesamtaufwand für die Entwicklung auf ein Minimum reduziert werden. Als Ergebnis dieser Weiterentwicklung wurde schließlich das *ABAP RESTful Application Programming Model* vorgestellt und erstmals mit Release 1808 des ABAP Environments ausgeliefert.

Mit den Weiterentwicklungen von CDS und ABAP konnte die direkte Entwicklung von Geschäftsobjekten ermöglicht werden. Die Anwendung des zuvor noch notwendigen BOPF wurde somit obsolet. Die Geschäftsobjektmodellierung mit dem *ABAP RESTful Application Programming Model* behandeln wir ab Kapitel 6, »Geschäftsobjekte modellieren«, ausführlicher.

[«]

ABAP RESTful Application Programming Model für SAP S/4HANA

Mit dem Release SAP NetWeaver AS ABAP 7.54 wurde das ABAP RESTful Application Programming Model auch on premise ausgeliefert. Das Programmiermodell steht Ihnen somit nicht nur im ABAP Environment zur Verfügung, sondern kann auch in SAP-S/4HANA-on-Premise-Systemen ab Release 1909 genutzt werden.

Abbildung 3.1 gibt einen Überblick über die Evolutionsschritte der ABAP-Programmiermodelle und der Kernkomponenten der ABAP-Entwicklung.

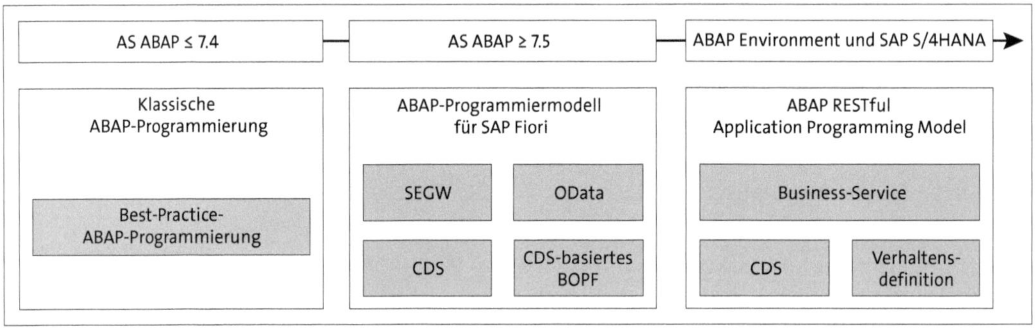

Abbildung 3.1 Evolution der ABAP-Entwicklung

3.2 Was ist ABAP Cloud?

In Kapitel 2, »ABAP-Plattform«, und im vorangegangenen Abschnitt haben wir Ihnen dargelegt, wie sich ABAP in den vergangenen Jahren weiterentwickelt hat. Es wurden eine Vielzahl an Technologien, Konzepten und Tools hinzugefügt. Mit der Einführung des ABAP Environments und der damit einhergehenden Notwendigkeit, dass SAP die Stabilität des Systems für alle Nutzer*innen garantieren muss, wurden außerdem die zur Verfügung stehenden ABAP-Sprachelemente und freigegebenen Repository-Objekte deutlich eingeschränkt. Für viele Entwickler*innen wurde es immer undurchsichtiger, welche Technologien, Konzepte und Tools zukunftsfähig sind und sich für die Entwicklung in der Cloud eignen und welche nicht. Mit dem Ziel, eindeutige Definitionen für Entwickler*innen zu schaffen, wurde Ende 2022 das Entwicklungsmodell ABAP Cloud ins Leben gerufen.

Programmier- oder Entwicklungsmodell?

Anders als man zunächst annehmen mag, ist ABAP Cloud kein Programmiermodell – es ist ein *Entwicklungsmodell*. Während ein Programmiermodell vor allem den konzeptionellen Rahmen oder Ansatz vorgibt, wie man Programme schreibt, geht ein Entwicklungsmodell noch einen Schritt weiter. Durch verschiedene Tools und Techniken stellt ABAP Cloud ein stabiles Ökosystem für die Entwicklung cloudfähiger und upgrade-stabiler Unternehmensanwendungen, Erweiterungen und Services bereit. Dabei unterstützt ABAP Cloud den gesamten Entwicklungsprozess, aufbauend auf der Programmiersprache ABAP. Entwickler*innen sind damit in der Lage, schnell auf sich ändernde Unternehmensanforderungen zu reagieren und Anwendungen nach Kundenwünschen anzupassen. Bei den zur Verfügung gestellten Tools und Techniken handelt sich überwiegend um bereits etablierte Weiterentwicklungen, die vielen Entwickler*innen bereits bekannt sind.

Im Folgenden zählen wir die wichtigsten Tools und Techniken von ABAP Cloud auf:

Tools und Techniken

- **ABAP Core Data Services (CDS)**
  Mit CDS steht Ihnen ein mächtiges Werkzeug zur Datenmodellierung und Erzeugung analytischer Auswertungen zur Verfügung. Wie Sie Geschäftsobjekte mit CDS modellieren können, zeigen wir Ihnen in Kapitel 6, »Geschäftsobjekte modellieren«.
- **ABAP RESTful Application Programming Model**
  Das ABAP RESTful Application Programming Model verwenden Sie für die Entwicklung transaktionaler Anwendungen und Services. In Kapitel 7, »Geschäftslogik entwickeln«, erläutern wir Ihnen, wie Sie Ihre Geschäftsobjekte um transaktionales Verhalten erweitern.
- **Cloudoptimiertes ABAP**
  Für die Implementierung von Geschäftslogiken steht Ihnen ein für die Cloud optimierter ABAP-Sprachumfang zur Verfügung. In Abschnitt 3.3.1, »ABAP-Sprachversion und -elemente«, geben wir Ihnen einen Überblick über diese Sprachversion sowie die zur Verwendung freigegebenen ABAP-Sprachelemente.
- **Freigegebene SAP-APIs**
  Freigegebene APIs ermöglichen Ihnen die gefahrlose Verwendung von Standard-Repository- und Objekttypen bei der Implementierung upgradestabiler Geschäftslogik. Welche Objekttypen Ihnen zur Verfügung stehen und welche Repository-Objekte Sie verwenden können, erfahren Sie in Abschnitt 3.3.2, »Freigegebene Repository- und Objekttypen«.
- **ABAP Development Tools (ADT)**
  Mit den ADT steht Ihnen eine moderne, integrierte Entwicklungsumgebung (Integrated Development Environment, IDE) für die Entwicklung cloudfähiger Unternehmensanwendungen zur Verfügung. Wie Sie Ihre moderne Arbeitsumgebung einrichten können, zeigen wir Ihnen in Kapitel 4, »Die Arbeitsumgebung einrichten«.
- **Technologien zur Kommunikation**
  Für die Kommunikation mit anderen Systemen stehen Ihnen mit ABAP Cloud verschiedene Technologien zur Verfügung, beispielsweise OData, SOAP oder RFC. In Abschnitt 14.4, »Mit Events arbeiten«, erfahren Sie, wie Sie zudem mit SAP Event Mesh Business Events veröffentlichen und konsumieren können.

ABAP Cloud setzt sich aus vielen weiteren Tools und Technologien zusammen. Abbildung 3.2 gibt Ihnen daher einen Überblick über alle dazugehörigen Tools und Techniken.

Abbildung 3.2 Abstraktes Architekturmodell von ABAP Cloud (Quelle: SAP)

Verfügbarkeit von ABAP Cloud

Mit dem regelmäßigen Umbenennen seiner Produkte hat es sich SAP in den vergangenen Jahren scheinbar zur Aufgabe gemacht, seine eigenen Kunden so weit wie möglich zu verwirren. Man könnte meinen, dass es sich bei ABAP Cloud um ein gänzlich neues Entwicklungsmodell handelt. Das ist allerdings nur bedingt richtig. Die grundlegenden Techniken und Tools von ABAP Cloud sind bereits seit der Einführung des ABAP Environments impliziter und obligatorischer Bestandteil des Systems. Entwickler*innen, die in der Vergangenheit mit dem ABAP Environment gearbeitet haben, haben ABAP Cloud daher bereits unwissentlich angewendet.

SAP S/4HANA Cloud Public Edition

Mit der Einführung des Embedded ABAP Environments in SAP S/4HANA Cloud Public Edition mit Release 2208 hat auch ABAP Cloud seinen Weg in die SAP-S/4HANA-Welt gefunden. Entwickler*innen können seitdem mit ABAP Cloud direkt in SAP S/4HANA Cloud Public Edition kundeneigene Unternehmensanwendungen und Services entwickeln. ABAP Cloud ist dabei genau wie im ABAP Environment implizierter und obligatorischer Bestandteil des Systems.

SAP S/4HANA Cloud Private Edition

Unternehmen, die SAP S/4HANA Cloud Private Edition oder SAP S/4HANA on premise einsetzen, profitieren gleichermaßen von den Vorzügen dieses modernen Entwicklungsmodells. Seit Release 2022 und der Einführung des Embedded ABAP Environments kann ABAP Cloud auch in diesen beiden Editionen verwendet werden. Im Gegensatz zum SAP BTP, ABAP Environment und dem Embedded ABAP Environment in SAP S/4HANA Cloud Public Edition ist die Anwendung von ABAP Cloud bei diesen beiden Editionen allerdings optional. In beiden Editionen kann nach wie vor mit klassischem ABAP entwickelt werden. Auch die Verwendung nicht freigegebener Repository- und Objekttypen ist möglich. Wie bereits in Kapitel 2, »ABAP-Plattform«, erläutert, aktivieren Sie das Embedded ABAP Environment – und somit ABAP Cloud – über die Sprachversion des Entwicklungsobjekts oder im Entwicklungspaket. Abbildung 3.3 zeigt die Verfügbarkeit von ABAP Cloud für die Produkte ABAP Environment, SAP S/4HANA on premise und SAP S/4HANA Cloud.

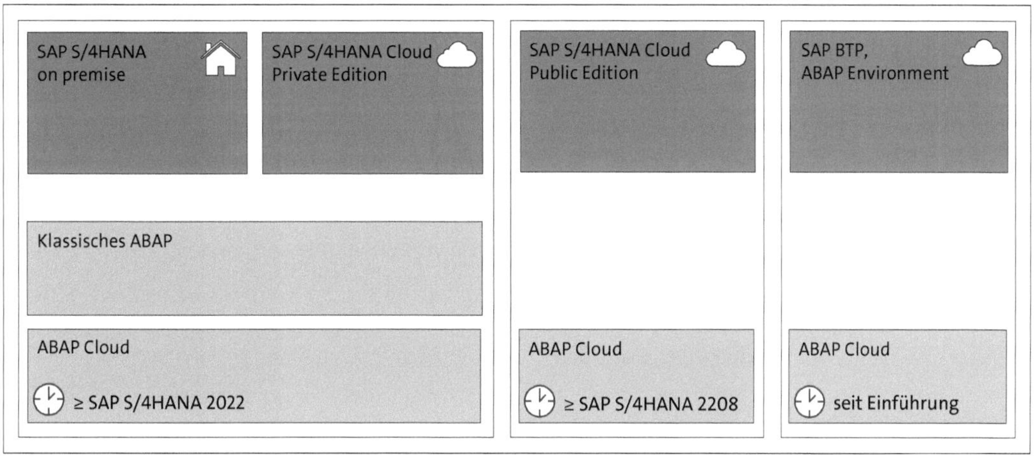

Abbildung 3.3 Verfügbarkeit von ABAP Cloud

3.3 Freigegebener Sprachumfang und Objekte

Der große Sprachumfang und die Fülle an bereitgestellten Standard-APIs sind sicherlich einige der wesentlichen Erfolgsfaktoren der ABAP-Programmiersprache. Mit ABAP lassen sich leicht eigene Anwendungen entwickeln und eigener Code in SAP-Standard-Software einbinden. Doch genau diese Vermischung von SAP- und kundeneigenem Quellcode und der große Funktionsumfang von ABAP sorgen auch dafür, dass bei falscher Anwendung nicht unerhebliche Schäden an der Integrität, Sicherheit oder Performance eines SAP-Systems entstehen können. In cloudbasierten Systemen wie dem ABAP Environment oder SAP S/4HANA Cloud Public Edition, bei denen SAP die Stabilität des Systems für alle Nutzer*innen gewährleisten muss, kann daher kein voller Zugriff auf den ABAP-Funktionsumfang gewährt werden. In diesem Abschnitt beschreiben wir, welche Elemente und Objekttypen für die Cloud-Entwicklung freigegeben sind.

3.3.1 ABAP-Sprachversion und -elemente

Die *ABAP-Sprachversion* ist eine Eigenschaft quelltextbasierter Entwicklungsobjekte. Die Versionskennung legt fest, welche ABAP-Sprachelemente im Entwicklungsobjekt verwendet werden dürfen und nach welchen Regeln die Syntax überprüft wird. Als Bestandteil des SAP NetWeaver AS ABAP findet sich die ABAP-Sprachversion bereits seit dem Release 7.50 auf On-Premise-Systemen wieder.

Verfügbare ABAP-Sprachversionen

Nachfolgend finden Sie eine Übersicht der gängigsten ABAP-Sprachversionen:

- **Standard-ABAP (Versionskennung: X)**
  Die ABAP-Sprachversion *Standard-ABAP* beschreibt die Grundversion von ABAP. Sie umfasst den gesamten, unicodefähigen Sprachumfang der Programmiersprache.
- **ABAP für Key User (Versionskennung: 2)**
  Diese Sprachversion ist für die sichere Implementierung von Key-User-Erweiterungen über einen webbasierten ABAP-Editor vorgesehen. Diese Sprachversion unterstützt nur einen eingeschränkten Satz von Sprachelementen. Dynamische Programmierung wird nicht unterstützt. Des Weiteren ist der Zugriff auf externe Repository-Objekte eingeschränkt und die Verwendung obsoleter Sprachelemente nicht möglich.
- **ABAP für Cloud-Entwicklung (Versionskennung: 5)**
  Mit dieser Sprachversion erfolgt die Entwicklung mit ABAP Cloud. Entwicklungsobjekte, die im ABAP Environment oder dem Embedded ABAP Environment angelegt werden, erhalten diese Versionskennung automatisch. Diese Sprachversion ist noch einmal strenger ausgeprägt als die ABAP-Version für Key User. Die unterstützten ABAP-Sprachelemente wurden noch weiter eingeschränkt, und auch der Zugriff auf Repository-Objekte ist reglementiert.

[»]

Obsolete Sprachversionen

Einige zuvor eingeführte ABAP-Sprachversionen sind mit dem neuesten Release überholt und können nicht mehr verwendet werden. Sollte ein Quellcodeobjekt bereits einer solchen Version zugeordnet worden sein, werden diese Objekte behandelt, als würden sie gar keine Sprachelemente unterstützen.

Abbildung 3.4 zeigt die Angabe der ABAP-Sprachversion (**ABAP Language Version**) in den Eigenschaften der Klasse CL_SALV_TABLE in der Eclipse-Entwicklungsumgebung. Die Versionskennung wird in der Tabelle der Programmeigenschaften (TRDIR) im Feld UCCHECK abgelegt.

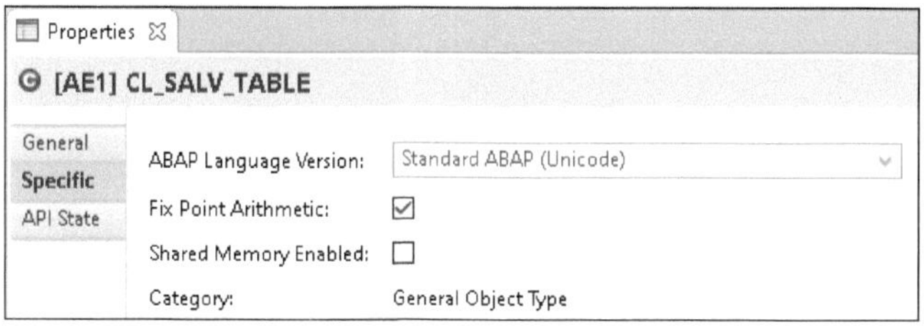

Abbildung 3.4 Darstellung der ABAP-Sprachversion in Eclipse

[+]

Properties-Ansicht einblenden

Sollte Ihnen die Ansicht **Properties** in Eclipse nicht angezeigt werden, können Sie diese nachträglich hinzufügen. Wählen Sie dazu im Menü **Window • Show View • Properties**.

Sicheres ABAP für die Cloud

Mit ABAP Cloud wird Ihnen nur noch ein sehr eingeschränkter Satz von ABAP-Sprachelementen zur Verfügung gestellt. Dadurch sollen vor allem die Stabilität, Sicherheit und Integrität der Systeme gewährleistet werden. Befehle, die nicht als *cloudsicher* angesehen werden, sind nicht mehr erlaubt. So ist z. B. der Zugriff auf das Dateisystem (Befehle `OPEN DATASET` etc.) und den Kernel des ABAP-Anwendungsservers nicht länger möglich.

Nicht erlaubte ABAP-Sprachelemente

Welche ABAP-Sprachelemente mit ABAP Cloud genutzt werden können, definiert die Datenbanktabelle `SYCH_VERSION`. In dieser Tabelle ist jedem ABAP-Sprachelement die kompatible Sprachversion zugeordnet. Mit ABAP Cloud können nur Sprachelemente benutzt werden, die der Sprachversion 5 zugeordnet sind. Man spricht in diesem Kontext auch von *Whitelisted* und *Blacklisted* Sprachelementen.

Um Ihnen einen ersten Überblick zu verschaffen, finden Sie im Folgenden einen Auszug von ABAP-Sprachelementen, die mit ABAP Cloud nicht verwendet werden können:

- `MOVE`, `ADD`, `SUBTRACT`, `MULTIPLY`, `DIVIDE`
- `OPEN DATASET`, `READ DATASET`, `CLOSE DATASET`
- `CALL DATABASE PROCEDURE`, `EXEC`, `OPEN CURSOR`, `CLOSE CURSOR`

ABAP SQL

Zusätzlich zu den Einschränkungen der ABAP-Sprachelemente können Sie mit ABAP Cloud nur noch das neue, mit SAP NetWeaver AS ABAP 7.4 eingeführte, ABAP SQL verwenden. Bei SQL-Abfragen müssen Sie demnach z. B. die Feldselektionen kommasepariert aufführen und bei Variablen `@` als Fluchtsymbol voranstellen.

[+]

Sprachversion in SAP ERP prüfen

Seit dem Release SAP NetWeaver AS ABAP 7.50 stellt Ihnen SAP mit dem Programm `DEMO_ABAP_VERSIONS` ein nützliches Tool zur Prüfung der Sprachversion zur Seite. Abbildung 3.5 zeigt, wie Sie mit diesem Programm in Ihrem On-Premise-System eine Syntaxprüfung Ihres Quellcodes für die verschiedenen ABAP-Sprachversionen vornehmen können.

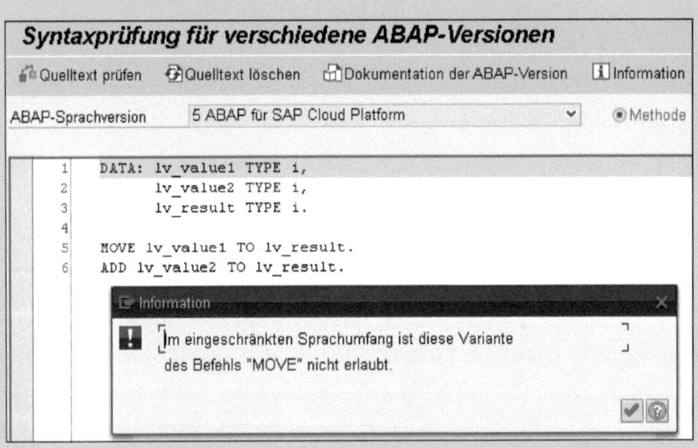

Abbildung 3.5 Fehlgeschlagene Syntaxprüfung im Programm DEMO_ABAP_VERSIONS

3.3.2 Freigegebene Repository- und Objekttypen

Standard-Entwicklungsobjekte

Während der eingeschränkte ABAP-Sprachumfang für die meisten Entwickler*innen vermutlich zu verschmerzen ist, stellen die freigegebenen Repository-Objekte eine ganz andere Herausforderung dar. Mit ABAP Cloud steht Ihnen nur noch ein stark eingeschränkter Umfang an Klassen, Datenelementen, Domänen etc. zur Verfügung. Diese freigegebenen Repository-Objekte stellen vor allem im ABAP Environment und im Embedded ABAP Environment die einzige Möglichkeit dar, kundeneigene Anwendungen und Dienste bereitzustellen. Mit jedem weiteren Update des jeweiligen ABAP-Systems werden zusätzliche Objekte in die Liste freigegebener Repository-Objekte aufgenommen. Mit der Version 2408 des ABAP Environments werden beispielsweise 5.964 Objekte von SAP bereitgestellt (siehe Abbildung 3.6).

Anzahl freigegebener Entwicklungsobjekte

Die Anzahl der freigegebenen Repository-Objekte unterscheidet sich jedoch auf unterschiedlichen Systemen. Im Gegensatz zum ABAP Environment werden bei dem aktuellen Release der SAP S/4HANA Cloud Public Edition insgesamt 18.783 Objekte zur Verwendung bereitgestellt (siehe Abbildung 3.7).

Abbildung 3.6 Anzahl freigegebener Repository-Objekte im ABAP Environment

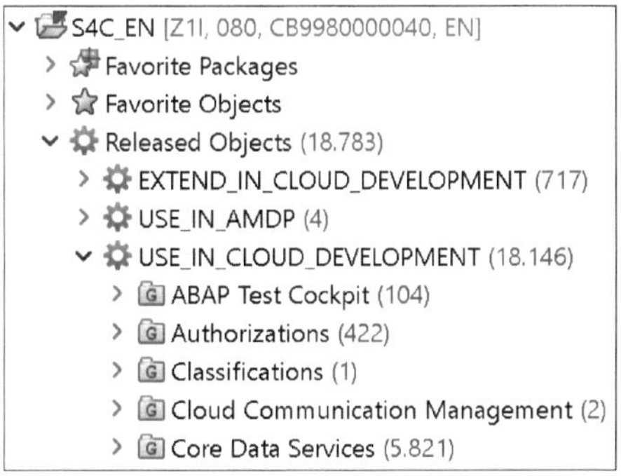

Abbildung 3.7 Anzahl freigegebener Repository-Objekte in SAP S/4HANA Cloud Public Edition

Der Unterschied in der Anzahl der freigegebenen Repository-Objekte lässt sich unter anderem dadurch erklären, dass das ABAP Environment semantisch einem ABAP-Anwendungsserver ohne die darauf aufbauende Anwendungsebene entspricht und keine Geschäftsobjekte oder -prozesse beinhaltet (siehe Abschnitt 2.2.2, »Architektur des SAP BTP, ABAP Environments«). In einem SAP-S/4HANA-System sind die Geschäftsobjekte selbstverständlich vorhanden und von SAP für die Verwendung freigegeben.

Freigegebene Repository-Objekte anzeigen

Mit dem Release SAP NetWeaver 7.51 stellt SAP das Programm `ABAP_DOCU_VERSION_WHITELIST` zur Verfügung. Mit diesem Programm können Sie sich in Ihrem On-Premise-System alle gültigen Repository-Objekte abhängig von der ABAP-Sprachversion anzeigen lassen.

Freigegebene Objekttypen

Neben den Einschränkungen des ABAP-Sprachumfangs und der freigegebenen Repository-Objekte unterliegt auch der Umgang mit einigen Objekttypen gewissen Vorgaben. So ist die Anlage klassischer Reports mit ABAP Cloud nicht mehr vorgesehen. Technisch ist die Anlage oder Änderung eines Reports mit dem ABAP Environment und SAP S/4HANA Cloud Public Edition auch gar nicht mehr möglich.

Tabelle 3.1 zeigt die Entwicklungsobjekte, die im ABAP Environment und in SAP S/4HANA Cloud Public Edition über die ADT verwendet, angelegt, geändert und gelöscht werden können.

Anwendungsfall	Entwicklungsobjekt	Objektname
Kernentwicklung	Klasse	CLAS
	Funktionsgruppe	FUGR
	Funktionsbaustein	FUNC
	Interface	INTF
	Nachrichtenklasse	MSAG
	Transformation	XSLT
andere Entwicklungsobjekte	ABAP-Pakete	DEVC
	Whitelisting von Objekten	APIS
ABAP Dictionary	Domäne	DOMA
	Datenelement	DTEL
	Datenbanktabelle	TABL
	Tabellentyp	TTYP
	Sperrobjekt	ENQU
	Struktur	STRC
Core Data Services (CDS)	DCL Source	DCLS
	DDL Source	DDLS
Konnektivität	HTTP-Service	HTTP
Business-Services	Service Consumption Model	SRVC
	Servicedefinition	SRVD
	Service-Binding	SRVB

Tabelle 3.1 Anlegbare, änderbare und löschbare Entwicklungsobjekte

Anwendungsfall	Entwicklungsobjekt	Objektname
Geschäftsobjekte	Verhaltensdefinition (Behavior Definition)	BDEF
	Verhaltensimplementierung (Behavior Implementation)	CLAS
Identity and Access Management (IAM)	Felder der Berechtigungsprüfung	AUTH
	Zuordnung des Service zu Berechtigungsobjekten	SUSH
	Berechtigungsobjekte	SUSO
	Anwendungskatalog	SIA1
	IAM-Anwendung	SIA6
	Einschränkungsfeld (Restriction Field)	SIA5
	Einschränkungstyp (Restriction Type)	SIA2
Serviceintegration und Kommunikation	Kommunikationsszenario	SCO1
	Inbound-Service	SCO2

Tabelle 3.1 Anlegbare, änderbare und löschbare Entwicklungsobjekte (Forts.)

Auf die Entwicklungsobjekte in Tabelle 3.2 können Sie nur lesend zugreifen.

Anwendungsfall	Entwicklungsobjekt	Objektname
Kernentwicklung	Programm	PROG
ABAP Dictionary	Typgruppe	TYPE

Tabelle 3.2 Nicht anlegbare, änderbare oder löschbare Entwicklungsobjekte

Dokumentation für ABAP Cloud

Eine vollständige Dokumentation der freigegebenen Syntax für ABAP Cloud und der verwendbaren Entwicklungsobjekte finden Sie in der ABAP-Schlüsselwortdokumentation unter folgender URL: *http://s-prs.de/v783008*

3.3.3 Freigegebene Objekte suchen

API-Status von Entwicklungsobjekten

Ob ein Objekt für die Verwendung innerhalb von ABAP Cloud freigegeben ist, wird über die Eigenschaft *API-Status* des jeweiligen Objekts definiert. Das gilt sowohl für SAP-Standard-Objekte als auch für kundeneigene Entwicklungsobjekte.

API-Status anzeigen

Den API-Status eines Entwicklungsobjekts finden Sie im Bereich **API State** im View **Properties** in den ADT. Der Bereich **API State** ist ausschließlich für Objekte sichtbar, die überhaupt freigegeben werden können. Dazu zählen unter anderem CDS-Views, Datenbanktabellen, Datenelemente, Domänen, Klassen und Interfaces. Abbildung 3.8 zeigt den API-Status des CDS-Views `I_CURRENCY`. Dieser ist von SAP für die Verwendung innerhalb von ABAP Cloud freigegeben und kann damit in kundeneigenen Entwicklungen zum Einsatz kommen.

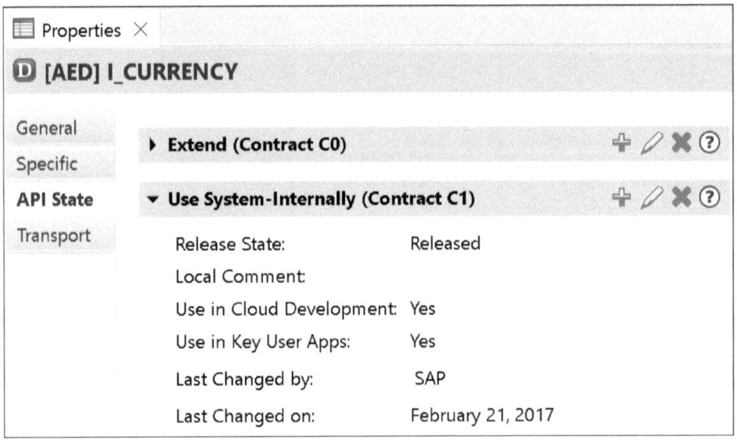

Abbildung 3.8 Anzeige des API-Status in Eclipse

Releasekontrakte

Über den API-Status werden Objekte für einen bestimmten Zweck freigegeben. Dieser Zweck wird über die *Releasekontrakte* definiert. Darüber hinaus wird durch den Releasekontrakt sichergestellt, dass ein Entwicklungsobjekt gewisse Stabilitätsanforderungen erfüllt.

Es wird insgesamt zwischen fünf Releasekontrakttypen unterschieden:

- **C0 – Erweitern**

  Der Releasekontrakt C0 stellt die Stabilität für die von SAP bereitgestellten Erweiterungspunkte sicher. Die Freigabe kann entweder für die Verwendung im Rahmen der Key-User-Erweiterbarkeit, für die Verwendung im Rahmen der Entwicklererweiterbarkeit oder auf beides beschränkt bzw. für beides zugelassen werden. Entwicklungsobjekte, die den API-Status **Use in Key User Apps** haben, können im Umfeld von SAP

S/4HANA mit den Anwendungen **Benutzerdefinierte Felder** und **Benutzerdefinierte Logik** um kundeneigene Felder erweitert werden. Entwicklungsobjekte, die den API-Status **Use in Cloud Development** haben, lassen sich mithilfe der Eclipse-Entwicklungsumgebung erweitern.

- **C1 – Systeminterne Verwendung**
  Objekte, die den API-Status des Releasekontrakts C1 vorweisen, sind für die systeminterne Verwendung im ABAP Environment und in SAP S/4HANA freigegeben. Das heißt, dass sie in kundeneigenen Entwicklungen verwendet werden dürfen.

  Darüber hinaus erfüllen die von SAP bereitgestellten Objekte die entsprechenden Stabilitätsanforderungen. Zu den Stabilitätsanforderungen des Releasekontrakts C1 gehört unter anderem, dass existierende Elemente, Parameter oder Assoziationen der betreffenden Objekte nicht mehr verändert oder gelöscht werden dürfen. Nachträglich dürfen den Entwicklungsobjekten nur optionale Elemente, Parameter oder Assoziationen hinzugefügt werden. Die Schnittstellen der Objekte sind also *stabil*.

  Der Releasekontrakt C1 lässt sich beispielsweise für CDS-Views, Datenbanktabellen, Datenelemente, Domänen, Klassen und Interfaces verwenden.

- **C2 – Verwendung als Remote API**
  Entwicklungsobjekte, die für den Zugriff durch externe Anwendungen freigegeben werden sollen, werden mit dem Releasekontrakt C2 versehen. Der API-Status dieses Releasekontrakts wird jedoch ausschließlich von SAP verwendet und ist nicht für kundeneigene Entwicklungen vorgesehen. Mit diesem Releasekontrakt stellt SAP sicher, dass das betreffende Entwicklungsobjekt die Stabilitätsanforderungen für den Remote-Zugriff erfüllt. Genau wie beim Releasekontrakt C1 gehört zu diesen Anforderungen, dass bestehende Komponenten eines Entwicklungsobjekts nachträglich nicht mehr geändert werden dürfen. Darüber hinaus darf sich die Länge der Parameter und Elemente der Objekte nicht ändern. So soll verhindert werden, dass Konsumenten eines Service nach einem Upgrade Änderungen vornehmen müssen.

  Die Freigabe mit dem Releasekontrakt C2 betrifft ausschließlich CDS-Views und Service-Bindings. Möchten Sie einen Service für die Verwendung als Remote API freigeben, verwenden Sie Service-Bindings. Wir beschreiben die Vorgehensweise in Abschnitt 6.4.2, »Service-Binding«.

- **C3 – Verwaltung von Konfigurationsinhalten**
  Der Releasekontrakt C3 gewährleistet eine dauerhafte Stabilität für Konfigurationsinhalte und kann ausschließlich für Customizing-Tabellen

gesetzt werden. Es ist möglich, optionale Nicht-Schlüsselfelder zu einem späteren Zeitpunkt hinzuzufügen, jedoch dürfen bereits bestehende Felder weder verändert noch entfernt werden. Alphanumerische Felder können erweitert, jedoch niemals verkürzt werden.

- **C4 – Verwendung in ABAP Managed Database Procedures**
  BAdIs, Klassen und Interfaces, die für die Verwendung innerhalb von AMDPs freigegeben sind, werden mit dem Releasekontrakt C4 versehen. Es gelten dieselben Regeln wie beim Releasekontrakt C1, jedoch sind nachträglich keine Änderungen erlaubt.

Deprecation

Entwicklungsobjekte, die zur Verwendung freigegeben wurden, können mit dem Status **Deprecated** (abgekündigt) als veraltet gekennzeichnet werden. Quellcodezeilen, in denen ein veraltetes Objekt verwendet wird, werden mit einer Warnung versehen. Die entsprechenden Objekte sind dann schnellstmöglich durch ein Nachfolgeobjekt (*Successor*) zu ersetzen. Abbildung 3.9 zeigt den Aufruf eines veralteten Objekts mit der entsprechenden Warnung und dem Hinweis auf das Nachfolgeobjekt.

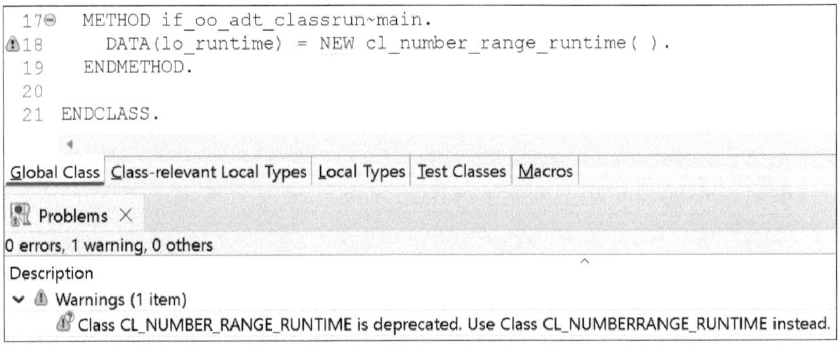

Abbildung 3.9 Warnung beim Aufruf eines Objekts mit dem Status »Deprecated«

Durch die Sichtbarkeits- und Nutzbarkeitsbereiche, die nun für ABAP-Objekte definiert werden, kann es schwerfallen, den Überblick darüber zu behalten, welche Objekte für welche Nutzung freigegeben sind. Zum Glück stellen die ADT in Eclipse hier geeignete Hilfsmittel zur Verfügung, mit denen Sie ermitteln können, für welche Form der Nutzung ein Objekt freigegeben ist.

Nach API-Status filtern

Der Dialog zum Suchen von ABAP-Entwicklungsobjekten bietet verschiedene Möglichkeiten, Objekte nach ihrem API-Status zu filtern. Öffnen Sie hierzu den Suchdialog in Eclipse mit der Tastenkombination [Strg] + [⇧] + [A] und geben Sie in der Suchleiste »api:« ein, gefolgt von dem API-Status, nach dem Sie filtern möchten. Der Suchausdruck in Abbildung 3.10 gibt alle ABAP-Entwicklungsobjekte aus, die für irgendeine Form der Nutzung freigegeben sind.

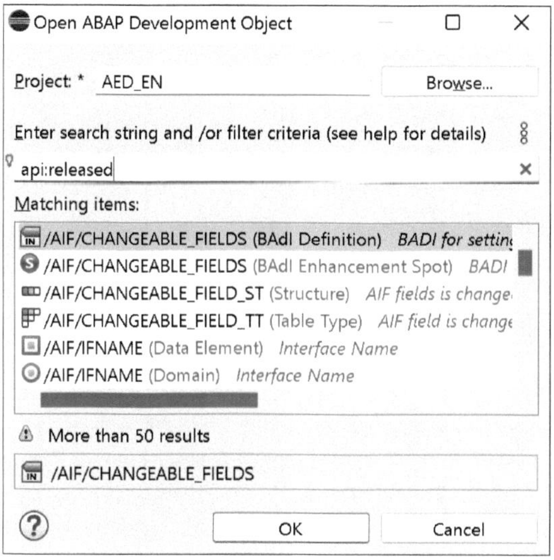

Abbildung 3.10 Freigegebene Entwicklungsobjekte suchen

Schlüsselwörter zur Filterung

Neben `released` können auch andere Schlüsselwörter zur Suche von Objekten verwendet werden. Tabelle 3.3 führt die wichtigsten Schlüsselwörter auf, die Sie zur Filterung nutzen können.

Schlüsselwort	Bedeutung
`released`	Alle Objekte, die für irgendeine Form der Nutzung freigegeben sind. Diese Objekte erfüllen die Stabilitätsanforderungen der entsprechenden Releasekontrakte.
`use_in_cloud_development`	Alle Objekte, die für die systeminterne Verwendung in SAP S/4HANA Cloud Public Edition vorgesehen sind. Diese Objekte erfüllen die Stabilitätsanforderungen für Releasekontrakt C1.
`use_in_cloud_dvlpmnt_active`	Alle Objekte, die für die systeminterne Verwendung in SAP S/4HANA Cloud Private Edition und SAP S/4HANA on premise vorgesehen sind. Diese Objekte erfüllen die Stabilitätsanforderungen für Releasekontrakt C1.

Tabelle 3.3 Schlüsselwörter zur Filterung bei der Suche von Entwicklungsobjekten

Schlüsselwort	Bedeutung
`use_in_key_user_apps`	Alle Objekte, die für die Nutzung in Key-User-Anwendungen vorgesehen sind. Diese Objekte erfüllen die Stabilitätsanforderungen für Releasekontrakt C1.
`use_as_remote_api`	Alle Objekte, die für die Nutzung als Remote-API freigegeben sind. Diese Objekte entsprechen den Stabilitätsanforderungen von Releasekontrakt C2.
`use_in_amdp`	Alle Objekte, die für die Verwendung innerhalb von AMDPs freigegeben sind. Diese Objekte erfüllen die Stabilitätsanforderungen für Releasekontrakt C4.
`extend_in_cloud_development`	Alle Objekte, die mit der On-Stack-Erweiterbarkeit mit den ADT erweitert werden können. Diese Objekte erfüllen die Stabilitätsanforderungen für Releasekontrakt C0.
`extend_in_key_user_apps`	Alle Objekte, die mit der Key-User-Erweiterbarkeit erweitert werden können. Diese Objekte erfüllen die Stabilitätsanforderungen für Releasekontrakt C0.
`manage_configuration_content`	Alle Tabellen, die Konfigurationsinhalte bereitstellen. Diese Objekte erfüllen die Stabilitätsanforderungen für Releasekontrakt C3.

Tabelle 3.3 Schlüsselwörter zur Filterung bei der Suche von Entwicklungsobjekten (Forts.)

Mit der Tastenkombination `Strg` + Leertaste können Sie sich nach der Eingabe von »api:« alle verwendbaren Schlüsselwörter anzeigen lassen. Darüber hinaus können Sie die Suche durch den Zusatz »type:« auf einen bestimmten Entwicklungsobjekttyp eingrenzen. Abbildung 3.11 zeigt ein Suchmuster, das alle für die Nutzung in der Cloud-Entwicklung freigegebenen CDS-Views ermittelt.

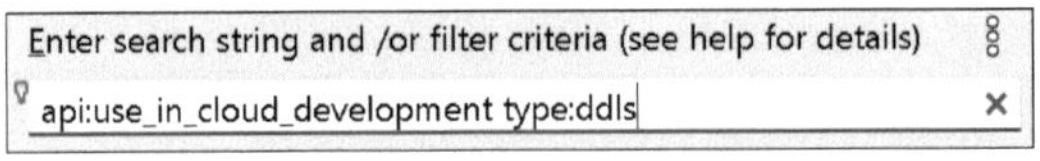

Abbildung 3.11 Suche nach freigegebenen CDS-Views

Eigene Repository Trees anlegen

Um die Navigation zu spezifischen ABAP-Entwicklungsobjekten zu erleichtern, bietet Eclipse die Möglichkeit, eigene *Repository Trees* über den **Project Explorer** anzulegen. Diese können ebenfalls verwendet werden, um freigegebene Entwicklungsobjekte zu gruppieren, zu organisieren und zu finden. Wir zeigen Ihnen nun, wie Sie einen eigenen Repository Tree anlegen, der die für die Cloud-Entwicklung freigegebenen CDS-Views anzeigt:

1. Öffnen Sie mit der rechten Maustaste das Kontextmenü zum **Project Explorer** und wählen Sie **New • ABAP Repository Tree...** aus (siehe Abbildung 3.12).

Abbildung 3.12 Anlegen eines neuen Repository Trees

2. Im Dialog können Sie einen Repository Tree auf Basis einer bestimmten Vorlage anlegen oder selbst einen Repository Tree konfigurieren. Wählen Sie **Blank**, um den neuen Repository Tree von Grund auf zu konfigurieren (siehe Abbildung 3.13).

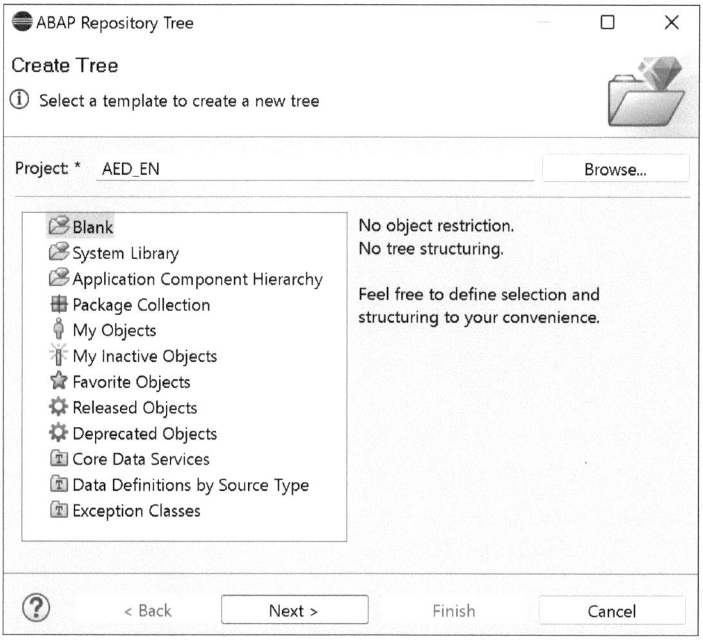

Abbildung 3.13 Auswahl der Vorlage »Blank« zur Erzeugung eines neuen Repository Trees

3. Bestätigen Sie Ihre Auswahl mit **Next**.
4. Vergeben Sie im Folgedialog einen sprechenden Namen für den neuen Repository Tree.
5. Über das Eingabefeld **Property Filter** können Sie die im Repository Tree anzuzeigenden Objekte bestimmen. Geben Sie, wie in Abbildung 3.14 gezeigt, den Filter »api:use_in_cloud_development type:ddls« ein, um die für die Cloud-Entwicklung freigegebenen CDS-Views zu ermitteln.

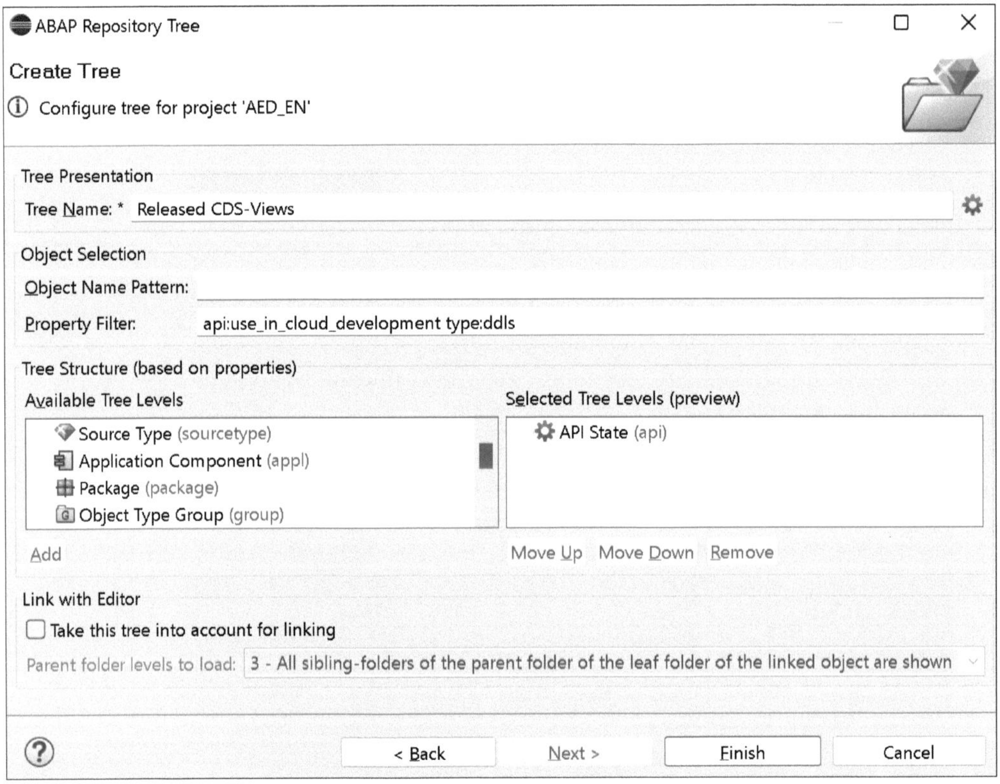

Abbildung 3.14 Konfigurieren des neuen Repository Trees

6. Optional können Sie im Feld **Object Name Pattern** die ermittelten Objekte über ihre Namen weiter einschränken.
7. Über das Feld **Available Tree Levels** können Sie zusätzlich festlegen, nach welchen Kriterien die Objekte des Repository Trees gruppiert werden sollen.
8. Schließen Sie den Vorgang über die Schaltfläche **Finish** ab.

Abbildung 3.15 zeigt den neuen Repository Tree im **Project Explorer**. Dieser enthält nur CDS-Views, die für die Cloud-Entwicklung freigegeben sind.

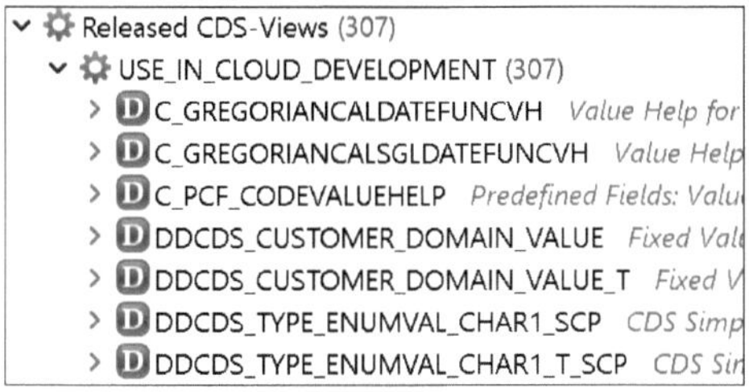

Abbildung 3.15 Neuer Repository Tree im Project Explorer

CDS-View »I_APIsForCloud-Development«

Neben den Suchfunktionen der ADT gibt es noch eine technischere Möglichkeit, Objekte über ihren API-Status zu suchen. Der CDS-View `I_APIsForCloud-Development` liefert eine Übersicht aller verfügbaren ABAP-Entwicklungsobjekte, die für die Cloud-Entwicklung (Releasekontrakt C1) freigegeben sind. Neben den freigegebenen Objekten ermittelt dieser CDS-View auch Objekte, die den API-Status **Deprecated** haben. Lassen Sie sich die freigegebenen Entwicklungsobjekte, wie in Abbildung 3.16 dargestellt, in der Datenvorschau (Funktion **Data Preview** in den ADT) des CDS-Views anzeigen. Diese Vorschau können Sie ausgehend vom CDS-View mit der Funktionstaste F8 aufrufen.

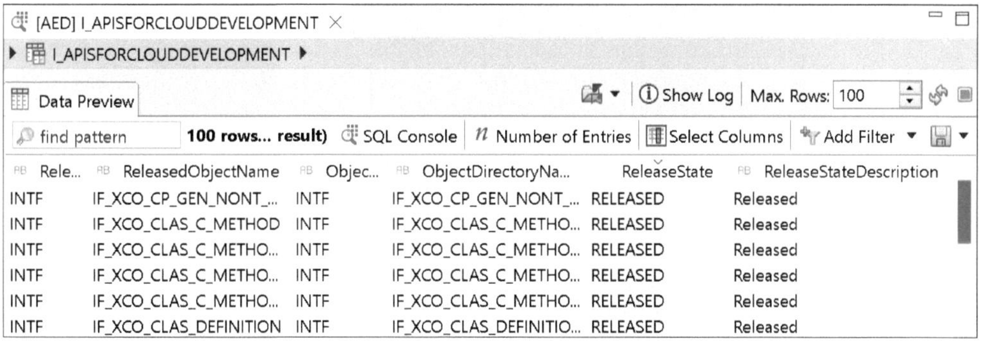

Abbildung 3.16 CDS-View der freigegebenen Entwicklungsobjekte

[«]

Alternative Möglichkeiten der Objektsuche

Neben der Suche nach freigegebenen Objekten innerhalb der ADT gibt es weitere Möglichkeiten, solche Objekte zu suchen:

- **SAP Business Accelerator Hub**
  Details über die verschiedenen Objekte, die SAP für seine Produkte zur Verfügung stellt, können über den *SAP Business Accelerator Hub* (*https://api.sap.com/*) abgerufen werden. Dies betrifft Objekte wie OData-Services, CDS-Views, Events sowie die neuen Business-Objekt-Interfaces (BO-Interfaces, siehe Abschnitt 9.4, »Geschäftsobjekte freigeben«).

- **Freigegebene ABAP-Artefakte**
  In SAP S/4HANA Cloud Public Edition steht Ihnen die SAP-Fiori-Anwendung **Freigegebene ABAP-Artefakte** zur Verfügung. Mit dieser Anwendung können Sie sich Details zu freigegebenen ABAP-Entwicklungsobjekten wie Klassen, Interfaces und Strukturen anzeigen lassen.

3.4 Zusammenfassung

ABAP Cloud ist ein Entwicklungsmodell, das durch verschiedene Tools und Techniken ein stabiles Ökosystem für die Entwicklung cloudfähiger und upgrade-stabiler Unternehmensanwendungen, Erweiterungen und Services bereitstellt. Bei der Entwicklung von Geschäftsanwendungen mittels ABAP Cloud müssen Sie mit Einschränkungen im Vergleich zu der bisherigen Entwicklung auf On-Premise-Systemen rechnen. Sie können nicht mehr auf alle Repository-Objekte des ABAP-Anwendungsservers zugreifen, so wie Sie es vielleicht bisher gewohnt waren. Die Verwendung der ABAP-Sprachelemente sowie der zur Verfügung stehenden Repository-Objekte ist nun viel strikter geregelt.

Die Erstellung von Entwicklungsobjekten, wie beispielsweise Klassen, erfolgt mit ABAP Cloud mit der ABAP-Sprachversion 5. Dadurch steht nur noch ein sehr eingeschränkter Satz von ABAP-Sprachelementen zur Verfügung. So ist es z. B. nicht mehr möglich, auf das Dateisystem und den Kernel des ABAP-Anwendungsservers zuzugreifen. Es sind nur noch Befehle erlaubt, die als cloudsicher gelten.

Neben dem eingeschränkten ABAP-Sprachumfang stehen Ihnen mit ABAP Cloud auch Klassen, Datenelemente, Domänen etc. nur in eingeschränktem Umfang zur Verfügung. Nach und nach werden jedoch immer mehr Repository-Objekte freigegeben.

Die Freigabe von Objekten erfolgt über den API-Status. Dazu werden sogenannte Releasekontrakte definiert. Wir haben Ihnen verschiedene Möglichkeiten vorgestellt, nach freigegebenen Entwicklungsobjekten zu suchen.

Kapitel 4
Die Arbeitsumgebung einrichten

Nun kann es bald losgehen! Wir wollen in diesem Kapitel Ihre Arbeitsumgebung für die Entwicklung mit ABAP Cloud vorbereiten.

In diesem Kapitel erfahren Sie, wie Sie die Arbeitsumgebung für die Entwicklung von Anwendungen auf Basis des ABAP Environments bzw. auf Basis des Embedded ABAP Environments in SAP S/4HANA Cloud Public Edition einrichten. Wir stellen dazu in Abschnitt 4.1 zunächst die zentrale Administrationsoberfläche des ABAP Environments vor, über die Sie verschiedene Anwendungen zur Konfiguration Ihres ABAP Environments erreichen können. In Abschnitt 4.2, »Identitäts- und Zugriffsverwaltung«, betrachten wir die fundamentalen technologischen Konzepte und Begrifflichkeiten im Zusammenhang mit der Authentifizierung und Autorisierung von Benutzer*innen am SAP BTP, ABAP Environment bzw. in SAP S/4HANA Cloud Public Edition. Hierbei soll ein grundlegendes Verständnis für veränderten Authentifizierungs- und Autorisierungsmechanismen in der Cloud vermittelt werden. Abschließend führen wir Sie in Abschnitt 4.3, »ABAP Development Tools als Entwicklungsumgebung einrichten«, Schritt für Schritt durch die Konfiguration der ABAP Development Tools (ADT) für Eclipse. Nach der Durchführung aller in diesem Kapitel beschriebenen Schritte können Sie mit der praktischen Entwicklung mit ABAP Cloud starten.

Initiale Bereitstellung des ABAP Environments

Wir gehen in diesem Kapitel nicht auf die initiale Bereitstellung und Konfiguration des SAP BTP, ABAP Environments ein. Eine detaillierte Beschreibung zur Einrichtung des ABAP Environments finden Sie in Anhang A, »Eine ABAP-Serviceinstanz anlegen«.

4.1 Das Dashboard als Administrationsoberfläche

Sowohl für das ABAP Environment als auch für SAP S/4HANA dient das *SAP Fiori Launchpad* als zentraler Einstiegspunkt für alle Anwender*innen, über die sämtliche SAP-Fiori-Anwendungen zur Verfügung gestellt werden. Der Umfang der zur Verfügung stehenden Anwendungen unterscheidet sich hierbei zwischen ABAP Environment und SAP S/4HANA Cloud Public Edition oder SAP S/4HANA Cloud Private Edition deutlich. Dies liegt vor allem daran, dass mit dem ABAP Environment im Gegensatz zu den SAP-S/4HANA-Cloud-Editionen keine Geschäftsanwendungen ausgeliefert werden, sondern lediglich die Anwendungen zur Administration des Systems für eine technisch orientierte Zielgruppe bereitgestellt werden. Zu diesen technischen Anwendungen zählen unter anderem Anwendungen zur Identitäts- und Zugriffsverwaltung, zum Monitoring, zur Verwaltung von Anwendungsjobs sowie zur Kommunikations- und Softwarekomponentenverwaltung.

Betrachtete Systeme

Da sich die relevanten administrativen Anwendungen zwischen ABAP Environment und SAP S/4HANA Cloud Public Edition nur rudimentär unterscheiden, betrachten wir in diesem Kapitel das SAP BTP, ABAP Environment exemplarisch für beide Systeme. Ergeben sich Unterschiede im Vorgehen zwischen ABAP Environment und SAP S/4HANA Cloud Public Edition, beschreiben wir diese Unterschiede an der entsprechenden Stelle. SAP S/4HANA Cloud Private Edition und SAP S/4HANA on premise berücksichtigen wir an dieser Stelle nicht. Die zur Verfügung stehenden Anwendungen können in diesen Systemumgebungen abweichen, da hier weiterhin auch das SAP GUI zur Verfügung steht. Das SAP Fiori Launchpad des ABAP Environments bezeichnen wir im Folgenden vereinfacht als *Dashboard*.

Aufruf des Dashboards

Sie erreichen das Dashboard über Ihre Instanz des ABAP Environments im SAP BTP Cockpit. Navigieren Sie dazu zu Ihrem Subaccount in den Bereich **Instances and Subscriptions** und wählen Sie auf der Registerkarte **Instances** die ABAP-Environment-Instanz aus. Per Klick auf den Instanznamen können Sie direkt zum Dashboard Ihrer ABAP-Environment-Instanz navigieren. Alternativ können Sie über die Schaltfläche ••• **(Actions)** den Menüpunkt **View Dashboard** auswählen, um zum ABAP-Environment-Dashboard zu navigieren (siehe Abbildung 4.1). Einen direkten Link zum Dashboard finden Sie auch im ABAP-Cloud-Projekt in den ADT, das wir in Abschnitt 4.3.2, »ABAP-Cloud-Projekt hinzufügen«, anlegen werden.

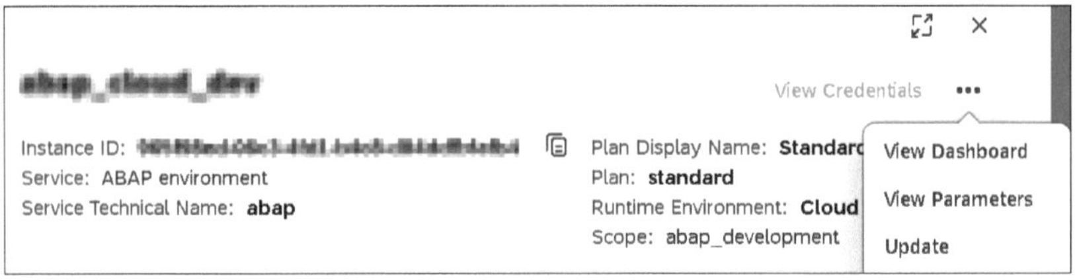

Abbildung 4.1 Dashboard über das BTP-Cockpit aufrufen

Das SAP Fiori Launchpad eines SAP-S/4HANA-Systems wird über die entsprechende Launchpad-URL geöffnet.

Administrationsanwendungen

Nach erfolgreicher Anmeldung am Dashboard der ABAP-Serviceinstanz sehen Sie die Ihnen zur Verfügung stehenden Administrationsanwendungen. Abbildung 4.2 zeigt eine Auswahl der Administrationsanwendungen des Dashboards. Sie finden hier beispielsweise Anwendungen, um Rollen und Berechtigungen zu verwalten, Benutzergruppen anzulegen und verschiedene Kennzahlen und Traces einzusehen.

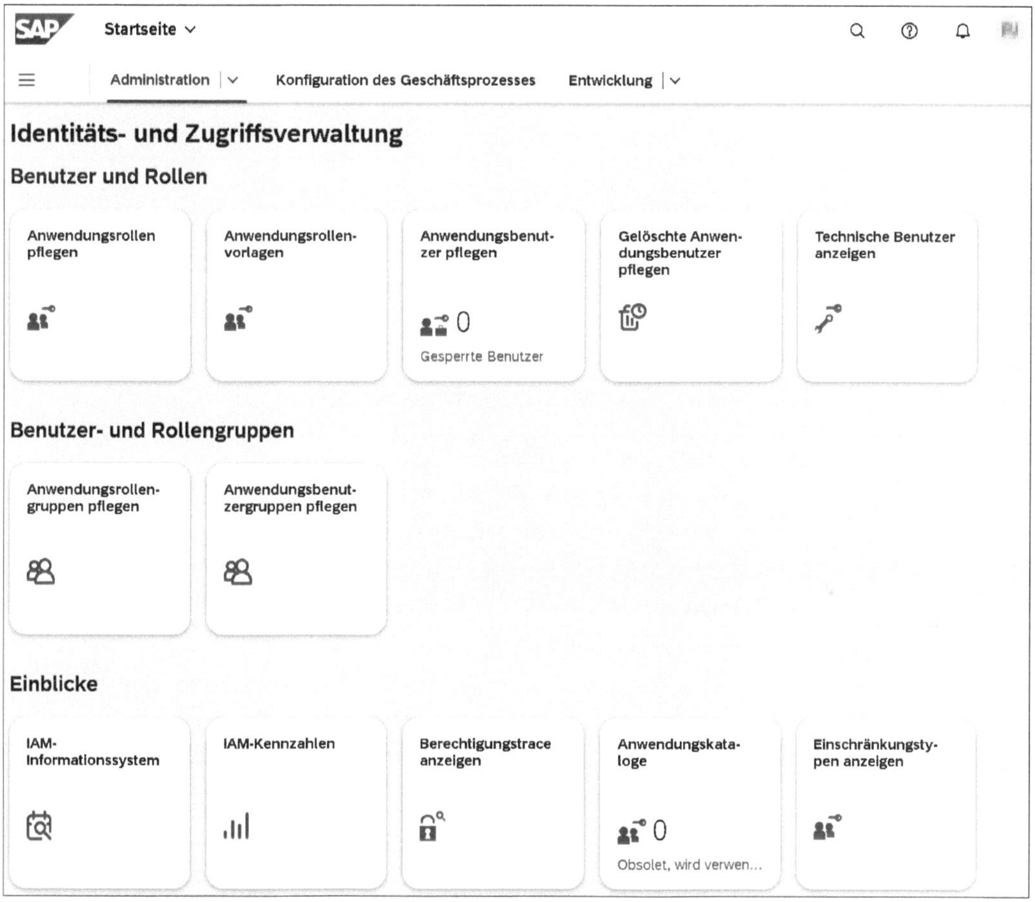

Abbildung 4.2 Administrationsanwendungen des Dashboards

Anwendungsrollen für die Verwendung des Dashboards

Welche Anwendungen im Dashboard des ABAP Environments oder allgemein im SAP Fiori Launchpad eines SAP-S/4HANA-Systems zur Verfügung stehen, ist abhängig von den Ihnen zugewiesenen *Anwendungsrollen*. Um die meisten administrativen Anwendungen im Dashboard oder SAP Fiori Launchpad ausführen zu können, benötigen Sie die von SAP vordefinierte Rolle `SAP_BR_ADMINISTRATOR` oder eine von dieser Anwendungsrollenvorlage abgeleitete Rolle. Hierbei handelt es sich um eine Rolle, die alle benötigten Anwendungskataloge enthält.

Sollten Sie die Testversion des ABAP Environments verwenden, steht Ihnen nur ein eingeschränkter Umfang an Anwendungen im Dashboard zur Verfügung. Die Berechtigungen des Trial-Benutzers lassen sich nicht ändern.

Anwendungen des Dashboards

Da es den Rahmen dieses Kapitels sprengen würde, auf alle Anwendungen des Dashboards im Detail einzugehen, verzichten wir an dieser Stelle auf eine Beschreibung der einzelnen Anwendungen. Wir werden einzelne Anwendungen, die wir in den folgenden Kapiteln verwenden, an entsprechender Stelle vorstellen.

Im folgenden Abschnitt erläutern wir, mit welchen Mitteln und Werkzeugen der Zugriff auf die einzelnen Anwendungen des ABAP Environments und des SAP Fiori Launchpads eines SAP-S/4HANA-Systems verwaltet wird.

4.2 Identitäts- und Zugriffsverwaltung

Die Identitäts- und Zugriffsverwaltung (Identity and Access Management, IAM) in Cloud-Systemen wie dem ABAP Environment oder SAP S/4HANA Cloud Public Edition unterscheidet sich von dem traditionellen Ansatz in On-Premise-Systemen. Wir beschränken uns in diesem Abschnitt darauf, die fundamentalen technologischen Konzepte und Begrifflichkeiten einzuführen.

Anwendungen zur Authentifizierung und Authorisierung

Bei der Identitäts- und Zugriffsverwaltung handelt es sich um eine Sammlung verschiedener Anwendungen zur Konfiguration der Authentifizierung und Autorisierung von *Anwendungsbenutzer*innen*. Die Anwendungsbenutzer*innen bilden den Benutzerstamm Ihres ABAP Environments oder Ihrer SAP-S/4HANA-Cloud-Instanz.

[»]

Benutzer-ID

Bei der Anlage eines Anwendungsbenutzers oder einer Anwendungsbenutzerin wird automatisch eine Benutzer-ID (z. B. CB0000000002) generiert. Diese Benutzer-ID wird beispielsweise bei der Ermittlung des aktuellen Systembenutzers (`cl_abap_context_info=>get_user_technical_name( )`) herangezogen. Ändern lässt sich diese Benutzer-ID nicht.

4.2.1 Authentifizierung

Betrachten wir zunächst die Authentifizierung von Benutzern im Kontext des ABAP Environments bzw. im Kontext von SAP S/4HANA Cloud Public

Edition. *Authentifizierung* bedeutet vereinfacht den Nachweis der Identität eines Nutzers oder einer Nutzerin. In klassischen On-Premise-Umgebungen wird dieser Nachweis in der Regel durch die Eingabe einer Kombination aus Benutzernamen und Passwort erbracht, die mit den im System hinterlegten Informationen abgeglichen wird. Für Anwendungsbenutzer*innen im ABAP Environment oder in SAP S/4HANA Cloud Public Edition wird allerdings kein Passwort direkt im System hinterlegt. Wie funktioniert also die Authentifizierung für diese Systeme?

SAP Cloud Identity Services

SAP S/4HANA Cloud Public Edition und das ABAP Environment verwenden die *SAP Cloud Identity Services* für die Authentifizierung von Anwendungsbenutzer*innen. Bei den SAP Cloud Identity Services handelt es sich um einen cloudbasierten Dienst, der verschiedene Funktionen für die Identitäts- und Zugriffsverwaltung bereitstellt. Die wichtigsten Funktionen sind:

- Identity Authentication
- Identity Provisioning
- Identity Directory

Identity Authentication

Der Service *Identity Authentication* ermöglicht die Authentifizierung von Benutzern über verschiedene Methoden, wie Benutzername und Passwort, Zertifikate, Multi-Faktor-Authentifizierung und Single Sign-on (SSO), über verschiedene Protokolle, wie Security Assertion Markup Language (SAML 2.0) oder OpenID Connect (OIDC).

Identity Provisioning

Der Service *Identity Provisioning* ermöglicht die Verwaltung von Benutzerkonten in SAP S/4HANA Cloud Public Edition und ABAP Environment. Der Service synchronisiert die Benutzerdaten aus verschiedenen Quellen, wie dem Service Identity Authentication oder externen Verzeichnisdiensten, und verteilt sie über verschiedene Konnektoren an die Zielsysteme.

Identity Directory

Das *Identity Directory* ist die Persistenzschicht der SAP Cloud Identity Services. Es bietet einen zentralen Ort für die Speicherung und Verwaltung von Benutzerkonten und deren Attributen sowie von Benutzergruppen. Das Identity Directory ist in den Service Identity Authentication integriert.

Abbildung 4.3 zeigt die Authentifizierung eines Anwendungsbenutzers bzw. einer Anwendungsbenutzerin unter Verwendung der SAP Cloud Identity Services.

Jeder Anwendungsbenutzer bzw. jede -benutzerin wird über eine entsprechende E-Mail-Adresse authentifiziert. Die Authentifizierungsanfragen werden entweder gegen die Informationen im Identity Directory des Service Identity Authentication verprobt oder an einen externen Identity Provider, wie beispielsweise *Microsoft Entra ID*, weitergeleitet.

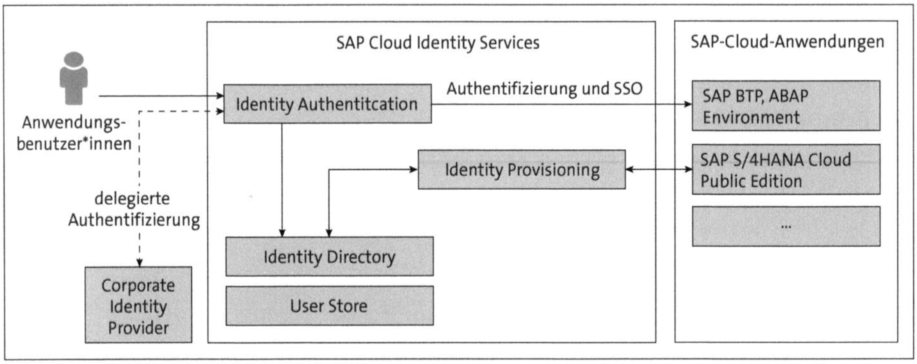

Abbildung 4.3 Authentifizierung mit den SAP Cloud Identity Services

[»]

Anmeldung an den ADT

Die für die Authentifizierung am Service Identity Authentication verwendeten Zugangsdaten Ihres Benutzerkontos werden auch für die Einbindung Ihres Systems in die Entwicklungsumgebung verwendet. In Abschnitt 4.3.2, »ABAP-Cloud-Projekt hinzufügen«, gehen wir näher darauf ein.

4.2.2 Autorisierung

Berechtigungsmanagement

Neben den beschriebenen Funktionen bieten die SAP Cloud Identity Services auch Funktionen zum Berechtigungsmanagement, die genutzt werden, um auf Basis von Berechtigungsrichtlinien gesicherten Zugriff auf Ressourcen in SAP-BTP-basierten Geschäftsanwendungen zu ermöglichen. Da ABAP-basierte SAP-Cloud-Systeme jedoch über ihr eigenes Berechtigungsmanagement verfügen, seien diese Funktionen an dieser Stelle nicht weiter ausgeführt. Die Autorisierung von Anwendungsbenutzer*innen in SAP S/4HANA Cloud Public Edition und im ABAP Environment erfolgt im Wesentlichen über Anwendungsrollen sowie deren Zuordnung zu Anwendungskatalogen.

Anwendungskataloge

Thematische Gruppierung von Anwendungen

Im Kontext des SAP Fiori Launchpads umfassen *Anwendungskataloge* eine Sammlung von Anwendungen, die oft einem übergreifenden Bereich oder Thema zuzuordnen sind (z. B. Sicherheit). Diese Kataloge werden von SAP ausgeliefert und können einer oder mehreren Anwendungsrollen zugewiesen werden. Nur Benutzer*innen mit entsprechender Rollenzuweisung können diese Anwendungen im SAP Fiori Launchpad sehen und somit aufrufen. Abbildung 4.4 zeigt den Anwendungskatalog **Sicherheit** (`SAP_CORE_BC_SEC`) mit den zugehörigen Anwendungen.

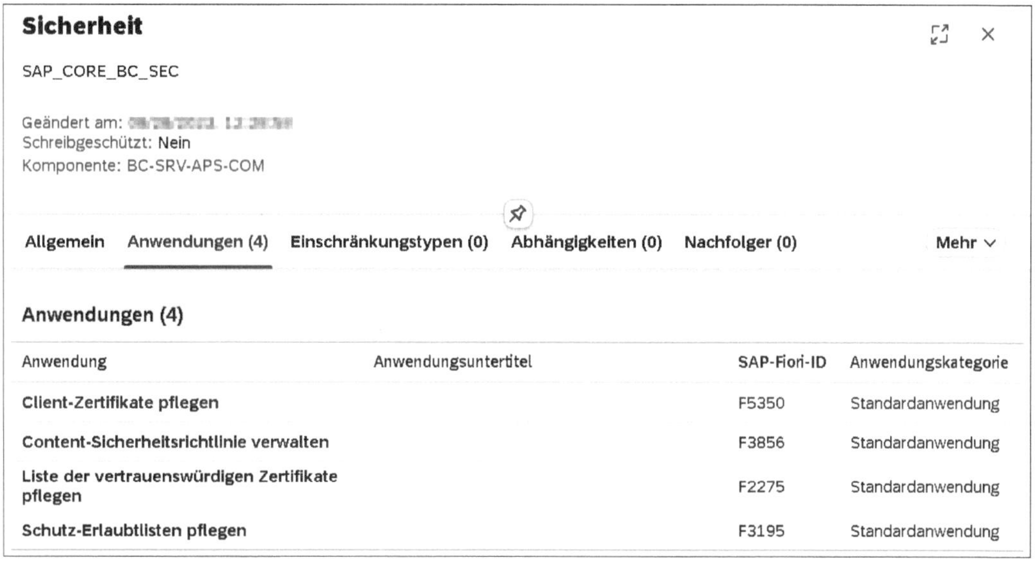

Abbildung 4.4 Anwendungskatalog mit zugehörigen Anwendungen

Anwendungsrollen

Berechtigungen

Mithilfe von *Anwendungsrollen* werden den Anwendungsbenutzer*innen Berechtigungen für den Zugriff auf Anwendungen bereitgestellt. Einer Anwendungsrolle können mehrere Anwendungskataloge zugewiesen werden. Falls nötig, können der Zugriff auf Wertehilfen und der Lese- und Schreibzugriff weiter eingeschränkt werden.

Mit der Erstellung der Instanz Ihres ABAP Environments wird automatisch die Anwendungsrolle `SAP_BR_ADMINISTRATOR` erstellt und Ihrem Initialbenutzer zugewiesen. Sie können allerdings auch eigene Anwendungsrollen definieren. Bei Bedarf stehen Ihnen dazu Anwendungsrollenvorlagen von SAP zur Verfügung. Eine weitere, besonders relevante Vorlage ist `SAP_BR_DEVELOPER`. Sie umfasst sämtliche notwendigen Berechtigungen für die Anwendungsentwicklung.

4.3 ABAP Development Tools als Entwicklungsumgebung einrichten

Eclipse-basierte Entwicklungsumgebung

Mit den *ABAP Development Tools for Eclipse* (kurz ADT) hat SAP vor mehr als zehn Jahren ein mächtiges Werkzeug für die ABAP-Entwicklung bereitgestellt. Die ADT basieren auf der Entwicklungsumgebung *Eclipse* und stellten zum Zeitpunkt ihrer Einführung zunächst lediglich eine Alternative zur klassischen Entwicklungsumgebung im SAP GUI dar. Ihr Einsatz bot zu dieser Zeit noch keinen deutlichen Mehrwert im Vergleich zur klassischen

ABAP Workbench (Transaktion SE80). SAP entwickelte den Funktionsumfang der ADT allerdings stetig weiter. Seit dem Release 7.31 SP11 des SAP NetWeaver Application Servers (SAP NetWeaver AS) ABAP weisen sie einen größeren Funktionsumfang als die ABAP Workbench auf.

ADT als Entwicklungsumgebung

Zwar ist es Ihnen in SAP S/4HANA on premise oder SAP S/4HANA Cloud Private Edition bis heute auch weiterhin möglich, in der ABAP Workbench zu entwickeln, allerdings nur mit eingeschränkten Funktionen. So ist beispielsweise die Entwicklung von CDS-Views oder von auf diesen Views basierenden Geschäftsobjekten nach dem ABAP RESTful Application Programming Model (mehr hierzu in Kapitel 6, »Geschäftsobjekte modellieren«, und Kapitel 7, »Geschäftslogik entwickeln«) ausschließlich über die ADT möglich.

Verwendung der ADT für ABAP Cloud

In Cloud-Umgebungen, also in SAP S/4HANA Cloud Public Edition oder dem ABAP Environment, gibt es keine Möglichkeit, ABAP ohne die Verwendung der ADT zu programmieren. Wie bereits in Kapitel 3, »Das ABAP-Cloud-Entwicklungsmodell«, beschrieben, muss in der Cloud sichergestellt werden, dass Upgrades keinen Einfluss auf bestehende Kundenentwicklungen haben. Aus diesem Grund kann eine Vielzahl von ABAP-Sprachelementen und Repository-Objekten im ABAP Environment nicht verwendet werden. Im Zuge dieser Entwicklung entfällt auch die Möglichkeit, das SAP GUI und somit die ABAP Workbench als Entwicklungsumgebung zu nutzen. Bei der Entwicklung mit ABAP Cloud haben Sie deshalb nicht mehr die Wahlfreiheit bei der Entwicklungsumgebung, sondern der Einsatz der ADT wird obligatorisch.

[»]

ABAP Cloud in SAP Build

Anfang 2024 wurde mit *SAP Build Code* eine moderne innovative Entwicklungssuite auf Basis des SAP Business Application Studios öffentlich verfügbar. Diese Suite bietet zahlreiche Funktionen zur Beschleunigung der Anwendungsentwicklung, bisher insbesondere für SAP-Fiori-Anwendungen, die auf Basis des *SAP Cloud Application Programming Models* in Java und JavaScript entwickelt werden. Zu den wichtigsten Features der Suite gehören:

- **KI-Unterstützung**
  Automatische Codevervollständigung, Debugging und Codegenerierung beschleunigen die Entwicklung.
- **Vorgefertigte Komponenten**
  UI-Elemente, Geschäftslogik und Konnektoren für Integrationsanforderungen ermöglichen schnellere Implementierungen.
- **Vorlagen**
  Best-Practice-Anwendungen und branchenspezifische Lösungen dienen als Startpunkt.
- **Visuelle Tools und Assistenten**
  Stellen die Einhaltung bewährter Praktiken sicher.

ABAP-Entwickler*innen wurden bei der Weiterentwicklung dieser Entwicklungsumgebung nicht vergessen. Im Rahmen der SAP TechEd 2024 wurde die Integration von ABAP in SAP Build angekündigt. Das bedeutet, dass ABAP-Cloud-Entwicklungsprojekte zukünftig über die *SAP Build Lobby* verwaltet und nahtlos mit anderen SAP-Build-Produkten integriert werden können. SAP schließt so nicht nur eine Lücke im Entwicklungsfluss, ABAP-Entwickler*innen erhalten damit auch Zugang zu den innovativen Funktionen von SAP Build Code, etwa der KI-gestützten Codevervollständigung und -generierung. Diese Erweiterungen sollen ab dem ersten Quartal 2025 verfügbar sein.

Die Beispielentwicklungen aus diesem Buch sind weiterhin unabhängig von SAP Build Code durchführbar. Die von uns verwendeten Werkzeuge, wie das SAP Business Application Studio und die ADT, sollen auch weiterhin bestehen bleiben. Die Verwaltung von ABAP-Cloud-Projekten könnte sich durch die Integration in SAP Build in Zukunft jedoch ändern.

Im Folgenden zeigen wir Ihnen, wie Sie ein ABAP-Cloud-Projekt in den ADT hinzufügen.

4.3.1 Voraussetzungen

Eclipse-Installation

Für die Entwicklung mit ABAP Cloud benötigen Sie also zunächst eine Installation der Eclipse-Entwicklungsumgebung mit der ADT-Erweiterung. Unter *https://www.eclipse.org* können Sie sich eine für Ihr Betriebssystem passende Version von Eclipse herunterladen und installieren. Zusätzlich müssen Sie die ADT als Paket in Eclipse installieren. Informationen zu den Versionen finden Sie unter *https://tools.hana.ondemand.com*. Grundsätzlich empfehlen wir Ihnen, immer die neueste Version einzusetzen. Prüfen Sie daher regelmäßig, ob Aktualisierungen der ADT vorliegen, und führen Sie diese aus.

Anwendungsbenutzer

Nicht jeder beliebige Benutzer oder jede Benutzerin darf Entwicklungstätigkeiten im ABAP Environment vornehmen. In Abschnitt 4.2, »Identitäts- und Zugriffsverwaltung«, haben Sie die verschiedenen Bestandteile der Identitäts- und Zugriffsverwaltung kennengelernt. Um in Ihrem ABAP Environment oder in SAP S/4HANA Cloud Public Edition entwickeln zu können, benötigen Sie zunächst einen Mitarbeiterstammsatz mit einem entsprechenden Anwendungsbenutzerkonto im System. Zusätzlich muss ein entsprechendes Nutzerkonto im Identity Directory der SAP Cloud Identity Services oder im angeschlossenen Identity Provider vorhanden sein, um die Authentifizierung am System zu ermöglichen. Die Authentifizierung erfolgt über die E-Mail-Adresse des Nutzers oder der Nutzerin. Neben der Verwendung der SAP Cloud Identity Services ermöglicht das ABAP Environment die Authentifizierung über den Default Identitiy Provider der SAP BTP, also mittels SAP Universal ID oder S-User.

Entwicklungsberechtigung

Zusätzlich zum passenden Anwendungsbenutzerkonto benötigen Sie die erforderlichen Berechtigungen. Ihrem Anwendungsbenutzerkonto muss dazu eine Anwendungsrolle zugewiesen sein, die aus der Anwendungsrollenvorlage `SAP_BR_DEVELOPER` generiert wurde. Etwaige Rollenzuweisungen im Cloud Foundry Space, wie z. B. *Space Developer* oder *Space Manager*, oder im Service Identity Authentication haben keine Auswirkungen auf die Berechtigungen innerhalb des ABAP Environments oder innerhalb von SAP S/4HANA Cloud Public Edition.

4.3.2 ABAP-Cloud-Projekt hinzufügen

Sollten Sie bereits ein wenig Erfahrung mit den ADT gesammelt haben, ist Ihnen die Funktion von *ABAP-Projekten* sicher geläufig. Innerhalb Ihrer Entwicklungsumgebung bilden sie die Verbindungen zu Ihren SAP-Systemen ab. ABAP-Projekte lassen sich daher in etwa mit Verbindungen aus dem SAP Logon vergleichen.

[»]

ABAP-Projekte vs. SAP Logon

ABAP-Projekte basieren primär auf Einträgen aus dem SAP Logon. Bei der Anlage eines ABAP-Projekts werden neben den Anmeldedaten auch die Sprache und der Mandant für die Systemanmeldung angegeben. ABAP-Projekte stellen somit eine »speziellere« Form der Verbindung aus dem SAP Logon dar. Sie können auch mehrfach (pro Mandant, Sprache) für ein System vorhanden sein.

ABAP-Cloud-Projekt

Im Kontext des ABAP Environments wurde der neue Projekttyp *ABAP-Cloud-Projekt* eingeführt. Projekte dieses Typs stellen eine Systemverbindung zu Ihrer ABAP-Environment-Instanz oder zu Ihrem Mandanten der SAP S/4HANA Cloud Public Edition dar und ermöglichen es Ihnen, diese Instanz als ABAP-System in Ihre Entwicklungsumgebung einzubinden.

ABAP-Cloud-Projekt anlegen

Öffnen Sie nun Ihre Eclipse-Entwicklungsumgebung und wechseln Sie in die Perspektive **ABAP**, um ein ABAP-Cloud-Projekt anzulegen:

1. Legen Sie, wie in Abbildung 4.5 gezeigt, ein neues ABAP-Cloud-Projekt über den Menüpfad **File • New • ABAP Cloud Project** an. Alternativ können Sie das Projekt über das Kontextmenü des Project Explorers oder die Tastenkombination [Strg] + [N] anlegen.

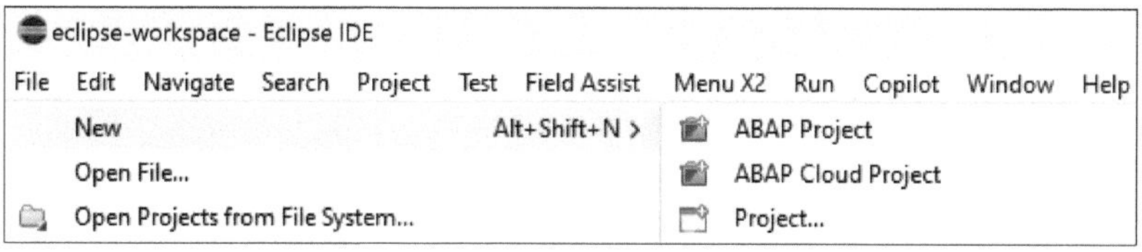

Abbildung 4.5 Anlegen eines ABAP-Cloud-Projekts

2. Für die Anbindung einer Instanz des ABAP Environments oder für die Anbindung eines SAP-S/4HANA-Cloud-Systems müssen Sie nun, wie in Abbildung 4.6 gezeigt, die URL des Systems im Feld **ABAP Service Instance URL** eingeben. Diese URL können Sie entweder dem SAP Fiori Launchpad oder dem Service Key entnehmen. Bestätigen Sie die Eingabe mit **Next**.

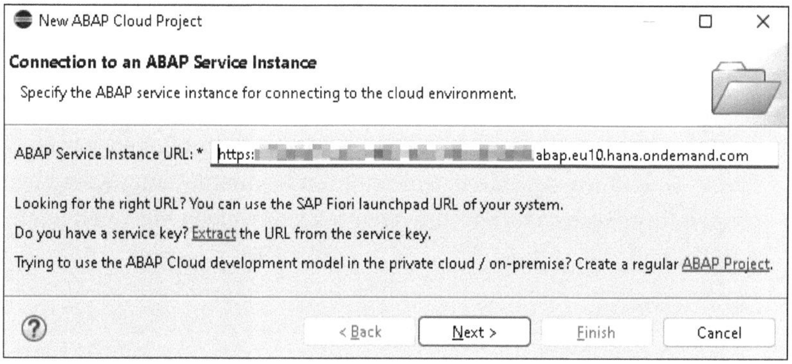

Abbildung 4.6 ABAP-Service-Instanz verbinden

Service Key ermitteln

Haben Sie Ihre Instanz des ABAP Environments selbst eingerichtet oder die notwendigen Berechtigungen, um diese Instanz aufzurufen, können Sie den Service Key auch folgendermaßen ermitteln:

1. Navigieren Sie zum Space Ihres Subaccounts, in dem die Einrichtung der ABAP-Environment-Instanz vorgenommen wurde.
2. Wählen Sie in der linken Navigationsleiste **Services • Instances** und klicken Sie anschließend auf Ihre ABAP-Environment-Instanz.
3. Über den Punkt **Service Keys** in der Navigationsleiste können Sie sich nun die Service Keys Ihrer ABAP-Environment-Instanz anzeigen lassen.

3. Geben Sie anschließend Ihre Anmeldedaten der ABAP-Environment-Instanz oder des SAP-S/4HANA-Cloud-Mandaten ein. Hierzu wählen Sie **Open Logon Page in Browser** (siehe Abbildung 4.7) und authentifizieren

sich im sich öffnenden Browserfenster mit Benutzernamen (E-Mail-Adresse) und Passwort. Wie in Abschnitt 4.3.1, »Voraussetzungen«, erläutert, sind die Anmeldedaten von dem verwendeten Identity Provider abhängig. In der Regel handelt es sich um die Anmeldedaten eines S-Users oder um einen entsprechenden User der SAP Cloud Identity Services. Nach der erfolgreichen Anmeldung können Sie das Browserfenster wieder schließen und mit der Anbindung des Systems fortfahren.

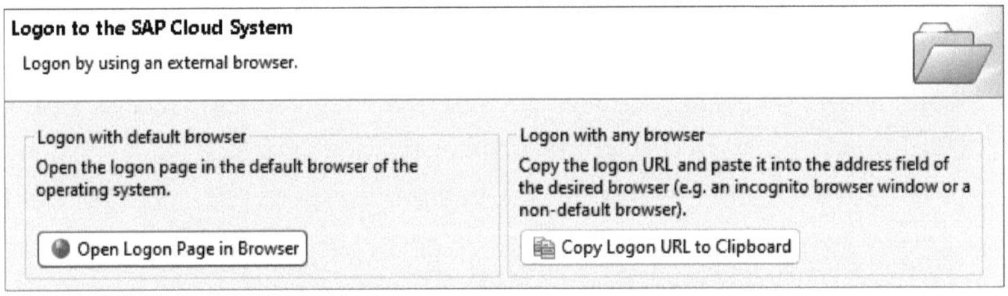

Abbildung 4.7 Anmeldebildschirm des ABAP-Cloud-Projekts

4. Nachdem Sie sich erfolgreich am System angemeldet haben, wird Ihnen, wie in Abbildung 4.8 dargestellt, eine Zusammenfassung aller Einstellungen Ihrer Systemverbindung angezeigt. Sie haben hier auch noch die Möglichkeit, die Anmeldesprache über das Feld **Language** zu ändern.

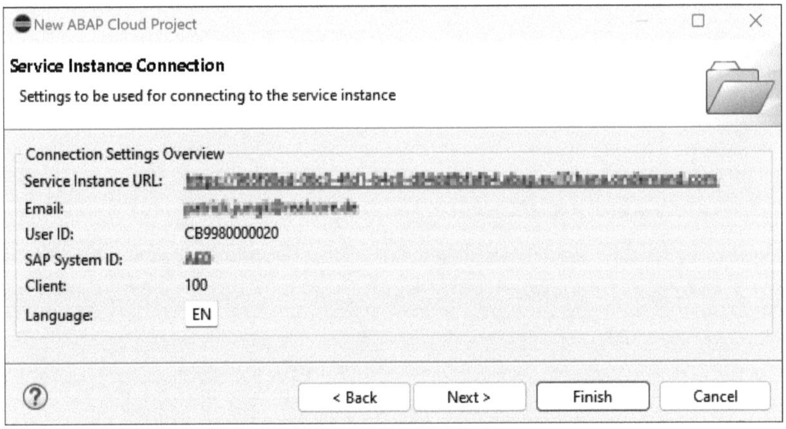

Abbildung 4.8 Systemverbindung des ABAP-Cloud-Projekts

5. Beenden Sie den Assistenten, indem Sie die Schaltfläche **Finish** drücken. Anschließend wird das ABAP-Cloud-Projekt angelegt und im **Project Explorer** angezeigt.

Link zum Dashboard ermitteln

Über das hinzugefügte Projekt können Sie nun auch die Adresse Ihres Dashboards ermitteln, wie in Abschnitt 4.1, »Das Dashboard als Administrationsoberfläche«, erwähnt:

1. Klicken Sie dazu mit der rechten Maustaste auf das Projekt und wählen Sie im Kontextmenü **Eigenschaften**. Alternativ können Sie die Eigenschaften auch über die Tastenkombination [Alt] + [↵] öffnen.
2. Wählen Sie anschließend den Bereich **ABAP Development**.
3. Dem Feld **System URL** können Sie, analog zu Abbildung 4.9, die Webadresse zum Aufruf des Dashboards Ihrer ABAP-Serviceinstanz entnehmen.

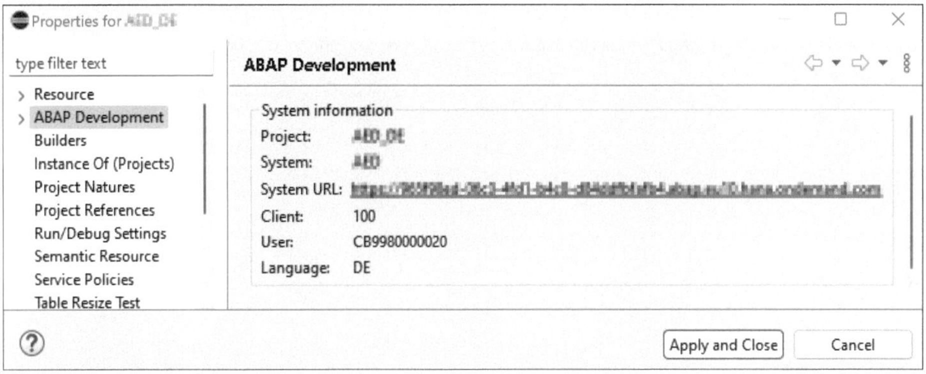

Abbildung 4.9 URL des Dashboards der ABAP-Serviceinstanz

4.4 Zusammenfassung

In diesem Kapitel haben wir Ihnen das Dashboard als Administrationsoberfläche für das ABAP Environment vorgestellt und erläutert, wie Sie die wichtigsten administrativen Anwendungen erreichen, die wir im Rahmen dieses Buches einsetzen werden. Des Weiteren haben Sie die grundlegenden Konzepte der Identitäts- und Zugriffsverwaltung kennengelernt. Dazu haben wir Ihnen einen kurzen Einblick in die Konzepte der Anwendungskataloge, Anwendungsrollen und Anwendungsbenutzer*innen gegeben und wie diese miteinander verknüpft sind.

Zum Schluss haben wir Ihnen die ABAP Development Tools als Entwicklungsumgebung vorgestellt. Entwicklungen innerhalb des ABAP Environments oder Embedded ABAP Environments in SAP S/4HANA Cloud Public Edition erfolgen ausschließlich über Eclipse. Die klassische ABAP Workbench verliert im Kontext dieser Systeme an Bedeutung und steht nicht mehr zur Verfügung. Die Verbindung zu Systemen, wie dem ABAP Environment oder SAP S/4HANA Cloud Public Edition erfolgt über ABAP-Cloud-Projekte. Sie haben gesehen, wie ein solches ABAP-Cloud-Projekt angelegt wird, um eine Systemverbindung zwischen den ADT und dem Embedded ABAP Environment von SAP S/4HANA Cloud Public Edition oder dem ABAP Environment aufzubauen.

TEIL II

Entwicklung von Geschäftsobjekten und Erweiterung von SAP-Anwendungen

Kapitel 5

Aufbau des Datenmodells der Beispielanwendung

Der Aufbau und die Umsetzung eines geeigneten Datenmodells sind essenzielle Aufgaben der ABAP-Entwicklung. In diesem Kapitel lernen Sie, wie Sie mit ABAP Cloud eigene Datenmodelle implementieren können.

Nachdem Sie Ihre Arbeitsumgebung eingerichtet haben, steigen wir nun tiefer in die Entwicklung mit ABAP Cloud ein. Dieses Kapitel macht Sie unter anderem mit den ABAP Development Tools (ADT) vertraut und vermittelt Ihnen erste Erfahrungen mit den elementaren Techniken von ABAP Cloud.

Abschnitt 5.1, »Einführung in die Beispielanwendung«, gibt Ihnen einen Überblick über die Anforderungen der Beispielanwendung **Aktionsmanagement**, die wir in diesem Buch entwickeln. Von diesen Anforderungen leiten wir ein Datenmodell ab und gehen auf den Aufbau der entsprechenden Tabellen ein.

In Abschnitt 5.2, »Softwarekomponenten«, gehen wir auf Softwarekomponenten und das ABAP-Paketkonzept ein. Wir erläutern detailliert, was sich hinter Softwarekomponenten verbirgt, und implementieren eine Paketstruktur für unser Anwendungsbeispiel.

In Abschnitt 5.3, »Datenmodell implementieren«, zeigen wir Ihnen, wie Sie die technische Basis für die Beispielanwendung in den ADT anlegen. In diesem Abschnitt implementieren wir die Persistenzschicht unserer Anwendung in Form von Datenbanktabellen.

In Abschnitt 5.4, »Eine Konsolenanwendung anlegen«, erklären wir, wie Sie Konsolenausgaben innerhalb von Eclipse erzeugen. Sie erstellen dazu eine Klasse, die Daten in den zuvor angelegten Datenbanktabellen erzeugt und ein Protokoll in der Konsole von Eclipse ausgibt.

Abschnitt 5.5, »Virtuelles Datenmodell«, gibt Ihnen einen Überblick über die Erstellung von virtuellen Datenmodellen mittels CDS-Views (Core Data Services). In diesem Kontext erstellen Sie wiederverwendbare sogenannte *Basic Interface Views* und verknüpfen diese mithilfe von Assoziationen. Auf

Basis des so entstehenden virtuellen Datenmodells modellieren wir in Kapitel 6, »Geschäftsobjekte modellieren«, das Geschäftsobjekt unserer Beispielanwendung.

5.1 Einführung in die Beispielanwendung

Demoszenario Aktionsmanagement

In diesem Buch verwenden wir ein durchgängiges Demoszenario aus dem Bereich des Aktionsmanagements. Die folgenden Kapitel bauen größtenteils auf der in den folgenden Abschnitten aufgesetzten Beispielanwendung auf. Anhand dieses Beispiels wollen wir Ihnen die Anwendungsentwicklung mit ABAP Cloud näherbringen.

> **Verwendetes SAP-System**
>
> Für die Implementierung unserer Beispielanwendung verwenden wir das SAP BTP, ABAP Environment. Wir haben dieses Beispiel so gewählt, dass es unabhängig von SAP-Geschäftsobjekten implementiert werden kann. Daher können Sie Ihre Implementierung auch mit dem Embedded ABAP Environment in SAP S/4HANA Cloud und SAP S/4HANA on premise (ab Release 2022) durchführen.

Unser Beispielszenario umfasst eine neue Anwendung, mit der Einzelhandelsunternehmen in einer Filiale Aktionen für bestimmte Produkte planen können, z. B., um Rabatte zu gewähren. Im Zentrum der Anwendung steht das Geschäftsobjekt *Rabattaktion* (Promotion). Ziel des Anwendungsbeispiels ist die Erstellung des in Abbildung 5.1 dargestellten *SAP Fiori List Reports*.

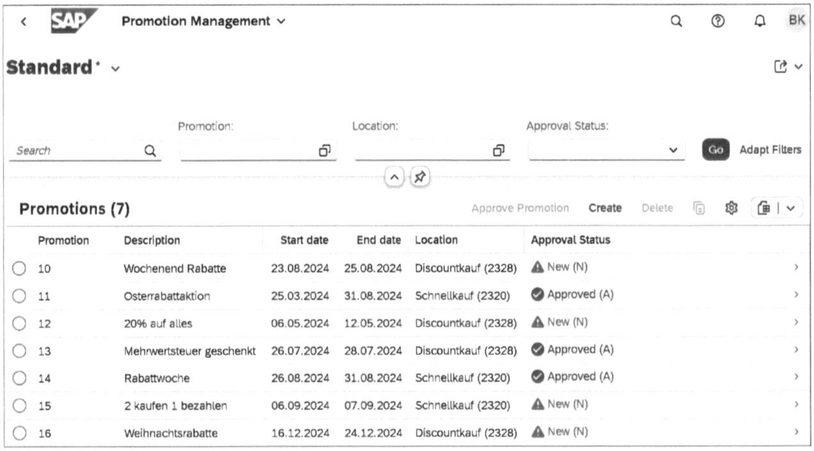

Abbildung 5.1 Oberfläche der Beispielanwendung in Form eines SAP Fiori List Reports

Anforderungen an die Beispielanwendung

Die Basis für die Anwendung und alle folgenden Abschnitte bilden die im Folgenden formulierten fachlichen Anforderungen:

- Es soll möglich sein, in einer SAP-Fiori-Anwendung eine Liste mit bestehenden Rabattaktionen (*Promotions*) auszulesen.
- Die Rabattaktionen sollen Positionen in Form von Produkten sowie den gewährten Rabattwert in Prozent beinhalten. Die Rabattaktionen sollen die zugehörigen Positionen (*Promotion Items*) darstellen.
- Die Rabattaktionen sollen folgende Attribute exponieren:
  - Aktions-ID (**Promotion**)
  - Bezeichnung (**Promotion Description**)
  - Gültig von (**Start Date**)
  - Gültig bis (**End Date**)
  - Filiale (**Location Id**)
  - Genehmigungsstatus (**Approval Status**)
- Die Rabattaktionspositionen sollen folgende Attribute exponieren:
  - Aktionspositions-ID (**Promotion Position Id**)
  - Produkt-ID (**Product Id**)
  - Normalpreis (**Product Price**)
  - Rabattwert in Prozent (**Discount In Percent**)
  - Rabattpreis (**Discount Price**) mit zugehöriger Währung (**Currency**)
  - eine Mindestanzahl der Produkte (**Quantity**) und der zugehörigen Mengeneinheit (**Quantity Unit**)
- Der Rabattpreis wird zur Laufzeit über eine Multiplikation des Normalpreises mit dem Rabattwert in Prozent berechnet. Eine manuelle Änderung durch Anwender*innen soll nicht möglich sein.
- Es soll möglich sein, Rabattaktionen mit den zugehörigen Positionen zu erstellen, zu bearbeiten und zu löschen (also über die sogenannten CUD-Operationen: Create, Update, Delete).
- Beim Erstellen einer neuen Rabattaktion soll sichergestellt werden, dass die Werte »Gültig von« und »Gültig bis« einen zulässigen Zeitraum ergeben.
- Beim Erstellen einer neuen Rabattaktion soll die Aktions-ID automatisch vom System vergeben werden.
- Beim Erstellen einer neuen Rabattaktion soll der Genehmigungsstatus automatisch auf »Neu« (**N**) gesetzt werden.
- Anwender*innen sollen in der Lage sein, den Genehmigungsstatus auf »Genehmigt« (**A**) zu setzen. Dieser Statuswechsel soll über eine Schaltfläche oberhalb der Ausgabeliste möglich sein.

- Die Attribute »Produkt« und »Filiale« stehen in Beziehung zu den Fremdschlüsseltabellen für Produkt (**Product**) und Filiale (**Location**), die die Stammdaten für die Anwendung bereitstellen.

Natürlich beschreiben die genannten Anforderungen noch kein vollwertiges Aktionsmanagement. Um die Beispielanwendung jedoch einfach nachvollziehbar zu gestalten, haben wir die Anforderungen hier so einfach wie möglich gehalten.

Datenmodell der Beispielanwendung

Abbildung 5.2 zeigt das aus diesen Anforderungen abgeleitete Datenmodell der Beispielanwendung.

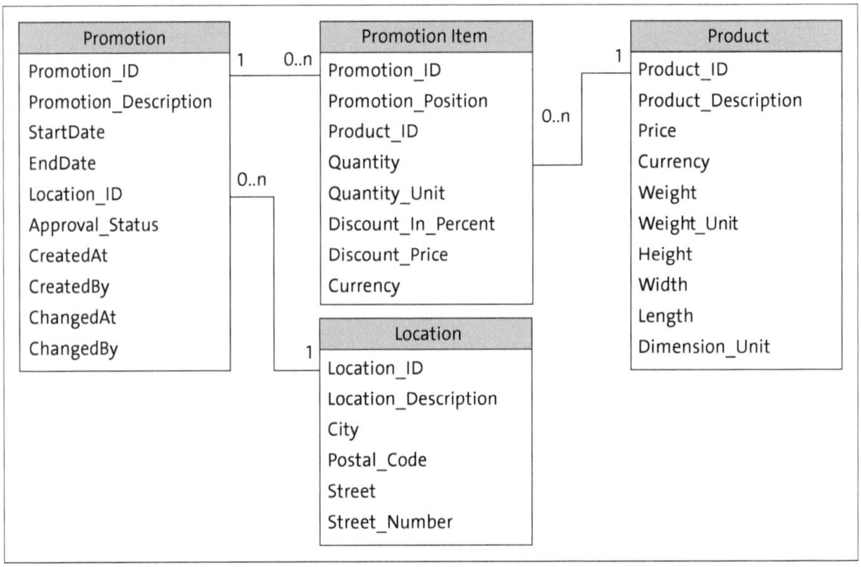

Abbildung 5.2 Datenmodell der Beispielanwendung

5.2 Softwarekomponenten

Softwarekomponenten

In SAP-Systemen fassen *Softwarekomponenten* eine Menge von Entwicklungsobjekten zusammen, die zu einem SAP-Softwareprodukt gehören. Die *Entwicklungsobjekte* werden durch die Zuordnung zu einem *Entwicklungspaket* einer Softwarekomponente zugeordnet.

Bisher spielten Softwarekomponenten bei kundeneigenen ABAP-Entwicklungen keine große Rolle. In den meisten Projekten wurden Pakete einfach der Komponente `HOME` zugeordnet. Die Softwarekomponente `HOME` umfasst alle nicht lokalen Entwicklungsobjekte, die nicht an Kunden ausgeliefert werden.

Mit ABAP Cloud kommt den Softwarekomponenten eine größere Bedeutung zu, vor allem im ABAP Environment. Mithilfe von Softwarekomponenten werden im ABAP Environment Entwicklungen in Folgesysteme transportiert. In Abschnitt 16.2, »Git-fähiges Change and Transport System«, gehen wir im Detail auf den Transport von Entwicklungen mithilfe von Softwarekomponenten und dem *Git-fähigen Change and Transport System* (gCTS) ein. Neben ihrer Bedeutung für den Transport dienen Softwarekomponenten dazu, Entwicklungspakete zu einer Einheit zusammenzufassen, was dazu beiträgt, die Komplexität von Entwicklungsprojekten zu reduzieren.

Softwarekomponenten in ABAP Cloud

Wir werden in diesem Abschnitt eine Softwarekomponente für unsere Beispielanwendung im ABAP Environment anlegen. Alle für das Beispiel angelegten Entwicklungsobjekte werden dieser Softwarekomponente zugeordnet.

5.2.1 Softwarekomponenten anlegen

Softwarekomponenten verwalten

Für die Verwaltung von Softwarekomponenten steht im Dashboard des ABAP Environments die SAP-Fiori-Anwendung **Softwarekomponenten verwalten** zur Verfügung (siehe Abbildung 5.3). Über diese Anwendung lassen sich Softwarekomponenten anlegen, löschen und in Folgesysteme importieren.

Abbildung 5.3 SAP-Fiori-Anwendung »Softwarekomponenten verwalten«

Softwarekomponenten in SAP S/4HANA Cloud Public Edition

In SAP S/4HANA Cloud Public Edition haben Sie aktuell keine Möglichkeit, eigene Softwarekomponenten anzulegen. Ihnen werden stattdessen folgende vordefinierte Softwarekomponenten zur Verfügung gestellt:

- **ZLOCAL**
  Für lokale Entwicklungen steht die Softwarekomponente `ZLOCAL` bereit. Entwicklungsobjekte, die dieser Komponente zugeordnet sind, werden lokalen Transportaufträgen zugeordnet und lassen sich nicht transportieren.
- **ZCUSTOM_DEVELOPMENT**
  Entwicklungen, die Sie ausschließlich in Ihrer eigenen Systemlandschaft transportieren und verwenden wollen, werden der Softwarekomponente `ZCUSTOM_DEVELOPMENT` zugeordnet.
- **ZPARTNER**
  Für Entwicklungen, die Sie außerhalb Ihrer Systemlandschaft Kunden oder Partnern zur Verfügung stellen wollen, steht die Softwarekomponente `ZPARTNER` bereit. Entwicklungsobjekte, die dieser Komponente zugeordnet sind, werden per gCTS transportiert und können Kunden über ein eigenes Git-System bereitgestellt werden.

Sollten Sie die Beispielanwendung in SAP S/4HANA Cloud Public Edition implementieren, können Sie direkt mit Abschnitt 5.2.2, »Projektstruktur anlegen«, fortfahren und eine der genannten Softwarekomponenten verwenden.

Berechtigungen für die Anlage

Sollten Sie nicht über die benötigten Berechtigungen für die Anlage von Softwarekomponenten verfügen, können Sie den folgenden Schritt überspringen. Jedoch müssen Sie dann die in Abschnitt 5.2.2, »Projektstruktur anlegen«, beschriebene Projektstruktur innerhalb der Softwarekomponente `ZLOCAL` oder in einem anderen lokalen Entwicklungspaket anlegen.

Softwarekomponente anlegen

Gehen Sie wie folgt vor, um die Softwarekomponente für unsere Beispielanwendung anzulegen:

1. Rufen Sie die SAP-Fiori-Anwendung **Softwarekomponenten verwalten** über das Dashboard des ABAP Environments auf.
2. Klicken Sie auf die Schaltfläche **Create** oberhalb der Ausgabeliste.
3. Für die neue Softwarekomponente müssen Sie einen **Namensraum**, **Name**, **Beschreibung**, optional die URL eines Git-Repositorys sowie den **Typ** der Softwarekomponente angeben. Für die Beispielanwendung entscheiden wir uns für die folgenden Eigenschaften (siehe Abbildung 5.4):
   - **Namensraum**: Z
   - **Name**: `_PROMOTION_MGMT`
   - **Beschreibung**: »Promotion Management«
   - **Typ**: **Development**

4. Beenden Sie das Anlegen der Softwarekomponente mit einem Klick auf die Schaltfläche **Anlegen**.

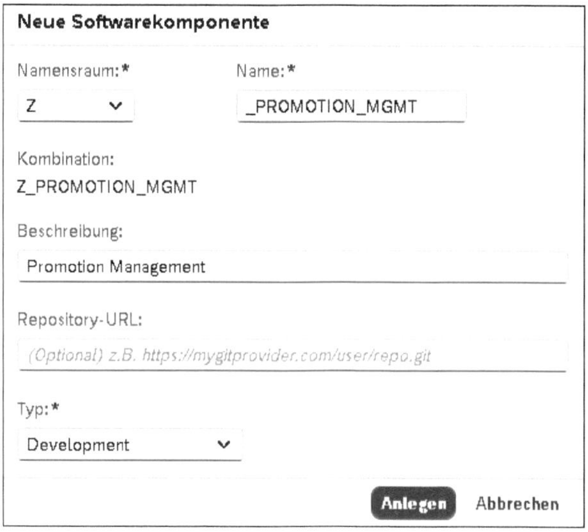

Abbildung 5.4 Softwarekomponente »Promotion Management«

Bring Your Own Git (BYOG)

Sie haben die Möglichkeit, ein eigenes Git-Repository für die Softwarekomponente zu hinterlegen. Beachten Sie dabei, dass Ihr Repository öffentlich zugänglich sein muss. Repositorys, die in einem privaten Firmennetzwerk gehostet werden, werden derzeit nicht unterstützt. Des Weiteren kann die URL des Repositorys nachträglich nicht mehr geändert werden.

Typen von Softwarekomponenten

Bei der Anlage von Softwarekomponenten können Sie zwischen den Typen **Development** und **Business Configuration** wählen:

- Der Typ **Development** wird für Softwarekomponenten verwendet, die Entwicklungsobjekte enthalten, die später in Folgesysteme importiert werden sollen.
- Der Typ **Business Configuration** ist für den Transport von Konfigurationen, wie z. B. Customizing, vorgesehen.

Wir werden in Abschnitt 12.2, »Customizing Lifecycle Management«, noch genauer auf die Verwendung von Softwarekomponenten des Typs **Business Configuration** eingehen. Wählen Sie an dieser Stelle zunächst den Typ **Development** aus.

[»]

Softwarekomponenten in SAP S/4HANA Cloud Private Edition und SAP S/4HANA on premise

In SAP S/4HANA Cloud Private Edition und SAP S/4HANA on premise legen Sie Softwarekomponenten nicht über die Anwendung **Softwarekomponenten verwalten** an, sondern über den Report RSMAINTAIN_SWCOMPONENTS. Gehen Sie dabei wie folgt vor:

1. Rufen Sie den Report RSMAINTAIN_SWCOMPONENTS über Transaktion SE38 auf.
2. Wählen Sie die Plusschaltfläche (F5), um eine neue Softwarekomponente anzulegen.
3. Für die neue Softwarekomponente müssen Sie einen Namen, das Release, den Entwicklungstyp, die ABAP-Sprachversion sowie eine Beschreibung angeben. Für die Beispielanwendung entscheiden wir uns für folgende Eigenschaften (siehe Abbildung 5.5):
   - **Komponen.**: Z_PROMOTION_MGMT
   - **Release**: »DEV«
   - **Entwicklungstyp**: **Transportierbar**
   - **ABAP-Sprachversion**: **ABAP für Cloud**
   - **Beschreib.**: »Promotion Management«

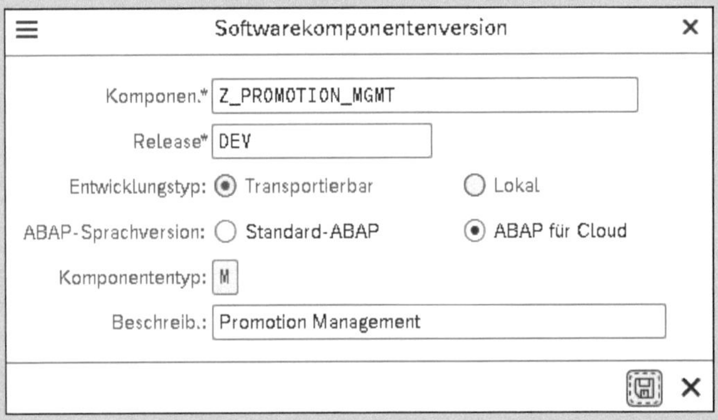

Abbildung 5.5 Anlegen einer Softwarekomponente in SAP S/4HANA on premise

4. Beenden Sie das Anlegen der Softwarekomponente mit einem Klick auf **Speichern** (💾) oder mit der Funktionstaste F8.
5. Abschließend müssen Sie die neue Softwarekomponente einem Workbench-Auftrag zuordnen, indem Sie Ihre Softwarekomponente in der Liste markieren und **Transportieren** (🚚) bzw. die Tastenkombination ⇧ + F6) wählen.

6. Geben Sie den Workbench-Auftrag frei, bevor Sie mit den nächsten Schritten fortfahren.

Durch die Anlage einer Softwarekomponente wird, anders als im ABAP Environment, kein zugehöriges Strukturpaket erzeugt. Legen Sie daher selbst ein Strukturpaket mit dem Namen Z_PROMOTION_MGMT an und weisen Sie die gleichnamige Softwarekomponente zu.

Detailsicht der Softwarekomponente

Nach dem Speichern wird Ihnen die Detailsicht der neuen Softwarekomponente angezeigt. Wie in Abbildung 5.6 im Feld **Geklont** zu erkennen, wurde die Softwarekomponente angelegt, aber noch nicht in das System importiert bzw. geklont. Das heißt, die Komponente kann noch nicht für Entwicklungen verwendet werden.

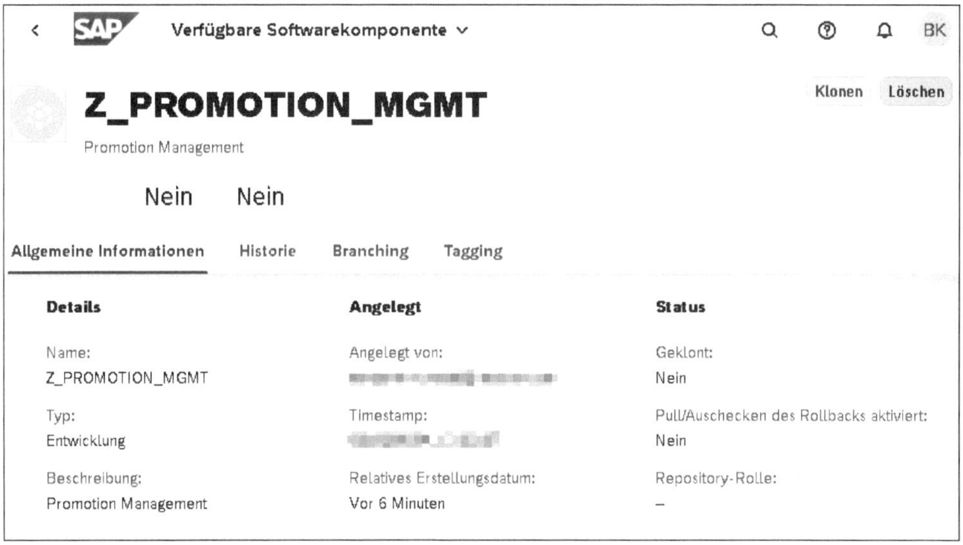

Abbildung 5.6 Nicht importierte Softwarekomponente

Softwarekomponente importieren

Um die Softwarekomponente in das ABAP-System, also in Ihre ABAP-Serviceinstanz, zu importieren, klicken Sie auf die Schaltfläche **Klonen** oben rechts. Bestätigen Sie den sich öffnenden Dialog, indem Sie auf die Schaltfläche **Klonen** klicken und damit einen *Pull Request* starten. Dadurch wird der Import in das System gestartet. Er beinhaltet verschiedene automatisch durchgeführte Schritte:

1. **Überprüfen des Namensraumes**
   Es wird geprüft, ob der gewählte Namensraum zulässig ist. Dieser muss dem kundeneigenen Namensraum entsprechen. Gibt es keinen eigenen Namensraum, muss die Softwarekomponente im Z- oder Y-Namensraum liegen.

2. **Anlegen eines Git-Repositorys**
   Zu der importierten Softwarekomponente werden ein gleichnamiges lokales Git-Repository sowie eine zugehörige Transportschicht angelegt.
3. **Erstellen der Softwarekomponente**
   Durch den Import in das System wird die Softwarekomponente angelegt.
4. **Erstellen eines Strukturpakets**
   Zur Softwarekomponente wird ein gleichnamiges Strukturpaket angelegt. Dieses Strukturpaket kann dem ABAP-Cloud-Projekt in den ADT hinzugefügt werden.

Ausführungsprotokoll

Die beim Import durchgeführten Schritte können Sie dem Ausführungsprotokoll auf der Registerkarte **Ausführungsprotokoll** des Pull Requests entnehmen (siehe Abbildung 5.7).

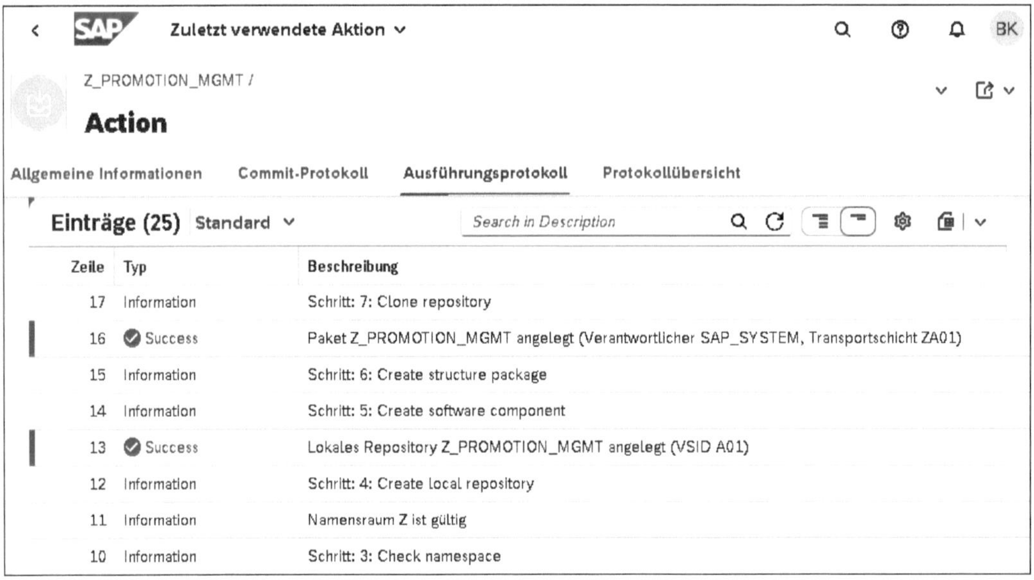

Abbildung 5.7 Ausführungsprotokoll des Pull Requests

Strukturpaket hinzufügen

Nach dem erfolgreichen Import kann das angelegte Strukturpaket in den ADT Ihren Favoriten innerhalb des ABAP-Cloud-Projekts hinzugefügt werden:

1. Melden Sie sich dazu in Eclipse an Ihrem ABAP-Cloud-Projekt an.
2. Wählen Sie im Kontextmenü der **Favorite Packages** den Eintrag **Add Package...** (siehe Abbildung 5.8) und geben Sie den Namen des beim Import der Softwarekomponente angelegten Strukturpakets ein, in unserem Fall `Z_PROMOTION_MGMT`.
3. Bestätigen Sie die Auswahl über die Schaltfläche **OK**.

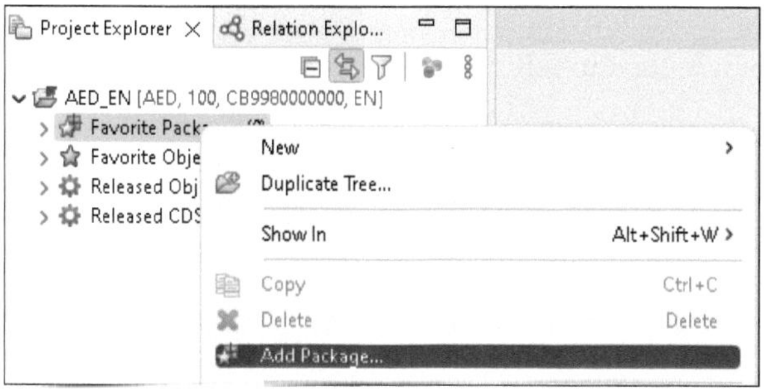

Abbildung 5.8 Paket einem ABAP-Cloud-Projekt hinzufügen

Das Strukturpaket sollte nun unter **Favorite Packages** sichtbar sein. Sie können jetzt weitere Entwicklungspakete innerhalb des Strukturpakets anlegen. Ein direktes Anlegen von ABAP-Entwicklungsobjekten unterhalb des Strukturpakets ist nicht möglich.

Verwendung von Softwarekomponenten

Eine generelle Empfehlung, wie viele Softwarekomponenten für kundeneigene Entwicklungen anzulegen sind, gibt es nicht. Softwarekomponenten sollten nach Möglichkeit jedoch in sich lauffähig sein. Außerdem sollte Ihnen bewusst sein, dass Entwicklungsobjekte, die einer Softwarekomponente zugeordnet werden, im ABAP Environment und in SAP S/4HANA Cloud Public Edition nicht außerhalb dieser Komponente verwendet werden können. Dies ist dadurch begründet, dass die Kommunikation zwischen Softwarekomponenten ausschließlich über freigegebene APIs erfolgt.

Entwicklungsobjekte einer Softwarekomponente können per Releasekontrakt (siehe Abschnitt 3.3.3, »Freigegebene Objekte suchen«) für die Verwendung in anderen Softwarekomponenten freigegeben werden. Sie können also eigene Softwarekomponenten so kapseln, dass ein Zugriff durch Objekte anderer Softwarekomponenten nur über die von Ihnen definierten Schnittstellen möglich ist. Sie stellen damit sicher, dass andere Softwarekomponenten ausschließlich Objekte verwenden, die einen gewissen Grad an Stabilität aufweisen.

Mit dem Import der angelegten Softwarekomponente haben Sie die Basis für die Implementierung der Beispielanwendung geschaffen. Wir werden nun damit fortfahren, die Projekt- bzw. Paketstruktur für die Entwicklung anzulegen.

5.2.2 Projektstruktur anlegen

Entwicklungen strukturieren

Genauso wie bei der klassischen ABAP-Entwicklung kommen auch bei der modernen ABAP-Entwicklung mit ABAP Cloud *Entwicklungspakete* zur Strukturierung von Entwicklungsobjekten zum Einsatz. Durch Entwicklungspakete ist es möglich, fachlich oder technisch zusammengehörige Objekte in einer abgeschlossenen Einheit zusammenzufassen.

[!]

Paketstruktur gut überlegen

Gerade bei größeren Entwicklungsprojekten ist es wichtig, den Aufbau der Paketstruktur vorab festzulegen. Nachträgliche Änderungen an Paketstrukturen sind oft nur mit hohem zeitlichem Aufwand möglich, da Entwicklungsobjekte manuell anderen Paketen zugeordnet werden müssen.

Vorgegebene Paketstruktur

Durch die Arbeit mit Softwarekomponenten wird im ABAP Environment schon eine gewisse Paketstruktur automatisch vorgegeben. Wie in Abschnitt 5.2.1, »Softwarekomponenten anlegen«, bereits erwähnt, wird für jede Softwarekomponente ein Strukturpaket generiert. Das heißt, eine Softwarekomponente wird automatisch durch ein Strukturpaket repräsentiert. Abbildung 5.9 verdeutlicht die Kapselung von Entwicklungsobjekten mithilfe von Struktur- und Entwicklungspaketen.

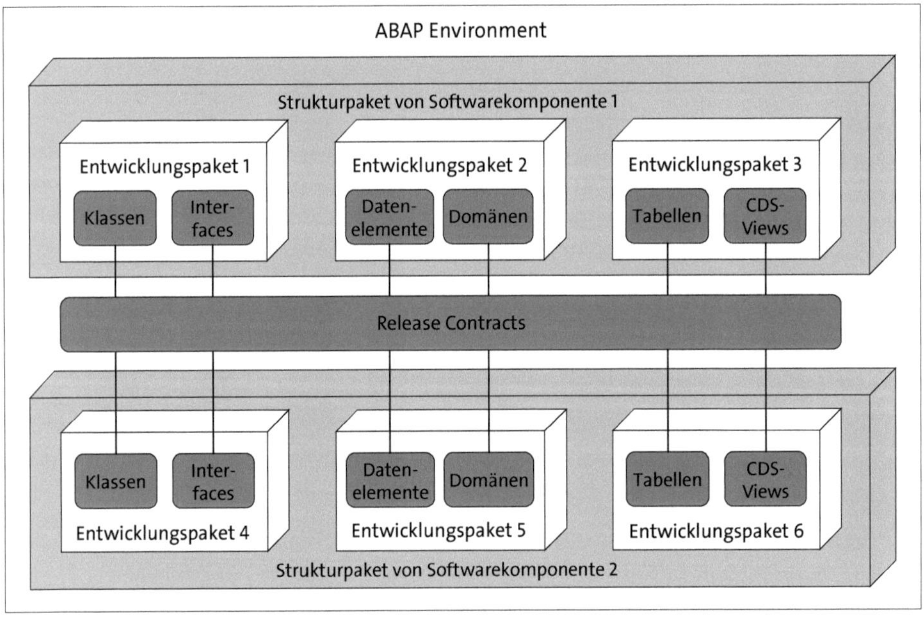

Abbildung 5.9 Kapseln von Entwicklungsobjekten in Paketen

Nutzung von Strukturpaketen

Durch Strukturpakete organisieren Sie die Entwicklungsobjekte einer oder mehrerer Anwendungen. Entwicklungsobjekte können jedoch nicht direkt einem Strukturpaket zugeordnet werden, sondern sind einem Entwicklungspaket zuzuordnen. Daher wollen wir an dieser Stelle das Strukturpaket unserer Softwarekomponente in Entwicklungspakete unterteilen.

Paketstruktur für die Beispielanwendung

Unterteilen Sie Ihr Strukturpaket in die folgenden Entwicklungspakete:

- **Paket für die Promotion-Management-Anwendung**
  Dieses Paket enthält alle Entwicklungsobjekte, die zur Bereitstellung der Anwendung benötigt werden. Für unsere Promotion-Management-Anwendung legen wir das Paket `Z_PROMOTION_MGMT_APP` vom Typ **Development** an. Dieses Paket stellt das Hauptpaket für die folgenden Entwicklungspakete dar.
- **Paket für das Datenmodell**
  Das Paket `ZPM_DM` enthält das Datenmodell unserer Beispielanwendung. Dazu zählen die Datenbanktabellen und die Basic Interface Views, die den Zugriff auf die Datenbanktabellen kapseln. Diese Anwendungsobjekte repräsentieren die Persistenzschicht der Anwendung.

  Weitere mögliche Objekte eines Datenmodellpakets können sogenannte DAO-Klassen (*Data Access Objects*) sein. Diese vereinheitlichen und zentralisieren den Datenbankzugriff innerhalb von Geschäftsanwendungen.
- **Paket für Geschäftsobjekte**
  Die Entwicklungsobjekte, die wir in Kapitel 6, »Geschäftsobjekte modellieren«, zur Modellierung von Geschäftsobjekten anlegen, strukturieren wir mit dem Entwicklungspaket `ZPM_BO`. Zu diesen Objekten gehören unter anderem Verhaltensdefinitionen und Verhaltensimplementierungen (siehe Kapitel 7, »Geschäftslogik entwickeln«).
- **Paket für allgemeine Entwicklungsobjekte**
  Allgemeine Entwicklungsobjekte wollen wir in dem Paket `ZPM_COMMON` ablegen. Dazu zählen beispielsweise Domänen und Datenelemente.
- **Paket für Berechtigungsobjekte**
  Das Paket `ZPM_AUTHORITY` enthält alle Entwicklungsobjekte, die im Zusammenhang mit der Implementierung von Berechtigungsprüfungen angelegt werden.

Entwicklungspaket anlegen

Das Anlegen eines Entwicklungspakets zeigen wir Ihnen am Beispiel des Pakets `Z_PROMOTION_MGMT_APP`:

1. Wählen Sie im **Project Explorer** das Strukturpaket `Z_PROMOTION_MGMT` aus, und rufen Sie mit der rechten Maustaste das Kontextmenü auf.
2. Wählen Sie **New • ABAP Package**.
3. Vergeben Sie im folgenden Dialog (siehe Abbildung 5.10) den Namen »Z_PROMOTION_MGMT_APP« und eine entsprechende Beschreibung. Danach weisen Sie dem Paket im Auswahlfeld **Package Type** den Typ **Development** zu. Das Hauptpaket (**Superpackage**) ist das Strukturpaket der Softwarekomponente `Z_PROMOTION_MGMT`.

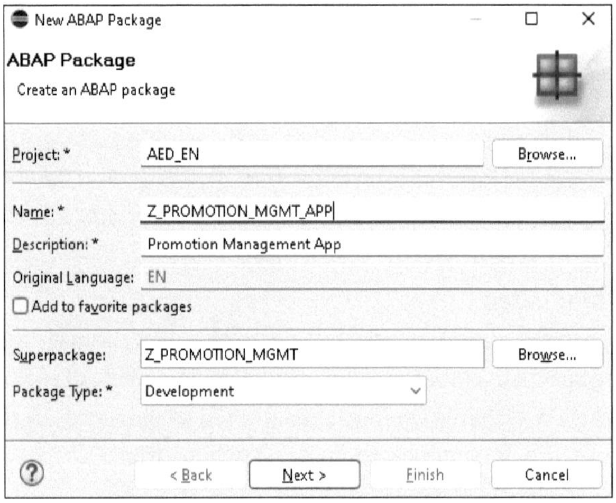

Abbildung 5.10 Anlegen eines Entwicklungspakets

4. Bestätigen Sie im Folgedialog die zum Strukturpaket gehörige Softwarekomponente und die entsprechende Transportschicht über die Schaltfläche **Next**.
5. Im letzten Schritt müssen Sie einen Transportauftrag auswählen (siehe Abbildung 5.11). Legen Sie einen neuen Transportauftrag an, falls es noch keinen gibt.
6. Schließen Sie das Anlegen des Entwicklungspakets über die Schaltfläche **Finish** ab.

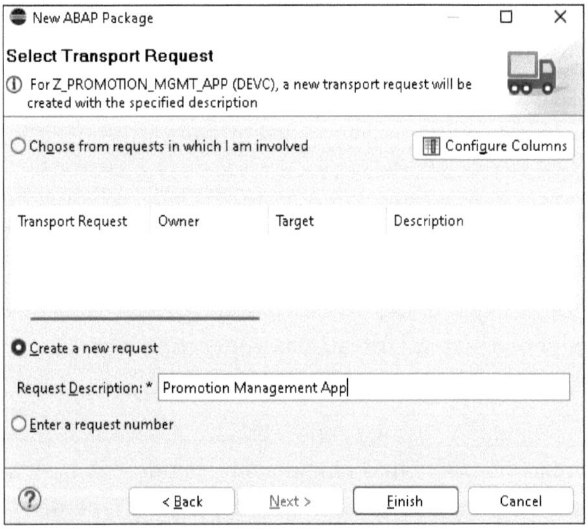

Abbildung 5.11 Auswahl des Transportauftrags

Unterhalb des Pakets Z_PROMOTION_MGMT_APP können Sie nun die weiteren Entwicklungspakete, die wir beschrieben haben, anlegen. Achten Sie darauf, dass allen das Paket Z_PROMOTION_MGMT_APP als Hauptpaket zugewiesen ist sowie dass alle Pakete vom Typ Development sind und der Softwarekomponente Z_PROMOTION_MGMT zugeordnet werden.

5.2.3 Paketinhalte kapseln

Gekapselte Pakete

Bei der Entwicklung in On-Premise Systemen können Pakete durch die Eigenschaft **Encapsulated**, gekapselt werden (siehe Abbildung 5.12). Durch das Vergeben dieser Eigenschaft kann sichergestellt werden, dass auf Inhalte des Pakets nur über definierte Paketschnittstellen zugegriffen werden darf.

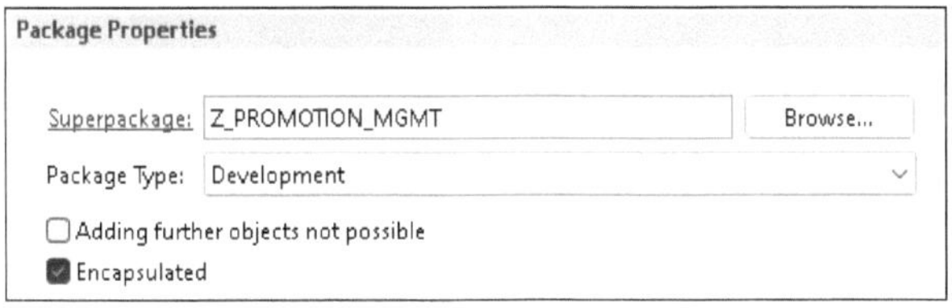

Abbildung 5.12 Gekapseltes Paket auf einem On-Premise-System

Dieses Konzept verliert bei der Entwicklung mit ABAP Cloud an Bedeutung. An die Stelle der Kapselung von Paketen treten nun die Releasekontrakte. Sollen Entwicklungsobjekte, die einer Softwarekomponente zugeordnet sind, außerhalb dieser Komponente verwendet werden, müssen sie über einen Releaskontrakt freigegeben werden. Wir werden im weiteren Verlauf der Beispielentwicklung Entwicklungsobjekte für die Verwendung außerhalb der Softwarekomponente freigeben (siehe Abschnitt 9.4, »Geschäftsobjekte freigeben«).

Zugriff auf Entwicklungsobjekte

Beachten Sie bei der Entwicklung in SAP S/4HANA Cloud Private Edition und SAP S/4HANA on premise, dass die von Ihnen mit ABAP Cloud entwickelten Objekte nur dann durch die Softwarekomponente vor externem Zugriff geschützt sind, wenn das zugreifende Objekt ebenfalls mit ABAP Cloud entwickelt wurde. Objekte, die einer anderen ABAP-Sprachversion als der für Cloud-Entwicklung zugeordnet sind, können auch ohne Releasekontrakt auf die Objekte Ihrer Softwarekomponente zugreifen.

5.3 Datenmodell implementieren

In diesem Abschnitt möchten wir Ihnen das Arbeiten mit dem quelltextbasierten Tabellen-Editor der ADT näherbringen, in dem Sie die Datenbanktabellen unserer Beispielanwendung implementieren.

[»]

Allgemeiner Hinweis zur Darstellung von Quellcode

Bevor wir beginnen, möchten wir Ihnen einige allgemeine Hinweise zur Darstellung von Quellcodeausschnitten in diesem Buch geben: Wir stellen an einigen Stellen die Syntax einzelner Befehle in generischer Form dar. Wir verwenden hierbei eine spezielle Notation zur Darstellung von Platzhaltern für Variablen oder Felder, für alternatives Coding oder optionale Zusätze. Listing 5.1 zeigt diese Notation exemplarisch:

```
SELECT *
  INTO|APPENDING <Target>
  [UP TO ... ].
...
[ENDSELECT].
```

Listing 5.1 Beispiel für Notation von generischem Quellcode

Platzhalter für Variablen oder Felder werden mit <...> gekennzeichnet und kursiv gedruckt. Das Zeichen | trennt alternatives, aber sich gegenseitig ausschließendes Coding. Optionale Zusätze werden mit [...] gekennzeichnet. Sämtliche Syntax, die wir Ihnen in diesem Buch vorstellen, orientiert sich an der ABAP-Schlüsselwortdokumentation.

5.3.1 Datenbanktabellen anlegen

Database Table Editor

Eine formularbasierte Tabellenanlage über das SAP GUI ist mit ABAP Cloud nicht mehr vorgesehen und im ABAP Environment bzw. in SAP S/4HANA Cloud Public Edition technisch auch nicht mehr möglich. Mit dem quelltextbasierten Tabellen-Editor, dem *Database Table Editor*, stellt SAP ein alternatives Werkzeug in Eclipse zur Verfügung. Die Tabellenanlage erfolgt hier komplett quelltextbasiert.

Die fehlende Formulardarstellung wird anfangs vielleicht eine Umstellung erfordern, doch wenn Sie sich einmal an die quelltextbasierte Tabellenerstellung gewöhnt haben, werden Sie in diesem Rahmen schnell von den Vorteilen der ADT, wie z. B. der Codevervollständigung, profitieren.

[+]

Database Table Editor unabhängig von ABAP Cloud

Der quelltextbasierte Tabellen-Editor steht nicht nur für ABAP Cloud zur Verfügung. Er wurde bereits mit dem Release SAP NetWeaver AS für ABAP 7.52 und der ADT-Client-Version 2.83 von SAP ausgeliefert. Somit können Sie den quelltextbasierten Tabellen-Editor auch in ABAP-Projekten älterer Releases nutzen, in denen ABAP Cloud noch nicht zur Verfügung steht.

Datenelemente anlegen

Felddefinitionen und Fremdschlüsselbeziehungen

Als Erstes wollen wir die für die Datenbanktabellen benötigten Datenelemente anlegen. Für die Felddefinitionen von Datenbanktabellen können Sie grundsätzlich elementare Datentypen verwenden. Im Vergleich zu Datenelementen ergeben sich z. B. bei der Benutzung in CDS-Views keine nennenswerten Nachteile.

Möchten Sie Ihre Tabellen allerdings über Fremdschlüsselbeziehungen miteinander verknüpfen, benötigen Sie aus technischer Sicht zwingend ein Datenelement für die entsprechenden Datenbankfelder. In Abschnitt 5.3.2, »Fremdschlüsselbeziehungen implementieren«, hinterlegen wir solche Fremdschlüsselbeziehungen für unser Datenmodell. Daher legen wir nun als Erstes die dafür benötigten Datenelemente an (siehe Tabelle 5.1).

Name	Beschreibung	Datentyp	Länge
ZPM_PROMOTION_ID	Promotion ID	NUMC	10
ZPM_PRODUCT_ID	Product ID	NUMC	10
ZPM_LOCATION_ID	Location ID	NUMC	10

Tabelle 5.1 Vorausgesetzte Datenelemente

Datenelemente anlegen

Legen Sie die Datenelemente innerhalb des Pakets ZPM_COMMON wie folgt an:

1. Rufen Sie im **Project Explorer** mit der rechten Maustaste das Kontextmenü auf und wählen Sie **New • Other ABAP Repository Object** und anschließend **Dictionary • Data Element** (siehe Abbildung 5.13).

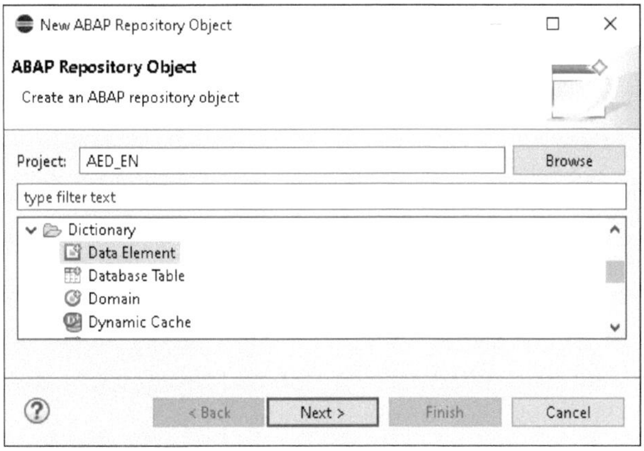

Abbildung 5.13 Anlage von Datenelementen

2. Bestätigen Sie Ihre Auswahl mit **Next**.

3. Im sich daraufhin öffnenden Anlagedialog vergeben Sie den Namen »ZPM_PROMOTION_ID« und eine entsprechende Beschreibung für das Datenelement.
4. Bestätigen Sie die Eingaben mit **Next** und wählen Sie einen Transportauftrag aus.
5. Beenden Sie den Assistenten über die Schaltfläche **Finish**.

Datenelement spezifizieren

Anschließend können Sie das Datenelement weiter spezifizieren. Definieren Sie, wie in Abbildung 5.14 gezeigt, einen Datentyp, die Länge sowie die benötigten Feldbezeichner. Aktivieren Sie das Datenelement anschließend über das Aktivierungs-Icon ( ). Alternativ können Sie auch die Tastenkombination `Strg` + `F3` verwenden.

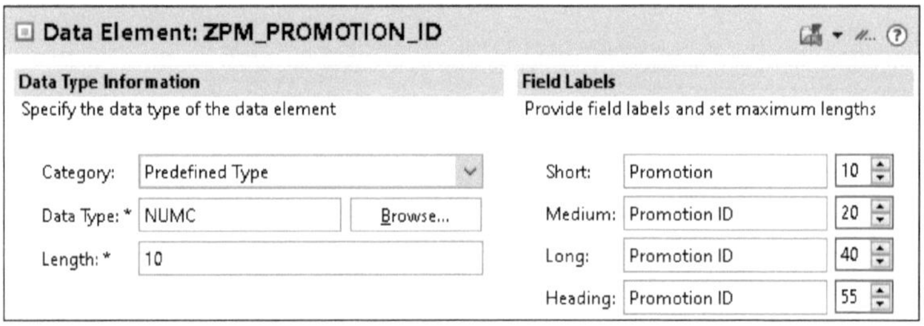

Abbildung 5.14 Eigenschaften eines Datenelements

Wiederholen Sie die gezeigten Schritte für die Datenelemente ZPM_LOCATION_ID und ZPM_PRODUCT_ID.

Datentyp für Beschreibungen

Neben den Datenelementen für die Fremdschlüsselbeziehungen benötigen wir eine Domäne für die Bezeichnungen. Legen Sie die Domäne ZPM_DESCRIPTION vom Typ CHAR mit einer Länge von 50 Stellen an. Zusätzlich aktivieren Sie die Berücksichtigung der Groß- und Kleinschreibung über den Kontrollkasten **Case-sensitive**. Anschließend können Sie auf Basis der Domäne die Datenelemente ZPM_PROMOTION_DESCRIPTION, ZPM_LOCATION_DESCRIPTION und ZPM_PRODUCT_DESCRIPTION erstellen sowie entsprechende Feldbezeichner vergeben.

Datenbanktabellen der Beispielanwendung anlegen

Tabelle für die Kopfdaten der Rabattaktion

Wir legen nun die einzelnen Tabellen unseres in Abschnitt 5.1, »Einführung in die Beispielanwendung«, vorgestellten Datenmodells an. Wir beginnen mit der Tabelle für die Kopfdaten der Rabattaktion:

1. Rufen Sie mit der rechten Maustaste das Kontextmenü des Entwicklungspakets ZPM_DM auf und wählen Sie **New • Other ABAP Repository Object • Dicitionary • Database Table**.

2. Daraufhin startet ein spezifischer Anlagedialog für Datenbanktabellen. Geben Sie darin den Namen »ZPM_PROMO_HDR« sowie die Beschreibung »Promotion Header Data« ein, wie in Abbildung 5.15 gezeigt.

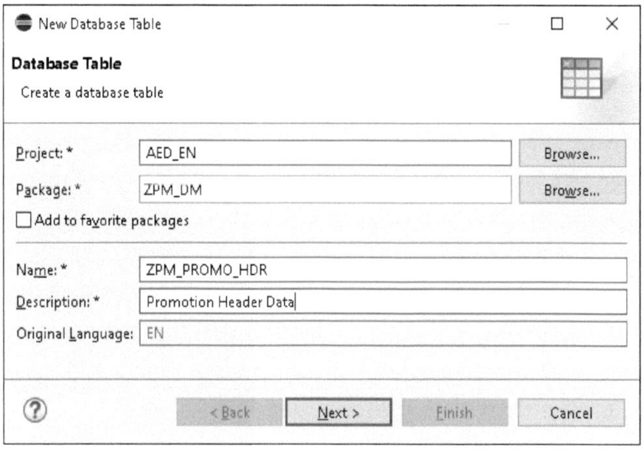

Abbildung 5.15 Anlage von Datenbanktabellen

3. Bestätigen Sie Ihre Eingaben mit **Next**.
4. Wählen Sie im nächsten Dialogschritt einen Transportauftrag aus und schließen Sie die Anlage über die Schaltfläche **Finish** ab.

Nachdem Sie den Assistenten beendet haben, wird automatisch eine noch inaktive Datenbanktabelle angelegt und dem ABAP Dictionary hinzugefügt. Wie in Abbildung 5.16 zu erkennen, finden Sie die Tabelle im **Project Explorer** unter **ZPM_DM • Dictionary • Database Tables**.

Abbildung 5.16 Datenbanktabellen innerhalb des Entwicklungspakets

Mit dem Abschluss der Tabellenanlage öffnet sich automatisch der quelltextbasierte Tabellen-Editor. Wir zeigen Ihnen nun, wie Sie mit diesem Editor Ihre Tabellen aufbauen können.

Aufbau der Tabellendefinition

Abbildung 5.17 zeigt den quelltextbasierten Tabellen-Editor mit dem initial erzeugten Coding. Im oberen Bereich ❶ befinden sich *Annotationen*. Über diese Annotationen im Kopfbereich definieren Sie die Eigenschaften einer

Tabelle. Beispielsweise können Sie Anzeige- und Pflegeeinstellungen vornehmen oder die Auslieferungsklasse der Tabelle festlegen.

```
*ZPM_PROMO_HDR [AED]
@EndUserText.label : 'Promotion Header Data'
@AbapCatalog.enhancement.category : #NOT_EXTENSIBLE
@AbapCatalog.tableCategory : #TRANSPARENT
@AbapCatalog.deliveryClass : #A                      ❶
@AbapCatalog.dataMaintenance : #RESTRICTED
define table zpm_promo_hdr {

  key client : abap.clnt not null;
                                                ❷
}
```

Abbildung 5.17 Quelltextbasierter Tabellen-Editor

In dem Bereich der geschweiften Klammern ❷ nehmen Sie die Felddefinitionen vor. Hier legen Sie fest, aus welchen Feldern sich Ihre Tabelle zusammensetzt und welche Datentypen diese ausprägen. Mit dem Schlüsselwort `key` definieren Sie außerdem die Schlüsselfelder Ihrer Tabelle.

Tabelleneigenschaften per Annotation

Wie gezeigt, definieren Sie Eigenschaften einer Tabelle über Annotationen im Kopfbereich der Tabellendefinition. Grundsätzlich unterscheidet man dabei zwischen *obligatorischen* und *optionalen Annotationen*. Alle obligatorischen Annotationen erhalten mit dem initial erzeugten Coding einen Standardwert. Auf den folgenden Seiten stellen wir Ihnen die Annotationen für Datenbanktabellen und die jeweils möglichen Annotationswerte vor.

Annotation für Tabellenart

Mit der Annotation `@AbapCatalog.tableCategory` legen Sie die Tabellenart Ihrer Datenbanktabelle fest. Standardmäßig werden Tabellen als *transparente Tabellen* angelegt. Sie können allerdings auch als *globale temporäre Tabellen* angelegt werden. Tabelle 5.2 zeigt die möglichen Annotationswerte.

Annotationswert	Beschreibung
#TRANSPARENT	Definition einer Tabelle als transparente Tabelle. Stellt die standardmäßige Tabellenart dar.
#GLOBAL_TEMPORARY	Definition einer Tabelle als globale temporäre Tabelle. Es handelt sich um spezielle transparente Tabellen, die ausschließlich für die Ablage temporärer Daten während einer Datenbank-LUW vorgesehen sind.

Tabelle 5.2 Annotationswerte für die Tabellenart

Annotation für Pflegeeigenschaften

Die Annotation `@AbapCatalog.dataMaintenance` definiert die Anzeige- und Pflegeeigenschaften einer Tabelle. Tabelle 5.3 gibt Ihnen eine Übersicht über die zulässigen Annotationswerte.

Annotationswert	Beschreibung
#NOT_ALLOWED	Anzeige und Pflege der Daten sind nicht erlaubt.
#LIMITED	Pflege der Daten ist nicht erlaubt.
#ALLOWED	Anzeige und Pflege der Daten sind erlaubt.

Tabelle 5.3 Annotationswerte für die Tabellenpflegeeigenschaften

Annotation für die Auslieferungsklasse

Mit der Annotation `@AbapCatalog.deliveryClass` wird die Auslieferungsklasse einer Datenbanktabelle definiert. Die Auslieferungsklasse steuert den Transport von Tabellendaten bei Installation, Upgrade, Mandantenkopien oder Transporten zwischen Kundensystemen. Tabelle 5.4 zeigt die möglichen Annotationswerte.

Annotationswert	Beschreibung
#A	Anwendungstabelle für Stamm- und Bewegungsdaten
#C	Customizing-Tabelle, Pflege nur durch Kunden
#L	Tabelle für Ablage temporärer Daten
#G	Customizing-Tabelle, für mandantenabhängiges Customizing
#E	Steuerungstabelle, in der Kunden Einträge vornehmen können
#S	Systemtabelle, nutzbar für mandantenübergreifendes Customizing. Diese Tabellen werden in Regel von Entwickler*innen im Entwicklungssystem befüllt.
#W	Systemtabelle für Verwaltungsdaten des Systems. Tabellen dieser Auslieferungsklasse werden in der Regel von SAP vorausgefüllt ausgeliefert und nur durch Kundenmodifikationen beeinflusst.

Tabelle 5.4 Annotationswerte für die Auslieferungsklasse

Annotation für die Erweiterungskategorie

Eine weitere Annotation ist `@AbapCatalog.enhancement.category`. Mit dieser Annotation können Sie die Erweiterungskategorie Ihrer Tabelle festlegen. Die Erweiterungskategorie kennen Sie wahrscheinlich bereits aus klassischen SAP-Systemen. Der Vollständigkeit halber finden Sie in Tabelle 5.5 eine Auflistung aller möglichen Annotationswerte.

Annotationswert	Beschreibung
#NOT_EXTENSIBLE	nicht erweiterbar
#EXTENSIBLE_CHARACTER	erweiterbar und zeichenartig
#EXTENSIBLE_CHARACTER_NUMERIC	erweiterbar und zeichenartig und numerisch
#EXTENSIBLE_ANY	beliebig erweiterbar

Tabelle 5.5 Annotationswerte für die Erweiterungskategorie

Vollständige Tabellendefinition

Übernehmen Sie nun das Coding aus Listing 5.2, um die Anlage der Kopftabelle der Rabattaktion abzuschließen.

```
@EndUserText.label : 'Promotion Header Data'
@AbapCatalog.enhancement.category : #NOT_EXTENSIBLE
@AbapCatalog.tableCategory : #TRANSPARENT
@AbapCatalog.deliveryClass : #A
@AbapCatalog.dataMaintenance : #ALLOWED
define table zpm_promo_hdr {
  key client            : abap.clnt not null;
  key promotion_id      : zpm_promotion_id not null;
  promotion_description : zpm_promotion_description;
  startdate             : datn;
  enddate               : datn;
  location_id           : zpm_location_id;
  approval_status       : abap.char(1);
  createdat             : abp_creation_tstmpl;
  createdby             : abp_creation_user;
  changedat             : abp_locinst_lastchange_tstmpl;
  changedby             : abp_locinst_lastchange_user;
}
```

Listing 5.2 Tabelle für die Kopfdaten der Rabattaktion

[+]

Auswahl der Feldbezeichner

Wir empfehlen Ihnen, bei der Anlage neuer Tabellen grundsätzlich die insgesamt 30 zur Verfügung stehenden Zeichen für die Feldbezeichner zu nutzen und auf kurze technische Namen, wie Sie sie vielleicht bisher gewöhnt waren, zu verzichten.

Bei der codebasierten Tabellenanlage können Sie keine Camel-Case-Notationen für die Feldnamen verwenden. Stattdessen sollten Sie bei längeren Feldnamen Unterstriche verwenden. Bei der späteren Anlage der Basic Interface Views ersetzen Sie die Feldnamen durch Aliasse.

Für die Definition der Tabellenfelder greifen wir unter anderem auf die für ABAP Cloud zur Verwendung freigegebenen Datenelemente zurück. In Abschnitt 3.3.3, »Freigegebene Objekte suchen«, haben wir Ihnen bereits gezeigt, wie Sie freigegebene Datenelemente ermitteln können.

[«]

Elementare Datentypen

Bei der Definition von Tabellenfeldern haben Sie daneben auch die Möglichkeit, auf elementare Datentypen zurückzugreifen. Um ein Feld über einen Datentyp zu typisieren, verwenden Sie anstelle des Datenelements das Präfix `abap.`, gefolgt vom entsprechenden elementaren Datentyp. Je nach verwendetem Datentyp müssen Sie zusätzlich noch eine Länge und gegebenenfalls die Anzahl von Nachkommastellen angeben.

Schließen Sie die Tabellenanlage ab, indem Sie die Datenbanktabelle über die Aktivierungsschaltfläche () aktivieren.

Anlage der Positionstabelle

Nachdem Sie die Tabelle für die Kopfdaten der Rabattaktion erfolgreich angelegt haben, fahren Sie mit der Anlage der Tabelle für die Positionsdaten fort. Rufen Sie dazu, wie bei der Anlage der Kopftabelle gezeigt, den Anlagedialog für Datenbanktabellen auf. Geben Sie der Tabelle den Namen »ZPM_PROMO_ITM« und eine entsprechende Beschreibung. Anschießend fügen Sie die Felddefinitionen aus Listing 5.3 ein und aktivieren die Tabelle.

```
...
define table zpm_promo_itm {
  key client              : abap.clnt not null;
  key promotion_id        : zpm_promotion_id not null;
  key promotion_position  : abap.numc(10) not null;
  product_id              : zpm_product_id;
  @Semantics.quantity.unitOfMeasure :
  'zpm_promo_itm.quantity_unit'
  quantity                : abap.quan(5,0);
  quantity_unit           : msehi;
  discount_in_percent     : abap.dec(5,2);
  @Semantics.amount.currencyCode : 'zpm_promo_itm.currency'
  discount_price          : abap.curr(6,2);
  currency                : waers_curc;
}
```

Listing 5.3 Tabelle für Positionsdaten der Rabattaktion

Elementannotationen

Zusätzlich zu den Annotationen im Kopfbereich kommen in der Positionstabelle *Elementannotationen* zum Einsatz. Mithilfe von Elementannotationen können Tabellenfelder mit betriebswirtschaftlicher Semantik angereichert werden. So muss z. B. zu einem Betragsfeld ein Währungsfeld und für ein Mengenfeld ein Einheitenfeld angegeben werden. Im SAP GUI stand im ABAP Dictionary dazu die in Abbildung 5.18 gezeigte Registerkarte **Währungs-/Mengenfelder** zur Verfügung. In den ADT hingegen wird diese Zuweisung mithilfe von Elementannotationen vorgenommen.

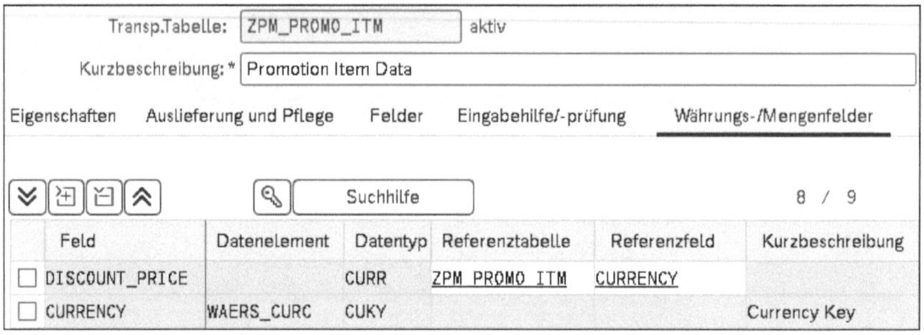

Abbildung 5.18 Währungs- und Mengenfelder im SAP GUI

Betrags- und Mengenfelder

Verwenden Sie folgende Elementannotationen, um bei Betrags- und Mengenfeldern die entsprechenden Referenzfelder anzugeben:

- Zu einem Betragsfeld lässt sich mithilfe der Feldannotation `@Semantics.amount.currencyCode : '<Table>.<CurrencyField>'` das zugehörige Währungsfeld angeben.
- Bei einem Mengenfeld kann durch `@Semantics.quantity.unitOfMeasure : '<Table>.<UnitOfMeasureField>'` das Einheitenfeld angegeben werden.

In Listing 5.3 wird dem Tabellenfeld `quantity` das Feld `quantity_unit` als Einheitenfeld und dem Tabellenfeld `discount_price` das Feld `currency_code` als Währungsfeld zugewiesen.

Weitere Datenbanktabellen

Legen Sie zuletzt noch die in Tabelle 5.6 aufgeführten Datenbanktabellen an. Hinsichtlich des Aufbaus der Tabellen können Sie sich an Abbildung 5.2 orientieren.

Tabellenname	Beschreibung
ZPM_PRODUCT	Product Data
ZPM_LOCATION	Location Data

Tabelle 5.6 Weitere Datenbanktabellen für die Beispielanwendung

5.3.2 Fremdschlüsselbeziehungen implementieren

Um die Anlage des Datenmodells zu vervollständigen, legen wir nun für die Datenbanktabellen entsprechende Fremdschlüsselbeziehungen an. *Fremdschlüssel* sind Felder in einer sogenannten *Fremdschlüsseltabelle*, die auf Datensätze in einer *Prüftabelle* verweisen.

Abbildung 5.19 zeigt die Fremdschlüsselbeziehung zwischen der Tabelle für die Rabattaktionspositionen, der Tabelle für die Rabattaktionen und der Tabelle für die Produkte.

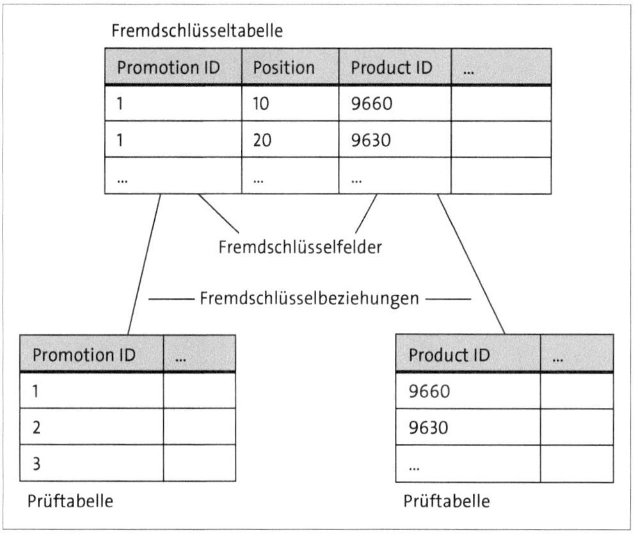

Abbildung 5.19 Fremdschlüsselbeziehungen der Tabelle für die Rabattaktionspositionen

Definition von Fremdschlüsselbeziehungen

Fremdschlüsselbeziehungen werden in ABAP Cloud ebenfalls quelltextbasiert über den Tabellen-Editor definiert. Hierzu fügen Sie nach dem Tabellenfeld, für das die Fremdschlüsselbeziehung gelten soll, den folgenden Zusatz ein:

```
with foreign key [<n>,<m>] <CheckTable> where <ForeignKeyField> =
  <CheckTable>.<CheckField>.
```

Über die `where`-Bedingung werden die Feldbeziehungen zwischen Fremdschlüsseltabelle und Prüftabelle angegeben. Durch `[<n>,<m>]` wird die Kardinalität der Fremdschlüsselbeziehung festgelegt.

Tabelle 5.7 zeigt die zulässigen Werte für `n`.

Kardinalität	Beschreibung
`[0..1]`	Zu jeder Zeile in der Prüftabelle gibt es maximal eine Zeile in der Fremdschlüsseltabelle.
`[1]`	Zu jeder Zeile in der Prüftabelle gibt es genau eine Zeile in der Fremdschlüsseltabelle.

Tabelle 5.7 Kardinalität der Fremdschlüsseltabelle

Kardinalität	Beschreibung
[0..*]	Zu jeder Zeile in der Prüftabelle kann es mehrere Zeilen in der Fremdschlüsseltabelle geben.
[1..*]	Zu jeder Zeile in der Prüftabelle gibt es mindestens eine Zeile in der Fremdschlüsseltabelle.

Tabelle 5.7 Kardinalität der Fremdschlüsseltabelle (Forts.)

Für m sind die in Tabelle 5.8 aufgeführten Werte zulässig.

Kardinalität	Beschreibung
[1]	Zu jeder Zeile in der Fremdschlüsseltabelle gibt es genau eine Zeile in der Prüftabelle.
[0..1]	Es muss nicht zu jeder Zeile in der Fremdschlüsseltabelle eine Zeile in der Prüftabelle geben.

Tabelle 5.8 Kardinalität der Prüftabelle

Fremdschlüsselbeziehungen der Positionstabelle

Wir implementieren nun die in Abbildung 5.19 dargestellten Fremdschlüsselbeziehungen in der Positionstabelle ZPM_PROMO_ITM der Rabattaktionen. Fügen Sie dazu das Coding aus Listing 5.4 für die Felder promotion_id und product_id ein.

```
@AbapCatalog.foreignKey.keyType : #KEY
@AbapCatalog.foreignKey.screenCheck : false
key promotion_id       : zpm_promotion_id not null
  with foreign key [0..*,1] zpm_promo_hdr
    where client = zpm_promo_itm.client
      and promotion_id = zpm_promo_itm.promotion_id;
key promotion_position : abap.numc(10) not null;
@AbapCatalog.foreignKey.keyType : #KEY
@AbapCatalog.foreignKey.screenCheck : false
product_id             : zpm_product_id
  with foreign key [0..*,1] zpm_product
    where client = zpm_promo_itm.client
      and product_id = zpm_promo_itm.product_id;
```

Listing 5.4 Definition der Fremdschlüsselbeziehungen

Elementannotationen

Per Elementannotationen kann die Fremdschlüsselbeziehung mit weiteren Informationen angereichert werden. Die Annotation @AbapCatalog.foreignKey.keyType gibt die Art des Tabellenfeldes in der Prüftabelle an. Tabelle 5.9 zeigt die entsprechenden Annotationswerte.

Annotationswert	Beschreibung
#NON_KEY	Das Fremdschlüsselfeld gehört nicht zum Schlüssel der Prüftabelle.
#KEY	Das Fremdschlüsselfeld ist ein Schlüsselfeld in der Prüftabelle.
#TEXT_KEY	Die Fremdschlüsseltabelle ist eine Texttabelle der Prüftabelle.

Tabelle 5.9 Fremdschlüsseltypen

Die Annotation `@AbapCatalog.foreignKey.screenCheck` ist bei der Definition der Fremdschlüsselbeziehung obligatorisch. In ABAP Cloud erfüllt sie jedoch keine Funktion. Belegen Sie die Annotation daher mit dem Wert `false`. Darüber hinaus müssen Sie die Annotation nicht weiter beachten.

Wir haben in diesem Abschnitt die Datenbanktabellen der Beispielanwendung vollständig implementiert und so die Basis für die folgenden Kapitel gelegt. Im folgenden Abschnitt 5.4 befüllen wir die Datenbanktabellen mit Beispieldaten.

5.4 Eine Konsolenanwendung anlegen

Allgemein werden zur Demonstration erster Entwicklungsschritte in einer neuen Programmierumgebung gern die bekannten »Hello World«-Anwendungen erstellt. Wir wollen hier jedoch davon absehen und ein etwas handfesteres Anwendungsbeispiel implementieren. In diesem Abschnitt befüllen wir daher die in Abschnitt 5.3.1, »Datenbanktabellen anlegen«, angelegten Datenbanktabellen über eine konsolenbasierte Anwendung mit Beispieldaten.

Bei der klassischen ABAP-Entwicklung würde man eine solch einfache Anwendung wohl über einen Report mit einer Ausgabe per *SAP List Viewer* (ALV) oder `WRITE`-Befehl umsetzen. Dies ist bei der Entwicklung mit ABAP Cloud so nicht mehr möglich. Hier lassen sich keine klassischen Reports mehr anlegen. Durch den Wegfall der Dynpro-Oberflächen ist die Implementierung einer Programmausgabe auf klassischem Weg ebenso wenig möglich.

Konsolenausgabe

Abhilfe schafft hier die Konsole der Eclipse-Entwicklungsumgebung, die für einfache Ausgaben verwendet werden kann. Die Konsolenausgabe ist als eine Hilfestellung für die Entwicklung gedacht und nicht als Ersatz für eine Benutzeroberfläche (User Interface, kurz UI). Konsolenanwendungen werden in ABAP Cloud durch ABAP-Klassen repräsentiert.

Klasse für Konsolenanwendung anlegen

Wir erstellen nun eine solche Klasse, um die Datenbanktabellen aus Abschnitt 5.3.1, »Datenbanktabellen anlegen«, mit Daten zu befüllen und anschließend ein Protokoll in der Konsolenausgabe zu erzeugen:

1. Rufen Sie dazu über den **Project Explorer** das Kontextmenü des Entwicklungspakets `ZPM_DM` auf und wählen Sie **New • ABAP Class**.
2. Im sich daraufhin öffnenden Dialog geben Sie als Namen »ZCL_PM_GENERATE_DATA« ein, wählen eine sprechende Beschreibung und fügen über die Schaltfläche **Add...** das Interface `IF_OO_ADT_CLASSRUN` hinzu (siehe Abbildung 5.20).

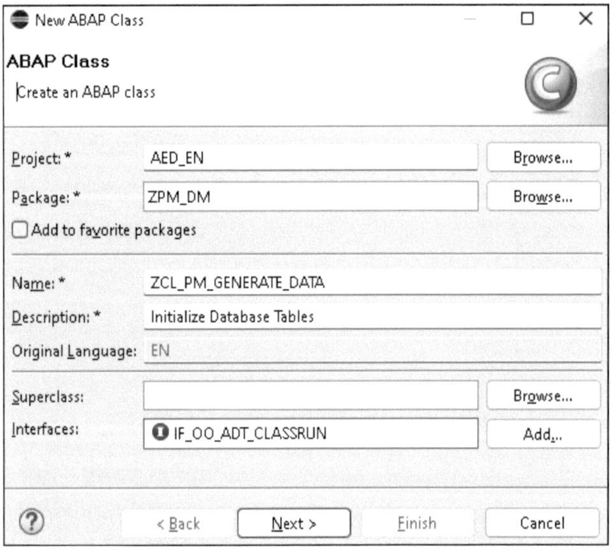

Abbildung 5.20 Anlage einer Konsolenanwendung

3. Folgen Sie den nächsten Schritten des Assistenten zur Anlage von ABAP-Klassen und schließen Sie die Erstellung der Klasse über die Schaltfläche **Finish** ab.
4. Es öffnet sich der quelltextbasierte Klassen-Editor. Dieser zeigt den in Listing 5.5 dargestellten Quelltext.

```
CLASS zcl_pm_generate_data DEFINITION PUBLIC FINAL
  CREATE PUBLIC .

  PUBLIC SECTION.
    INTERFACES if_oo_adt_classrun .
  PROTECTED SECTION.
  PRIVATE SECTION.
ENDCLASS.
```

```
CLASS zcl_pm_generate_data IMPLEMENTATION.
  METHOD if_oo_adt_classrun~main.
  ENDMETHOD.
ENDCLASS.
```

Listing 5.5 Generierter Quelltext

Anwendungslogik implementieren

Durch die Auswahl des Interface im Anlagendialog wird direkt die Methode MAIN innerhalb der Klasse implementiert. Für die Laufzeitumgebung ist die Methode MAIN der zentrale Einstiegspunkt der Anwendung. Innerhalb der Methode IF_OO_ADT_CLASSRUN~MAIN kann jetzt die Anwendungslogik entwickelt werden.

Listing 5.6 zeigt Ausschnitte einer Anwendungslogik, die die Datenbanktabellen aus Abschnitt 5.3.1, »Datenbanktabellen anlegen«, mit Beispieldaten befüllt. Wir greifen in diesem Listing, wie auch in allen weiteren Programmierbeispielen, auf die moderne ABAP-Syntax zurück, die ab SAP NetWeaver 7.40 zur Verfügung steht.

```
METHOD if_oo_adt_classrun~main.
  DATA products        TYPE TABLE OF zpm_product.
  DATA locations       TYPE TABLE OF zpm_location.
  DATA promotions      TYPE TABLE OF zpm_promo_hdr.
  DATA promotion_items TYPE TABLE OF zpm_promo_itm.
  DATA created_at      TYPE timestampl.

  GET TIME STAMP FIELD created_at.
  out->write( 'Start of Application...' ).

  DELETE FROM: zpm_promo_itm, zpm_promo_hdr,
               zpm_product, zpm_location.

  " Produktdaten erstellen
  products = VALUE #(
      ( product_id = 1
       product_description = 'Schokolade'
       price = '0.95'  currency = 'EUR' height = '0.9'
       length = '16.8' width    = '7.4'
       dimension_unit = 'CM' weight = 100
       weight_unit = 'G' ) ( … ) ).

  " Filialdaten erstellen
  locations = VALUE #( ( … ) ( … ) ).

  " Rabattaktionen erstellen
  promotions = VALUE #(
```

```
        ( promotion_id = 1
          promotion_description = 'Wochenend Rabatte'
          startdate = '20240329' enddate = '20240331'
          location_id = 2320 approval_status = 'N'
          createdat = created_at createdby   = sy-uname ) ).

    " Rabattaktionspositionen erstellen
    promotion_items = VALUE #(
       ( promotion_id = 1 promotion_position = 10
         product_id = 1 discount_in_percent = '10'
         quantity = 1 quantity_unit = 'ST'
         discount_price = '0.85' currency = 'EUR' )
       ( promotion_id = 1 promotion_position = 20
         product_id = 2 discount_in_percent = '27'
         quantity = 1 quantity_unit = 'ST'
         discount_price = '4.15' currency = 'EUR' ) ).

    INSERT zpm_product FROM TABLE @products.
    INSERT zpm_location FROM TABLE @locations.
    INSERT zpm_promo_hdr FROM TABLE @promotions.
    DATA(number_of_promotions) = sy-dbcnt.
    INSERT zpm_promo_itm FROM TABLE @promotion_items.

    out->write( promotions ).
    out->write( |Nr of created promotions: {
                number_of_promotions }| ).
    out->write( 'End of Application...' ).
  ENDMETHOD.
```

Listing 5.6 Quelltext der Konsolenanwendung

Konsolenanwendungen ausführen

Aktivieren Sie die Klasse (Strg + F3). Führen Sie anschließend die Konsolenanwendung aus, indem Sie in der Menüleiste **Run • Run as • ABAP Application (Console)** wählen oder die Taste F9 drücken. Die Datenbanktabellen werden nun mit den initialen Daten befüllt. Abbildung 5.21 zeigt die erzeugte Konsolenausgabe.

```
ABAP Console
Start of Application...
CLIENT      PROMOTION_ID    PROMOTION_DESCRIPTION    STARTDATE     ENDDATE
            0000000001      Wochenend Rabatte        2024-03-29    2024-03-31
Nr of created promotions: 1
End of Application...
```

Abbildung 5.21 Konsolenausgabe

Wie Sie dem Quelltext sicherlich entnommen haben, werden Konsolenausgaben mithilfe der Anweisung `out->write( )` erzeugt. Über die Methode `WRITE` können Sie ohne Weiteres String-Literale, Variablen, interne Tabellen oder Objekte über die Konsole ausgeben.

5.5 Virtuelles Datenmodell

Der Zugriff auf die Datenbanktabellen wird durch eine bzw. mehrere Ebenen von CDS-Views abstrahiert. Man spricht hierbei vom *virtuellen Datenmodell* (kurz VDM). Über das VDM werden die komplexen, technisch geprägten und teilweise stark denormalisierten Strukturen der Datenbank in eine betriebswirtschaftlich verständlichere Form übertragen.

Abstraktion komplexer Datenbasis

Die performanceoptimierte Modellierung von Datenbanktabellen kann zu komplexen und nur von technischen Expert*innen nachvollziehbaren Strukturen führen. Eine sinnvolle Modellierung von Geschäftsobjekten ist dann nur noch schwer möglich. Die Abstraktion durch CDS-Views ermöglicht die Abbildung der komplexen Datenbasis in einer sinnvollen und betriebswirtschaftlich verständlichen Geschäftsobjektstruktur.

Gesicherter Zugriff auf Datenbasis

Im Zusammenspiel mit dem Releasekonzept (siehe Abschnitt 9.4, »Geschäftsobjekte freigeben«) von ABAP Cloud kann durch die Abstraktion der Datenbanktabellen mittels CDS-Views ein gesicherter, wiederwendbarer und kontrollierter Zugriff auf die Datenbasis gewährleistet werden. So besteht die Möglichkeit, lesende Zugriffe auf Datenbanktabellen ausschließlich über entsprechende CDS-Views abzubilden.

Andersherum erfolgen schreibende Zugriffe dann nur noch über Geschäftsobjekte oder über andere freigegebene Schnittstellen. So kann ein Zugriff auf Datenbanktabellen von außerhalb der Softwarekomponente gezielt verhindert werden.

Aufgrund dieser Vorteile legen wir für unsere Beispielanwendung CDS-Views an, aufbauend auf der Struktur der Datenbanktabellen. Wir gehen im Rahmen der Anlage und Verknüpfung der CDS-Views nur auf solche Aspekte ein, die für das Verständnis der Beispielanwendung wichtig sind. Alles Weitere würde den Rahmen dieses Buches sprengen. Für einen tieferen Einblick in die Funktionsweise von CDS-Views empfehlen wir das Buch »Core Data Services für ABAP« von Renzo Colle, Ralf Dentzer und Jan Hrastnik (3. Auflage, SAP PRESS 2023).

Basic Interface Views anlegen

Basic Interface Views

Basic Interface Views bauen direkt auf Datenbanktabellen auf. Sie sind die einzigen Views innerhalb des VDMs, die direkt auf Datenbanktabellen zugreifen. Sie kapseln den Inhalt der Datenbanktabellen und stellen anderen Entwicklungsobjekten die darin enthaltenen Daten zur Konsumierung bereit.

In diesem Abschnitt legen wir für jede Datenbanktabelle unserer Beispielanwendung einen Basic Interface View an. Anschließend werden wir die Views in Abschnitt 5.5.1, »CDS-Views verknüpfen«, über Assoziationen miteinander verknüpfen. Abbildung 5.22 verdeutlicht dieses Prinzip anhand der Rabattaktionstabellen.

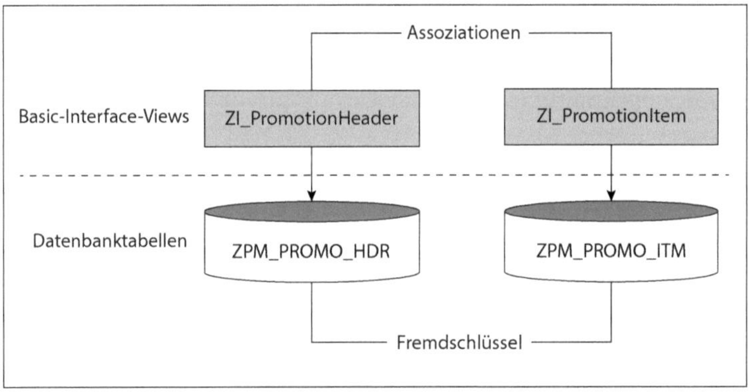

Abbildung 5.22 Datenbanktabellen mit zugehörigen Basic Interface Views

CDS-Views anlegen

Bei der Anlage von CDS-Views gehen Sie ähnlich vor wie bei der in Abschnitt 5.3.1, »Datenbanktabellen anlegen«, erläuterten Anlage von Datenbanktabellen:

1. Rufen Sie über die Tastenkombination `Strg` + `N` den Dialog zur Erstellung von Entwicklungsobjekten auf.
2. Wählen Sie dieses Mal **ABAP • Core Data Services • Data Definition** und bestätigten Sie Ihre Auswahl über die Schaltfläche **Next**.
3. Es startet der in Abbildung 5.23 gezeigte Anlagedialog für CDS-Views. Geben Sie den Namen »ZI_PromotionHeader« und eine entsprechende Beschreibung ein.
4. Seit dem ADT-Release 3.12 können Sie über das Feld **Referenced Object** die Datenquelle angeben, auf die der CDS-View referenzieren soll. Auf diese Weise können Sie alle Elemente des referenzierten Objekts direkt in Ihren CDS-View aufnehmen, was das Erstellen von CDS-Views erheblich vereinfacht. Geben Sie für unser Beispiel die Tabelle `ZPM_PROMO_HDR` als referenziertes Objekt an.

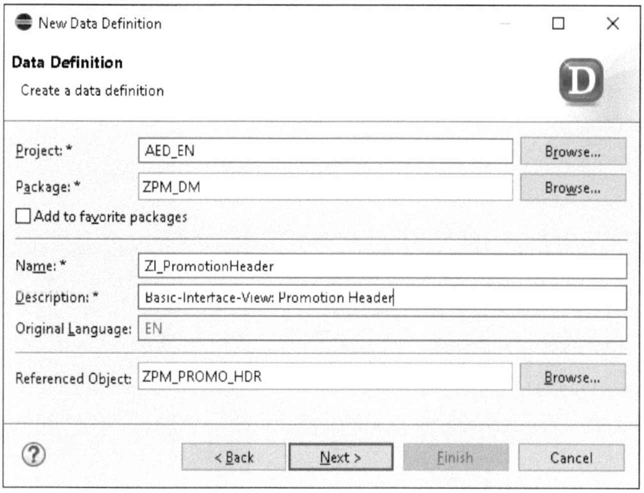

Abbildung 5.23 Anlage eines Basic Interface Views

5. Klicken Sie auf die Schaltfläche **Next**.
6. Wählen Sie im nächsten Dialogschritt einen Transportauftrag aus und bestätigen Sie Ihre Auswahl erneut mit **Next**.
7. Im letzten Dialogschritt haben Sie die Möglichkeit, ein vordefiniertes Template auszuwählen, das Sie bei der Anlage des CDS-Views unterstützt. Abbildung 5.24 zeigt die zur Verfügung stehenden Templates. Wählen Sie das Template **Define View Entity** und beenden Sie den Anlagedialog mit der Schaltfläche **Finish**.

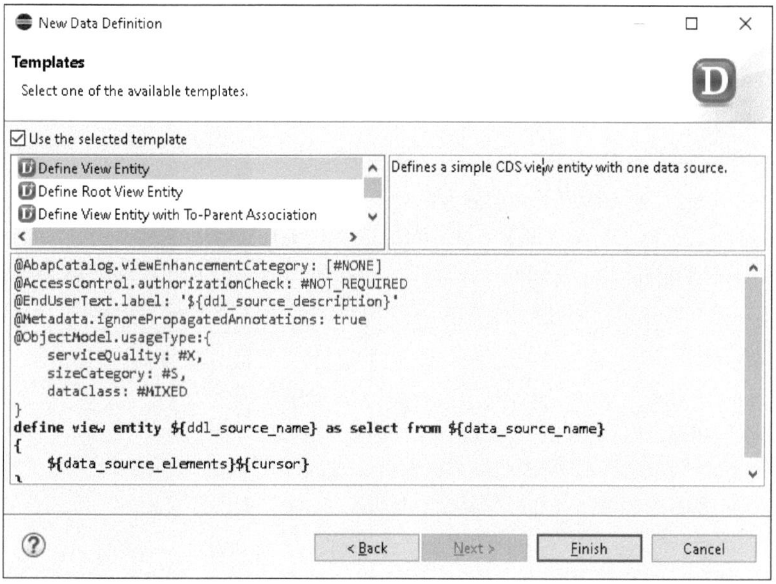

Abbildung 5.24 Vordefinierte CDS-Templates

[»]

Namenskonventionen für CDS-Views

Basic Interface Views gehören zu den sogenannten *Interface Views*. Daher sind viele Kundenunternehmen und auch SAP dazu übergegangen, ihre Basic Interface Views mit dem Präfix `I_` zu kennzeichnen.

CDS-Editor

Anschließend öffnet sich der quelltextbasierte CDS-Editor. Wie in Abbildung 5.25 zu erkennen, wurde die Grundstruktur der CDS-View-Definition bereits auf Basis des ausgewählten Templates **Define View Entity** und des referenzierten Objekts `ZPM_PROMO_HDR` ausgeprägt.

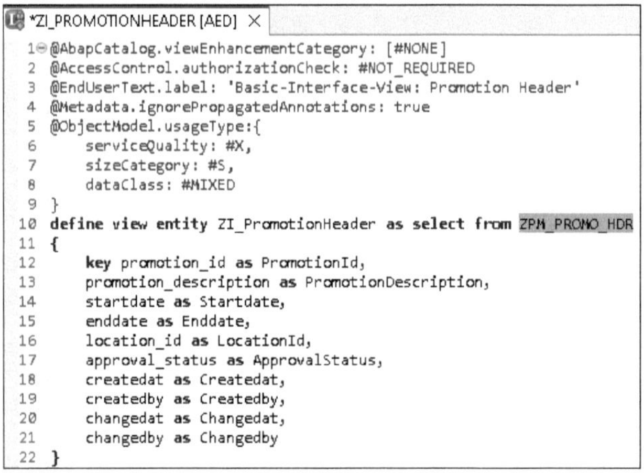

Abbildung 5.25 Quelltextbasierter CDS-Editor

CDS-View-Datenquelle

Hinter dem Schlüsselwort `as select from` finden Sie das referenzierte Objekt als Datenquelle des CDS-Views. In unserem Fall ist dies die Datenbanktabelle `ZPM_PROMO_HDR`. Mögliche weitere Datenquellen sind CDS-Views, CDS-Tabellenfunktionen oder CDS-Hierarchien.

Projektionsliste

Die Projektionsliste Ihres CDS-Views finden Sie innerhalb der geschweiften Klammern `{}`. Diese wurde automatisch aus den Feldern des referenzierten Objekts abgeleitet. Vergeben Sie für diese Felder Aliasse in Camel-Case-Notation. Listing 5.7 zeigt das vollständige Coding des CDS-Views `ZI_PromotionHeader`.

```
@AbapCatalog.viewEnhancementCategory: [#NONE]
@AccessControl.authorizationCheck: #NOT_REQUIRED
@EndUserText.label: 'Basic-Interface-View: Promotion Header'
@Metadata.ignorePropagatedAnnotations: true
@ObjectModel.usageType:{
    serviceQuality: #X,
```

```
    sizeCategory: #S,
    dataClass: #MIXED
}
define view entity ZI_PromotionHeader
  as select from zpm_promo_hdr
{
  key promotion_id          as PromotionId,
      promotion_description as PromotionDescription,
      startdate             as StartDate,
      enddate               as EndDate,
      location_id           as LocationId,
      approval_status       as ApprovalStatus,
      createdat             as CreatedAt,
      createdby             as CreatedBy,
      changedat             as ChangedAt,
      changedby             as ChangedBy
}
```

Listing 5.7 Datenmodell des CDS-Views »ZI_PromotionHeader«

Schlüsselfelder in CDS-Views

Beachten Sie, dass die einzelnen Felder der Projektionsliste durch Kommata zu trennen sind. Felder, die zur eindeutigen Identifikation einzelner Datensätze notwendig sind, sind mit dem Schlüsselwort `key` zu kennzeichnen. Im Fall Ihres CDS-Views ist dies das Feld `PromotionId`.

Datenvorschau

Nachdem Sie Ihren CDS-View aktiviert haben, können Sie eine Vorschau aufrufen, die sogenannte *Data Preview*. Drücken Sie dazu einfach die Taste [F8]. Es werden Ihnen die Daten aus der Datenquelle des CDS-Views angezeigt. In diesem Fall ist dies der Datensatz der Tabelle `ZPM_PROMO_HDR`, den wir durch die Konsolenanwendung in Abschnitt 5.4, »Eine Konsolenanwendung anlegen«, erzeugt haben (siehe Abbildung 5.26).

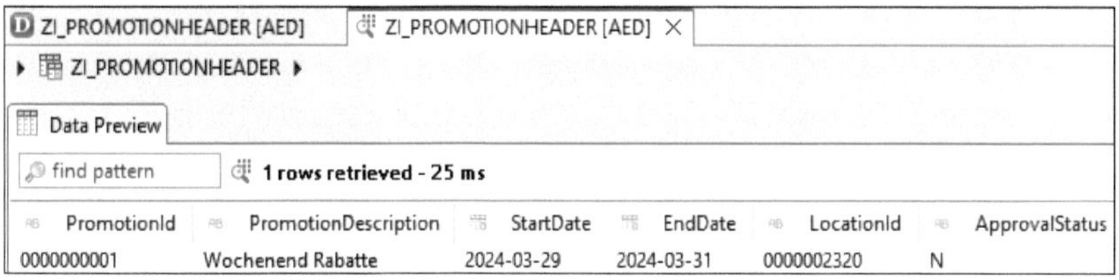

Abbildung 5.26 Datenvorschau des CDS-Views »ZI_PromotionHeader«

Legen Sie für die weitere Bearbeitung des Anwendungsbeispiels nun noch die folgenden CDS-Views an:

- ZI_PromotionItem
- ZI_Product
- ZI_Location

Element-annotationen

In Abschnitt 5.3.1, »Datenbanktabellen anlegen«, haben wir Ihnen erläutert, wie Sie Tabellenfelder mithilfe von Elementannotationen um betriebswirtschaftliche Semantik anreichern können. Betrags-, Mengen- und Währungsfelder von Basic Interface Views müssen ebenfalls mit Elementannotationen angereichert werden. Übernehmen Sie dazu die in Listing 5.8 und Listing 5.9 gezeigten Elementannotationen in Ihre CDS-Views. Listing 5.8 zeigt die ergänzenden Elementannotationen des CDS-Views ZI_PromotionItem.

```
@Semantics.quantity.unitOfMeasure: 'QuantityUnit'
quantity            as Quantity,
quantity_unit       as QuantityUnit,
...
@Semantics.amount.currencyCode: 'Currency'
discount_price      as DiscountPrice,
currency            as Currency,
```

Listing 5.8 Ergänzende Elementannotationen in CDS-View »ZI_PromotionItem«

Listing 5.9 zeigt die ergänzenden Elementannotationen des CDS-Views ZI_Product.

```
@Semantics.amount.currencyCode: 'Currency'
price               as Price,
currency            as Currency,
@Semantics.quantity.unitOfMeasure: 'WeightUnit'
weight              as Weight,
weight_unit         as WeightUnit,
@Semantics.quantity.unitOfMeasure: 'DimensionUnit'
height              as Height,
@Semantics.quantity.unitOfMeasure: 'DimensionUnit'
width               as Width,
@Semantics.quantity.unitOfMeasure: 'DimensionUnit'
length              as Length,
dimension_unit      as DimensionUnit
```

Listing 5.9 Ergänzende Elementannotationen in CDS-View »ZI_Product«

5.5.1 CDS-Views verknüpfen

Auf Datenbankebene haben wir die Verknüpfungen der Tabellen untereinander über Fremdschlüsselbeziehungen beschrieben. Die CDS-Technologie bietet zur Implementierung solcher gerichteten Beziehungen *Assoziationen* an. Assoziationen sind zentrale Elemente bei der Entwicklung von CDS-Modellen. Neben der Definition verknüpfter CDS-Datenmodelle können Assoziationen beispielsweise auch für die externe Nutzung exponiert und so für weiterführende Frameworks zur Verfügung gestellt werden.

Assoziationsdefinition

Wir betrachten Assoziationen hier zunächst mit Blick auf die Modellierung einfacher Abhängigkeiten innerhalb unseres Datenmodells. Dazu verknüpfen wir die CDS-Views ZI_PromotionHeader und ZI_PromotionItem mittels *Assoziationsdefinitionen*. Dabei gilt es Folgendes zu beachten:

- Eine Rabattaktion enthält beliebig viele Rabattpositionen.
- Eine Rabattposition gehört genau zu einer Rabattaktion.

Listing 5.10 zeigt die Verknüpfung des CDS-Views ZI_PromotionHeader mit dem Ziel-CDS-View ZI_PromotionItem über die Assoziation _Item.

```
define view entity ZI_PromotionHeader
  as select from zpm_promo_hdr
  association [0..*] to ZI_PromotionItem as _Item on
    $projection.PromotionId = _Item.PromotionId {
      ...
      _Item }
```

Listing 5.10 Assoziationsdefinition

Kardinalität

CDS-View-Assoziationen werden durch das Schlüsselwort association eingeleitet, gefolgt von einer Kardinalität und dem Assoziationsziel. Tabelle 5.10 zeigt die möglichen Kardinalitäten und deren Bedeutung.

Kardinalitätsangabe	Bedeutung
[0..1] bzw. [], [1]	Das Assoziationsziel hat keinen oder höchstens einen Datensatz.
[1..1]	Das Assoziationsziel hat genau einen Datensatz.
[0..*] bzw. [*]	Das Assoziationsziel kann beliebig viele Datensätze haben.
[1..*]	Das Assoziationsziel hat einen bis beliebig viele Datensätze.

Tabelle 5.10 Angaben zur Kardinalität

Wird auf die Angabe der Kardinalität verzichtet, handelt es sich standardmäßig um eine [0..1]-Kardinalität. Generell empfehlen wir, die Kardinalität so präzise wie möglich anzugeben. Für das Anwendungsbeispiel vergeben wir die Kardinalität [0..*].

[»]

Namenskonventionen für Assoziationen

Für die Assoziation sollten Sie einen betriebswirtschaftlich verständlichen Namen vergeben. In unserem Fall geben wir den Namen _Item an. Bei der Namensvergabe für Assoziationen hat es sich durchgesetzt, diese mit einem Unterstrich _ beginnen zulassen. Dadurch kann man Assoziationen beim Aufruf besser von anderen CDS-Elementen unterscheiden.

Beziehung zwischen CDS-Views

Durch die on-Bedingung wird die Beziehung zwischen dem Quell-CDS-View und dem Ziel-CDS-View definiert. In Listing 5.10 wird durch die Angabe `$projection.PromotionId = _Item.PromotionId` das Feld PromotionId des CDS-Views ZI_PromotionHeader mit dem Feld PromotionId des CDS-Views ZI_PromotionItem verknüpft. Das Schlüsselwort $projection markiert hierbei, dass es sich um ein Feld aus der Projektionsliste des aktuellen CDS-Views handelt.

Exponieren von Assoziationen

Durch das Aufnehmen des Assoziationsnamens _Item in die Projektionsliste des CDS-Views wird die Assoziation exponiert und kann so konsumiert werden. Auf gleiche Art und Weise können Sie nun eine Assoziation von dem CDS-View ZI_PromotionItem zu dem CDS-View ZI_PromotionHeader definieren. Verwenden Sie dazu die in Listing 5.11 gezeigte Assoziationsdefinition.

```
association [1..1] to ZI_PromotionHeader as _Promotion
on $projection.PromotionId = _Promotion.PromotionId
```

Listing 5.11 Assoziationsdefinition zwischen den CDS-Views »ZI_PromotionItem« und »ZI_PromotionHeader«

Assoziationsliste

Aktivieren Sie beide CDS-Views und öffnen Sie erneut die Datenvorschau des Views ZI_PromotionHeader. Sie haben nun die Möglichkeit, den exponierten Assoziationen für die angezeigten Datensätze zu folgen. Diese erreichen Sie über die Liste der Assoziationen, die Sie über die Navigationsleiste der Datenvorschau aufrufen können. Abbildung 5.27 zeigt die Assoziationsliste des CDS-Views ZI_PromotionHeader.

Nach der Auswahl einer Assoziation werden automatisch die Datensätze des Assoziationsziels aufgerufen, wie in Abbildung 5.28 gezeigt.

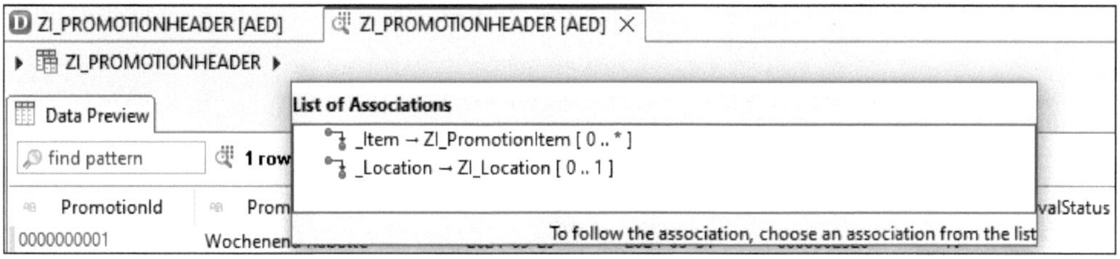

Abbildung 5.27 Assoziationsliste in dem Data Preview

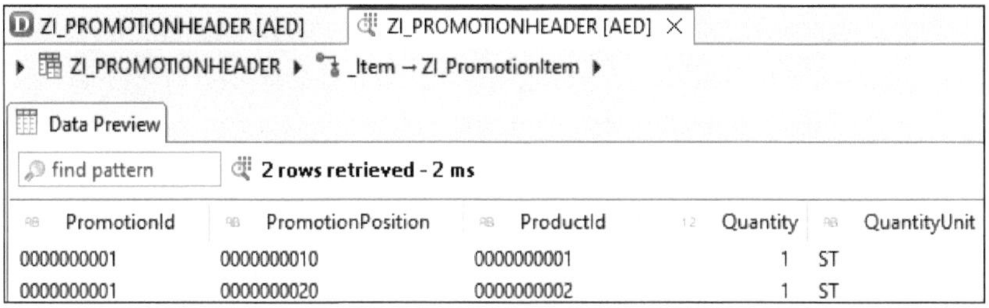

Abbildung 5.28 Assoziationsziel in dem Data Preview

Sie haben nun den CDS-View der Rabattaktion mit dem CDS-View der Rabattaktionspositionen verknüpft. Sie können anschließend noch die anderen CDS-Views gemäß dem in Abbildung 5.2 gezeigten Datenmodell verknüpfen.

Verknüpfung von CDS-Views

Durch Assoziationen sind Sie in der Lage, Verknüpfungen zwischen CDS-Views zu definieren. Sie beschreiben so Zusammenhänge in Ihrem Datenmodell und können diese mittels Exponierung für Verwendungen zugänglich machen. Zusätzlich erleichtern Assoziationen das Verständnis der jeweiligen betriebswirtschaftlichen Zusammenhänge. Entwickler*innen, die keine tiefgreifenden Kenntnisse dieser fachlichen Zusammenhänge haben, sind so in der Lage, den Assoziationspfaden zu folgen, und können sich einen Gesamteindruck vom zugrunde liegenden Datenmodell machen.

5.6 Zusammenfassung

Mit diesem Kapitel haben wir Ihnen einen ersten Einblick davon vermittelt, wie Sie mit ABAP Cloud entwickeln. Als Erstes haben wir Ihnen die Anforderungen an unsere Beispielanwendung für ein Aktionsmanagement vorgestellt, die wir in diesem Buch verwenden. Von diesen Anforderungen haben wir ein Datenmodell abgeleitet und dieses in Abschnitt 5.3, »Datenmodell implementieren«, angelegt. Ein Großteil der folgenden Kapitel wird auf dieser Beispielanwendung und der in diesem Kapitel geschaffenen Datenbasis aufbauen.

Anschließend haben wir Ihnen die Softwarekomponenten als neues Strukturierungsmittel der ABAP-Entwicklung vorgestellt. Bei der Verwendung von ABAP Cloud spielen Softwarekomponenten eine zentrale Rolle. Entwicklungsobjekte sind automatisch vor einem Zugriff von außerhalb der Softwarekomponente geschützt. Im ABAP Environment werden Entwicklungsobjekte außerdem durch die Softwarekomponenten in Folgesysteme wie Test- und Produktivsysteme transportiert. Softwarekomponenten lassen sich durch Entwicklungspakete weiter unterteilen und tragen so zur Strukturierung von Entwicklungsprojekten bei.

Die Datenmodellierung wurde in diesem Kapitel mithilfe der ADT in Eclipse durchgeführt. Diese kommt als ausschließliche Entwicklungsumgebung zum Einsatz. Die ABAP Workbench (Transaktion SE80) wird nicht mehr unterstützt. Das Anlegen von Entwicklungsobjekten erfolgt in den ADT ausschließlich in quelltextbasierten Editoren. Formularbasierte Editoren, wie Sie sie aus der ABAP Workbench gewöhnt sind, werden nicht angeboten.

Auch klassische ABAP-Reports stehen mit ABAP Cloud nicht mehr zur Verfügung. Dadurch ist die Implementierung einer Programmausgabe für das SAP GUI nicht mehr möglich. Abhilfe schafft hier die Konsole der Eclipse-Entwicklungsumgebung, die für einfache Ausgaben verwendet werden kann. Konsolenanwendungen werden in ABAP Cloud durch ABAP-Klassen repräsentiert. In Abschnitt 5.4, »Eine Konsolenanwendung anlegen«, haben wir Ihnen gezeigt, wie Sie eine entsprechende Klasse anlegen und Konsolenausgaben erzeugen können.

Zum Abschluss dieses Kapitels haben wir Ihnen CDS-Views als Technologie zur Modellierung virtueller Datenmodelle vorgestellt. CDS-Views sind ein nützliches Werkzeug, um betriebswirtschaftliche Zusammenhänge zu modellieren. Durch die vorgestellten Basic Interface Views können Sie Zugriffe auf Datenbanktabellen steuern und anderen Entwicklungsobjekten die darin enthaltenen Daten zur Konsumierung bereitstellen. Auf Basis dieser CDS-Views werden Sie in den folgenden Kapiteln das Geschäftsobjekt unserer Beispielanwendung modellieren.

Kapitel 6
Geschäftsobjekte modellieren

In diesem Kapitel widmen wir uns der Modellierung von Geschäftsobjekten gemäß dem ABAP RESTful Application Programming Model. Die Grundlage für die Geschäftsobjekte bilden erneut CDS-Views. Wir zeigen Ihnen Schritt für Schritt, wie Sie Geschäftsobjekte mit ABAP Cloud erstellen.

Im Zentrum dieses Kapitels steht die Modellierung von Geschäftsobjekten. Dabei kommt bei ABAP Cloud das ABAP RESTful Application Programming Model zum Einsatz. Das ABAP RESTful Application Programming Model ist also Bestandteil von ABAP Cloud. Dieses Programmiermodell unterstützt Sie dabei, Geschäftsobjekte mit CDS-Views zu modellieren und betriebswirtschaftliche Logik zu implementieren. Dazu zählt unter anderem das transaktionale Verhalten, wie das Erzeugen, Ändern und Löschen von Datensätzen. Des Weiteren werden Sie von dem Programmiermodell bei der Definition und Implementierung von Ermittlungen, Validierungen, Sperrkonzepten und Berechtigungsprüfungen unterstützt.

In Abschnitt 6.1 stellen wir Ihnen das ABAP RESTful Application Programming Model als das Programmiermodell für ABAP Cloud vor.

In Abschnitt 6.2 und Abschnitt 6.3 konzentrieren wir uns auf den Aufbau von Geschäftsobjekten und zeigen Ihnen anhand unserer Beispielanwendung, wie Sie solche Objekte mit CDS-Views modellieren können.

Abschließend erstellen wir in Abschnitt 6.4, »Business-Services erstellen«, die erforderlichen *Servicedefinitionen* und *Service-Bindings* für unsere Beispielanwendung. Mit diesen Mitteln werden Geschäftsobjekte exponiert und können unter anderem von SAP-Fiori-Anwendungen konsumiert werden. Dies werden wir anhand des Aufrufes des *App Previews*, einer Vorschaufunktion von *SAP Fiori Elements* verdeutlichen.

6.1 ABAP RESTful Application Programming Model als Grundlage für die Geschäftsobjektmodellierung

Die Modellierung von Geschäftsobjekten ist ein wesentlicher Teil der Anwendungsentwicklung mit ABAP Cloud. Die Geschäftsobjekte und das zugrunde liegende transaktionale Verhalten können anderen Systemen anschließend über eine Web-API bereitgestellt werden. Technisch nutzt ABAP Cloud dazu *REST-basierte Schnittstellen*. Als zentraler Bestandteil von SAP Gateway werden diese Schnittstellen bereits seit vielen Jahren für den Zugriff auf SAP-Systeme genutzt.

REST

REST steht für *Representational State Transfer* und beschreibt eine Designphilosophie bzw. ein Programmierparadigma für Anwendungsprotokolle. Damit ein Protokoll als REST-konform bezeichnet werden darf, müssen die folgenden Architektureigenschaften erfüllt sein:

- **Client-Server-Architektur**
  Server und Client müssen unabhängig voneinander entwickelt sein. Dabei hat der Client keine langfristige Datenspeicherungsfunktion und der Server ist nicht an der Darstellung der gelieferten Daten beteiligt.
- **Zustandslosigkeit**
  Der Client muss alle Informationen liefern, die notwendig sind, damit der Server die Anfragen verarbeiten kann. Alle Sitzungsinformationen müssen auf der Client-Seite behalten werden.
- **Caching**
  Jede Serverantwort enthält einen *Indikator* zur Verbesserung der Performance und Stabilität. Mit diesem Indikator wird sichergestellt, dass der Client keine veralteten Daten verarbeitet.
- **Mehrschichtiges System**
  Für den Client darf es nicht erkennbar sein, ob er direkt mit dem Endserver oder einem Zwischenserver kommuniziert.
- **Einheitliche Schnittstelle**
  Der Server stellt dem Client eine Darstellung seiner Ressourcen und die Mittel zur Bearbeitung dieser Ressourcen bereit.
- **Code auf Abruf**
  Um die Funktionen des Clients zu erweitern, muss der Server in der Lage sein, zusätzlichen ausführbaren Code bereitzustellen.

APIs, die diese Designprinzipien erfüllen, werden als *RESTful APIs* bezeichnet.

Aufbau des ABAP RESTful Application Programming Models

Alle notwendigen Entwicklungstätigkeiten des ABAP RESTful Application Programming Models können Sie mit den ADT in Eclipse vornehmen. Es steht somit eine einheitliche Entwicklungsumgebung zur Verfügung. Die Nutzung unterschiedlicher Tools und Anwendungen ist nicht erforderlich.

Die Entwicklung von Anwendungen mit dem ABAP RESTful Application Programming Model folgt einem einfachen und übersichtlichen Fluss. In diese Vorgehensweise können Sie sich problemlos und schnell einarbeiten.

Für die Modellierung von Geschäftsobjekten und die Implementierung transaktionalen Verhaltens stehen Ihnen Core Data Services (CDS) und ABAP zur Verfügung. Sie müssen also nicht den Umgang mit zusätzlichen Frameworks wie BOPF (Business Object Processing Framework) und den zugehörigen Transaktionen und Tools erlernen.

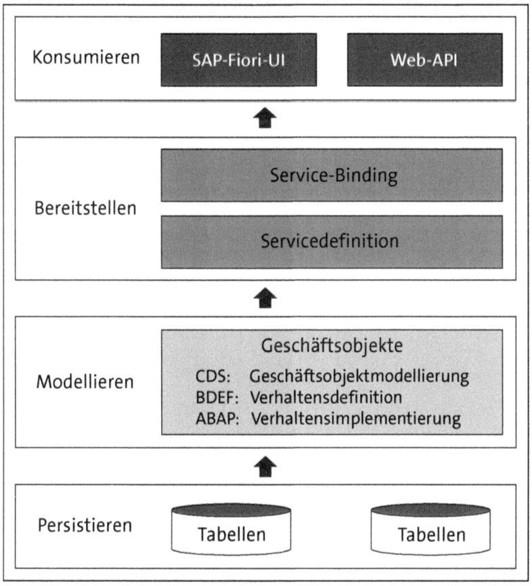

Abbildung 6.1 Das ABAP RESTful Application Programming Model

Entwicklungsobjekte und -ebenen

Abbildung 6.1 zeigt die unterschiedlichen Entwicklungsobjekte und -ebenen, zwischen denen das ABAP RESTful Application Programming Model unterscheidet. Der zuvor erwähnte Entwicklungsfluss verläuft in dieser Darstellung von unten nach oben:

- **Persistenzebene**
  Die unterste Schicht bildet dabei die *Persistenzebene*. Hier erfolgt die Datenmodellierung, also die Erstellung von Tabellen im ABAP Dictionary.
- **Modellierungsebene**
  Auf der nächsthöheren Ebene werden Geschäftsobjekte mittels CDS modelliert. Durch Assoziationen und Kompositionen stellen Sie Ihre Entitäten in Relation zueinander und erzeugen so Ihre Geschäftsobjekte. Diese Geschäftsobjekte können bei Bedarf auch mit CUD-Operationen (Create, Update, Delete) um transaktionales Verhalten sowie um Validierungen und Aktionen erweitert werden. Die Definition und Implementierung dieses transaktionalen Verhaltens wird im ABAP RESTful Application Programming Model über *Verhaltensdefinitionen* (Behavior Definitions) und *Verhaltensimplementierungen* (Behavior Implementa-

tions) vorgenommen. In Kapitel 7, »Geschäftslogik entwickeln«, gehen wir näher auf die Definition und Implementierung des transaktionalen Verhaltens ein.

- **Bereitstellungsebene**
  Dem weiteren Entwicklungsfluss des ABAP RESTful Application Programming Models folgend, bilden Sie auf der nächsthöheren Ebene Ihre *Business-Services* ab. Hier definieren Sie, wie sich Ihre Web-API zusammensetzen soll. Diese Schicht bildet gewissermaßen das Pendant zur Entwicklung von OData-Services im *SAP Gateway Service Builder*. Näheres zu den Business-Services erfahren Sie in Abschnitt 6.4, »Business-Services erstellen«.
- **Konsumierungsebene**
  Die oberste Ebene des ABAP RESTful Application Programming Models bilden der Aufruf und die Verwendung der zuvor definierten Business-Services. Ein Business-Service kann als Web-API oder *UI-Service* (User Interface) exponiert werden. Bei einem UI-Service werden die verschiedenen Frontend-Informationen, wie z. B. UI-Annotationen, in die Metadaten des OData-Service geschrieben. Diese Informationen können wiederum von der *SAP-Fiori-Benutzeroberfläche* gelesen und für die Erstellung einer zum Service passenden Benutzeroberfläche verwendet werden. Wird ein OData-Service hingegen als Web-API exponiert, werden keine UI-relevanten Informationen über die Metadaten exponiert.

6.2 Aufbau des Geschäftsobjekts

Auf Basis des in Abschnitt 5.3 implementierten Datenmodells erstellen wir nun ein Geschäftsobjekt. Im Zentrum unserer Beispielanwendung steht das Geschäftsobjekt Rabattaktion.

Geschäftsobjekt

Geschäftsobjekte repräsentieren Objekte der realen Welt in Unternehmenssoftware. Dies können z. B. Kunden, Bestellungen, Vertriebsbelege, Rechnungen oder, wie in unserem Beispiel, Rabattaktionen sein. Geschäftsobjekte umfassen semantisch zusammenhängende Daten und können in Verbindung mit weiteren Geschäftsobjekten stehen.

Geschäftsobjektstruktur

Ein Geschäftsobjekt hat einen hierarchischen Aufbau, der sich aus Knoten bzw. Entitäten auf verschiedenen Ebenen zusammensetzt. Dieser Hierarchiebaum repräsentiert die Geschäftsobjektstruktur.

Die einzelnen Entitäten sind durch *Kompositionen* miteinander verknüpft. Bei einer Komposition handelt es sich um eine spezielle Form der Assoziation. Man spricht häufig von einer »Ist-Teil-von«-Assoziation oder auch von einer *Kompositionsassoziation*. Durch Kompositionen werden sogenannte *Eltern-Kind-Beziehungen* (Parent Child Relationships) definiert und Abhängigkeiten zwischen den einzelnen Entitäten modelliert. Abbildung 6.2 zeigt die Struktur und die Abhängigkeiten innerhalb des Geschäftsobjekts Rabattaktion.

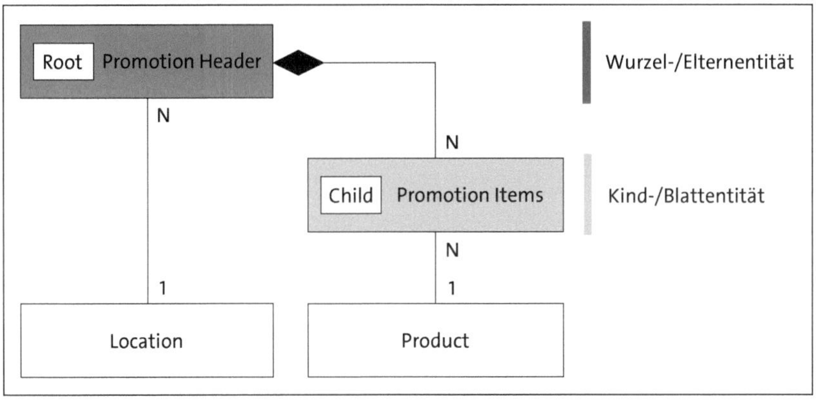

Abbildung 6.2 Geschäftsobjektstruktur der Rabattaktion

Entitäten der Rabattaktion

Das Geschäftsobjekt Rabattaktion wird durch die beiden Entitäten Promotion Header (Rabattaktionskopf) und Promotion Items (Rabattaktionspositionen) repräsentiert. Die Entitäten Location und Product sind nicht Bestandteil des Geschäftsobjekts und stehen lediglich für Wertehilfen und Textassoziationen in Verbindung mit dem Geschäftsobjekt. Jede der in Abbildung 6.2 gezeigten Entitäten basiert auf einer Datenbanktabelle bzw. auf einem auf Basis einer Datenbanktabelle erstellten Basic Interface View.

Entitäten der Geschäftsobjektstruktur

In jeder Geschäftsobjektstruktur gibt es immer genau eine Wurzelentität (*Root Entity*). Diese Wurzelentität repräsentiert das komplette Geschäftsobjekt. Im Fall unserer Beispielanwendung ist dies der Rabattaktionskopf. Die Wurzelentität ist gleichzeitig die Elternentität (*Parent Entity*) der Rabattaktionspositionen. Die Positionen stellen somit die Kindentitäten (*Child Entities*) der Kopfdaten dar. Zwischen den Rabattaktionsköpfen und -positionen besteht somit eine Eltern-Kind-Beziehung. Diese Art der Beziehung sagt aus, dass einzelne Entitäten zu einem Gesamtobjekt zusammengefasst werden und dass eine Teilentität, in diesem Fall die Rabattaktionsposition, nicht ohne die übergeordnete Entität existieren kann.

Bei einer Rabattaktionsposition handelt es sich gleichzeitig um eine sogenannte Blattentität (*Leaf Entity*). Als solche werden Entitäten bezeichnet, die in Verbindung zu einer Elternentität stehen und selbst keine Kindentitäten haben. Abbildung 6.3 verdeutlicht dies.

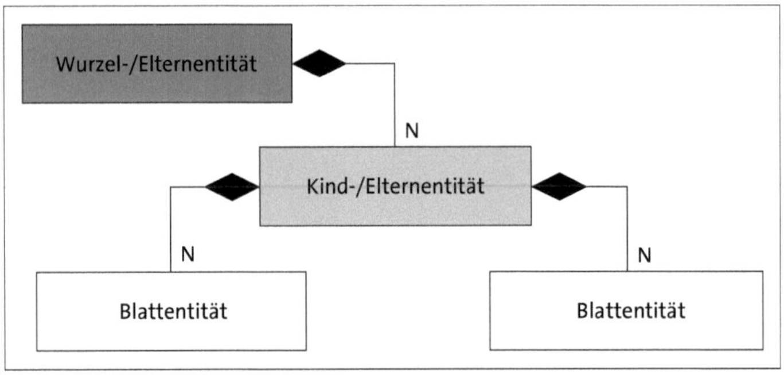

Abbildung 6.3 Entitätstypen

Geschäftsobjekt-verhalten

Geschäftsobjekte umfassen jedoch nicht nur Daten, sondern bilden auch betriebswirtschaftliche Logik ab. Die betriebswirtschaftliche Logik wird durch das Geschäftsobjektverhalten repräsentiert. Dazu zählt unter anderem das transaktionale Verhalten, wie z. B. das Erzeugen, Ändern und Löschen von Datensätzen. Aber auch Validierungen, Ermittlungen, Berechnungen, Sperren und Aktionen zählen zum Geschäftsobjektverhalten.

Die Grundlage für das Geschäftsobjektverhalten bilden die funktionalen Anforderungen. Aus den Anforderungen an unsere Beispielanwendung, die wir in Abschnitt 5.1, »Einführung in die Beispielanwendung«, beschrieben haben, lassen sich folgende Bestandteile des Geschäftsobjektverhaltens für das Objekt Rabattaktion ableiten:

- **CUD-Operationen**
  Es soll möglich sein, Rabattaktionen mit den zugehörigen Positionen zu erstellen, zu bearbeiten und zu löschen.
- **Validierungen**
  Beim Erstellen einer neuen Rabattaktion soll sichergestellt werden, dass »Gültig von« und »Gültig bis« einen zulässigen Zeitraum ergeben.
- **Ermittlungen**
  Beim Erstellen einer neuen Rabattaktion soll der Genehmigungsstatus automatisch auf »Neu« (**N**) gesetzt werden. Des Weiteren soll der Rabattpreis zur Laufzeit als Multiplikation des Normalpreises mit dem Rabattwert in Prozent berechnet werden.
- **Aktionen**
  Die Anwender*innen sollen in der Lage sein, den Genehmigungsstatus auf »Genehmigt« (**A**) zu setzen.

Geschäftsobjekt-instanz

In Kapitel 7, »Geschäftslogik entwickeln«, zeigen wir Ihnen detailliert, wie Sie Geschäftsobjektverhalten implementieren können.

Die Geschäftsobjektstruktur und das Geschäftsobjektverhalten beschreiben den Aufbau und das Verhalten einer *Geschäftsobjektinstanz* zur Laufzeit. Eine Instanz eines Geschäftsobjekts bildet ein einzelnes Exemplar dieses Objekts in der realen Welt ab. Dies kann z. B. die Bestellung mit der Nummer 15591, das Material mit der Nummer 9660 oder in unserem Fall die Rabattaktion »Wochenendrabatte« sein.

Modellierung der Geschäftsobjektstruktur

Für die Modellierung der Geschäftsobjektstruktur und die Implementierung des Geschäftsobjektverhaltens mit ABAP Cloud steht das ABAP RESTful Application Programming Model zur Verfügung. Wir zeigen Ihnen in diesem und den folgenden Kapiteln, wie Sie mithilfe dieses Programmiermodells Geschäftsobjekte modellieren und betriebswirtschaftliche Logik implementieren. Des Weiteren zeigen wir Ihnen, wie Sie Geschäftsobjekte zur Konsumierung innerhalb von SAP-Fiori-Anwendungen und Web-APIs freigeben.

6.3 Geschäftsobjektmodellierung mittels CDS-Views

Wie in Abschnitt 6.2, »Aufbau des Geschäftsobjekts«, erläutert, setzen sich Geschäftsobjekte aus einem Hierarchiebaum aus verschiedenen Entitäten zusammen. Die Verbindungen zwischen den einzelnen Entitäten werden durch Kompositionen definiert. Jede einzelne Entität des Hierarchiebaumes wird durch einen CDS-View modelliert.

Definition der Wurzelentität

Um einen CDS-View als Wurzelentität eines Geschäftsobjekts zu kennzeichnen, fügen Sie der CDS-View-Definition das Schlüsselwort `root` hinzu:

```
define root view entity <CDSEntity> as select from <DataSource>
```

Durch die Definition als Wurzelentität lässt sich auf Basis dieser Entität ein Geschäftsobjektverhalten, d. h. die Verhaltensdefinition, anlegen. Eine solche Verhaltensdefinition erstellen wir in Abschnitt 7.2, »Transaktionales Verhalten implementieren«.

Kompositionsdefinition

Eine Komposition zwischen der Wurzelentität und den untergeordneten Entitäten definieren Sie durch folgende Anweisung:

```
composition [0..*] of <DataSource> as <Alias>
```

Durch die Kardinalität `[0..*]` geben Sie an, dass zu der Wurzelentität beliebig viele untergeordnete Entitäten existieren können. Eine `on`-Bedingung, wie Sie sie bei Assoziationen angeben müssen, wird hier nicht benötigt.

Ziel einer Komposition können ausschließlich CDS-Views sein, die eine to parent-Assoziation zur übergeordneten Entität aufweisen. In den untergeordneten CDS-Views definieren Sie dies durch folgende Anweisung:

```
association to parent <ParentCDS> as <Alias>
  on $projection.<KeyField> = <Alias>.<KeyField>
```

Kompositionen zu CDS-Views ohne to parent-Assoziation führen zu einer Fehlermeldung.

[+]

View-Schicht für Geschäftsobjektmodellierung

Es empfiehlt sich, die Modellierung von Geschäftsobjekten in einer eigenen View-Schicht vorzunehmen. Diese View-Schicht sollte ausschließlich auf Basic Interface Views aufsetzen. Durch dieses Vorgehen sparen Sie sich unter anderem die Arbeit, Elementannotationen wie @Semantics.amount.currencyCode erneut auf Geschäftsobjektebene angeben zu müssen. Elementannotationen werden automatisch durch die *Propagationslogik* an übergeordnete CDS-Views übertragen.

Wir raten davon ab, Geschäftsobjekte direkt auf Datenbanktabellen aufzusetzen, auch wenn dies prinzipiell möglich wäre.

Rabattaktion modellieren

Definieren Sie nun das Modell des Geschäftsobjekts Rabattaktion. Legen Sie dazu die in Listing 6.1 und Listing 6.2 gezeigten CDS-Views im Entwicklungspaket ZPM_BO an.

[»]

Namenskonventionen für die Geschäftsobjekt-Views

CDS-Views zur Geschäftsobjektmodellierung gehören zu den sogenannten *eingeschränkten Basic-Wiederverwendungs-Views* (Basic Restricted Reuse Views). Daher sind viele Kundenunternehmen und auch SAP dazu übergegangen, die CDS-Views mit dem Präfix R_ (für Reuse) zu kennzeichnen.

Außerdem verwenden wir für die CDS-Views der Geschäftsobjektmodellierung das Suffix TP. Es steht für *Transactional Processing* und macht deutlich, dass zu den CDS-Views ein transaktionales Verhalten in Form einer Verhaltensdefinition existiert.

Egal, wie Sie Ihre CDS-Views nennen – wichtig ist dabei, dass Sie die CDS-Views der Geschäftsobjektebene von anderen CDS-Views unterscheiden können.

Rabattaktionskopf

Listing 6.1 zeigt den Root-CDS-View ZR_PromotionTP des Rabattaktionskopfes mit der Komposition zum Child-CDS-View ZR_PromotionItemTP der Rabattaktionspositionen.

```
@AbapCatalog.viewEnhancementCategory: [#NONE]
@AccessControl.authorizationCheck: #NOT_REQUIRED
@EndUserText.label: 'BO: Promotion (Root)'
@Metadata.ignorePropagatedAnnotations: false
@ObjectModel.usageType:{
    serviceQuality: #X,
    sizeCategory: #S,
    dataClass: #MIXED
}
define root view entity ZR_PromotionTP
  as select from ZI_PromotionHeader
  composition [0..*] of ZR_PromotionItemTP as _PromotionItem
{
  key PromotionId,
      PromotionDescription,
      StartDate,
      EndDate,
      LocationId,
      ApprovalStatus,
      CreatedAt,
      CreatedBy,
      ChangedAt,
      ChangedBy,
      _PromotionItem,
      _Location
}
```

Listing 6.1 CDS-View des Rabattaktionskopfes

Rabattaktionsposition

Listing 6.2 zeigt den CDS-View `ZR_PromotionItemTP` der Rabattaktionsposition mit der entsprechenden `to parent`-Assoziation zum CDS-View des Rabattaktionskopfes.

```
@AccessControl.authorizationCheck: #NOT_REQUIRED
@EndUserText.label: 'BO: Promotion Item'
define view entity ZR_PromotionItemTP
  as select from ZI_PromotionItem
  association to parent ZR_PromotionTP as _Promotion
  on $projection.PromotionId = _Promotion.PromotionId
{
  key PromotionId,
  key PromotionPosition,
      ProductId,
      Quantity,
```

```
        QuantityUnit,
        DiscountInPercent,
        DiscountPrice,
        Currency,
        _Product,
        _Promotion
}
```

Listing 6.2 CDS-View der Rabattaktionspositionen

Template für »to parent«-Assoziation

Ein spezielles CDS-Template unterstützt Sie bei der Anlage von CDS-Views mit einer to parent-Assoziation. Abbildung 6.4 zeigt die Auswahl des Templates **Define View Entity with To-Parent Association**.

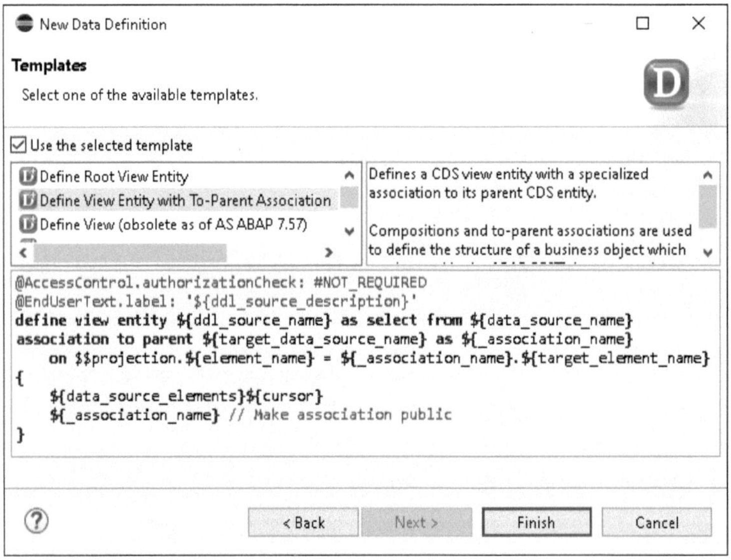

Abbildung 6.4 Template für einen CDS-View mit »to parent«-Assoziation

Aktivierungsreihenfolge

Die Aktivierung eines CDS-Views mit einer Kompositionsassoziation setzt voraus, dass das Assoziationsziel durch eine to parent-Assoziation mit dem zu aktivierenden CDS-View verknüpft ist. Legen Sie daher am besten Ihren Root-View zunächst ohne entsprechende Kompositionsassoziationen an. Beginnen Sie anschließend mit der Aktivierung der CDS-Views mit den to parent-Assoziationen und arbeiten Sie sich Schritt für Schritt bis zum Root-View vor. So vermeiden Sie Probleme bei der CDS-View-Aktivierung.

6.4 Business-Services erstellen

Nachdem Sie Ihr Geschäftsobjekt modelliert haben, können Sie eine Web-API für dieses Geschäftsobjekt bereitstellen. Wir verzichten hier zunächst auf die Implementierung von transaktionalem Verhalten, sondern definieren lediglich einen UI-Service zur Darstellung unseres Geschäftsobjekts. In Kapitel 7, »Geschäftslogik entwickeln«, gehen wir dann ausführlicher auf die Implementierung des transaktionalen Verhaltens ein.

Komponenten eines Business-Service

Um externen Systemen Funktionalität in Form von Web-APIs bereitzustellen, nutzen Sie im ABAP RESTful Application Programming Model Business-Services. Wie in Abbildung 6.5 dargestellt, setzen sich Business-Services aus einer Servicedefinition und einem Service-Binding zusammen. Auf den folgenden Seiten erläutern wir, worum es sich bei diesen beiden Objekten genau handelt und wie sie angelegt werden.

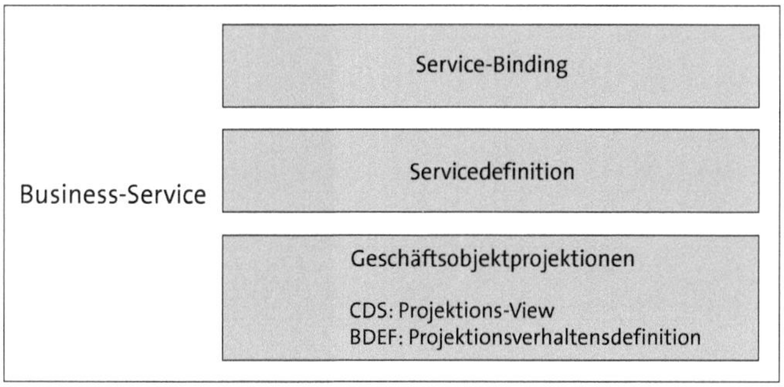

Abbildung 6.5 Bestandteile des Business-Service

6.4.1 Servicedefinition

Menge der CDS-Entitäten

Eine Servicedefinition bildet das Fundament eines Business-Service. Mit einem Business-Service definieren Sie, wie sich Ihre Web-API zusammensetzt. Für jede Servicedefinition geben Sie dazu die CDS-Entitäten Ihrer Geschäftsobjekte an, die Sie nach außen exponieren wollen. Service-Bindings stellen somit die konsumentenspezifische Sicht einer Systemfunktionalität dar.

Wie in Abbildung 6.6 dargestellt, können CDS-Entitäten in beliebig vielen Servicedefinitionen verwendet werden. Genauso kann sich eine Servicedefinition aus mehreren CDS-Entitäten zusammensetzen.

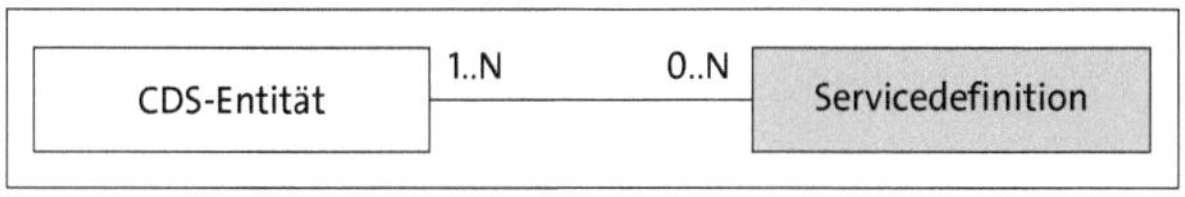

Abbildung 6.6 Beziehung zwischen CDS-Entität und Servicedefinition

Servicedefinition für die Rabattaktion

Wir wollen nun die Servicedefinition für das Geschäftsobjekt Rabattaktion definieren. Die dazu notwendigen CDS-Entitäten sind die Kopf- und Positionsdaten der Rabattaktion. Legen Sie wie folgt eine Servicedefinition innerhalb des Pakets `ZPM_BO` an:

1. Rufen Sie im **Project Explorer** mit der rechten Maustaste das Kontextmenü auf und wählen Sie **New • Other ABAP Repository Object** und anschließend **Business Services • Service Definition** (siehe Abbildung 6.7). Alternativ können Sie auch den Dialog zur Erstellung von Entwicklungsobjekten mit der Tastenkombination [Strg] + [N] aufrufen.

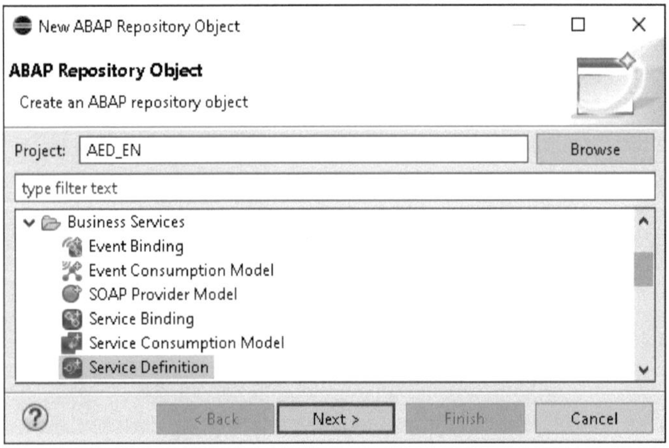

Abbildung 6.7 Anlage eines neuen Repository-Objekts

2. Bestätigen Sie Ihre Auswahl mit **Next**.
3. Vergeben Sie, wie in Abbildung 6.8 gezeigt, den Namen »ZPROMOTION« und die Beschreibung »Service Definition for Promotion«. Wählen Sie außerdem im Feld **Source Type** die Option **Definition** und hinterlegen Sie im Feld **Referenced Object** den in Abschnitt 6.3, »Geschäftsobjektmodellierung mittels CDS-Views«, angelegten Root-CDS-View `ZR_PromotionTP`.

[!]

CDS-Projektions-Views

Services werden im ABAP RESTful Application Programming Model über *CDS-Projektions-Views* bereitgestellt. Der Einfachheit halber verzichten wir an dieser Stelle auf das Erstellen und Exponieren eines CDS-Projektions-Views und exponieren direkt das Geschäftsobjekt. In Abschnitt 9.2, »Projektionsschicht erstellen«, gehen wir im Detail auf die Rolle der Projektionsschicht im ABAP RESTful Application Programming Model ein.

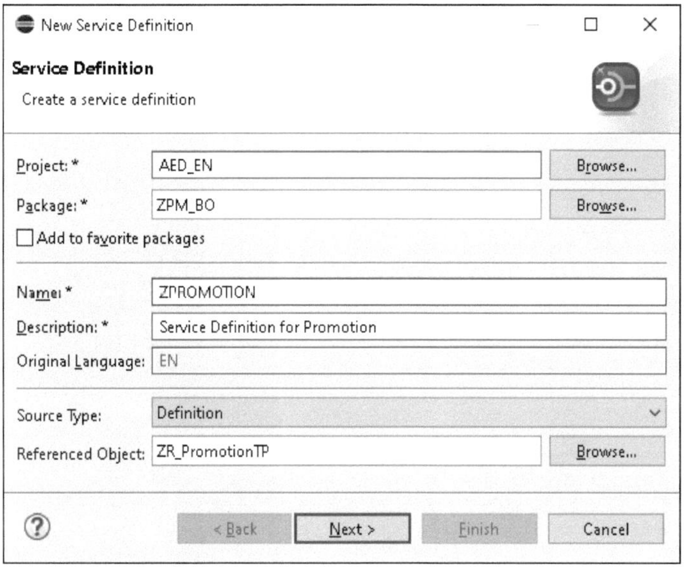

Abbildung 6.8 Anlage einer Servicedefinition

Namenskonventionen

Bei Servicedefinitionen wird nicht zwischen verschiedenen Typen unterschieden, wie es beispielsweise bei CDS-Views gemacht wird. Daher ist es in deren Namen nicht notwendig, ein Präfix oder Suffix zu verwenden. Sollten Sie Ihre Servicedefinition allerdings ausschließlich als API- oder UI-Service nutzen, orientieren Sie sich an den von SAP vorgeschlagenen Namenskonventionen für das Service-Binding und nutzen das Präfix `UI_` oder `API_`.

Beachten Sie außerdem, dass sich Servicedefinitionen den Namensraum mit anderen ABAP-Dictionary-Objekten teilen, wie z. B. mit CDS-Views und Datenbanktabellen. Sollte es bei der Namensgebung Überschneidungen geben, können Sie das Suffix `_SD` verwenden, um Ihre Servicedefinition von anderen Entwicklungsobjekten abzugrenzen.

4. Drücken Sie die Schaltfläche **Next**.
5. Wählen Sie im nächsten Dialogschritt einen Transportauftrag aus und bestätigen Sie Ihre Auswahl erneut mit **Next**.
6. Im letzten Dialogschritt haben Sie die Möglichkeit, ein vordefiniertes Template auszuwählen, das Sie bei der Anlage der Servicedefinition unterstützt. Wählen Sie das Template **Define Service** und beenden Sie den Anlagendialog mit **Finish** (siehe Abbildung 6.9).

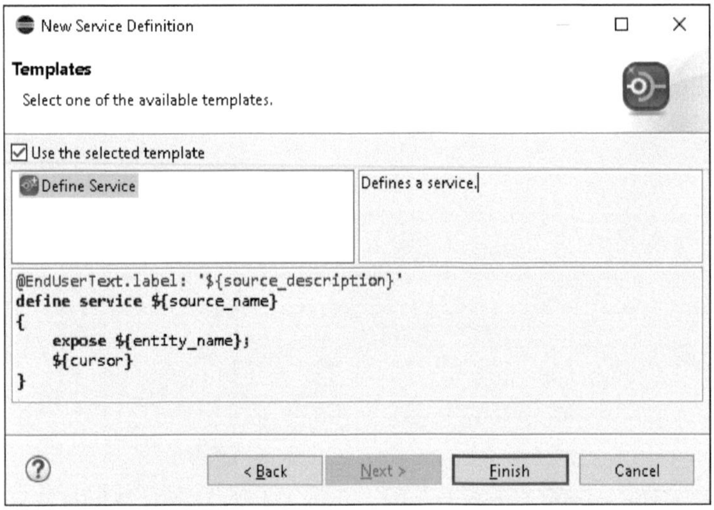

Abbildung 6.9 Vordefiniertes Template zur Servicedefinition

7. Es öffnet sich der quelltextbasierte Editor für Servicedefinitionen. Wie in Abbildung 6.10 zu erkennen, wurde die Grundstruktur bereits auf Basis des ausgewählten Templates **Define Service** ausgeprägt. Innerhalb der geschweiften Klammern {} können Sie definieren, welche CDS-Entitäten Sie exponieren möchten. Auch dabei unterstützt Sie die Codevervollständigung bzw. der **Code Assist**.
8. CDS-Entitäten werden mit dem Schlüsselwort `expose`, gefolgt von der zu exponierenden CDS-Entität, exponiert. Die Kopfdaten der Rabattaktion, also die Wurzelentität unseres Geschäftsobjekts `ZR_PromotionTP`, wurde bereits aufgrund der Vorauswahl im Feld **Referenced Object** exponiert (siehe Abbildung 6.10).

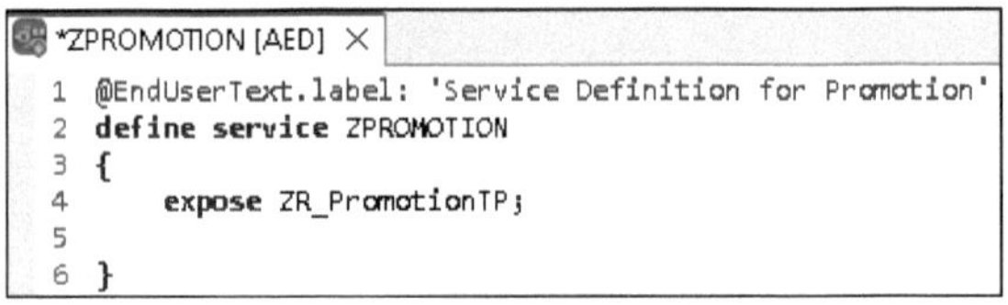

Abbildung 6.10 Quelltextbasierter Editor für Servicedefinitionen

9. Für jede freigegebene CDS-Entität können Sie außerdem einen Alias vergeben. Dieser Alias wird dann beim späteren Zugriff auf den Service anstelle des Namens der CDS-Entität verwendet. Um einen Alias zu vergeben, fügen Sie das Schlüsselwort `as`, gefolgt von einem entsprechenden Freitext, hinter der zu exponierenden CDS-Entität ein. Vergeben Sie für unseren Root-CDS-View `ZR_PromotionTP` den Alias »PromotionHeader«.

10. Assoziationen werden nicht automatisch mit exponiert. Daher sollten Sie im nächsten Schritt die Positionsdaten der Rabattaktion mithilfe des folgenden Codings exponieren:

```
expose ZR_PromotionItemTP as PromotionItem;
```

Das vollständige Coding der Servicedefinition `ZPROMOTION` sehen Sie in Listing 6.3.

```
@EndUserText.label: 'Service Definition for Promotion'
define service ZPROMOTION {
  expose ZR_PromotionTP as PromotionHeader;
  expose ZR_PromotionItemTP as PromotionItem;
}
```

Listing 6.3 Servicedefinition ZPROMOTION

11. Aktivieren Sie Ihre Servicedefinition über die Aktivierungsschaltfläche ( ) oder mit der Tastenkombination [Strg] + [F3].

Anschließend können Sie mit der Anlage des Service-Bindings fortfahren.

[«]

Abstrakte CDS-Entitäten

Möchten Sie UI- oder API-Services mit dem ABAP RESTful Application Programming Model erstellen, beachten Sie, dass Sie keine abstrakten CDS-Entitäten in der Servicedefinition verwenden dürfen. Abstrakte CDS-Entitäten dienen lediglich der Definition eines globalen Strukturtyps, den Sie zur Datendeklaration in ABAP-Coding verwenden können. Die Verwendung abstrakter CDS-Entitäten in Servicedefinitionen führt zu einem Laufzeitfehler.

6.4.2 Service-Binding

Im vorangegangenen Abschnitt haben Sie mit einer Servicedefinition definiert, wie sich Ihre Web-API zusammensetzt. Mit dem Service-Binding entscheiden Sie nun, ob es sich bei Ihrem Business-Service um einen UI-Service oder eine Web-API handeln soll. Dazu binden Sie Ihre Servicedefinition an ein Anwendungsprotokoll. In beiden Fällen erhalten Sie nach der Generierung einen OData-Service.

UI-Service vs. Web-API

Technisch gesehen unterscheidet sich der UI-Service in den Metadaten von der Web-API:

- Bei einem UI-Service werden die Metadaten des OData-Service mit verschiedenen Frontend-Informationen, wie z. B. UI-Annotationen, angereichert. Diese Informationen können von der SAP-Fiori-UI interpretiert und für die Erstellung einer passenden Oberfläche für den Service genutzt werden.

- Bei einer Web-API werden die Metadaten hingegen nicht mit UI-relevanten Informationen angereichert. Die Web-APIs können lediglich von anderen OData-Clients aufgerufen werden.

Aufbau eines Service-Bindings

Wie in Abbildung 6.11 dargestellt, kann eine Servicedefinition in mehreren Service-Bindings verwendet werden. Die Verwendung mehrerer Servicedefinitionen in einem Service-Binding ist aber nur im Kontext der Versionierung möglich und wird am Ende dieses Abschnitts näher beschrieben.

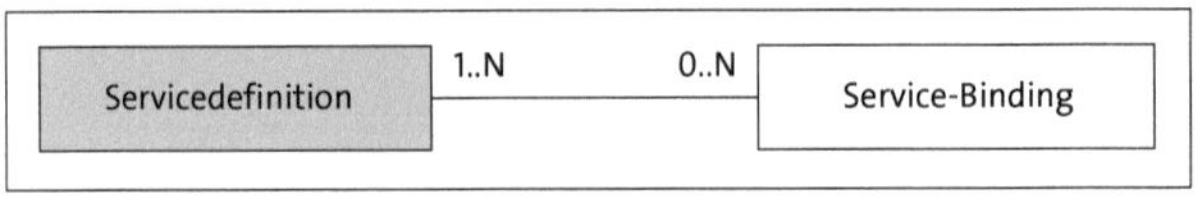

Abbildung 6.11 Beziehung zwischen Servicedefinition und Service-Binding

Service-Binding anlegen

Erstellen Sie nun ein Service-Binding für Ihre zuvor angelegte Servicedefinition:

1. Rufen Sie im **Project Explorer** mit der rechten Maustaste das Kontextmenü Ihrer Servicedefinition `ZPROMOTION` auf und wählen Sie **New Service Binding** (siehe Abbildung 6.12). Alternativ können Sie auch den Dialog zur Erstellung von Entwicklungsobjekten mit der Tastenkombination [Strg] + [N] aufrufen und dort nach »Service Binding« filtern.

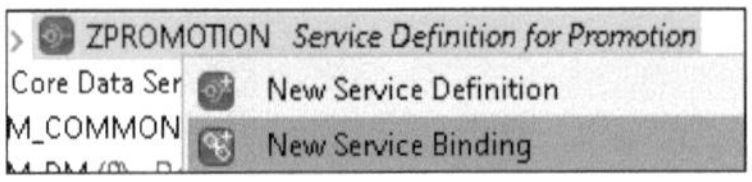

Abbildung 6.12 Anlage eines neuen Service-Bindings

2. Vergeben Sie, wie Abbildung 6.13 gezeigt, den Namen »ZUI_PROMOTION_O2« und die Beschreibung »Service Binding for Promotion«.
3. Wählen Sie im Feld **Binding Type** die Option **ODATA V2 – UI**. Sollten Sie den Anlagedialog nicht über das Kontextmenü der Servicedefinition aufgerufen haben, achten Sie zudem darauf, im Feld **Service Definition** die Servicedefinition »ZPROMOTION« einzutragen.

[»]

Namenskonventionen

Service-Bindings können für einen UI-Service oder eine Web-API angelegt werden und sich außerdem hinsichtlich der Version des zu verwendenden OData-Protokolls unterscheiden. Damit Sie Service-Bindings besser voneinander differenzieren können, wird empfohlen, das Präfix `UI` für UI-Services und das Präfix `API` für Web-APIs zu verwenden. Außerdem sollten Sie das Suffix `_02` für Service-Bindings mit dem OData-Protokoll V2 und das Suffix `_04` für Service-Bindings mit dem OData-Protokoll V4 anfügen.

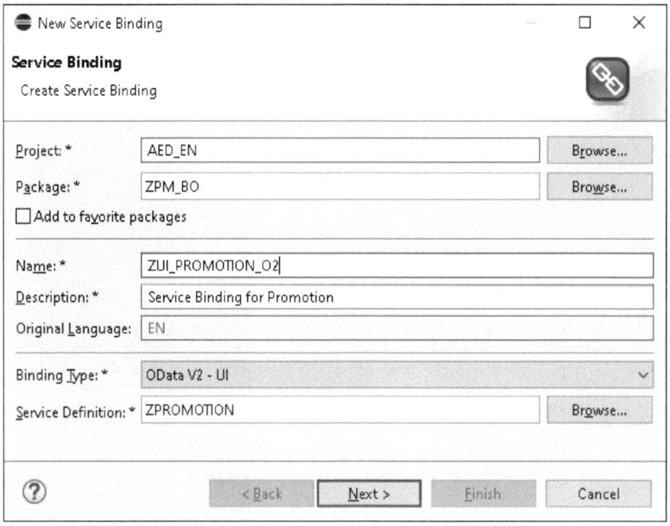

Abbildung 6.13 Neues Service-Binding

4. Klicken Sie auf die Schaltfläche **Next**.
5. Wählen Sie im nächsten Dialogschritt einen Transportauftrag aus und schließen Sie die Anlage mit **Finish** ab.
6. Wie in Abbildung 6.14 dargestellt, öffnet sich die Detailansicht des Service-Bindings. Aktivieren Sie Ihr Service-Binding und wählen Sie anschließend **Publish**.

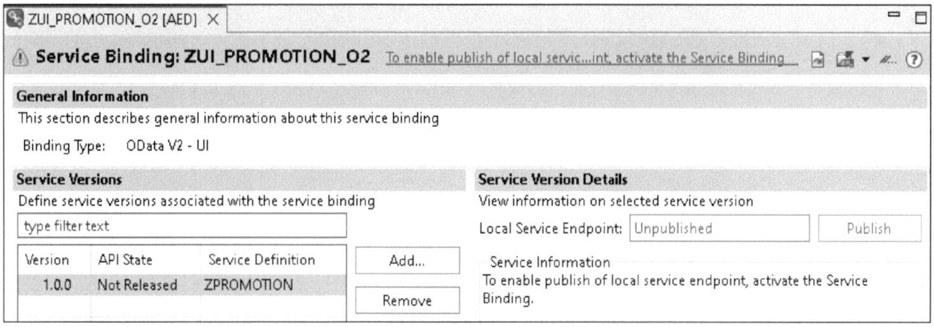

Abbildung 6.14 Angelegtes Service-Binding

Versionen des Service-Bindings

Im linken Bildschirmbereich steht Ihnen der Bereich **Service Versions** zur Verfügung. Wie bereits erwähnt, können Sie einem Service-Binding mehrere Servicedefinitionen zuweisen. Jede dieser Zuweisungen führt dazu, dass eine neue Version des Service-Bindings erstellt und einer korrespondierenden Versionsnummer zugewiesen wird. Im Grunde genommen erstellen Sie mit jedem Hinzufügen einer Servicedefinition auch eine neue Version Ihrer Web-API. Jede Version hat eine separate Service-URL.

Diese Funktionalität spielt ihre Stärken insbesondere bei der Entwicklung von Web-APIs aus. Sie können so eine bereits veröffentlichte Web-API »ungestört« um Funktionen erweitern, und jeder Client kann anschließend entscheiden, ob und wann eine Umstellung auf eine neue Version erfolgen soll.

6.4.3 Aufruf von Business-Services

Vorschaufunktion von SAP Fiori Elements

Nachdem Sie Ihren ersten Business-Service mit dem ABAP RESTful Application Programming Model erstellt haben, können Sie diesen Business-Service aufrufen. Wir nutzen dazu die Vorschaufunktion für SAP-Fiori-Elements-Anwendungen, die in Eclipse für Service-Bindings bereitgestellt wird. Nach dem Prinzip WYSIWYG (What You See Is What You Get) können Sie damit in einem sehr frühen Stadium Ihrer Entwicklung direkt über eine Schaltfläche in Eclipse sehen, wie Ihre Anwendung später aussehen wird. Die automatische Generierung der Oberfläche erfolgt bei der Entwicklung nach dem ABAP RESTful Application Programming Model einzig durch die CDS-Annotationen in Ihrem Geschäftsobjekt.

Vorschau anzeigen

Um sich eine Vorschau Ihrer Anwendung anzeigen zu lassen, gehen Sie wie folgt vor:

1. Öffnen Sie die Detailansicht des Service-Bindings, und markieren Sie die Wurzelentität `ZR_PromotionTP`, wie in Abbildung 6.15 dargestellt.
2. Klicken Sie anschließend auf die Schaltfläche **Preview...**

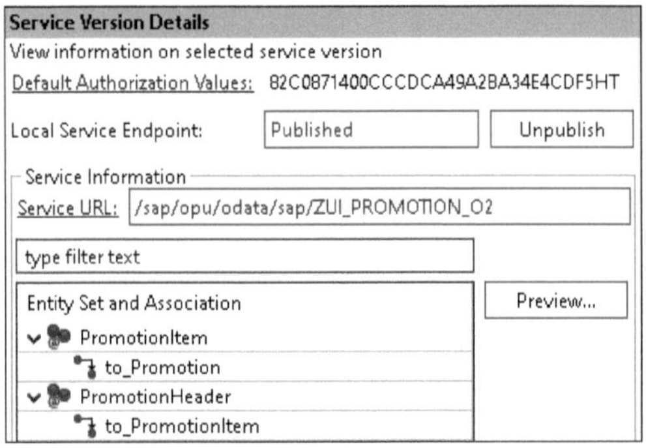

Abbildung 6.15 Vorschau der Oberfläche anzeigen lassen

3. Nun sollte sich Ihr Webbrowser öffnen und Sie gegebenenfalls zur Anmeldung auffordern.
4. Nachdem Sie sich erfolgreich angemeldet haben, wird Ihnen ein SAP Fiori List Report zur Darstellung der Kopfdaten der Rabattaktion angezeigt. Beim initialen Aufruf sind hier jedoch alle Felder ausgeblendet.

5. Um sich einzelne Felder anzeigen zu lassen, klicken Sie im oberen rechten Bildschirmbereich auf die Schaltfläche (**Einstellungen**).
6. Sie gelangen in die Anzeigeeinstellungen des SAP Fiori List Reports. Hier können Sie wählen, welche Felder angezeigt werden sollen. Markieren Sie alle in Abbildung 6.16 markierten Felder und bestätigen Sie Ihre Auswahl mit der Schaltfläche **OK**.

Abbildung 6.16 Auswahl anzuzeigender Felder

Ausgabe des List Reports

Abbildung 6.17 zeigt das Ergebnis der vorgenommenen Anzeigeeinstellungen. Da wir bisher keine Feldbezeichnungen über UI-Annotationen definiert haben, werden die Feldbezeichnungen aus den Texten der Datenelemente ermittelt. Sollten Sie statt eines Datenelements einen elementaren Datentyp verwendet haben, wird stattdessen der Feldname aus der Projektionsliste des CDS-Views verwendet.

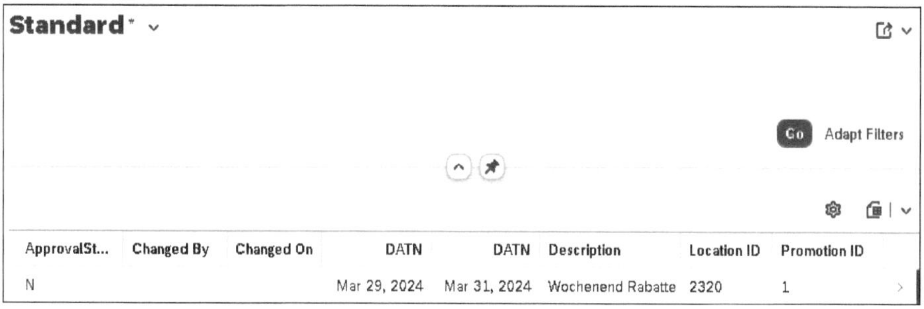

Abbildung 6.17 SAP Fiori List Report mit unvollständigen Feldbezeichnungen

Mit einem Klick auf den Datensatz navigieren Sie in die Detailansicht der Kopfdaten. Dort finden Sie auch einen SAP Fiori List Report zur Darstellung der Positionsdaten. Allerdings wird die Detailansicht aufgrund fehlender UI-Annotationen zurzeit noch unvollständig dargestellt.

UI-Annotationen hinzufügen

Wir wollen nun die CDS-Views mit UI-Annotationen anreichern, um eine optisch ansprechende Oberfläche zu gestalten. An dieser Stelle werden wir nicht im Detail auf die einzelnen UI-Annotationen eingehen. Wir erläutern in Kapitel 10, »Gestalten von Benutzeroberflächen«, ausführlicher, wie Sie mithilfe von UI-Annotationen einheitliche Benutzeroberflächen erstellen können.

Öffnen Sie den CDS-View `ZR_PromotionTP` und fügen Sie die folgenden Annotationen oberhalb des Feldes `PromotionId` ein:

```
@UI.lineItem: [{position: 10, label: 'Promotion' }]
@UI.identification: [{position: 10, label: 'Promotion' }]
```

Die UI-Annotation `@UI.lineItem` beeinflusst die Darstellung eines Feldes im SAP Fiori List Report. Mit der UI-Annotation `@UI.identification` beeinflussen Sie dagegen die Darstellung des Feldes in der Detailansicht. Die Detailsicht wird durch eine *Object Page* repräsentiert, einen weiteren SAP-Fiori-Floorplan neben dem List Report. Mit beiden UI-Annotationen legen Sie die Position und Feldbezeichnung des entsprechenden Feldes fest. Verfahren Sie analog mit den Feldern `PromotionDescription`, `StartDate`, `EndDate`, `LocationId`, `ApprovalStatus`, `ChangedAt` und `ChangedBy`. Definieren Sie jeweils die gewünschte Position und vergeben Sie eine sprechende Feldbezeichnung.

Detailansicht der Kopfdaten

Als Nächstes wollen wir uns um die Darstellung der Detailansicht der Kopfdaten kümmern. Erweitern Sie dazu Ihren CDS-View `ZR_PromotionTP` um die in Listing 6.4 aufgeführten UI-Annotationen. Fügen Sie diese oberhalb Ihrer Felddefinitionen direkt unterhalb der öffnenden geschweiften Klammer { ein. Mit diesen UI-Annotationen können Sie die Darstellungsweise der Detailsicht definieren.

```
@UI.facet: [
{ id: 'idGeneralInformation',
  position: 10,
  label:'General Information',
  type: #IDENTIFICATION_REFERENCE },
{ id: 'idPromotionItem',
  position: 20,
  label: 'Promotion Item',
  type: #LINEITEM_REFERENCE,
  targetElement: '_PromotionItem' } ]
```

Listing 6.4 UI-Annotation für die Darstellung der Detailansicht

Listing 6.5 zeigt die vollständige Definition des CDS-Views `ZR_PromotionTP`.

```
@AbapCatalog.viewEnhancementCategory: [#NONE]
@AccessControl.authorizationCheck: #NOT_REQUIRED
@EndUserText.label: 'BO: Promotion (Root)'
@Metadata.ignorePropagatedAnnotations: true
@ObjectModel.usageType:{
    serviceQuality: #X,
    sizeCategory: #S,
    dataClass: #MIXED
}
define root view entity ZR_PromotionTP
  as select from ZI_PromotionHeader
  composition [0..*] of ZR_PromotionItemTP as _PromotionItem
{
      @UI.facet: [
      { id: 'idGeneralInformation',
      position: 10,
      label:'General Information',
      type: #IDENTIFICATION_REFERENCE },
      { id: 'idPromotionItem',
      position: 20,
      label: 'Promotion Item',
      type: #LINEITEM_REFERENCE,
      targetElement: '_PromotionItem' } ]

      @UI.lineItem: [{position: 10, label: 'Promotion' }]
      @UI.identification: [{position: 10, label: 'Promotion' }]
  key PromotionId,
      @UI.lineItem: [{position: 20, label: 'Description' }]
      @UI.identification: [{position: 20, label: 'Description' }]
      PromotionDescription,
      @UI.lineItem: [{position: 30, label: 'Start date' }]
      @UI.identification: [{position: 30, label: 'Start date' }]
      StartDate,
      @UI.lineItem: [{position: 40, label: 'End date' }]
      @UI.identification: [{position: 40, label: 'End date' }]
      EndDate,
      @UI.lineItem: [{position: 50, label: 'Location' }]
      @UI.identification: [{position: 50, label: 'Location' }]
      LocationId,
      @UI.lineItem: [{position: 60, label: 'Approval Status' }]
      @UI.identification: [{position: 60, label: 'Approval Status' }]
      ApprovalStatus,
```

```
        CreatedAt,
        CreatedBy,
        @UI.lineItem: [{position: 70, label: 'Changed At' }]
        @UI.identification: [{position: 70, label: 'Changed At' }]
        ChangedAt,
        @UI.lineItem: [{position: 80, label: 'Changed By' }]
        @UI.identification: [{position: 80, label: 'Changed By' }]
        ChangedBy,
        _PromotionItem,
        _Location
}
```

Listing 6.5 CDS-View »ZR_PromotionTP« mit UI-Annotationen

CDS-View für die Positionsdaten

Damit auch die Positionsdaten ansprechend dargestellt werden, sollten Sie nun in den CDS-View `ZR_PromotionItemTP` wechseln und dort die Positionen und Feldbezeichnungen mit den UI-Annotationen `@UI.lineItem` und `@UI.identification` verfeinern. Listing 6.6 zeigt die vollständige Definition des CDS-Views `ZR_PromotionItemTP` mit den zugehörigen UI-Annotationen.

```
@AccessControl.authorizationCheck: #NOT_REQUIRED
@EndUserText.label: 'BO: Promotion Item'
define view entity ZR_PromotionItemTP
  as select from ZI_PromotionItem
  association to parent ZR_PromotionTP as _Promotion
  on $projection.PromotionId = _Promotion.PromotionId
{
      @UI.facet: [
         { id: 'idPromotionItem',
         label: 'Promotion Items',
         type: #IDENTIFICATION_REFERENCE } ]

      @UI.lineItem: [{position: 10, label: 'Promotion' }]
      @UI.identification: [{position: 10, label: 'Promotion' }]
  key PromotionId,
      @UI.lineItem: [{position: 20, label: 'Position' }]
      @UI.identification: [{position: 20, label: 'Position' }]
  key PromotionPosition,
      @UI.lineItem: [{position: 30, label: 'Article' }]
      @UI.identification: [{position: 30, label: 'Article' }]
      ProductId,
      @UI.lineItem: [{position: 40, label: 'Quantity' }]
      @UI.identification: [{position: 40, label: 'Quantity' }]
      Quantity,
      QuantityUnit,
```

```
      @UI.lineItem: [{position: 50, label: 'Discount in percent' }]
      @UI.identification: [
{position: 50, label: 'Discount in percent' }]
      DiscountInPercent,
      @UI.lineItem: [{position: 60, label: 'Discount price' }]
      @UI.identification: [{position: 60, label: 'Discount price' }]
      DiscountPrice,
      Currency,
      _Product,
      _Promotion
}
```

Listing 6.6 CDS-View »ZR_PromotionItemTP« mit UI-Annotationen

Ergebnisse in der Vorschau

Aktivieren Sie nun beide CDS-Views und aktualisieren Sie die Anzeige in Ihrem Webbrowser. Der SAP Fiori List Report zeigt die Kopfdaten der Rabattaktion wie in Abbildung 6.18 an.

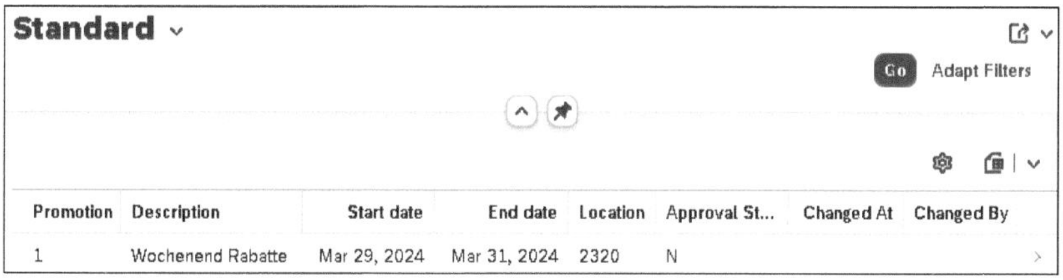

Abbildung 6.18 SAP Fiori List Report mit vollständigen Feldbezeichnungen

Abbildung 6.19 zeigt die Detailansicht der Rabattaktion.

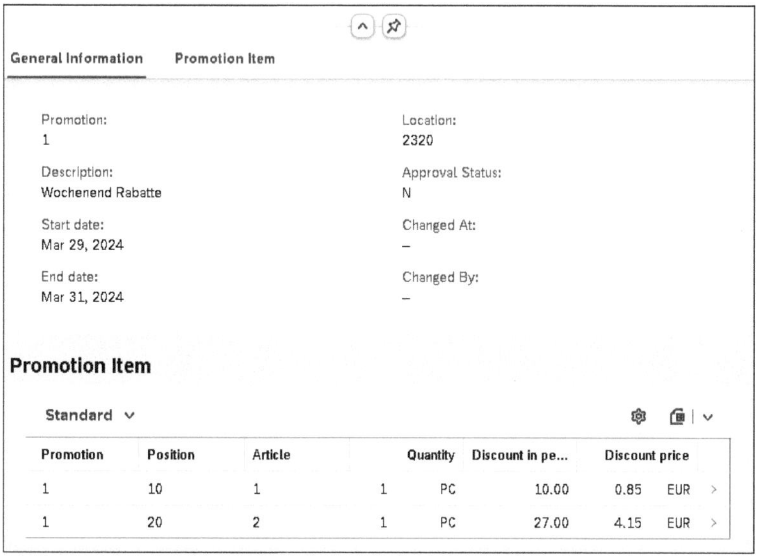

Abbildung 6.19 Fertig gestaltete Detailansicht

6.5 Zusammenfassung

In diesem Kapitel haben wir erläutert, wie Sie mit dem ABAP RESTful Application Programming Model Geschäftsobjekte modellieren. Dazu haben wir in Abschnitt 6.1, »ABAP RESTful Application Programming Model als Grundlage für die Geschäftsobjektmodellierung«, die grundlegenden Konzepte des Programmiermodells vorgestellt. Sie sollten nun in der Lage sein, das Programmiermodell in den Kontext der ABAP-Programmierung einzuordnen.

Wir haben Ihnen in Abschnitt 6.2, »Aufbau des Geschäftsobjekts«, die Bestandteile von Geschäftsobjekten vorgestellt. Ein Geschäftsobjekt setzt sich aus einer Geschäftsobjektstruktur und dem Geschäftsobjektverhalten zusammen. Das Geschäftsobjektverhalten repräsentiert die betriebswirtschaftliche Logik und beinhaltet Ermittlungen, Validierungen, Aktionen sowie Berechtigungsprüfungen und Sperren. In diesen Kontext haben wir den Aufbau sowie die Anforderungen unseres Geschäftsobjekts Rabattaktion eingeordnet.

In Abschnitt 6.3, »Geschäftsobjektmodellierung mittels CDS-Views«, haben Sie dann das Geschäftsobjekt Rabattaktion modelliert und spezielle CDS-Views verwendet. Unter anderem haben Sie die Wurzelentität der Rabattaktionsköpfe durch `define root view entity` definiert. Die entsprechende Kompositionsassoziation zu der Child Entity der Rabattaktionspositionen erfolgte durch die Zusätze `composition [0..*] of` und `association to parent`.

Abschließend haben Sie in Abschnitt 6.4, »Business-Services erstellen«, die Entwicklungsobjekte Servicedefinition und Service-Binding kennengelernt. Diese haben Sie verwendet, um das Geschäftsobjekt für die Konsumierung per SAP Fiori List Report bereitzustellen. Den Aufruf des entsprechenden Business-Service haben wir Ihnen anhand der Vorschaufunktion SAP Fiori Elements verdeutlicht.

Nach dem Studium dieses Kapitels sollten Sie in der Lage sein, im Zuge von ABAP Cloud Geschäftsobjekte mit dem ABAP RESTful Application Programming Model zu modellieren und diese für die Konsumierung durch Anwendungen oder Web-APIs bereitzustellen.

Kapitel 7
Geschäftslogik entwickeln

Wir zeigen Ihnen in diesem Kapitel, wie Sie das ABAP RESTful Application Programming Model nutzen können, um das Verhalten von Geschäftsobjekten zu definieren und eigene Geschäftslogik zu implementieren.

Nachdem Sie im vorangegangenen Kapitel bereits mit dem ABAP RESTful Application Programming Model als zentralem Bestandteil von ABAP Cloud gearbeitet haben, können wir mit der Definition und der Implementierung des Verhaltens unseres exemplarischen Geschäftsobjekts, der Rabattaktion, beginnen.

In Abschnitt 7.1 führen wir Sie zunächst in die unterschiedlichen Implementierungsszenarien des ABAP RESTful Application Programming Models ein. Wir stellen Ihnen die Unterschiede zwischen den einzelnen Szenarien vor und nennen mögliche Anwendungsfälle.

In Abschnitt 7.2, »Transaktionales Verhalten implementieren«, geben wir Ihnen einen Überblick über die Definition von Geschäftsobjektverhalten. Im Kontext des ABAP RESTful Application Programming Models stehen dazu Verhaltensdefinitionen (Behavior Definitions) zur Verfügung.

Abschnitt 7.3, »Nummerierung implementieren«, bis Abschnitt 7.9, »Sperrkonzepte«, befassen sich mit den Möglichkeiten, das Verhalten von Geschäftsobjekten zu beeinflussen. Dazu können Sie unter anderem Ermittlungen (siehe Abschnitt 7.5), Validierungen (siehe Abschnitt 7.6) und Aktionen (siehe Abschnitt 7.7) implementieren. In Abschnitt 7.8 definieren wir dynamische und statische Feldeigenschaften für unser Geschäftsobjekt.

Abschließend gehen wir in Abschnitt 7.9 auf die vom ABAP RESTful Application Programming Model unterstützten Sperrkonzepte ein.

7.1 Implementierungsszenarien

Verhalten von Geschäftsobjekten

Bevor wir mit der eigentlichen Implementierung des *Verhaltens* von Geschäftsobjekten beginnen, wollen wir uns zunächst ansehen, wie dieses Verhalten im ABAP RESTful Application Programming Model zu definieren ist. In Abschnitt 6.2, »Aufbau des Geschäftsobjekts«, haben wir das Verhalten eines Geschäftsobjekts bereits grob beschrieben und möchten nun noch einmal im Detail betrachten, aus welchen Komponenten sich dieses Verhalten zusammensetzt.

Das Verhalten, im Englischen *Behavior*, spezifiziert im ABAP RESTful Application Programming Model die zwei folgenden Eigenschaften für alle Entitäten der Kompositionshierarchie eines Geschäftsobjekts:

- Verhaltensmerkmale
- Operationen

Abbildung 7.1 gibt Ihnen einen groben Überblick über die Operationen und Verhaltensmerkmale, die durch ein Verhalten beschrieben werden.

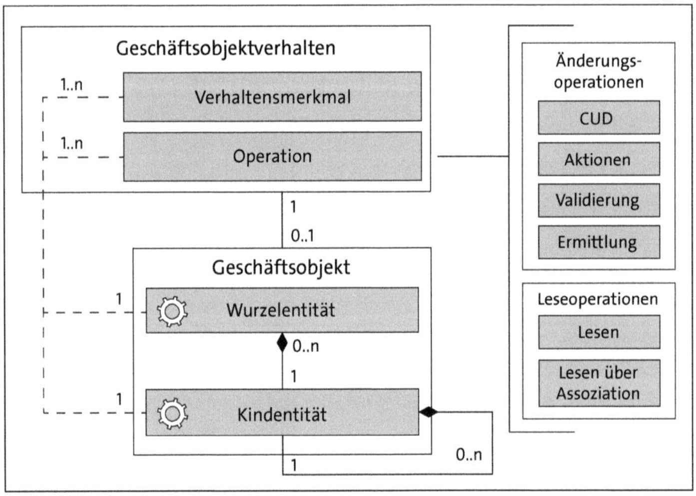

Abbildung 7.1 Verhalten von Geschäftsobjekten

Verhaltensmerkmale *Verhaltensmerkmale* definieren allgemeine Eigenschaften der Entitäten von Geschäftsobjekten sowie der entsprechenden Instanzen. Über Verhaltensmerkmale werden unter anderem Attributeigenschaften, Berechtigungsprüfungen oder Nummernvergaben spezifiziert. Jede Entität eines Geschäftsobjekts kann mehrere dieser Verhaltensmerkmalen gleichzeitig ausprägen.

Operationen *Operationen* bilden Funktionen ab, über die Anwendungen mit Geschäftsobjekten interagieren können. Wir können hierbei grob zwischen lesenden und ändernden Operationen unterscheiden:

- *Lesende Operationen* ermöglichen das Auslesen einzelner Instanzen von Geschäftsobjekten sowie die Navigation über deren Assoziationen.

- *Ändernde Operationen* umfassen die CUD-Funktionen (Create, Update, Delete) und anwendungsspezifisch definierte Aktionen des Geschäftsobjekts. Da Validierungen und automatische Ermittlungen von Attributwerten (siehe Abschnitt 7.6, »Validierungen implementieren«, und Abschnitt 7.5, »Ermittlungen implementieren«) direkt mit den CUD-Operationen zusammenhängen, fallen sie ebenfalls unter die ändernden Operationen.

Implementierungsszenarien

Für die Implementierung des Geschäftsobjektverhaltens unterscheidet das ABAP RESTful Application Programming Model zwischen zwei Implementierungsansätzen:

- Unmanaged Behavior
- Managed Behavior

Beide Ansätze adressieren verschiedene Szenarien und Voraussetzungen für die Verhaltensimplementierung von Geschäftsobjekten.

Unmanaged Behaviors

Bei der Implementierung eines *Unmanaged Behaviors* müssen sämtliche notwendigen Operationen des Verhaltens der Entitäten eines Geschäftsobjekts durch eigene Anwendungslogik implementiert werden. Das betrifft nicht nur die Logik zur Interaktion mit dem Geschäftsobjekt, sondern auch die Persistenzlogik (siehe Abbildung 7.2).

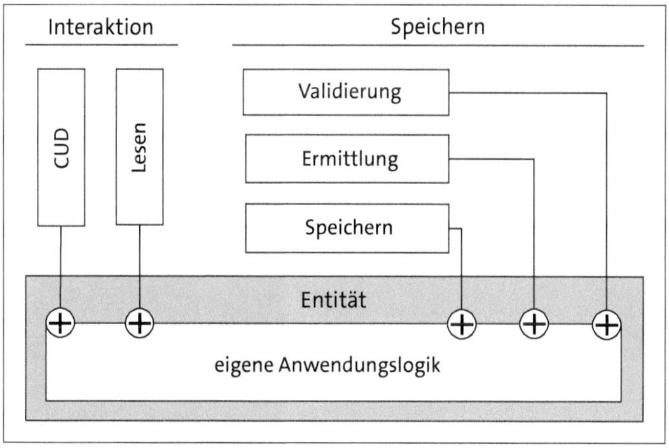

Abbildung 7.2 Unmanaged Behavior im ABAP RESTful Application Programming Model

Wir unterscheiden in Abbildung 7.2 zusätzlich zwischen Operationen zur Interaktion mit den Instanzen eines Geschäftsobjekts und Operationen zum Speichern. Auf diese zusätzliche Unterscheidung gehen wir in Abschnitt 7.2, »Transaktionales Verhalten implementieren«, noch genauer ein.

Ein Unmanaged Behavior ist aus Entwicklungssicht also erst einmal mit einem hohen Aufwand für die Implementierung sämtlicher Operationen verbunden. Vom Lesen der Daten des Geschäftsobjekts von der Datenbank über CUD-Operationen und das Absichern korrekter transaktionaler Abläufe bis hin zum Speichern der veränderten Daten muss sämtliche Anwendungslogik selbst umgesetzt werden. Beim Unmanged Behavior wird Ihnen also lediglich das »Skelett« für die Implementierung des Geschäftsobjektverhaltens zur Verfügung gestellt. Es wird erst durch eigene Implementierungen lauffähig.

Verwendung von Unmanaged Behaviors

Es stellt sich also die Frage, wann die Nutzung dieses aufwendigen Verfahrens sinnvoll ist. Unmanaged Behaviors bieten sich besonders in Szenarien an, in denen die beschriebenen Operationen bereits in irgendeiner Form implementiert wurden und wiederverwendet werden können. Das ist oftmals in Situationen der Fall, in denen bereits vorhandene Prozesse in ABAP-RESTful-Anwendungen und die entsprechenden Geschäftsobjekte überführt werden oder Teile bestehender Anwendungslogik in ABAP-RESTful-Anwendungen integriert werden sollen. Solche Teile bestehender Anwendungslogik können z. B. bereits vorhandene Klassen, die Implementierung von BOPF-Objekten (Business Object Processing Framework) oder Verbuchungsbausteine sein. Das Unmanaged Behavior bietet Ihnen die Möglichkeit, diesen sogenannten *Legacy-Code* in ABAP-RESTful-Anwendungen zu integrieren und nutzbar zu machen.

Brownfield-Ansatz

Solche Szenarien, in denen neue Technologien und Anwendungen mit bestehenden IT-Softwaresystemen verbunden werden müssen, werden im Allgemeinen als *Brownfield-Szenarien* bezeichnet. Brownfield-Szenarien spielen in Unternehmen eine große Rolle, da bestehende Anwendungen und Prozesse nur selten mit vertretbarem Aufwand vollständig durch neue Technologie abgelöst werden können.

Unmanaged Behaviors spielen also eine wichtige Rolle bei der Migration von Legacy-Code in die ABAP-RESTful-Anwendungsarchitektur und bei der Realisierung von Brownfield-Szenarien. Abseits dessen empfiehlt sich die Entwicklung von Geschäftsobjekten mittels Unmanaged Behavior nur dann, wenn die Geschäftslogik nicht mit den Möglichkeiten des Managed Behaviors abzubilden ist.

Verwendung von Managed Behaviors

Stellen Sie sich nun ein Szenario vor, in dem eine transaktionale Anwendung für einen vollkommen neuen Geschäftsfall oder Prozess entwickelt werden soll. In einem solchen Fall gibt es keine Legacy-Geschäftslogik, die für die Implementierung des Verhaltens der entsprechenden Geschäftsobjekte wiederverwendet werden kann. Das Verhalten müsste also in einem Unmanaged Behavior aufwendig von Grund auf neu entwickelt werden.

Greenfield-Ansatz

Eine solche Situation, in der die IT-Prozesse und die entsprechenden Anwendungen oder Geschäftsobjekte vollständig neu zu entwerfen und zu implementieren sind, wird auch als *Greenfield-Szenario* bezeichnet. Greenfield-Szenarien stellen in gewisser Weise das Gegenstück zu den beschriebenen Brownfield-Szenarien dar. »Auf der grünen Wiese« sind die Einführung und das Etablieren neuer Technologien und Anwendungen deutlich einfacher.

Das *Managed Behavior* des ABAP RESTful Application Programming Models bietet sich genau für solche Greenfield-Szenarien an. Bei Managed Behaviors ist es nicht notwendig, die benötigten Lese- und CUD-Operationen, die Persistenzlogik sowie das übrige transaktionale Verhalten eines Geschäftsobjekts selbst zu implementieren. In Managed Behaviors wird die technische Implementierung dieser Operationen automatisch über die *Business Object Runtime Infrastructure* abgebildet (siehe Abbildung 7.3). Wir wollen diese Infrastruktur der Einfachheit halber im Folgenden als *BO-Framework* bezeichnen.

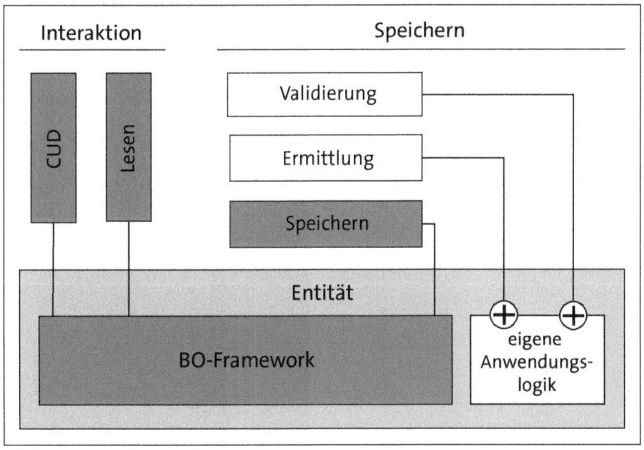

Abbildung 7.3 Managed Behavior im ABAP RESTful Application Programming Model

Während Ihnen das Unmanaged Behavior also nur das »Skelett« für eine Verhaltensimplementierung liefert, stellt Ihnen ein Managed Behavior zusätzlich eine Implementierung der »lebensnotwendigen« Funktionen Ihres Geschäftsobjekts bereit. Managed Behaviors bieten bei der Implementierung von Geschäftsobjekten also eine erhebliche Arbeitserleichterung gegenüber den Unmanaged Behaviors. Dadurch, dass hier die elementaren Operationen des Geschäftsobjekts durch das BO-Framework implementiert werden, können Sie sich auf die Implementierung der eigentlichen Geschäftslogik fokussieren. Das Managed Behavior liefert dazu Schnittstellen für die Implementierung eigener Anwendungslogik über Ermittlungen, Validierungen oder selbst definierte Aktionen.

In den folgenden Abschnitten implementieren wir das Verhalten des Geschäftsobjekts Rabattaktion exemplarisch als Managed Behavior. Anhand dieses Beispiels werden Sie die wichtigsten Funktionen dieser Implementierungsvariante kennenlernen. Auf die Implementierung eines Unmanaged Behaviors gehen wir nicht im Detail ein. Für vertiefende Informationen zu den Szenarien des ABAP RESTful Application Programming Models können wir Ihnen beispielsweise das Buch »ABAP RESTful Application Programming Model. Das umfassende Handbuch« von Lutz Baumbusch, Matthias Jäger und Michael Lensch (2. Auflage, SAP PRESS 2024) empfehlen.

7.2 Transaktionales Verhalten implementieren

Transaktionszyklus

Zu Beginn dieses Abschnitts schauen wir etwas genauer auf den Aufbau einer Transaktion bzw. den transaktionalen Ablauf gemäß dem ABAP RESTful Application Programming Model. Dieser Aufbau legt unter anderem fest, wann und in welcher Reihenfolge die von uns implementierte Anwendungslogik bei der Interaktion mit den Geschäftsobjekten ausgeführt wird.

7.2.1 Ablauf einer Transaktion

Abbildung 7.4 gibt Ihnen einen groben Überblick über den Ablauf einer Transaktion im ABAP RESTful Application Programming Model. Der transaktionale Ablauf wird hier in vereinfachter Form dargestellt. Der Einfachheit halber haben wir uns auf die Darstellung der wesentlichen Transaktionsschritte bzw. Operationen eines Managed Behaviors beschränkt.

Verschiedene Phasen des transaktionalen Ablaufs

Im vorangegangenen Abschnitt haben wir bereits kurz den Unterschied zwischen Operationen für die Interaktion von Geschäftsobjekten und Operationen für die Speicherung von Daten angesprochen. Diese Unterscheidung ist wichtig für das ABAP RESTful Application Programming Model und lässt sich auch direkt im transaktionalen Ablauf wiederfinden. Eine Transaktion teilt sich in zwei verschiedene Phasen auf:

- die *Interaktionsphase* (auf Englisch *Interaction Phase*)
- die *Speichersequenz* (auf Englisch *Save Sequence*)

Die Interaktions- und Speichersequenz sind nicht ausschließlich im Hinblick auf den zeitlichen Ablauf einer Transaktion oder die Reihenfolge der Ausführung von Operationen zu betrachten. Wie in Abschnitt 7.1, »Implementierungsszenarien«, beschrieben, dienen die Phasen ebenfalls der semantischen Trennung der Operationen für Interaktion und Persistenz sowie zur Abgrenzung einzelner Transaktionen, die auf den Daten der Geschäftsobjekte ausgeführt werden.

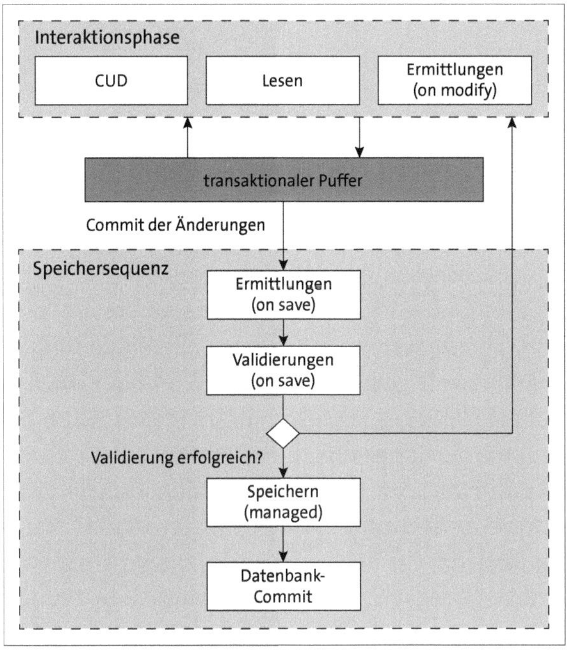

Abbildung 7.4 Transaktionszyklus des ABAP RESTful Application Programming Models

Interaktionsphase

Die Interaktionsphase bündelt sämtliche Operationen der Geschäftsobjektentitäten für deren direkte Interaktion mit den Konsumenten einer ABAP-RESTful-Anwendung. *Interaktion* meint hier das Ausführen von CUD-Operationen auf den Instanzen eines Geschäftsobjekts sowie das Ausführen von Aktionen oder Ermittlungen mit dem Zusatz `on modify`. Wenn also beispielsweise eine Anwendung Änderungen an den Instanzen eines Geschäftsobjekts vornimmt, geschieht dies zunächst in der Interaktionsphase. Die innerhalb dieser Interaktionsphase ausgeführten Operationen sind Teil derselben Transaktion. Sie arbeiten also alle mit dem selbem lokalen Datenstand bzw. mit der Ausprägung einer Instanz des Geschäftsobjekts.

Die Änderungen an den Instanzen eines Geschäftsobjekts werden im *transaktionalen Puffer* des BO-Frameworks gespeichert, der demnach also den aktuellen Stand der Instanzen eines Geschäftsobjekts zur Laufzeit repräsentiert. Dieser aktuelle Stand der Instanz ist zum Zeitpunkt der Interaktionsphase nur für die entsprechende Anwendung sichtbar und wird erst mit dem Commit der Änderungen auf der Datenbank fortgeschrieben.

Diese Verwaltung von Datenänderungen ist für Sie sicherlich nichts Neues. Die Menge der logisch zusammenhängenden Änderungen an Daten, die zu einem definierten Zeitpunkt gemeinsam persistiert werden, wird im ABAP-

Kontext als *Logical Unit of Work* (LUW) bezeichnet. Alle Änderungen an den Daten von Geschäftsobjekten innerhalb einer Interaktionsphase werden im ABAP RESTful Application Programming Model also als eine LUW behandelt.

Speichersequenz

Sobald alle Änderungen an den Geschäftsobjektinstanzen vorgenommen wurden, können diese persistiert werden. Es erfolgt also das entsprechende *Commit* der Änderungen. Dieses Commit markiert den Übergang in die zweite Phase des Transaktionsablaufs: die Speichersequenz. In der Speichersequenz werden sämtliche Änderungen an Geschäftsobjekten aus dem transaktionalen Puffer auf die Datenbank überführt. Es werden also zum einen die notwendigen Persistenzoperationen, deren Implementierung in Managed Behaviors vom Framework geleistet wird, ausgeführt, und im Anschluss wird der transaktionale Puffer des BO-Frameworks geleert. Zum anderen werden in dieser Phase Ermittlungen mit dem Zusatz `on save` sowie eigene Validierungsroutinen durchlaufen. Sollten diese Validierungen nicht erfolgreich sein oder notwendige Ermittlungen kein Ergebnis liefern, kann die Persistierung des Geschäftsobjekts an dieser Stelle abgebrochen werden, bevor Änderungen auf der Datenbank vorgenommen werden. Der Abschluss der Speichersequenz beendet die LUW.

[»]

Draft-Konzept

Das ABAP RESTful Application Programming Model unterstützt darüber hinaus ein *Draft-Konzept*. Als *Draft* (Entwurf) bezeichnet man eine temporäre Instanz eines Geschäftsobjekts, die erst beim Speichern in den Datenbanktabellen des Geschäftsobjekts persistiert wird, wodurch eine aktive Instanz entsteht. Zuvor ist der Entwurf ausschließlich in *Draft-Tabellen* vorhanden.

Durch das Draft-Konzept sind Endanwender*innen in der Lage, die Arbeit an einem Geschäftsobjekt ohne Datenverlust zu einem späteren Zeitpunkt oder auf einem anderen Endgerät fortzusetzen. Des Weiteren können Entwürfe jederzeit gespeichert werden, selbst wenn die Daten noch inkonsistent sind. Dadurch wird das Risiko eines Datenverlusts durch Netzwerkfehler etc. minimiert.

7.2.2 Verhaltensdefinition anlegen

Nachdem wir den Aufbau und den Ablauf einer Transaktion im ABAP RESTful Application Programming Model beschrieben haben, möchten wir nun das konkrete transaktionale Verhalten des Geschäftsobjekts Rabattaktion implementieren. Aus den Anforderungen an unsere Beispielanwendung aus Abschnitt 5.1, »Einführung in die Beispielanwendung«, lassen sich folgende Anforderungen an das transaktionale Verhalten für die Entitäten des Geschäftsobjekts Rabattaktion ableiten:

- Es soll möglich sein, Rabattaktionen anzulegen, zu ändern und zu löschen.
- Es soll möglich sein, die zugehörigen Positionen über die Rabattaktion anzulegen.

Für die abhängige Entität der Rabattaktionsposition ist damit das folgende transaktionale Verhalten zu definieren:

- Es soll möglich sein, Rabattaktionspositionen zu ändern und zu löschen.
- Das Erstellen einer Rabattaktionsposition soll nur über die entsprechende Rabattaktion möglich sein.

Verhaltensdefinition anlegen

Bevor wir mit der eigentlichen Implementierung des transaktionalen Verhaltens und der Geschäftslogik für die Rabattaktionen beginnen, müssen wir zunächst die notwendigen Operationen und Verhaltensmerkmale des Geschäftsobjekts spezifizieren. Hierfür liefert uns das ABAP RESTful Application Programming Model mit der Verhaltensdefinition das passende Repository-Objekt. Um eine Verhaltensdefinition anzulegen, gehen Sie wie folgt vor:

1. Rufen Sie über die rechte Maustaste das Kontextmenu des Project Explorers in den ADT auf und wählen Sie **New • Other ABAP Repository Object • Core Data Services • Behavior Definition**.
2. Bestätigen Sie die Auswahl mit **Next**. Daraufhin öffnet sich das in Abbildung 7.5 dargestellte Dialogfenster zur Anlage einer Verhaltensdefinition.

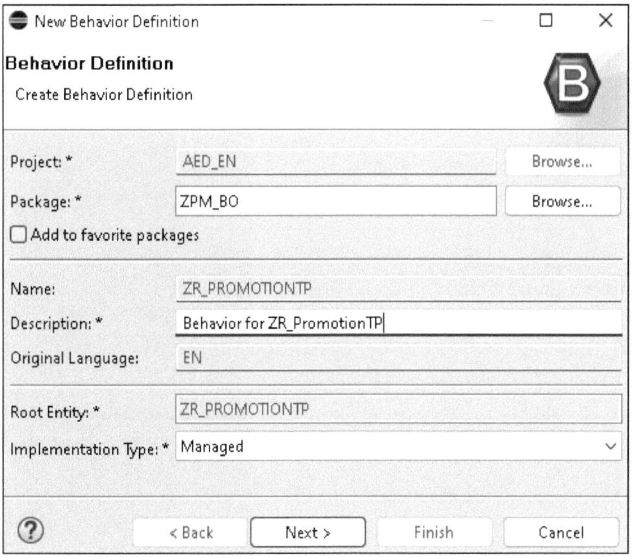

Abbildung 7.5 Anlage einer Verhaltensdefinition

3. Geben Sie im Feld **Package** das Entwicklungspaket `ZPM_BO` an und im Feld **Root Entity** den Root-View `ZR_PromotionTP` des Geschäftsobjekts Rabattaktion. Wählen Sie über die Auswahlliste **Implementation Type** den Typ **Managed** aus und geben Sie eine geeignete Beschreibung ein.

[»]

Implementierungstyp im Anlagedialog

Über die Auswahlliste **Implementation Type** wird definiert, ob es sich bei der anzulegenden Verhaltensdefinition um die Definition eines Managed Behaviors oder eines Unmanaged Behaviors handelt. Wir verwenden für unseren Anwendungsfall ein Managed Behavior. Um eine Verhaltensdefinition für ein Unmanaged Behavior anzulegen, wählen Sie **Unmanaged** aus.

4. Bestätigen Sie die Eingaben mit **Next**.
5. Wählen Sie im nächsten Fenster einen entsprechenden Transportauftrag aus und beenden Sie die Anlage über die Schaltfläche **Finish**.
6. Es öffnet sich automatisch der Editor mit dem initial erzeugten Coding (siehe Abbildung 7.6)

[AED] ZR_PROMOTIONTP

```
managed implementation in class zbp_r_promotiontp unique;
strict ( 2 );

define behavior for ZR_PromotionTP //alias <alias_name>
persistent table zpm_promo_hdr
lock master                                              ❶
authorization master ( instance )
//etag master <field_name>
{
  create;
  update;                                  ❷
  delete;
  association _PromotionItem { create; }
}

define behavior for ZR_PromotionItemTP //alias <alias_name>
persistent table zpm_promo_itm
lock dependent by _Promotion
authorization dependent by _Promotion
//etag master <field_name>
{
  update;
  delete;
  field ( readonly ) PromotionId;
  association _Promotion;
}
```

Abbildung 7.6 Generiertes Coding der Verhaltensdefinition

[+]

Anlage ausgehend vom Root-View

Sie können den Anlagedialog auch direkt für einen Root-View aufrufen. Rufen Sie dazu im **Project Explorer** über die rechte Maustaste das Kontextmenü auf und navigieren Sie über **New Behavior Definition** in den Anlagedialog. In diesem Fall sind sämtliche Eingabefelder bereits vorbelegt.

Über diese Verhaltensdefinition wird nun das Verhalten des Geschäftsobjekts `ZR_PromotionTP` und des abhängigen Kind-Objekts `ZR_PromotionItemTP` definiert. Verhaltensdefinitionen nutzen die sognannte *Behavior Definition Language* (BDL) zur Beschreibung des Geschäftsobjektverhaltens. Die Verhaltensdefinition ist in zwei Bereiche aufgeteilt:

Behavior Definition Language

1. Über den Bereich vor den geschweiften Klammern {} werden sämtliche Informationen zu den Verhaltensmerkmalen der Geschäftsobjektentitäten spezifiziert. Wir werden diesen Bereich daher als *Verhaltensmerkmalsdefinition* der Verhaltensdefinition bezeichnen.
2. Der Bereich innerhalb der geschweiften Klammern wird zur Definition von Operationen wie CUD-Operationen (Create, Update, Delete), Aktionen, Ermittlungen und Validierungen genutzt. Wir bezeichnen diesen Bereich als *Operationsdefinition*.

Eine Verhaltensdefinition einer Entität eines Geschäftsobjekts beginnt mit den Schlüsselwörtern `define behavior for`, gefolgt vom Namen des CDS-Views. In Managed Behaviors, erkennbar an dem Schlüsselwort `managed`, wird durch den Zusatz `persistent table` die Datenbanktabelle angegeben, in der die Daten des Geschäftsobjekts persistiert werden. In Managed Behaviors muss das Sperrkonzept immer aktiviert sein. Dies erfolgt durch das Schlüsselwort `lock master`. Wir werden in Abschnitt 7.9, »Sperrkonzepte«, detaillierter auf das Sperrkonzept eingehen. Mit dem Schlüsselwort `authorization master ( instance )` wird die Berechtigungsprüfung definiert. In Kapitel 11, »Berechtigungen implementieren«, werden wir die Berechtigungsprüfungen genauer betrachten.

Notwendige CUD-Operationen definieren

Innerhalb der Operationsdefinition spezifizieren Sie die Operationen, die für das entsprechende Geschäftsobjekt notwendig sind. Für die CUD-Operationen können hier die Schlüsselwörter `create`, `update` und `delete` angegeben werden. Für das Verhalten des Geschäftsobjekts Rabattaktion sind gemäß den Anforderungen alle drei CUD-Operationen zu definieren. Für die abhängige Kindentität Rabattaktionsposition sind nur die Operationen Ändern und Löschen zu definieren.

Instanzerzeugung über Assoziationen

Die Definition der Anlage der Kindentität erfolgt über die Wurzelentität der Rabattaktion. Hierzu wird in der BDL der folgende Zusatz verwendet:

```
association <Association> { create; }
```

Als Assoziation ist hier der Alias-Name der entsprechenden Komposition aus der CDS-Definition des Root-Views anzugeben, für unsere Beispielanwendung also `_PromotionItem`. Für Geschäftsobjekte mit Managed Behavior werden nur Kompositionsassoziationen unterstützt. Dadurch ist die

Anlage von Kindentitäten immer nur über die Elternentität möglich. Entsprechend können in Managed Behaviors keine `create`-Operationen direkt für Kindentitäten definiert werden, sondern müssen immer mittels `association` *<Association>* `{ create; }` über die Elternentität erfolgen.

Feld-Mappings definieren

In Managed Behaviors setzt das BO-Framework die Namensgleichheit der Felder der Geschäftsobjekte und der korrespondierenden Felder der entsprechenden Datenbanktabelle voraus. Es kann jedoch vorkommen, dass diese Namensgleichheit nicht zu gewährleisten ist, beispielsweise, wenn aufgrund unverständlicher Feldnamen in einer Datenbanktabelle sprechende Alias-Namen bei der Definition des Basic Interface Views angegeben wurden. In solchen Fällen muss in der Verhaltensdefinition des Geschäftsobjekts ein entsprechendes *Feld-Mapping* definiert werden. Ein Feld-Mapping wird über folgende Anweisung definiert:

```
mapping for <DatabaseTable> [corresponding] { <FieldEntity> =
<FieldDatabase>; ... }
```

corresponding-Zusatz in Feld-Mappings

Der Zusatz `corresponding` definiert ein automatisches Mapping von Feldern mit Namensgleichheit. Zusammengehörige Feldpaare mit verschiedenen Namen müssen über die Feldliste angegeben werden. Der Zusatz `corresponding` ist optional.

[!]

corresponding in Feld-Mappings

Wir empfehlen Ihnen, den Zusatz `corresponding` bei der Definition von Feld-Mappings immer anzugeben. Andernfalls geht das automatische Mapping von gleichnamigen Feldern verloren, was zu unerwünschten Ergebnissen führen kann.

Spezifizieren Sie nun das Mapping für die Felder der Geschäftsobjekte Rabattaktion und Rabattaktionsposition gemäß Listing 7.1.

```
define behavior for ZR_PromotionTP
persistent table zpm_promo_hdr
lock master
authorization master ( instance )
{
  mapping for zpm_promo_hdr corresponding {
    PromotionId          = promotion_id;
    PromotionDescription = promotion_description;
    LocationId           = location_id;
    ApprovalStatus       = approval_status;
  }
```

```
...
}
define behavior for ZR_PromotionItemTP
persistent table zpm_promo_itm
lock dependent by _Promotion
authorization dependent by _Promotion
{
  mapping for zpm_promo_itm corresponding {
    PromotionId        = promotion_id;
    PromotionPosition  = promotion_position;
    ProductId          = product_id;
    QuantityUnit       = quantity_unit;
    DiscountInPercent  = discount_in_percent;
    DiscountPrice      = discount_price;
  }
...
}
```

Listing 7.1 Feld-Mapping definieren

Aktivieren Sie anschließend die Verhaltensdefinition über die Tastenkombination [Strg] + [F3].

Aliasse für Entitäten verwenden

Aus Gründen der Lesbarkeit und Verständlichkeit empfiehlt es sich bei der Definition des Verhaltens von Geschäftsobjekten, Alias-Namen für die technischen Bezeichnungen der Geschäftsobjektentitäten zu vergeben. Sie können Alias-Namen wie folgt spezifizieren:

```
define behavior for <Entity> alias <Alias>.
```

Definieren Sie für die Entität `ZR_PromotionTP` den Alias `Promotion` und für die Entität `ZR_PromotionItemTP` den Alias `PromotionItem`.

CUD-Funktionen in der Vorschau

Nachdem Sie das Verhalten des Geschäftsobjekts über die Verhaltensdefinition definiert haben, stehen die Operationen Anlegen, Ändern und Löschen in der SAP-Fiori-Anwendung zur Verfügung. Sie können sich vergewissern, indem Sie die Vorschau für SAP-Fiori-Elements-Anwendungen für das Service-Binding des Geschäftsobjekts Rabattaktion aufrufen. Abbildung 7.7 zeigt die Ausgabe des SAP Fiori List Reports mithilfe der Vorschaufunktion. Oberhalb der Ausgabeliste stehen Ihnen die Schaltflächen **Create** und **Delete** zur Verfügung, mit denen Sie eine neue Rabattaktion anlegen bzw. eine bestehende Rabattaktion löschen können.

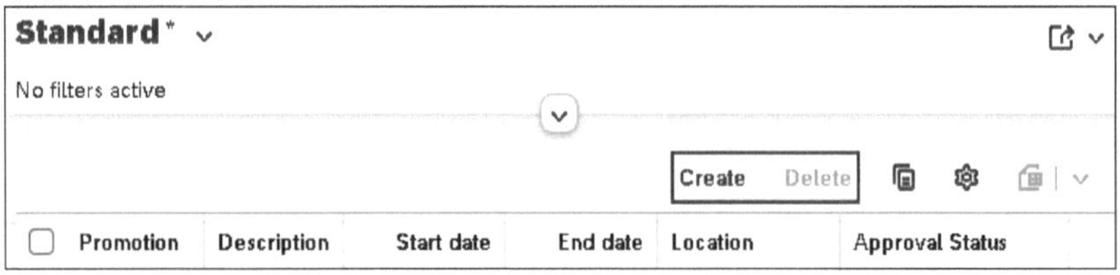

Abbildung 7.7 CUD-Funktionen für das Geschäftsobjekt Rabattaktion

Beachten Sie, dass es, aufgrund der noch fehlenden Verhaltensimplementierung, bei der Ausführung der einzelnen Funktionen zu einem Abbruch der Anwendung kommt. Daher werden wir im nächsten Abschnitt eine Verhaltensimplementierung anlegen.

7.2.3 Verhaltensimplementierung anlegen

Bevor wir in den folgenden Abschnitten damit fortfahren, eigene Anwendungslogik zu implementieren, müssen wir die notwendigen Voraussetzungen erfüllen. Die Implementierung der Operationen von Geschäftsobjekten erfolgt klassenbasiert. Wir müssen also zunächst die notwendigen Klassen erstellen und initial ausprägen.

Business Object Behavior API

Für die Implementierung der Operationen der Geschäftsobjektentitäten wird im ABAP RESTful Application Programming Model eine spezielle klassenbasierte API bereitgestellt. Abbildung 7.8 zeigt die Klassenhierarchie dieser API.

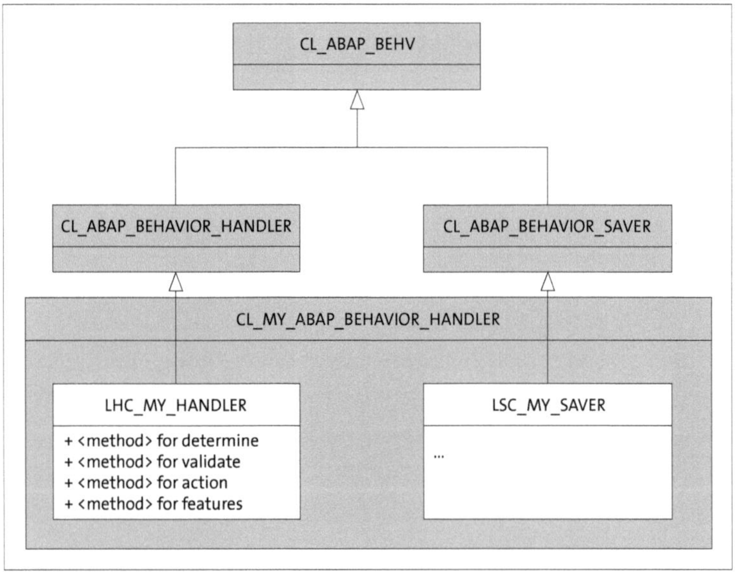

Abbildung 7.8 Klassenhierarchie der Business Object Behavior API

Die beschriebene API wird auch als *Business Object Behavior API* des ABAP RESTful Application Programming Models bezeichnet. Die Klasse CL_ABAP_BEHV dient als Basisklasse zur Verhaltensimplementierung im Programmiermodell. Sie definiert wesentliche Datentypen und elementare Funktionen der Verhaltensimplementierung von Geschäftsobjekten, wie beispielsweise Methoden zur Nachrichtensteuerung. Sie verwenden diese Klasse jedoch bei der Verhaltensimplementierung nicht direkt.

Handler für Persistierungsoperationen

Wenn Sie die nächste Ebene der Klassenhierarchie in Abbildung 7.8 betrachten, finden Sie die bereits beschriebene Trennung von Interaktions- und Speichersequenz im ABAP RESTful Application Programming Model wieder. Die Klasse CL_ABAP_BEHAVIOR_SAVER definiert einen allgemeinen Speicherhandler für alle Operationen, die für die Persistierung der Daten eines Geschäftsobjekts notwendig sind. Da die Persistenzlogik in einfachen Managed Behaviors durch das BO-Framework abgebildet wird, ist die Implementierung des lokalen Handlers für Speicheroperationen grundsätzlich nicht notwendig und wird in diesem Kapitel ausschließlich für die Nummernvergabe in Abschnitt 7.3.3, »Nummernvergabe implementieren«, verwendet. Die Implementierung der Speichersequenz werden wir in Kapitel 8, »Erweiterung des Speicherverhaltens«, noch einmal im Detail aufgreifen.

[«]

Namenskonventionen

Für die Bezeichnung der lokalen Interaktionshandler hat sich das Präfix LHC_ durchgesetzt. Bezeichner für lokale Speicherhandler werden gemäß den Namenskonventionen mit dem Präfix LSC_ begonnen.

Verhaltensimplementierung

Die lokalen Handlerklassen eines Geschäftsobjekts werden innerhalb globaler Klassenpools gebündelt, die letztlich einfach lokale Klassen sind. Diese Klassenpools werden daher auch als *Behavior Pool* oder einfach als *Verhaltensimplementierung* bezeichnet.

Verhaltensimplementierung zuordnen

Eine solche Verhaltensimplementierung wird über die Verhaltensdefinition mit den Entitäten des Geschäftsobjekts verknüpft. Eine Verhaltensimplementierung kann sowohl einem gesamten Geschäftsobjekt als auch den einzelnen Entitäten dieses Geschäftsobjekts zugeordnet werden:

- Wird eine Verhaltensimplementierung dem gesamten Geschäftsobjekt zugeordnet, wird das Verhalten sämtlicher abhängiger Entitäten im selben globalen Klassenpool implementiert.
- Anders verhält es sich, wenn die Verhaltensimplementierung den Entitäten des Geschäftsobjekts zugeordnet wird. In diesem Fall ist es möglich, das Verhalten der einzelnen Entitäten in separaten globalen Klassen zu implementieren.

Da der Zusammenhang zwischen Verhaltensimplementierung und Verhaltensdefinition und die Aufteilung der Implementierung auf mehrere globale und lokale Klassen auf den ersten Blick etwas undurchsichtig sein können, verdeutlichen wir beides noch einmal am Beispiel des Geschäftsobjekts Rabattaktion.

Wie in Abbildung 7.9 dargestellt, werden wir für die Verhaltensdefinition des Geschäftsobjekts eine globale Verhaltensimplementierung definieren, die dann sowohl für die Entität Rabattaktion als auch für die Entität Rabattaktionsposition gilt. Die konkrete Implementierung soll für unseren Beispielfall in jeweils einer lokalen Handlerklasse pro Entität des Geschäftsobjekts vorgenommen werden. Beide lokalen Handlerklassen liegen hierbei in demselben Klassenpool.

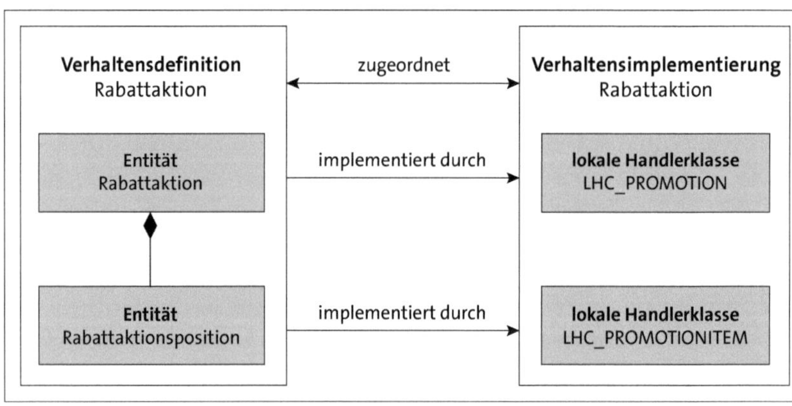

Abbildung 7.9 Verhaltensimplementierung für das Geschäftsobjekt Rabattaktion

> **Strukturierung von Verhaltensimplementierungen**
>
> Allgemein empfehlen wir Ihnen, zur Strukturierung und besseren Übersichtlichkeit der Implementierung Ihrer Geschäftsobjekte semantisch zusammengehörige Geschäftsobjektentitäten, wie beispielsweise Kopf- und Positionsdaten, in gemeinsamen Behavior Pools zu implementieren. Für Verhaltensdefinitionen mit einer besonders komplexen Kompositionshierarchie kann es jedoch sinnvoll sein, einzelne Knoten zu gruppieren und diese Gruppen jeweils über eigene Behavior Pools zu implementieren. Die Implementierungen des Verhaltens der einzelnen Entitäten können dann über separate lokale Handlerklassen abgegrenzt werden.

Verhaltensimplementierung anlegen

Legen Sie nun eine Verhaltensimplementierung für das Geschäftsobjekt Rabattaktion an:

1. Benennen Sie in der ersten Zeile der Verhaltensdefinition `ZR_PROMOTIONTP` den vordefinierten Klassennamen `zbp_r_promotiontp` um in `zbp_promotiontp`, und aktivieren Sie die Verhaltensdefinition.
2. Selektieren Sie den neuen Klassennamen und rufen Sie über die Tastenkombination [Strg] + [1] die Quick-Fix-Funktion auf. Wählen Sie **Create behavior implementation class zbp_promotiontp** aus, um den spezifischen Anlagedialog für eine Verhaltensimplementierung zu starten, den Sie in Abbildung 7.10 sehen.

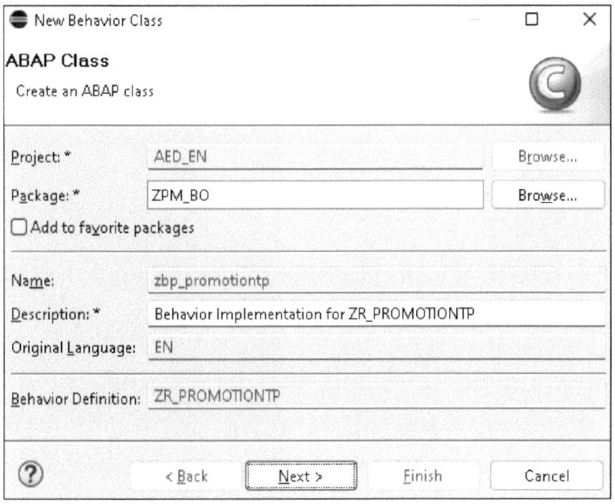

Abbildung 7.10 Anlagedialog für Verhaltensimplementierungen

3. Vergeben Sie eine Beschreibung und bestätigen Sie Ihre Eingaben mit **Next**.
4. Wählen Sie einen entsprechenden Transportauftrag aus und schließen Sie die Anlage mit der Schaltfläche **Finish** ab.
5. Es öffnet sich automatisch der Editor mit dem initial erzeugten Coding (siehe Abbildung 7.11).
6. Aktivieren Sie abschließend die neu erstellte Klasse.

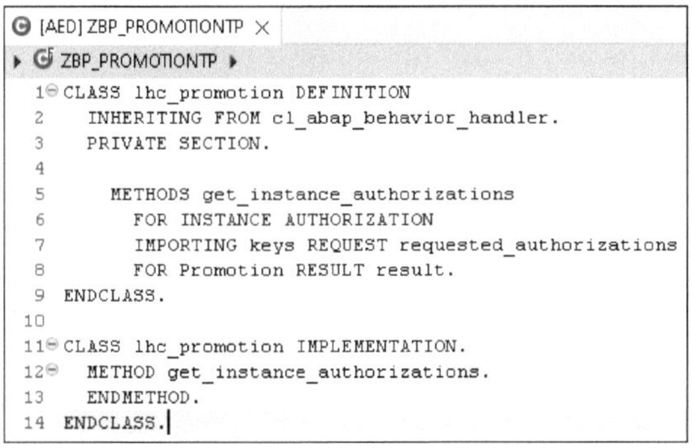

Abbildung 7.11 Generiertes Coding der Verhaltensimplementierung

[»]

Namenskonventionen

Um Verhaltensimplementierungen von anderen ABAP-Klassen abzugrenzen, hat sich für deren Bezeichnung das Präfix BP (für Behavior Pool) bewährt.

Verhaltensimplementierung einer Entität zuordnen

In unserem Beispiel wurde die Verhaltensimplementierung dem gesamten Geschäftsobjekt zugeordnet. Das bedeutet, dass die Implementierung des Verhaltens aller Entitäten unseres Geschäftsobjekts Rabattaktion in lokalen Klassen des Behavior Pools `ZBP_PROMOTIONTP` abgebildet wird. Die direkte Zuordnung einer Verhaltensimplementierung zu einer Entität erfolgt über den Zusatz `implementation in class` im Verhaltensmerkmal der entsprechenden Entität:

```
define behavior for <Entity>
implementation in class <BehaviorPool> [unique];
...
```

Sie haben in diesem Abschnitt alle notwendigen Voraussetzungen für die Implementierung eigener Anwendungslogik im Verhalten unseres Geschäftsobjekts geschaffen und können in den folgenden Abschnitten mit der Implementierung dieser Logik fortfahren.

7.3 Nummerierung implementieren

Nummerierungen spielen eine entscheidende Rolle für die eindeutige Identifikation von Geschäftsobjektinstanzen im ABAP RESTful Application Programming Model. In diesem Abschnitt möchten wir Ihnen die Grundlagen der *Nummernvergabe* vorstellen.

Im vorherigen Abschnitt haben Sie die Grundlagen für das Anlegen, Ändern und Löschen von Instanzen unseres Geschäftsobjekts geschaffen. Bei der Anlage von neuen Geschäftsobjektinstanzen müssen Endanwender*innen aktuell noch die Primärschlüssel für die Rabattaktion und Rabattaktionspositionen selbst vergeben. Dies wird auch als *frühe, externe Nummernvergabe* bezeichnet. Wie in Abschnitt 5.1, »Einführung in die Beispielanwendung«, beschrieben, soll die Nummernvergabe in unserer Anwendung jedoch bei der Anlage eines neuen Datensatzes automatisch durch das System erfolgen. Wir zeigen Ihnen nun, wie Sie die automatische Nummernvergabe für das Geschäftsobjekt bereitstellen können.

7.3.1 Möglichkeiten der Nummernvergabe

Art der Nummernvergabe

Das ABAP RESTful Application Programming Model stellt drei verschiedene Arten der Nummernvergabe zur Verfügung:

- frühe, externe Nummernvergabe
- frühe, interne Nummernvergabe
- späte Nummernvergabe

Die verschiedenen Arten der Nummernvergabe definieren, wann und von wem die Nummer für den Primärschlüssel einer neuen Geschäftsobjektinstanz vergeben wird.

Frühe, externe Nummernvergabe

External Early Numbering

Im ABAP RESTful Application Programming Model ist die frühe, externe Nummernvergabe, auch bekannt als *External Early Numbering*, das Standardverhalten eines Geschäftsobjekts und erfordert keine zusätzlichen Angaben in der Verhaltensdefinition. Die Vergabe des Primärschlüssels einer neuen Geschäftsobjektinstanz erfolgt durch den Endanwender bzw. die Endanwenderin. Dennoch sollten Sie bei der Entwicklung sicherstellen, dass die Schlüsselfelder beim Anlegen einer neuen Instanz als Mussfelder gekennzeichnet werden und bei der Aktualisierung der Instanz schreibgeschützt sind. Dies wird durch den Zusatz `field (mandatory:create, readonly:update)` in der Verhaltensdefinition gewährleistet.

```
define behavior for <Entity> ...
{ ...
field (mandatory:create, readonly:update) <Fieldname>;
... }
```

Bedenken Sie auch, dass der vom Endanwender oder der Endanwenderin vergebene Primärschlüssel auf seine Eindeutigkeit hin geprüft werden muss.

Frühe, interne Nummernvergabe

Internal Early Numbering

Bei der frühen, internen Nummernvergabe, auch bekannt als *Internal Early Numbering*, erfolgt die Nummernvergabe für die Primärschlüsselfelder intern zur Laufzeit. Dabei kann die Nummernvergabe sowohl verwaltet (`managed`) als auch nicht verwaltet (`unmanaged`) erfolgen.

Managed Internal Early Numbering

Beim sogenannten *Managed Internal Early Numbering* vergibt das BO-Framework automatisch einen *Universally Unique Identifier* (kurz UUID) für die neue Geschäftsobjektinstanz. Dies ist jedoch nur für Managed Behaviors mit Schlüsselfeldern vom ABAP-Typ `raw(16)` möglich.

Das Managed Internal Early Numbering wird in der Verhaltensdefinition durch den Zusatz `field (readonly, numbering:managed)` definiert.

```
define behavior for <Entity> …
{ …
field (readonly, numbering:managed) <UUIDFieldname>;
… }
```

Unmanaged Internal Early Numbering

Beim sogenannten *Unmanaged Internal Early Numbering* erfolgt die interne Nummernvergabe nicht automatisch durch das BO-Framework, sondern muss vom Entwickler oder der Entwicklerin implementiert werden. Diese Variante der frühen, internen Nummernvergabe definieren Sie als Verhaltensmerkmal in der entsprechenden Entität:

```
define behavior for <Entity>
early numbering
…
```

Auch hier sollten die Schlüsselfelder durch den Zusatz `field ( readonly )` schreibgeschützt werden. Die eigentliche Nummernvergabe erfolgt dann in der Methode `FOR NUMBERING` innerhalb der Handlerklasse der jeweiligen Geschäftsobjektentität.

Späte Nummernvergabe

Late Numbering

Bei der späten und damit internen Nummernvergabe, auch bekannt als *Late Numbering*, erfolgt die Nummernvergabe erst kurz vor dem Sichern. Diese Möglichkeit steht sowohl im Managed- als auch Unmanaged-Szenario zur Verfügung. Diese Variante bietet sich vor allem dann an, wenn die Nummernvergabe lückenlos erfolgen muss, wie es z. B. bei Rechnungsnummern der Fall ist.

Definiert wird die späte Nummernvergabe durch den Zusatz `late numbering` innerhalb der Verhaltensmerkmalsdefinition der Entität. Implementiert wird die Nummernvergabe dann in der Methode `ADJUST_NUMBERS` im Speicherhandler. Für die lückenlose Nummernvergabe können dabei beispielsweise Nummernkreisintervalle zum Einsatz kommen.

7.3.2 Nummernkreis anlegen

Wir werden nun ein Nummernkreisobjekt für unser Geschäftsobjekt Rabattaktion anlegen. Bei der Neuanlage einer Rabattaktion soll aus dem Nummernkreis eine Nummer für den Primärschlüssel `PromotionId` gezogen werden. Dadurch soll eine lückenlose Nummerierung der Rabattaktionen realisiert werden.

Domäne anlegen

Die Definition eines Nummernkreisobjekts erfolgt immer auf Basis einer Domäne. Legen Sie daher im ersten Schritt die Domäne ZPM_PROMOTION_ID im Entwicklungspaket ZPM_COMMON über das Kontextmenü des Project Explorers an und vergeben Sie die folgenden Attribute, wie in Abbildung 7.12 gezeigt:

- **Data Type**: NUMC
- **Length**: »10«
- **Output Length**: »10«

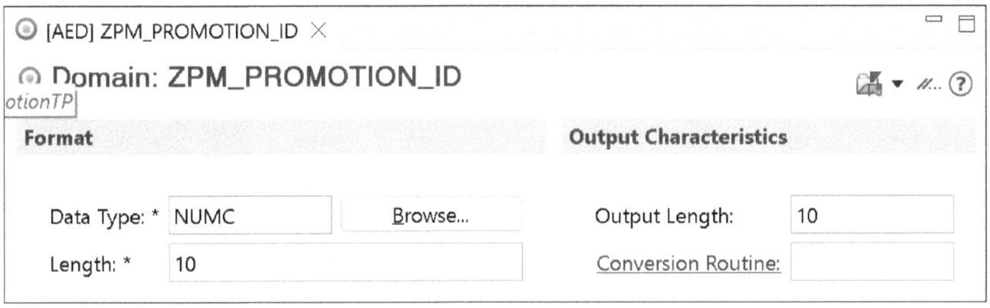

Abbildung 7.12 Domäne ZPM_PROMOTION_ID

Ordnen Sie dem Datenelement ZPM_PROMOTION_ID die neue Domäne zu.

Nummernkreisobjekt anlegen

Legen Sie nun ein Nummernkreisobjekt für die Rabattaktion an:

1. Rufen Sie über die rechte Maustaste das Kontextmenü des Project Explorers in den ADT auf und wählen Sie **Number Range Management • Number Range Object**.
2. Bestätigen Sie die Auswahl mit **Next**.
3. Vergeben Sie in dem sich daraufhin öffnenden Dialogfenster die folgenden Eigenschaften:
   - **Package**: ZPM_COMMON
   - **Name**: ZNROB_PMID
   - **Description**: »Number Range for PromotionID«
4. Bestätigen Sie Ihre Eingaben über die Schaltfläche **Next**.
5. Wählen Sie abschließend einen Transportauftrag aus und schließen die Anlage des Nummernkreisobjekts über die Schaltfläche **Finish** ab.
6. Hinterlegen Sie nun im Feld **Number Length Domain** die Domäne ZPM_PROMOTION_ID und aktivieren Sie das Nummernkreisobjekt.

Abbildung 7.13 zeigt das angelegte Nummernkreisobjekt.

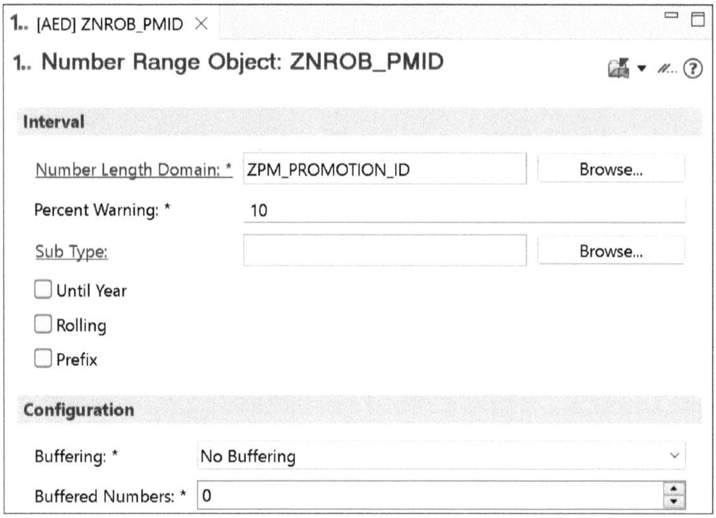

Abbildung 7.13 Nummernkreisobjekt ZNROB_PMID

Nummernkreis-intervalle verwalten

Damit Nummern vergeben werden können, müssen Sie nun noch ein Nummernkreisintervall definieren. Dies erfolgt jedoch nicht in den ADT, sondern über die SAP-Fiori-Anwendung **Nummernkreisintervalle verwalten** (siehe Abbildung 7.14):

1. Starten Sie die Anwendung **Nummernkreisintervalle verwalten**, um ein neues Intervall für das Nummernkreisobjekt `ZNROB_PMID` anzulegen.
2. Wählen Sie in der Liste der Nummernkreisobjekte Ihren Nummernkreis aus.

Abbildung 7.14 SAP-Fiori-Anwendung »Nummernkreisintervalle verwalten«

3. Wechseln Sie zur Registerkarte **Nummernkreise** und klicken Sie auf die Schaltfläche **Anlegen** oberhalb der Ausgabeliste.
4. Vergeben Sie in dem sich darauf öffnenden Anlagedialog folgende Eigenschaften:
   - **Intervallnummer**: »1«
   - **Untergrenze**: »1«
   - **Obergrenze**: »9999999999«
5. Schließend Sie die Anlage des Nummernkreisintervalls über die Schaltfläche **Anlegen** ab.

Benötigte Anwendungsrolle

Für den Zugriff auf die SAP-Fiori-Anwendung **Nummernkreisintervalle verwalten** benötigen Sie die Anwendungsrolle SAP_BR_BPC_EXPERT.

Abbildung 7.15 zeigt das angelegte Nummernkreisintervall.

Abbildung 7.15 Nummernkreisintervall

Sie können nun die eigentlichen Nummernvergabe implementieren.

7.3.3 Nummernvergabe implementieren

Nachdem wir im vorangegangenen Abschnitt das Nummernkreisobjekt angelegt haben, werden wir Ihnen nun zeigen, wie Sie innerhalb der Verhaltensimplementierung die Nummernvergabe implementieren können.

Ablauf der Nummernvergabe

Die Nummerierung der Rabattaktionen soll lückenlos erfolgen. Dazu bietet sich, wie in Abschnitt 7.3.1, »Möglichkeiten der Nummernvergabe«, beschrieben, die späte Nummernvergabe an. Die Vergabe der Nummern erfolgt dabei in der Methode `ADJUST_NUMBERS` der lokalen *Saver-Klasse*. Diese Methode wird während der Speichersequenz nach dem sogenannten *Point of no Return* aufgerufen. Zu diesem Zeitpunkt befindet sich der transaktionale Puffer in einem konsistenten Zustand und alle Instanzen können ihre endgültige Nummer erhalten. Abbildung 7.16 stellt den Ablauf der Nummernvergabe als *UML-Sequenzdiagramm* (Unified Modeling Language) dar.

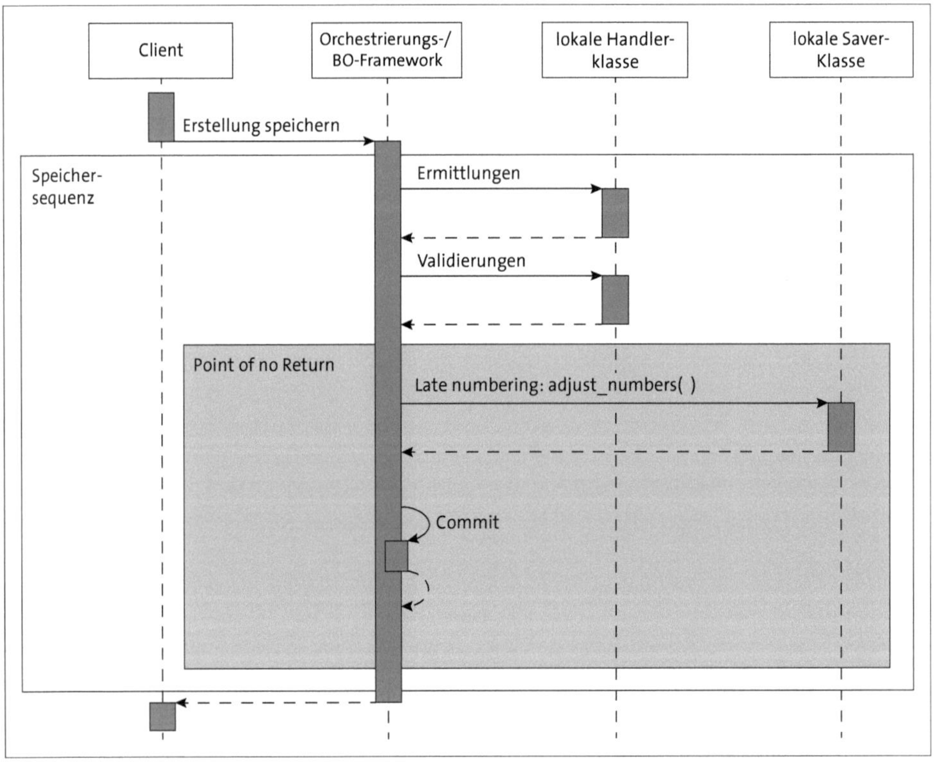

Abbildung 7.16 Ablauf der späten Nummernvergabe

Späte Nummernvergabe definieren

Die Methode `ADJUST_NUMBERS` kann nur implementiert werden, wenn in der Verhaltensdefinition die späte Nummernvergabe definiert wurde. Wir erledigen dies nun für die Entitäten Rabattaktion und Rabattaktionspositionen. Fügen Sie dazu den Zusatz `late numbering` bei den Entitäten `Promotion` und `PromotionItem` ein. Zusätzlich müssen sie für die Felder `PromotionId` und `PromotionPosition` den Schreibschutz mit `readonly` definieren. Die geänderte Verhaltensdefinition können Sie Listing 7.2 entnehmen.

```
define behavior for ZR_PromotionTP alias Promotion
...
late numbering
{ ...
field ( readonly ) PromotionId;
}

define behavior for ZR_PromotionItemTP alias PromotionItem
...
late numbering
{ ...
field ( readonly ) PromotionId, PromotionPosition;
}
```

Listing 7.2 Definition der späten Nummernvergabe

Die eigentliche Ermittlung der Nummern muss durch eine eigene Implementierung in der lokalen Saver-Klasse erfolgen.

Späte Nummernvergabe implementieren

Zum jetzigen Zeitpunkt haben wir lediglich eine lokale Handlerklasse implementiert. Legen Sie daher als Nächstes eine lokale Saver-Klasse `LSC_PROMOTION` in der Verhaltensimplementierung `ZB_PROMOTIONTP` an. Diese muss von der Klasse `CL_ABAP_BEHAVIOR_SAVER` erben und die Methode `ADJUST_NUMBERS` redefinieren. Listing 7.3 zeigt die Definition der lokalen Save-Klasse.

```
CLASS lsc_promotion DEFINITION
  INHERITING FROM cl_abap_behavior_saver.

  PROTECTED SECTION.
    METHODS adjust_numbers REDEFINITION.
ENDCLASS.

CLASS lsc_promotion IMPLEMENTATION.

  METHOD adjust_numbers.
  ENDMETHOD.

ENDCLASS.
```

Listing 7.3 Definition der lokalen Saver-Klasse

Methode ADJUST_NUMBERS implementieren

Beginnen Sie nun mit der Implementierung der Methode `ADJUST_NUMBERS`. Beachten Sie, dass die Methode sowohl für die Entität `Promotion` als auch für die Entität `PromotionItem` durchlaufen wird. Lesen Sie als Erstes die neu angelegten Instanzen der Entität Promotion aus. Übernehmen Sie dazu den in Listing 7.4 gezeigten Quelltext.

```
METHOD adjust_numbers.
    " Neue Rabattaktionen lesen
    READ ENTITIES OF ZR_PromotionTP IN LOCAL MODE
         ENTITY Promotion
         ALL FIELDS WITH CORRESPONDING #( mapped-promotion )
         RESULT DATA(new_promotions).
```

Listing 7.4 Angelegte Rabattaktionsinstanzen lesen

Die vorläufigen Schlüsselfelder der neu erstellten Instanzen werden über die interne Tabelle MAPPED an die Methode übergeben. Mit der *Entity Manipulation Language* (EML) lesen wir in Listing 7.4 die neu angelegten Rabattaktionsinstanzen zu den vorläufigen Schlüsselfeldern. In Abschnitt 7.4, »Entity Manipulation Language«, stellen wir Ihnen die EML im Detail vor.

Für die so ermittelten Instanzen wollen wir nun über das in Abschnitt 7.3.2, »Nummernkreis anlegen«, erstellte Nummernkreisobjekt eine eindeutige Nummer für den Primärschlüssel PromotionId vergeben. Für den Zugriff auf Nummernkreisobjekte steht in ABAP Cloud die Klasse CL_NUMERRANGE_RUNTIME zur Verfügung. Der häufig für die Nummernvergabe verwendete Funktionsbaustein NUMBER_GET_NEXT ist für die Cloud-Entwicklung nicht freigegeben.

Die Implementierung der Nummernvergabe können Sie Listing 7.5 entnehmen.

```
IF new_promotions IS NOT INITIAL.
  TRY.
  " Nächste Nummern ermitteln
  cl_numberrange_runtime=>number_get(
    EXPORTING nr_range_nr = '1'
              object      = 'ZNROB_PMID'
              quantity    = CONV #( lines( new_promotions ) )
    IMPORTING number      = DATA(number_key)
              returncode  = DATA(number_return_code)
              returned_quantity =
                  DATA(number_returned_quantity) ).
    CATCH cx_number_ranges.
       " Fehlerbehandlung
  ENDTRY.

DATA(max_promotion_id) = CONV zpm_promotion_id(
  number_key - number_returned_quantity ).
```

Listing 7.5 Implementierung der Nummernvergabe

Die Ermittlung der Nummern erfolgt über die Methode NUMBER_GET. Nach dem Aufruf enthält die Variable NUMBER_KEY die höchste der ermittelten Nummern und die Variable NUMBER_RETURNED_QUANTITY die Anzahl der ermittelten Nummern.

Ermittelte Nummern zurückmelden

Melden Sie abschließend die ermittelten Nummern über die interne Tabelle MAPPED an das BO-Framework zurück. Listing 7.6 zeigt den dazu verwendeten Quelltext.


```
  LOOP AT new_promotions
    ASSIGNING FIELD-SYMBOL(<new_promotion>).
      max_promotion_id += 1.

      " Schlüssel zurückliefern
       APPEND VALUE #( %pid        = <new_promotion>-%pid
                       PromotionId = max_promotion_id )
              TO mapped-promotion.
  ENDLOOP.
ENDIF.
```

Listing 7.6 »PromotionId« über den Parameter »mapped« zurückgeben

Damit haben Sie die Nummernvergabe für die Entität Promotion abgeschlossen.

Rabattaktionspositionen

Da die späte Nummernvergabe sowohl für die Entität Promotion als auch für die Entität PromotionItem definiert wurde (siehe Listing 7.2), muss auch für die Rabattaktionspositionen eine solche Nummernvergabe implementiert werden, bei der wir die Positionsnummern in Zehnerschritten vergeben. Fügen Sie dazu den in Listing 7.7 gezeigten Quelltext am Ende der Methode ADJUST_NUMBERS an.

```
" Rabattaktionspositionen lesen
READ ENTITIES OF ZR_PromotionTP IN LOCAL MODE
  ENTITY Promotion BY \_PromotionItem
  FROM VALUE #( FOR mapped_items IN mapped-promotionitem (
        ( PromotionId = mapped_items-%tmp-PromotionId ) )
  RESULT DATA(promotion_items).

IF promotion_items IS NOT INITIAL.
  " Höchste Positionsnummer ermitteln
  SORT promotion_items BY PromotionPosition DESCENDING.
  DATA(max_position_nr) =
    promotion_items[ 1 ]-PromotionPosition.
```

```
    LOOP AT mapped-promotionitem
    ASSIGNING FIELD-SYMBOL(<mapped_promotion_items>).
      " Positionsnr. hochzählen
      max_position_nr += 10.

      <mapped_promotion_items>-PromotionId =
         <mapped_promotion_items>-%tmp-PromotionId.
      <mapped_promotion_items>-PromotionPosition =
         max_position_nr.
    ENDLOOP.
  ENDIF.
```

Listing 7.7 Implementierung der Nummernvergabe für die Rabattaktionspositionen

Wenn Sie nun den SAP Fiori List Report aufrufen und eine neue Rabattaktion anlegen, sind die beiden Felder **Promotion** und **Position** nicht mehr eingabebereit und werden bei Speicherung der Rabattaktion automatisch durch die Implementierungen in der Methode `ADJUST_NUMBERS` gefüllt.

7.4 Entity Manipulation Language

Im vorangegangenen Abschnitt haben wir in Listing 7.4 und Listing 7.7 ABAP-Sprachelemente verwendet, die Teil einer im Rahmen des ABAP RESTful Application Programming Models neu eingeführten Syntax sind. Dieser zusätzliche Sprachumfang wird auch als Entity Manipulation Language (EML) bezeichnet. Geschäftsobjekte stehen im Zentrum des ABAP RESTful Application Programming Models. Entsprechend notwendig ist eine quelltextbasierte Möglichkeit zur Interaktion mit den Entitäten dieser Geschäftsobjekte. Diese Möglichkeit wird mit EML direkt in den ABAP-Sprachumfang integriert.

[»]

EML als Nachfolger der BOPF-API

Vielleicht kennen Sie noch die Serviceklassen der BOPF-API. Falls ja, können Sie sich EML als Pendant dieser Serviceklassen im ABAP RESTful Application Programming Model vorstellen. EML bietet einen ähnlichen Funktionsumfang wie die BOPF-API, ist durch die direkte Integration in den ABAP-Sprachumfang jedoch komfortabler anzuwenden.

Anwendungsszenarien für EML

Für die Verwendung von EML lassen sich im Wesentlichen zwei Anwendungsszenarien unterscheiden:

- Zum einen kann EML verwendet werden, um Verhalten für Geschäftsobjekte zu implementieren. Sie verwenden EML also, um die verschiedenen Ermittlungen, Validierungen oder Aktionen Ihres Geschäftsobjekts zu entwickeln. Auf dieses Anwendungsszenario werden wir in Abschnitt 7.5, »Ermittlungen implementieren«, Abschnitt 7.6, »Validierungen implementieren«, und Abschnitt 7.7, »Aktionen implementieren«, genauer eingehen.
- Zum anderen wird EML verwendet, um andere Geschäftsobjekte zu konsumieren. Ein typisches Szenario sind hier *Unit-Tests*, die in einer von den zu testenden Geschäftsobjekten getrennten Klasse implementiert werden. Diese Unit-Tests verwenden EML, um das transaktionale Verhalten von Geschäftsobjekten zu prüfen. Andere Szenarien betreffen geschäftsobjektübergreifende Anwendungen, bei denen Geschäftsobjekte die Operationen anderer Geschäftsobjekte innerhalb ihrer eigenen Verhaltensimplementierung nutzen.

Unabhängig vom Anwendungsszenario wird EML für lesende und schreibende Operationen auf den Instanzen eines Geschäftsobjekts verwendet.

7.4.1 Lesende Operationen auf Geschäftsobjekten

Lesende Operationen auf Geschäftsobjekten werden mit der ABAP-Anweisung `READ ENTITY` bzw. `READ ENTITIES` durchgeführt. Diese Anweisung erlaubt den nicht ändernden Zugriff auf die Instanzen eines Geschäftsobjekts, das Auslesen abhängiger Instanzen über Assoziationen sowie das Ausführen von nicht ändernden Aktionen (`readonly`). Eine `READ`-Anweisung über EML ist wie in Listing 7.8 aufgebaut.

```
READ ENTITIES [IN LOCAL MODE]
ENTITY <Entity1>
  [FIELDS ( <Field1> ... <FieldN> ) WITH <KeyTable>]|
  [ALL FIELDS WITH <KeyTable>]|
  [FROM] <KeyTable>
  RESULT <ResultTable>
 BY <Association>
  [FIELDS ( <Field1> ... <FieldN> ) WITH <KeyTable>] |
  [ALL FIELDS WITH <KeyTable>] |
  [FROM] <KeyTable>
  RESULT <ResultTableAssociation>
  LINK <LinkTable>
  [FAILED <Failed>]
  [REPORTED <Reported>].
```

Listing 7.8 Lesende Operationen mit EML

Lang- und Kurzschreibweise von EML-Operationen

Listing 7.8 zeigt die Langschreibweise einer EML-Leseoperation, mit der ein gleichzeitiger Zugriff auf mehrere Entitäten der Kompositionshierarchie eines Geschäftsobjekts ermöglicht wird. Alternativ kann auch die Kurzschreibweise `READ ENTITY` verwendet werden. Diese erlaubt nur den Zugriff auf Instanzen einer Entität eines Geschäftsobjekts. Darüber hinaus bleibt der Aufbau der Anweisung weitgehend identisch. Wir werden im Folgenden immer nur die Langschreibweise der EML-Befehle nutzen.

> **Dynamische Schreibweise von EML-Operationen**
>
> Neben der Kurz- und Langschreibweise gibt es auch die Möglichkeit, dynamisches EML für Lese- und Schreiboperationen zu verwenden. Die dynamische Schreibweise erlaubt den gleichzeitigen Zugriff auf mehrere Instanzen mehrerer Geschäftsobjekte. Die entsprechenden Selektionsoptionen werden hierbei ABAP-seitig über interne Tabellen bzw. Strukturen aufgebaut. Wir werden die dynamischen EML-Operationen in diesem Buch nicht verwenden und verweisen diesbezüglich auf die ABAP-Schlüsselwortdokumentation.

Feldliste festlegen

Über den optionalen Zusatz `FIELDS(` *<Field1>* `...` *<FieldN>* `) WITH` können Sie festlegen, welche Felder der jeweiligen Entität auszulesen sind. Hierzu müssen Sie eine Schlüsseltabelle *<KeyTable>* angeben, über die die auszulesenden Instanzen der jeweiligen Entität spezifiziert werden. Bei der Verwendung des Zusatzes `FROM` muss die Feldliste über die Kontrollstruktur `%control` der Schlüsseltabelle angegeben werden. Sollen alle Felder einer Entität ausgelesen werden, können Sie alternativ den Zusatz `ALL FIELDS` verwenden.

Rückgabeparameter

Die gelesenen Instanzen werden über den Parameter `RESULT` zurückgeliefert. Die zusätzlichen Rückgabeparameter `FAILED` und `REPORTED` liefern Informationen über Vorgänge, die nicht bearbeitet werden konnten, sowie entsprechende Rückgabenachrichten pro Entität.

Zugriff über Assoziationen

Neben dem direkten Zugriff auf Entitäten bietet EML auch die Möglichkeit, über Assoziationen zu den Entitäten zu navigieren. Hierzu dient der Zusatz `BY`, gefolgt vom Namen der zu lesenden Assoziation mit vorangestelltem Backslash \. Die Angabe der Schlüssel- und Rückgabeparameter erfolgt analog zum direkten Auslesen einer Entität. Beim Lesen von Assoziationen wird über den Zusatz `LINK` zusätzlich noch eine Tabelle zurückgeliefert, die ausschließlich die Schlüsselfelder der Eltern- und Kindinstanzen enthält.

Ausführen von Aktionen oder Funktionen

Für das Ausführen von Funktionen auf dem Geschäftsobjekt kann der Zusatz `EXECUTE` in einer lesenden EML-Operation verwendet werden. Hierbei ist zu beachten, dass dies nur für Funktionen und nicht für Aktionen möglich ist, da diese ausschließlich lesend (readonly) auf ein Geschäftsobjekt wirken. Listing 7.9 zeigt eine entsprechende EML-Operation.

```
READ ENTITIES [IN LOCAL MODE]
ENTITY <Entity1>
EXECUTE <function>
  [FIELDS ( <Field1> ... <FieldN> ) WITH <KeyTable>] |
  [ALL FIELDS WITH <KeyTable>] |
  [FROM] <KeyTable>
  [REQUEST <RequestedFields>]
  RESULT <ResultTableAssociation>]
  [FAILED <Failed>]
  [REPORTED <Reported>].
```

Listing 7.9 Ausführen einer Funktion mit EML

[+]

Zusatz IN LOCAL MODE

Mit EML ist es möglich, lesende und ändernde Operationen mit dem Zusatz IN LOCAL MODE auszuführen. Bei der Ausführung einer Operation im lokalen Modus werden Berechtigungsprüfungen oder Prüfungen auf bestimmte Feldeigenschaften, wie beispielsweise Readonly-Prüfungen, nicht ausgeführt.

Der Zusatz IN LOCAL MODE kann nur in der EML-Langschreibweise verwendet werden. Die Verwendung des Zusatzes IN LOCAL MODE außerhalb der Verhaltensimplementierung des entsprechenden Geschäftsobjekts führt zu einem Programmabbruch.

7.4.2 Ändernde Operationen auf Geschäftsobjekten

Entitäten ändern

Neben lesenden Operationen können mit EML auch alle ändernden Operationen eines Geschäftsobjekts ausgeführt werden. Dies gilt für die CUD-Operationen ebenso wie für selbst definierte Aktionen. Jede EML-Änderungsoperation beginnt in der Langschreibweise mit dem Schlüsselwort MODIFY ENTITIES, gefolgt vom Namen des CDS-Views für die Entität des Geschäftsobjekts. Über die Zusätze CREATE, UPDATE und DELETE lassen sich Instanzen dieser Entität anlegen, ändern oder löschen. Listing 7.10 zeigt die Syntax zur Anlage eines Geschäftsobjekts.

```
MODIFY ENITIES <Entity>
ENTITY <Entity1>
CREATE
  [FROM] <KeyTable> |
```

```
    [FIELDS ( <Field1> ... <FieldN> )
    WITH <KeyTable>]
  CREATE BY \<Association>
    [FROM] <KeyTable> |
    [FIELDS ( <Field1> ... <FieldN> ) WITH] |
    [FAILED   <Failed>]
    [MAPPED   <Mapped>]
    [REPORTED <Reported>].
```

Listing 7.10 Syntax zum Auslesen einer Entität per EML

Instanzen anlegen

Bei der Anlage eines Geschäftsobjekts mit EML müssen über die Schlüsseltabelle `<KeyTable>` die Felder und deren Werte für die anzulegende Instanz einer Geschäftsobjektentität angegeben werden. Über den Zusatz `FIELDS` können zusätzlich die relevanten Felder spezifiziert werden. Die Angabe der relevanten Felder ist für ändernde Operationen obligatorisch. Sollten diese nicht explizit über den Zusatz `FIELDS` spezifiziert worden sein, müssen die Felder in der Kontrollstruktur `%control` der Schlüsseltabelle angegeben werden. Für die Anlage von Kindinstanzen einer Kompositionshierarchie (beispielsweise die Rabattaktionspositionen des Geschäftsobjekts Rabattaktion) steht Ihnen der Zusatz `CREATE BY` zur Verfügung. Für die Operationen muss als `<KeyTable>` eine Tabelle von Instanzen der jeweiligen Entität als Übergabeparameter angegeben werden.

Rückgabeparameter

Die Rückgabeparameter `REPORTED` und `FAILED` liefern, wie bereits für lesende Operationen beschrieben, während der Operationsausführung erzeugte Nachrichten und fehlerhafte Instanzen der Entitäten zurück. Die Rückgabestruktur `MAPPED` enthält ein Schlüssel-Mapping der verschiedenen technischen Identifier von Geschäftsobjektinstanzen im ABAP RESTful Application Proggramming Model. Die Angabe eines Operanden für `MAPPED` ist für Anlage-Operationen mit UUID-Schlüsseln und im Fall einer frühen internen Nummerierung erforderlich.

Instanzen ändern

Die Syntax zur Änderung von Instanzen wird in Listing 7.11 dargestellt.

```
MODIFY ENIITIES <Entity>
ENTITY <Entity1>
  UPDATE [FIELDS ( <Field1> ... <FieldN> ) WITH] |
  [FROM] <KeyTable>
  [FAILED   <failed>]
  [REPORTED <reported>].
```

Listing 7.11 Syntax zur Änderung von Instanzen per EML

Die Zusätze FIELDS, FAILED und REPORTED wirken hier wie bei der Anlage von Instanzen einer Geschäftsobjektentität.

Instanzen löschen

Listing 7.12 zeigt die Syntax zum Löschen von Instanzen einer Geschäftsobjektentität.

```
MODIFY ENITIES <Entity>
ENTITY <Entity1>
  DELETE FROM <KeyTable>
  [FAILED   <failed>]
  [REPORTED <reported>].
```

Listing 7.12 Syntax zum Löschen von Instanzen per EML

Aktionen ausführen

Neben den CUD-Operationen bietet EML auch die Möglichkeit, Aktionen (siehe Abschnitt 7.7, »Aktionen implementieren«) auf den Entitäten eines Geschäftsobjekts auszuführen. Hierzu wird das Schlüsselwort EXECUTE mit Angabe der entsprechenden Aktion verwendet. Zusätzlich kann über RESULT eine Rückgabetabelle angegeben werden, falls für eine Aktion ein entsprechender Rückgabeparameter definiert wurde. Listing 7.13 zeigt die Syntax zum Ausführen von Aktionen der Entitäten.

```
MODIFY ENITIES <Entity>
ENTITY <Entity1>
  EXECUTE <action> FROM <keyTable>
  [RESULT <ResultTable>]
  [FAILED <Failed>]
  [REPORTED <Reported>].
```

Listing 7.13 Syntax zum Ausführen von Aktionen per EML

Innerhalb einer MODIFY ENTITIES-Anweisung können die Zusätze CREATE, UPDATE, DELETE und EXECUTE gleichzeitig verwendet werden. Es ist hier also beispielsweise möglich, mit einem Aufruf der Anweisung mehrere Instanzen unabhängig voneinander zu löschen oder anzulegen.

Speichern geänderter Instanzen

Über EML ausgeführte Änderungsoperationen werden nicht unmittelbar auf der Datenbank persistiert. Dieses Verhalten dürfte Ihnen ebenfalls von der klassischen ABAP-Programmierung her bekannt vorkommen. Auch hier werden Daten erst beim Abschluss einer LUW auf der Datenbank persistiert. Im ABAP RESTful Application Programming Model wird beim transaktionalen Ablauf von Anwendungen wie beschrieben zwischen der Interaktionsphase und der Speichersequenz unterschieden. Die Änderungen liegen zunächst im transaktionalen Puffer des BO-Frameworks und müssen in der Speichersequenz persistiert werden. Über EML kann die Speichersequenz eines Geschäftsobjekts durch die Anweisung COMMIT ENTITIES ausgelöst werden. Diese Anweisung wird gemäß Listing 7.14 aufgebaut.

```
COMMIT ENTITIES | IN SIMULATION MODE
  [RESPONSE OF <Entity>
    [FAILED <Failed>]
    [REPORTED <reported> ] ]
  [RESPONSE OF <Entity>
    [FAILED <Failed>]
    [REPORTED <Reported>] ].
```

Listing 7.14 Persistieren von Entitäten über EML

Der Aufruf von COMMIT ENTITIES stößt die Speichersequenz für alle Geschäftsobjekte an, für die Änderungen im transaktionalen Puffer enthalten sind. Über den RESPONSE-Zusatz haben Sie hierbei die Möglichkeit, fehlerhafte Instanzen sowie in der Interaktionsphase erzeugte Nachrichten für jedes Geschäftsobjekt separat abzufragen.

Speichern im Simulationsmodus

Die Anweisung COMMIT ENTITIES kann mit dem Zusatz IN SIMULATION MODE verwendet werden. Hierbei wird die Speichersequenz des Geschäftsobjekts durchlaufen, allerdings ohne tatsächlich Daten zu sichern. Im Simulationsmodus können so beispielsweise Validierungen in der Speichersequenz durchlaufen werden, ohne die Daten des Geschäftsobjekts zu speichern.

Zurücksetzen des transaktionalen Puffers

Sollten Änderungen im transaktionalen Puffer des BO-Frameworks zurückgesetzt werden müssen und keine Speicherung der Änderung auf der Datenbank erfolgen, kann der Befehl ROLLBACK ENTITIES verwendet werden.

7.5 Ermittlungen implementieren

Ermittlungen

Wir beginnen in diesem Abschnitt damit, Ermittlungen (engl. *Determinations*) für das Geschäftsobjekt zu entwickeln. Über Ermittlungen können einzelne Attribute der Entitäten von Geschäftsobjekten automatisch mittels eigener ABAP-Anwendungslogik mit Werten belegt werden. Das können beispielsweise Werte sein, die erst aus anderen Eingaben errechnet werden, oder Werte, die aus anderen Datenquellen abgefragt werden müssen.

Für unsere Beispielanwendung sollen gemäß der in Abschnitt 5.1, »Einführung in die Beispielanwendung«, definierten Anforderungen folgende Teilanforderungen über Ermittlungen implementiert werden:

- Bei Anlage einer Rabattaktion ist der Genehmigungsstatus dieser Promotion mit dem Wert **N** (New) zu initialisieren.

- Bei der Anlage einer Rabattaktionsposition soll der rabattierte Preis auf Basis des eingegebenen Rabatts in Prozent sowie auf Basis des Verkaufspreises des Produkts ermittelt werden. Bei der Änderung des Rabatts soll der rabattierte Preis aktualisiert werden.

7.5.1 Ermittlungen in der Verhaltensdefinition definieren

Zuerst müssen wir die entsprechenden Ermittlungen in der Verhaltensdefinition des Geschäftsobjekts definieren. Ermittlungen werden im ABAP RESTful Application Programming Model wie folgt definiert:

```
determination <Name> on (save | modify) {<Trigger>}
```

Eine Ermittlung wird innerhalb der Operationsdefinition der Verhaltensdefinition der Geschäftsobjektentitäten angegeben. Die Zusätze `on save` bzw. `on modify` definieren den Zeitpunkt, zu dem die Bedingung, die die Ermittlung auslöst (*Trigger-Bedingung*), geprüft bzw. die Ermittlung ausgeführt wird:

- Ist der Zeitpunkt `on modify` angegeben, wird die Ermittlung während der Interaktionsphase des transaktionalen Ablaufs geprüft und ausgeführt.
- Hingegen werden Ermittlungen mit dem Zeitpunkt `on save` erst innerhalb der Speichersequenz ausgeführt.

Über die Trigger-Bedingung einer Ermittlung wird geprüft, ob die Ermittlung ausgeführt werden soll oder nicht. Dazu wird geprüft, ob eine Instanz neu angelegt, gelöscht oder geändert wurde.

Trigger definieren

Trigger können auf Operations- oder Feldebene definiert werden. Ein Trigger auf Operationsebene reagiert auf das Erstellen, Ändern oder Löschen von Instanzen. Sie können einen solchen Trigger wie folgt definieren:

```
determination <DeterminationName> on (save | modify)
{ create; | update; | delete; }
```

Soll eine Ermittlung nur bei der Änderung bestimmter Felder ausgelöst werden, können Sie dies über *Feld-Trigger* definieren. Feld-Trigger werden folgendermaßen definiert:

```
determination <DeterminationName> on (save | modify)
{ field <f1>,…, <fn>; }
```

Sie können bei der Definition von Ermittlungen Operations- und Feld-Trigger miteinander kombinieren. Tabelle 7.1 stellt die Auslösebedingungen beider Trigger-Typen einander gegenüber.

Trigger-Typ	Anlage	Änderung	Löschen
Operations-Trigger	X	X	X
Feld-Trigger	X	X	–

Tabelle 7.1 Auslösebedingungen der Trigger-Typen von Ermittlungen

[»]

Namenskonventionen

Bei der Anlage von Ermittlungen, Aktionen und Validierungen werden die Bezeichner üblicherweise in der Camel-Case-Schreibweise angegeben.

Genehmigungsstatus

Definieren Sie nun die zu Beginn dieses Abschnitts beschriebenen Ermittlungen `initialApprovalStatus` zur Initialisierung des Genehmigungsstatus und `calculateDiscountPrice` zur Berechnung des rabattierten Preises. Das entsprechende Coding können Sie Listing 7.15 entnehmen.

```
define behavior for ZR_PromotionTP alias Promotion
...
{
  ...
  determination initialApprovalStatus on modify { create; }
}

define behavior for ZR_PromotionItemTP alias PromotionItem
...
{
  ...
  determination calculateDiscountPrice on modify
{ field DiscountInPercent, ProductId; }
}
```

Listing 7.15 Definition von Ermittlungen einer Rabattaktion

[+]

Ermittlungsimplementierungen trennen

Es ist grundsätzlich möglich, mehrere unabhängige Felder über eine gemeinsame Ermittlung zu befüllen. Aus Gründen der Übersichtlichkeit ist es jedoch ratsam, die Ermittlungen semantisch unabhängiger Felder voneinander zu trennen. Beispielsweise empfehlen wir anstelle einer Ermittlung `determination initialize on save ( create; )`, die mehrere Felder bei der Anlage einer Instanz initialisiert, eigene feldabhängige Ermittlungen in der folgenden Form zu definieren:

```
determination initializeField1 on save ( create; )
...
determination initializeFieldN on save ( create; )
```

Dies erhöht die Übersichtlichkeit und erleichtert das nachträgliche Ändern einzelner Ermittlungen.

Die Trigger der Ermittlung `initialApprovalStatus` definieren wir so, dass die Ermittlung nur bei Anlage einer Rabattaktion ausgeführt wird. Die Berechnung des rabattierten Preises (`DiscountPrice`) soll durch die Ermittlung `calculateDiscountPrice` bei Anlage einer neuen Rabattaktionsposition sowie bei der Änderung des Rabatts in Prozent oder der Änderung des rabattierten Artikels ausgeführt werden.

7.5.2 Ermittlungen in der Verhaltensimplementierung implementieren

Ermittlungen implementieren

Sie können nun die Ermittlungen mit ABAP implementieren:

1. Methoden für die Ermittlungen legen Sie ganz einfach an, indem Sie in der Verhaltensdefinition den Cursor auf den Namen der entsprechenden Ermittlung setzen und über die Tastenkombination [Strg] + [1] die Quick-Fix-Funktion aufrufen. Wählen Sie anschließend, wie in Abbildung 7.17 gezeigt, den Eintrag **Add method for determination** aus.

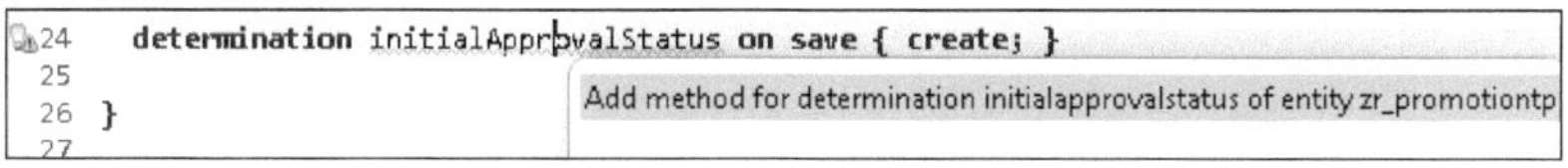

Abbildung 7.17 Quick-Fix für die Anlage von Ermittlungsmethoden

2. Sowohl die Methodendefinition als auch die Methodenimplementierung werden automatisch in der lokalen Handlerklasse `LHC_PROMOTION` erzeugt.
3. Aktivieren Sie abschließend die Verhaltensimplementierung `ZBP_PROMOTIONTP`.

Die Ermittlungen werden nun durch Methoden der lokalen Handlerklassen implementiert. Methoden für die Implementierung von Ermittlungen sind wie folgt zu definieren:

```
METHODS <Name> FOR DETERMINE ON SAVE|MODIFY <Entity>
FOR <Entity>~<DeterminationName>
```

Die Definition erfolgt im privaten Bereich (`PRIVATE SECTION`) der Klassendefinition. Implementierungen von Ermittlungen werden durch den Zusatz

FOR DETERMINE ON SAVE|MODIFY gekennzeichnet. Danach geben Sie den Namen der Entität an, auf die sich die Implementierung der Ermittlung bezieht. Über den Zusatz FOR spezifizieren Sie dann die implementierte Ermittlung. Den Zusatz ON SAVE bzw. ON MODIFY müssen Sie abhängig vom gewählten Trigger-Zeitpunkt bei der Definition der entsprechenden Ermittlung ausprägen.

Ermittlung »initialApprovalStatus«

Listing 7.16 zeigt beispielhaft die Definition der entsprechenden Methode zur Implementierung der Ermittlung initialApprovalStatus der Entität Rabattaktion.

```
CLASS lhc_promotion DEFINITION
  INHERITING FROM cl_abap_behavior_handler.
  PRIVATE SECTION.

    METHODS initialapprovalstatus
      FOR DETERMINE ON MOIDFY
      IMPORTING keys FOR Promotion~initialapprovalstatus.
ENDCLASS.
```

Listing 7.16 Definition der Implementierung einer Ermittlung

Die entsprechende Implementierung der Ermittlung können Sie Listing 7.17 entnehmen.

```
METHOD initialapprovalstatus.
  " Setzen des initialen Genehmigungsstatus
  MODIFY ENTITY IN LOCAL MODE ZR_PromotionTP
    UPDATE FROM VALUE #( FOR key IN keys
      ( %tky                   = key-%tky
        approvalstatus         = 'N'
        %control-approvalstatus = if_abap_behv=>mk-on ) ).
  ENDMETHOD.
```

Listing 7.17 Implementierung der Ermittlung »initialApprovalStatus«

Relevante Instanzen für Ermittlungen

Die Ermittlung setzt den initialen Genehmigungsstatus mittels EML. Die Schlüsselfelder der relevanten Geschäftsobjektinstanzen werden in den Implementierungen von Ermittlungen über einen impliziten Importing-Parameter keys übergeben. Bei dem Parameter keys handelt es sich um eine interne Tabelle. Da wir für die Entität Promotion die späte Nummernvergabe definiert haben, enthält die interne Tabelle die vorläufigen Schlüsselwerte (key-%tky), mit denen wir die angelegten Instanzen identifizieren können. Anschließend wird das Feld approvalstatus mit dem Wert **N** (New) versorgt, und über die Kontrollstruktur %control wird dem BO-Framework mitgeteilt, dass sich der Wert des Feldes geändert hat.

Definieren und implementieren Sie nun die Methode calculatediscount-price, indem Sie dieses Mal die Quick-Fix-Funktion **Add method for determination** für die Ermittlung calculateDiscountPrice ausführen. Die Methode wird daraufhin in der lokalen Handlerklasse LHC_PROMOTIONITEM innerhalb der Verhaltensimplementierung ZB_PROMOTIONTP erstellt. Listing 7.18 zeigt den Quelltext zur Ermittlung calculatedDiscountPrice.

Ermittlung »calculateDiscountPrice«

```
CLASS lhc_promotionitem DEFINITION INHERITING FROM
cl_abap_behavior_handler.

  PRIVATE SECTION.
    METHODS calculateDiscountPrice FOR DETERMINE ON MODIFY
      IMPORTING
        keys FOR PromotionItem~calculateDiscountPrice.

ENDCLASS.

CLASS lhc_promotionitem IMPLEMENTATION.
  METHOD calculateDiscountPrice.
    READ ENTITIES OF ZR_PromotionTP IN LOCAL MODE
         ENTITY PromotionItem
         ALL FIELDS WITH CORRESPONDING #( keys )
         RESULT DATA(promotion_items).

    IF promotion_items IS INITIAL.
      RETURN.
    ENDIF.

    SELECT DISTINCT productid, price, currency
      FROM ZI_Product
      FOR ALL ENTRIES IN @promotion_items
      WHERE ProductId = @promotion_items-ProductId
      INTO TABLE @DATA(products).

    LOOP AT promotion_items ASSIGNING FIELD-SYMBOL(<promotion_item>).
      TRY.
          DATA(product) = products[ ProductId =
              <promotion_item>-ProductId ].
          <promotion_item>-DiscountPrice = product-price *
              ( ( 100 - <promotion_item>-DiscountInPercent ) / 100 ).
          <promotion_item>-Currency      = product-currency.
        CATCH cx_sy_itab_line_not_found.
          CONTINUE.
```

```
      ENDTRY.
    ENDLOOP.

    MODIFY ENTITIES OF ZR_PromotionTP IN LOCAL MODE
      ENTITY PromotionItem
      UPDATE FROM VALUE #(
        FOR promotion_item IN promotion_items
          ( %tky          = promotion_item-%tky
            DiscountPrice = promotion_item-DiscountPrice
            Currency      = promotion_item-Currency
            %control-DiscountPrice = if_abap_behv=>mk-on
            %control-Currency      = if_abap_behv=>mk-on ) ).
  ENDMETHOD.
ENDCLASS.
```

Listing 7.18 Implementierung der Ermittlung »calculateDiscountPrice«

Seiteneffekte

Damit die Änderungen der Positionsdaten auf der Oberfläche sichtbar werden, muss diese manuell neu geladen werden. Auf SAP Fiori Elements basierte Oberflächen führen nach dem Speichern von Änderungen an Geschäftsobjekten keine automatische Aktualisierung der gesamten Oberfläche durch. Das kann dazu führen, dass beispielsweise abhängige Felder oder durch Ermittlungen berechnete Werte nicht konsistent auf der Oberfläche dargestellt werden. Dieses Problem wird im ABAP RESTful Application Programming Model durch sogenannte Seiteneffekte (engl. *Side Effects*) gelöst. Seiteneffekte definieren die Abhängigkeiten zwischen Feldern oder Ermittlungen eines Geschäftsobjekts, um bei Änderungen ein Neuladen der betroffenen Eigenschaften auszulösen. Seiteneffekte stehen im ABAP RESTful Application Programming Model nur für Geschäftsobjekte mit Draft-Konzept zur Verfügung. Alternativ können Sie die notwendigen Seiteneffekte im SAP Business Application Studio selbst umsetzen. Die Implementierung von Seiteneffekten behandeln wir in diesem Buch nicht.

7.5.3 Annotationsbasierte Ermittlungen

Neben den im vorangegangenen Abschnitt implementierten Ermittlungen ermöglicht Ihnen das ABAP RESTful Application Programming Model für bestimmte Felder noch eine andere Form von Ermittlung: die *annotationsbasierten Ermittlungen*. Sie werden genutzt, um bestimmte Felder, wie beispielsweise das letzte Änderungsdatum, automatisch mit Werten zu belegen. Die entsprechenden Annotationen können bei der Definition der CDS-Views für die Entitäten eines Geschäftsobjekts angegeben werden.

Tabelle 7.2 zeigt die von uns verwendeten Annotationen für die annotationsbasierten Ermittlungen.

Annotationen

Annotation	Beschreibung
`@Semantics.systemDateTime.createdAt: true`	Ermittelt den Zeitpunkt (Datum und Uhrzeit) der Anlage.
`@Semantics.systemDateTime.localInstanceLastChangedAt: true`	Ermittelt den Zeitpunkt (Datum und Uhrzeit) der letzten Änderung.
`@Semantics.user.createdBy: true`	Ermittelt den Benutzer der Anlage.
`@Semantics.user.localInstanceLastChangedBy: true`	Ermittelt den Benutzer der letzten Änderung.

Tabelle 7.2 Annotationsbasierte Ermittlungen

Übernehmen Sie diese Elementannotationen in den Basic Interface View des Geschäftsobjekts der Rabattaktion. Listing 7.19 zeigt die Elementannotationen der Administrationsfelder des CDS-Views `ZI_PromotionHeader`.

```
define view entity ZI_PromotionHeader
...
@Semantics.systemDateTime.createdAt: true
CreatedAt,
@Semantics.user.createdBy: true
CreatedBy,
@Semantics.systemDateTime.localInstanceLastChangedAt: true
ChangedAt,
@Semantics.user.localInstanceLastChangedBy: true
ChangedBy,
...
```

Listing 7.19 Semantische Annotationen der Administrationsfelder

Damit die Annotationen des Basic Interface Views an das Geschäftsobjekt propagiert werden können, muss im Root-View `ZR_PromotionTP` des Geschäftsobjekts der Rabattaktion die Annotation `@Metadata.ignorePropagatedAnnotations` auf den Wert `false` gesetzt werden.

7.6 Validierungen implementieren

Nachdem Sie erfahren haben, wie Sie Ermittlungen für ein Geschäftsobjekt definieren und implementieren können, zeigen wir Ihnen in diesem Abschnitt, wie Sie Ihr Geschäftsobjekt um Validierungen erweitern können.

Validierungen spielen eine wichtige Rolle in der betriebswirtschaftlichen Logik eines Geschäftsobjekts. Durch Validierungen lassen sich Daten auf ihre Konsistenz hin prüfen und mögliche Fehlerquellen bestimmen.

In Abschnitt 5.1, »Einführung in die Beispielanwendung«, haben wir formuliert, dass beim Speichern einer Rabattaktion geprüft werden soll, ob die Werte »Gültig von« (StartDate) und »Gültig bis« (EndDate) einen zulässigen Zeitraum ergeben. »Gültig von« muss also zeitlich vor »Gültig bis« liegen. Andernfalls soll eine Fehlermeldung ausgegeben werden.

Validierungen definieren

Eine Validierung können Sie innerhalb der Operationsdefinition der Verhaltensdefinition durch folgende Schlüsselwörter definieren:

```
validation <ValidationName> on save { create; | update; | delete; |
field <Field1>, …, <FieldN>; }
```

Die Definition einer Validierung beginnt mit dem Schlüsselwort validation, gefolgt von dem Namen der Validierung *<ValidationName>*. Der Name der Validierung muss innerhalb der Verhaltensdefinition der aktuellen Entität eindeutig sein.

Trigger-Bedingungen

Anschließend müssen die Operations- oder Feld-Trigger, die die Validierung auslösen, sowie der Zeitpunkt, an dem die entsprechenden Trigger geprüft werden, angegeben werden. Diese Angaben erfolgen analog zur Definition der Trigger-Bedingungen für Ermittlungen (siehe Abschnitt 7.5, »Ermittlungen implementieren«). Für Validierungen steht nur der Zeitpunkt on save zur Verfügung. Validierungen können beim Erstellen, Ändern oder Löschen von Instanzen ausgeführt werden.

Validierung für die Rabattaktion

Ergänzen Sie nun Ihre Verhaltensdefinition ZR_PROMOTIONTP durch die in Listing 7.20 gezeigte Validierung.

```
define behavior for ZR_PromotionTP alias Promotion
…
{
…
  validation validatePromotionDate on save { field StartDate, EndDate
; }
}
```

Listing 7.20 Definition einer Validierung für die Rabattaktion

Die Validierung validatePromotionDate wird beim Speichern nur dann ausgelöst, wenn sich die Felder StartDate oder EndDate geändert haben.

[«]

Validierungen trennen
Wie auch bei der Implementierung von Ermittlungen empfehlen wir Ihnen zur besseren Wartbarkeit und Übersichtlichkeit des Quellcodes, Validierungen von semantisch unabhängigen Feldern getrennt zu implementieren.

Validierungen implementieren

Implementiert wird die Validierungslogik in einer eigenständigen Methode der lokalen Handlerklasse LHC_PROMOTION der Klasse ZBP_PROMOTIONTP. Die Methodendefinition erfolgt im privaten Bereich (PRIVATE SECTION) der Handlerklasse. Methoden zur Implementierung von Validierungen werden wie folgt definiert:

```
METHODS <MethodName> FOR VALIDATE ON SAVE <Entity>
    FOR <Entity>~<ValidationName>.
```

Implementierungen von Validierungen werden durch das Schlüsselwort FOR VALIDATE gekennzeichnet, gefolgt von dem Trigger-Zeitpunkt ON SAVE und der Entität. Die eigentliche Validierung wird durch den Zusatz FOR angegeben. Sie können die Anlage der Methode genauso wie bei den Ermittlungen (siehe Abschnitt 7.5.2, »Ermittlungen in der Verhaltensimplementierung implementieren«), über die Quick-Fix-Funktion durchführen.

Listing 7.21 zeigt die entsprechende Methodendefinition.

```
CLASS lhc_promotion DEFINITION INHERITING FROM
cl_abap_behavior_handler.
  PRIVATE SECTION.
    ...
    METHODS validatePromotionDate FOR VALIDATE ON SAVE
      IMPORTING keys FOR Promotion~validatePromotionDate.
ENDCLASS.
```

Listing 7.21 Definition der Validierungsmethode

Implementieren Sie anschließend die Methode validatePromotionDate und übernehmen Sie dabei den Quelltext aus Listing 7.22.

```
" 1. Lesen der geänderten Daten
  READ ENTITY IN LOCAL MODE ZR_PromotionTP
       ALL FIELDS WITH CORRESPONDING #( keys )
       RESULT DATA(promotions).

  LOOP AT promotions ASSIGNING FIELD-SYMBOL(<promotion>).
    " 2. Prüfen, ob Rabattaktionsraum valide ist
    IF <promotion>-EndDate < <promotion>-StartDate.
      " 3. Inkonsistente Rabattaktion zurückmelden
```

```
      APPEND CORRESPONDING #(
         <promotion> ) TO failed-promotion.

      " 4. Fehlermeldung erstellen und zurückliefern
      APPEND VALUE #(
        %pid         = <promotion>-%pid
        PromotionID = <promotion>-PromotionId
        %msg  = new_message(
           id        = 'Z_PROMOTION_MGMT_APP'
           number    = '001'
           severity = if_abap_behv_message=>severity-error )
        %element-EndDate    = if_abap_behv=>mk-on
        %element-StartDate = if_abap_behv=>mk-on )
      TO reported-promotion.
    ENDIF.
  ENDLOOP.
```

Listing 7.22 Implementierung der Validierungsmethode

Ablauf der Validierung

Wir wollen den in Listing 7.22 gezeigten Quelltext etwas genauer betrachten. Dieser besteht hauptsächlich aus vier Teilen:

1. **Lesen der geänderten Daten**
   Durch die EML-Leseoperation `READ ENTITY` werden die geänderten Daten der aktuellen Instanz der Rabattaktion gelesen. Dazu greifen wir auf den Importing-Parameter `KEYS` zurück, der implizit zur Verfügung steht. Durch den Zusatz `ALL FIELDS` oder `FIELDS ( f1 … fn )` können Sie die zu lesenden Felder angeben.
2. **Prüfen, ob Rabattaktionszeitraum valide ist**
   Es wird geprüft, ob das »Gültig bis«-Datum (`EndDate`) vor dem »Gültig ab«-Datum (`StartDate`) liegt. Ist dies der Fall, muss eine Fehlermeldung ausgegeben werden.
3. **Inkonsistente Rabattaktion zurückmelden**
   Sollte die Überprüfung des Rabattaktionszeitraumes einen Fehler ergeben haben, wird die Geschäftsobjektinstanz über den impliziten Changing-Parameter `FAILED-PROMOTION` an das BO-Framework zurückgeliefert. Dadurch wird die Speichersequenz für die Geschäftsobjektinstanz – nach Abarbeitung aller Validierungen – abgebrochen.
4. **Fehlermeldung erstellen und zurückliefern**
   Über den impliziten Changing-Parameter `REPORTED-PROMOTION` wird eine entsprechende Fehlermeldung an das BO-Framework zurückgemeldet. Dazu stehen die in Tabelle 7.3 aufgeführten Felder im Changing-Parameter zur Verfügung.

Feld	Beschreibung
%msg	Meldung vom Typ IF_ABAP_BEHV_MESSAGE
%element	Kennzeichnung der Felder, auf die sich die Meldung bezieht. Im Fall einer Fehlermeldung werden die markierten Felder einer SAP-Fiori-Anwendung rot hinterlegt.

Tabelle 7.3 Felder des impliziten Changing-Parameters REPORTED

Meldungen erzeugen

Meldungen sind als Referenz vom Typ IF_ABAP_BEHV_MESSAGE im Feld %msg des Changing-Parameters REPORTED-PROMOTION zurückzuliefern. Für die Erzeugung einer entsprechenden Referenz steht die Methode NEW_MESSAGE zur Verfügung. Hierbei handelt es sich um eine geschützte Methode (PROTECTED), die von der Klasse CL_ABAP_BEHAVIOR_HANDLER an die lokale Handlerklasse vererbt wird. Der Methode sind eine Nachrichtenklasse, die Nachrichtennummer sowie der Nachrichtentyp (SEVERITY) zu übergeben.

Nachrichtenklasse anlegen

Für die in Listing 7.22 ausgegebene Fehlermeldung verwenden wir die Nachrichtenklasse Z_PROMOTION_MGMT_APP. Diese Nachrichtenklasse können Sie im Entwicklungspaket ZPM_COMMON anlegen:

1. Rufen Sie dazu mit der rechten Maustaste das Kontextmenü zu diesem Paket im **Project Explorer** auf und wählen Sie **New • Other ABAP Repository Object • Texts • Message Class**.
2. Vergeben Sie anschließend den Namen »Z_PROMOTION_MGMT_APP« und eine Beschreibung.
3. Wählen Sie dann einen Transportauftrag aus, und beenden Sie den Anlagedialog, indem Sie die Schaltfläche **Finish** drücken.

Abbildung 7.18 zeigt die Nachrichtenklasse Z_PROMOTION_MGMT_APP mit entsprechenden Texten.

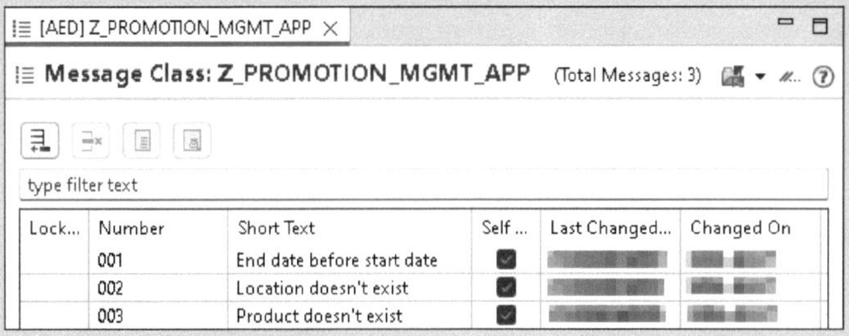

Abbildung 7.18 Nachrichtenklasse

[»]

Übersetzung von Nachrichtenklassen

Die Eclipse-Entwicklungsumgebung unterstützt die Übersetzung von Nachrichteklassen nicht. Dies gilt ebenfalls für Feldbezeichner von Datenelementen etc. Sowohl in SAP S/4HANA als auch im ABAP Environment wird für die Übersetzung von Entwicklungsobjekten die SAP-Fiori-Anwendung **Übersetzungen pflegen** bereitgestellt. Eine detaillierte Beschreibung der Anwendung finden Sie im SAP Help Portal über den folgenden Link: *http://s-prs.de/v1023904*

Validierung testen

Nachdem Sie Listing 7.21 und Listing 7.22 übernommen haben, können Sie die Validierung testen:

1. Starten Sie dazu die Vorschau für SAP-Fiori-Elements-Anwendungen über das bereits angelegte Service-Binding `ZUI_PROMOTION_02`.
2. Legen Sie eine neue Rabattaktion an oder bearbeiten Sie eine bereits vorhandene. Wählen Sie das »Gültig bis«-Datum so, dass es vor dem »Gültig ab«-Datum liegt und speichern Ihre Änderungen.
3. Anschließend sollte die Validierung `validatePromotionDate` ausgelöst und wie in Abbildung 7.19 eine Fehlermeldung angezeigt werden.

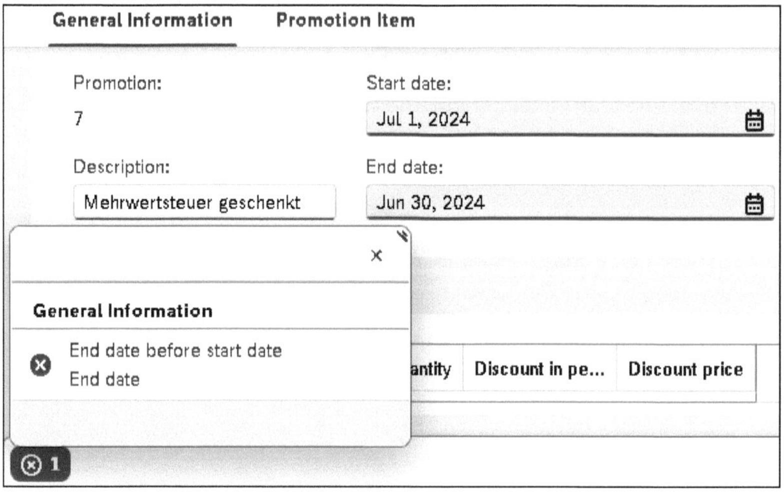

Abbildung 7.19 Fehlermeldung aus Validierung

Es steht Ihnen frei, das Geschäftsobjektverhalten sowohl auf Kopf- als auch auf Positionsebene um weitere Validierungen zu ergänzen. Weitere Prüfungen könnten z. B. sein:

- `validateLocation`: Prüfung, ob die angegebene Filiale vorhanden ist
- `validateProduct`: Prüfung, ob das angegebene Produkt vorhanden ist

> **Ausführungsreihenfolge von Validierungen**
> Beachten Sie, dass Validierungen stets nach Ermittlungen und ausschließlich beim Speichern (on save) ausgeführt werden. Es wird sicherlich vorkommen, dass Sie innerhalb eines Geschäftsobjekts für verschiedene Entitäten mehrere Validierungen definieren. In welcher Reihenfolge diese Validierungen dann ausgeführt werden, können Sie nicht beeinflussen. Es ist nicht möglich, Abhängigkeiten zwischen den einzelnen Validierungen zu definieren, um auf diese Weise Validierungsketten zu bilden. Dies ist auch nicht nötig, da beim Speichern alle Validierungen durchlaufen werden, für die die Validierungsbedingungen erfüllt sind. Erst wenn alle Validierungen durchlaufen wurden, wird geprüft, ob eine dieser Validierungen fehlgeschlagen ist, und erst dann wird die Speichersequenz abgebrochen.

7.7 Aktionen implementieren

Neben Ermittlungen und Validierungen stellen Aktionen einen wichtigen Teil des Geschäftsobjektverhaltens dar. Mithilfe von Aktionen lassen sich beispielsweise Werte von Feldern einer Geschäftsobjektinstanz ändern.

Statusänderung

Gemäß den Anforderungen an unsere Beispielanwendung aus Abschnitt 5.1, »Einführung in die Beispielanwendung«, sollen die Nutzer*innen in der Lage sein, den Genehmigungsstatus einer Rabattaktion auf »Genehmigt« (**A** für Approved) zu setzen. Dieser Statuswechsel soll über einen Klick auf eine Schaltfläche oberhalb der Ausgabeliste möglich sein (siehe Abbildung 7.20).

Abbildung 7.20 List Report mit Aktionsschaltfläche

Aktion definieren

Für die Umsetzung dieser Anforderung muss innerhalb der Operationsdefinition der Verhaltensdefinition eine neue Aktion definiert werden. Dazu ergänzen Sie die Verhaltensdefinition `ZR_PROMOTIONTP` um folgende Zeile:

```
action approvePromotion result [1] $self;
```

Aktionsname Eingeleitet wird die Aktionsdefinition durch das Schlüsselwort `action`, gefolgt von dem Aktionsnamen `approvePromotion`.

[»]

Länge von Aktionsnamen

Namen von Aktionen können maximal 30 Zeichen lang sein. Sollten Sie für einen Aktionsnamen mehr Zeichen benötigen, können Sie mit dem Zusatz `external 'ExternerAktionsname'` einen bis zu 128 Zeichen langen Namen extern vergeben. Dieser wird jedoch ausschließlich in den OData-Metadaten exponiert und kann in ABAP nicht verwendet werden.

Durch `result [1] $self` geben Sie an, dass die Aktion genau eine Instanz des Geschäftsobjekts zurückliefert, nämlich genau die, für die die Aktion durchgeführt wird. Es ist auch möglich, dass Aktionen kein Ergebnis zurückliefern, eine andere Instanz desselben Geschäftsobjekts oder eine Instanz eines anderen Geschäftsobjekts (siehe Tabelle 7.4).

Rückgabeparameter	Beschreibung
`$self`	Es wird die Instanz des Geschäftsobjekts zurückgeliefert, für die die Aktion durchgeführt wurde.
`entity` *<EntityName>*	Es wird eine von der Aktionsinstanz abweichende Instanz zurückgeliefert. Dies kann eine andere Instanz desselben Geschäftsobjekts sein oder eine Instanz eines anderen Geschäftsobjekts.
<ABAPStructure>	Aktionen können ebenfalls Strukturen des ABAP Dictionarys oder eine abstrakte CDS-Entität zurückliefern. Dazu wird das Schlüsselwort `entity` weggelassen.

Tabelle 7.4 Rückgabeparameter der Aktionsdefinition

[»]

Zusätze von Aktionsdefinitionen

Aktionsdefinitionen können um eine Vielzahl von Zusätzen ergänzt werden. Zum Beispiel ist es durch den Zusatz `features: instance` möglich, Aktionen dynamisch zu aktivieren oder zu deaktivieren (siehe Abschnitt 7.8, »Zusätzliche Feldeigenschaften definieren«). Wir wollen hier nicht im Detail auf die einzelnen Zusätze eingehen, sondern verweisen an dieser Stelle auf die Dokumentation im SAP Help Portal: *http://s-prs.de/v1023905*

Aktionslogik implementieren

Genau wie bei Ermittlungen und Validierungen wird die eigentliche Aktionslogik innerhalb einer eigenständigen Methode implementiert. Definieren Sie nun, wie in Listing 7.23 gezeigt, die Methode `approvepromotion` für die Aktion `approvePromotion` im privaten Bereich der lokalen Handlerklasse `lhc_promotion` der Klasse `ZBP_PROMOTIONTP`.

```
CLASS lhc_promotion DEFINITION INHERITING FROM
cl_abap_behavior_handler.

  PRIVATE SECTION.
  ...
    METHODS approvepromotion FOR MODIFY
      IMPORTING keys FOR ACTION Promotion~approvePromotion
      RESULT result.
   ...
ENDCLASS.
```

Listing 7.23 Definition der Aktionsmethode

Da es sich bei Aktionen, genau wie beim Erstellen, Ändern und Löschen von Instanzen, um Änderungsoperationen handelt, muss bei der Methodendefinition das Schlüsselwort `FOR MODIFY` angegeben werden. Als Importing-Parameter werden die Schlüsselfelder der Instanzen übergeben, auf die die Aktion durchgeführt wurde.

Sollte in der Verhaltensdefinition die Aktion mit einem Rückgabeparameter (`result`) definiert worden sein, muss die Methode einen entsprechenden Rückgabewert füllen.

Implementieren Sie nun die Methode, wie in Listing 7.24 gezeigt.

```
METHOD approvePromotion.
  " 1. Setzen des Genehmigungsstatus A - Approved
  MODIFY ENTITIES OF ZR_PromotionTP IN LOCAL MODE
         ENTITY Promotion
         UPDATE FIELDS ( ApprovalStatus )
         WITH VALUE #( FOR key IN keys
                        ( %tky          = key-%tky
                          ApprovalStatus = 'A' ) ).

  " 2. Lesen der geänderten Daten
  READ ENTITIES OF ZR_PromotionTP IN LOCAL MODE
       ENTITY Promotion ALL FIELDS WITH
       CORRESPONDING #( keys )
       RESULT DATA(promotions).
```

```
  " 3. Zurückliefern der geänderten Daten
  result = VALUE #( FOR promotion IN promotions
                    ( %tky   = promotion-%tky
                      %param = promotion ) ).
ENDMETHOD.
```

Listing 7.24 Implementierung der Aktionsmethode

Wir wollen die Ablauflogik der in Listing 7.24 gezeigten Aktionsmethode genauer betrachten:

1. **Setzen des Genehmigungsstatus A (Approved)**
   Durch die EML-Änderungsoperation `UPDATE FIELDS` des EML-Änderungsausdrucks wird der Genehmigungsstatus für die übergebene Geschäftsobjektinstanz auf **A** (Approved) gesetzt.
2. **Lesen der geänderten Daten**
   Nach der Aktualisierung werden die aktualisierten Daten mit der EML-Leseoperation gelesen. Dies ist notwendig, da durch die zuvor ausgeführte Änderungsoperation gegebenenfalls zusätzliche Ermittlungen durchgeführt wurden und sich so möglicherweise weitere Daten der Instanz geändert haben können.
3. **Zurückliefern der geänderten Daten**
   Die geänderte Instanz wird über den Rückgabeparameter `result` zurückgeliefert.

Damit haben Sie die Anwendungslogik der Aktion `approvePromotion` vollständig implementiert.

Aktionsschaltfläche anzeigen

Damit die Aktion über die SAP-Fiori-Oberfläche ausgeführt werden kann, muss sie als Schaltfläche zur Verfügung gestellt werden. Hierzu verwenden wir die in Listing 7.25 gezeigte UI-Annotation innerhalb des CDS-Views `ZR_PromotionTP`.

```
@UI.lineItem: [
  { position: 10, label: 'Promotion' },
  { type: #FOR_ACTION, dataAction: 'approvePromotion',
    label: 'Approve Promotion', position: 10 } ]
key PromotionId
```

Listing 7.25 UI-Annotation für Aktionsschaltflächen

Durch diese UI-Annotation wird eine Schaltfläche über der Ausgabeliste im SAP Fiori List Report erzeugt. Über das Element `dataAction` verweisen Sie auf die in der Verhaltensdefinition definierte Aktion `approvePromotion`.

[«]

Externer Aktionsname

Sollten Sie für Ihre Aktion einen externen Namen vergeben haben, müssen Sie diesen in der UI-Annotation angeben.

Aktionen ausführen

Aktivieren Sie Ihre Anpassungen und rufen Sie Ihre Anwendung mit der Vorschau für SAP-Fiori-Elements-Anwendungen aus dem Service-Binding `ZUI_PROMOTION_02` heraus auf. Wie in Abbildung 7.20 erkennbar, wird nun oberhalb der Listenausgabe die Schaltfläche **Approve Promotion** angezeigt. Wählen Sie innerhalb der Ausgabeliste eine beliebige Rabattaktion aus und ändern Sie deren Genehmigungsstatus auf **A** (Approved), indem Sie auf die Schaltfläche **Approve Promotion** klicken. Die Oberfläche aktualisiert sich daraufhin und zeigt den neuen Genehmigungsstatus.

Aktionen ausführen per EML

Sie können Aktionen auch direkt aus ABAP heraus per EML ausführen. Listing 7.26 zeigt, wie Sie die Aktion `approvePromotion` für Rabattaktionen mit EML ausführen können.

```
MODIFY ENTITY ZR_PromotionTP
    EXECUTE approvePromotion
    FROM CORRESPONDING #( keys )
        RESULT DATA(updated_promotions).
```

Listing 7.26 Aktionen per EML ausführen

7.8 Zusätzliche Feldeigenschaften definieren

Wirkung von Feldeigenschaften

Im ABAP RESTful Application Programming Model haben Sie die Möglichkeit, für die Felder und Operationen der Entitäten Ihres Geschäftsobjekts spezielle Eigenschaften zu definieren, um unter anderem die Darstellung dieser Felder auf den SAP-Fiori-Oberflächen zu beeinflussen. Neben der Darstellung beeinflussen die Eigenschaften den Zugriff auf die entsprechenden Felder und Aktionen über EML.

Diese *Feldeigenschaften*, auch *Feature Controls* genannt, ermöglichen es Ihnen, den Zugriff auf die Felder und Operationen Ihrer Geschäftsobjektentitäten serviceseitig festzulegen und dynamisch zu steuern. Sie können folgende Feldeigenschaften für die Entitäten von Geschäftsobjekten spezifizieren:

- schreibgeschütze Felder
- obligatorische Felder
- aktive oder inaktive Operationen

Statische und dynamische Feldeigenschaften

Zusätzlich wird zwischen *statischen* und *dynamischen Feldeigenschaften* unterschieden:

- Statische Eigenschaften eines Feldes einer Entität werden einmal in der Verhaltensdefinition des Geschäftsobjekts festgelegt und können zur Laufzeit nicht mehr geändert werden. Ein Feld, das statisch als schreibgeschützt definiert wurde, wird auch immer als schreibgeschützt dargestellt.
- Dynamische Feldeigenschaften können zur Laufzeit festgelegt und auch wieder verändert werden. So soll beispielsweise ein ansonsten schreibgeschütztes Feld nur dann eingabebereit sein, wenn ein bestimmtes anderes Feld der Entität gepflegt worden ist.

7.8.1 Statische Feldeigenschaften definieren

Wir definieren nun Feldeigenschaften für die Entitäten unseres Geschäftsobjekts Rabattaktion. Wir beginnen zunächst mit der Definition statischer Feldeigenschaften. Mit diesen Feldeigenschaften sollen die folgenden Anforderungen umgesetzt werden:

- Das Feld **Approval Status** für die Entität Rabattaktion soll schreibgeschützt sein.
- Die Felder **Location**, **Description**, **Start date** und **End date** der Entität Rabattaktion sind obligatorisch.

Syntax

Statische Feldeigenschaften werden über die Verhaltensdefinition eines Geschäftsobjekts definiert. So lassen sich die Felder von Entitäten als schreibgeschützt darstellen oder können als obligatorisch markiert werden. Statische Feldeigenschaften werden in der Operationsdefinition der Verhaltensdefinition über folgende Syntax spezifiziert:

```
field ( <Property> ) <Field1> [..., <FieldN>]
```

Feldeigenschaften werden über das Schlüsselwort `field` definiert. Sie können folgende Werte über statische Feldeigenschaften spezifizieren:

- `readonly`
- `mandatory`
- `numbering`
- `suppress`

Schreibgeschützte Felder

Mit `readonly` spezifizierte Felder sind schreibgeschützt. Schreibgeschützte Felder lassen sich in der Interaktionsphase des transaktionalen Ablaufs nicht ändern. Das bedeutet, dass für diese Felder weder über die SAP-Fiori-Oberfläche noch über EML Werte bei der Änderung oder Anlage von Instanzen angegeben werden können.

Innerhalb der Speichersequenz können die Felder jedoch geändert werden. Daher sind beispielsweise Ermittlungen für schreibgeschützte Felder mit dem Zusatz `on save` möglich. Die statische Feldeigenschaft `readonly` kann um den Zusatz `readonly:update` ergänzt werden. Bei der Angabe von `readonly:update` sind die entsprechenden Felder nur für den Fall einer Änderung schreibgeschützt und können bei der Anlage einer neuen Instanz überschrieben werden.

Obligatorische Felder

Die mit `mandatory` spezifizierten Felder sind obligatorisch. Für obligatorische Felder muss bei der Anlage oder Änderung von Instanzen immer ein Wert angegeben werden. Sie können zusätzlich die statische Feldeigenschaft `mandatory:create` verwenden. Über `mandatory:create` können Sie Felder nur für die Anlage einer Instanz als obligatorisch kennzeichnen. Bei der Änderung einer Instanz ist für die entsprechenden Felder die Angabe eines Wertes dann nicht verpflichtend.

[«]

Wirkung von obligatorischen Feldern

Durch die Angabe von `mandatory` lassen sich Felder als Pflichtfelder definieren. Dies wirkt sich jedoch ausschließlich auf die Darstellung der Felder auf der SAP-Fiori-Oberfläche aus. Der Inhalt der Felder wird nicht validiert. Um zu prüfen, ob tatsächlich Werte eingegeben wurden, ist es daher nötig, eigene Validierungen zu implementieren.

Felder unterdrücken

Der Zusatz `suppress` kann verwendet werden, um ein Feld aus den aus der Verhaltensdefinition abgeleiteten Typen, OData-Requests und allen sonstigen Zugriffsmöglichkeiten im Kontext des ABAP RESTful Application Programming Models zu entfernen. Dies ist für alle Felder möglich, mit Ausnahme von Schlüsselfeldern, Fremdschlüsselfeldern und Feldern, die von der Verhaltensdefinition verwendet werden, also beispielsweise ETag-Felder.

Über die Feldliste können Sie eine Feldeigenschaft für mehrere Felder der Entität setzen. Definieren Sie beispielsweise die zu Beginn dieses Abschnitts genannten Felder der Entitäten des Geschäftsobjekts Rabattaktion als schreibgeschützt, wie in Listing 7.27 gezeigt.

```
define behavior for ZI_PromotionTP alias Promotion
{
  ...
  field (readonly) CreatedAt, ChangedAt, CreatedBy,
  ChangedBy, ApprovalStatus;
}
```

Listing 7.27 Felder von Entitäten als schreibgeschützt definieren

Definieren Sie außerdem die obligatorischen Felder der Entitäten gemäß Listing 7.28.

```
define behavior for ZI_PromotionTP alias Promotion
{
  ...
  field (mandatory) LocationId, PromotionDescription,
  StartDate, EndDate;
}
```

Listing 7.28 Felder von Entitäten als obligatorisch definieren

7.8.2 Dynamische Feldeigenschaften definieren

Nachdem wir die statischen Feldeigenschaften für die Entitäten des Geschäftsobjekts Rabattaktion definiert haben, wollen wir nun die dynamischen Feldeigenschaften betrachten. Dynamische Eigenschaften lassen sich im ABAP RESTful Application Programming Model nicht nur für die Felder von Entitäten spezifizieren, sondern können, anders als statische Eigenschaften, auch auf die Operationen von Entitäten wirken. Man spricht hier auch von *dynamischen Aktionseigenschaften*.

Globale Aktionseigenschaften

Dynamische Aktions- bzw. Feldeigenschaften können global oder instanzbasiert definiert werden. Globale Aktionseigenschaften wirken unabhängig vom Zustand des Geschäftsobjekts. Sie können globale dynamische Aktionseigenschaften verwenden, um beispielsweise die Operation zum Anlegen einer Instanz eines Geschäftsobjekts zu deaktivieren, wenn bestimmte Bedingungen erfüllt sind. Sie definieren globale dynamische Aktionseigenschaft mit dem Zusatz `<Aktion> (features: global)`.

Instanzbasierte Aktions- bzw. Feldeigenschaften

Über instanzbasierte Aktions- bzw. Feldeigenschaften können Sie die Darstellung von Feldern abhängig vom Zustand einer Instanz einer Geschäftsobjektentität steuern oder festlegen, ob eine Methode aktiviert oder deaktiviert wird, wenn die Instanz einen bestimmten Zustand hat. Wir wollen am Beispiel unseres Geschäftsobjekts Rabattaktion folgende instanzbasierte Aktions- und Feldeigenschaften implementieren:

- In Abschnitt 7.7, »Aktionen implementieren«, haben wir eine Aktion zur Genehmigung von Rabattaktionen implementiert. Diese Aktion soll nur auf Instanzen mit dem Genehmigungsstatus **N** (Neu) ausgeführt werden können. Wird auf der SAP-Fiori-Oberfläche eine Instanz ausgewählt, die einen abweichenden Status hat, soll die Schaltfläche für die Aktion zur Genehmigung deaktiviert werden.
- Nur Aktionen mit dem Status **N** (Neu) dürfen geändert werden.

Syntax

Wir beginnen zunächst mit der Implementierung der dynamischen Feldeigenschaften. Dynamische Feldeigenschaften werden in der Operationsdefinition der Verhaltensdefinition wie folgt angegeben:

```
field (features: instance) <Field1>, ..., <FieldN>;
```

Dynamische Aktionseigenschaften werden wie folgt definiert:

```
<Aktion> (features: instance);
```


Dynamische Feldeigenschaften implemenieren

Die Implementierung von dynamischen Feld- und Aktionseigenschaften wird über eigenes ABAP-Coding innerhalb der lokalen Handlerklasse des Behavior Pools vorgenommen. Für unseren Anwendungsfall definieren Sie hierzu die Methode `get_instance_features` in der lokalen Klasse `lhc_promotion` des Behavior Pools `ZBP_PROMOTIONTP` gemäß Listing 7.29.

```
METHODS get_instance_features FOR FEATURES
      IMPORTING keys REQUEST requested_features
      FOR Promotion RESULT result.
```

Listing 7.29 Methodendefinition zur Implementierung dynamischer Feldeigenschaften

Methoden für die Implementierung von dynamischen Feld- und Aktionseigenschaften werden über die folgende Syntax definiert:

```
METHODS <Name> FOR INSTANCE FEATURES
IMPORTING <KeyTable> REQUEST <RequestedFeatures> FOR <Entity>
RESULT <ResultTable>
```

Methoden für die Implementierung instanzbasierter dynamischer Feldeigenschaften werden über den Zusatz `FOR INSTANCE FEATURES` gekennzeichnet. Als Übergabeparameter erhalten Sie eine Liste der Schlüsselwerte der entsprechenden Instanzen sowie eine Struktur der abgefragten Feldeigenschaften. Implementieren Sie die Methode `get_instance_features` gemäß Listing 7.30.

```
METHOD get_instance_features.
   "1. Lesen der Geschäftsobjektinstanzen
    READ ENTITIES OF ZR_PromotionTP IN LOCAL MODE
    ENTITY Promotion
    ALL FIELDS WITH CORRESPONDING #( keys )
    RESULT DATA(promotions).
```

```
    LOOP AT promotions ASSIGNING FIELD-SYMBOL(<promotion>).
      "2. Dynamische Aktionseigenschaften setzen
      IF <promotion>-ApprovalStatus <> 'N'.
        INSERT VALUE #( %key = <promotion>-%key
                        %update = if_abap_behv=>fc-o-disabled
                        %action-approvepromotion =
if_abap_behv=>fc-o-disabled ) INTO TABLE result.
      ENDIF.
    ENDLOOP.
ENDMETHOD.
```

Listing 7.30 Implementierung dynamischer Feld- und Aktionseigenschaften

[»]

Implementierung von Feldeigenschaften trennen

Es ist nicht möglich, innerhalb einer Verhaltensimplementierung für eine Geschäftsobjektsentität mehrere Methoden mit dem Zusatz FOR FEATURES zu definieren. Daher kann hier keine Modularisierung in der Form erfolgen, wie wir sie für Validierungen und Ermittlungen vorgenommen haben. Für komplexere Implementierungen empfehlen wir dennoch die Modularisierung der Implementierung durch entsprechende private Methoden.

Die in Listing 7.30 gezeigte Aktionsmethode beinhaltet folgende Ablauflogik:

1. **Lesen der Geschäftsobjektinstanzen**
   Zunächst werden die relevanten Instanzen des Geschäftsobjekts mit der EML-Leseoperation READ ENTITIES gelesen.
2. **Dynamische Feldeigenschaften setzen**
   In diesem Schritt werden für die Instanzen, die nicht den Genehmigungsstatus **N** (Neu) haben, die Änderungsoperation update sowie die Aktion approvePromotion zur Genehmigung von Rabattaktionen deaktiviert. Hierzu werden die Felder %update und %action-approvePromotion deaktiviert. Die dynamisch festgelegten Eigenschaften werden hier über die Rückgabestruktur (result) der Methode get_instance_features zurückgeliefert. Hierzu sind die entsprechenden Felder der Rückgabestruktur für die betreffenden Instanzen passend auszuprägen. Tabelle 7.5 gibt einen Überblick über die Felder sowie die möglichen Werte der Rückgabestruktur.

Feld	Beschreibung	Mögliche Werte
%key	Schlüsselfelder der entsprechenden Instanz	–
%field	Struktur mit allen Feldern der Entität, für die ein dynamisches Verhalten implementiert wurde	▪ **MANDATORY** Das Feld ist obligatorisch. ▪ **READ ONLY** Das Feld ist schreibgeschützt. ▪ **ALL** Das Feld ist schreibgeschützt und obligatorisch. ▪ **UNRESTRICTED** Für das Feld besteht kein Zugriffschutz.
%update, %create, %delete	Über diese Felder können CUD-Operationen für Instanzen aktiviert oder deaktiviert werden.	▪ **ENABLED** Die Operation ist aktiv. Die entsprechende Operation kann ausgeführt werden. ▪ **DISABLED** Die Operation ist inaktiv. Die entsprechende Operation kann nicht ausgeführt werden.
%action	Struktur, die sämtliche definierten Aktionen der Geschäftsobjektentität als Felder enthält. Über diese Struktur können diese Aktionen aktiviert oder deaktiviert werden.	▪ **ENABLED** ▪ **DISABLED**
%assoc	Struktur, über die Operationen über die Assoziationen von Instanzen deaktiviert oder aktiviert werden können	▪ **ENABLED** ▪ **DISABLED**

Tabelle 7.5 Rückgabewerte zur Spezifizierung dynamischer Feld- und Aktionseigenschaften

[+]

Konstanten verwenden

Zur Ausprägung der Felder der Rückgabestrukturen bei der Spezifikation von dynamischem Verhalten können Sie die Konstanten des Interface IF_ABAP_BEHV verwenden.

Für die Spezifizierung dynamischer Feldeigenschaften können Sie die folgenden Konstanten verwenden:

- `if_abap_behv=>fc-f-mandatory`
- `if_abap_behv=>fc-f-read_only`
- `if_abap_behv=>fc-f-unrestricted`
- `if_abap_behv=>fc-f-all`

Für die Ausprägung dynamischer Operationseigenschaften stehen Ihnen folgende Konstanten zur Verfügung:

- `if_abap_behv=>fc-o-enabled`
- `if_abap_behv=>fc-o-disabled`

Ausgabe auf der Benutzeroberfläche

Abbildung 7.21 zeigt, welche Auswirkung die dynamischen Aktionseigenschaften auf die SAP-Fiori-Oberfläche haben.

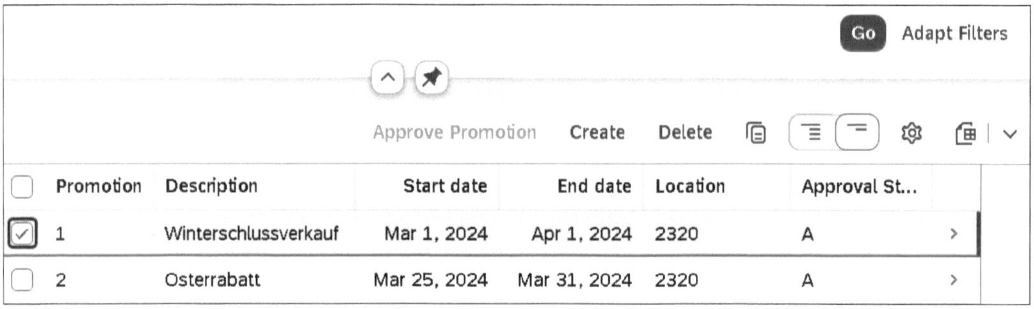

Abbildung 7.21 Ausgeblendete Aktion durch dynamische Aktionseigenschaften

Die Schaltfläche für die Aktion **Approve Promotion** wird auf der SAP-Fiori-Oberfläche für Rabattaktionen, die nicht den Genehmigungsstatus **N** (New) haben, automatisch ausgegraut. Die Aktion kann so nicht mehr ausgeführt werden. Dasselbe gilt nebenbei auch für die Ausführung der Aktion über EML. In der SAP-Fiori-Anwendung wird die Schaltfläche für die Änderung aufgrund der dynamischen Aktionseigenschaften ebenfalls automatisch ausgeblendet.

7.9 Sperrkonzepte

ABAP-RESTful-Anwendungen sollen in der Regel von verschiedenem Anwender*innen parallel verwendet werden können. Wenn mehr als ein Anwender oder eine Anwenderin auf die Daten eines Geschäftsobjekts zugreift, muss sichergestellt werden, dass jede Änderung auf Grundlage des aktuellen Datenstandes durchgeführt wird und dass die Daten konsistent bleiben. Ebenfalls muss verhindert werden, dass zwei Anwender*innen gleichzeitig die Felder einer Instanz eines Geschäftsobjekts überschreiben. Dieser Fall würde z. B. eintreten, wenn zwei Anwender*innen gleichzeitig ein und dieselbe Rabattaktion ändern wollten. Um solche konkurrierenden Datenzugriffe bzw. -änderungen an Geschäftsobjekten zu verhindern, können mit dem ABAP RESTful Application Programming Model genau wie mit bisherigen ABAP-Programmiermodellen Datensätze gesperrt werden.

Sperren im Draft-Konzept

Die beschriebenen Sperrkonzepte unterscheiden sich bei Geschäftsobjekten mit Draft-Handling (Entwürfe) und solchen ohne Draft-Handling hinsichtlich Ihres Ablaufs. Wir gehen hier nur auf die Sperrabläufe ohne Draft ein. Für Sperren nach dem Draft-Konzept verweisen wir auf die entsprechende Dokumentation: *http://s-prs.de/v1023906*

Sperrkonzepte

Generell wird zwischen zwei verschieden Sperrkonzepten, den optimistischen und den pessimistischen Sperren, unterschieden:

- Eine *pessimistische Sperre* wird für die zu ändernde Geschäftsobjektinstanz erzeugt. Sie unterbindet den gleichzeitigen Zugriff von mehreren Nutzer*innen auf die gesperrte Instanz.
- Bei der *optimistischen Sperre* wird erst zum Zeitpunkt der Speicherung geprüft, ob sich die Geschäftsobjektinstanz seit dem Start der Transaktion verändert hat. Auf diese Weise ist der gleichzeitige Zugriff von mehreren Nutzern*innen auf eine Instanz erst einmal möglich. Inkonsistente Datenänderungen auf Basis von abweichenden Datenständen werden jedoch verhindert.

Pessimistische Sperre

Bei einer pessimistische Sperre wird für die geänderte Geschäftsobjektinstanz ein Sperreintrag in der globalen Sperrtabelle des Systems erzeugt. Dieser Sperreintrag markiert eine exklusive Sperre der Instanz für die Nutzerin oder den Nutzer und besteht für die gesamte Zeit der Transaktion. Wollen parallel laufende Transaktionen nun konkurrierende Änderungen an derselben Instanz vornehmen, erkennt das System das Vorhandensein des Eintrags in der Sperrtabelle und lehnt den Zugriff auf die Instanz ab. Erst nach Abschluss der sperrenden Transaktion, also durch Beendigung der ABAP-Session oder der ABAP-LUW, wird die Sperre aufgehoben, und die Geschäftsobjektinstanz steht wieder für Änderungen zur Verfügung. Dieses pessimistische Sperrvorgehen sollte Ihnen bereits hinlänglich aus der klassischen ABAP-Entwicklung bekannt sein.

Optimistische Sperre

Die optimistische Sperre arbeitet anders als das pessimistische Sperrverfahren nicht mit globalen Sperreinträgen. Stattdessen wird beim Speichern einer Änderung geprüft, ob sich die entsprechende Geschäftsobjektinstanz seit dem Start der Transaktion geändert hat. Diese Änderungsprüfung erfolgt anhand eines sogenannten *ETag-Feldes*. Es handelt sich dabei um ein Feld der Instanz, anhand dessen eindeutig identifiziert werden kann, ob in der Zwischenzeit eine Veränderung stattgefunden hat. Als ETag-Felder werden in der Regel Zeitstempel verwendet, die bei einer Änderung der Instanz aktualisiert werden.

Wir skizzieren den Ablauf der optimistischen Sperre anhand unserer Beispielanwendung. Nehmen wir an, zwei Anwender*innen rufen unabhängig voneinander ein und dieselbe Rabattaktion über unseren SAP Fiori List Report auf. Dadurch ergäbe sich folgender Ablauf:

1. Anwenderin A ruft die Rabattaktion 1 auf. Das System liefert die entsprechenden Daten mit dem zugehörigen ETag-Wert »20240509101328«.
2. Anschließend ruft Anwender B ebenfalls die Rabattaktion 1 auf und erhält den gleichen Datensatz mit dem identischen ETag-Wert.
3. Anwenderin A und Anwender B bearbeiten gleichzeitig die Rabattaktion.
4. Anwender B ist mit der Bearbeitung fertig und speichert seine Änderungen, während Anwenderin A die Rabattaktion weiterhin bearbeitet.
5. Die von Anwender B angeforderte Speicherung der Daten wird ausgeführt und der Wert des ETag-Feldes auf »20240509071904« geändert. Anwender B hat somit seine Änderungen erfolgreich gespeichert.
6. Nun möchte Anwenderin A ihre Änderungen speichern. Dies wird jedoch vom System abgelehnt, da sich inzwischen der Wert des ETag-Feldes von »20240509101328« auf »20240509071904« geändert hat. Es wird also verhindert, dass Änderungen auf einem Datenstand durchgeführt werden, der nicht mehr dem Ausgangszustand der Transaktion entspricht.

Pessimistische Sperren beim optimistischen Verfahren

Optimistische Sperren kommen im ABAP RESTful Application Programming Model nur für OData-basierte Änderungsanfragen zum Einsatz, bei Änderungen über EML erfolgt keine ETag-Prüfung. Die Verwendung von optimistischen Sperren bei REST-basierten Protokollen ist notwendig, da diese zustandslos sind. Es gibt also keine durchgängige Transaktion, in der eine Sperre für die jeweilige Geschäftsobjektinstanz gehalten werden kann. Bei OData-Anfragen werden optimistische Sperren dennoch kurzzeitig mit pessimistischen Sperren kombiniert.

Die dabei vom BO-Framework durchgeführten Schritte lassen sich wie folgt zusammenfassen:

1. Eine Anwenderin führt Änderungen an einer Geschäftsobjektinstanz durch und sendet diese durch das Speichern an das BO-Framework.
2. Für die betroffene Instanz wird eine pessimistische Sperre erstellt. Kann diese Sperre nicht erstellt werden, weil bereits eine Sperre für diese Instanz steht, wird die Verarbeitung abgebrochen.
3. Konnte die pessimistische Sperre erstellt werden, erfolgt die Prüfung des ETag-Feldes. Wird eine Abweichung zwischen dem gesendeten ETag-Feld und dem ETag-Feld der Instanz festgestellt, werden die Änderungen abgelehnt, die pessimistische Sperre wird aufgelöst und die Verarbeitung abgebrochen.
4. Wurde die ETag-Prüfung akzeptiert, wird die Speichersequenz aufgerufen. Die Speichersequenz aktualisiert automatisch das ETag-Feld. Nachdem die Änderungen gespeichert wurden, wird die pessimistische Sperre aufgehoben.

Im ABAP RESTful Application Programming Model müssen in der Regel also sowohl pessimistische als auch optimistische Sperrszenarien realisiert werden können. Bei der Implementierung des Managed Behaviors, wie wir es beim Geschäftsobjekt Rabattaktion umsetzen, müssen Sie sich jedoch nicht weiter um das Sperren und Entsperren von Instanzen kümmern. Das BO-Framework nimmt Ihnen diese Arbeit ab.

[«]

Sperren im Unmanaged Behavior

Sobald Sie sich bei der Implementierung der Geschäftslogik für das Unmanaged Behavior als Implementierungsszenario entscheiden, müssen Sie das Sperren von Geschäftsobjektinstanzen selbst realisieren. Die Methode für das Setzen pessimistischer Sperren definieren Sie innerhalb Ihrer Verhaltensimplementierung wie folgt:

```
METHODS <LockMethodName> FOR LOCK
  IMPORTING <LockImportParameter> FOR LOCK <Entity>.
```

Sollten Sie ein ETag-Feld für Ihr Geschäftsobjekt definiert haben, erfolgt die Prüfung des Feldes in der Methode FOR READ:

```
METHODS <MethodName> FOR READ
  IMPORTING <ReadImportParameter> FOR READ <Entity>
  RESULT <ReadResultParameter>.
```

Sobald eine Änderungsoperation (MODIFY ENTITY) auf einer Geschäftsobjektinstanz ausgeführt wird, wird automatisch eine pessimistische Sperre erzeugt. Dabei spielt es keine Rolle, ob die Änderungsoperation über eine SAP-

Fiori-Anwendung, von einem OData-Client aus oder direkt über EML erfolgt. Solange die Schreibsperre besteht, können parallel keine weiteren Änderungen an den Daten der Instanz vorgenommen werden. Nach der Speicherung der Daten wird die Schreibsperre vom Framework automatisch aufgelöst.

[»]

Eigene Sperrlogik

Das ABAP RESTful Application Programming Model bietet Ihnen ebenfalls die Möglichkeit, die implizite Sperrlogik durch eine eigene Sperrlogik, ein sogenanntes *Unmanaged Lock*, zu ersetzen. Das Unmanaged Lock definieren Sie innerhalb der Verhaltensdefinition durch den Zusatz `lock master unmanaged`. Im Behavior Pool muss daraufhin eine Methode `<Method> FOR LOCK` definiert werden, in der Sie Ihre Sperrlogik implementieren.

Pessimistische Sperren definieren

In der Verhaltensdefinition `ZR_PROMOTIONTP` haben wir durch den Zusatz `lock master` definiert, dass bei Änderungen an Instanzen der Wurzelentität eine Schreibsperre erzeugt wird. Der Zusatz `lock master` lässt sich nur für Wurzelentitäten setzen und muss für Verhaltensdefinitionen im Managed Behavior zwingend angegeben werden. Durch das Erzeugen einer Schreibsperre auf Ebene der Wurzelentität werden die untergeordneten Entitäten (Kindentitäten) ebenfalls gesperrt. Diese Sperrabhängigkeit definieren Sie durch das Schlüsselwort `lock dependent by`, gefolgt von der `to parent`-Assoziation. Die Definition der Sperrabhängigkeit mit dem Schlüsselwort `lock dependent by` ist beim Managed Behavior ebenfalls obligatorisch. Listing 7.31 zeigt die Sperrabhängigkeit der Rabattaktionspositionen von der Rabattaktion.

```
define behavior for ZR_PromotionTP alias Promotion
persistent table ZPM_PROMO_HDR
lock master
{ … }
define behavior for ZR_PromotionItemTP alias PromotionItem
persistent table ZPM_PROMO_ITM
lock dependent by _Promotion
{ … }
```

Listing 7.31 Definition der Sperrabhängigkeit

Durch die Definition von Sperrabhängigkeiten wird verhindert, dass Anwenderin A die Kopfdaten einer Rabattaktion ändert und Anwender B gleichzeitig die Positionsdaten derselben Rabattaktion anpasst.

Optimistische Sperren definieren

Während die Zusätze `lock master` und `lock dependent by` bei der Implementierung des Managed Behaviors zwingend angegeben werden müssen, ist die Definition eines ETag-Feldes für die Realisierung der optimistischen Sperre optional. Um das ungewollte Überschreiben von Änderungen durch OData-Zugriffe, wie sie bei unserem SAP Fiori List Report zum Einsatz kommen, zu verhindern, empfehlen wir Ihnen, Geschäftsobjekte, die für den Servicezugriff freigegeben sind, immer um optimistische Sperren zu ergänzen.

Ergänzen Sie nun Ihre Verhaltensdefinition um das ETag-Feld `ChangedAt`, wie in Listing 7.32 gezeigt.

```
define behavior for ZR_PromotionTP alias Promotion
...
etag master ChangedAt
{ ... }
```

Listing 7.32 Definition des ETag-Feldes

Als ETag können Sie nur Felder verwenden, die vom Typ `TIMESTAMPL` sind. Des Weiteren müssen Sie sicherstellen, dass das Feld bei der Speicherung der Instanz aktualisiert wird. Bei der Implementierung eines Managed Behaviors können Sie dazu das Feld `ChangedAt` mit der Annotation `@Semantics.systemDateTime.LocalInstanceLastChangedAt` anreichern (siehe Abschnitt 7.5, »Ermittlungen implementieren«).

ETag-Prüfung

Sobald nun eine Änderung über unseren SAP Fiori List Report gespeichert wird, wird nun automatisch anhand des ETag-Feldes geprüft, ob sich die Daten der Instanz in der Zwischenzeit geändert haben. Sobald der Server eine Abweichung am ETag-Feld feststellt, wird die weitere Verarbeitung abgebrochen. Im Fall des SAP Fiori List Reports der Rabattaktionen wird eine Fehlermeldung analog zu Abbildung 7.22 ausgegeben.

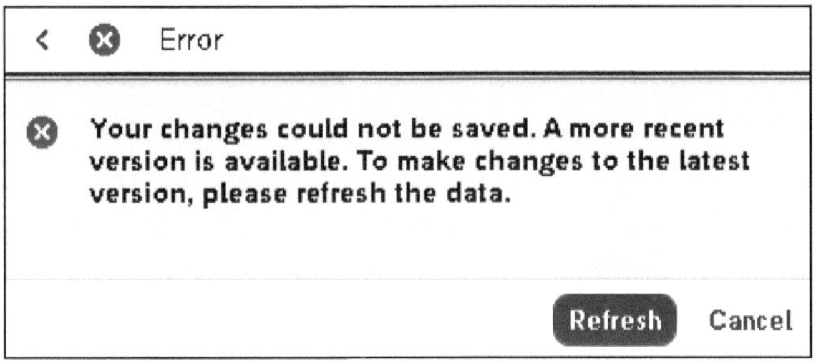

Abbildung 7.22 Meldung bei fehlgeschlagener ETag-Prüfung

7.10 Zusammenfassung

In diesem Kapitel haben wir die Implementierung des Verhaltens von Geschäftsobjekten betrachtet. Zu Beginn des Kapitels haben wir Ihnen die verschiedenen Implementierungsansätze des ABAP RESTful Application Programming Models vorgestellt. Sie haben das Managed und das Unmanaged Behavior kennengelernt. Sie sollten den Unterschied zwischen diesen beiden Implementierungsansätzen kennen und einschätzen können, für welche Anwendungsfälle sich welches Szenario eignet.

Des Weiteren haben wir in diesem Abschnitt das Verhalten (Behavior) von Geschäftsobjekten formal definiert und die einzelnen Operationen und Verhaltensmerkmale, die in diesem Verhalten zusammengefasst werden, herausgestellt.

Zu Beginn von Abschnitt 7.2, »Transaktionales Verhalten implementieren«, haben wir den transaktionalen Ablauf des ABAP RESTful Application Programming Models beschrieben. Sie haben die verschiedenen Phasen dieses Ablaufs kennengelernt und sollten deren Zusammenhänge mit dem bekannten Konzept der LUW verinnerlicht haben. Wir haben relevante Operationen den jeweiligen Phasen des transaktionalen Ablaufs grob zugeordnet.

Anschließend haben wir die Definition des Managed Behaviors für das exemplarische Geschäftsobjekt Rabattaktion angelegt und die grundlegenden Operationen Create, Update und Delete (CUD-Operationen) spezifiziert. Für das Erstellen, Ändern und Löschen von Geschäftsobjektinstanzen haben Sie die vom BO-Framework zur Verfügung gestellten Out-of-the-box-Implementierungen kennengelernt. Darauf aufbauend haben Sie in Abschnitt 7.3, »Nummerierung implementieren«, verschiedene Verfahren für die Nummernvergabe nach dem ABAP RESTful Application Programming Model kennengelernt und eine späte Nummernvergabe auf Basis eines eigenen Nummernkreises für das Geschäftsobjekt implementiert.

Für die weitere Implementierung des Verhaltens unseres Geschäftsobjekts habe wir Ihnen in Abschnitt 7.4, »Entity Manipulation Language«, EML als grundlegende Syntax zum codebasierten Umgang mit Geschäftsobjekten vorgestellt. Mit dieser Sprache haben wir in Abschnitt 7.5, »Ermittlungen implementieren«, bis Abschnitt 7.7, »Aktionen implementieren«, dann die Geschäftsobjektlogik mit automatischen Ermittlungen, Validierungen und Aktionen um eigene Anwendungslogik angereichert.

In Abschnitt 7.8, »Zusätzliche Feldeigenschaften definieren«, haben wir Ihnen gezeigt, wie der Zugriff auf die Felder eines Geschäftsobjekts über Feldeigenschaften beeinflusst werden kann. Auf diese Weise ist es z. B. möglich, Felder als Pflichtfelder zu markieren oder einen Schreibschutz für die Felder Ihres Geschäftsobjekts zu implementieren. Es wurde zwischen statischen und dynamischen Feldeigenschaften und Aktionseigenschaften unterschieden.

Ergänzend zu den dynamischen Feldeigenschaften können über dynamische Aktionseigenschaften die Operationen eines Geschäftsobjekts zur Laufzeit aktiviert oder deaktiviert werden. Die Implementierung von dynamischen Feld- und Aktionseigenschaften wird über eigenes ABAP-Coding innerhalb einer lokalen Handlerklasse des Behavior Pools vorgenommen. Bei Aktionseigenschaften kann zwischen instanzbasierten und global wirksamen Aktionseigenschaften unterschieden werden.

Abschließend sind wir in Abschnitt 7.9 auf das Sperrkonzept des ABAP RESTful Application Programming Models eingegangen. Unter anderem haben wir Ihnen die Unterschiede zwischen dem pessimistischen und optimistischen Sperrverfahren erläutert. Des Weiteren haben wir den Ablauf der Sperrlogik, wie sie beispielsweise bei SAP-Fiori-Anwendungen zum Einsatz kommt, skizziert. In Managed Behaviors des ABAP RESTful Application Programming Models müssen Sie sich nicht selbst um das Sperren und Entsperren von Instanzen kümmern. Das BO-Framework leistet das für Sie.

Nach der Durcharbeitung dieses Kapitels sollten Sie einen grundlegenden Einblick in die verschiedenen Facetten der Entwicklung von Geschäftsobjekten mit dem ABAP RESTful Application Programming Model gewonnen haben, und gut gewappnet sein für die Implementierung erster eigener Anwendungen.

Kapitel 8
Erweiterung des Speicherverhaltens

Mit der Erweiterung des Speicherverhaltens bietet Ihnen das ABAP RESTful Application Programming Model die Möglichkeit, Einfluss auf die Persistierung von Geschäftsobjektinstanzen zu nehmen. Sie lernen in diesem Kapitel, wie Sie das Speicherverhalten um eigene Funktionalität erweitern bzw. dadurch ersetzen können.

Im vorangegangenen Kapitel haben wir Ihnen erklärt, wie Sie das Geschäftsobjektverhalten durch die Definition eines Managed Behaviors implementieren können. Einer der Vorteile dieses Implementierungsszenarios ist, dass Sie sich nicht um das Persistieren der Daten kümmern müssen. Die *Speicherroutinen* zur Persistierung der Daten sind impliziter Bestandteil des Managed Behaviors.

Das Managed Behavior ermöglicht es Ihnen jedoch auch, auf das Speicherverhalten Einfluss zu nehmen. In diesem Kapitel stellen wir Ihnen diese Erweiterung des Speicherverhaltens vor. Für das Unmanaged Behavior spielt diese Möglichkeit keine große Rolle, da Sie die Speicherroutinen bei diesem Szenario ohnehin selbst implementieren müssen.

In Abschnitt 8.1 zeigen wir Ihnen, wie Sie das Speicherverhalten des Managed Behaviors um eigene Funktionalität erweitern können.

Abschnitt 8.2 geht im Detail darauf ein, wie Sie die impliziten Speicherroutinen des BO-Frameworks durch eigene Speicherroutinen ersetzen können.

Mögliche Varianten der Persistierungsphase

Durch diese beiden Erweiterungsmöglichkeiten ergeben sich insgesamt drei mögliche Varianten für die Persistierungsphase des Managed Behaviors (siehe Abbildung 8.1):

- **Unmanaged Save**
  Die impliziten Speicherroutinen des BO-Frameworks werden komplett von Ihnen ersetzt. Das Speichern der Daten muss in diesem Fall von Ihnen vorgenommen werden.
- **Managed Save**
  Das Speichern der Daten wird vollständig vom BO-Framework übernommen. Dies ist die übliche Variante des Implementierungsszenarios Managed Behavior.

- **Additional Save**
  Bei dieser Variante wird die eigentliche Speicherung der Daten weiterhin vom BO-Framework durchgeführt. Im Anschluss haben Sie jedoch die Möglichkeit, weiterführende Funktionalität aufzurufen.

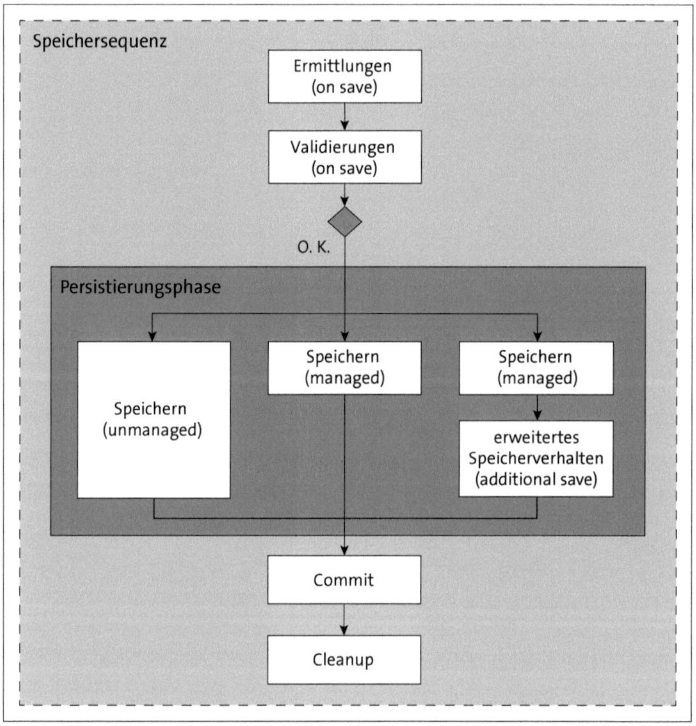

Abbildung 8.1 Speichersequenz im Managed Behavior

8.1 Erweitertes Speicherverhalten implementieren

Häufig werden nach dem erfolgreichen Speichern von Daten noch Folgefunktionen benötigt. Solche Funktionen können beispielsweise die Datenübertragung an Fremdsysteme sein, das Versenden von E-Mails oder das Schreiben von Änderungsbelegen. Durch *Änderungsbelege* kann unter anderem nachverfolgt werden, wer welche Daten zu welchem Zeitpunkt geändert hat.

Anwendungsfälle

Betrachten wir an dieser Stelle unser Geschäftsobjekt Rabattaktion. Durch die in Abschnitt 7.7, »Aktionen implementieren«, erstellte Aktion `approvePromotion` ist es möglich, den Status einer Rabattaktion auf »Genehmigt« (**A**) zu setzen. Aus fachlicher Sicht bedeutet dies, dass die Angaben der Rabattaktion vollständig und korrekt sind.

Der Folgeprozess könnte nun z. B. vorsehen, dass die Daten der Rabattaktion automatisch an die Kassen der Filialen gesendet werden oder an einen Dienstleister, der dann Werbeprospekte für die Rabattaktion erstellt. Für genau solche Anwendungsfälle bietet sich die Erweiterung des Speicherverhaltens an.

Ablauf des erweiterten Speicherverhaltens

Das Speicherverhalten wird innerhalb der Verhaltensdefinition durch den Zusatz `with additional save` erweitert. Durch diesen Zusatz ist es möglich, eigene Funktionalität aufzurufen, nachdem die Daten auf die Datenbank geschrieben wurden. Abbildung 8.2 stellt den Ablauf des erweiterten Speicherverhaltens als UML-Sequenzdiagramm dar:

1. Der Client nimmt Änderungen an einer Instanz eines Geschäftsobjekts vor und speichert diese. Das BO-Framework ruft daraufhin die in der lokalen Handlerklasse implementierten Ermittlungen und Validierungen auf. Sind alle Validierungen erfolgreich, ist der Point of no Return erreicht. Dies bedeutet, dass die Speicherung der Daten sichergestellt wird und nicht mehr aktiv verhindert werden kann. Ausnahmefälle sind hier Laufzeitfehler, die zu einem Programmabbruch führen.
2. Das BO-Framework schreibt daraufhin die geänderten Daten aus dem transaktionalen Puffer auf die Datenbank. Die eigentliche Datenspeicherung wird also weiterhin vom Framework durchgeführt.

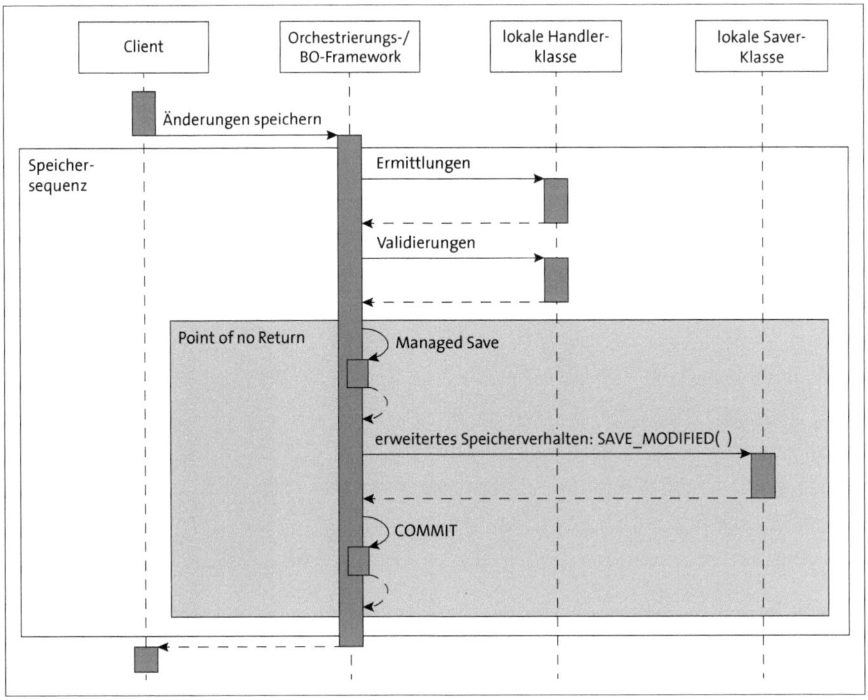

Abbildung 8.2 Erweitertes Speicherverhalten

3. Anschließend ruft das BO-Framework die Methode SAVE_MODIFIED der lokalen Saver-Klasse auf. Innerhalb der Methode können Sie nun beliebige Funktionalitäten ausführen und eigene Anwendungslogik implementieren.
4. Durch das finale COMMIT des BO-Frameworks werden die geänderten Daten auf der Datenbank verbucht, und die Speichersequenz wird beendet.

Wir zeigen Ihnen nun anhand unserer Beispielanwendung, wie Sie das Speicherverhalten eines Geschäftsobjekts erweitern können. Wir rufen dazu den zu Beginn dieses Abschnitts beschriebenen Anwendungsfall auf und leiten folgende Anforderung ab:

- Sobald eine Rabattaktion den Status »Genehmigt« (**A**) erhält, sollen die Daten der Rabattaktion an ein Fremdsystem übertragen werden.
- Durchgeführte Übertragungen sollen in einer Tabelle protokolliert werden.
- Wird eine Rabattaktion gelöscht, soll sie aus dem Fremdsystem zurückgezogen werden. Dieser Vorgang soll ebenfalls in der Tabelle protokolliert werden.

Protokolltabelle anlegen

Legen Sie nun als Erstes die in Listing 8.1 definierte Datenbanktabelle ZPM_PROMO_TRANS innerhalb des Entwicklungspakets ZPM_DM an. Diese Tabelle protokolliert die durchgeführten Übertragungen.

```
define table zpm_promo_trans {
  key client          : abap.clnt not null;
  key transmission_id : sysuuid_x16 not null;
  promotion_id        : zpm_promotion_id;
  target_system       : abap.char(40);
  operation           : abap.char(10);
  createdat           : abp_creation_tstmpl;
  createdby           : abp_creation_user;
}
```

Listing 8.1 Definition der Protokolltabelle

Felder der Protokolltabelle

Die Protokolltabelle ist so aufgebaut, dass für eine Rabattaktion mehrere Einträge in der Tabelle erfasst werden können, da die Übertragung einer Rabattaktion theoretisch an mehrere Zielsysteme erfolgen kann. Tabelle 8.1 zeigt Ihnen die Felder der Tabelle ZPM_PROMO_TRANS.

Feldname	Beschreibung
transmission_id	Schlüssel zur eindeutigen Identifizierung einer Übertragung
promotion_id	ID der Rabattaktion
target_system	Name des Zielsystems
operation	Identifizierung, ob Rabattaktion gesendet (TRANSFERED) oder zurückgezogen (REVOKED) wurde
createdat	Datum und Uhrzeit der Übertragung
createdby	User der Übertragung

Tabelle 8.1 Felder der Protokolltabelle ZPM_PROMO_TRANS

Erweitertes Speicherverhalten definieren

Erweitern Sie nun das Speicherverhalten der Root Entity, indem Sie in der Verhaltensdefinition ZR_PROMOTIONTP für die Entität Promotion den Zusatz with additional save ergänzen (siehe Listing 8.2).

```
managed implementation in class zbp_promotiontp unique;
strict ( 2 );

define behavior for ZR_PromotionTP alias Promotion
persistent table zpm_promo_hdr
with additional save
...
```

Listing 8.2 Definition des erweiterten Speicherverhaltens

[+]

Erweitertes Speicherverhalten für alle Entitäten

Sie können das erweiterte Speicherverhalten auch für alle Entitäten des Geschäftsobjekts auf einmal definieren, indem Sie den Zusatz with additional save im Kopfbereich der Verhaltensdefinition angeben:

```
managed with additional save implementation in class ...
```

Dies erspart Ihnen die separate Angabe des Zusatzes with additional save für jede einzelne Entität.

Erweitertes Speicherverhalten implementieren

Durch die in Listing 8.2 gezeigte Definition können Sie nun innerhalb der lokalen Saver-Klasse LSC_PROMOTION der Verhaltensimplementierung ZBP_PROMOTIONTP die Methode SAVE_MODIFIED redefinieren (siehe Listing 8.3). Die Methode wird automatisch aufgerufen, nachdem die Daten aus dem transaktionalen Puffer auf die Datenbank geschrieben wurden, aber noch nicht verbucht sind. Die Verbuchung findet erst nach dem finalen COMMIT statt (siehe Abbildung 8.2)

```
CLASS lsc_promotion DEFINITION
  INHERITING FROM cl_abap_behavior_saver.

  PROTECTED SECTION.
    METHODS save_modified REDEFINITION.
ENDCLASS.
CLASS lsc_promotion IMPLEMENTATION.

  METHOD save_modified.
  ENDMETHOD.

ENDCLASS.
```

Listing 8.3 Redefinition der Methode SAVE_MODIFIED

Implementieren Sie anschließend die Methode SAVE_MODIFIED und übernehmen Sie dazu den in Listing 8.4 gezeigten Quelltext. Der Einfachheit halber zeigen wir nur das Speichern der Daten in der Protokolltabelle und haben auf die Implementierung der Datenübertragung an ein Fremdsystem verzichtet. Wir werden später in Abschnitt 14.4.2, »Events bereitstellen«, den Aufruf des Fremdsystems durch die Bereitstellung eines *Business Events* ersetzen.

```
METHOD save_modified.

  DATA promo_trans        TYPE zpm_promo_trans.
  DATA promo_trans_update TYPE TABLE OF zpm_promo_trans.
  DATA promo_trans_delete TYPE TABLE OF zpm_promo_trans.

  " 1. Verarbeiten der geänderten Rabattaktionen
  IF update-promotion IS NOT INITIAL.
    LOOP AT update-promotion
      ASSIGNING FIELD-SYMBOL(<promotion_u>).

      " 2. Prüfen, ob sich der Wert im Feld ApprovalStatuts
      " geändert hat.
      IF <promotion_u>-%control-approvalstatus =
        if_abap_behv=>mk-on
        AND <promotion_u>-approvalstatus = 'A'.

        " Datenübertragung an ein Fremdsystem
        " send_to_external_system( ).
```

```
   TRY.
     CLEAR promo_trans.
     promo_trans-transmission_id =
       cl_system_uuid=>create_uuid_x16_static( ).
     promo_trans-promotion_id    =
       <promotion_u>-promotionid.
     promo_trans-operation       = 'TRANSFERED'.
     promo_trans-target_system   = '<TargetName>'.
     promo_trans-createdby       = sy-uname.
     GET TIME STAMP FIELD promo_trans-createdat.

     APPEND promo_trans TO promo_trans_update.

    CATCH cx_uuid_error.
     CONTINUE.
   ENDTRY.
  ENDIF.
 ENDLOOP.

 " 3. Speichern der Daten in der Protokolltabelle
 INSERT zpm_promo_trans FROM TABLE @promo_trans_update.
ENDIF.

" 4. Verarbeiten der gelöschten Rabattaktionen
IF delete-promotion IS NOT INITIAL.
 SELECT * FROM zpm_promo_trans
  FOR ALL ENTRIES IN @delete-promotion
  WHERE promotion_id = @delete-promotion-promotionid
  INTO TABLE @DATA(lt_transfered).

 LOOP AT lt_transfered
 ASSIGNING FIELD-SYMBOL(<ls_transfered>).
  TRY.
    " Daten aus Fremdsystem zurückziehen
    " revoke_from_external_system( ).

    CLEAR promo_trans.
    promo_trans = CORRESPONDING #( <ls_transfered> ).
    promo_trans-transmission_id =
      cl_system_uuid=>create_uuid_x16_static( ).
    promo_trans-operation       = 'REVOKED'.
    promo_trans-createdby       = sy-uname.
    GET TIME STAMP FIELD promo_trans-createdat.
```

```
        APPEND promo_trans TO promo_trans_delete.
      CATCH cx_uuid_error.
        CONTINUE.
    ENDTRY.
  ENDLOOP.

    INSERT zpm_promo_trans FROM TABLE @promo_trans_delete.
  ENDIF.
ENDMETHOD.
```

Listing 8.4 Implementierung des erweiterten Speicherverhaltens

Ablauf des Speichervorgangs

Wir gehen an dieser Stelle auf die wichtigsten Passagen in Listing 8.4 ein:

1. **Verarbeiten der geänderten Rabattaktionen**
   Als Erstes prüfen Sie, ob sich bestehende Geschäftsobjektinstanzen geändert haben. Dazu verfügt die Methode `SAVE_MODIFIED` über drei implizite Importing-Parameter: `CREATE`, `UPDATE` und `DELETE`. Diese enthalten die Daten der neu angelegten, geänderten und gelöschten Instanzen. Es stehen jedoch nur die Daten der Entitäten zur Verfügung, für die der Zusatz `with additional save` in der Verhaltensdefinition angegeben wurde. Abbildung 8.3 zeigt den impliziten Importing-Parameter `UPDATE` mit den Feldern der Entität `promotion`. Die Daten der Rabattaktionspositionen sind nicht Bestandteil dieses Importing-Parameters, da für diese Entität kein erweitertes Speicherverhalten definiert wurde.

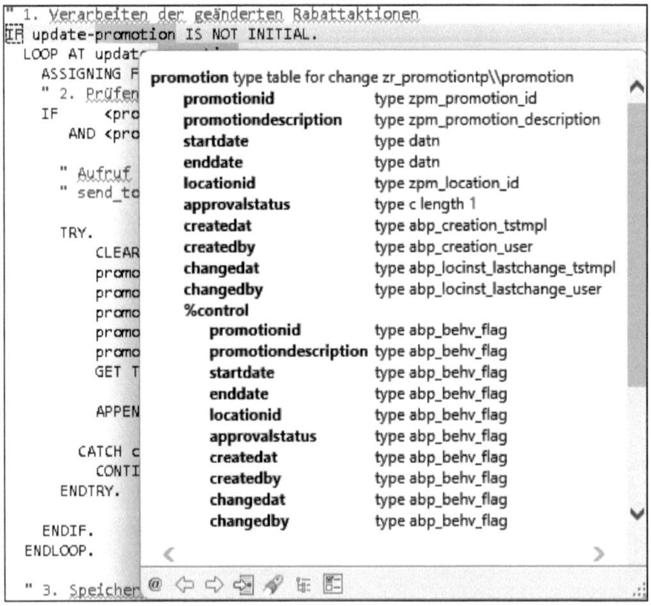

Abbildung 8.3 Felder des impliziten Importing-Parameters UPDATE

2. **Prüfen, ob sich der Wert im Feld »ApprovalStatus« geändert hat**
   Wie Sie Abbildung 8.3 entnehmen können, beinhalten die Importing-Parameter nicht nur die Daten der Instanz, sondern auch die Struktur `%control`. Anhand dieser Struktur können Sie identifizieren, welche Felder sich geändert haben. Wir verwenden die Struktur, um zu prüfen, ob sich der Wert des Feldes `ApprovalStatus` auf »A« geändert hat. Ist dies der Fall, generieren wir mit der Funktion `cl_system_uuid=>create_uuid_x16_static( )` einen eindeutigen Schlüssel (`transmission_id`) und füllen die Felder der Protokolltabelle.
3. **Speichern der Daten in der Protokolltabelle**
   Für die genehmigten Rabattaktionen werden die Einträge in der Tabelle `ZPM_PROMO_TRANS` gespeichert.
4. **Verarbeiten der gelöschten Rabattaktionen**
   Die gelöschte Rabattaktionen werden durch den Importing-Parameter `DELETE` an die Methode `SAVE_MODIFIED` übergeben. Für gelöschte Rabattaktionen wird ebenfalls ein Eintrag in der Protokolltabelle erfasst, jedoch mit der Operation `REVOKED`.

Geänderte Geschäftsobjektinstanz

Sie haben jetzt das erweiterte Speicherverhalten vollständig implementiert und können Ihre Änderungen aktivieren. Sobald eine Rabattaktion gespeichert wird, wird die von Ihnen implementierte Methode `SAVE_MODIFIED` aufgerufen. Abbildung 8.4 zeigt die geänderten Daten der Geschäftsobjektinstanz.

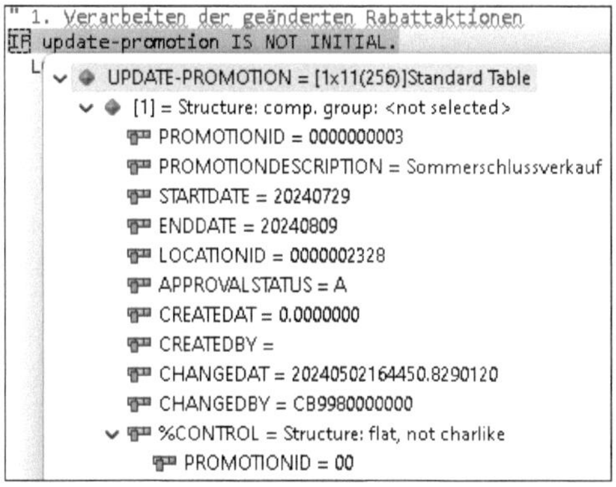

Abbildung 8.4 Daten der geänderten Geschäftsobjektinstanz

> **Auslösen des erweiterten Speicherverhaltens**
>
> Beachten Sie, dass die Methode `SAVE_MODIFIED` auch dann aufgerufen wird, wenn sich die Daten einer der untergeordneten Entitäten ändern, auch wenn der Zusatz `with additional save` für diese nicht angegeben wurde.

Prüfen Sie daher immer anhand der `%control`-Struktur, ob sich wirklich genau die Daten geändert haben, für deren Änderung eine Folgefunktion ausgeführt werden soll.

8.2 Eigene Speicherroutinen implementieren

Neben der Erweiterung des Speicherverhaltens haben Sie die Möglichkeit, die impliziten Speicherroutinen komplett zu ersetzen. Sie erweitern in diesem Fall Ihr Managed Behavior um ein Unmanaged Save. Dies kann beispielsweise dann sinnvoll sein, wenn Sie die Persistierung der Daten durch eigene *Verbuchungsbausteine* realisieren möchten.

Ablauf der Speichersequenz

Genau wie beim erweiterten Speicherverhalten wird beim Unmanaged Save die Methode `SAVE_MODIFIED` der lokalen Saver-Klasse aufgerufen. Anders als beim erweiterten Speicherverhalten wurden zu diesem Zeitpunkt jedoch noch keine Daten aus dem transaktionalen Puffer auf die Datenbank geschrieben. Die Speicherung der Daten muss von Ihnen selbst implementiert werden. Abbildung 8.5 stellt den Ablauf des Unmanaged Saves anhand eines UML-Sequenzdiagramms dar:

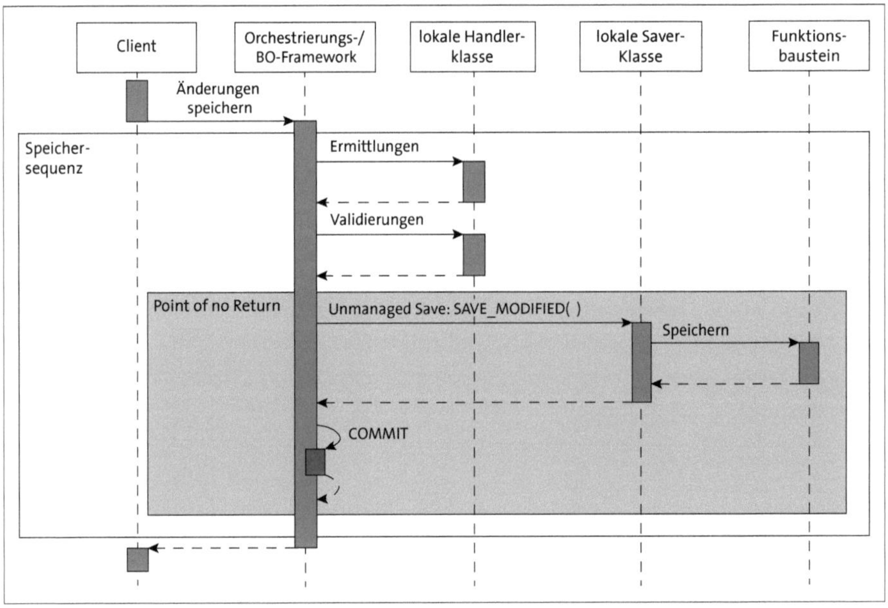

Abbildung 8.5 Ablauf eines Unmanaged Saves im Managed-Szenario

Definition des Unmanaged Saves

Wir definieren nun für die Entität der Rabattaktionsköpfe ein Unmanaged Save. Ersetzen Sie dazu den Zusatz `with additional save` bei der Entität `Pro-`

motion durch den Zusatz `with unmanaged save`. Zusätzlich müssen Sie den Zusatz `persistent table ZPM_PROMO_HDR` löschen. Die geänderte Verhaltensdefinition der Entität `Promotion` können Sie Listing 8.5 entnehmen.

```
managed implementation in class zbp_promotiontp unique;
strict ( 2 );

define behavior for ZR_PromotionTP alias Promotion
with unmanaged save
...
```

Listing 8.5 Definition des Unmanaged Saves

[+]

> **Unmanaged Save für alle Entitäten**
> Genau wie beim erweiterten Speicherverhalten können Sie auch beim Unmanaged Save die Speicherroutinen für alle Entitäten auf einmal ersetzen, indem Sie den Zusatz `with unmanaged save` im Kopfbereich der Verhaltensdefinition wie folgt ergänzen:
>
> ```
> managed with unmanaged save implementation in class ...
> ```

Tabellentyp definieren

Die eigentliche Persistierung der Daten muss nun durch eigene Speicherroutinen erfolgen. Sie legen dafür entsprechende Verbuchungsbausteine an. Die zu verbuchenden Datensätze der Rabattaktionsköpfe sollen als Tabelle an die Verbuchungsbausteine übergeben werden. Legen Sie den Tabellentyp `ZPM_PROMO_HDR_TT` im Paket `ZPM_COMMON` mit den in Abbildung 8.6 gezeigten Eigenschaften an.

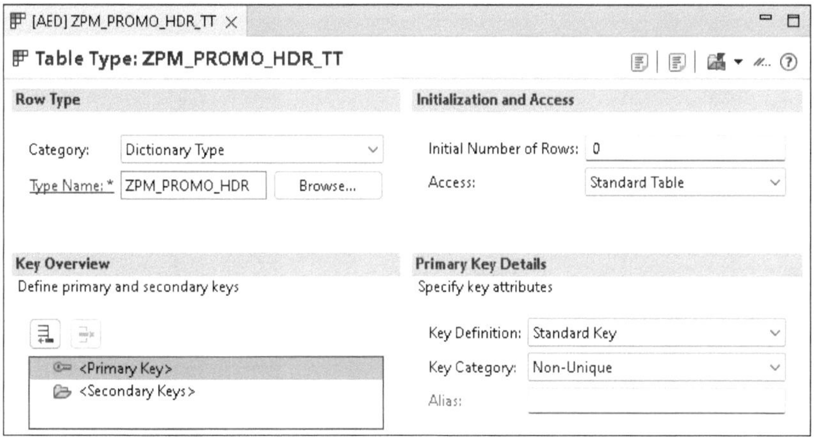

Abbildung 8.6 Definition des Tabellentyps ZPM_PROMO_HDR_TT

Verbuchungsbausteine anlegen

Anschließend können Sie innerhalb des Pakets `ZPM_DM` die Funktionsgruppe `ZPM_PROMOTION_SAVE_TASK` anlegen und die in Tabelle 8.2 aufgeführten Funktionsbausteine erstellen.

Funktionsbaustein	Beschreibung
Z_PM_PROMO_HDR_C	Erstellen von neuen Rabattaktionen
Z_PM_PROMO_HDR_D	Löschen von Rabattaktionen
Z_PM_PROMO_HDR_U	Aktualisieren von Rabattaktionen

Tabelle 8.2 Verbuchungsbausteine für Rabattaktionskopfdaten

[»]

Create, Update und Delete

Beachten Sie, dass Sie beim Unmanaged Save für alle CUD-Operationen der jeweiligen Entität Speicherroutinen zur Verfügung stellen müssen. Es ist nicht möglich, ein Unmanaged Save nur für einzelne Operationen zu definieren.

Speicherung von Rabattaktionsköpfen

Die Funktionsbausteine enthalten ausschließlich die Datenbankoperationen `INSERT`, `UPDATE` und `DELETE`. Da Verbuchungsbausteine üblicherweise asynchron in einem separaten Prozess ausgeführt werden, haben diese Bausteine keine Rückgabeparameter. Abbildung 8.7 zeigt die Definition des Funktionsbausteins zur Speicherung von Rabattaktionsköpfen.

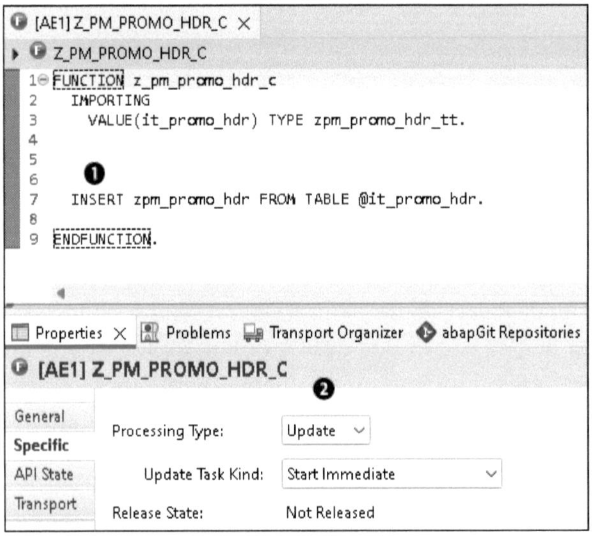

Abbildung 8.7 Definition des Verbuchungsbausteins Z_PM_PROMO_HDR_C

Im oberen Bereich ❶, im quelltextbasierten Editor, finden Sie die SQL-Operation INSERT zur Erstellung neuer Datensätze in der Tabelle ZPM_PROMO_HDR. Auf der Registerkarte **Properties** ❷ wird der Funktionsbaustein durch den Wert **Update** im Feld **Processing Type** als Verbuchungsbaustein definiert. Implementieren Sie in Anlehnung an Abbildung 8.7 die beiden zusätzlichen Verbuchungsbausteine Z_PM_PROMO_HDR_U und Z_PM_PROMO_HDR_D. Die Funktionsgruppe ZPM_PROMOTION_SAVE_TASK sollte nun über die in Abbildung 8.8 gezeigten Funktionsbausteine verfügen.

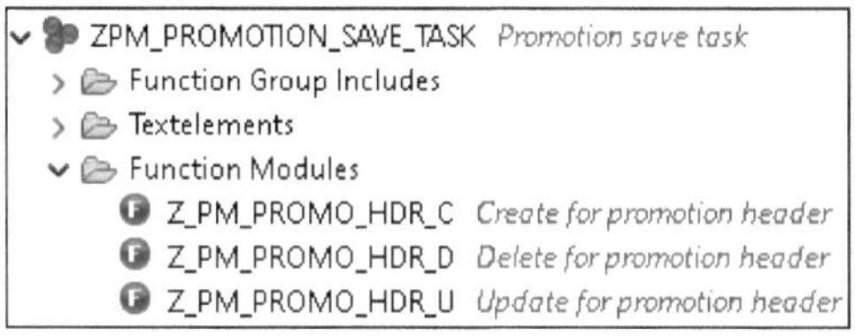

Abbildung 8.8 Verbuchungsbausteine für das Unmanaged Save

Speicherroutine implementieren

Haben Sie die lokale Saver-Klasse LSC_PROMOTION sowie die Methode SAVE_MODIFIED bereits angelegt, brauchen Sie nur noch die Aufrufe der Verbuchungsbausteine vorzunehmen. Andernfalls nehmen Sie die Redefinition der Methode SAVE_MODIFIED gemäß Listing 8.3 vor und erweitern dieses um den Aufruf der Verbuchungsbausteine.

Verbuchungsbausteine aufrufen

Verarbeiten Sie als Erstes die neu angelegten Datensätze der Rabattaktionsköpfe. Die Daten können Sie dem impliziten Importparameter CREATE entnehmen. Bei der Übernahme der Daten müssen Sie ein entsprechendes Feld-Mapping vornehmen, da die Feldnamen des CDS-Views ZR_PromotionTP von den Feldnamen der Datenbanktabelle ZPMR_PROMO_HDR abweichen. Für das Feld-Mapping kann das bereits in der Verhaltensdefinition definierte Feld-Mapping verwendet werden. Wie in Listing 8.6 gezeigt, erfolgt dies durch den Zusatz MAPPING FROM ENTITY.

```
DATA promotion_headers TYPE zpm_promo_hdr_tt.

" 1. Verarbeiten der neu angelegten Rabattaktionen
IF create-promotion IS NOT INITIAL.
  promotion_headers = CORRESPONDING #(
    create-promotion MAPPING FROM ENTITY ).

  CALL FUNCTION 'Z_PM_PROMO_HDR_C'
    EXPORTING it_promo_hdr = promotion_headers.
ENDIF.
```

Listing 8.6 Verarbeiten der neu angelegten Rabattaktionen

Geänderte Datensätze verarbeiten

Als Nächstes werden wir die geänderten Rabattaktionsköpfe verarbeiten. Geänderte Datensätze können dem Importing-Parameter UPDATE entnommen werden. Für die geänderten Datensätze werden die aktuellen Daten von der Datenbank gelesen. Anhand der %control-Struktur wird anschließend geprüft, welche Felder sich geändert haben. So wird verhindert, dass Felder ungewollt überschrieben werden. Die Verarbeitung der geänderten Rabattaktionsköpfe können Sie Listing 8.7 entnehmen. Beachten Sie, dass wir an dieser Stelle der Übersicht halber nicht alle Feldprüfungen berücksichtigt haben.

```
" 2. Verarbeiten der geänderten Rabattaktionen
IF update-promotion IS NOT INITIAL.
  CLEAR promotion_headers.

  " Aktuelle Daten von der Datenbank lesen
  SELECT * FROM zpm_promo_hdr
    FOR ALL ENTRIES IN @update-promotion
    WHERE promotion_id = @update-promotion-promotionid
    INTO TABLE @promotion_headers.

  LOOP AT update-promotion ASSIGNING FIELD-SYMBOL(<promotion_
update>).
    ASSIGN promotion_headers[
      promotion_id = <promotion_update>-promotionid ]
    TO FIELD-SYMBOL(<promotion_header>).

    " Nur Werte für Felder übernehmen, die sich geändert haben
    IF <promotion_update>-%control-promotiondescription =
      if_abap_behv=>mk-on.
      <promotion_header>-promotion_description =
         <promotion_update>-promotiondescription.
    ENDIF.

    IF <promotion_update>-%control-startdate =
      if_abap_behv=>mk-on.
      <promotion_header>-startdate =
         <promotion_update>-startdate.
    ENDIF.

    IF <promotion_update>-%control-approvalstatus =
      if_abap_behv=>mk-on.
      <promotion_header>-approval_status =
         <promotion_update>-approvalstatus.
```

```
      IF <promotion_update>-approvalstatus = 'A'.
      " Befüllen der Protokolltabelle bei Status 'Genehmigt'
      ENDIF.
    ENDIF.

    <promotion_header>-changedby =
       <promotion_update>-changedby.
    <promotion_header>-changedat =
       <promotion_update>-changedat.
  ENDLOOP.

  CALL FUNCTION 'Z_PM_PROMO_HDR_U'
    EXPORTING it_promo_hdr = promotion_headers.

  INSERT zpm_promo_trans FROM TABLE @promo_trans_update.
ENDIF.
```

Listing 8.7 Verarbeiten der geänderten Rabattaktionen

Zum Schluss verarbeiten wir die zu löschenden Datensätze. Die Schlüsselfelder der zu löschenden Datensätze können Sie dem Importing-Parameter DELETE entnehmen. Listing 8.8 zeigt das Löschen der Datensätze.

Gelöschte Datensätze verarbeiten

```
" 3. Verarbeiten der gelöschten Rabattaktionen
IF delete-promotion IS NOT INITIAL.
  promotion_headers = CORRESPONDING #( delete-promotion
                          MAPPING FROM ENTITY ).

  CALL FUNCTION 'Z_PM_PROMO_HDR_D'
    EXPORTING it_promo_hdr = promotion_headers.
…
ENDIF.
```

Listing 8.8 Verarbeiten der gelöschten Rabattaktionen

Sie haben somit die impliziten Speicherroutinen des BO-Frameworks erfolgreich durch eigene Verbuchungsbausteine ersetzt. Im Anschluss an die Methode SAVE_MODIFIED führt das BO-Framework ein finales COMMIT aus und verbucht die geänderten Daten auf der Datenbank.

Kombination verschiedenen Speicherverhaltens

Der Aufruf Ihrer implementierten Speicherroutinen erfolgt ausschließlich bei Änderungen von Rabattaktionen auf Kopfebene. Änderungen auf der Positionsebene PromotionItem werden weiterhin über die impliziten Speicherroutinen des BO-Frameworks verbucht. Generell haben Sie die Möglichkeit, innerhalb einer Verhaltensdefinition für jede Entität ein anderes

Speicherverhalten zu definieren. So können Sie z. B. für eine Wurzelentität ein Managed Save definieren und für die untergeordneten Entitäten ein abweichendes Speicherverhalten (siehe Abbildung 8.9).

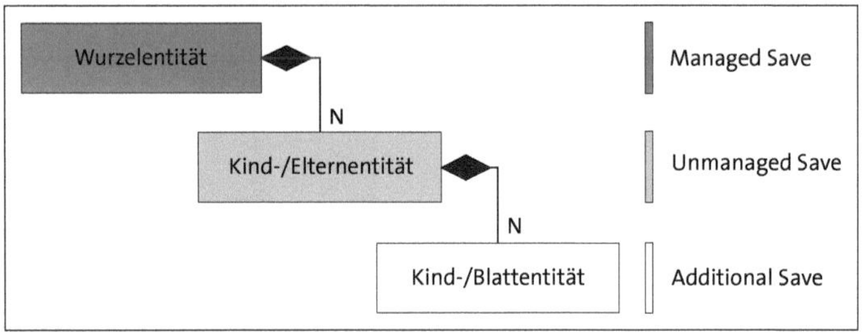

Abbildung 8.9 Kombination verschiedenen Speicherverhaltens

Aufteilen der Speicherroutinen

Beachten Sie jedoch, dass in solchen Fällen immer ein und dieselbe SAVE_MODIFIED-Methode aufgerufen wird, wenn Sie für alle Entitäten Ihres Geschäftsobjekts eine einzige Verhaltensimplementierungsklasse definiert haben. Sollten Sie verschiedene Speicherverhalten miteinander kombinieren, empfehlen wir Ihnen, Ihr Geschäftsobjektverhalten auf mehrere Verhaltensimplementierungen aufzuteilen und für jede Entität eine eigene lokale Saver-Klasse anzulegen.

8.3 Zusammenfassung

Wir haben Ihnen in diesem Kapitel gezeigt, wie Sie das Speicherverhalten des ABAP RESTful Application Programming Models um eigene Funktionalität erweitern bzw. durch diese ersetzen können. Sie können so Einfluss auf die Persistierung von Geschäftsobjektinstanzen nehmen.

Als Erstes haben wir Ihnen in Abschnitt 8.1, »Erweitertes Speicherverhalten implementieren«, gezeigt, wie Sie das Standardspeicherverhalten des BO-Frameworks um eigene Funktionalität ergänzen können. Diese Erweiterung des Speicherverhaltens bietet sich immer dann an, wenn nach der Speicherung Folgefunktionen ausgeführt werden sollen, z. B. eine Datenübertragung an Fremdsysteme, das Versenden von E-Mails oder das Schreiben von Änderungseinträgen. Die eigentliche Speicherung der Daten übernehmen weiterhin die impliziten Speicherroutinen des BO-Frameworks.

In Abschnitt 8.2, »Eigene Speicherroutinen implementieren«, haben wir gezeigt, wie Sie die impliziten Speicherroutinen vollständig ersetzen können. Man spricht in diesem Fall von einem Unmanaged Save. Die eigentliche Persistierung der Daten muss von Ihnen in Form von eigenen Verbuchungsbausteinen vorgenommen werden. Das Unmanaged Save bietet sich immer dann an, wenn bereits eigene Verbuchungsbausteine vorhanden sind.

Kapitel 9
Verwendung von Geschäftsobjekten

In diesem Kapitel erfahren Sie, wie Sie über die Projektionsschicht kontextabhängige Services bereitstellen und so eine flexible Konsumierung von Geschäftsobjekten ermöglichen.

In Kapitel 6, »Geschäftsobjekte modellieren«, bis Kapitel 8, »Erweiterung des Speicherverhaltens«, haben Sie die Struktur des Geschäftsobjekts für unsere Beispielanwendung modelliert und das Geschäftsobjektverhalten implementiert. Das so entstandene Geschäftsobjekt besteht aus einer Vielzahl von Feldern, Ermittlungen, Validierungen und Aktionen. Mit einer Servicedefinition und einem Service-Binding haben Sie dieses Geschäftsobjekt als UI-Service bereitgestellt (siehe Abschnitt 6.4, »Business-Services erstellen«). Das heißt, dass die komplette Struktur und das gesamte Verhalten des Geschäftsobjekts zur Konsumierung über eine SAP-Fiori-Anwendung zur Verfügung stehen. Wie gehen Sie jedoch vor, wenn nur bestimmte Teile des Geschäftsobjekts exponiert werden sollen oder Sie Ihr Geschäftsobjekt für die Verwendung außerhalb Ihrer Softwarekomponente bereitstellen wollen?

Geschäftsobjekte bereitstellen

Um nur bestimmte Teile des Geschäftsobjekts als Service bereitzustellen, können Sie im ABAP RESTful Application Programming Model eine sogenannte *Projektionsschicht* aufbauen. Des Weiteren haben Sie die Möglichkeit, sogenannte *Business-Objekt-Interfaces* (BO-Interfaces) zu verwenden, um Ihr Geschäftsobjekt anderen Softwarekomponenten zur Verfügung zu stellen. Dieses Vorgehen bringen wir Ihnen in diesem Kapitel näher.

In Abschnitt 9.1 erläutern wir die Möglichkeit der flexiblen Konsumierung von Geschäftsobjekten über eine Projektionsschicht genauer. In Abschnitt 9.2 zeigen wir Ihnen, wie Sie mithilfe von *Projektions-Views* eine eigene Projektionsschicht für Ihr Geschäftsobjekt anlegen können.

In Abschnitt 9.3, »Virtuelle Elemente modellieren«, erfahren Sie, wie Sie Felder ins Datenmodell aufnehmen, die nicht persistiert, sondern erst zur Laufzeit durch entsprechende ABAP-Logik berechnet werden. Abschließend zeigen wir Ihnen in Abschnitt 9.4, »Geschäftsobjekte freigeben«, wie Sie mithilfe von BO-Interfaces und Releasekontrakten Ihr Geschäftsobjekt anderen Softwarekomponenten bereitstellen können.

9.1 Flexible Konsumierung von Geschäftsobjekten mittels Projektionsschicht

Allgemeines Geschäftsobjekt

Den Services und Anwendungen, die ein Geschäftsobjekt konsumieren, stehen die komplette Struktur und das gesamte Verhalten dieses Objekts zur Verfügung. In bestimmten Geschäftsszenarien wird jedoch nur eine bestimmte Teilmenge der Funktionen eines Geschäftsobjekts benötigt. Betrachten wir an dieser Stelle unser Geschäftsobjekt Rabattaktion: Es handelt sich um ein allgemeines Geschäftsobjekt, mit dem Handelsunternehmen Rabatte für bestimmte Produkte für eine Filiale gewähren können. Jede der Rabattaktionen besteht aus der gleichen Geschäftsobjektstruktur sowie dem gleichen Geschäftsobjektverhalten, da der zugehörige Service alle Felder, Ermittlungen, Validierungen und Aktionen exponiert. Aus fachlicher Sicht gibt es jedoch nicht nur die *eine* Rabattaktion, sondern es kann verschiedene Formen von Rabatten geben, die sich je nach Kontext in ihrer Struktur und ihrem Verhalten unterscheiden.

Geschäftsobjekt-projektion

Unter anderem kann ein Rabatt ein Mengenrabatt sein, bei dem die Kundin oder der Kunde eine bestimmte Menge eines Produkts kaufen muss, um einen Rabatt zu erhalten. Denkbar sind auch Sonderrabatte, die nur für bestimmte Personengruppen gelten, wie z. B. Mitarbeitende. Diese Rabattformen stellen also Erweiterungen bzw. Einschränkungen des allgemeinen Geschäftsobjekts Rabattaktion dar. Es handelt sich hierbei um sogenannte *Geschäftsobjektprojektionen*. Abbildung 9.1 veranschaulicht die Projektion der verschiedenen Rabattformen.

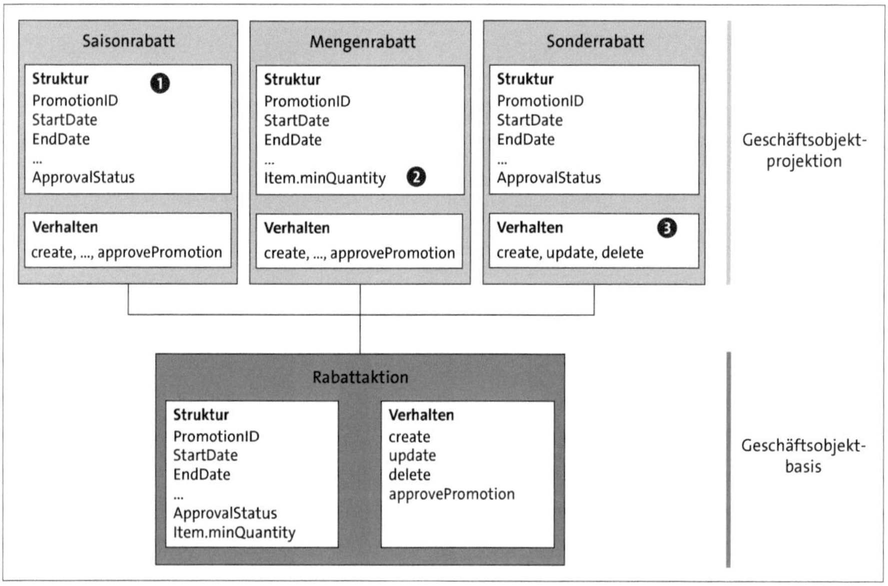

Abbildung 9.1 Projektion der Rabattaktion

Geschäftsobjektbasis

Das bisher definierte Geschäftsobjekt Rabattaktion bildet die Basis aller Rabattaktionen. Diese *Geschäftsobjektbasis* beinhaltet unter anderem die Struktur und das Verhalten des Objekts in Form von CUD-Operationen (`create`, `update`, `delete`) und der Aktion `approvePromotion`. Die weiteren Rabattformen bauen in Form von Geschäftsobjektprojektionen auf dieser Geschäftsobjektbasis auf.

Wie in Abbildung 9.1 zu erkennen ist, verwenden die Geschäftsobjektprojektionen nur die Elemente und Funktionen, die für die jeweilige Rabattform relevant sind. So projiziert der Saisonrabatt ❶ das gesamte Verhalten und alle Felder der Struktur bis auf das Feld `minQuantity` der Rabattaktionsposition. Dieses Feld wird ausschließlich vom Mengenrabatt ❷ verwendet, da nur bei dieser Aktion eine Mindestmenge eines Produkts gekauft werden muss. Für den Sonderrabatt ❸ werden hingegen nur die CUD-Operationen projiziert, jedoch nicht die Aktion `approvePromotion`.

Projektionsschicht

Für die Projektion von Geschäftsobjekten steht im ABAP RESTful Application Programming Model die Projektionsschicht (Projection Layer) zur Verfügung. Durch diese Schicht können Sie die Geschäftsobjektstrukturen und das Verhalten exponieren, die in einem bestimmten Geschäftskontext relevant sind. Mithilfe von Projektionen sind Sie somit in der Lage, kontextabhängige Teilmengen von einer Geschäftsobjektbasis zu bilden. Abbildung 9.2 ordnet die Projektionsschicht in den Gesamtkontext des ABAP RESTful Application Programming Models ein.

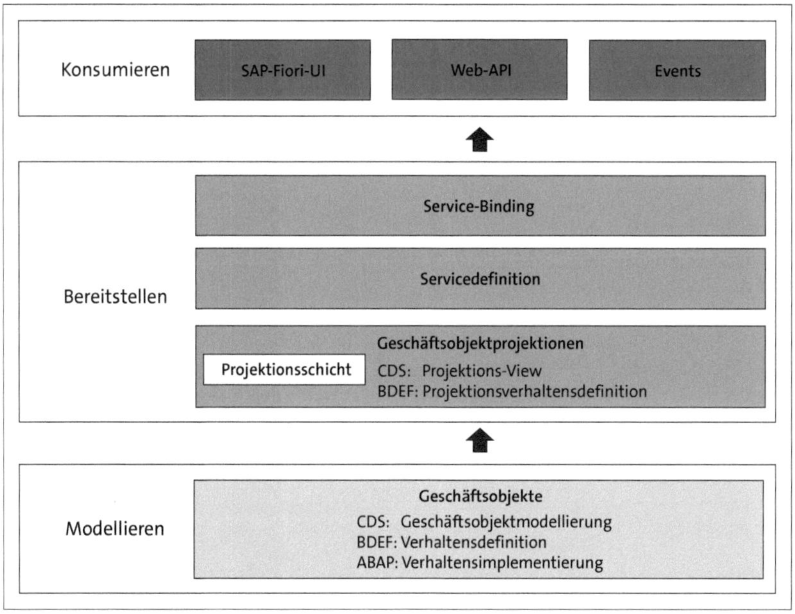

Abbildung 9.2 Einordnung der Projektionsschicht ins ABAP RESTful Application Programming Model

Flexibles Konsumieren von Geschäftsobjekten

Neben der Ableitung von weiteren Geschäftsobjekttypen ermöglicht Ihnen die Projektionsschicht auch eine flexiblere Konsumierung von Geschäftsobjekten. Durch das Einziehen einer Projektionsschicht sind Sie in der Lage, ein und dasselbe Geschäftsobjekt sowohl als UI-Service als auch als Web-API zu exponieren. Die servicespezifischen Unterschiede definieren Sie in diesem Fall innerhalb der Projektionsschicht. So wird z. B. nur die Projektionsschicht mit UI-Annotationen angereichert, die später als UI-Service exponiert werden. Die eigentliche Geschäftsobjektbasis bleibt hingegen frei von servicespezifischen Annotationen.

Robuste Programmierung

Ein weiterer Vorteil der Verwendung einer Projektionsschicht ist, dass Sie die Geschäftsobjektbasis erweitern können, ohne die bereits vorhandenen Geschäftsobjektprojektionen zu beeinflussen. Dies ermöglicht eine robuste Programmierung von Anwendungen. Stellen Sie sich vor, die Rabattaktion solle um eine neue Rabattart »Treuerabatt« ergänzt werden. Die zusätzlich benötigten Felder und Verhalten würden Sie in der Geschäftsobjektbasis Rabattaktion implementieren. Das Bereitstellen der neuen Rabattart würde jedoch über eine zusätzliche Geschäftsobjektprojektion für den Treuerabatt erfolgen. Auf die bereits bestehenden Geschäftsobjektprojektionen hat die Erweiterung der Geschäftsobjektbasis keinen Einfluss.

Entwicklungsobjekte der Projektionsschicht

Um eine Projektionsschicht zu erstellen, stehen Ihnen *CDS-Projektions-Views* (Projection Views) und *CDS-Projektionsverhaltensdefinitionen* (Projection Behavior Definitions) zur Verfügung. Diese werden auf Basis der CDS-Views und der Verhaltensdefinition der Geschäftsobjektbasis erstellt.

Zusammenspiel der Entwicklungsobjekte

Abbildung 9.3 veranschaulicht folgende Zusammenhänge zwischen den Entwicklungsobjekten:

- Zu jedem CDS-View der Geschäftsobjektstruktur kann es beliebig viele CDS-Projektions-Views geben.
- Zu einem CDS-Projektions-View gibt es genau eine Projektionsverhaltensdefinition, die auf genau einer Verhaltensdefinition basiert.

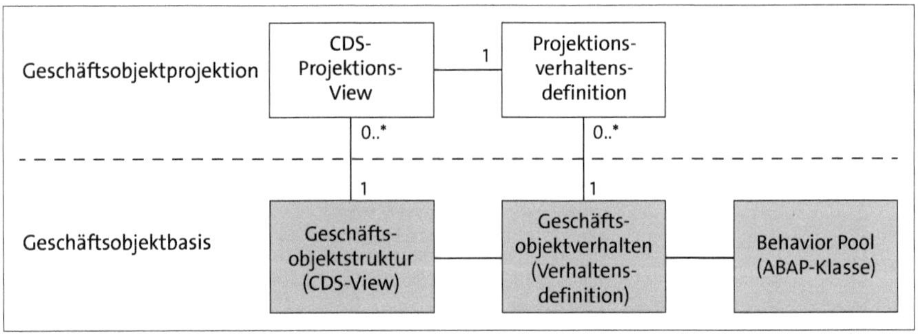

Abbildung 9.3 Entwicklungsobjekte der Projektionsschicht

Innerhalb der Projektionsschicht kommen den CDS-Projektions-Views und Projektionsverhaltensdefinitionen folgende Aufgaben zu:

- **CDS-Projektions-View**
  Bei Projektions-Views handelt es sich um einen speziellen Typ von CDS-Views. Projektions-Views basieren auf den CDS-Views, die die Struktur des Geschäftsobjekts beschreiben, und exponieren nur diejenigen Elemente, die für den jeweiligen Service relevant sind. Zum Beispiel kann durch einen CDS-Projektions-View die Feldliste des projizierten CDS-Views eingeschränkt oder durch virtuelle Elemente erweitert werden (siehe Abschnitt 9.3, »Virtuelle Elemente modellieren«). Des Weiteren lassen sich CDS-Projektions-Views mit servicespezifischen Annotationen anreichern.

  Ähnlich den Ihnen vielleicht vom ABAP-Programmiermodell für SAP Fiori her bekannten *Consumption Views* orientieren sich CDS-Projektions-Views an dem Konsumenten des Geschäftsobjekts. Sie sind somit Bestandteil der Bereitstellungsschicht des ABAP RESTful Application Programming Models (siehe Abbildung 9.2).
- **Projektionsverhaltensdefinition**
  Zu einem CDS-Projektions-View definieren Sie eine Projektionsverhaltendefinition. Während Sie durch den Projektions-View definieren, welche Elemente der Geschäftsobjektstruktur exponiert werden, definieren Sie mit der Projektionsverhaltensdefinition, welche Funktionen des Geschäftsobjektverhaltens exponiert werden. Neben der Exponierung des Geschäftsobjektverhaltens können Sie in einer Projektionsverhaltensdefinition auch neue Aktionen definieren, die dann in einer separaten Verhaltensimplementierung implementiert werden. Neue abweichende Funktionen, wie Validierungen und Ermittlungen, lassen sich jedoch nicht definieren.

9.2 Projektionsschicht erstellen

In diesem Abschnitt zeigen wir Ihnen, wie Sie mithilfe von Projektions-Views und Projektionsverhaltensdefinitionen eine Projektionsschicht für unsere Beispielanwendung erstellen können. Dazu erweitern wir die Beispielanwendung um einen zusätzlichen Anwendungsfall.

Anforderung an die Projektionsschicht

Das Genehmigen von Rabattaktionen soll der jeweiligen Filialleitung obliegen. Ihr soll eine SAP-Fiori-Anwendung zur Verfügung gestellt werden, über die die Daten der Rabattaktionen geprüft werden können und über die anschließend der Status »Genehmigt« (**A**) gesetzt werden kann. Andere Funktionen dürfen über diese Anwendung nicht ausgeführt werden.

Aus diesem Anwendungsfall lassen sich folgende Anforderungen an die SAP-Fiori-Anwendung **Approver** ableiten:

- Über die Anwendung soll die Filialleitung die Aktion `approvePromotion` ausführen können.
- Das Anlegen, Ändern und Löschen von Rabattaktionen darf über die Anwendung **Approver** nicht durchgeführt werden.
- Für die Prüfung der Rabattaktionen soll der Filialleitung neben den bisherigen Rabattdaten auch der eigentliche Produktpreis auf Positionsebene angezeigt werden.

Aufbau der Geschäftsobjektprojektion

Abbildung 9.4 stellt den Aufbau und die Bestandteile der von diesen Anforderungen abgeleiteten Geschäftsobjektprojektion dar:

❶ Geschäftsobjektbasis der Rabattaktion

Die Geschäftsobjektbasis setzt sich aus den in den vorangegangenen Kapiteln angelegten CDS-Views `ZR_PromotionTP` und `ZR_PromotionItemTP` sowie aus der Verhaltensdefinition `ZR_PROMOTIONTP` und der Verhaltensimplementierung `ZBP_PROMOTIONTP` zusammen. Für die Implementierung der Anwendung **Approver** bleiben diese Entwicklungsobjekte unverändert.

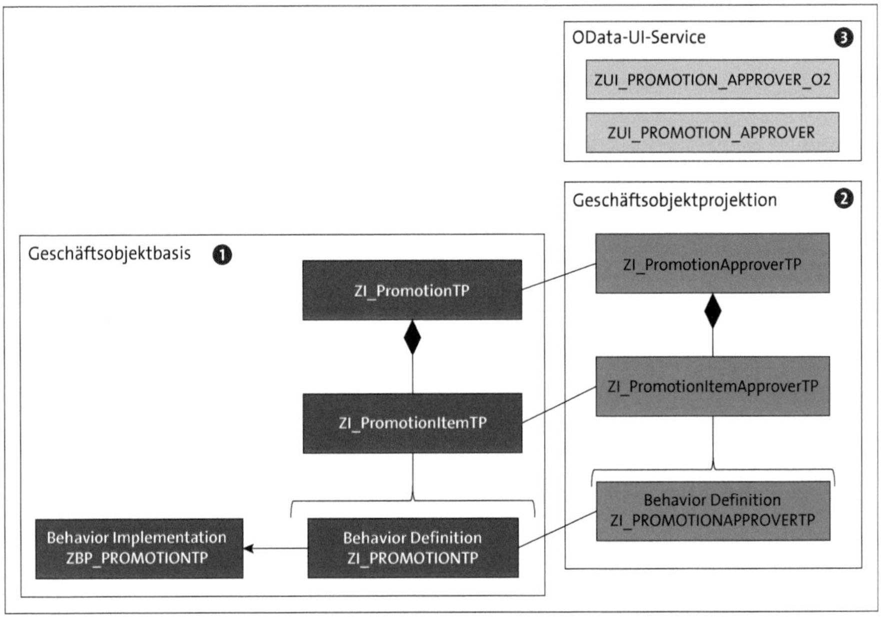

Abbildung 9.4 Projektionsobjekte der Anwendung »Approver«

❷ Geschäftsobjektprojektion der Approver-Anwendung

Die für die Anwendung **Approver** benötigte Projektionsschicht baut auf den Entwicklungsobjekten der Geschäftsobjektbasis auf. Wir werden die

Projektions-Views `ZC_PromotionApproverTP` und `ZC_PromotionItemApproverTP` auf Basis der CDS-Views `ZR_PromotionTP` und `ZR_PromotionItemTP` erstellen. Zusätzlich werden wir eine Projektionsverhaltensdefinition `ZC_PROMOTIONAPPROVERTP` definieren, die nur die Aktion `approvePromotion` der Verhaltensimplementierung `ZBP_PROMOTIONTP` projiziert.

❸ **OData-UI-Service**
Die Geschäftsobjektprojektion werden wir der Filialleitung über einen UI-Service zur Verfügung stellen. Dazu legen wir die Servicedefinition `ZUI_PROMOTION_APPROVER` und das Service-Binding `ZUI_PROMOTION_APPROVER_02` an.

9.2.1 CDS-Projektions-Views anlegen

Projektions-View anlegen

Im ersten Schritt erstellen Sie den CDS-Projektions-View `ZC_PromotionApproverTP` innerhalb des Entwicklungspakets `ZPM_BO`:

1. Rufen Sie dazu den Anlagedialog für CDS-Views über den **Project Explorer** in den ABAP Development Tools (ADT) auf.
2. Vergeben Sie in dem sich öffnenden Dialog den Namen `ZC_PromotionApproverTP`, eine Beschreibung, und geben Sie im Feld **Referenced Object** den CDS-View `ZR_PromotionTP` an. Bestätigen Sie Ihre Eingaben über die Schaltfläche **Next**.
3. Für Projektions-Views bietet Ihnen dieser Dialog ein entsprechendes Template an. Wählen Sie das Template **Define Projection View** aus, wie in Abbildung 9.5 gezeigt, und schließen Sie den Anlagedialog über die Schaltfläche **Finish**.

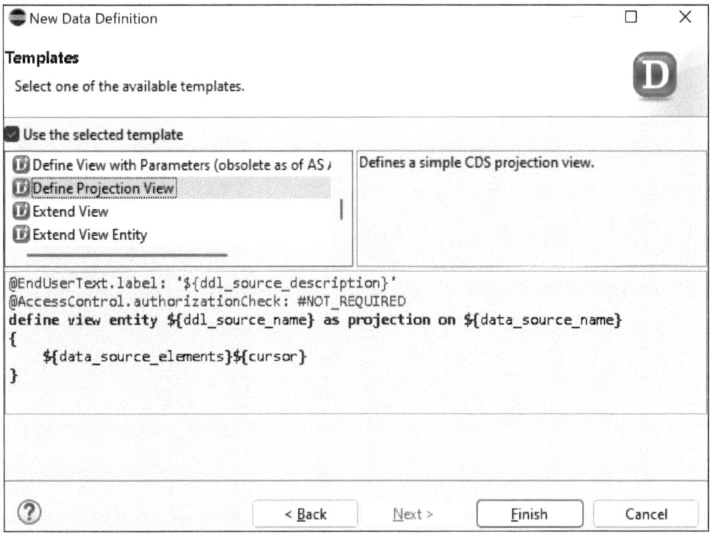

Abbildung 9.5 Template für einen Projektions-View auswählen

4. Übernehmen Sie die in Listing 9.1 gezeigte CDS-View-Definition.

```
define root view entity ZC_PromotionApproverTP
provider contract transactional_query
as projection on ZR_PromotionTP
{
  @UI.facet: [
    { id: 'GeneralInformation',
      label:'General Information',
      type:  #IDENTIFICATION_REFERENCE },
    { id: 'PromotionItem',
      purpose: #STANDARD,
      position: 20,
      label: 'Promotion Item',
      type: #LINEITEM_REFERENCE,
      targetElement: '_PromotionItem' } ]

  @UI.lineItem: [
    { position: 10, label: 'Promotion' },
    { type: #FOR_ACTION,
      dataAction: 'approvePromotion',
      label: 'Approve Promotion', position: 10 }]
  @UI.identification: [{position: 10, label: 'Promotion' }]
  key PromotionId,
  @UI.lineItem: [{position: 20, label: 'Description' }]
  @UI.identification: [{position: 20, label: 'Description' }]
  PromotionDescription,
  @UI.lineItem: [{position: 30, label: 'Start date' }]
  @UI.identification: [{position: 30, label: 'Start date' }]
  StartDate,
  @UI.lineItem: [{position: 40, label: 'End date' }]
  @UI.identification: [{position: 40, label: 'End date' }]
  EndDate,
  @UI.lineItem: [{position: 50, label: 'Location' }]
  @UI.identification: [{position: 50, label: 'Location' }]
  LocationId,
  @UI.lineItem: [{position: 60, label: 'Approval Status' }]
  @UI.identification: [{position: 60,
                       label: 'Approval Status' }]
  ApprovalStatus,
  @UI.hidden: true
  CreatedAt,
  @UI.hidden: true
```

```
    CreatedBy,
    @UI.hidden: true
    ChangedAt,
    @UI.hidden: true
    ChangedBy,
    _Location,
    _PromotionItem
}
```

Listing 9.1 CDS-Projektions-View »ZC_PromotionApproverTP«

5. Aktivieren Sie den CDS-Projektions-View anschließend.

Wie Sie in Listing 9.1 erkennen können, entspricht die Syntax von Projektions-Views der »normaler« CDS-Views. Abweichend von der Definition, die Sie bisher kennengelernt haben, geben Sie durch das Schlüsselwort `as projection on` jedoch an, dass es sich um eine direkte Projektion des CDS-Views `ZR_PromotionTP` handelt.

Durch das Schlüsselwort `provider contract transactional_query` geben Sie an, dass es sich um eine Projektionsschicht eines Geschäftsobjekts handelt. Transaktionale Projektionsschichten müssen immer Teil eines Geschäftsobjekts sein. Das heißt, der Projektions-View muss selbst ein Wurzelentität (`root entity`) oder Teil eines Kompositionsbaumes sein, der eine Wurzelentität enthält.

UI-Annotationen

Da der Projektions-View später als UI-Service zur Verfügung gestellt werden soll, geben Sie die benötigten UI-Annotationen direkt in der Feldliste an. In der Feldliste haben Sie alle Felder des projizierten CDS-Views übernommen.

Eigenschaften von Projektions-Views

Auch wenn es sich bei Projektions-Views um CDS-Views handelt, unterliegen diese gewissen Einschränkungen. Die folgende Liste fasst die wichtigsten Eigenschaften von Projektions-Views zusammen:

- Projektions-Views können ausschließlich auf herkömmlichen CDS-Views basieren. Das »Stapeln« von Projektions-Views in View Stacks ist somit nicht möglich.
- Handelt es sich bei dem projizierten CDS-View um einen Root View, muss der Projektions-View ebenfalls ein Root-View sein.
- Es können nur Felder des projizierten CDS-Views exponiert werden.
- Die Definition von neuen Kompositionsassoziationen (Eltern-Kind-Beziehungen) ist nicht möglich.
- Felder einer vom projizierten CDS-View bereitgestellten Assoziation können in die Feldliste aufgenommen werden, wenn die Assoziation eine Kardinalität von 1 aufweist.

- Das Erstellen neuer lesender Assoziationen im Projektions-View wird unterstützt.
- Das Aufnehmen von Feldern einer im Projektions-View neu definierten Assoziation führt jedoch zu einem Fehler.
- Feldnamen lassen sich über die Alias-Funktion as umbenennen.
- Die selektierten Daten eines Projektions-Views lassen sich über eine WHERE-Bedingung eingrenzen.

Projektions-View für die Rabattaktionspositionen

Legen Sie nun den Projektions-View ZC_PromotionItemApproverTP für die Rabattaktionspositionen an. Übernehmen Sie dafür die in Listing 9.2 gezeigte Definition.

```
define view entity ZC_PromotionItemApproverTP
as projection on ZR_PromotionItemTP
{
  @UI.facet: [
   { id: 'PromotionItem',
     label:'Promotion Item',
     type: #IDENTIFICATION_REFERENCE } ]

  @UI.lineItem: [{position: 10, label: 'Promotion' }]
  key PromotionId,
  @UI.lineItem: [{position: 20, label: 'Position' }]
  key PromotionPosition,
  @UI.lineItem: [{position: 30, label: 'Article' }]
  ProductId,
  @UI.hidden: true
  Quantity,
  @UI.hidden: true
  QuantityUnit,
  @UI.lineItem: [{ position: 40, label: 'Product price' }]
  _Product.Price    as ProductPrice,
  @UI.lineItem: [{position: 50,
                label: 'Discount in percent' }]
  DiscountInPercent,
  @UI.lineItem: [{position: 60, label: 'Discount price' }]
  DiscountPrice,
  Currency,
  _Product,
  _Promotion: redirected to parent ZC_PromotionApproverTP
}
```

Listing 9.2 CDS-Projektions-View »ZC_PromotionItemApproverTP«

Die Feldliste des Projektions-Views wird hier um das Feld ProductPrice erweitert. Dazu haben wir das Feld Price über die vom CDS-View ZR_PromotionItemTP exponierte Assoziation _Product mit in die Feldliste aufgenommen und einen entsprechenden Alias-Namen vergeben.

Umleiten von Assoziationen

Durch die Definition von Projektions-Views können sich Ziele von exponierten Assoziationen ändern. So ist es in unserem Fall notwendig, die Assoziation _Promotion auf den neuen Projektions-View ZC_PromotionApproverTP umzuleiten. Dies erfolgt durch den Zusatz : redirected to parent ZC_PromotionApproverTP.

Leiten Sie, wie in Listing 9.3 gezeigt, außerdem die Assoziation _PromotionItem für die Rabattaktionspositionen auf den Projektions-View ZC_PromotionItemApproverTP um.


```
define root view entity ZC_PromotionApproverTP
provider contract transactional_query
as projection on ZR_PromotionTP
{
...
  _PromotionItem: redirected to composition child
ZC_PromotionItemApproverTP
}
```

Listing 9.3 Umleiten der Assoziation »_PromotionItem«

9.2.2 Projektionsverhaltensdefinition anlegen

Sie haben nun die Struktur der Geschäftsobjektprojektion für die Anwendung **Approver** angelegt. Nun müssen Sie noch definieren, welche Funktionen der Verhaltensdefinition ZR_PROMOTIONTP in der Projektion zur Verfügung stehen sollen. Dazu legen Sie die Projektionsverhaltensdefinition ZC_PROMOTIONAPPROVERTP an.

Verhaltensdefinition für Projektion anlegen

Sie können Projektionsverhaltensdefinitionen direkt über den zugehörigen Projektions-View erstellen:

1. Klicken Sie dazu mit der rechten Maustaste auf den CDS-Projektions-View im **Project Explorer** und wählen Sie den Punkt **New Behavior Definition** aus dem Kontextmenü aus.
2. Im sich daraufhin öffnenden Anlagedialog lassen Sie die Angaben unverändert. Da Sie die Projektionsverhaltensdefinition direkt über den CDS-Projektions-View anlegen, wird das Feld **Implementation Type** mit dem passenden Typ **Projection** vorbelegt (siehe Abbildung 9.6).

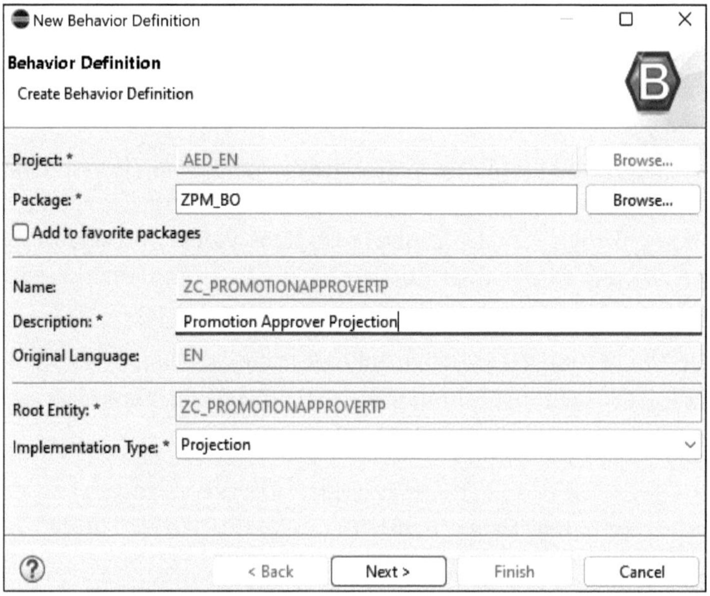

Abbildung 9.6 Anlagedialog für die Projektionsverhaltensdefinition

3. Navigieren Sie über die Schaltfläche **Next** durch den Anlagedialog und schließen Sie das Anlegen der Projektionsverhaltensdefinition über die Schaltfläche **Finish** ab.
4. Es öffnet sich der Quellcode-Editor mit einer vordefinierten Projektionsverhaltensdefinition ZC_PROMOTIONAPPROVERTP, in die automatisch alle zur Verfügung stehenden Funktionen der zugrunde liegenden Verhaltensdefinition ZR_PROMOTIONTP projiziert werden (siehe Abbildung 9.7).

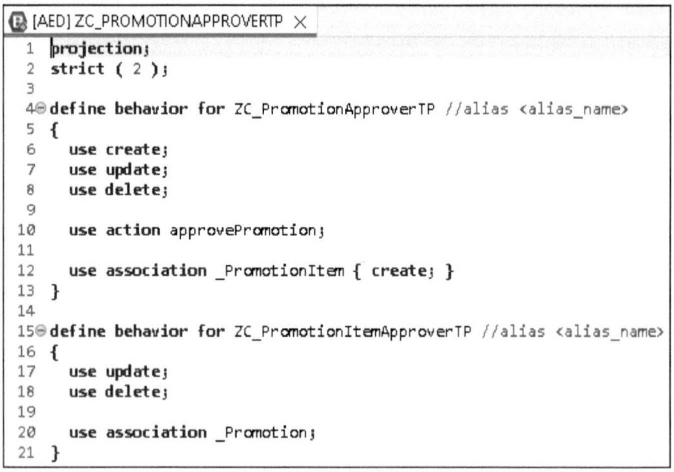

Abbildung 9.7 Vordefinierte Projektionsverhaltensdefinition

5. Wenn keine Änderungen an der Projektionsverhaltensdefinition vorgenommen werden, verhält sich die Geschäftsobjektprojektion genauso wie die Geschäftsobjektbasis. Ändern Sie die neue Verhaltensdefinition ab, wie in Listing 9.4 gezeigt, und aktivieren Sie diese.

```
projection;
strict ( 2 );

define behavior for ZC_PromotionApproverTP
  alias PromotionApprover
use etag
{
  use action approvePromotion;
}
```

Listing 9.4 Projektionsverhaltensdefinition »ZC_PromotionApproverTP«

Schlüsselwörter »projection« und »use«

Durch das Schlüsselwort `projection` definieren Sie, dass es sich um eine Projektionsverhaltensdefinition handelt, die auf der Verhaltensdefinition des projizierten CDS-Views basiert.

Jede Funktion der projizierten Verhaltensdefinition, die Sie durch den Service der Projektionsschicht exponieren wollen, müssen Sie nach dem Schlüsselwort `use` angeben. In unserem Fall soll der Service ausschließlich die Aktion `approvePromotion` zur Verfügung stellen. Des Weiteren wird das eTag-Feld der projizierten Verhaltensdefinition verwendet (`use etag`), um zwischenzeitliche Datenänderungen zu identifizieren.

[«]

Projizierbare Elemente

Mit dem Schlüsselwort `use` lassen sich folgende Funktionen einer Verhaltensdefinition projizieren:

- Standard-CUD-Operationen
- Aktionen
- eTag
- Instanzerzeugungen per Assoziation (`association ... { create; }`)

Auf Ermittlungen und Validierungen lässt sich das Schlüsselwort `use` nicht anwenden. Sie können Ermittlungen und Validierungen daher nicht nur für eine Projektion definieren oder von nur einer Projektion ausschließen. Die Definition neuer Ermittlungen und Validierungen auf Geschäftsobjektbasis hat somit auch Auswirkungen auf bereits vorhandene Projektionen.

9.2.3 UI-Service definieren

Mit der Aktivierung der Projektionsverhaltensdefinition haben Sie die Erstellung der Projektionsschicht für die Anwendung **Approver** abgeschlossen. Damit Sie die Projektionsschicht als SAP-Fiori-Anwendung zur Verfügung stellen können, müssen Sie noch einen entsprechenden UI-Service definieren. Erstellen Sie dazu die in Tabelle 9.1 genannte Servicedefinition und das dort genannte Service-Binding.

Objekttyp	Name
Servicedefinition	ZUI_PROMOTION_APPROVER
Service-Binding	ZUI_PROMOTION_APPROVER_02

Tabelle 9.1 Servicedefinition und Service-Binding der Anwendung »Approver«

Servicedefinition anlegen

Exponieren Sie über die Servicedefinition ZUI_PROMOTION_APPROVER die beiden angelegten CDS-Projektions-Views (siehe Listing 9.5).

```
define service ZUI_PROMOTION_APPROVER {
  expose ZC_PromotionApproverTP;
  expose ZC_PromotionItemApproverTP;
}
```

Listing 9.5 Servicedefinition ZUI_PROMOTION_APPROVER

Service-Binding anlegen

Achten Sie bei der Anlage des Service-Bindings darauf, den **Binding Type ODATA V2 – UI** auszuwählen. Anschließend können Sie die Anwendung **Approver** über die Vorschau für SAP-Fiori-Elements-Anwendungen aufrufen.

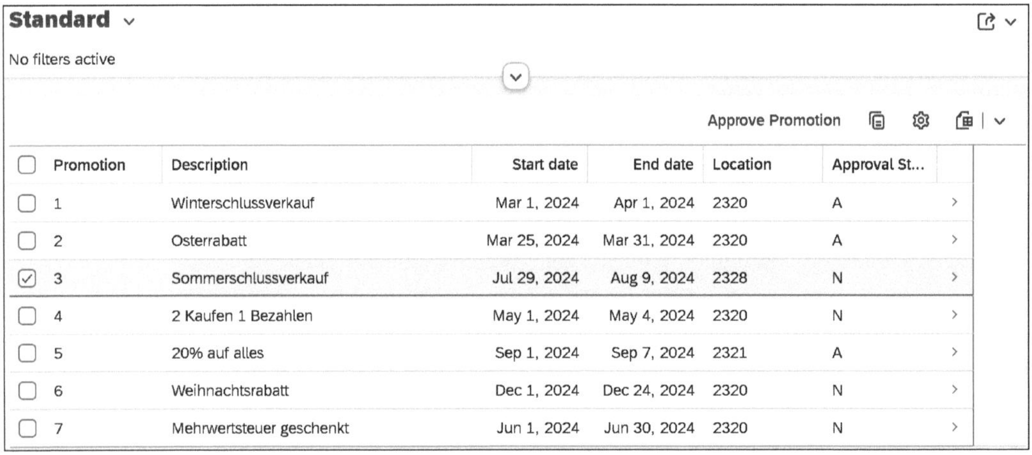

Abbildung 9.8 SAP Fiori List Report der Anwendung »Approver«

Vorschau der Anwendung »Approver«

Wie Sie in Abbildung 9.8 erkennen können, steht ausschließlich die Funktion **Approve Promotion** in dieser Anwendung zur Verfügung. Es lassen sich keine Rabattaktionen anlegen, ändern oder löschen. In der Detailsicht wird der Produktpreis in der Spalte **Product price** angezeigt (siehe Abbildung 9.9).

Abbildung 9.9 Anzeige des Produktpreises auf Detailsichtebene

Projektionsschicht für die Rabattaktion

Wie in Abschnitt 9.1, »Flexible Konsumierung von Geschäftsobjekten mittels Projektionsschicht«, beschrieben, sollten servicespezifische Annotationen nur in der jeweiligen Projektionsschicht definiert werden und nicht in den CDS-Views des Geschäftsobjekts. Bisher haben wir die UI-Annotationen direkt in den CDS-Views `ZR_PromotionTP` und `ZR_PromotionItemTP` unseres Geschäftsobjektes definiert. Unabhängig von den Annotationen sollte für die Geschäftsobjektkonsumierung immer eine Projektionsschicht angelegt werden. Legen Sie daher nun für das Geschäftsobjekt Rabattaktion ebenfalls eine Projektionsschicht an und übernehmen Sie die UI-spezifischen Annotationen in die CDS-Projektions-Views. Die zugehörige Projektionsverhaltensdefinition soll alle Funktionen des Geschäftsobjektverhaltens exponieren. Erstellen Sie dazu die in Tabelle 9.2 genannten Objekte.

Objekttyp	Name
CDS-Projektions-View	`ZC_PromotionTP`
CDS-Projektions-View	`ZC_PromotionItemTP`
Projektionsverhaltensdefinition	`ZC_PROMOTIONTP`
Servicedefinition	`ZUI_PROMOTION`

Tabelle 9.2 Projektionsschicht des Geschäftsobjekts Rabattaktion

Legen Sie, wie in Tabelle 9.2 aufgeführt, auch eine neue Servicedefinition `ZUI_PROMOTION` an, die die beiden CDS-Projektions-Views `ZC_PromotionTP` und `ZC_PromotionItemTP` exponiert. Fügen Sie die Servicedefinition `ZUI_PROMOTION` dem Service-Binding `ZUI_PROMOTION_02` als neue Version hinzu (siehe Abbildung 9.10).

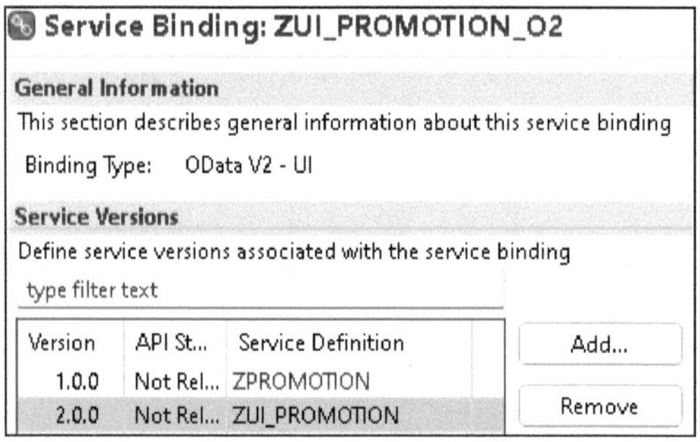

Abbildung 9.10 Neue Serviceversion einem Binding hinzufügen

9.3 Virtuelle Elemente modellieren

Wie bereits angesprochen, haben Sie die Möglichkeit, CDS-Projektions-Views mit sogenannten *virtuellen Elementen* anzureichern. Hierbei handelt es sich um Felder, die zur Laufzeit durch eine ABAP-Klasse ermittelt bzw. berechnet werden. Virtuelle Elemente sind *transient*. Das heißt, dass die Werte dieser Felder nicht auf der Datenbank persistiert werden.

In diesem Abschnitt zeigen wir anhand des in Abschnitt 9.2, »Projektionsschicht erstellen«, erstellten Projektions-Views `ZC_PromotionApproverTP`, wie sich virtuelle Elemente definieren lassen. Dazu erweitern wir unsere Anwendung **Approver** um folgende Anforderung: In einem neuen Feld **Number of products** soll die Anzahl der in einer Rabattaktion eingesetzten Produkte angezeigt werden.

Virtuelle Elemente definieren

Innerhalb eines CDS-Projektions-Views fügen Sie der Feldliste durch folgenden Zusatz ein virtuelles Element hinzu:

```
virtual <Name> : { <DataElement> | <DataType> }
```

Die ABAP-Klasse, die das virtuelle Element zur Laufzeit berechnet, ist durch eine `@ObjectModel`-Annotation anzugeben:

```
@ObjectModel.virtualElementCalculatedBy: 'ABAP:<ABAPClass>'
```

Definition virtueller Elemente

Das Schlüsselwort `virtual` lässt sich ausschließlich in CDS-Projektions-Views verwenden. Die Definition virtueller Elemente innerhalb von CDS-Views durch die Annotation `@ObjectModel.virtualElement: true` wird von ABAP Cloud nicht unterstützt.

Virtuelles Element »NumberOf-Products«

Übernehmen Sie den in Listing 9.6 gezeigten Codeausschnitt, um das virtuelle Element NumberOfProducts zu definieren.

```
define root view entity ZC_PromotionApproverTP
  provider contract transactional_query
  as projection on ZR_PromotionTP
{
  ...
  @UI.lineItem: [{position: 70,
                label: 'Number of products' }]
  @EndUserText.label: 'Number of products'
  @ObjectModel.virtualElementCalculatedBy:
    'ABAP:ZCL_PM_NUMBER_OF_PRODUCTS'
  virtual NumberOfProducts : abap.int2,
  ...
}
```

Listing 9.6 Definition des virtuellen Elements »NumberOfProducts«

Damit haben Sie das virtuelle Element NumberOfProduct mit dem integrierten ABAP-Typ abap.int2 definiert. Die eigentliche Ermittlung erfolgt in der ABAP-Klasse ZCL_PM_NUMBER_OF_PRODUCTS, die Sie als Nächstes erstellen und entsprechend ausprägen.

ABAP-Klasse für virtuelle Elemente

Klassen, die für die Ermittlung von virtuellen Elementen eingesetzt werden, müssen das Interface IF_SADL_EXIT_CALC_ELEMENT_READ implementieren. Durch das Einbinden dieses Interface stehen Ihnen die beiden Methoden GET_CALCULATION_INFO und CALCULATE zur Verfügung:

- **GET_CALCULATION_INFO**
  Innerhalb dieser Methode können Sie definieren, welche Felder für die Berechnung des virtuellen Elements von der Datenbank zu lesen sind. Die Methode wird vom Framework vor der eigentlichen Selektion der Daten aufgerufen (siehe Abbildung 9.11). Tabelle 9.3 zeigt die von der Methode bereitgestellten Importing- und Exporting-Parameter.

Parameter	Beschreibung
it_requested_calc_elements	Importing-Parameter; übergibt die zu berechnenden virtuellen Elemente in Großbuchstaben.
iv_entity	Übergibt den Namen der aktuellen Entität.
et_requested_orig_elements	Exporting-Parameter; übergibt die Liste von Feldnamen in Großbuchstaben, die für die Berechnung benötigt werden.

Tabelle 9.3 Parameter der Methode GET_CALCULATION_INFO

- **CALCULATE**
  In dieser Methode implementieren Sie die eigentliche Berechnung des virtuellen Elements. Die Methode wird vom Framework nach der Selektion der Daten aufgerufen und stellt Ihnen die in Tabelle 9.4 aufgeführten Parameter zur Verfügung.

Parameter	Beschreibung
`it_original_data`	Importing-Parameter; übergibt die selektierten Daten.
`it_requested_calc_elements`	Übergibt die Liste mit den Namen der zu berechnenden virtuellen Elemente in Großbuchstaben.
`ct_calculated_data`	Exporting-Parameter; übergibt die berechneten virtuellen Elemente.

Tabelle 9.4 Parameter der Methode CALCULATE

Aufrufreihenfolge

Abbildung 9.11 verdeutlicht die Aufrufreihenfolge der Methoden `GET_CALCULATION_INFO` und `CALCULATE` im Rahmen der Datenermittlung.

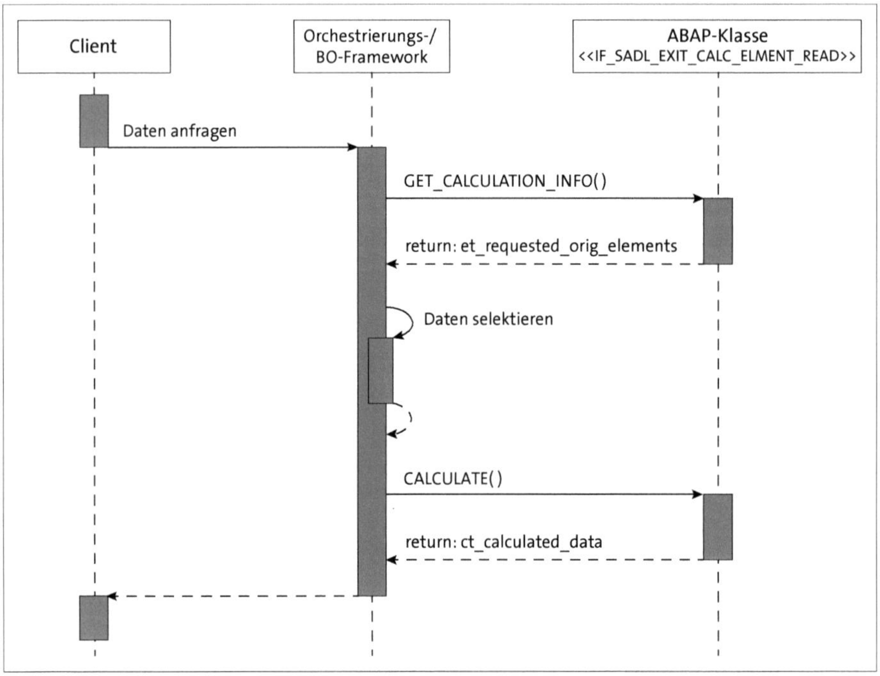

Abbildung 9.11 Ablauf der Ermittlung virtueller Elemente

Virtuelle Elemente ermitteln

Legen Sie innerhalb des Pakets ZPM_BO die Klasse ZCL_PM_NUMBER_OF_PRODUCTS an, mit der Sie das virtuelle Element NumberOfProducts ermitteln. Binden Sie ebenfalls das Interface IF_SADL_EXIT_CALC_ELEMENT_READ ein. Listing 9.7 zeigt die vollständige Klassenimplementierung.

```
CLASS zcl_pm_number_of_products IMPLEMENTATION.
  METHOD if_sadl_exit_calc_element_read~calculate.
    DATA original_data TYPE TABLE OF ZC_PromotionApproverTP.

    original_data = CORRESPONDING #( it_original_data ).

    LOOP AT original_data
      ASSIGNING FIELD-SYMBOL(<original_data>).
      SELECT COUNT( DISTINCT productid )
        AS number_of_products
        FROM zi_promotionitem
        WHERE promotionid EQ @<original_data>-promotionid
        INTO TABLE @DATA(number_of_products).
      IF sy-subrc EQ 0.
        <original_data>-numberofproducts =
          number_of_products[ 1 ]-number_of_products.
      ENDIF.
    ENDLOOP.

    ct_calculated_data = CORRESPONDING #( original_data ).
  ENDMETHOD.

  METHOD if_sadl_exit_calc_element_read~get_calculation_info.
    " Überprüfen der Entität
    IF iv_entity <> 'ZC_PROMOTIONAPPROVERTP'.
      RETURN.
    ENDIF.

    " Zur Berechnung benötigte Felder definieren
    LOOP AT it_requested_calc_elements
      ASSIGNING FIELD-SYMBOL(<requested_element>).
      CASE <requested_element>.
        WHEN 'NUMBEROFPRODUCTS'.
          APPEND 'PROMOTIONID' TO et_requested_orig_elements.
        WHEN OTHERS.
          CONTINUE.
      ENDCASE.
    ENDLOOP.
  ENDMETHOD.
ENDCLASS.
```

Listing 9.7 Klasse zur Ermittlung des virtuellen Elements »NumberOfProducts«

In der Methode `GET_CALCULATION_INFO` definieren Sie, dass das Feld `PromotionId` für die Ermittlung des virtuellen Elements `NumberOfProducts` benötigt wird. Dadurch wird das Feld `PromotionId` bei der eigentlichen Selektion der Daten berücksichtigt, unabhängig davon, ob der Client das Feld angefragt hat oder nicht. Innerhalb der Methode `CALCULATE` wird die eigentliche Ermittlung des virtuellen Elements durchgeführt. Über den Exporting-Parameter `ct_calculated_data` wird das virtuelle Element zusammen mit den anderen Daten der Entität zurückgeliefert.

[»]

Klassen zu Ermittlung von virtuellen Elementen

Sie müssen nicht für jedes virtuelle Element eine eigene Klasse definieren, sondern können eine Klasse für die Ermittlung mehrerer virtueller Elemente verwenden.

Vorschau

Wenn Sie nun erneut die Anwendung **Approver** über das Service-Binding `ZUI_PROMOTION_APPROVER_02` aufrufen, wird Ihnen die Anzahl der Produkte in der Spalte **Number of products** angezeigt (siehe Abbildung 9.12)

Approve Promotion

Promotion	Description	Start date	End date	Location	Approval Status	Number of products
1	Winterschlussverkauf	Mar 1, 2024	Apr 1, 2024	2320	A	2
2	Osterrabatt	Mar 25, 2024	Mar 31, 2024	2320	A	0
3	Sommerschlussverkauf	Jul 29, 2024	Aug 9, 2024	2328	N	1
4	2 Kaufen 1 Bezahlen	May 1, 2024	May 4, 2024	2320	N	2
5	20% auf alles	Sep 1, 2024	Sep 7, 2024	2321	A	0
6	Weihnachtsrabatt	Dec 1, 2024	Dec 24, 2024	2320	N	1
7	Mehrwertsteuer geschenkt	Jun 1, 2024	Jun 30, 2024	2320	N	0

Abbildung 9.12 Anzeige des virtuellen Elements in der Spalte »Number of products«

EML und virtuelle Elemente

Zum Schluss sei noch darauf hingewiesen, dass virtuelle Elemente von der Entity Manipulation Language (EML) nicht berücksichtigt werden und daher nicht Bestandteil der Ergebnismenge der EML-Leseoperation `READ ENTITY` sind. Des Weiteren werden virtuelle Elemente auch nicht innerhalb der Datenvorschau (**Data Preview**) von Eclipse berücksichtigt.

9.4 Geschäftsobjekte freigeben

Bisher haben wir das Geschäftsobjekt Rabattaktion ausschließlich per Service-Binding zur Verfügung gestellt. Wie gehen Sie jedoch vor, wenn Sie das

Geschäftsobjekt systemintern bereitstellen wollen? Bisher kann das Geschäftsobjekt nur innerhalb der Softwarekomponente Z_PROMOTION_MGMT verwendet werden. Eine Verwendung des Geschäftsobjekts außerhalb der Komponente führt zu einem Syntaxfehler (siehe Abbildung 9.13).

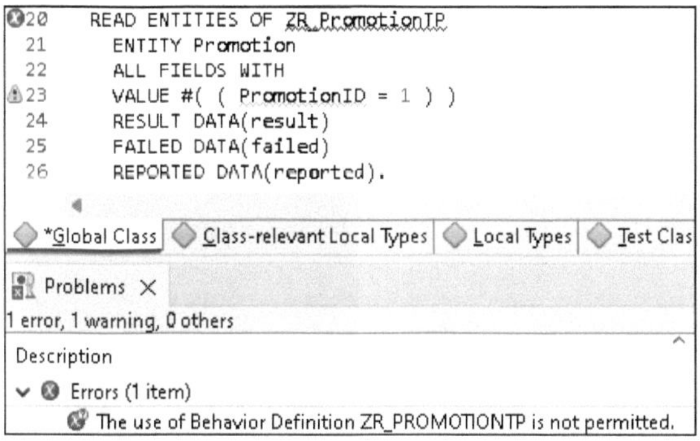

Abbildung 9.13 Fehlermeldung beim Verwenden nicht freigegebener Geschäftsobjekte

Systeminterne Verwendung in SAP S/4HANA Cloud Private Edition und SAP S/4HANA on premise

Sollten Sie die Entwicklungen in SAP S/4HANA Cloud Private Edition oder SAP S/4HANA on premise durchführen, führt die Verwendung von Entwicklungsobjekten außerhalb von ABAP-Cloud-Softwarekomponenten zu keinem Syntaxfehler.

Wie bereits in Abschnitt 3.3.3, »Freigegebene Objekte suchen«, beschrieben, werden Entwicklungsobjekte im API-Status über Releasekontrakte für einen bestimmten Zweck freigegeben. Die Freigabe von Entwicklungsobjekten für die Verwendung in anderen Softwarekomponenten erfolgt über den Releasekontrakt C1.

Geschäftsobjekte per API freigeben

Die Freigabe von Geschäftsobjekten für die Verwendung in anderen Softwarekomponenten erfolgt über ein sogenanntes *Business-Objekt-Interface* (kurz *BO-Interface*). Aus technischer Sicht besteht ein BO-Interface aus einem CDS-Projektions-View und einem *Verhaltensdefinitions-Interface*. Es handelt sich also um eine Projektionsschicht, mit der Sie, wie in Abschnitt 9.1, »Flexible Konsumierung von Geschäftsobjekten mittels Projektionsschicht«, beschrieben, die freigegebenen Elemente und Funktionen eines Geschäftsobjekts spezifizieren und so das eigentliche Geschäftsobjekt vom Konsumenten entkoppeln können. Der Konsument außerhalb der Softwarekomponente verwendet also nicht die Geschäftsobjektbasis, sondern ausschließlich das BO-Interface. Abbildung 9.14 veranschaulicht diese Zusammenhänge.

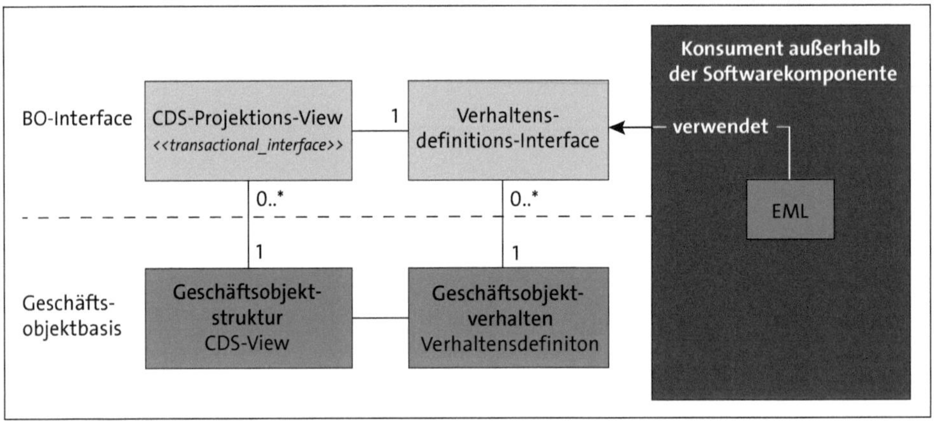

Abbildung 9.14 BO-Interface-Schicht

BO-Interface-Schicht anlegen

Wir zeigen Ihnen nun, wie Sie für unser Geschäftsobjekt Rabattaktion eine eigene BO-Interface-Schicht anlegen. Im ersten Schritt erstellen Sie dazu einen CDS-Projektions-View `ZI_PromotionTP` auf Basis des CDS-Views `ZR_PromotionTP`. Führen Sie dazu die in Abschnitt 9.2.1, »CDS-Projektions-Views anlegen«, gezeigten Schritte durch und übernehmen Sie die CDS-View-Definition aus Listing 9.8.

```
@Metadata.ignorePropagatedAnnotations: true
define root view entity ZI_PromotionTP
provider contract transactional_interface
as projection on ZR_PromotionTP
{
    key PromotionId,
    PromotionDescription,
    StartDate,
    EndDate,
    LocationId,
    ApprovalStatus,
    CreatedAt,
    CreatedBy,
    ChangedAt,
    ChangedBy,
    _Location,
    _PromotionItem
}
```

Listing 9.8 CDS-Projektions-View für die BO-Interface-Schicht

Wie Sie in Listing 9.8 erkennen, verzichten wir vollständig auf servicespezifische Annotationen, wie beispielsweise UI-Annotationen, da die Projektionsschicht nicht per OData-Service zur Verfügung gestellt wird. Der Unterschied zu den in Abschnitt 9.2.1, »CDS-Projektions-Views anlegen«, definierten CDS-Projektions-Views liegt im Schlüsselwort `provider contract transactional_interface`. Durch dieses Schlüsselwort wird definiert, dass es sich um einen CDS-Projektions-View der BO-Interface-Schicht handelt.

Da die Projektionsschicht verwendet wird, um eine stabile Schnittstelle bereitzustellen, dürfen Änderungen am zugrunde liegenden Geschäftsobjekt keine Auswirkungen auf die Projektionsschicht haben. Dies gilt ebenfalls für Annotationen der Geschäftsobjektbasis. Daher haben wir zusätzlich die Metadatenannotation `@Metadata.ignorePropagatedAnnotations: true` aufgenommen. Diese Annotation verhindert, dass Annotationen aus dem zugrunde liegenden Geschäftsobjekt an die darüberliegende Projektionsschicht exponiert werden.

Verhaltensdefinitions-Interface anlegen

Mit dem CDS-Projektions-View `ZI_PromotionTP` haben Sie die Struktur der BO-Interface-Schicht angelegt. Genau wie in Abschnitt 9.2.2, »Projektionsverhaltensdefinition anlegen«, müssen Sie noch definieren, welche Funktionen der Geschäftsobjektbasis in der BO-Interface-Schicht zur Verfügung stehen sollen. Dazu legen Sie zu dem soeben erstellten CDS-Projektions-View ein Verhaltensdefinitions-Interface `ZI_PROMOTIONTP` an. Abweichend von den in Abschnitt 9.2.1, »CDS-Projektions-Views anlegen«, angelegten CDS-Projektions-Views wählen Sie dabei an dieser Stelle im Feld **Implementation Type** den Implementierungstyp **Interface** aus (siehe Abbildung 9.15).

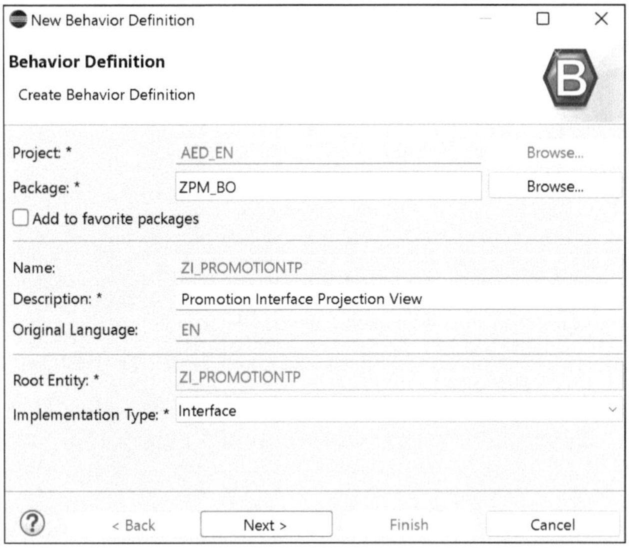

Abbildung 9.15 Anlegen eines Verhaltensdefinitions-Interface

Listing 9.9 zeigt das angelegte Verhaltensdefinitions-Interface.

```
interface;

define behavior for ZI_PromotionTP alias Promotion
{
  use create;
  use update;
  use delete;

  use action approvePromotion;

}
```

Listing 9.9 Verhaltensdefinitions-Interface

Freigabe für die systeminterne Verwendung

Damit Konsumenten außerhalb der Softwarekomponente auf das Geschäftsobjekt zugreifen können, müssen Sie als Nächstes den CDS-Projektions-View `ZI_PromotionTP` sowie das BO-Interface `ZI_PROMOTIONTP` für die systeminterne Verwendung freigeben:

1. Rufen Sie als Erstes den CDS-Projektions-View `ZI_PromotionTP` auf und wechseln Sie in der Sicht **Properties** in den Bereich **API State** (siehe Abbildung 9.16).

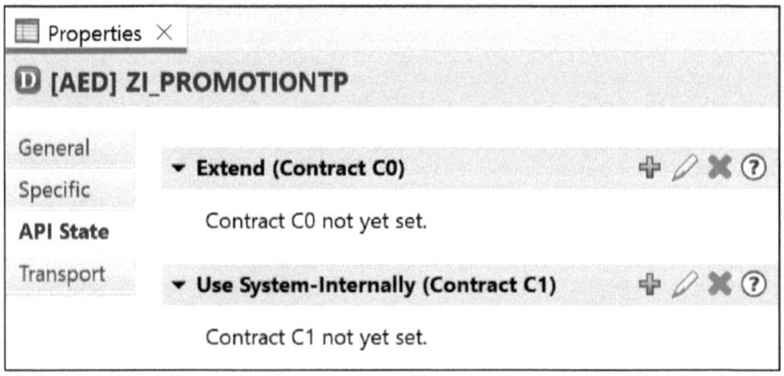

Abbildung 9.16 Freigabe eines CDS-Projektions-Views

2. Fügen Sie nun über die Plusschaltfläche im Bereich **Use System-Internally (Contract C1)** einen neuen Releasekontrakt hinzu.
3. In dem sich daraufhin öffnenden Fenster wählen Sie im Feld **Release State** die Option **Released** aus. Die Einstellung **Visibility** gibt an, ob das entsprechende Objekt für die Verwendung in ABAP Cloud oder für die Verwendung in Key-User-Anwendungen freigegeben wird. Wählen Sie hier die Option **Use in Cloud Development** und navigieren Sie mit **Next** zum nächsten Schritt (siehe Abbildung 9.17).

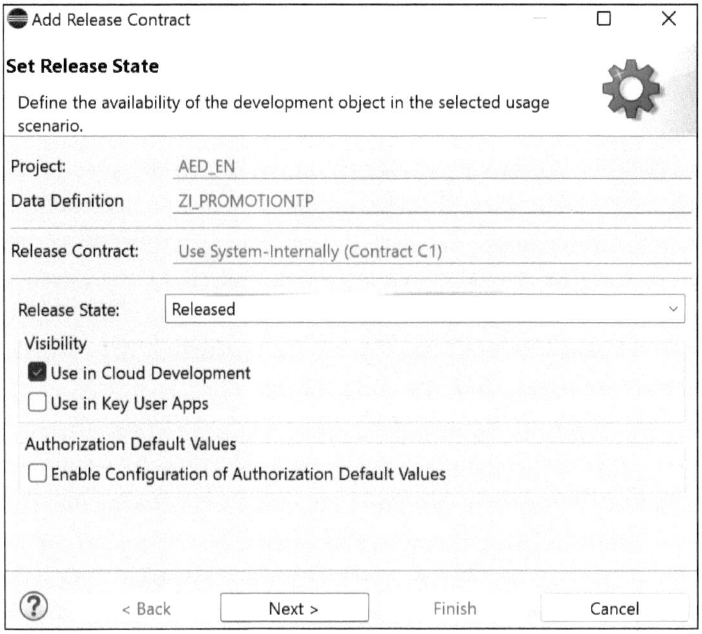

Abbildung 9.17 Auswahl eines Releasekontrakts

4. Es wird geprüft, ob es Konflikte gibt, die eine Freigabe verhindern würden. Wählen Sie erneut **Next**.
5. Wählen Sie einen Transportauftrag aus und schließen Sie die Freigabe für die systeminterne Verwendung ab, indem Sie auf die Schaltfläche **Finish** klicken.

Abbildung 9.18 zeigt den vergebenen API-Status **Released** des CDS-Projektions-Views `ZI_PromotionTP`.

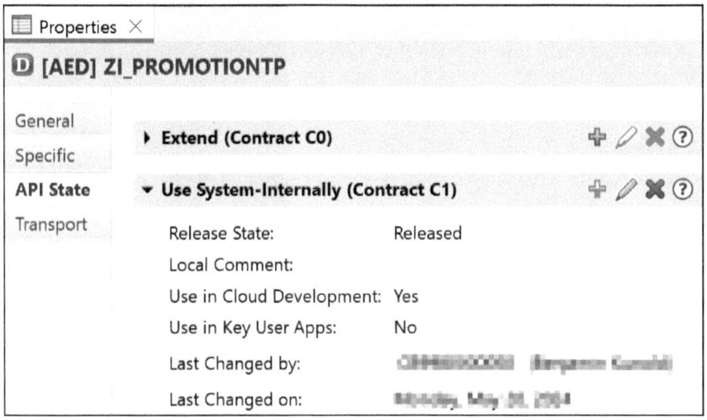

Abbildung 9.18 Freigegebener CDS-Projektions-View

Wiederholen Sie die Schritte 1 bis 5 und geben Sie auch das Verhaltensdefinitions-Interface `ZI_PROMOTIONTP` für die systeminterne Verwendung frei. Die so freigegebene BO-Interface-Schicht kann nun außerhalb der zugehörigen Softwarekomponente verwendet werden.

Bedeutung der Freigabe

Durch das Freigeben Ihrer kundeneigenen Entwicklungsobjekte stellen Sie sicher, dass auf Inhalte Ihrer Softwarekomponenten nur über definierte Schnittstellen zugegriffen werden darf. Durch die Freigabe über den Releasekontrakt C1 sichern Sie den Aufrufenden zu, dass sich das Entwicklungsobjekt nur im Rahmen der Stabilitätsanforderungen ändern wird. Das heißt im Fall von Releasekontrakt C1, dass Elemente, Parameter und Assoziationen nicht gelöscht oder geändert werden dürfen.

Konflikte bei der Freigabe

Wie zuvor schon erwähnt, kann es bei der Freigabe zu Konflikten kommen. Mögliche Konflikte entstehen, wenn ein zur Freigabe ausgewähltes Entwicklungsobjekt noch andere Objekte nach außen weiterreicht, die jedoch nicht freigegeben sind. Abbildung 9.19 zeigt eine Meldung so eines Konflikts. In diesem Fall soll das Verhaltensdefinitions-Interface `ZI_PROMOTIONTP` freigegeben werden. Der zugrunde liegende CDS-Projektions-View `ZI_PromotionTP` wurde zuvor jedoch nicht freigegeben.

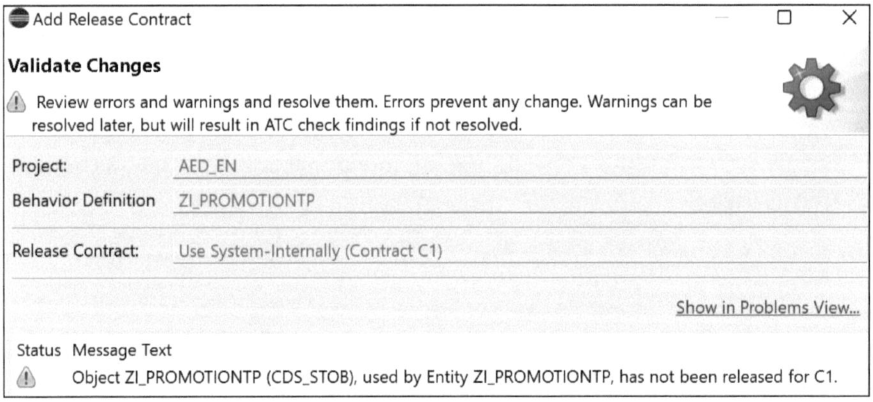

Abbildung 9.19 Konflikt bei der Freigabe eines Objekts

Ändern von freigegebenen Objekten

Das Freigeben über den Releasekontrakt C1 verhindert jedoch nicht, dass Bestandteile des Objekts nachträglich geändert werden können. Falls Sie z. B. ein Feld aus dem CDS-Projektions-View löschen, weist Sie der Syntaxcheck mit der in Abbildung 9.20 gezeigten Warnung lediglich darauf hin, dass der CDS-View bereits freigegeben wurde und Elemente eigentlich nicht mehr geändert werden sollten. Sie können die Anpassungen aber trotzdem speichern. Ihre Anpassungen sollten dann jedoch mit den Stabilitätsanforderungen des jeweiligen Releasekontrakts vereinbar sein.

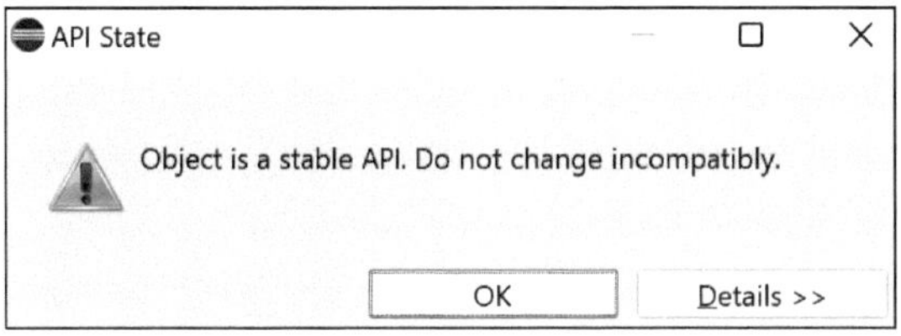

Abbildung 9.20 Warnung beim Ändern von freigegebenen Objekten

Zurücknehmen von Objektfreigaben

Möchten Sie die Freigabe eines kundeneigenen Entwicklungsobjekts zurücknehmen, klicken Sie im Bereich **API State** in der Sicht **Properties** auf die Ändern-Schaltfläche (). Wählen Sie anschließend im Feld **Release State** den Status **Deprecated** aus, wie in Abbildung 9.21 gezeigt.

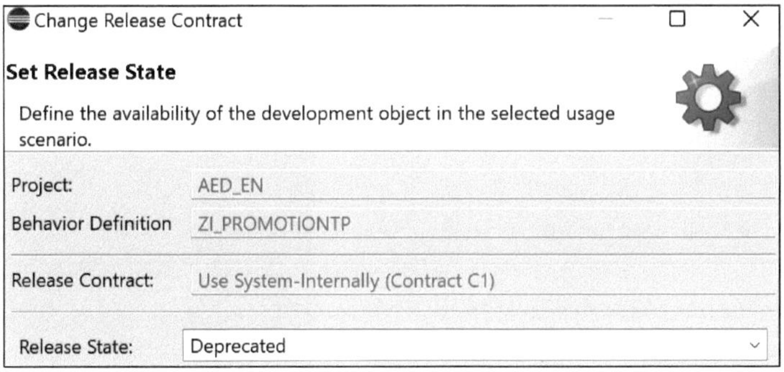

Abbildung 9.21 Zurücknehmen einer Objektfreigabe

Nachfolgeobjekt definieren

Zu einem als obsolet bzw. deprecated gekennzeichneten Objekt sollten Sie immer einen Nachfolger angeben (siehe Abbildung 9.22).

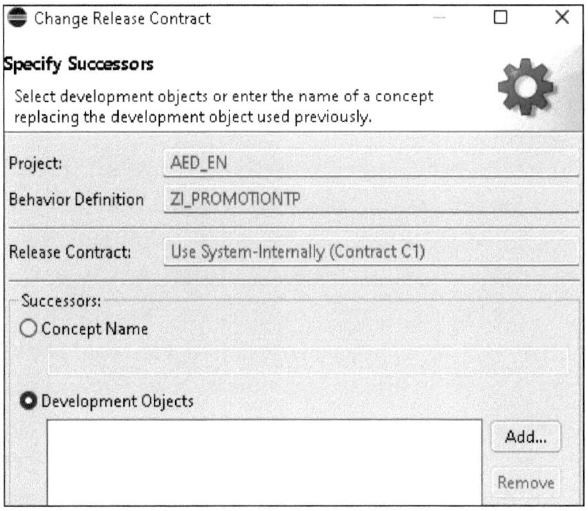

Abbildung 9.22 Auswahl eines Nachfolgeobjekts

Die Angabe eines Nachfolgers ist optional. Ist kein Nachfolger vorhanden, führt das bei der Konfliktprüfung nur zu einer Warnung (siehe Abbildung 9.23). Daher lässt sich der API-Status auch ohne Nachfolgeobjekt auf **Deprecated** setzen. Wir empfehlen Ihnen jedoch, immer ein Nachfolgeobjekt anzugeben.

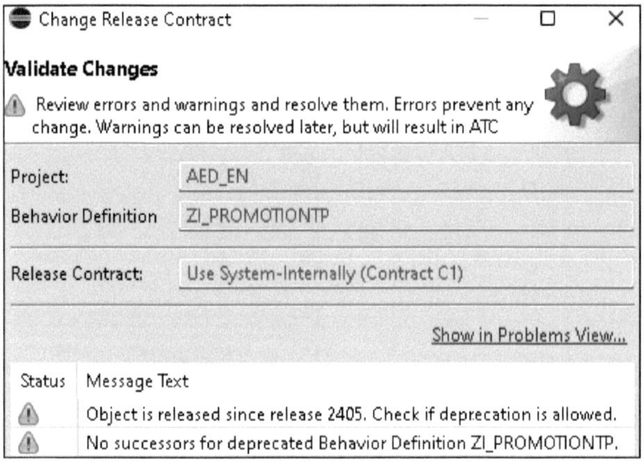

Abbildung 9.23 Warnung bei fehlender Angabe eines Nachfolgeobjekts

Löschen eines API-Status

Sie könnten den API-Status in der Sicht **Properties** auch ganz löschen, indem Sie auf die Löschen-Schaltfläche () klicken. Generell raten wir Ihnen jedoch davon ab, den API-Status eines einmal freigegebenen Entwicklungsobjekts komplett zu löschen. Setzen Sie den Status in diesem Fall lieber auf **Deprecated**, geben Sie aber kein Nachfolgeobjekt an. So verhindern Sie, dass es bei den Konsumenten Ihres Entwicklungsobjekts zu Programmabbrüchen kommt.

9.5 Zusammenfassung

In diesem Kapitel haben wir Ihnen die Projektionsschicht des ABAP RESTful Application Programming Models als Möglichkeit vorgestellt, Geschäftsobjekte über kontextabhängige Services bereitzustellen. Als Erstes haben wir die Projektionsschicht in Abschnitt 9.1, »Flexible Konsumierung von Geschäftsobjekten mittels Projektionsschicht«, in den Gesamtkontext des Programmiermodells eingeordnet. Für das Bereitstellen von kontextabhängigen Services stehen Ihnen CDS-Projektions-Views zur Verfügung, die wir Ihnen in Abschnitt 9.2, »Projektionsschicht erstellen«, vorgestellt haben. Sie können diesen speziellen CDS-View-Typ verwenden, um auf Ihrer Geschäftsobjektbasis eine Geschäftsobjektprojektion zu erstellen. Durch CDS-Projektions-Views sind Sie in der Lage, die Feldliste der projizierten

CDS-Views einzuschränken oder durch virtuelle Elemente zu erweitern. Des Weiteren lassen sich Projektions-Views mit servicespezifischen Annotationen anreichern. Dies haben wir Ihnen anhand einer Genehmigungsanwendung nähergebracht, indem wir unter anderem die CUD-Operationen der Geschäftsobjektbasis von der Projektion ausgeschlossen haben.

In Abschnitt 9.3, »Virtuelle Elemente modellieren«, haben Sie den so erstellten CDS-Projektions-View um ein virtuelles Element ergänzt. Virtuelle Elemente sind Felder innerhalb eines Projektions-Views, die zur Laufzeit durch eine ABAP-Klasse berechnet werden. Die Werte dieser Felder werden nicht auf der Datenbank persistiert und stehen nur zur Laufzeit zur Verfügung.

Abschließend haben wir Ihnen in Abschnitt 9.4, »Geschäftsobjekte freigeben«, gezeigt, wie Sie Geschäftsobjekte mittels BO-Interface-Schicht und Releasekontrakt für die systeminterne Verwendung freigeben können. Um eigene Geschäftsobjekte zur Verwendung in anderen Softwarekomponenten freizugeben, verwenden Sie den Releasekontrakt C1.

Kapitel 10
Gestalten von Benutzeroberflächen

Die Designrichtlinien von SAP Fiori rücken die Usability und die User Experience Ihrer Geschäftsanwendungen in den Mittelpunkt. Ziel ist es, Oberflächen zu vereinheitlichen und geräteübergreifend zur Verfügung zu stellen.

SAPUI5 und SAP Fiori

Im Laufe der Zeit hat SAP eine Vielzahl von Technologien zur Verfügung gestellt, mit deren Hilfe Benutzeroberflächen gestaltet werden konnten. Dazu zählten Technologien wie Dynpro, Business Server Pages (BSP), Web Dynpro ABAP und Floorplan Manager. Mit der Veröffentlichung des auf HTML5, CSS, JavaScript und jQuery Mobile basierenden *SAPUI5-Frameworks* wurde der Grundstein für die Entwicklung moderner, webbasierter und geräteunabhängiger SAP-Geschäftsanwendungen gelegt. Während SAPUI5 die Technologie zur Entwicklung von Oberflächen bereitstellt, definiert *SAP Fiori* als Designrichtlinie das Aussehen und das Verhalten betriebswirtschaftlicher Anwendungen.

In diesem Kapitel stellen wir Ihnen Möglichkeiten vor, wie Sie als ABAP-Entwickler*in ohne tiefgreifende SAPUI5-Kenntnisse betriebswirtschaftliche Anwendungen bereitstellen können, die die SAP-Fiori-Designrichtlinien erfüllen.

Abschnitt 10.1, »Einheitliche Benutzeroberflächen mit SAP Fiori Elements«, gibt Ihnen einen Überblick über die Grundprinzipien von SAP Fiori und die von SAP Fiori unterstützen Floorplans und stellt *SAP Fiori Elements* als Framework zur metadatengetriebenen Generierung von Benutzeroberflächen vor.

Für die Generierung von Benutzeroberflächen stehen Ihnen UI-Annotationen zur Verfügung, die Sie bereits in Abschnitt 6.4.3, »Aufruf von Business-Services«, kennengelernt haben. In Abschnitt 10.2, »UI-Annotationen«, betrachten wir sie vertieft.

Abschnitt 10.3, »Metadatenerweiterungen«, und Abschnitt 10.4, »Aktive Annotationen«, beschäftigen sich mit dem Auslagern von Metadaten als Metadatenerweiterungen sowie mit der Nachverfolgung von aktiven Annotationen innerhalb von CDS-Views.

Abschließend zeigen wir Ihnen in Abschnitt 10.5, »Benutzeroberflächen mit dem SAP Business Application Studio anlegen«, und Abschnitt 10.6, »Benutzeroberflächen bereitstellen«, wie Sie mit dem *SAP Business Application Studio* einen UI-Service eines ABAP-Systems verwenden, um eine SAP-Fiori-Anwendung zu generieren und bereitzustellen.

10.1 Einheitliche Benutzeroberflächen mit SAP Fiori Elements

SAP Fiori hat eine Vereinfachung und Vereinheitlichung von betriebswirtschaftlichen Geschäftsanwendungen zum Ziel. SAP Fiori rückt die Benutzerfreundlichkeit (*Usability*) sowie die Benutzererfahrung (*User Experience*, kurz UX) Ihrer Geschäftsanwendungen in den Mittelpunkt.

SAP-Fiori-Grundprinzipien

Anwendungen, die nach den SAP-Fiori-Designrichtlinien konzipiert werden, müssen die folgenden fünf Grundprinzipien erfüllen:

- **Rollenbasiert (role based)**
  SAP-Fiori-Anwendungen sind auf bestimmte Benutzer*innen bzw. Anwendungsfälle zugeschnitten. Einer Anwenderin oder einem Anwender stehen nur die Funktionen zur Verfügung, die für einen bestimmten Arbeitsschritt benötigt werden.
- **Flexibel (adaptive)**
  Anwendungen, die nach den SAP-Fiori-Designrichtlinien entworfen wurden, sind geräteunabhängig und passen sich dem jeweiligen Endgerät an. Dieses Prinzip wird auch als *Responsive Design* bezeichnet und es ermöglicht das einheitliche Arbeiten über Plattformgrenzen hinweg.
- **Einfach (simple)**
  SAP-Fiori-Anwendungen sind auf das Nötigste reduziert und enthalten nur die Funktionen, die für das Bearbeiten eines Arbeitsschritts benötigt werden.
- **Stimmig (coherent)**
  Auf den SAP-Fiori-Designrichtlinien basierende Anwendungen sind untereinander stimmig. Das heißt, dass alle Anwendungen standardisierte Layouts verwenden. So ist eine einheitliche Bedienung der verschiedenen Anwendungen gewährleistet, was den Endanwender*innen den Wechsel zwischen Anwendungen erleichtert.
- **Ansprechend (delightful)**
  SAP-Fiori-Anwendungen sollen ansprechend gestaltet und intuitiv zu bedienen sein. Dies führt zu einer verbesserten User Experience.

Altmodische und monolithische Anwendungen

Durch die Vielzahl von SAP-Oberflächentechnologien sind jedoch in den meisten SAP-Systemlandschaften über die Jahre eine Fülle von Anwendungen entstanden, die sich nicht nur hinsichtlich ihres Aussehens unterscheiden, sondern auch hinsichtlich ihres Verhaltens. Häufig handelt es sich um monolithische Anwendungen, deren Oberflächen mit allerhand Funktionen »vollgestopft« sind. Sie können in den meisten Fällen nur von Personen bedient werden, die über Jahre Erfahrungen mit eben diesen Anwendungen sammeln konnten. Für Ungeübte stellen die überfrachteten Oberflächen eine Herausforderung dar, da eine intuitive Bedingung häufig nicht möglich ist. In vielen Fällen müssen Anwender*innen daher im Umgang mit den Anwendungen geschult werden. Dies bringt nicht nur zeitlichen, sondern auch monetären Aufwand mit sich.

10.1.1 Floorplans

Einheitliche Benutzeroberflächen

Damit monolithische Anwendungen bald der Vergangenheit angehören und ein einheitliches *Look and Feel* über alle Plattformen hinweg geschaffen wird, stehen verschiedene *Floorplans* für SAP Fiori zur Verfügung. Floorplans definieren den visuellen Grundaufbau einer Anwendung und sind auf bestimmte Anwendungsfälle zugeschnitten. Anwendungen, die auf Basis solcher Floorplans erstellt werden, haben alle eine grundsätzlich ähnliche Benutzeroberfläche. Auf diese Weise ist ein intuitives Arbeiten mit den SAP-Fiori-Anwendungen möglich. Sie müssen sich beim Wechsel von einer Anwendung zur anderen nicht jedes Mal auf ein neues Look and Feel einstellen.

In diesem Abschnitt stellen wir Ihnen kurz und knapp die verschiedenen Floorplans vor, die von SAP Fiori bereitgestellt werden. Jeder dieser Floorplans erfüllt einen bestimmten Zweck und eignet sich für bestimmte Anwendungsfälle. Die in diesem Abschnitt gezeigten Abbildungen (Abbildung 10.1 und Abbildung 10.2) entstammen der offiziellen Website für die SAP-Fiori-Designrichtlinien (*http://s-prs.de/v783026*).

Verfügbare Floorplans

SAP Fiori stellt die folgenden Floorplans zur Verfügung:

- **Analytical List Page**
  Für die Aufbereitung und Analyse von Daten steht Ihnen der Floorplan *Analytical List Page* (ALP) zur Verfügung. Mit diesem Floorplan können Sie Daten tabellarisch oder grafisch aufbereiten.
- **List Report**
  Im Zuge unserer Beispielanwendung haben Sie bereits den Floorplan *List Report* kennengelernt. Der Einsatz dieses Floorplans bietet sich immer dann an, wenn Anwender*innen mit großen Datenmengen arbeiten und

gezielt Daten suchen, filtern, sortieren oder gruppieren möchten. Abbildung 10.1 zeigt eine entsprechende SAP-Fiori-Anwendung, die mit dem List-Report-Floorplan erstellt wurde.

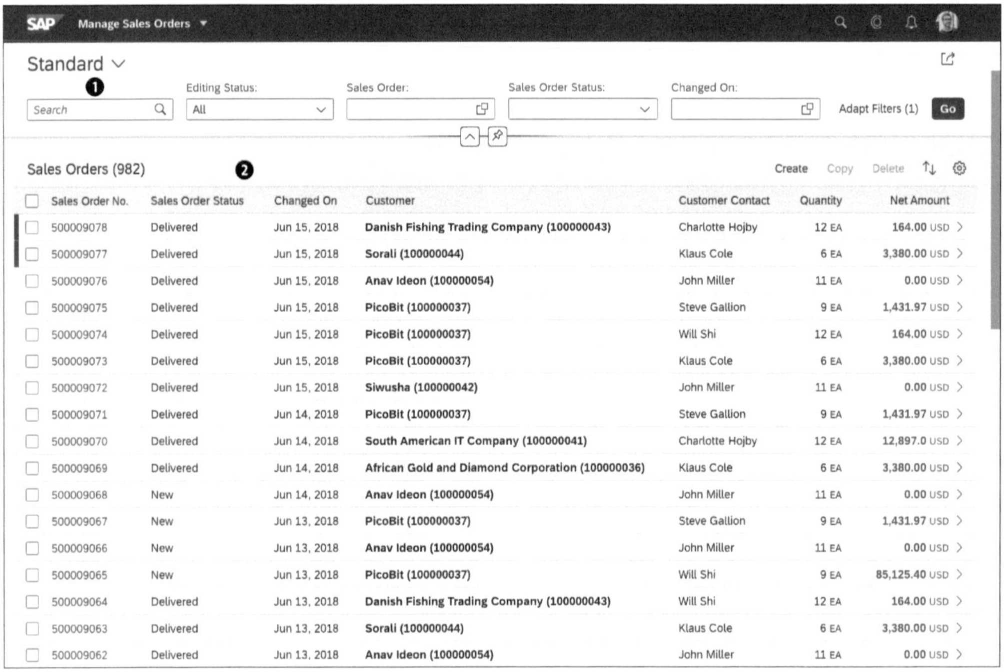

Abbildung 10.1 List Report

Für die Suche von Daten stehen den Endanwender*innen im Kopfbereich ❶ verschiedene Suchfelder zur Verfügung, mit deren Hilfe die Daten der Ergebnisliste ❷ eingegrenzt werden können. Durch die Auswahl eines Eintrags aus der Ergebnisliste können Sie in die Detailsicht navigieren. Die Detailsicht wird in den meisten Fällen mit dem Floorplan *Object Page* umgesetzt.

- **Object Page**

  Auch den Floorplan Object Page haben Sie bereits im Zuge der Beispielanwendung kennengelernt (siehe Abschnitt 6.4.3, »Aufruf von Business-Services«). Die Verwendung der Object Page bietet sich immer dann an, wenn Daten für ein einzelnes Geschäftsobjekt angezeigt werden sollen (siehe Abbildung 10.2).

  Über die Object Page können Sie sich verschiedene Details des jeweiligen Objekts anzeigen lassen. Die Object Page unterstützt genauso wie der List Report das transaktionale Verhalten, d. h., Sie können Objekte anlegen, ändern oder löschen.

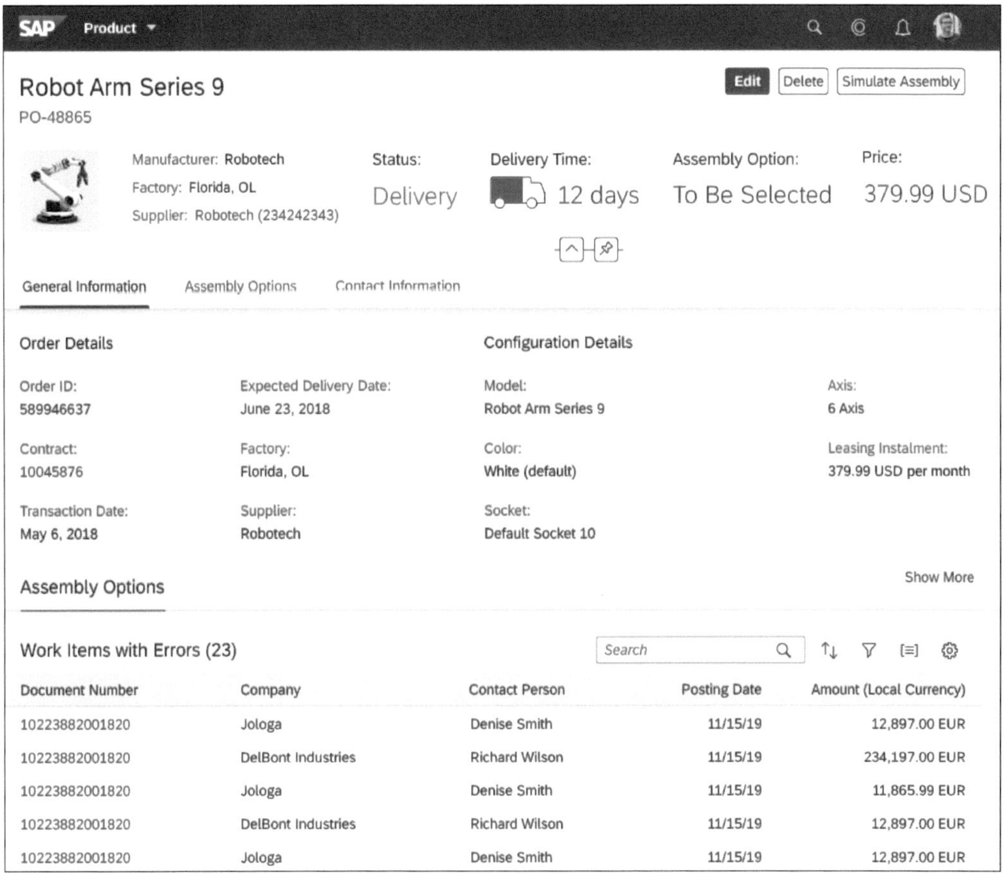

Abbildung 10.2 Object Page

- **Overview Page**
  Die *Overview Page* zeigt rollenspezifische Inhalte in Form von Karten auf einer Seite an. Sie dient als Einstiegspunkt für den Zugriff auf für eine bestimmte Anwendergruppe relevante Informationen oder Anwendungen.
- **Worklist**
  Aufgaben, die die Endanwender*innen bearbeiten müssen, können ihnen per *Worklist* zur Verfügung gestellt werden. Die Ausgabe der Aufgaben erfolgt in Form einer Liste mit Einträgen, auf die die Anwender*innen reagieren sollen, indem sie bestimmte Aktionen ausführen.
- **Initial Page**
  Die Floorplan *Initial Page*eignet sich zur Bearbeitung einzelner Geschäftsobjekte und bietet für die gezielte Suche ein Suchfeld an. Erwartet die Suche mehrere Ergebnisse, wird stattdessen der List Report empfohlen, um die Objekte darzustellen.

- **Wizard**
  Der Floorplan *Wizard* kann verwendet werden, um die Anwender*innen durch eine feste Abfolge von Arbeitsschritten zu leiten. Dies vereinfacht vor allem die Bearbeitung von Prozessen, die aus einer langen Abfolge von verschiedenen Schritten und Aufgaben bestehen.

[+]

Weiterführende Informationen

Wünschen Sie weiterführende Informationen zu den einzelnen Floorplans, empfehlen wir Ihnen die offizielle Website der SAP-Fiori-Designrichtlinien: *http://s-prs.de/v783016*

10.1.2 SAP Fiori Elements

Mit SAP Fiori Elements wird Ihnen ein Werkzeug an die Hand gegeben, mit dem Sie SAP-Fiori-Anwendungen einfach und komfortabel bereitstellen können, ohne tiefgreifende Kenntnisse im Bereich der SAPUI5-Entwicklung zu benötigen.

Entwicklung aus einer Hand

Im bisherigen SAP-Softwareentwicklungsprozess waren Sie für die Datenselektion, die Verarbeitung der Daten und deren visuelle Aufbereitung verantwortlich. Die Entwicklung erfolgte somit aus einer Hand. Durch die Einführung von SAPUI5 kam es zu einem Bruch innerhalb des Softwareentwicklungsprozesses, denn nicht alle ABAP-Entwickler*innen haben Kenntnisse in der Webentwicklung. Plötzlich wurden für die Visualisierung der Daten zusätzliche Frontend-Entwickler*innen benötigt, die sich sowohl mit den technischen Gegebenheiten des SAPUI5-Frameworks auskennen als auch mit den SAP-Fiori-Designrichtlinien vertraut sein sollten. Solche Fähigkeiten erfordern nicht zuletzt zusätzlichen monetären und entwicklungstechnischen Aufwand. Durch SAP Fiori Elements wird die Bereitstellung von Benutzeroberflächen zurück in die Hände der ABAP-Entwickler*innen gelegt.

Metadatengetriebene Oberflächen

Mit SAP Fiori Elements sind Sie in der Lage, SAP-Fiori-Anwendungen zu erstellen, ohne eine Zeile Frontend-Quellcode zu schreiben. Sie müssen lediglich den für die Anwendung bereitgestellten OData-Service mit entsprechenden *Metadaten* anreichern. Zur Laufzeit wird die SAP-Fiori-Anwendung anhand dieser Metadaten generiert. Die Informationen, wie der OData-Service und die zugehörigen Geschäftsdaten zu interpretieren sind, definieren Sie durch UI-Annotationen.

Abbildung 10.3 skizziert den Generierungsprozess von metadatengetriebenen SAP-Fiori-Oberflächen.

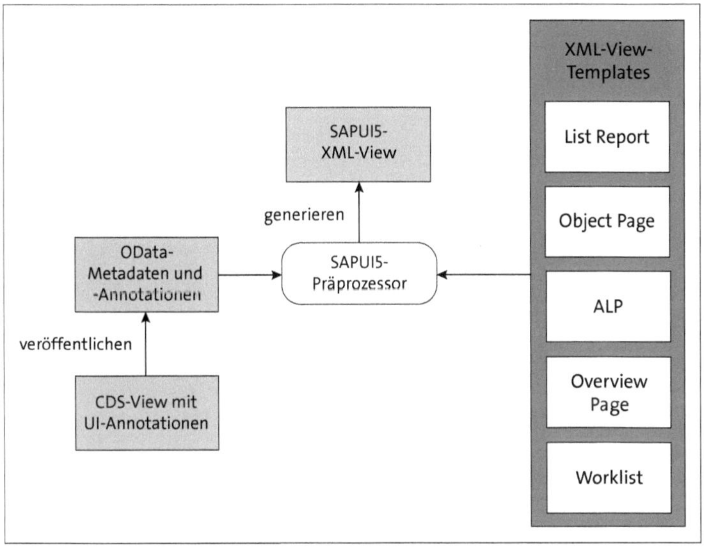

Abbildung 10.3 Generierung von SAP-Fiori-Anwendungen mit SAP Fiori Elements

Generierung von Oberflächen

In SAP-Fiori-Anwendungen werden die Oberflächen und die zugehörigen UI-Elemente durch sogenannte *XML-Views* repräsentiert. Die Generierung eines XML-Views aus den von Ihnen bereitgestellten OData-Metadaten und Annotationen erfolgt anhand von *XML-View-Templates*. Bei den XML-View-Templates handelt es sich um nichts anderes als um die in Abschnitt 10.1.1, »Floorplans«, vorgestellten Floorplans. Beim erstmaligen Start einer Anwendung werden die Annotationen und das XML-View-Template vom *SAPUI5-Präprozessor* zu einem XML-View kombiniert. Auf diese Weise werden Oberflächen generiert, die die SAP-Fiori-Designrichtlinien einhalten.

Unterstützte Floorplans

SAP Fiori Elements unterstützt die metadatengetriebene Generierung von Oberflächen für folgende Floorplans:

- List Report
- Object Page
- Analytical List Page
- Overview Page
- Worklist

Mit den unterstützten Floorplans lassen sich die meisten Anwendungsfälle abdecken. Die metadatengetriebene Generierung der Floorplans Initial Page und Wizard ist hingegen nicht möglich.

Vorteile von SAP Fiori Elements

Die Vorteile von SAP Fiori Elements liegen auf der Hand: Wo Frontend-Entwickler*innen in der Vergangenheit gegebenenfalls mehrere Tage für die Bereitstellung einer Anwendung benötigt haben, können Sie als ABAP-Entwickler*in nun eine vollfunktionsfähige SAP-Fiori-Anwendung in nur wenigen Stunden bereitstellen. Die von SAP bereitgestellten Floorplans werden fortlaufend optimiert. Dies bedeutet, dass Ihre mit SAP Fiori Elements erstellten Anwendungen automatisch von Neuerungen profitieren und immer auf dem neuesten Stand sind, ohne dass Sie selbst Anpassungen vornehmen müssen.

Freie Entwicklung von Oberflächen

Sollte ein Anwendungsfall nicht von den vordefinierten Floorplans abgedeckt sein, besteht natürlich weiterhin die Möglichkeit, zu Ihren bereitgestellten UI-Services eine SAP-Fiori-Anwendung frei zu entwickeln.

[+]

Einstieg in SAP Fiori Elements

Um Ihnen den Einstieg in SAP Fiori Elements zu vereinfachen, stellt SAP unter anderem eine Videoserie auf YouTube zur Verfügung. Informationen dazu aus der SAP Community finden Sie hier: *http://s-prs.de/v783017*

10.2 UI-Annotationen

Wie einfach es ist, eine ansprechende SAP-Fiori-Anwendung mit SAP Fiori Elements bereitzustellen, demonstrieren wir Ihnen in diesem Abschnitt anhand unserer Beispielanwendung. Die Definition der Darstellung von Geschäftsdaten erfolgt direkt innerhalb der CDS-Views. Dafür reichern Sie die CDS-Views mit UI-Annotationen an. In Abschnitt 6.4.3, »Aufruf von Business-Services«, haben wir Ihnen bereits erste UI-Annotationen vorgestellt, um eine rudimentäre SAP-Fiori-Anwendung bereitzustellen. Wie in Abbildung 10.4 zu erkennen, sieht die bisher generierte Anwendung jedoch noch nicht sehr ansprechend aus.

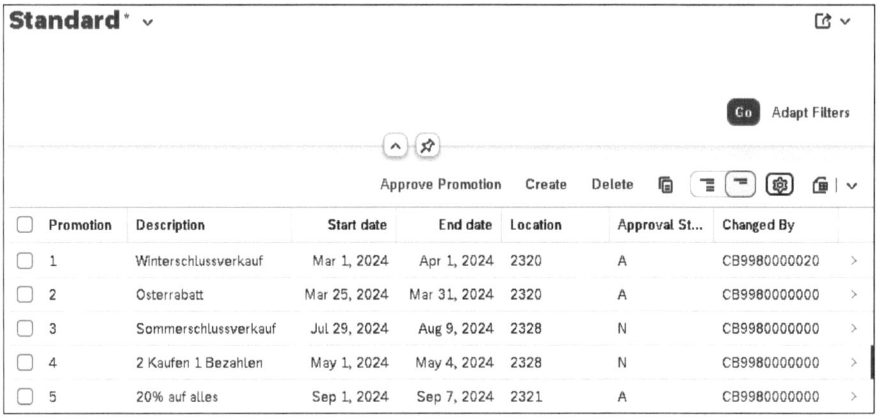

Abbildung 10.4 List Report für die Rabattaktion

Unvollständige Oberfläche

Aktuell stehen den Anwender*innen noch keine Suchfelder zur Verfügung, mit denen sie gezielt nach konkreten Datensätzen suchen können. Auch enthält die Ausgabeliste noch keine beschreibenden Texte für die Spalten **Location** oder **Approval Status**. Unerfahrene Anwender*innen können so die Bedeutung der Werte **N** und **A** beispielsweise nur erahnen. Des Weiteren erhalten die Anwender*innen bei der Anlage einer neuen Rabattaktion keine Unterstützung in Form von Wertehilfen.

In Abschnitt 10.2.1, »Grundlegende UI-Annotationen«, bis Abschnitt 10.2.5, »Erweiterte Gestaltungsmöglichkeiten«, werden wir die CDS-Projektions-Views `ZC_PromotionTP` und `ZC_PromotionItemTP` mit UI-Annotationen anreichern, die die Oberfläche entsprechend erweitern.

10.2.1 Grundlegende UI-Annotationen

Als Erstes stellen wir Ihnen die wichtigsten UI-Annotationen im Zusammenhang mit der Darstellung und Anordnung von Ausgabefeldern innerhalb von SAP-Fiori-Anwendungen vor.

Titel der Ausgabeliste definieren

Titel hinzufügen

Sie können der Ausgabeliste eines SAP Fiori List Reports einen Titel hinzufügen. Dieser hilft den Endanwender*innen, schneller zu erfassen, welche Geschäftsobjekte in der Liste angezeigt werden. Wir verwenden dazu die in Listing 10.1 gezeigte Annotation `@UI.headerInfo: { typeNamePlural: 'Promotions' }`, die wir im Kopfbereich des CDS-Projektions-Views `ZC_PromotionTP` definieren.

```
@UI.headerInfo: { typeNamePlural: 'Promotions' }

define root view entity ZC_PromotionTP
  provider contract transactional_query
  as projection on ZR_PromotionTP
...
```

Listing 10.1 UI-Annotation für die Definition eines Titels

Durch das Hinzufügen dieser Annotation wird nun in der Toolbar der Ausgabeliste der Titel **Promotions** angezeigt (siehe Abbildung 10.5).

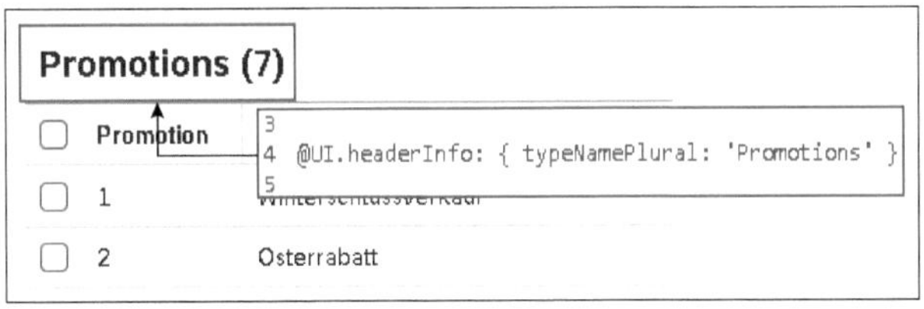

Abbildung 10.5 Toolbar mit Titel

Ausgabeliste bearbeiten

Spalten hinzufügen

Nachdem Sie den Titel der Ausgabeliste angepasst haben, zeigen wir Ihnen an dieser Stelle, wie Sie Felder einer Geschäftsobjektentität als Spalte innerhalb einer Liste ausgeben können. Dazu nutzen Sie die Annotation `@UI.lineItem`. Hierbei handelt es sich um eine Elementannotation, die jedem Feld, auf das sie sich bezieht, einzeln voranzustellen ist. Listing 10.2 verdeutlich dies anhand des Feldes `PromotionId`.

```
@UI.lineItem: [{
  position: 10,
  label: 'Promotion',
  importance: #HIGH } ]
key PromotionId,
```

Listing 10.2 UI-Annotation für die Listenausgabe

Die in Listing 10.2 gezeigte UI-Annotation definiert die Bezeichnung, die Position sowie die Wichtigkeit der Spalte innerhalb der Liste.

Ausgabeposition

Die Annotation `@UI.lineItem.position` ist obligatorisch und daher zwingend anzugeben. Durch diese Annotation definieren Sie die Position der Spalte innerhalb der Ausgabeliste. Es hat sich bewährt, die Positionen in Zehnerschritten zu definieren, falls nachträglich noch eine Spalte hinzugefügt werden soll.

Spaltenbezeichnung

Liegt dem Ausgabefeld ein Datenelement zugrunde, werden die Feldbezeichner des Datenelements als Bezeichnung ausgegeben. Durch die Annotation `@UI.lineItem.label` haben Sie die Möglichkeit, diese Bezeichner zu überschreiben und eigene Bezeichner festzulegen. Mit Listing 10.2 ersetzen wir den Feldbezeichner **Promotion ID** des Datenelements `ZPM_PROMOTION_ID` durch die Bezeichnung **Promotion**.

Wichtigkeit

Durch die Annotation `@UI.lineItem.importance` können Sie die Wichtigkeit einer Spalte innerhalb der Ausgabeliste festlegen. Damit können Sie beeinflussen, ob eine Spalte angezeigt wird, wenn die Anwendung beispielsweise auf kleinen Endgeräten wie Smartphones ausgegeben wird. Spalten, die immer angezeigt werden sollen, können Sie mit der Wichtigkeit `#HIGH` versehen. Es stehen Ihnen folgende Werte zur Verfügung:

- `#HIGH`
- `#MEDIUM`
- `#LOW`

Wird auf die Angabe der `importance` verzichtet, wird das jeweilige Feld automatisch mit der Wichtigkeit `#LOW` behandelt.

Tabellenanzeige für die Rabattaktion

Definieren Sie nun über die Annotation `@UI.lineItem` im CDS-Projektions-View `ZC_PromotionTP` die in Tabelle 10.1 gezeigten Eigenschaften. Einige davon haben Sie bereits in Abschnitt 6.4.3, »Aufruf von Business-Services«, definiert. Durch diese Eigenschaften erzeugen Sie den in Abbildung 10.4 gezeigten List Report.

Feld	Label	Position	Importance
`PromotionId`	**Promotion**	10	`#HIGH`
`PromotionDescription`	**Description**	20	`#HIGH`
`StartDate`	**Start date**	30	`#MEDIUM`
`EndDate`	**End date**	40	`#LOW`
`LocationId`	**Location**	50	`#MEDIUM`
`ApprovalStatus`	**Approval Status**	60	`#HIGH`
`ChangedBy`	**Changed by**	70	`#LOW`

Tabelle 10.1 Eigenschaften der List-Report-Felder der Rabattaktion

Detailsicht definieren

Object Page

Nachdem Sie die Ausgabe des List Reports vollständig definiert haben, können Sie die Detailsicht unserer Beispielanwendung definieren. Wie bereits in Abschnitt 10.1.1, »Floorplans«, erwähnt, wird die Detailsicht eines Geschäftsobjekts durch den Object-Page-Floorplan repräsentiert. Wie in Abbildung 10.6 zu erkennen, teilt sich eine Object Page in verschiedene Bereiche auf:

❶ **Dynamic Page Header**
Im Kopfbereich, dem sogenannten *Dynamic Page Header*, können wichtige Detailinformationen zu einem Geschäftsobjekt angegeben werden. Dies können beispielsweise Statusinformationen, Beschreibungen in Form von Texten oder sogar Bilder des Geschäftsobjekts sein. Zusätzlich können hier Schaltflächen für verschiedene Funktionen wie das Ändern oder Löschen von Objekten dargestellt werden.

❷ **Navigation Bar**
Über den Navigationsbalken (*Navigation Bar*) können den Anwender*innen Schaltflächen zur Navigation in die einzelnen Bereiche der Content Area zur Verfügung gestellt werden.

❸ **Content Area**
Innerhalb des Inhaltsbereichs (*Content Area*) werden die eigentlichen Daten des Geschäftsobjekts angezeigt. Die Content Area besteht aus verschiedenen Teilbereichen. Man spricht in diesem Zusammenhang auch von *Facets*. Durch diese Aufteilung haben Sie die Möglichkeit, in einem

Teilbereich Kopfinformationen eines Geschäftsobjekts anzuzeigen und in einem anderen die zugehörigen Positionsdaten in Form einer Liste.

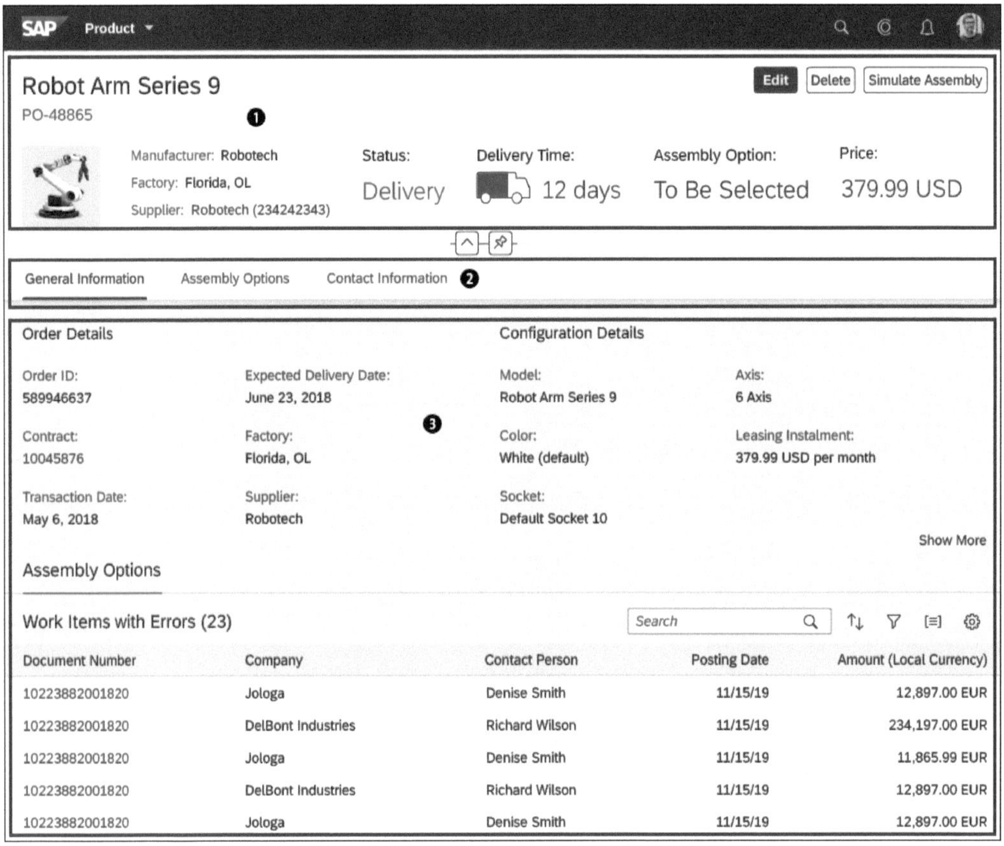

Abbildung 10.6 Bereiche des Object-Page-Floorplans

UI-Annotationen für den Dynamic Page Header

Wir zeigen Ihnen in einem ersten Schritt, mit welchen UI-Annotationen Sie den Kopfbereich der Object Page beeinflussen können. Dazu wollen wir den Titel **Promotion**, die Nummer der Rabattaktion als Geschäftsobjekttitel und den Namen der Rabattaktion als Beschreibung ausgeben. Die für diese Anforderungen benötigten UI-Annotationen geben Sie im CDS-Projektions-View `ZC_PromotionTP` an. Ergänzen Sie dazu die bereits vorhandene UI-Annotation `@UI.headerInfo` um die in Listing 10.3 gezeigten Zusätze.

```
@UI.headerInfo: {
    typeNamePlural: 'Promotions',
    typeName: 'Promotion',
    title: { value: 'PromotionId' },
    description: { value: 'PromotionDescription' } }
```

Listing 10.3 UI-Annotationen für den Dynamic Page Header

Der Titel für die gesamte Object Page wird mit `typeName: 'Promotion'` gesetzt. Für den Geschäftsobjekttitel referenzieren Sie über das Attribut `value` auf das CDS-View-Feld `PromotionId` und für die Beschreibung auf das Feld `PromotionDescription`. Abbildung 10.7 zeigt den daraus generierten Kopfbereich der Object Page.

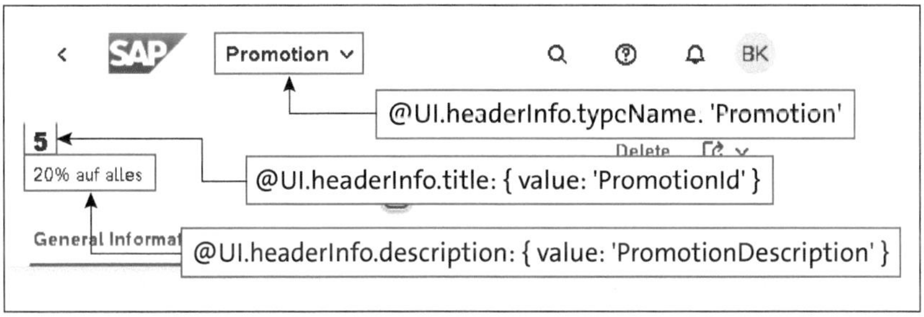

Abbildung 10.7 Kopfbereich der Object Page

Definition von Teilbereichen

Um die Detailsicht noch weiter auszuprägen, definieren wir entsprechende Teilbereiche auf der Object Page. Der Teilbereich **General Information** soll die Kopfdaten der ausgewählten Rabattaktion darstellen. Die zugehörigen Rabattaktionspositionen sollen in Form einer Liste innerhalb des Teilbereichs **Promotion Items** angezeigt werden.

Teilbereiche werden durch die Annotation `@UI.facet` definiert. Eine entsprechende Definition haben wir Ihnen bereits in Listing 6.6 in Abschnitt 6.4.3, »Aufruf von Business-Services«, gezeigt. Der Vollständigkeit halber sei die Definition von Facets hier noch einmal genauer beschrieben. Dazu wird der Code aus Listing 10.4 direkt unterhalb der öffnenden geschweiften Klammer { des CDS-Projektions-Views `ZC_PromotionTP` eingefügt.

```
@UI.facet: [
  { id: 'idGeneralInformation',
    position: 10,
    label:'General Information',
    type:  #IDENTIFICATION_REFERENCE },
  { id: 'idPromotionItem',
    position: 20,
    label: 'Promotion Items',
    type: #LINEITEM_REFERENCE,
    targetElement: '_PromotionItem' } ]
```

Listing 10.4 Definition von Facets

Facet »General Information«

Hiermit werden die Teilbereiche **General Information** und **Promotion Items** definiert. Das Facet **General Information** ist vom Typ `#IDENTIFICATION_REFERENCE`. In diesem Bereich werden alle Felder des CDS-Views `ZC_PromotionTP` angezeigt, die mit der Annotation `@UI.identification` versorgt sind, auf die wir in Abschnitt 10.2.5, »Erweiterte Gestaltungsmöglichkeiten«, noch genauer eingehen.

Facet »Promotion Items«

Um die Rabattaktionspositionen in Form einer Liste auszugeben, definieren wir das Facet **Promotion Items** vom Typ `#LINEITEM_REFERENCE` und referenzieren dabei mit dem Attribut `targetElement` auf die Assoziation `_PromotionItem`. Auf diese Weise werden in diesem Teilbereich alle Felder des CDS-Projektions-Views `ZC_PromotionItemTP` angezeigt, für die die Annotation `@UI.lineItem` angegeben wurde.

[»]

Eindeutige Facet-IDs

Durch das Attribut `id` können Sie einem Teilbereich einen Identifikator zuweisen. Dieser Identifikator muss innerhalb des CDS-Projektions-Views eindeutig sein, da nicht eindeutige Identifikatoren zu fehlerhaften Darstellungen führen können. Beachten Sie, dass die Eindeutigkeit des Identifikators nicht von der Syntaxprüfung geprüft wird.

Felder an die Detailsicht binden

Die Detailsicht soll mit allen Feldern der Rabattaktionsköpfe angereichert werden. Dazu müssen die Felder, wie in Listing 10.5 am Beispiel des Feldes `PromotionId` gezeigt, mit der UI-Annotation `@UI.identification` angereichert werden.

```
@UI.identification: [{
  position: 10,
  label: 'Promotion' }]
key PromotionId
```

Listing 10.5 UI-Annotation für die Detailsichtausgabe

An dieser Stelle verzichten wir auf die Angabe des Attributs `importance`. Versorgen Sie alle Felder des CDS-Projektions-Views `ZC_PromotionTP` mit der Annotation `@UI.identification`.

Felder der Rabattaktionspositionen

Als letzten Schritt sollen die Felder `PromotionId`, `PromotionPosition`, `ProductId`, `Quantity`, `DiscountInPercent` und `DiscountPrice` der Rabattaktionsposition dem Facet **Promotion Items** hinzugefügt werden. Dies erreichen Sie mit der bereits in Listing 10.2 vorgestellten UI-Annotation `@UI.lineItem`. Ergänzen Sie den CDS-View `ZC_PromotionItemTP` um diese Annotation.

Abbildung 10.8 zeigt die Object Page, nachdem alle Anpassungen vorgenommen wurden.

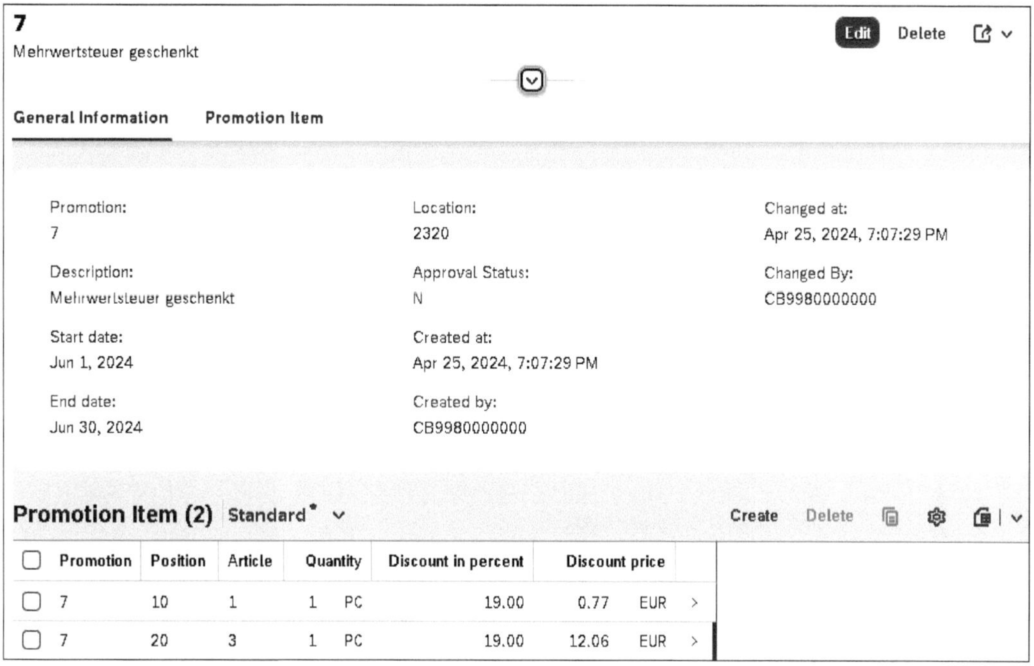

Abbildung 10.8 Detailsicht der Rabattaktion

Währungs- und Mengenfelder

Die Mengeneinheit im Feld **Quantity** und die Währung im Feld **Discount price** sind automatisch Bestandteil der Ausgabe, ohne dass die zugehörigen Felder (`QuantityUnit` und `Currency`) der Liste explizit durch eine UI-Annotation hinzugefügt wurden. Dies wird durch die `@Semantics`-Annotationen im Basic Interface View `ZI_PromotionItem` erreicht. Listing 10.6 zeigt beispielhaft die entsprechende Annotation für den Rabattpreis.

```
@Semantics.amount.currencyCode: 'Currency'
discount_price        as DiscountPrice,
currency              as Currency,
```

Listing 10.6 Definition von Betrags- und Währungsfeldern

Durch diese Definition wird das Betragsfeld im passenden Format zusammen mit dem referenzierten Währungsfeld dargestellt. So würden beispielsweise für Betragsfelder mit der Währung japanische Yen keine Nachkommastellen angezeigt werden.

Felder von der Ausgabe ausschließen

Felder, die gänzlich von der Ausgabe ausgeschlossen werden sollen, können mit der Annotation `@UI.hidden: true` versorgt werden. Felder mit dieser

Annotation können dann auch nicht mehr über die Anzeigeeinstellungen (erreichbar über die Schaltfläche **Einstellungen**, ⚙) des List Reports eingeblendet werden.

10.2.2 Suchfelder definieren

Damit Anwender*innen gezielt nach Rabattaktionen suchen können, müssen Sie den List Report um Suchfelder ergänzen. Den Anwender*innen sollen Suchfelder für die Rabattaktionsnummer (`PromotionId`), die Filiale (`LocationId`) und den Genehmigungsstatus (`ApprovalStatus`) bereitgestellt werden. Außerdem sollen sie in der Lage sein, die Liste nach der Bezeichnung von Rabattaktionen (`PromotionDescription`) zu durchsuchen. Dazu soll eine *Freitextsuche* zur Verfügung gestellt werden.

Freitextsuche definieren

Für die Freitextsuche steht im List Report ein allgemeines Suchfeld zur Verfügung. Dieses Suchfeld lässt sich durch die Annotation `@Search.searchable: true` aktivieren. Durch diese auf Kopfebene eines CDS-Views anzugebende Annotation kann die Freitextsuche innerhalb dieses Views verwendet werden.

Felder für die Freitextsuche definieren

Felder, die bei der Freitextsuche berücksichtigt werden sollen, sind mit der Annotation `@Search.defaultSearchElement: true` zu versorgen. Sobald ein CDS-View für die Freitextsuche ausgezeichnet wurde, ist mindestens ein Feld auf diese Weise als relevantes Suchfeld anzugeben.

Listing 10.7 zeigt die Aktivierung der Freitextsuche für das Feld `PromotionDescription`.

```
@Search.searchable: true

define root view entity ZC_PromotionTP
...
  @Search.defaultSearchElement: true
  PromotionDescription,
...
```

Listing 10.7 Definition einer Freitextsuche

Abbildung 10.9 zeigt das auf Basis dieser Annotation generierte Suchfeld, das im Kopfbereich des List Reports ausgegeben wird.

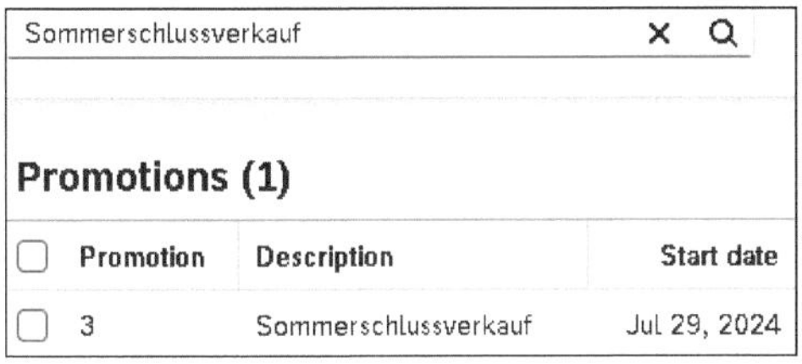

Abbildung 10.9 Suchfeld für die Freitextsuche im List Report

Freitextsuche über mehrere Felder

Die Freitextsuche muss nicht auf ein Feld beschränkt sein, sondern Sie können auch mehrere Felder für die Freitextsuche freigeben. So können mehrere Felder gleichzeitig durchsucht werden. Aus Performancegründen sollten jedoch nicht zu viele Felder für die Freitextsuche verwendet werden.

Fuzzy Search

Die in Abbildung 10.9 gezeigt Suche liefert ausschließlich Ergebnisse, wenn die Beschreibungen der Felder exakt mit dem eingegebenen Suchtext übereinstimmen. Sobald der Suchtext nur leicht abweicht, z. B. durch einen Buchstabendreher, liefert die Suche kein Ergebnis.

Fehlertolerante Suche

Um eine *fehlertolerante Suche* (bzw. unscharfe Suche) zu ermöglichen, steht Ihnen die sogenannte *Fuzzy Search* zur Verfügung. Darunter versteht man die Suche nach einer Zeichenkette innerhalb eines Textes. Die eingegebene Zeichenkette muss dabei nicht exakt der gesuchten Zeichenkette entsprechen, sondern muss nur einen bestimmten Grad an Ähnlichkeit aufweisen.

Unschärfeklassifizierung

Die fehlertolerante Suche definieren Sie durch die Annotation `@Search.fuzzinessThreshold`, gefolgt von einer Unschärfeklassifizierung zwischen 0 und 1. Die Klassifizierung 0 bedeutet, dass die Zeichenketten nichts gemeinsam haben. Bei einer Unschärfeklassifizierung von 1 müssen die Zeichenketten identisch sein. Folgender Code definiert die fehlertolerante Suche für das Feld `PromotionDescription`:

```
@Search.defaultSearchElement: true
@Search.fuzzinessThreshold: 0.7
PromotionDescription,
```

Die Auswirkung dieser Definition zeigt Abbildung 10.10. Die Ergebnisliste beinhaltet auch Einträge, die nicht exakt mit dem eingegebenen Suchtext übereinstimmen.

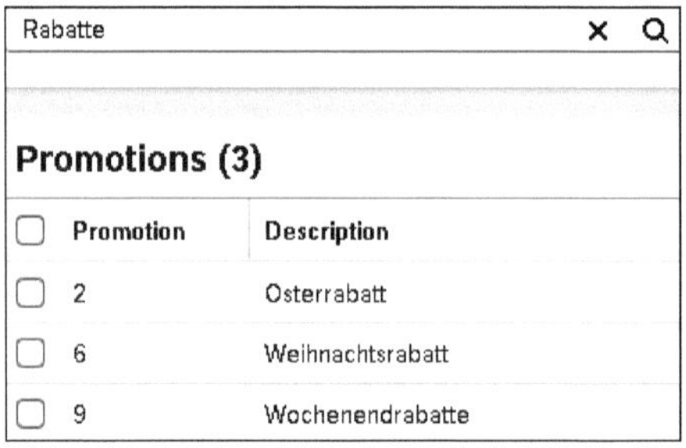

Abbildung 10.10 Ergebnisliste der fehlertoleranten Suche

Selektionsfelder definieren

Für die gezielte Suche nach Rabattaktionen sollen den Benutzer*innen die Rabattaktionsnummer, die Filiale und der Genehmigungsstatus als Selektionsfelder zur Verfügung gestellt werden.

Um ein Feld als Selektionsfeld zu deklarieren, müssen Sie dieses mit der Annotation `@UI.selectionField` versorgen. Folgende Annotation definiert die Rabattaktionsnummer als Suchfeld:

```
@UI.selectionField: [{ position: 10 }]
key PromotionId
```

Die Angabe des Attributs `position` ist obligatorisch und gibt die Reihenfolge der Selektionsfelder innerhalb der Suchleiste an. Mit den in Abbildung 10.11 gezeigten Selektionsfeldern ist nun eine sehr detaillierte Suche nach bestimmten Rabattaktionen möglich.

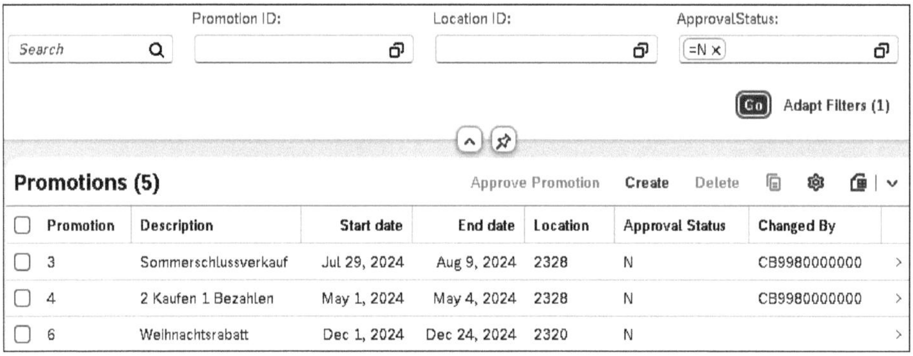

Abbildung 10.11 Suchfelder des List Reports für die Rabattaktion

10.2.3 Textassoziationen hinzufügen

Aktuell enthält der List Report noch Spalten, die Werte in codierter Form darstellen oder zu denen die entsprechende Beschreibung nicht angezeigt wird. Wie in Abbildung 10.11 zu erkennen, gehören dazu die Felder **Location**, **Approval Status** und **Changed by**. Damit die Anwender*innen die Bedeutung der hier angegebenen Werte verstehen, sollen die zu den Werten gehörigen Beschreibungen in natürlicher Sprache ausgegeben werden. Durch *Textassoziationen* setzen Sie die Werte mit der zugehörigen Beschreibung in Verbindung.

Domänenfestwerte ausgeben

Domänenfestwerte

Eine Möglichkeit für die Beschreibung codierter Werte sind *Domänenfestwerte*. Betrachten wir dazu den Genehmigungsstatus der Rabattaktion: In unserer Beispielanwendung kann dieser die Werte **N** für New und **A** für Approved annehmen. Jedoch sind diesen Werten noch keine Beschreibungen zugeordnet. Diese Zuordnung soll nun durch Domänenfestwerte erfolgen.

Domäne anlegen

Legen Sie im ersten Schritt die Domäne `ZPM_APPROVAL_STATUS` im Paket `ZPM_COMMON` über das Kontextmenü des Project Explorers an und vergeben Sie die folgenden Festwerte, wie in Abbildung 10.12 gezeigt:

- N (New)
- A (Approved)
- C (Cancel)

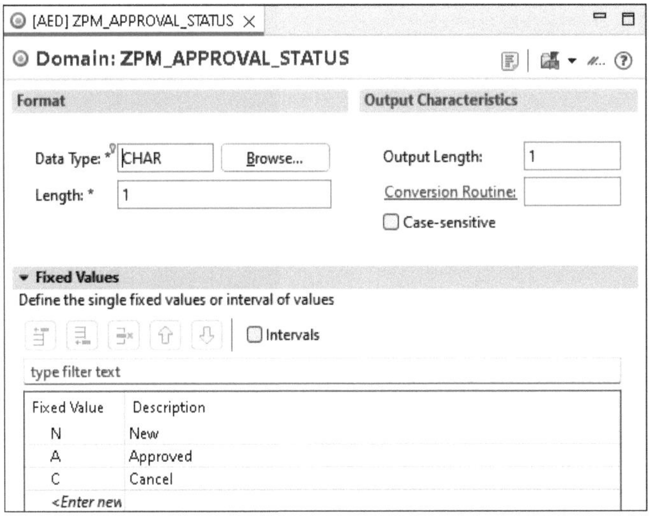

Abbildung 10.12 Domäne ZPM_APPROVAL_STATUS

Legen Sie zu der Domäne anschließend das Datenelement `ZPM_APPROVAL_STATUS` an, wie in Abschnitt 5.3.1, »Datenbanktabellen anlegen«, gezeigt, und ordnen Sie das Datenelement dem Feld `APPROVAL_STATUS` der Tabelle `ZPM_PROMO_HDR` zu.

Domänenfestwerte auslesen

Domänenfestwerte und die zugehörigen sprachabhängigen Beschreibungen werden in den Tabellen DD07L und DD07T abgelegt. Diese sind jedoch nicht für die Verwendung freigegeben. Um Domänenfestwerte auszulesen, stehen Ihnen mit ABAP Cloud die CDS-Views DDCDS_CUSTOMER_DOMAIN_VALUE und DDCDS_CUSTOMER_DOMAIN_VALUE_T zur Verfügung. Sprachabhängige Texte werden über sogenannte *Text-Provider-Views* bereitgestellt. In unserem Fall handelt es sich dabei um den CDS-View ZI_ApprovalStatusValuesText, der auf dem Basic Interface View DDCDS_CUSTOMER_DOMAIN_VALUE_T aufbaut. Listing 10.8 zeigt die Verwendung des CDS-Views für das Auslesen der Domäne ZPM_APPROVAL_STATUS. Die auszulesende Domäne muss über den Parameter p_domain_name übergeben werden.

```
@Search.searchable: true
define view entity ZI_ApprovalStatusValuesText
    as select from DDCDS_CUSTOMER_DOMAIN_VALUE_T (
       p_domain_name: 'ZPM_APPROVAL_STATUS' )
{
    @ObjectModel.text.element: ['ApprovalStatusDescription']
    key value_low as ApprovalStatus,
    @Semantics.language: true
    key language  as Language,
    @Semantics.text: true
    @Search.defaultSearchElement: true
    text as ApprovalStatusDescription
}
```

Listing 10.8 CDS-View zum Auslesen von Domänenfestwerten

Assoziation definieren

Anschließend können Sie den CDS-View ZR_PromotionTP wie folgt in Beziehung zum View ZI_ApprovalStatusValuesText setzen:

```
association [1..*] to ZI_ApprovalStatusValuesText as
 _ApprovalStatusText on $projection.ApprovalStatus =
  _ApprovalStatusText.ApprovalStatus
```

Sprachabhängigen Text anzeigen

Diese Assoziation verwenden wir anschließend im CDS-Projektions-View ZC_PromotionTP, um die Beschreibung des Genehmigungsstatus auszugeben:

```
@ObjectModel.text.element: [ 'ApprovalStatusDescription' ]
ApprovalStatus,
@Semantics.text: true
_ApprovalStatusText.ApprovalStatusDescription as
    ApprovalStatusDescription : localized,
```

Durch die Verwendung der Annotation `@ObjectModel.text.element` referenzieren Sie auf den beschreibenden Text des Genehmigungsstatus, der vom projizierten View `ZR_PromotionTP` per Assoziation bereitgestellt wird. Der Zusatz `localized` bewirkt, dass der Text in der Anmeldesprache gezogen wird. Durch die Versorgung des Feldes `ApprovalStatus` mit der Textassoziation wird im List Report automatisch die passende Bezeichnung angezeigt (siehe Abbildung 10.13).

Approval Status
Approved (A)
Approved (A)
New (N)

Abbildung 10.13 Genehmigungsstatus mit zugehöriger Bezeichnung

Benutzernamen ausgeben

Bei der Ausgabe der Felder `CreatedBy` und `ChangedBy` werden aktuell noch die technischen Bezeichner (IDs) der Benutzerkonten ausgegeben, die eine Rabattaktion erstellt oder geändert haben. Diese IDs lassen jedoch keine Rückschlüsse auf die Benutzernamen zu. Um die Benutzerfreundlichkeit unserer Anwendung zu verbessern, möchten wir die Namen der Person, die eine Rabattaktion erstellt hat, sowie der Person, die sie zuletzt geändert hat, in Textform ausgeben.

CDS-View für Benutzernamen

Um Benutzernamen auszulesen, steht in ABAP Cloud der CDS-View `I_User` zur Verfügung. Setzen Sie, wie in Listing 10.9 gezeigt, den CDS-View `ZR_PromotionTP` einfach über eine Assoziation in Beziehung zu dem CDS-View `I_User`.

```
define root view entity ZR_PromotionTP
...
association [0..1] to I_User as _CreatedBy on
    $projection.CreatedBy = _CreatedBy.UserID
association [0..1] to I_User as _ChangedBy on
    $projection.ChangedBy = _ChangedBy.UserID
{
...
  _CreatedBy,
  _ChangedBy
}
```

Listing 10.9 Assoziation zu den vollständigen Benutzernamen

Anschließend können Sie im CDS-Projektions-View `ZC_PromotionTP` die Assoziationen verwenden, um die Benutzernamen auszugeben (siehe Listing 10.10).

```
define root view entity ZC_PromotionTP
...
{
...
  @UI.textArrangement: #TEXT_ONLY
  @ObjectModel.text.element: ['CreatedByName']
  CreatedBy,
  @UI.hidden: true
  @Semantics.text: true
  _CreatedBy.UserDescription as CreatedByName,
  @UI.textArrangement: #TEXT_ONLY
  @ObjectModel.text.element: ['ChangedByName']
  ChangedBy,
  @UI.hidden: true
  @Semantics.text: true
  _ChangedBy.UserDescription as ChangedByName,
```

Listing 10.10 Ausgabe der Benutzernamen

Ausblenden von codierten Werten

Da in den meisten Fällen die technischen Bezeichner für die Benutzer nicht relevant sind, soll ausschließlich der Benutzername ausgegeben werden. Das erreichen Sie durch die Annotation `@UI.textArrangement: #TEXT_ONLY`. Abbildung 10.14 zeigt die Ausgabe der Benutzernamen im Feld **Changed by** der Ausgabeliste.

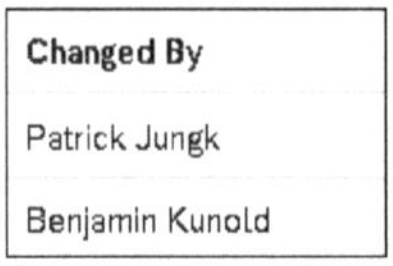

Abbildung 10.14 Anzeige des vollständigen Benutzernamens

Tabelle 10.2 führt die möglichen Werte der Annotation `@UI.textArrangement` und die damit bewirkten Darstellungsformen auf.

Annotationswert	Darstellungsform
`#TEXT_FIRST` (Default-Darstellung)	ABC (A1)
`#TEXT_LAST`	A1 (ABC)

Tabelle 10.2 Werte und Darstellungsform der Annotation »@UI.textArrangement«

Annotationswert	Darstellungsform
#TEXT_ONLY	ABC
#TEXT_SEPARATE	A1

Tabelle 10.2 Werte und Darstellungsform der Annotation »@UI.textArrangement« (Forts.)

10.2.4 Wertehilfe modellieren

Um die Arbeit mit der Beispielanwendung für die Anwender*innen weiter zu vereinfachen, sollen für die Suchfunktionen sowie für die Eingabefelder *Wertehilfen* zur Verfügung gestellt werden. Diese Wertehilfen schlagen den Anwender*innen zulässige Werte für das jeweilige Eingabefeld vor. In diesem Abschnitt erfahren Sie, wie Sie Ihre CDS-Views mit Wertehilfe-Annotationen anreichern.

Wertehilfe-CDS-View erstellen

Bei dem CDS-View `ZI_LocationValueHelp` aus Listing 10.11 handelt es sich um einen auf dem Basic Interface View `ZI_Location` basierenden Wertehilfe-CDS-View.

```
@Search.searchable: true
define view entity ZI_LocationValueHelp
    as select from ZI_Location
{
    @ObjectModel.text.element: ['LocationDescription']
    key LocationId,
    @Semantics.text: true
    @Search.defaultSearchElement: true
    @EndUserText.label: 'Location Description'
    LocationDescription,
    @EndUserText.label: 'City'
    City,
    @EndUserText.label: 'Postal Code'
    PostalCode,
    @EndUserText.label: 'Street'
    Street,
    @EndUserText.label: 'Street Number'
    StreetNumber
}
```

Listing 10.11 Wertehilfe-CDS-View »ZI_LocationValueHelp«

Wertehilfe-Annotationen

Über die Annotation @Consumption.valueHelpDefinition können Sie anschließend das Feld LocationId des CDS-Projektions-Views ZC_PromotionTP in Beziehung zum Wertehilfe-CDS-View setzen (siehe Listing 10.12).

```
@Consumption.valueHelpDefinition: [{ entity: {
  name: 'ZI_LocationValueHelp',
  element: 'LocationId'
} }]
LocationId
```

Listing 10.12 Wertehilfe-Annotation

Durch die Wertehilfe-Annotation wird für das Suchfeld im List Report sowie für das Eingabefeld auf der Object Page die in Abbildung 10.15 gezeigte Wertehilfe generiert.

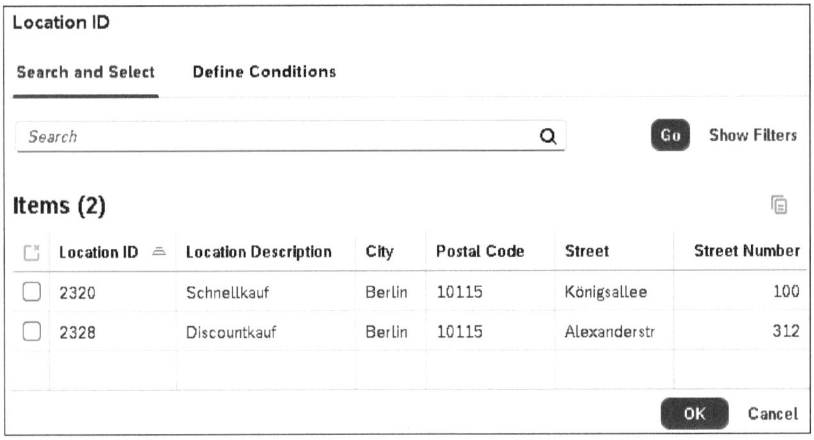

Abbildung 10.15 Wertehilfe für die Suche nach Filialen

Weitere Wertehilfen definieren

Wertehilfe für den Genehmigungsstatus

Für den Genehmigungsstatus wollen wir ebenfalls eine Wertehilfe bereitstellen. Dazu greifen wir erneut auf die für ABAP Cloud freigegebenen CDS-Views DDCDS_CUSTOMER_DOMAIN_VALUE und DDCDS_CUSTOMER_DOMAIN_VALUE_T zurück und legen den in Listing 10.13 gezeigten Wertehilfe-CDS-View an.

```
@ObjectModel.resultSet.sizeCategory: #XS
define view entity ZI_ApprovalStatusValueHelp
  as select from DDCDS_CUSTOMER_DOMAIN_VALUE(
    p_domain_name: 'ZPM_APPROVAL_STATUS' ) as DomainValue
  left outer join DDCDS_CUSTOMER_DOMAIN_VALUE_T(
    p_domain_name: 'ZPM_APPROVAL_STATUS' ) as DomainValueText
  on( DomainValue.domain_name = DomainValueText.domain_name
```

```
    and DomainValue.value_low = DomainValueText.value_low
    and DomainValueText.language = $session.system_language
  )
{
  @ObjectModel.text.element: ['ApprovalStatusDescription']
  key DomainValue.value_low     as ApprovalStatus,
      @Semantics.language: true
      @UI.hidden: true
  key DomainValueText.language as Language,
      @Semantics.text: true
      @Search.defaultSearchElement: true
      DomainValueText.text      as ApprovalStatusDescription
}
```


Listing 10.13 Wertehilfe für den Genehmigungsstatus

Anschließend müssen Sie das Feld ApprovalStatus des CDS-Projektions-Views ZC_PromotionTP mit der Wertehilfe-Annotation @Consumption.valueHelpDefinition versorgen. Abbildung 10.16 zeigt die entsprechende Wertehilfe für das Suchfeld **ApprovalStatus**.

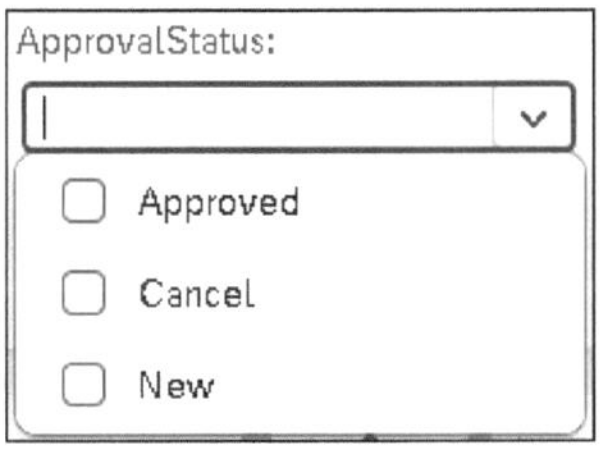

Abbildung 10.16 Wertehilfe in Form einer Dropdown-Liste

Dropdown-Liste

Die Wertehilfe wird in Form einer Dropdown-Liste angezeigt, die mögliche Werte zur Auswahl bereitstellt. Dies erreichen Sie durch die Annotation @ObjectModel.resultSet.sizeCategory: #XS im Kopfbereich des CDS-Views ZI_ApprovalStatusValueHelp (siehe Listing 10.13). Durch diese Annotation geben Sie an, dass der CDS-View nur eine geringe Datenmenge als Ergebnis liefert. SAP Fiori Elements erstellt daraufhin automatisch eine Dropdown-Liste als Wertehilfe.

Wertehilfe für Währungs- und Mengeneinheiten

Für Währungs- und Einheitenfelder müssen Sie keine expliziten Wertehilfe-CDS-Views anlegen, sondern können die von SAP bereitgestellten CDS-Views verwenden. Tabelle 10.3 zeigt die wichtigsten vordefinierten Wertehilfe-CDS-Views.

CDS-View	Funktion
I_UnitOfMeasureStdVH	Wertehilfe für Mengeneinheiten
I_CurrencyStdVH	Wertehilfe für Währungsschlüssel
I_Language	Wertehilfe für Sprachschlüssel

Tabelle 10.3 Bereitgestellte Wertehilfe-CDS-Views

Für unsere Beispielanwendung setzen Sie den CDS-View `ZC_PromotionItemTP` durch die Wertehilfe-Annotation in Beziehung zu den genannten Wertehilfen.

10.2.5 Erweiterte Gestaltungsmöglichkeiten

SAP Fiori Elements bietet noch viel mehr annotationsbasierte Gestaltungsmöglichkeiten. Wir wollen Ihnen in diesem Abschnitt weitere Annotationen vorstellen, mit denen Sie Ihre SAP-Fiori-Anwendungen noch ansprechender und übersichtlicher gestalten können.

Weitere UI-Annotationen

Sie haben unter anderem die Möglichkeit, Felder oder auch ganze Zeilen farblich hervorzuheben. Des Weiteren können Sie Felder der Detailsicht mittels der in Abschnitt 10.2.1, »Grundlegende UI-Annotationen«, vorgestellten Facets gruppieren. Aktuell werden die Felder der Detailsicht in unserer Beispielanwendung einfach von links nach rechts aneinandergereiht.

[+]

Weitere Gestaltungsmöglichkeiten

Mittels UI-Annotationen haben Sie sogar die Möglichkeit, kleine Diagrammdarstellungen (*Micro-Charts*), *Bewertungsindikatoren* oder auch *Fortschrittsleisten* für Ihre Anwendungen zu definieren. Auf diese Möglichkeiten gehen wir jedoch in diesem Abschnitt nicht weiter ein.

Status-Icons und -Farben

Um Statuswerte, wie z. B. den Genehmigungsstatus, optisch hervorzuheben, können Sie die entsprechenden Felder mit einer semantischen Farbgebung versehen. Dazu stehen Ihnen die Farben Rot, Gelb, Grün und Grau zur Verfügung. Anhand der Farbgebung erkennen Anwender*innen beispielsweise Werte mit einer kritischen oder negativen Bedeutung schneller.

Farben mit semantischer Bedeutung

Tabelle 10.4 zeigt die Farben mit der semantischen Bedeutung sowie die zugehörigen Icons. Anhand der Icons sind auch farbenblinde Personen in der Lage, dem jeweiligen Wert eine positive oder negative Bedeutung zuzuordnen.

Farbwert	Farbe	Icon	Bedeutung
0	Grau	–	neutral
1	Rot		negativ
2	Gelb		kritisch
3	Grün		positiv

Tabelle 10.4 Farbwerte und ihre Bedeutung

Definition eines farbgebenden Feldes

Wir heben nun in unserem List Report den Wert der Spalte **Approval Status** farblich hervor. Dazu müssen Sie als Erstes das Feld `StatusCriticality` innerhalb des CDS-Views `ZR_PromotionTP` definieren, das den Farbwert angibt. Wie in Listing 10.14 gezeigt, ist der Farbwert abhängig vom Wert des Feldes `ApprovalStatus`.

```
case when ApprovalStatus = 'N' then 2
     when ApprovalStatus = 'A' then 3
     when ApprovalStatus = 'C' then 1
    else 0 end as StatusCriticality,
```

Listing 10.14 Definition der Farbwerte über den Wert des Feldes »ApprovalStatus«

UI-Annotation für den List Report

Anschließend muss das neue Feld in den CDS-Projektions-View `ZC_PromotionTP` aufgenommen werden. Über die UI-Annotation `@UI.lineItem.criticality` stellen Sie daraufhin eine Beziehung zwischen dem Statusfeld `ApprovalStatus` und dem neuen Feld `StatusCriticality` her (siehe Listing 10.15).

```
@UI.lineItem: [{
  position: 60, label: 'Approval Status', importance: #HIGH,
  criticality: 'StatusCriticality' }]
ApprovalStatus,
@UI.hidden: true
StatusCriticality,
```

Listing 10.15 Statusfeld mit Farbwerten versorgen

UI-Annotation für die Object Page

Sie können das Statusfeld in der Detailsicht unserer Anwendung ebenfalls farblich hervorheben, indem Sie die UI-Annotation `@UI.identification.criticality` verwenden.

Abbildung 10.17 zeigt die farblich hervorgehobenen Werte in der Spalte **Approval Status**. Die vorangestellten Status-Icons können Sie durch die Annotation `criticalityRepresentation: #WITHOUT_ICON` ausblenden.

Description	Approval Status	Start date
20% auf alles	Approved (A)	Sep 1, 2024
Weihnachtsrabatt	New (N)	Dec 1, 2024

Abbildung 10.17 Farblich hervorgehobener Genehmigungsstatus

Gruppierung mittels Facets

Wir haben Ihnen in Abschnitt 10.2.1, »Grundlegende UI-Annotationen«, bereits gezeigt, wie Sie die Detailsicht Ihrer SAP-Fiori-Anwendung mittels Facets gestalten können. Facets können Sie auch verwenden, um Informationen auf einer Seite der Anwendung zu gruppieren und diese Gruppen ineinander zu verschachteln.

Aktuell werden die mit der Annotation `@UI.identification` versorgten Felder in der Detailsicht der Anwendung nacheinander im Teilbereich **General Information** ausgegeben (siehe Abbildung 10.18). Die Reihenfolge ihrer Ausgabe haben Sie durch die Positionsangaben beeinflusst.

Abbildung 10.18 Felder des Facets »General Information«

Semantische Gruppierung

Durch diese Form der Anordnung scheinen die Felder etwas willkürlich zusammengestellt. Viel sinnvoller wäre es, die Felder nach ihrer Semantik zu gruppieren. Wir ergänzen daher folgende Anforderungen an die Detailsicht der Beispielanwendung:

- Der Genehmigungsstatus soll für die Anwender*innen direkt sichtbar im Kopfbereich der Detailsicht eingeblendet werden.
- Für allgemeine Felder der Rabattaktion soll eine Feldgruppe mit dem Titel **Promotion Data** definiert werden.

- Die Filialdaten sollen in einer eigenen Feldgruppe **Location Data** angezeigt werden.
- Die administrativen Daten sollen in einer Feldgruppe **Admin Data** angezeigt werden.

Feldgruppe im Kopfbereich definieren

Als Erstes wollen wir den Genehmigungsstatus im Kopfbereich der Detailsicht anzeigen. Dazu definieren Sie das in Listing 10.16 gezeigte Facet innerhalb des CDS-Views `ZC_PromotionTP`.

```
@UI.facet: [
  { id: 'idStatusHeader',
    purpose: #HEADER,
    type: #FIELDGROUP_REFERENCE,
    targetQualifier: 'tqStatusHeader' }
```

Listing 10.16 Facet für den Kopfbereich

Der Verwendungszweck `#HEADER` ordnet das Facet dem Kopfbereich der Detailsicht zu. Durch den Typ `#FIELDGROUP_REFERENCE` definieren Sie ein Facet, das Felder zu einer Gruppe zusammenfasst. Felder, die mit der Annotation `@UI.fieldGroup` und dem passenden Kennzeichner `tqStatusHeader` angereichert werden, werden nun in der definierten Feldgruppe angezeigt.

Feldgruppenzuordnung

Listing 10.17 zeigt das mit der Annotation angereicherte Feld **ApprovalStatus**.

```
@UI.fieldGroup: [{
  qualifier: 'tqStatusHeader',
  position: 10, criticality:
  'StatusCriticality',
  label: 'Approval Status' }]
ApprovalStatus
```

Listing 10.17 Feldgruppenzuordnung

Durch diese Zuordnung wird der Genehmigungsstatus nun innerhalb des Kopfbereichs der Detailsicht angezeigt (siehe Abbildung 10.19).

Abbildung 10.19 Statusfeld im Kopfbereich der Detailsicht

Feldgruppen verschachteln

In einem nächsten Schritt zeigen wir Ihnen, wie Sie Facets ineinander verschachteln können. Dazu erstellen wir die Teilbereiche **Promotion Data**, **Location Data** und **Admin Data** in Form von Feldgruppen und fügen sie anschließend dem Teilbereich **General Information** hinzu.

Collection-Facet

Damit die Feldgruppen dem Teilbereich **General Information** hinzugefügt werden können, muss der Typ dieses Facets von `#IDENTIFICATION_REFERENCE` auf `#COLLECTION` geändert werden (siehe Listing 10.18).

```
{ id: 'idGeneralInformation',
  position: 10,
  label:'General Information',
  type: #COLLECTION },
```

Listing 10.18 Definition eines Collection-Facets

Feldgruppen hinzufügen

Sie können dem so definierten Collection-Facet nun die anzuzeigenden Feldgruppen hinzufügen. Wie in Listing 10.19 gezeigt, definieren Sie dazu die drei Feldgruppen mit den IDs `idPromotionData`, `idLocationData` und `idAdminData`.

```
{ id: 'idPromotionData',
  position: 10,
  label: 'Promotion Data',
  type:  #FIELDGROUP_REFERENCE,
  parentId: 'idGeneralInformation',
  targetQualifier: 'tqPromotionData' },
{ id: 'idLocationData',
  position: 20,
  label: 'Location Data',
  type:  #FIELDGROUP_REFERENCE,
  parentId: 'idGeneralInformation',
  targetQualifier: 'tqLocationData' },
{ id: 'idAdminData',
  position: 30,
  label: 'Admin Data',
  type:  #FIELDGROUP_REFERENCE,
  parentId: 'idGeneralInformation',
  targetQualifier: 'tqAdminData' },
```

Listing 10.19 Feldgruppendefinition

Sie ordnen die Feldgruppen dem Collection-Facet zu, indem Sie über das Attribut `parentId` die ID `idGeneralInformation` des Collection-Facets angeben.

Felder zuordnen

Wie in Listing 10.17 bereits gezeigt, ordnen Sie anschließend den Feldgruppen die jeweiligen Felder hinzu, indem Sie diese mit der Annotation `@UI.fieldGroup` versorgen. Listing 10.20 verdeutlicht dies noch einmal anhand der Feldgruppe **Promotion Data**. Die Annotation `@UI.identification` wird nicht mehr benötigt und kann für die betroffenen Felder entfernt werden.

```
@UI.fieldGroup: [
{ qualifier: 'tqPromotionData', position: 10, label: 'Promotion' }]
key PromotionId,
@UI.fieldGroup: [
{ qualifier: 'tqPromotionData', position: 20, label: 'Description' }]
PromotionDescription,
@UI.fieldGroup: [
{ qualifier: 'tqPromotionData', position: 30, label: 'Start Date' }]
StartDate,
@UI.fieldGroup: [
{ qualifier: 'tqPromotionData', position: 40, label: 'End Date' }]
EndDate
```

Listing 10.20 Felder der Feldgruppe »Promotion Data«

Abbildung 10.20 zeigt die Ausgabe der definierten Feldgruppen.

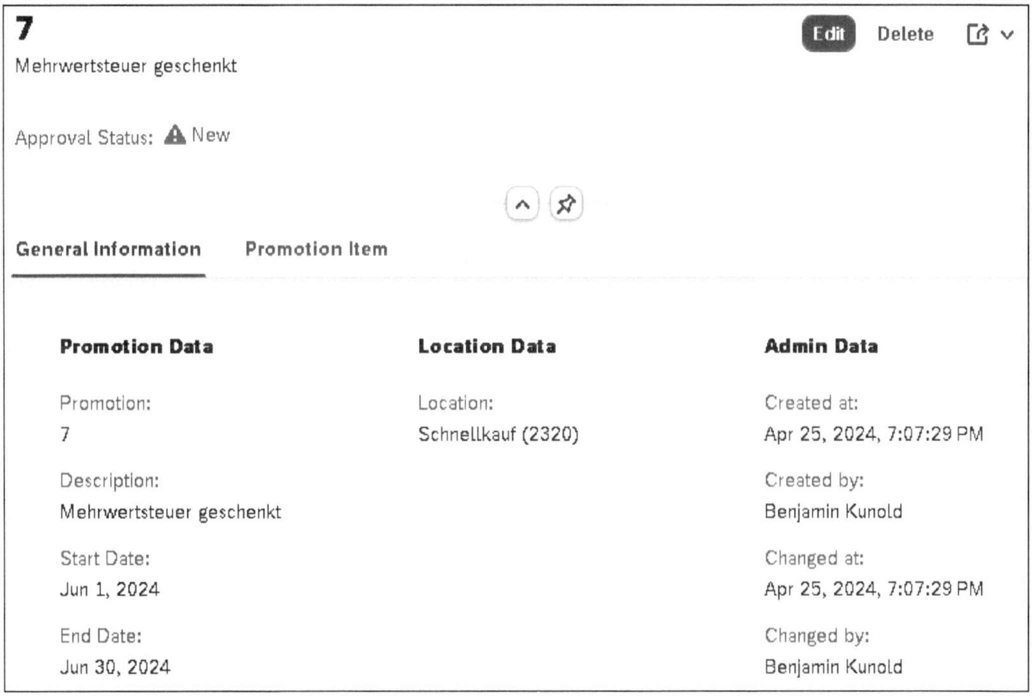

Abbildung 10.20 Verschachtelte Feldgruppen

Mit der Definition der Feldgruppen haben Sie die Erstellung der Benutzeroberfläche für die Beispielanwendung abgeschlossen. Sie haben, ohne eine Zeile Frontend-Quellcode zu schreiben, eine ansehnliche und intuitiv zu bedienende SAP-Fiori-Anwendung erstellt. Abbildung 10.21 zeigt den generierten List Report.

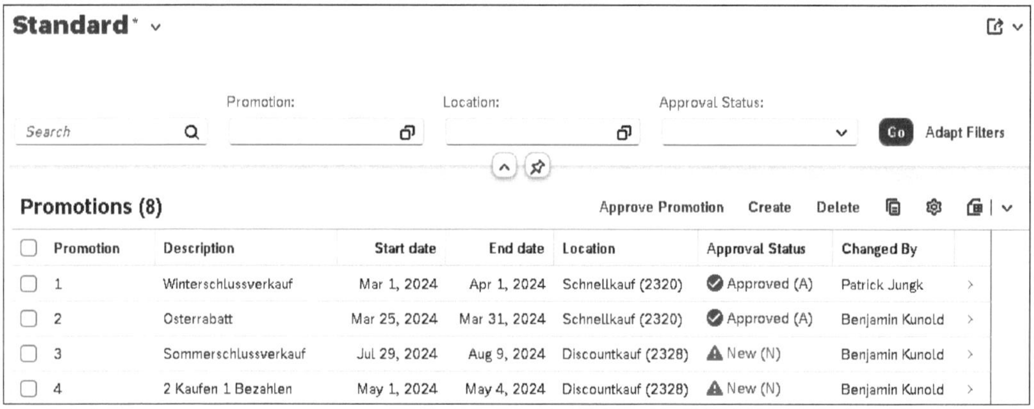

Abbildung 10.21 Fertiger SAP Fiori List Report

Abbildung 10.22 zeigt die generierte Object Page bzw. Detailsicht.

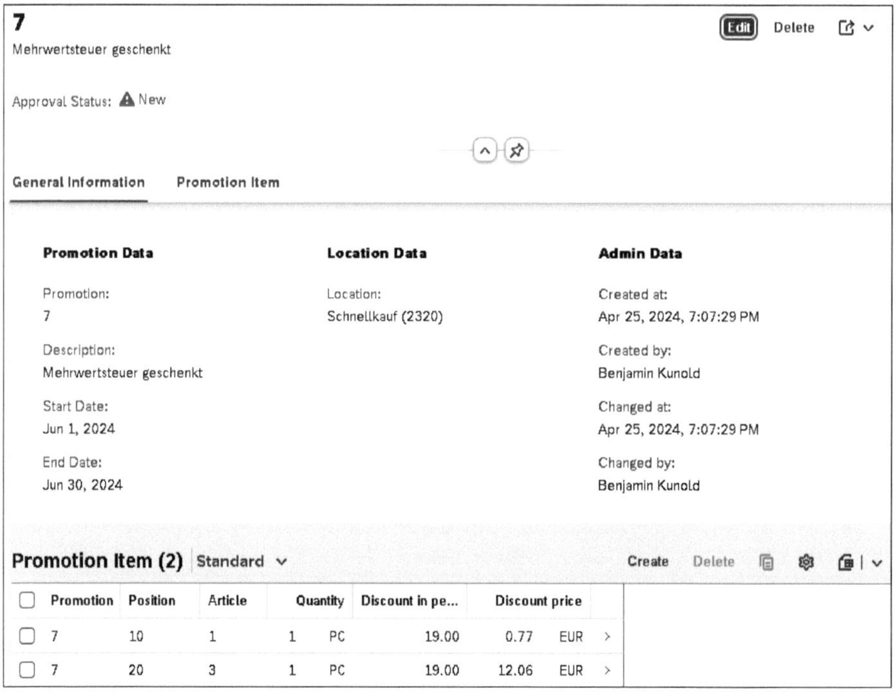

Abbildung 10.22 Fertige Object Page

10.3 Metadatenerweiterungen

Durch Annotationen können CDS-Views schnell unübersichtlich werden. Betrachten Sie dazu den CDS-Projektions-View `ZC_PromotionTP`. Dieser hat durch die in Abschnitt 10.2, »UI-Annotationen«, hinzugefügten Annotationen inzwischen einen Umfang von über 100 Zeilen. Schon allein die UI-Annotationen zur Definition der Facets erstrecken sich über knapp 30 Zeilen. Dadurch gehen die eigentlichen Felder des CDS-Views unter. Möchten andere Mitglieder Ihres Entwicklerteams beispielsweise die Feldliste des CDS-Views nachträglich anpassen, gestaltet sich das unter Umständen schwierig.

CDS-Metadatenerweiterung

Um CDS-Views übersichtlicher zu gestalten, haben Sie die Möglichkeit, Annotationen in *CDS-Metadatenerweiterungen* (Metadata Extensions), auszulagern. Hierbei handelt es sich um eigenständige Entwicklungsobjekte vom Typ `DDLX`.

Unterstützte Annotationen

In CDS-Metadatenerweiterungen lassen sich ausschließlich Annotationen verwenden, die in ihrer *Annotationsdefinition* mit der Annotation `@MetadataExtension.usageAllowed : true` angereichert wurden. Hierzu gehören beispielsweise die Annotation `@EndUserText.label` oder die `@UI`-Annotationen.

[«]

Annotationsdefinitionen

Bei den Annotationsdefinitionen von SAP handelt es sich um Entwicklungsobjekte vom Typ `DDLA`. Diese können Sie in den ADT in Eclipse aufrufen. Öffnen Sie dazu über die Tastenkombination [⇧] + [Strg] + [A] die Objektsuche und geben Sie als Suchbegriff »type:ddla« ein. Abbildung 10.23 zeigt beispielsweise die Definition der Annotation `@UI`.

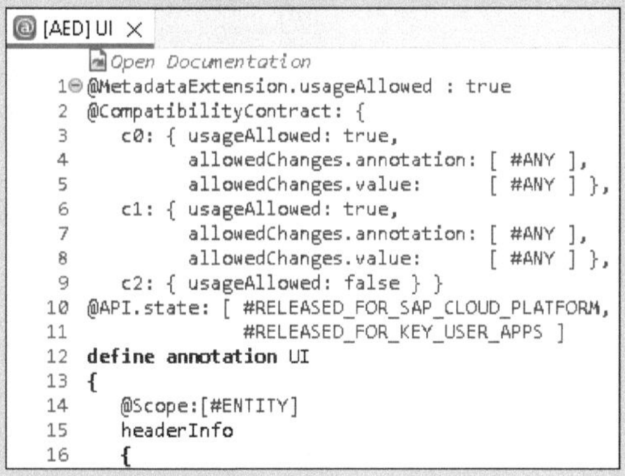

```
[AED] UI
Open Documentation
@MetadataExtension.usageAllowed : true
@CompatibilityContract: {
   c0: { usageAllowed: true,
         allowedChanges.annotation: [ #ANY ],
         allowedChanges.value:      [ #ANY ] },
   c1: { usageAllowed: true,
         allowedChanges.annotation: [ #ANY ],
         allowedChanges.value:      [ #ANY ] },
   c2: { usageAllowed: false } }
@API.state: [ #RELEASED_FOR_SAP_CLOUD_PLATFORM,
              #RELEASED_FOR_KEY_USER_APPS ]
define annotation UI
{
   @Scope:[#ENTITY]
   headerInfo
   {
```

Abbildung 10.23 Annotationsdefinition

An Abbildung 10.23 erkennen Sie an der ersten Zeile, dass Sie die `@UI`-Annotation in CDS-Metadatenerweiterungen verwenden können. An der Annotation `@API.state` ist außerdem zu erkennen, dass die Annotation für die Verwendung in ABAP Cloud freigegeben ist.

CDS-Metadatenerweiterung anlegen

Legen Sie nun eine CDS-Metadatenerweiterung zu dem CDS-Projektions-View `ZC_PromotionTP` an:

1. Wählen Sie im Menü **File • New • Other... • ABAP • Core Data Services • Metadata Extension**. Anschließend können Sie die CDS-Metadatenerweiterung manuell definieren. Sie haben aber auch die Möglichkeit, bereits vorhandene Annotationen aus einem CDS-View zu exportieren und gleichzeitig eine neue CDS-Metadatenerweiterung anzulegen. Dies bietet sich in unserem Fall an, da der CDS-Projektions-View bereits über eine hohe Anzahl von Annotationen verfügt.
2. Rufen Sie dazu den CDS-Projektions-View `ZC_PromotionTP` auf und ergänzen Sie die Annotation `@Metadata.allowExtensions: true` im Kopfbereich des CDS-Views.
3. Aktivieren Sie den CDS-Projektions-View.
4. Wählen Sie anschließend **Source Code • Extract Metadata Extension** im Menü.
5. Vergeben Sie in dem sich daraufhin öffnenden Anlagedialog den Namen »ZC_PromotionTP« und die Beschreibung »Metadata Extension of ZC_PromotionTP«. Das Feld **Extended Entity** können Sie leer lassen.
6. Navigieren Sie über die Schaltfläche **Next** zum Folgebildschirm.

[+]

Namen von CDS-Metadatenerweiterungen

CDS-Metadatenerweiterungen haben einen eigenen Namensraum. Wir empfehlen Ihnen daher, CDS-Metadatenerweiterungen den gleichen Namen zu geben wie dem zugehörigen CDS-View. Dadurch ist eine einfache Zuordnung zwischen CDS-View und CDS-Metadatenerweiterung möglich.

7. Wählen Sie einen passenden Transportauftrag aus und klicken Sie erneut auf **Next**.
8. Im Folgebildschirm können Sie die Elemente und Annotationen auswählen, die in die neue CDS-Metadatenerweiterung übernommen werden sollen. Wählen Sie für unser Beispiel alle Elemente und Annotationen aus, indem Sie auf die Schaltfläche **Select All** klicken (siehe Abbildung 10.24).
9. Schließen Sie das Anlegen der CDS-Metadatenerweiterung ab, indem Sie die Schaltfläche **Finish** drücken.
10. Anschließend wird die CDS-Metadatenerweiterung angelegt und im Editor angezeigt. Über die Annotation `@Metadata.layer` müssen Sie die Metadatenerweiterung noch einer Schicht zuordnen. Wählen Sie `#CUSTOMER` als Schicht aus.

11. Aktivieren Sie sowohl den CDS-Projektions-View `ZC_PromotionTP` als auch die zugehörige CDS-Metadatenerweiterung über die Tastenkombination [Strg] + [⇧] + [F3].

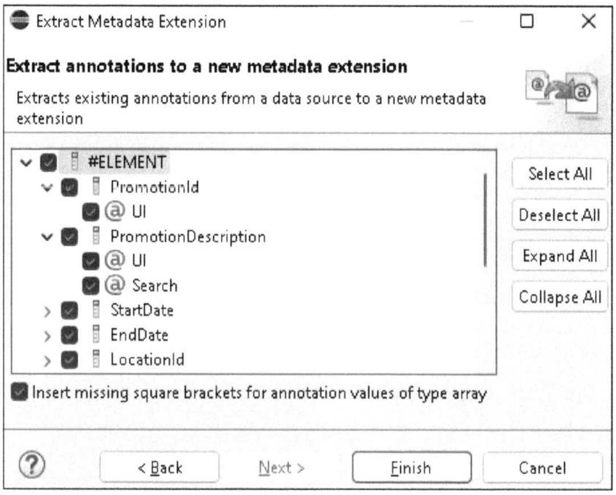

Abbildung 10.24 Auswahl der zu exportierenden Annotationen

[«]

Exportierte Annotationen

Es werden nur Annotationen der Elementebene automatisch in die CDS-Metadatenerweiterung exportiert. Annotationen der Kopfebene eines CDS-Views werden nicht berücksichtigt. Wir empfehlen Ihnen jedoch, nach Möglichkeit auch diese Annotationen mit auszulagern.

CDS-Metadatenerweiterung anzeigen

Nachdem Sie die Entwicklungsobjekte aktiviert haben, wird Ihnen im Editor durch das Erweiterungssymbol (◎) angezeigt, dass es eine Metadatenerweiterung zu dem CDS-Projektions-View `ZC_PromotionTP` gibt. Sobald Sie den Mauszeiger über das Symbol führen, wird Ihnen ein Informationsfenster angezeigt. Von hier aus können Sie direkt zur CDS-Metadatenerweiterung navigieren.

Durch dieses Vorgehen haben Sie die für Metadatenerweiterungen zulässigen Annotationen ausgelagert. Der eigentliche CDS-View besteht jetzt nur noch aus der Feldliste und aus Annotationen, die sich nicht in Metadatenerweiterungen auslagern lassen.

10.4 Aktive Annotationen

Annotationen eines CDS-Views

Annotationen können sich auf mehrere Entwicklungsobjekte verteilen. Unter anderem lassen sich Annotationen, wie in Abschnitt 10.3, »Metadatenerweiterungen«, beschrieben, in CDS-Metadatenerweiterungen auslagern.

Elementannotationen werden durch die Propagationslogik automatisch an übergeordnete CDS-Views vererbt. Hinzu kommt, dass auch auf einer Datenbanktabelle aufbauende CDS-Views durch die verwendeten Datenelemente mit `@EndUserText`-Annotationen angereichert werden. All dies ist bei der Betrachtung eines CDS-Views nicht immer auf den ersten Blick ersichtlich.

Ansicht »Active Annotations«

Um sich alle aktiven Annotationen eines CDS-Views anzeigen zu lassen, steht in den ADT die Ansicht **Active Annotations** zur Verfügung. Diese Ansicht können Sie sich ausgehend von einem CDS-View anzeigen lassen, indem Sie das Kontextmenü mit der rechten Maustaste öffnen und dort **Open With • Active Annotations** wählen. Alternativ können Sie diese Ansicht auch über den Menüpfad **Window • Show View • Other... • Other • Active Annotations** aufrufen.

Abbildung 10.25 zeigt die Ansicht **Active Annotations** für den CDS-Projektions-View `ZC_PromotionTP`. Hier finden Sie folgende Informationen:

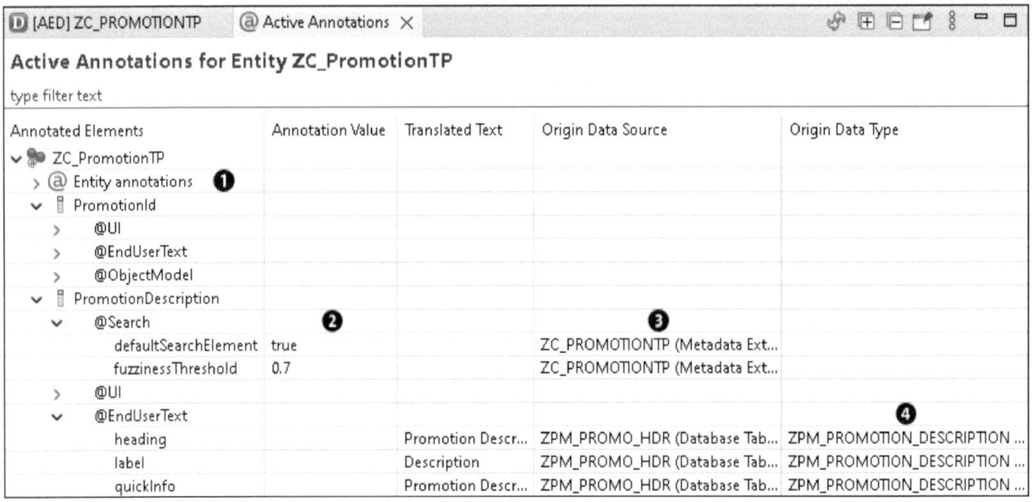

Abbildung 10.25 View »Active Annotations«

❶ **Annotated Elements**

Die Spalte **Annotated Elements** zeigt die Elemente des CDS-Views in Form eines Hierarchiebaumes. Dazu gehören Parameter, Felder und Assoziationen. Durch das Expandieren der Knoten des Hierarchiebaumes werden Ihnen die Annotationen angezeigt, mit denen das jeweilige Element versorgt wurde. So erkennen Sie z. B., dass das Feld `PromotionId` mit den Annotationen `@UI` und `@EndUserText` versorgt wurde. Über den Eintrag **Entity annotations** können Sie sich die Annotationen anzeigen lassen, die für die gesamte CDS-Entität gelten.

❷ **Annotation Value**
Die Werte einer Annotation werden Ihnen in der Spalte **Annotation Value** angezeigt. So erkennen Sie beispielsweise, dass für das Feld `PromotionDescription` die Fuzzy Search mit einer Unschärfeklassifizierung von 0,7 definiert wurde.

❸ **Origin Data Source**
Die Spalte **Origin Data Source** zeigt Ihnen das Entwicklungsobjekt, von dem aus die Annotation an das Element propagiert wird. Die `@Search.fuzzinessThreshold`-Annotation wird beispielsweise von der CDS-Metadatenerweiterung `ZC_PromotionTP` an das Element `PromotionDescription` propagiert.

❹ **Origin Data Type**
In der Spalte **Origin Data Type** wird Ihnen der Name des Datenelements angezeigt, durch das ein Feld mit entsprechenden Annotationen angereichert wurde. Zum Beispiel wird die Annotation `@EndUserText` des Feldes `PromotionDescription` vom Datenelement `ZPM_PROMOTION_DESCRIPTION` abgeleitet.

Über die Ansicht **Active Annotations** behalten Sie immer den Überblick über die aktiven Annotationen eines CDS-Views. Vor allem, wenn Sie auf den ersten Blick nicht nachvollziehen können, woher eine Annotation an einen CDS-View propagiert wird, ist diese Ansicht sehr hilfreich.

10

10.5 Benutzeroberflächen mit dem SAP Business Application Studio anlegen

Bisher haben wir die Benutzeroberfläche der Beispielanwendung ausschließlich über die Vorschaufunktion für SAP-Fiori-Elements-Anwendungen aufgerufen. Endanwender*innen muss die Anwendung natürlich auf eine andere Art und Weise bereitgestellt werden. Wir werden Ihnen in diesem Abschnitt zeigen, wie Sie Anwendungen mit dem SAP Business Application Studio generieren und den Endanwender*innen bereitstellen können.

SAP Business Application Studio

Das SAP Business Application Studio ist neben dem neueren SAP Build Code das von SAP empfohlene Werkzeug zur Bereitstellung von Webanwendungen. Es handelt sich um eine webbasierte Entwicklungsumgebung, mit der Sie unter anderem SAP-Fiori-Anwendungen entwickeln können. Dazu stehen Ihnen verschiedene Templates im SAP Business Application Studio zur Verfügung, mit denen Sie vollfunktionsfähige Anwendungen generieren können, die den SAP-Fiori-Designrichtlinien folgen.

Das SAP Business Application Studio steht Ihnen im Cloud Foundry Environment der SAP Business Technology Platform (SAP BTP) zur Verfügung und wird von SAP stetig weiterentwickelt. SAP stellt unter der URL *https://cockpit.hanatrial.ondemand.com/* eine Testversion des SAP Business Application Studios zur Verfügung.

Um die Beispielanwendung Endanwender*innen bereitzustellen, werden wir nun mit dem *SAP Fiori Application Generator* des SAP Business Application Studios eine SAP-Fiori-List-Report-Anwendung, bestehend aus einem List Report und einer Object Page, erstellen und diese im ABAP Environment der SAP BTP deployen. Wir verwenden dazu den durch das Service-Binding `ZUI_PROMOTION_02` bereitgestellten OData-Service.

Entwicklerrolle für das SAP Business Application Studio

Damit Sie das SAP Business Application Studio verwenden können, muss Ihrem Benutzer im jeweiligen Space die Rolle `Business_Application_Studio_Developer` zugewiesen sein.

Dev Space anlegen

Als Erstes erstellen wir einen sogenannten *Dev Space*. Dev Spaces sind cloudbasierte, virtuelle Maschinen, die sofort einsatzbereit sind und maßgeschneiderte Tools sowie Bibliotheken für spezifische Szenarien wie SAP Fiori oder die mobile Entwicklung enthalten. Dies erleichtert die Einrichtung der Entwicklungsumgebung und spart Zeit, da keine Installationen oder Upgrades nötig sind, sodass Sie jederzeit und überall effizient arbeiten können.

Starten Sie zunächst das SAP Business Application Studio:

1. Rufen Sie in der SAP BTP in Ihrem Subaccount unter **Service Marketplace** das SAP Business Application Studio über die Schaltfläche **Go to Application** auf (siehe Abbildung 10.26).

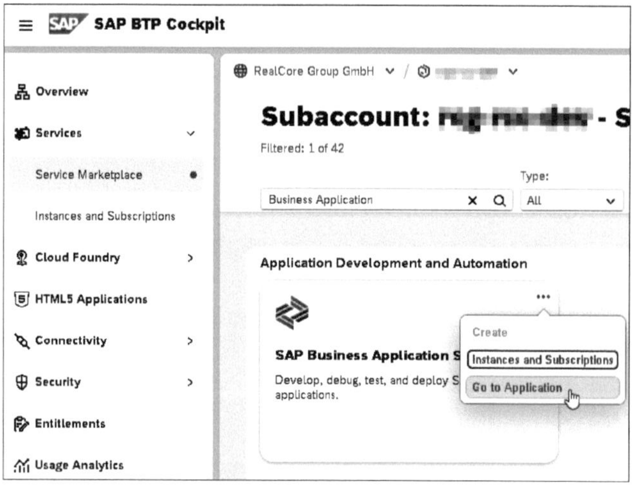

Abbildung 10.26 SAP Business Application Studio starten

2. Wählen Sie anschließend **Create Dev Space**.
3. Vergeben Sie im Feld links oben (siehe Abbildung 10.27) den Dev-Space-Namen »PromotionManagement«, wählen Sie als Anwendungstyp **SAP Fiori** aus und fahren Sie über die Schaltfläche **Create Dev Space** fort.

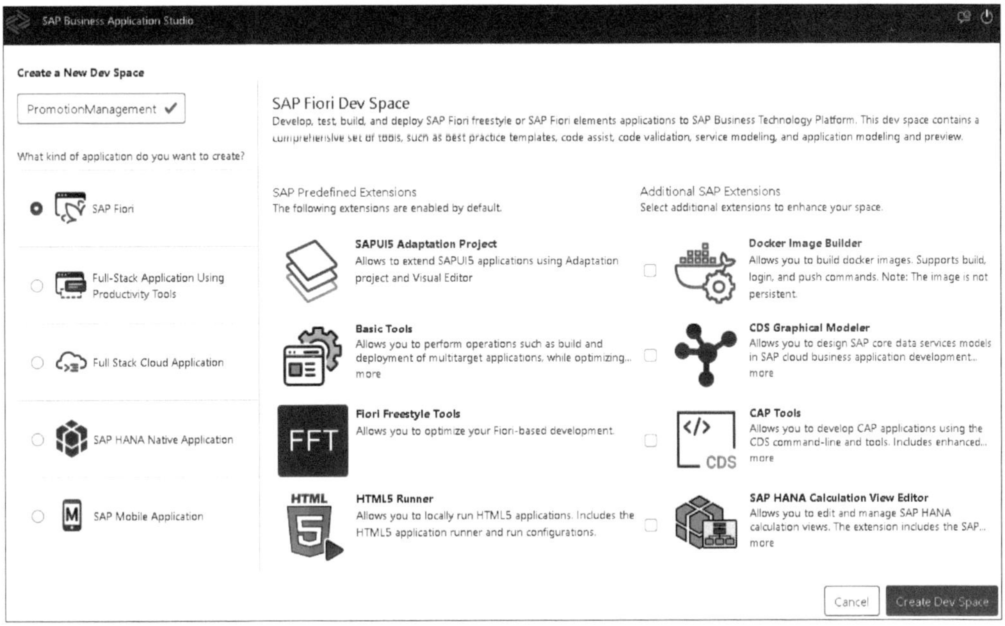

Abbildung 10.27 Anlegen des Dev Space »PromotionManagement«

Projektordner auswählen

Nachdem der Dev Space erstellt wurde, können Sie mit der Auswahl des Projektordners fortfahren:

1. Rufen Sie den Dev Space auf, und wählen Sie **Files & Folders**.
2. Wählen Sie anschließend den Dateipfad **/home/user/projects**, und bestätigen Sie Ihre Eingabe über die Schaltfläche **OK** (siehe Abbildung 10.28).

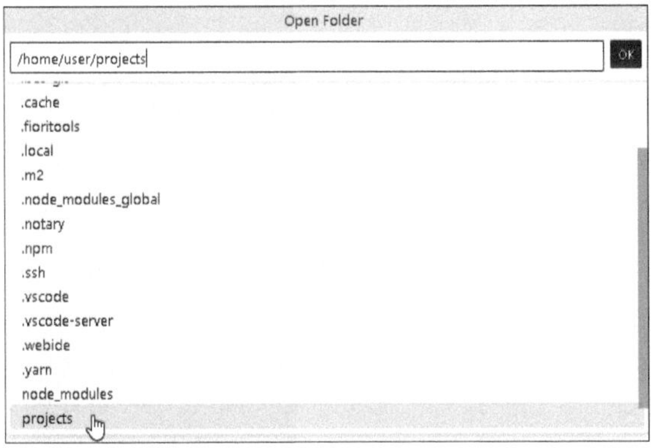

Abbildung 10.28 Auswahl des Projektordners

Anmelden am Cloud Foundry Environment

Das so ausgewählte Projekt können Sie nun im SAP Business Application Studio bearbeiten. Als ersten Schritt melden Sie sich an dem Cloud Foundry Environment an. Führen Sie dazu folgende Schritte aus:

1. Wählen Sie im SAP Business Application Studio im Menü auf der linken Seite (☰) den Menüpunkt **View • Command Palette...**
2. In der Kommandozeile wählen Sie anschließend **CF: Login to Cloud Foundry**.
3. Geben Sie in dem sich daraufhin öffnenden Anmeldebildschirm im Feld **Enter Cloud Foundry Endpoint** den Endpunkt Ihres Cloud Foundry Environments sowie Ihre Anmeldedaten ein.

Endpunkt Ihres Cloud Foundry Environments

Sie finden den Endpunkt des Cloud Foundry Environments in Ihrem Subaccount unter dem Menüpunkt **Overview • Cloud Foundry Environment** im Feld **API Endpoint** (siehe Abbildung 10.29).

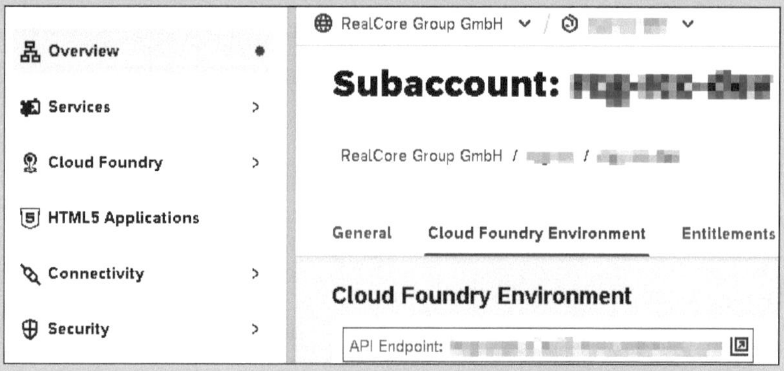

Abbildung 10.29 API-Endpunkt des Cloud Foundry Environments

4. Nachdem Sie sich an dem Cloud Foundry Environment angemeldet haben, müssen Sie die **Organization** und den **Space** angeben. Bei Letzterem muss es sich um den Space handeln, in dem auch Ihre ABAP-Serviceinstanz betrieben wird. Übernehmen Sie Ihre Änderungen, indem Sie die Schaltfläche **Apply** drücken.

SAP Fiori List Report anlegen

Nachdem Sie die grundlegenden Eigenschaften des Projekts definiert haben, können Sie die Oberfläche für die Beispielanwendung erstellen:

1. Wählen Sie dazu über die Menüleiste auf der linken Seite (☰) den Menüpunkt **View • Command Palette...** aus, und starten Sie den SAP Fiori Application Generator über den Eintrag **Fiori: Open Application Generator**.

2. Wählen Sie aus den vorgeschlagenen Templates die Option **List Report Page** aus (siehe Abbildung 10.30) und bestätigen Sie Ihre Auswahl mit **Next**.

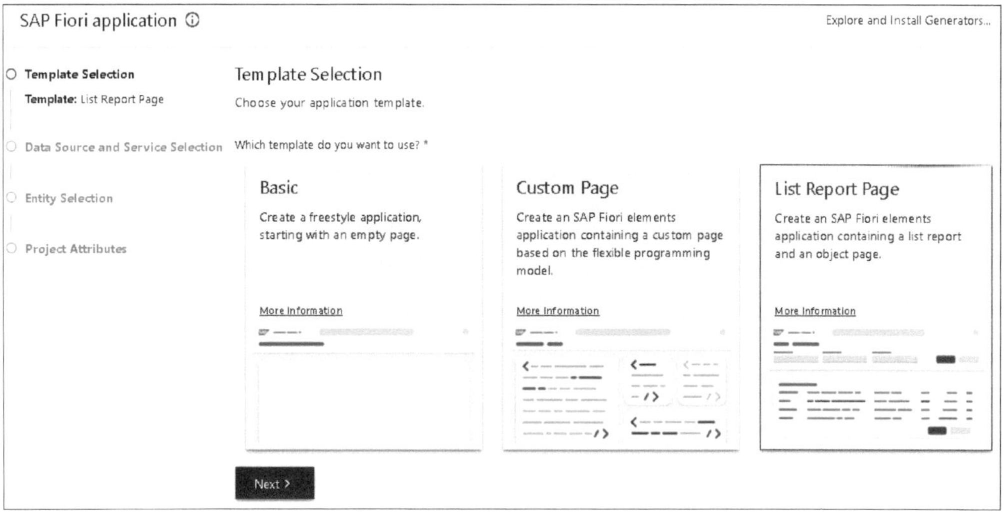

Abbildung 10.30 Auswahl des Templates »List Report Page«

3. Anschließend müssen Sie im Schritt **Data Source and Service Selection** die Datenquelle auswählen. Wählen Sie dazu im Feld **Data source** die Option **Connect to a System** aus. Im Feld **System** wählen Sie dann **ABAP Environment on SAP Business Technology Platform**. Anschließend können Sie Ihre ABAP-Serviceinstanz sowie den OData-Service ZUI_PROMOTION_02 (2) auswählen (siehe Abbildung 10.31). Bestätigen Sie Ihre Eingaben mit **Next**.

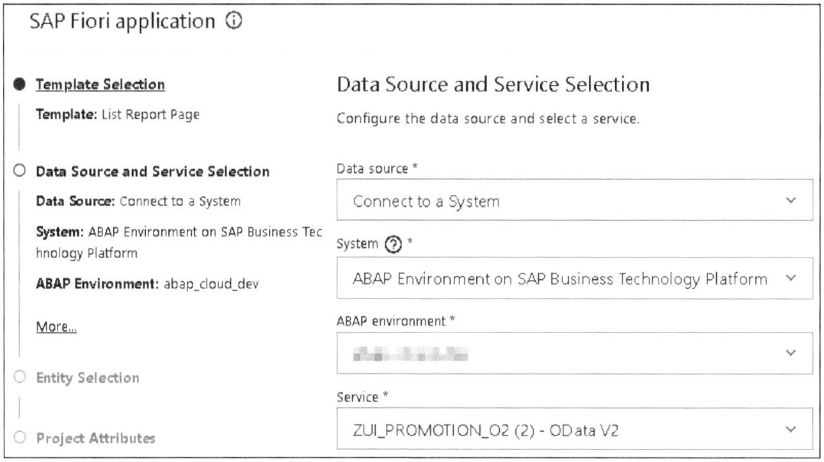

Abbildung 10.31 ABAP-Serviceinstanz als Datenquelle auswählen

4. Nachdem Sie den OData-Service ausgewählt haben, müssen Sie die Entitäten für das Service-Binding angeben. Des Weiteren müssen Sie den Navigationspfad zwischen den Entitäten definieren. Wählen Sie im Feld **Main entity** die Wurzelentität des Geschäftsobjekts der Rabattaktion `PromotionHeader` aus, im Feld **Navigation entity** den Wert `to_PromotionItem` als Assoziation zu den Rabattaktionspositionen und im Feld **Table type** die Option **Responsive** (siehe Abbildung 10.32).

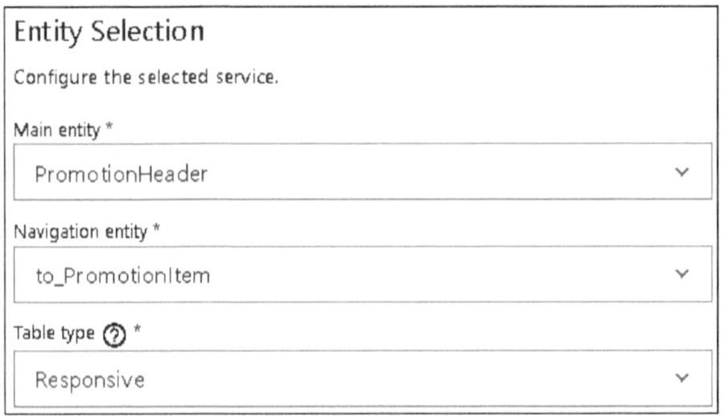

Abbildung 10.32 Definition der Datenbindung

5. Vergeben Sie auf dem Folgebildschirm einen Modulnamen, einen Titel sowie eine Beschreibung für Ihr Projekt. Wählen Sie sowohl im Auswahlfeld **Add deployment configuration** als auch im Auswahlfeld **Add FLP configuration** die Option **Yes** aus. Fahren Sie mit **Next** fort.
6. Anschließend müssen Sie die Deployment-Konfiguration vornehmen. Geben Sie dazu einen Namen für die SAPUI5-Anwendung, das Entwicklungspaket, in das die SAPUI5-Anwendung deployt werden soll, sowie einen Transportauftrag an. Bestätigen Sie Ihre Eingaben mit **Next**.
7. Erstellen Sie als letzten Konfigurationsschritt ein *semantisches Objekt*. Semantische Objekte ermöglichen die standardisierte Verknüpfung von Anwendungen. Geben Sie dazu die in Abbildung 10.33 gezeigten Werte an.

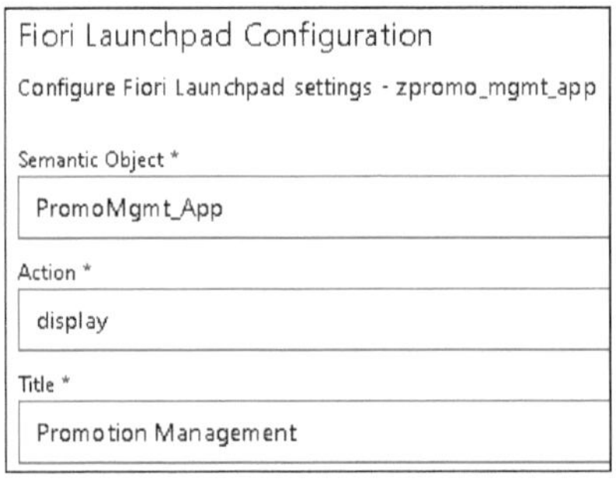

Abbildung 10.33 Konfiguration des Aufrufes der Anwendung über das SAP Fiori Launchpad

Durch den Eintrag `PromoMgmt_App` im Feld **Semantic Object** und die Aktion `display` definieren Sie eine Zielzuordnung. Über diese Zielzuordnung wird die Anwendung aufgerufen.

Vorschau der Anwendung

Sie können nun die Vorschau der Anwendung ansehen, indem Sie die Kachel **Preview Application** aufrufen. Abbildung 10.34 zeigt die Vorschau der mit dem SAP Business Application Studio generierten Anwendung.

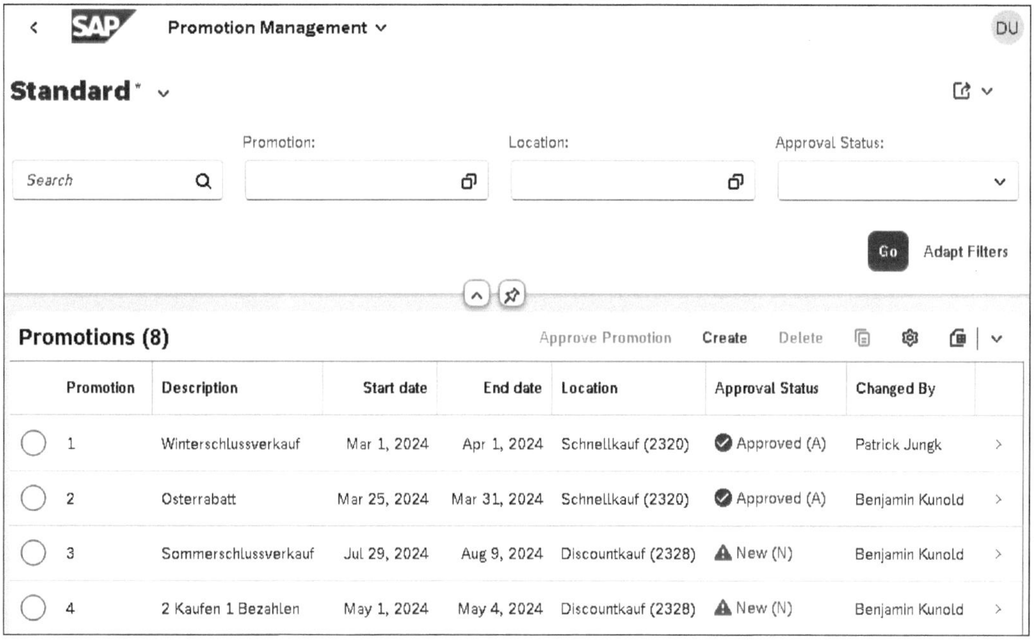

Abbildung 10.34 Vorschau der generierten Anwendung

[!]

Mehrere Versionen von Service-Bindings

Sollten Sie für Ihre Anwendung ein Service-Binding verwenden, das wie das Service-Binding aus unserem Beispiel verschiedene Versionen bereitstellt, muss die Version der zugehörigen Annotationen ebenfalls geändert werden. Ändern Sie dazu, wie in Listing 10.21 gezeigt, in der Datei **manifest.json** die Version auf den Wert »0002«:

```
"ZUI_PROMOTION_02_VAN": {
  "uri": "/sap/opu/odata/IWFND/CATALOGSERVICE;v=2/
        Annotations(TechnicalName='ZUI_PROMOTION_02_VAN',
        Version='0002')/$value/",
```

Listing 10.21 Ändern der Annotationsversion

10.6 Benutzeroberflächen bereitstellen

Anwendung deployen

Nachdem wir im vorherigen Abschnitt die Benutzeroberfläche unserer Anwendung angelegt haben, können Sie diese nun deployen. Sie können das Deployment über die Kachel **Deploy** innerhalb der **Application Info** ausführen (siehe Abbildung 10.35).

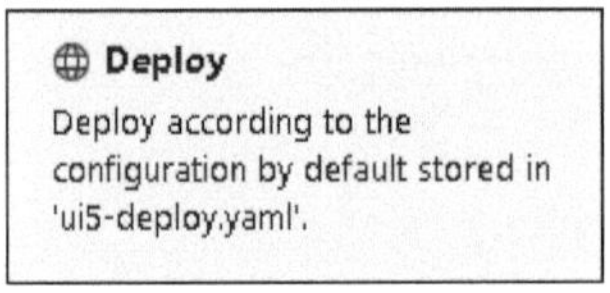

Abbildung 10.35 Kachel für das Deployment von Anwendungen

Klicken Sie auf diese Kachel, um das Deployment der Anwendung zu starten. Wenn Sie, wie in Abschnitt 10.5, »Benutzeroberflächen mit dem SAP Business Application Studio anlegen«, beschrieben, bereits die Deployment-Konfiguration vorgenommen haben, müssen Sie diese nur noch auf der Registerkarte **Terminal** über die Taste [Y] bestätigen (siehe Abbildung 10.36).

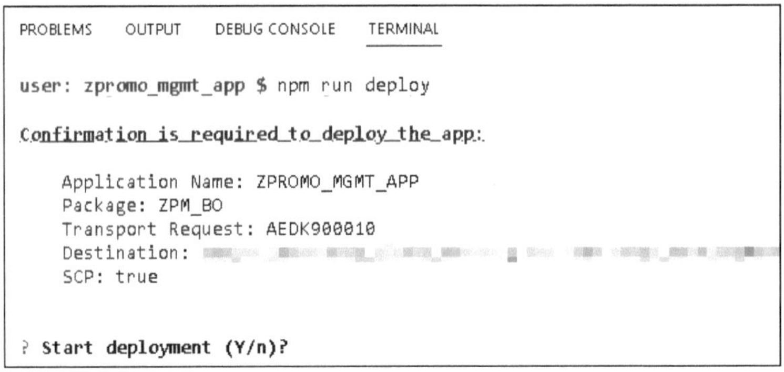

Abbildung 10.36 Deployment der Anwendung »ZPROMO_MGMT_APP«

Nachdem das Deployment erfolgreich abgeschlossen ist, wird Ihnen auf der Registerkarte **Terminal** die URL ausgegeben, unter der die Anwendung zu erreichen ist (siehe Abbildung 10.37). Beachten Sie jedoch, dass Sie die Anwendung über diesen Link noch nicht aufrufen können, da Sie noch keine Berechtigungen für die Anwendung vergeben haben. Wie Sie Berechtigungen für den Aufruf einer Anwendung vergeben und Anwendungen im SAP Fiori Launchpad verfügbar machen, zeigen wir Ihnen in Kapitel 11, »Berechtigungen implementieren«.

```
PROBLEMS   OUTPUT   DEBUG CONSOLE   TERMINAL

user: zpromo_mgmt_app $ npm run deploy
info abap-deploy-task ZPROMO_MGMT_APP Datei hochladen      : manifest.json (Text)
info abap-deploy-task ZPROMO_MGMT_APP * Anwendungsindex wird aktualisiert *
info abap-deploy-task ZPROMO_MGMT_APP Anwendungsprotokollnachrichten:
info abap-deploy-task ZPROMO_MGMT_APP Deskriptor apps/zpromomgmtapp/app/sap/zpromo_mgmt_app/ wird geschrieben
info abap-deploy-task ZPROMO_MGMT_APP UIADs für UI5-Repository ZPROMO_MGMT_APP, Paket ZPM_BO, Transport AEDK900010 wurden aktualisiert
info abap-deploy-task ZPROMO_MGMT_APP SAP-Fiori-Launchpad-App-Deskriptor-Element ZPROMO_MGMT_APP_UI5R wurde angelegt
info abap-deploy-task ZPROMO_MGMT_APP Details finden Sie im Anwendungsprotokoll (SLG1) im Mandanten 000 für Objekt /UI5/APPIDX.
info abap-deploy-task ZPROMO_MGMT_APP BAdI-Implementierung für /UI5/BADI_REPOSITORY_LOAD ist aktiv: Abschließende Aktivitäten wurden eventuell ausgeführt.
info abap-deploy-task ZPROMO_MGMT_APP SAPUI5-Anwendung  erfolgreich hochgeladen und registriert
info abap-deploy-task ZPROMO_MGMT_APP * Erledigt *
info abap-deploy-task ZPROMO_MGMT_APP App available at [redacted]/sap/bc/ui5_ui5/sap/zpromo_mgmt_app
info abap-deploy-task ZPROMO_MGMT_APP Deployment Successful.
user: zpromo_mgmt_app $
```

Abbildung 10.37 Erfolgreiches Deployment der Anwendung »ZPROMO_MGMT_APP«

10.7 Zusammenfassung

In diesem Kapitel haben Sie gelernt, wie Sie mithilfe von SAP Fiori Elements und ohne eine einzige Zeile Frontend-Quellcode zu schreiben eine SAP-Fiori-Anwendung bereitstellen können, die den SAP-Fiori-Designrichtlinien folgt.

Als Erstes haben wir Ihnen in Abschnitt 10.1, »Einheitliche Benutzeroberflächen mit SAP Fiori Elements«, die von SAP bereitgestellten Floorplans vorgestellt. Diese definieren einen visuellen Grundaufbau für die SAP-Fiori-Benutzeroberflächen und sind auf bestimmte Anwendungsfälle zugeschnitten. Bei der Nutzung von SAP Fiori Elements reichern Sie OData-Services mit Metadaten an und nehmen so Einfluss auf die Darstellung der Floorplans.

In Abschnitt 10.2, »UI-Annotationen«, haben wir Ihnen gezeigt, wie Sie CDS-Views mit UI-Annotationen versehen können und so Suchfelder, Textausgaben, Wertehilfen und Feldgruppen für Ihre Benutzeroberflächen definieren. Diese Annotationen eines CDS-Views lassen sich durch CDS-Metadatenerweiterungen auslagern. Es können jedoch nur Annotationen ausgelagert werden, die mit der Annotation `@MetadataExtension.usageAllowed : true` angereichert wurden. Hierzu gehören beispielsweise die Annotation `@EndUserText.label` oder die `@UI`-Annotationen. Mithilfe der in Abschnitt 10.4, »Aktive Annotationen«, vorgestellten Eclipse-Ansicht **Active Annotations** behalten Sie den Überblick über die aktiven Annotationen eines CDS-Views.

Abschließend haben wir Ihnen in Abschnitt 10.5, »Benutzeroberflächen mit dem SAP Business Application Studio anlegen«, und Abschnitt 10.6, »Benutzeroberflächen bereitstellen«, gezeigt, wie Sie mit dem SAP Business Application Studio Anwendungen anlegen und anschließend im ABAP Environment deployen können.

Kapitel 11
Berechtigungen implementieren

Zugriffsschutz und Berechtigungen sind essenziell für betriebswirtschaftliche Anwendungen. In diesem Kapitel führen wir Sie in die Implementierung von Berechtigungsprüfungen für den Zugriff auf Ihre Geschäftsobjekte und abhängige Services ein.

Die Absicherung des Zugriffs auf Daten und Anwendungen sowie die Überprüfung von Berechtigungen und deren Verwaltung in Benutzerrollen und Katalogen sind wichtige Aufgaben bei der Entwicklung und Bereitstellung von ABAP-Anwendungen. Wir wenden uns daher in diesem Kapitel der Definition von Berechtigungen und der Implementierung von Berechtigungsprüfungen nach dem ABAP RESTful Application Programming Model zu. Darüber hinaus erläutern wir die Zuweisung von Berechtigungen über Rollen und Anwendungskataloge.

Wir erläutern zu Beginn des Kapitels zunächst einige grundlegende Konzepte zur Autorisierung für Anwendungen auf Basis des ABAP RESTful Application Programming Models. Dazu zeigen wir Ihnen in Abschnitt 11.1, »Berechtigungsobjekte«, wie Sie eigene Berechtigungen für bestimmte Interaktionen mit Ihren Geschäftsobjekten über Berechtigungsfelder und -objekte modellieren können.

In Abschnitt 11.2, »Berechtigungsprüfungen für Geschäftsobjekte«, stellen wir Ihnen im Anschluss daran die verschiedenen Möglichkeiten vor, Berechtigungsprüfungen und Zugriffskontrollen in ABAP-RESTful-Anwendungen zu realisieren.

Hierauf aufbauend stellen wir in den darauffolgenden Abschnitten dar, wie Sie verschiedene Anwendergruppen, also sowohl realen Personen als auch technischen Benutzern, Berechtigungen für den Zugriff auf Geschäftsobjekte gewähren. In Abschnitt 11.3, »Anwendungsbenutzer*innen Berechtigungen zuweisen«, gehen wir darauf ein, wie sich die im Vorfeld definierten Berechtigungen einzelnen Anwendungsbenutzerkonten zuordnen lassen. Wir zeigen, wie sich mit dem ABAP RESTful Application Programming Model konkrete Berechtigungen für den Zugriff auf Geschäftsanwendungen festlegen lassen und wie Sie mit selbst angelegten Identity-Access-Management-Anwendungen Anwendungskataloge erstellen können. Diese Anwendungskataloge erweitern wir mit sogenannten *Einschränkungstypen*, um das Ausprägen von Berechtigungswerten in Anwendungsrollen zu ermöglichen. Schließlich führen wir sämtliche definierten Berechtigungen und Kataloge in Anwendungsrollen zusammen und weisen diesen einzelne Benutzer*innen des ABAP Environments zu.

In Abschnitt 11.4, »Technischen Benutzern Berechtigungen zuweisen«, gehen wir dann auf die Zuordnung bzw. die Verwaltung von Berechtigungen für den Zugriff von technischen Benutzern auf Basis von Kommunikationsszenarien und Kommunikationsvereinbarungen ein. Abschließend beschreiben wir in Abschnitt 11.5, »Zugriff auf SAP-Fiori-Anwendungen bereitstellen«, wie Sie den autorisierten Zugriff auf die in den vorangegangenen Kapiteln entwickelten SAP-Fiori-Oberflächen ermöglichen.

11.1 Berechtigungsobjekte

Berechtigungsmodell

Bevor wir auf die einzelnen Aspekte des Berechtigungskonzepts von ABAP-RESTful-Anwendungen eingehen, wollen wir Ihnen zunächst einen groben Überblick über das hier angewendete Berechtigungsmodell geben. Abbildung 11.1 zeigt die relevanten Artefakte und deren Zusammenspiel bei der Implementierung von Berechtigungen im ABAP RESTful Application Programming Model.

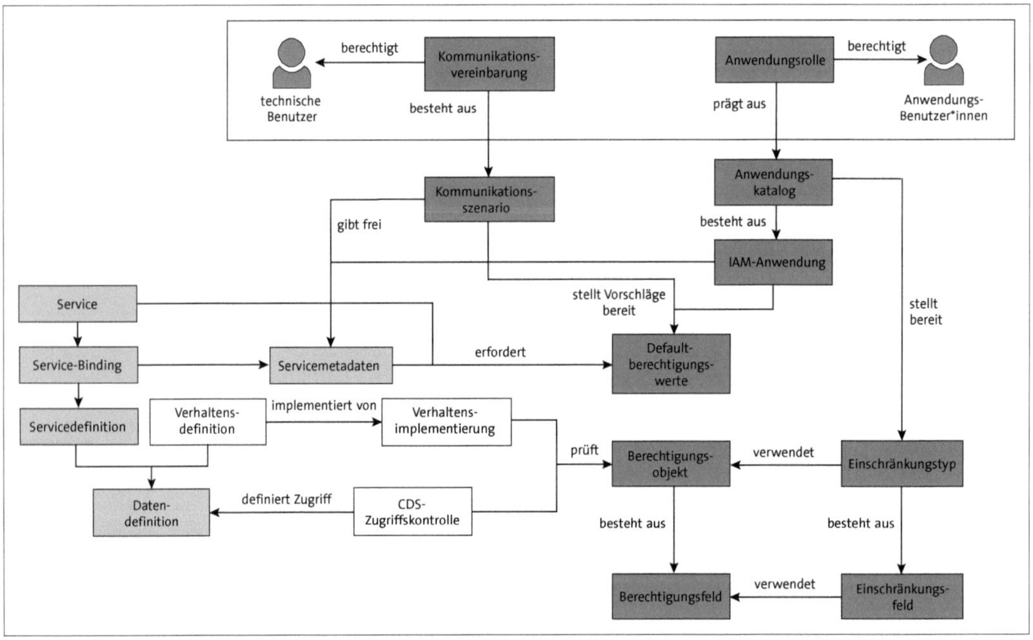

Abbildung 11.1 Überblick über das Berechtigungskonzept

Möglicherweise werden Ihnen noch nicht alle in Abbildung 11.1 genannten Begriffe bekannt sein. Wir erläutern daher in diesem Abschnitt die in der Übersicht dargestellten Objekte sowie deren Aufgaben und Implementierung jeweils genauer.

Additives Berechtigungskonzept

Beginnen wir mit dem zentralen Objekt für die Berechtigungssteuerung in ABAP-basierten Systemen, dem *Berechtigungsobjekt*. Das ABAP Environment nutzt, wie andere SAP-Systeme, unter anderem wie SAP S/4HANA, ein *additives Berechtigungskonzept*. Das bedeutet, dass ein Benutzer oder eine Benutzerin erst einmal über keine Berechtigungen verfügt. Ihnen werden einzelne Berechtigungen zugewiesen, die ihnen das Ausführen bestimmter Handlungen erlauben. Je mehr Berechtigungen ein Benutzer oder eine Benutzerin erhält, desto mehr Handlungen darf er oder sie am System ausführen. Eine *Handlung* beschreibt hier eine bestimmte Aktivität, also beispielsweise das Lesen, Ändern, Anlegen oder Löschen bestimmter Instanzen eines Geschäftsobjekts.

Explizite Prüfung

Es ist charakteristisch für das Berechtigungskonzept für ABAP-Anwendungen, dass sämtliche Berechtigungsprüfungen explizit zu implementieren sind (mit einigen Ausnahmen). Wurden für eine Aktion keine expliziten Berechtigungsprüfungen implementiert, wird auch nichts geprüft. Die entsprechende Handlung ist damit für jeden Benutzer und jede Benutzerin erlaubt.

Die Durchführung mancher Handlungen kann mehrere zusammenhängende Berechtigungen erfordern. Ein Benutzer oder eine Benutzerin kann z. B. grundsätzlich berechtigt sein, eine bestimmte Aktivität auszuführen, diese Berechtigung könnte jedoch für eine spezielle Instanz nicht gelten. Auch ist es möglich, dass jemand nur über die Berechtigung verfügt, bestimmte Instanzen eines Geschäftsobjekts zu lesen bzw. anzeigen zu lassen.

Berechtigungsobjekte

Berechtigungsobjekte sind ein geeignetes Mittel, um solche zusammenhängenden Berechtigungen zu modellieren. Der Aufbau und die Komponenten eines Berechtigungsobjekts sind in Abbildung 11.2 dargestellt.

Ein Berechtigungsobjekt fasst mehrere schützenswerte Felder zusammen, die über Berechtigungsprüfungen validiert werden. Diese Felder werden als *Berechtigungsfelder* bezeichnet. Berechtigungsobjekte können bis zu zehn verschiedene Berechtigungsfelder verwenden. Über Berechtigungsfelder können bestimmte Werte definiert werden, um erlaubte Handlungen in Anwendungen zu beschreiben.

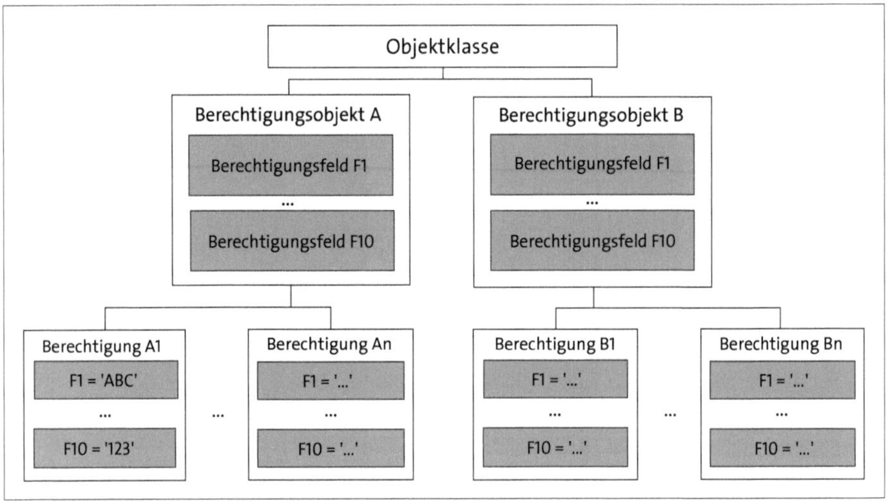

Abbildung 11.2 Aufbau von Berechtigungsobjekten

Berechtigungswerte

Bei diesen Werten kann es sich zum einen um erlaubte oder nicht erlaubte Aktivitäten eines Anwenders oder einer Anwenderin, zum anderen um bestimmte Attribute eines Geschäftsobjekts handeln, über die detaillierter entschieden werden kann, ob jemand für den Zugriff oder eine bestimmte Handlung berechtigt ist:

- **Aktivitätsfelder**
  Über *Aktivitätsfelder* können einem Geschäftsobjekt Berechtigungen für bestimmte Aktivtäten, also beispielsweise für das Lesen von Instanzen, für deren Anlage oder deren Änderung, zugeordnet werden.
- **Attribute eines Geschäftsobjekts**
  Soll ein bestimmtes Attribut eines Geschäftsobjekts zusätzlich in eine Berechtigungsprüfung aufgenommen werden, kann hierzu ebenfalls ein entsprechendes Berechtigungsfeld angegeben werden. Über dieses werden dann die berechtigungsrelevanten Werte spezifiziert.

Mittels Berechtigungsfeldern ist es also möglich, Berechtigungsobjekte zu modellieren, die beschreiben, welche Aktionen jemand ausführen darf und für welche Geschäftsobjektinstanzen diese Berechtigungen gelten.

Berechtigungsobjektinstanzen

Beachten Sie, dass Berechtigungsobjekte allerdings zunächst noch keine expliziten Berechtigungen spezifizieren. Berechtigungsobjekte modellieren vielmehr einen Rahmen, aus dem Berechtigungen für konkrete Aktionen abgeleitet werden können. Man spricht daher bei Berechtigungen auch von *Berechtigungsobjektinstanzen*.

Wir wollen dies an einem Beispiel erläutern: Wir modellieren ein Berechtigungsobjekt für ein Geschäftsobjekt »Artikel«. Über dieses Berechtigungsobjekt werden nun alle berechtigungsrelevanten Aktionen für dieses Geschäftsobjekt definiert, also beispielsweise das Lesen, Ändern und Löschen von Artikeldaten. Zusätzlich werden im Berechtigungsobjekt noch Felder angegeben, die darüber hinaus berechtigungsrelevant für die Geschäftsobjekte sind, wie beispielsweise der Artikeltyp. Aus diesem Berechtigungsobjekt können nun konkrete Berechtigungen instanziiert werden. Eine Berechtigung erlaubt dann immer eine konkrete Aktion für Artikel mit einem bestimmten Artikeltyp, also beispielsweise das Ändern von Artikeln des Typs »Handelsware«.

Berechtigungsobjekte werden zu ihrer Organisation und Strukturierung bestimmten Klassen zugeordnet. Im ABAP Environment und im Embedded ABAP Environment in SAP S/4HANA Cloud Public Edition steht Ihnen nur eine *Berechtigungsobjektklasse* mit dem Titel **CPAE – Authorization Objects for Cloud Development** zur Verfügung. Das bedeutet, dass alle Berechtigungsobjekte innerhalb des ABAP Environments und innerhalb von SAP S/4HANA Cloud Public Edition automatisch dieser Objektklasse zugeordnet werden. Für SAP S/4HANA Cloud Private Edition und On-Premise-Releases kann dies abweichen. Wir werden uns wie auch schon in den vorangegangenen Kapiteln in unseren Beschreibungen vornehmlich auf das ABAP Environment und SAP S/4HANA Cloud Public Edition beziehen.

In den folgenden Abschnitten realisieren wir exemplarische Berechtigungsprüfungen für unser Geschäftsobjekt Rabattaktion. Die folgenden Benutzeraktivitäten sind hierbei relevant:

- Anlegen und Ändern von Rabattaktionen
- Lesen und Anzeigen von Rabattaktionen
- Genehmigen von Rabattaktionen

Es soll möglich sein, die Anzeige von Rabattaktionen abhängig von ihrem Genehmigungsstatus einzuschränken.

11.1.1 Eigene Berechtigungsfelder anlegen

Nachdem wir die Grundlagen des Berechtigungsmodells sowie den Aufbau der Berechtigungsobjekte im modernen SAP-Systemen wie SAP S/4HANA Cloud Public Edition und dem ABAP Environment dargestellt haben, fahren wir damit fort, die definierten Anforderungen für unsere Beispielanwendung in einem eigenen Berechtigungsobjekt abzubilden. Sämtliche Beispiele, die im Rahmen dieses Kapitels vorgestellt werden, wurden von uns im ABAP Environment umgesetzt. Das Vorgehen in SAP S/4HANA Cloud Public Edition verhält sich hierzu analog. In On-Premise-Systemen sowie in SAP S/4HANA Cloud Private Edition ist zusätzlich ein klassisches Vorgehen über die bekannten Transaktionen möglich. Auf dieses Vorgehen gehen wir hier jedoch nicht weiter ein.

Berechtigungsfelder anlegen

Wir beginnen zunächst damit, die relevanten Berechtigungsfelder zu erzeugen. Wir legen also zunächst ein Berechtigungsfeld für den Genehmigungsstatus unseres Geschäftsobjekts Rabattaktion an:

1. Öffnen Sie über die rechte Maustaste das Kontextmenü im **Project Explorer** und wählen Sie **New • Other ABAP Repository Object • Authorizations • Authorization Field**. Bestätigen Sie Ihre Auswahl mit **Next**. Alternativ können Sie den Anlagedialog auch über die Tastenkombination [Strg] + [N] öffnen.
2. Geben Sie das in Abschnitt 5.2.2, »Projektstruktur anlegen«, erstellte Paket `ZPM_AUTHORITY` und den Namen des Berechtigungsfeldes an. Für unseren Beispielfall wählen Sie den Namen »ZAF_APPRST«.

[»]

Namenskonventionen

Eigene Berechtigungsfelder werden im Kundennamensraum angelegt. Zur Kennzeichnung können Sie bei der Namensvergabe zusätzlich das Präfix `AF` (für »Authorization Field«) verwenden.

3. Geben Sie im Feld **Data Element** ein Datenelement für das anzulegende Berechtigungsfeld an. Wählen Sie hier das in Abschnitt 5.3.1, »Datenbanktabellen anlegen«, erstellte Datenelement `ZPM_APPROVAL_STATUS`. Bestätigen Sie die Eingabe mit **Next**.
4. Wählen Sie einen entsprechenden Transportauftrag aus und schließen Sie die Anlage über die Schaltfläche **Finish** ab. Es öffnet sich die ADT-Sicht zur Pflege von Berechtigungsfeldern, analog zu Abbildung 11.3.
5. Über den Zusatz **Check Table** haben Sie die Möglichkeit, eine Prüftabelle für die Wertehilfe anzugeben, die bei der Pflege von Berechtigungswerten angezeigt wird.
6. Speichern Sie Ihre Eingaben über die Tastenkombination [Strg] + [S].

[»]

Verwendung von Datenelementen in Berechtigungsfeldern

Bei der Anlage von Berechtigungsfeldern sollten Datenelemente mit Domänenzuordnung verwendet werden. Notwendige Werte der Berechtigungsfelder sollten dann als Domänenfestwerte hinterlegt werden. Alternativ kann wie beschrieben eine Wertetabelle hinterlegt werden.

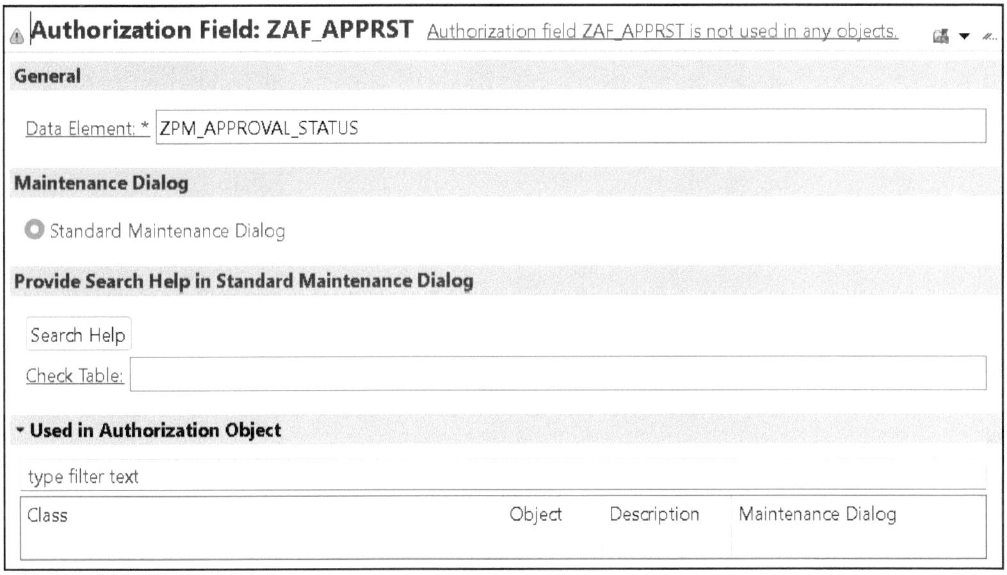

Abbildung 11.3 Berechtigungsfelder anlegen

11.1.2 Eigenes Berechtigungsobjekt anlegen

Berechtigungsobjekt für Rabattaktion

Wir werden nun auf Basis des angelegten Berechtigungsfeldes ein Berechtigungsobjekt zur Modellierung der Berechtigungen für das Geschäftsobjekt Rabattaktion erzeugen:

1. Rufen Sie über die rechte Maustaste das Kontextmenü des Project Explorers auf und navigieren Sie über **New • Other ABAP Repository Object • Authorizations • Authorization Object** zum Dialog zur Anlage von Berechtigungsobjekten.
2. Geben Sie einen Namen für das Berechtigungsobjekt an, z. B. »ZAO_PROMO«.

[«]

Namenskonventionen

Eigene Berechtigungsobjekte werden im Kundennamensraum angelegt. Zur Kennzeichnung können Sie bei der Namensvergabe zusätzlich das Präfix AO (für »Authorization Object«) verwenden.

3. Wählen Sie eine passende Beschreibung und bestätigen Sie Ihre Eingaben mit **Next**.
4. Wählen Sie einen Transportauftrag aus und schließen Sie die Anlage über die Schaltfläche **Finish** ab. Es öffnet sich der Dialog zur Pflege des Berechtigungsobjekts.

5. Im Abschnitt **Authorization Fields** können Sie dem Berechtigungsobjekt nun einzelne Berechtigungsfelder zuordnen. Das können sowohl eigene Berechtigungsfelder als auch bestehende SAP-Berechtigungsfelder sein. Ergänzen Sie für unser Beispiel das in Abschnitt 11.1.1, »Eigene Berechtigungsfelder anlegen«, erstellte Berechtigungsfeld ZAF_APPRST analog zu Abbildung 11.4.

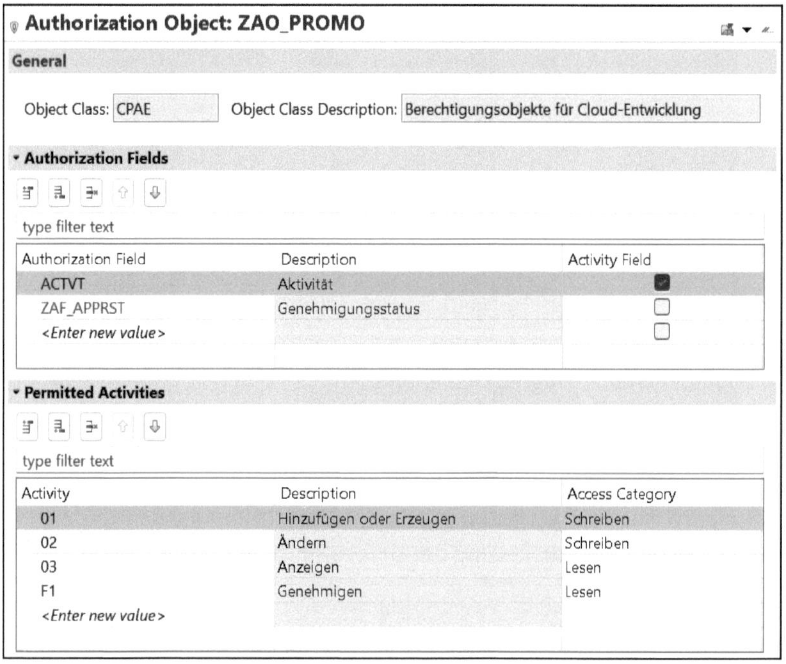

Abbildung 11.4 Berechtigungsobjekt anlegen

[»]

Das Berechtigungsfeld ACTVT

Bei der Anlage eines Berechtigungsobjekts wird das SAP-Berechtigungsfeld ACTVT standardmäßig zugeordnet und als Aktivitätsfeld (**Activity Field**) markiert. Das Berechtigungsfeld ACTVT erlaubt die Definition der wichtigsten Aktivitäten für Geschäftsobjekte und Anwendungen, weshalb Sie in der Regel keine eigenen Aktivitätsfelder anzugeben brauchen. Bei Bedarf können jedoch auch selbst definierte Aktivitätsfelder in das Berechtigungsobjekt aufgenommen werden. Beachten Sie hierbei allerdings, dass immer nur ein Aktivitätsfeld pro Berechtigungsobjekt angegeben werden kann.

6. Im Abschnitt **Permitted Activities** können Sie die entsprechenden Werte für berechtigungsrelevante Aktivitäten des Berechtigungsobjekts angeben. Für unsere Beispielanforderungen geben Sie hier die Aktivitäten

»Hinzufügen oder Erzeugen« (Wert »01«), »Ändern« (Wert »02«), »Anzeigen« (Wert »03«) und »Genehmigen« (Wert »F1«) an. Tragen Sie diese Werte gemäß Abbildung 11.4 in der Spalte **Activity** ein.

7. Über die **Access Category** kann zusätzlich festgelegt werden, ob es sich bei einer Aktivität um eine lesende oder schreibende Aktivität auf den Instanzen eines Geschäftsobjekts handelt. Diese Zuordnung wird relevant für die Einschränkung des Zugriffs über Einschränkungsfelder in Anwendungsrollen (siehe Abschnitt 11.3.4, »Anwendungsrollen verwalten«).
8. Speichern Sie das Berechtigungsobjekt über die Tastenkombination [Strg] + [S].

11.2 Berechtigungsprüfungen für Geschäftsobjekte

Sie haben nun alle notwendigen Vorbereitungen getroffen, um eigene Berechtigungsprüfungen für unser Geschäftsobjekt Rabattaktion zu realisieren. In diesem Abschnitt implementieren wir auf Basis der angelegten Berechtigungsobjekte die Berechtigungsprüfungen.

Autorisierung von lesenden Zugriffen

Hierbei werden wir zunächst den lesenden Zugriff auf das Geschäftsobjekt einschränken. Abhängig von den jeweiligen Berechtigungen sollen bestimmte Instanzen eines Geschäftsobjekts sichtbar sein und andere nicht. Für die Implementierung derartiger Berechtigungsobjekte werden wir sogenannte *CDS-Zugriffskontrollen* verwenden.

Autorisierung von schreibenden Zugriffen

Darauf aufbauend werden wir entsprechende Berechtigungsprüfungen für die (schreibenden) Operationen auf den noch sichtbaren Instanzen des Geschäftsobjekts mittels spezieller Methoden in der Verhaltensimplementierung umsetzen.

11.2.1 CDS-Zugriffskontrollen anlegen

Für Berechtigungsprüfungen beim Lesezugriff auf Geschäftsobjekte können wir im ABAP RESTful Application Programming Model auf bestehende Funktionalität von ABAP CDS zurückgreifen, die CDS-Zugriffskontrollen. CDS-Zugriffskontrollen bieten eine Möglichkeit, den Zugriff auf die Instanzen eines Geschäftsobjekts berechtigungsabhängig über die entsprechenden CDS-Views zu steuern.

CDS-Rollen

CDS-Zugriffskontrollen definieren sogenannte *CDS-Rollen*, d. h. gewisse Zugriffsregeln über verschiedene Zugriffsbedingungen für einzelne CDS-Views. In ABAP CDS werden diese Rollen implizit allen Benutzer*innen zugeordnet. Das bedeutet, dass so definierte CDS-Rollen bei jedem Zugriff auf einen CDS-View evaluiert werden. Die Ergebnismenge der CDS-Views wird dann entsprechend gefiltert.

[+]

Weiterführende Informationen zu CDS-Zugriffskontrollen

CDS-Zugriffskontrollen liefern weitaus mehr Funktionalität als die Prüfung von Berechtigungsobjekten beim Zugriff auf CDS-Views. Wir betrachten allerdings in diesem Abschnitt nur einen kleinen Ausschnitt der Funktionen von CDS-Zugriffskontrollen. Für einen tieferen Einblick empfehlen wir Ihnen das Buch »Core Data Services für ABAP« von Renzo Colle, Ralf Dentzer und Jan Hrastnik (3. Auflage, SAP PRESS 2023).

CDS-Zugriffskontrollen anlegen

Um eine CDS-Zugriffskontrolle anzulegen, gehen Sie wie folgt vor:

1. Rufen Sie über die rechte Maustaste das Kontextmenü des Project Explorers auf und wählen Sie **New • Other ABAP Repository Object • Core Data Services • Access Control**.
2. Im sich öffnenden Anlagedialog für CDS-Zugriffskontrollen geben Sie einen Namen für Ihre CDS-Zugriffskontrolle an, in unserem Beispiel »ZR_PROMOTIONTP«.

[»]

Namenskonventionen

Es wird aus Gründen der Übersichtlichkeit empfohlen, immer nur eine CDS-Zugriffskontrolle pro CDS-View zu definieren. Bei der Namensgebung sollten Sie sich dabei am Namen des CDS-Views orientieren.

3. Geben Sie zusätzlich eine passende Beschreibung an und klicken Sie auf **Next**.
4. Wählen Sie einen entsprechenden Transportauftrag aus und bestätigen Sie die Angabe mit **Next**.
5. Wählen Sie im folgenden Fenster das Template **defineRoleWithPFCGAspect** und schließen Sie die Anlage über die Schaltfläche **Finish** ab.
6. Implementieren Sie die CDS-Zugriffskontrolle `ZR_PROMOTIONTP` gemäß Listing 11.1.

```
define role ZR_PROMOTIONTP {
    grant
        select
            on
                ZR_PROMOTIONTP
                    where
                        (ApprovalStatus) = aspect pfcg_auth(
ZAO_PROMO, ZAF_APPRST, ACTVT = '03');
}
```

Listing 11.1 CDS-Zugriffskontrolle implementieren

Data Control Language

CDS-Zugriffkontrollen werden mit der *Data Control Language* (DCL) implementiert. Pro CDS-Zugriffskontrolle wird eine CDS-Rolle definiert. CDS-Rollen werden über das Schlüsselwort `define role <RoleName>` definiert. Mit dem Schlüsselwort `grant select on <CDSViewName>` wird der CDS-View angegeben, auf den sich die CDS-Zugriffskontrolle bezieht. In unserem Fall geben wir hier den Root-View unseres Geschäftsobjekts Rabattaktion an.

Innerhalb der `where`-Bedingung können nun einzelne Zugriffsbedingungen angegeben werden, um den Zugriff auf die Daten des CDS-Views einzuschränken. Die einzelnen Zugriffsbedingungen können über `and` oder `or` verknüpft werden.

Prüfung von Berechtigungen

Über den Zusatz `aspect` können einzelne Werte aus dem Benutzerkontext in die Zugriffsprüfung aufgenommen werden. Aktuell wird hier ausschließlich der vordefinierte Aspekt `pfcg_auth` unterstützt. Dieser erlaubt es, den Zugriff auf den CDS-View über einzelne Berechtigungswerte einzuschränken. Zum einen können damit die Felder des CDS-Views anhand bestimmter Berechtigungsfelder geprüft werden, zum anderen können damit Festwerte zur Prüfung einzelner Berechtigungsfelder angegeben werden.

Der Zusatz wird wie folgt verwendet:

```
aspect pfcg_auth(<AuthObject>, <AuthField>, ..., <AuthField>= 'value')
```

In unserem Beispiel in Listing 11.1 werden nur die Datensätze selektiert, deren Genehmigungsstatus den Berechtigungswerten des Benutzers oder der Benutzerin entspricht. Zusätzlich werden nur Daten selektiert, wenn der Benutzer oder die Benutzerin für die Aktivität Anzeigen (03) berechtigt ist.

Vererbung von Zugriffskontrollen

Für unser Beispiel haben wir die CDS-Zugriffskontrollen über den Root-View unseres Geschäftsobjekts definiert.

Zugriffskontrollen wirken allerdings nur für den CDS-View, für den sie definiert wurden. Beim Zugriff auf die Daten unseres Geschäftsobjekts über CDS-Projektions-Views hat die Zugriffskontrolle dementsprechend keine Auswirkungen. Sie haben allerdings die Möglichkeit, CDS-Zugriffskontrollen explizit über den Zusatz `inheriting conditions from entity` zu vererben. So können Zugriffskontrollen auf Ebene der CDS-Views einzelner Entitäten oder sogar auf Ebene der Basic Interface Views definiert werden und einheitlich an die Projektionsschicht weitergegeben werden.

Implementieren Sie nun zusätzlich eine CDS-Zugriffskontrolle für die Projektion `ZC_PROMOTIONTP` gemäß Listing 11.2.

```
define role ZC_PROMOTIONTP {
  grant select on ZC_PROMOTIONTP
  where inheriting conditions from entity ZR_PROMOTIONTP;
}
```

Listing 11.2 CDS-Zugriffskontrolle für Projektion implementieren

Die erwarteten Zugriffsbeschränkungen sollten auch in der Definition der CDS-Views angegeben werden. Hierzu wird die CDS-Annotation `@AccessControl.authorizationCheck` verwendet. Falls Sie CDS-Zugriffskontrollen für Ihre CDS-Views verwenden, sollte für diese Annotation der Wert `#CHECK` angegeben werden.

11.2.2 Berechtigungsprüfungen in der Verhaltensimplementierung

Berechtigungsprüfungen für Änderungsoperationen auf den Instanzen von Geschäftsobjekte werden über die Verhaltensimplementierung der entsprechenden Entitäten abgebildet. Ruft ein Benutzer oder eine Benutzerin eine entsprechende Operation einer Entität auf, wird hierdurch die Ausführung einer speziell definierten Methode in der Verhaltensimplementierung der Entität angestoßen. Innerhalb dieser Methoden können die Berechtigungen der Operationen für jede Instanz validiert und die Ausführung der Operation erlaubt oder verhindert werden.

Berechtigungsprüfungen für Geschäftsobjekte definieren

Abhängigkeiten bei Berechtigungsprüfungen

Bevor wir mit der eigentlichen Implementierung der Berechtigungsprüfungen fortfahren können, muss zunächst auf Ebene der Verhaltensdefinition angegeben werden, für welche Operationen des Geschäftsobjekts Berechtigungen erforderlich sind. Zusätzlich müssen wir die Abhängigkeiten zwischen einzelnen Entitäten bei der Berechtigungsprüfung definieren. Geben Sie hierzu die Zusätze `authorization master` und `authorization dependent` gemäß Listing 11.3 in der Verhaltensmerkmaldefinition der Entitäten Rabattaktionskopf und Rabattaktionsposition an.

```
define behavior for ZR_PromotionTP alias Promotion
authorization master ( global )
{…}
define behavior for ZR_PromotionItemTP alias PromotionPosition
authorization dependent by _Promotion
{…}
```

Listing 11.3 Definition von Abhängigkeiten bei Berechtigungsprüfungen

Der Zusatz `authorization master` markiert die führende Entität für die Autorisierung. Das bedeutet, dass bei Operationen auf abhängigen Entitäten, die mit dem Zusatz `authorization dependent` gekennzeichnet sind, die Berechtigungen über diese führende Instanz geprüft werden. Über den Zusatz `by _<Association>` wird dabei eine entsprechende Assoziation zur führenden Entität angegeben.

Operationen der abhängingen Entität

Bei der Verwendung von `authorization master` und `authorization dependent` werden Berechtigungsanfragen für Änderungs-, Lösch- und Anlageoperationen an die Implementierung der führenden Entität delegiert und auch für die abhängige Entität angewendet. Die Operationen Ändern, Löschen und Anlegen über eine Assoziation auf Ebene der abhängigen Entität werden hierbei als Änderungsoperationen auf Ebene der führenden Entität betrachtet. Für diese Operationen werden dementsprechend die Änderungsberechtigungen der führenden Entität geprüft. Für selbst definierte Aktionen gilt keine Abhängigkeitsbeziehung. Deren Berechtigungen werden also immer auf Ebene der entsprechenden Entität validiert, auch wenn diese von einer anderen Entität abhängig ist.

Berechtigungsprüfungen delegieren und ausschließen

Es sollte grundsätzlich für alle in der Verhaltensdefinition angegebenen Operationen eine Berechtigungsprüfung implementiert werden. Sie haben jedoch die Möglichkeit, die Berechtigungsprüfung für einzelne Operationen an die Berechtigungsprüfung zum Ändern einer Geschäftsobjektinstanz zu delegieren. Hierzu muss der Zusatz `( authorization : update )` für die entsprechende Aktion angegeben werden. Zusätzlich können Sie einzelne Aktionen auch von der Berechtigungsprüfung ausschließen. Hierzu verwenden Sie den Zusatz `( authorization : none )`.

Berechtigungsprüfungen für Geschäftsobjekte implementieren

Nachdem Sie die Berechtigungsprüfungen für das Geschäftsobjekt Rabattaktion definiert haben, können Sie die konkreten Prüfungen in ABAP implementieren. Die Berechtigungsprüfungen werden im Managed Behavior über die lokalen Handlerklassen des Behavior Pools des Geschäftsobjekts implementiert. Hierzu werden innerhalb der lokalen Handlerklasse spezielle Methoden für die Implementierung von Berechtigungsprüfungen der einzelnen Entitäten des Geschäftsobjekts definiert.

Typen von Berechtigungsprüfungen

Hierbei ist es wichtig, zwischen den unterschiedlichen Typen von Berechtigungsprüfungenen zu unterscheiden. Es ist hier zwischen *globalen Berechtigungsprüfungen* und *instanzbasierten Berechtigungprüfungen* zu differenzieren:

- **Globale Berechtigungsprüfungen**
  Globale Berechtigungen beziehen den Kontext einer Aktivität nicht mit ein. Bei der Validierung von globalen Berechtigungen wird also nur geprüft, ob eine Aktivität allgemein erlaubt ist. Es wird hierbei nicht unterschieden, ob eine Aktion für eine bestimmte Instanz des Geschäftsobjekts ausgeführt werden darf. Globale Berechtigungsprüfungen können für die Operationen Anlegen, Anlegen über eine Assoziation, Ändern, Löschen sowie für statische und instanzbasierte Aktionen implementiert werden.
- **Instanzbasierte Berechtigungsprüfungen**
  Bei der Prüfung von instanzbasierten Berechtigungen wird die entsprechende Geschäftsobjektinstanz miteinbezogen. So kann auf Basis der Eigenschaften einer bestimmten Instanz entschieden werden, ob ein Benutzer oder eine Benutzerin für eine bestimmte Aktion auf der jeweiligen Instanz berechtigt ist oder nicht. Instanzbasierte Berechtigungsprüfungen können für die Operationen Anlegen über eine Assoziation, Ändern und Löschen sowie für instanzbasierte Aktionen implementiert werden.

Globale Berechtigungsprüfungen implementieren

Wir implementieren in diesem Abschnitt zunächst globale Berechtigungsprüfungen für das Anlegen und das Ändern von Instanzen unseres Geschäftsobjekts. Dazu muss in der Verhaltensdefinition zunächst der Zusatz `global` für die Autorisierung der führenden Entität gemäß Listing 11.3 angegeben worden sein. Anschließend muss eine entsprechende Methode zur Implementierung der Berechtigung im Behavior Pool definiert werden. Die Methode wird über die folgende Syntax definiert:

```
METHODS <Name> FOR GLOBAL AUTHORIZATION
      IMPORTING REQUEST <Requested_Authorizations>
      FOR <Entity> RESULT <Result>.
```

Entsprechende Methoden werden über den Zusatz `FOR GLOBAL AUTHORIZATION` gekennzeichnet. Sie erhalten als Übergabeparameter eine Liste der Schlüsselfelder der zu prüfenden Instanzen. Der Parameter `REQUEST` gibt an, welche Aktion (Ändern, Löschen etc.) für die Instanz ausgeführt werden soll, also für welche Aktionen Berechtigungen angefordert werden. Als Rückgabe muss eine Tabelle mit den entsprechenden Berechtigungen für die einzelnen Operationen der jeweiligen Instanz geliefert werden.

Berechtigungsprüfung für die Rabattaktion

Definieren Sie nun die Methode `GET_GLOBAL_AUTHORIZATIONS` zur Implementierung von Berechtigungsprüfungen in der lokalen Handlerklasse des Behavior Pools `ZBP_PRMOTIONTP`. Den Quellcode können Sie Listing 11.4 entnehmen.

```
CLASS lhc_promotion DEFINITION INHERITING FROM
  cl_abap_behavior_handler.
   METHODS get_global_authorizations FOR GLOBAL AUTHORIZATION
    IMPORTING REQUEST requested_authorizations FOR promotion
    RESULT result.
ENDCLASS.
```

Listing 11.4 Definition einer Methode zur Implementierung von globalen Berechtigungsprüfungen

Implementieren Sie die Methode `GET_GLOBAL AUTHORIZATIONS` anschließend, wie in Listing 11.5 gezeigt.

```
METHOD get_global_authorizations.
  "1. Berechtigungsprüfung für Anlageoperation
  IF requested_authorizations-%create EQ if_abap_behv=>mk-on.
    AUTHORITY-CHECK OBJECT 'ZAO_PROMO'
    ID 'ACTVT' FIELD '01'. "Anlegen.
    IF sy-subrc <> 0.
      result-%create = if_abap_behv=>auth-unauthorized.
    ELSE.
      result-%create = if_abap_behv=>auth-allowed.
    ENDIF.
  ENDIF.

  "2. Berechtigungsprüfung für Änderungsoperation
  IF requested_authorizations-%update EQ if_abap_behv=>mk-on.
    AUTHORITY-CHECK OBJECT 'ZAO_PROMO'
    ID 'ACTVT' FIELD '02'. "Ändern.
    IF sy-subrc <> 0.
      result-%update = if_abap_behv=>auth-unauthorized.
    ELSE.
      result-%update = if_abap_behv=>auth-allowed.
    ENDIF.
  ENDIF.
ENDMETHOD.
```

Listing 11.5 Implementierung von globalen Berechtigungsprüfungen

Wir betrachten den Quellcode aus Listing 11.5 im Detail:

Implementierung der Prüfmethode

1. **Berechtigungsprüfung für Anlageoperation**
   An dieser Stelle wird das Vorhandensein bestimmter Berechtigungen des in Abschnitt 11.1.2, »Eigenes Berechtigungsobjekt anlegen«, angelegten Berechtigungsobjekts geprüft. Es müssen also im Benutzerstamm

des Anwenders oder der Anwenderin konkrete Instanzen dieses Berechtigungsobjekts vorliegen, die in der Ausprägung des Berechtigungsfeldes `ACTVT` (Aktivität) mit dem abgefragten Wert »01« für Anlegen übereinstimmt. Über den Rückgabeparameter `result-%create` wird angegeben, ob die Operation erlaubt ist oder nicht.

Diese Prüfung wird über das ABAP-Schlüsselwort `AUTHORITY-CHECK` umgesetzt. Wir gehen hier nicht im Detail auf diesen aus der klassischen ABAP-Programmierung bekannten Befehl ein.

2. **Berechtigungsprüfung für Änderungsoperation**
   Analog zur Prüfung der Anlageoperation wird die Ausprägung des Berechtigungsfeldes `ACTVT` (Aktivität) mit dem Wert »02« (Ändern) geprüft. Über den Rückgabeparameter `result-%update` wird angegeben, ob die Operation autorisiert wurde.

[+]

Konstanten verwenden

Um die einzelnen Felder der Rückgabestruktur bei der Implementierung von Berechtigungsprüfungen auszuprägen, können Sie die Konstanten des Interface `IF_ABAP_BEHV` verwenden. Es stehen Ihnen folgende Konstanten zur Verfügung:

- `if_abap_behv=>auth-unauthorized`
- `if_abap_behv=>auth-allowed`

Instanzbasierte Berechtigungsprüfung

Im nächsten Schritt wollen wir die Berechtigungsprüfung für das Genehmigen der Rabattaktion implementieren. Diese Prüfung ließe sich ebenfalls über globale Berechtigungsprüfungen implementieren. Wir werden sie an dieser Stelle zu Demonstrationszwecken über instanzbasierte Prüfungen implementieren.

Um instanzbasierte Berechtigungsprüfungen zu implementieren, muss zunächst der Zusatz `instance` für die Autorisierung der führenden Entität in der Verhaltensdefinition angegeben werden. Ergänzen Sie also die Verhaltensdefinition `ZR_PromotionTP` gemäß Listing 11.6.

```
define behavior for ZR_PromotionTP alias Promotion
[...]
authorization master ( instance, global )
```

Listing 11.6 Instanzbasierte Berechtigungsprüfungen angeben

Definition der Methode

Nun muss erneut eine entsprechende Methode zur Implementierung der Autorisierung im Behavior Pool definiert werden. Eine solche Methode wird über folgende Syntax definiert:

```
METHODS <Name> FOR INSTANCE AUTHORIZATION
  IMPORTING REQUEST <Requested_Authorizations> FOR
  <Entity> RESULT <Result>.
```

Definieren Sie eine Methode GET_INSTANCE_AUTHORIZATIONS zur Implementierung von Berechtigungsprüfungen in der lokalen Handlerklasse des Behavior Pools ZBP_PRMOTIONTP gemäß Listing 11.7.

```
CLASS lhc_promotion DEFINITION INHERITING FROM
cl_abap_behavior_handler.
  METHODS get_instance_authorizations
  FOR INSTANCE AUTHORIZATION
  IMPORTING REQUEST requested_authorizations FOR promotion
  RESULT result.
ENDCLASS.
```

Listing 11.7 Definition einer Methode zur Implementierung von instanzbasierten Berechtigungsprüfungen

Listing 11.8 zeigt eine beispielhafte Implementierung.

```
METHOD get_instance_authorizations.
  "1. Lesen der relevanten Instanzen
  READ ENTITIES OF ZR_PromotionTP IN LOCAL MODE
  ENTITY Promotion
  ALL FIELDS WITH
  CORRESPONDING #( keys )
  RESULT DATA(promotions).

  LOOP AT promotions ASSIGNING FIELD-SYMBOL(<promotion>).
    "2. Berechtigungen je Instanz prüfen
    IF requested_authorizations-%action-approvePromotion =
if_abap_behv=>mk-on.

      AUTHORITY-CHECK OBJECT 'ZAO_PROMO'
      ID 'ACTVT' FIELD 'F1' "Genehmigen
      ID 'ZAF_APPRST' FIELD <promotion>-ApprovalStatus.

      "3. Berechtigungsprüfung für Genehmigungsoperation
      INSERT VALUE #(
        %tky = <promotion>-%tky
        %action-approvePromotion = COND #(
            WHEN sy-subrc <> 0
```

```
            THEN if_abap_behv=>auth-unauthorized
            ELSE if_abap_behv=>auth-allowed )
        ) INTO TABLE result.
    ENDIF.
  ENDLOOP.
ENDMETHOD.
```

Listing 11.8 Implementierung von instanzbasierten Berechtigungsprüfungen

Wir wollen auch diese Implementierung noch einmal im Detail betrachten:

1. **Lesen der relevanten Instanzen**
   Zunächst werden die relevanten Instanzen des Geschäftsobjekts mit der EML-Leseoperation READ ENTITIES gelesen.
2. **Berechtigungen je Instanz prüfen**
   Für die gelesenen Instanzen werden nun nacheinander die Berechtigungen für die entsprechenden Aktivitäten gegen die im Benutzerstamm des Anwenders oder der Anwenderin festgelegten Berechtigungen verprobt. Zusätzlich wird validiert, ob eine Aktivität für die jeweilige Instanz erlaubt ist.

   Konkret wird an dieser Stelle also das Vorhandensein bestimmter Berechtigungen des in Abschnitt 11.1.2, »Eigenes Berechtigungsobjekt anlegen«, angelegten Berechtigungsobjekts geprüft. Im Benutzerstamm des Anwenders oder der Anwenderin müssen demnach konkrete Instanzen dieses Berechtigungsobjekts vorliegen, die in der Ausprägung der Berechtigungsfelder ACTVT (Aktivität) und ZAF_APPRST (Genehmigungsstatus) mit den abgefragten Werten übereinstimmen.

   Diese Prüfung wird über das ABAP-Schlüsselwort AUTHORITY-CHECK umgesetzt.
3. **Berechtigungen für Operationen setzen**
   Über den Rückgabeparameter der Methode GET_INSTANCE_AUTHORIZATIONS wird nun auf Basis der Berechtigungsprüfung festgelegt, ob eine Operation für die jeweilige Instanz ausgeführt werden darf. Hierzu stehen die in Tabelle 11.1 aufgeführten Felder der Rückgabestruktur zur Verfügung. Die dynamische Rückgabestruktur der speziellen Methoden zur Implementierung von Berechtigungsprüfungen in Managed Behaviors bietet Ihnen die Möglichkeit, die Ausführung von Operationen flexibel für jede Instanz separat zu steuern.

Feld	Beschreibung
%tky	Schlüsselfelder der aktuellen Geschäftsobjekt-instanz
%update (nur für Wurzelentitäten)	Feld zur Kennzeichnung, ob der Benutzer oder die Benutzerin zur Änderung der entsprechenden Instanz berechtigt ist. Erlaubt ebenfalls die Kennzeichnung, ob der Benutzer für die Anlage von Instanzen über Kompositionen berechtigt ist.
%delete	Feld zur Kennzeichnung, ob der Benutzer zum Löschen der entsprechenden Instanz berechtigt ist
%action	Struktur, die die selbst definierten (instanzbasierten) Aktionen der Geschäftsobjektentität enthält. Erlaubt die Kennzeichnung, ob der Benutzer oder die Benutzerin zur Ausführung der entsprechenden Aktion für die jeweilige Instanz berechtigt ist.

Tabelle 11.1 Rückgabewerte für die Autorisierung von Operationen

Wirkungsbereich von Berechtigungsprüfungen

Die Berechtigungsprüfungen für unser Geschäftsobjekt sind nun vollständig implementiert. Sollte nun ein Benutzer oder eine Benutzerin ohne hinreichende Berechtigungen über die SAP-Fiori-Anwendung eine Operation auf einer Instanz unseres Geschäftsobjekts ausführen wollen, wird eine entsprechende Fehlermeldung ausgegeben. Beachten Sie, dass Berechtigungsprüfungen nicht nur beim Zugriff über SAP-Fiori-Anwendungen durchlaufen werden, sondern auch beim programminternen Zugriff über EML oder bei direkten HTTP-Aufrufen der Geschäftsobjekt-API.

11.3 Anwendungsbenutzer*innen Berechtigungen zuweisen

Wir haben in den vorangegangenen Abschnitten bereits einige Einschränkungen für den Zugriff auf das Geschäftsobjekt Rabattaktion implementiert. Wenn Sie das Geschäftsobjekt über die Vorschaufunktion für SAP-Fiori-Elements-Anwendungen aufrufen, fällt Ihnen die durch die CDS-Zugriffskontrollen und die implementierten Berechtigungsprüfungen eingeschränkte Anzeige auf. Nachdem wir den Lese- und Änderungszugriff durch Berechtigungsprüfungen abgesichert haben, zeigen wir Ihnen in diesem Abschnitt, wie Sie die geforderten Berechtigungen den Benutzer*innen zuweisen zu können.

Anwendungs- oder technische Benutzer

Hierzu müssen Sie zunächst unterscheiden, ob es sich bei dem entsprechenden Benutzern um das Benutzerkonto eines Fachanwenders oder einer Fachanwenderin (*Anwendungsbenutzer*) oder um einen *technischen Benutzer* handelt (siehe Abbildung 11.5). Benutzerkonten für Fachanwender*innen werden in der Regel für den Zugriff auf Dialoganwendungen, wie beispielsweise SAP-Fiori-Anwendungen, verwendet. Sie sind realen Personen zugordnet. Technische Benutzer hingegen werden speziell für den programminternen Zugriff auf Web-APIs angelegt.

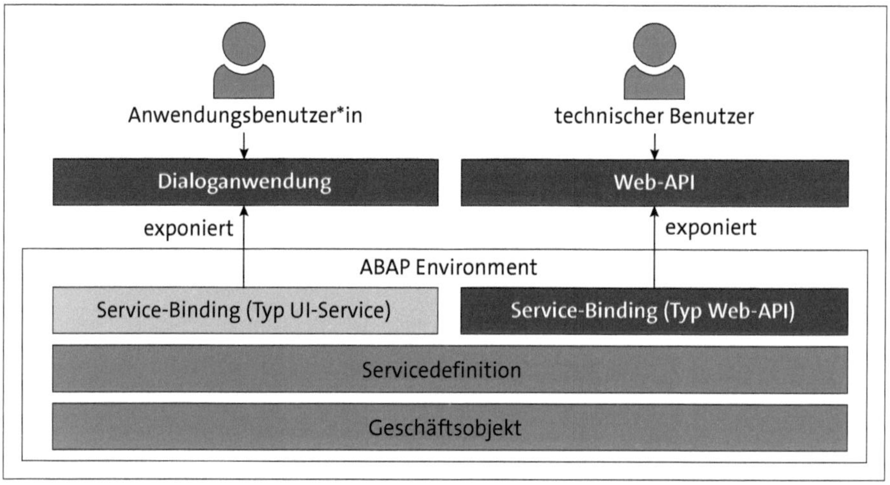

Abbildung 11.5 Anwendungsbenutzer und technische Benutzer

In den folgenden Abschnitten erläutern wir die Autorisierung von Anwendungsbenutzer*innen. Technische Benutzer erhalten ihre Berechtigungen über die zugeordneten Kommunikationsszenarien. Wir betrachten die Autorisierung von technischen Benutzern in Abschnitt 11.4, »Technischen Benutzern Berechtigungen zuweisen«, genauer.

11.3.1 IAM-Anwendungen

Identity Access Management

Anwendungen für das *Identity Access Management* (IAM) dienen der Spezifikation des externen Zugriffs auf Services eines SAP-Systems wie dem ABAP Environment oder SAP S/4HANA Cloud Public Edition. Beispielsweise greift ein Sachbearbeiter oder eine Sachbearbeiterin wahrscheinlich mit anderen Berechtigungen auf einen Service zu als die genehmigende Person. Diese Zusammenhänge werden über *IAM-Anwendungen* modelliert. Solche Anwendungen fassen einen oder mehrere zusammenhängende Web-APIs bzw. Services für Dialoganwendungen zusammen und prägen bestimmte Werte für die abhängigen Berechtigungsobjekte eines Zugriffszenarios aus.

Default-Berechtigungswerte ausprägen

Für jeden der Services lassen sich *Default-Berechtigungswerte* ausprägen. Default-Berechtigungswerte dienen im Wesentlichen als Vorlage für die Ausprägung von Berechtigungsobjektinstanzen. Die entsprechenden Werte können automatisch an IAM-Anwendungen weitergegeben werden. Wir empfehlen, als Default-Berechtigungswerte die anzugeben, die in den CDS-Zugriffskontrollen oder in den Verhaltensimplementierungen der entsprechenden Geschäftsobjekte geprüft werden.

IAM-Anwendung anlegen

Um eine IAM-Anwendung anzulegen, gehen Sie wie folgt vor:

1. Rufen Sie im **Project Explorer** der ADT über die rechte Maustaste das Kontextmenü auf und öffnen Sie über den Pfad **New • Other ABAP Repository Object • Cloud Identitiy and Access Management • IAM App** den Anlagedialog für IAM-Anwendungen.
2. Vergeben Sie den Namen »Z_PROMOTIONTP« für die Anwendung und ergänzen Sie eine Beschreibung.
3. Wählen Sie im Feld **Application Type** die Option **EXT – External App**. Daraufhin wird die gewählte Bezeichnung automatisch um ein Präfix ergänzt, das den entsprechenden Anwendungstyp kennzeichnet. Bestätigen Sie die Eingaben mit **Next**.
4. Wählen Sie einen entsprechenden Transportauftrag und schließen Sie die Anlage mit **Finish** ab.

11

Services zuordnen

Es öffnet sich eine neue Ansicht in den ADT, über die Sie die IAM-Anwendung pflegen können. Im Abschnitt **Services** können Sie der IAM-Anwendung die angelegten Business-Services zuordnen (siehe Abbildung 11.6).

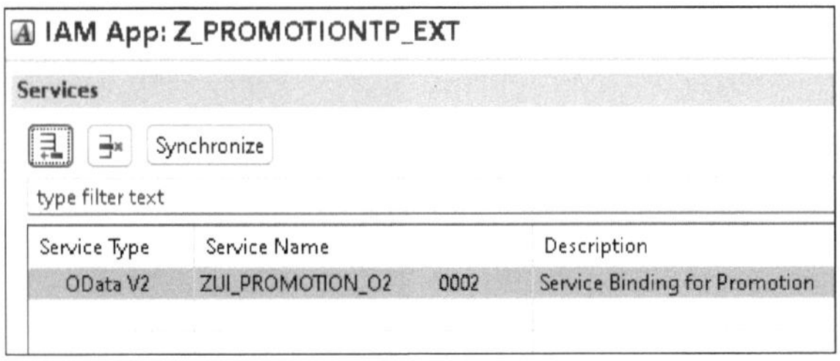

Abbildung 11.6 Services der IAM-Anwendung zuordnen

Fügen Sie über die Schaltfläche (**Insert**) den in Abschnitt 6.4, »Business-Services erstellen«, für unser Geschäftsobjekt angelegten Service `ZUI_PROMOTION_02` hinzu. Für einen Service können hier mehrere Versionen zur Verfügung stehen. Achten Sie daher darauf, die korrekte Version auszuwählen.

Berechtigungen pflegen

Über die Registerkarte **Authorizations** der Pflegesicht für IAM-Anwendungen können Sie nun in die Pflege der Berechtigungswerte navigieren und die Berechtigungen für den Zugriff auf die hinzugefügten Services eintragen (siehe Abbildung 11.7).

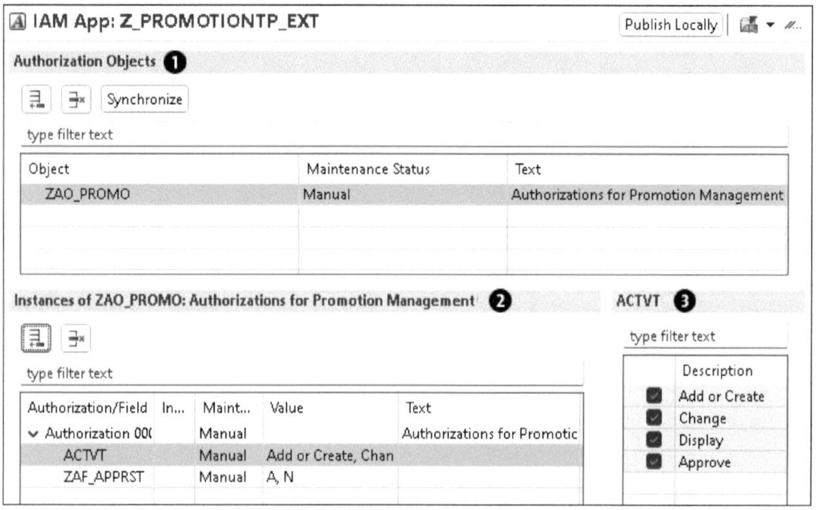

Abbildung 11.7 Berechtigungen für eine IAM-Anwendung pflegen

[»]

Default-Berechtigungswerte in der IAM-Anwendung

Wenn Sie Default-Berechtigungswerte für den Service hinterlegt haben, werden die für die IAM-Anwendung geltenden Berechtigungen automatisch mit diesen Werten vorbelegt.

Geben Sie im Abschnitt **Authorization Objects** ❶, die für den Zugriff auf den Service relevanten Berechtigungsobjekte an, in diesem Fall das Objekt ZAO_PROMO. Sollte das entsprechende Berechtigungsobjekt bereits eingetragen sein, wählen Sie es über die linke Maustaste aus.

Im Abschnitt **Instances of ZAO_PROMO: Authorizations for Promotion Management** ❷, haben Sie nun die Möglichkeit, eine konkrete Instanz des Berechtigungsobjekts auszuprägen. Diese Instanz entspricht dann den Berechtigungen für den Zugriff auf den Service.

Über die Pflegetabelle rechts ❸ können Sie die einzelnen Werte für die Berechtigungsfelder der Berechtigungsobjektinstanz ausprägen. Wurden Default-Berechtigungswerte vorbelegt, können Sie diese hier anpassen. Die in Abbildung 11.7 gepflegten Berechtigungen umfassen beispielsweise das Anzeigen bzw. Lesen, Anlegen und Ändern sowie Genehmigen von Rabattaktionen des Status **N** (New) und **A** (Approved).

Nachdem Sie alle relevanten Services und die abhängigen Berechtigungswerte für eine IAM-Anwendung festgelegt haben, müssen Sie diese für die Nutzung innerhalb des ABAP Environments bzw. innerhalb des Embedded ABAP Environments von SAP S/4HANA Cloud Public Edition freigeben. Speichern Sie dazu zunächst Ihre Änderungen über die Tastenkombination [Strg] + [S]. Veröffentlichen Sie dann die IAM-Anwendung über die Schaltfläche **Publish Locally**, die Sie rechts oben auf der Registerkarte **Authorizations** finden.

IAM-Anwendung veröffentlichen

11.3.2 Anwendungskataloge erstellen und veröffentlichen

Nachdem Sie die relevanten Services und Berechtigungen für unser Zugriffszenario mithilfe der IAM-Anwendung definiert haben, fahren wir mit der Zuordnung des Zugriffsszenarios und der abhängigen Berechtigungen zu den Benutzerkonten des Systems fort. Bislang haben wir zwar definiert, mit welchen Berechtigungen der Zugriff eines Anwendungsbenutzers oder einer Anwendungsbenutzerin auf die einzelnen Services erfolgt, aber noch nicht spezifiziert, welche Benutzer*innen auf diese Art auf unsere Anwendung zugreifen.

Anwendungskataloge

Hierfür müssen wir zunächst einen sogenannten *Anwendungskatalog* (Business Catalog) erstellen. Anwendungskataloge bündeln einzelne IAM-Anwendungen und können über sogenannte *Anwendungsrollen* (Business Roles) einzelnen Benutzer*innen zugeordnet werden.

Um einen Anwendungskatalog anzulegen, gehen Sie wie folgt vor:

1. Rufen Sie im **Project Explorer** über die rechte Maustaste das Kontextmenü auf und öffnen Sie über den Pfad **New • Other ABAP Repository Object • Cloud Identitiy and Access Management • Business Catalog** den Anlagedialog für Anwendungskataloge.
2. Geben Sie als Namen »Z_PROMOTION_BC« an und pflegen Sie eine geeignete Beschreibung. Bestätigen Sie Ihre Eingaben mit **Next**.
3. Wählen Sie im Folgedialog einen entsprechenden Transportauftrag aus und schließen Sie die Anlage mit **Finish** ab.

IAM-Anwendungen zuordnen

Im Bereich **Apps** der ADT-Ansicht zur Pflege von Anwendungskatalogen können Sie die erstellte IAM-Anwendung nun einem Anwendungskatalog zuordnen. Hierzu wird ein sogenanntes *Business Catalog App Assignment* angelegt:

1. Klicken Sie dazu auf die Schaltfläche **Add...**
2. Es öffnet sich ein Dialog zur Anlage von Zuordnungen zwischen Anwendungskatalogen und IAM-Anwendungen.

3. Geben Sie im Feld **IAM App** die in Abschnitt 11.3.1, »IAM-Anwendungen«, angelegte IAM-Anwendung `Z_PROMOTIONTP_EXT` an (siehe Abbildung 11.8). Zusätzlich muss ein **Name** für die Zuweisung angegeben werden. Dieser wird allerdings in der Regel mit einer Kombination aus dem Namen des Anwendungskatalogs und einer laufenden Nummer vorbelegt. Bestätigen Sie Ihre Eingaben mit **Next**.

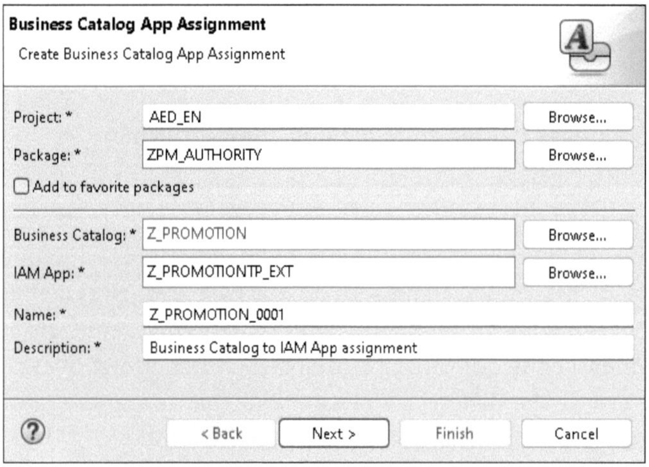

Abbildung 11.8 IAM-Anwendungen Anwendungskatalogen zuordnen

4. Geben Sie im folgenden Fenster einen entsprechenden Transportauftrag an und bestätigen Sie die Anlage mit **Finish**.
5. Veröffentlichen Sie abschließend den Anwendungskatalog über die Schaltfläche **Publish Locally**.

11.3.3 Einschränkungsfelder und -typen definieren

IAM-Anwendungen prägen bestimmte Instanzen von Berechtigungsfeldern aus, indem sie erlaubte Aktivitäten und anhängige Berechtigungswerte für ABAP-RESTful-Anwendungen definieren. Damit legen Sie also einen Berechtigungsrahmen fest, der mehreren Anwender*innen zugeordnet werden kann. Nun kann es jedoch notwendig sein, diesen statisch festgelegten Berechtigungsrahmen für bestimmte Anwender*innen weiter einzuschränken, beispielsweise dann, wenn der schreibende Zugriff nur auf eine Teilmenge der durch die IAM-Anwendung festgelegten Instanzen erlaubt sein soll. Eine statische Festlegung solcher Einschränkungen über weitere IAM-Anwendungen ist an dieser Stelle jedoch eher unhandlich.

Einschränkungstyp

Einschränkungstypen (Restriction Types) ermöglichen es Ihnen, einzelne Berechtigungsfeldwerte auf Ebene der Anwendungsrollen zu pflegen. Sie bieten Ihnen also eine Möglichkeit, die durch die IAM-Anwendungen vordefinierten Berechtigungen Ihrem Rollenkonzept entsprechend flexibel einzuschränken. So können Sie unter anderem die Werte von Berechtigungsfeldern einzelner Berechtigungsobjekte abhängig von der Art der durchgeführten Aktivität festlegen.

Einschränkungsfeld

Wir legen nun einen solchen Einschränkungstyp zur dynamischen Einschränkung des Berechtigungsfeldes für den Genehmigungsstatus an. Voraussetzung dafür ist jedoch, dass wir ein sogenanntes *Einschränkungsfeld* (Restriction Field) erstellen. Einschränkungsfelder werden für Berechtigungsfelder definiert, die über Einschränkungstypen einschränkbar gemacht werden. Einschränkungstypen bündeln dann mehrere zusammenhängende Einschränkungsfelder.

Einschränkungsfeld anlegen

Um ein Einschränkungsfeld anzulegen, gehen Sie wie folgt vor:

1. Rufen Sie über die rechte Maustaste das Kontextmenü des Project Explorers auf und wählen Sie **New • Other ABAP Repository Object • Cloud Identity and Access Management • Restriction Field.**
2. Im Anlagedialog vergeben Sie den Namen »ZRF_APPROVAL_STATUS« für das Einschränkungsfeld und wählen eine sprechende Beschreibung. Bestätigen Sie die Eingabe mit **Next**.
3. Wählen Sie im folgenden Fenster einen Transportauftrag aus und schließen Sie die Anlage mit **Finish** ab.

Namenskonventionen

Einschränkungsfelder werden im Kundennamensraum angelegt. Zur Kennzeichnung können Sie bei der Namensvergabe das Präfix RF verwenden.

4. Sie gelangen zum Pflege-View. Geben Sie im Feld **Authorization Field** das Berechtigungsfeld an, auf das sich das Einschränkungsfeld bezieht (siehe Abbildung 11.9), für unsere Beispielanwendung also »ZAF_APPRST«.

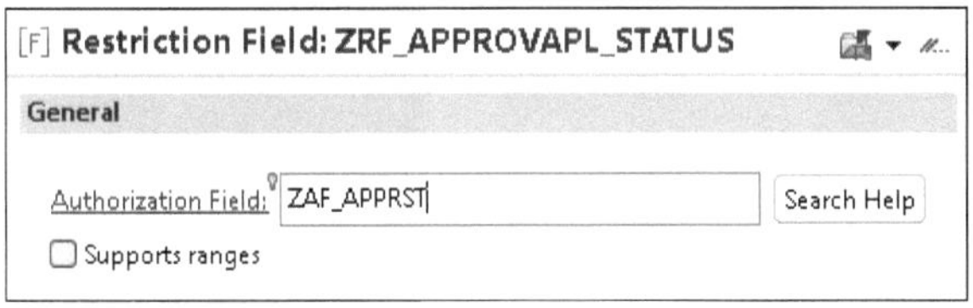

Abbildung 11.9 Einschränkungsfeld anlegen

5. Speichern Sie das angelegte Einschränkungsfeld mit der Tastenkombination [Strg] + [S].

Domänenfestwerte für Einschränkungsfelder

Beachten Sie bei der Definition von Einschränkungsfeldern die beschriebenen Restriktionen bei der Verwendung von Berechtigungsfeldern ohne Domänenzuordnung. Für Einschränkungsfelder sollten nur Berechtigungsfelder mit Domänenzuordnung verwendet werden.

Einschränkungstyp anlegen

Auf Basis des erstellten Einschränkungsfeldes können Sie nun einen entsprechenden Einschränkungstyp erstellen:

1. Öffnen Sie dazu das Kontextmenü des Project Explorers und wählen Sie **New • Other ABAP Repository Object • Cloud Identity and Access Management • Einschränkungstyp**.
2. Im Anlagedialog vergeben Sie den Namen »ZRT_PROMOTION« und geben eine passende Beschreibung ein. Bestätigen Sie Ihre Angaben mit **Next**.
3. Wählen Sie einen Transportauftrag aus und schließen Sie die Anlage über die Schaltfläche **Finish** ab.

Namenskonventionen

Einschränkungstypen werden im Kundennamensraum angelegt. Zur Kennzeichnung können Sie bei der Namensvergabe das Präfix RT (für Restriction Type) verwenden.

4. In der sich öffnenden Sicht können Sie den Einschränkungstyp nun analog zu Abbildung 11.10 konfigurieren.

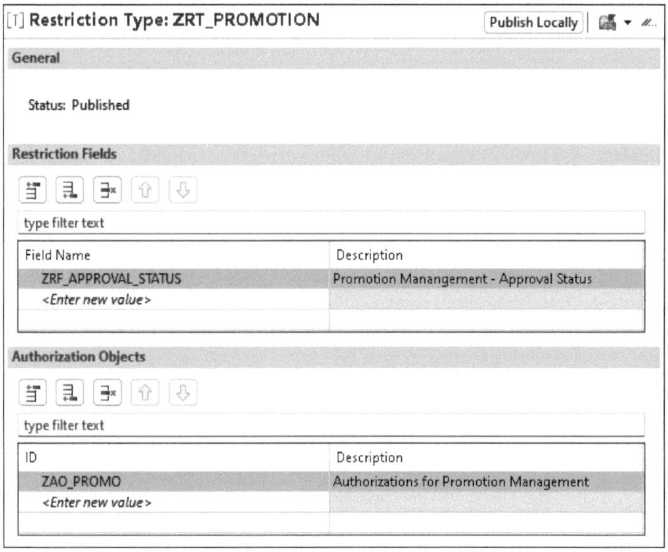

Abbildung 11.10 Einschränkungstyp anlegen

5. Im Bereich **Restriction Fields** ordnen Sie dem Einschränkungstyp das von Ihnen erstellte Einschränkungsfeld ZRF_APPROVAL_STATUS zu.
6. Im Bereich **Authorization Objects** geben Sie das von den Einschränkungen abhängige Berechtigungsobjekt ZAO_PROMO an.
7. Speichern Sie den Einschränkungstyp über die Tastenkombination [Strg] + [S].

Anwendungskatalog zuordnen

Um den definierten Einschränkungstyp in einer Anwendungsrolle verwenden zu können, muss er einem Anwendungskatalog zugeordnet werden. Öffnen Sie hierzu unseren Anwendungskatalog Z_PROMOTION_BC in den ADT. Im Bereich **Restriction Types** nehmen Sie den angelegten Einschränkungstyp ZRT_PROMOTION analog zu Abbildung 11.11 in den Anwendungskatalog auf.

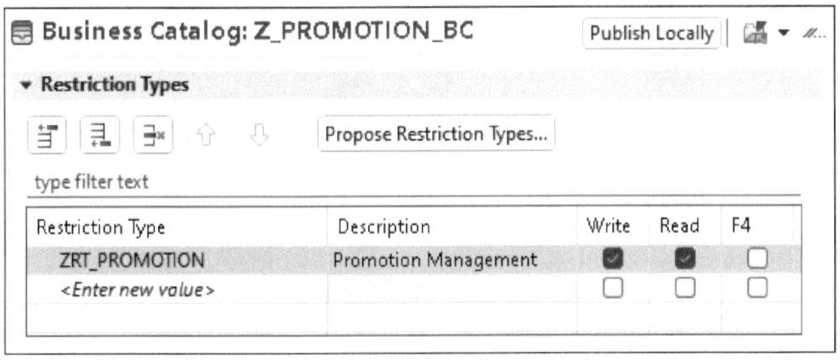

Abbildung 11.11 Einschränkungstyp einem Anwendungskatalog zuordnen

Über die Kontrollkästen **Read**, **Write** und **F4** können Sie spezifizieren, für welche Zugriffsart (Schreibzugriff, Lesezugriff oder Zugriff über die Wertehilfe) Einschränkungen in der Rollenpflege vorgenommen werden können. Die definierten Einschränkungen haben bei der Berechtigungsprüfung dann nur Auswirkung auf die Aktivitäten des jeweiligen Typs. Markieren Sie für unser Beispielszenario die Kontrollkästen **Write** für den Schreibzugriff sowie **Read** für den Lesezugriff. Einschränkungen, die für eine der jeweiligen Zugriffsarten vorgenommen werden, wirken für die Aktivitäten der im Einschränkungstyp definierten Berechtigungsobjekte, die der entsprechenden Zugriffskategorie (**Access Category**) zugeordnet wurden (siehe Abschnitt 11.1.2, »Eigenes Berechtigungsobjekt anlegen«). Speichern Sie zum Schluss den Anwendungskatalog und veröffentlichen Sie diesen über die Schaltfläche **Publish Locally**.

11.3.4 Anwendungsrollen verwalten

Als letzten Schritt werden wir nun die über die verschiedenen in diesem Abschnitt angelegten Objekte festgelegten Berechtigungen den Anwendungsbenutzer*innen zuweisen. Berechtigungen werden den Anwendungsbenutzer*innen eines SAP-Systems, wie beispielsweise denen des ABAP

Environments oder denen von SAP S/4HANA Cloud Public Edition über *Anwendungsrollen* (Business Roles) zugewiesen. Eine Anwendungsrolle fasst verschiedene Berechtigungen und Einschränkungen für eine bestimmte Menge von Anwendungen und Services zusammen und wird in der Regel für eine bestimmte Position oder eine bestimmte operative Funktion definiert, beispielsweise für Entwickler*innen oder für Administrator*innen.

Zusammenspiel der definierten Objekte

Abbildung 11.12 veranschaulicht noch einmal die Verbindung zwischen IAM-Anwendung, Anwendungskatalogen und -rollen und stellt den Zusammenhang zu den Berechtigungsprüfungen her.

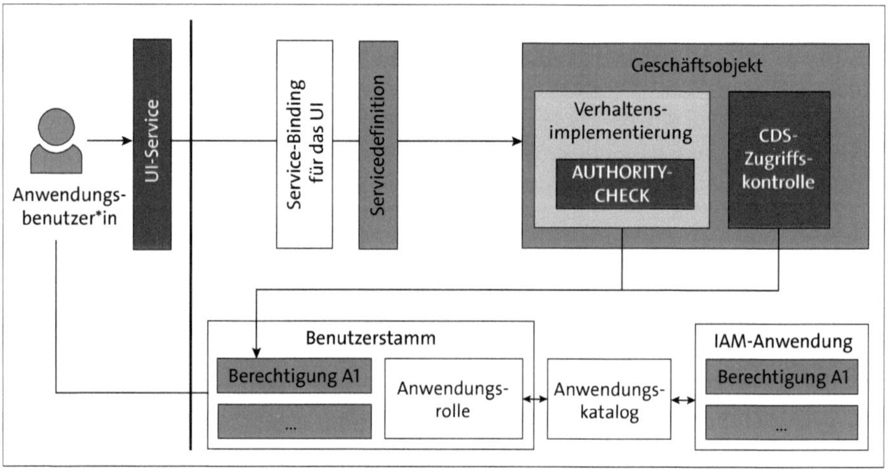

Abbildung 11.12 Zusammenspiel von IAM-Anwendungen, Anwendungskatalogen und Anwendungsrollen

Über die IAM-Anwendungen, Anwendungskataloge und Anwendungsrollen werden letztlich die Berechtigungen bzw. Berechtigungsobjektinstanzen im Benutzerstamm der Anwendungsbenutzer*innen angelegt, die dann in den implementierten Berechtigungsprüfungen abgefragt werden. Bei der eigentlichen technischen Berechtigungsprüfung ist jedoch die spezifische Rolle, über die ein Benutzer oder eine Benutzerin die jeweilige Berechtigung erhalten hat, nicht mehr relevant.

Anwendungsrollen anlegen

Anwendung »Anwendungsrollen pflegen«

Anwendungsrollen werden im ABAP Environment oder in SAP S/4HANA Cloud Public Edition über die SAP-Fiori-Anwendung **Anwendungsrollen pflegen** verwaltet. Um eine Anwendungsrolle anzulegen, gehen Sie dort wie folgt vor:

1. Öffnen Sie die Anwendung **Anwendungsrollen pflegen** im Bereich **Identitäts- und Zugriffsverwaltung** des SAP Fiori Launchpads. Den Startbildschirm der Anwendung sehen Sie in Abbildung 11.13.
2. Wählen Sie hier die Schaltfläche **Neu**.

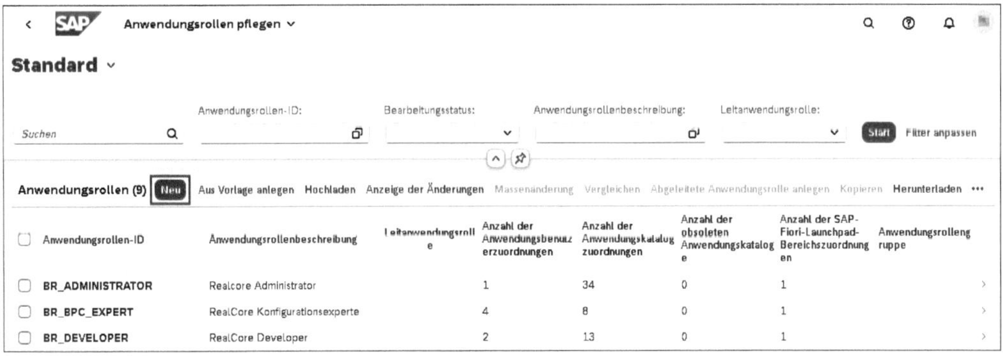

Abbildung 11.13 Anwendungsrollen pflegen

3. Geben Sie im folgenden Anlagedialog einen Namen, in unserem Beispiel »BR_PROMOTION_MANAGEMENT_CLERK«, und eine passende Beschreibung für die Anwendungsrolle ein. Eine Rolle wird zunächst in einer temporären Version angelegt und erst beim Speichern aller Änderungen für andere Benutzer*innen sichtbar.
4. Wählen Sie die Schaltfläche **Anlegen**, um zum Pflegebildschirm der neu angelegten Rolle zu navigieren.

> **Namenskonventionen**
>
> Anwendungsrollen müssen nicht im Kundennamensraum angelegt werden. Zur Kennzeichnung hat sich bei der Namensgebung allerdings das Präfix `BR_` (für »Business-Role«) etabliert.

5. Auf der Registerkarte **Allgemeine Rollendetails** (❶ in Abbildung 11.14) haben Sie die Möglichkeit, allgemeine Angaben zu der anzulegenden Anwendungsrolle zu machen, wie Beschreibungen oder Langtexte.
6. Auf der Registerkarte **Anwendungskataloge** ❷ ordnen Sie die erstellten und veröffentlichten Anwendungskataloge zu. Klicken Sie dazu auf die Schaltfläche **Hinzufügen** ❸. Wählen Sie im Folgedialog den Anwendungskatalog `Z_PROMOTION` aus. Bestätigen Sie Ihre Auswahl mit **Anwenden**, um den Anwendungskatalog zuzuordnen. Das Ergebnis sehen Sie in Abbildung 11.14.

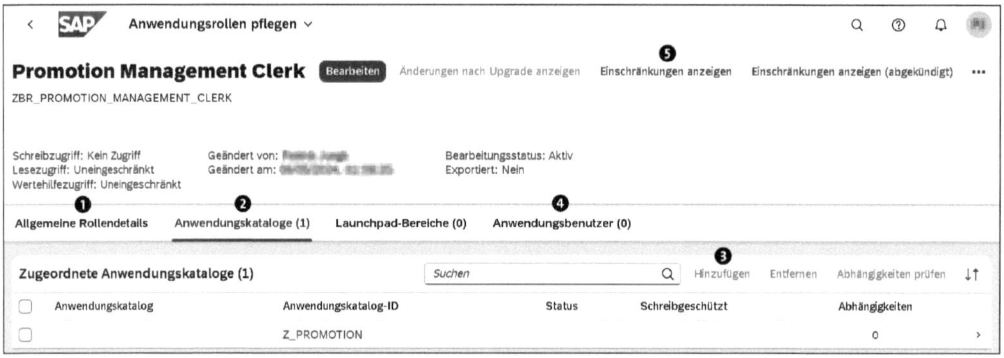

Abbildung 11.14 Anwendungskataloge Rollen zuordnen

Anwendungsbenutzer zuordnen

Zuweisung über die SAP-Fiori-Anwendung

Über die Registerkarte **Anwendungsbenutzer** (❹ in Abbildung 11.14) können Sie die Anwendungsrolle anschließend den Anwendungsbenutzer*innen zuordnen. Alternativ können Sie auch die Benutzerpflege nutzen, um die Anwendungsrollen einzelnen Benutzer*innen zuzuordnen. Wir werden Ihnen hier jedoch nur den Weg über die Rollenverwaltung demonstrieren:

1. Klicken Sie auf die Schaltfläche **Hinzufügen**.
2. Im Folgedialog wählen Sie die entsprechenden Benutzer*innen aus, denen Sie die Rolle zuweisen möchten, und bestätigen Ihre Auswahl über die Schaltfläche **Anwenden**.
3. Speichern Sie die Rolle `BR_PROMOTION_MANAGEMENT_CLERK` über die Schaltfläche **Sichern**.

Einschränkungen in Anwendungsrollen vornehmen

Einschränkungstypen und -felder

Über die Schaltfläche **Einschränkungen anzeigen** (❺ in Abbildung 11.14) oben auf der Startseite der Anwendung **Anwendungsrollen pflegen** können Sie die durch die Einschränkungstypen und -felder definierten Einschränkungen für einzelne Berechtigungswerte in der Anwendungsrolle pflegen. Abbildung 11.15 zeigt die Übersicht zur Pflege der Einschränkungen auf Berechtigungsfelder.

Pflegesicht für die Einschränkungen

Hier können Sie einzelne Berechtigungswerte für den Lese-, den Schreib- und den Wertehilfezugriff pflegen. Für jede Zugriffskategorie steht eine Registerkarte zur Verfügung, über die Sie die entsprechenden Einschränkungen pflegen können (❶ in Abbildung 11.15):

- alle Zugriffsarten (**Schreiben**, **Lesen**, **Wertehilfe**)
- nur lesender Zugriff und Zugriff über die Wertehilfe (**Lesen**, **Wertehilfe**)
- nur Zugriff über die Wertehilfe (**Wertehilfe**)

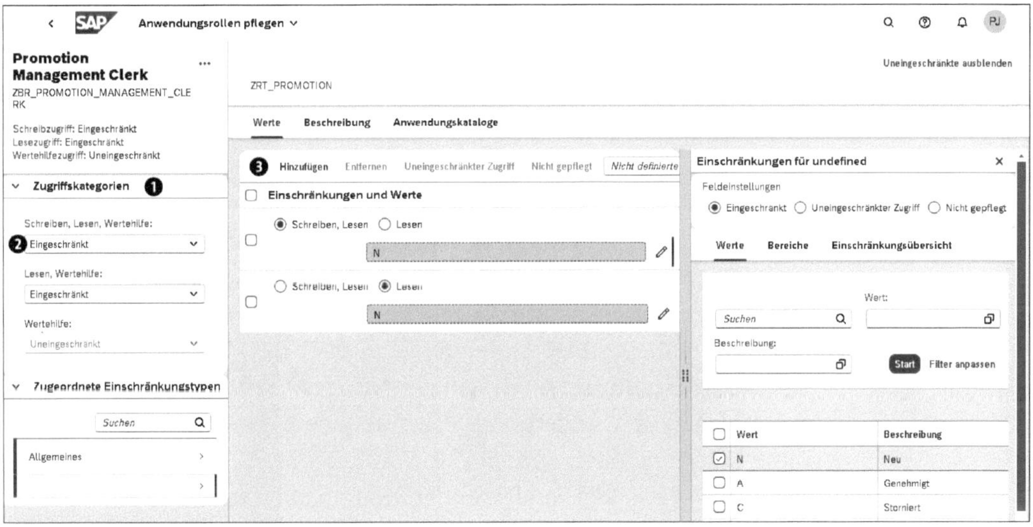

Abbildung 11.15 Einschränkungen pflegen

Beachten Sie, dass bei der Pflege der Zugriffsarten grundsätzlich der schreibende Zugriff stärker eingeschränkt sein muss als der lesende Zugriff. Einschränkungen auf den lesenden Zugriff überschreiben also gegebenenfalls die Einschränkungen auf den schreibenden Zugriff.

Über eine Werteliste ❷ legen Sie auf jeder der Registerkarten zunächst fest, ob der entsprechende Zugriff über die Rollen eingeschränkt werden soll:

- Mit der Auswahl **Uneingeschränkt** können Sie rollenbasierte Einschränkungen ganz auslassen. In diesem Fall greifen die durch die IAM-Anwendungen ausgeprägten Berechtigungswerte.
- Über die Auswahl **Kein Zugriff** können alle Berechtigungswerte für die entsprechende Zugriffsart initialisiert werden. Prüfungen auf die Werte der entsprechenden Berechtigungsfelder sind damit nicht erfolgreich.
- Die Auswahl **Eingeschränkt** erlaubt es Ihnen, einzelne Berechtigungswerte manuell zu überschreiben.

Einschränkungsfelder ausprägen

Abhängig von der Konfiguration werden für jede Zugriffsart verschiedene Einschränkungstypen mit den entsprechenden Einschränkungsfeldern angezeigt. Sie können für jedes Einschränkungsfeld, z. B. für den Genehmigungsstatus (**Approval Status**), Werte definieren ❸. Hierzu wechseln Sie mit einem Klick auf das Symbol (✎) (**Bearbeiten**) in den Änderungsmodus und wählen aus der angezeigten Werteliste die gültigen Berechtigungswerte aus. Mit den in Abbildung 11.15 gepflegten Einschränkungen wäre einer Benutzerin, der die Rolle `ZBR_PROMOTION_MANAGEMENT_CLERK` zugewiesen wurde, die Aktion »Genehmigen« nur für Rabattaktionen mit dem Status **N** (New) erlaubt.

Sie habe zusätzlich die Möglichkeit, einen vollständig uneingeschränkten Zugriff (**Uneingeschränkter Zugriff**) zu pflegen oder keine Werte anzugeben (**Nicht gepflegt**). Die für die Einschränkungsfelder angegebenen Werte überlagern dann die einzelnen Berechtigungswerte für die entsprechenden Aktivitäten der Zugriffart.

Auswirkungen der Berechtigungen

Wenn nun ein Benutzer oder eine Benutzerin mit der Rolle `ZBR_PROMOTION_MANAGEMENT_CLERK` den UI-Service für das Geschäftsobjekt beispielsweise über die Vorschaufunktion für SAP-Fiori-Elements-Anwendungen ausführt, zeigen sich die Auswirkungen der zugewiesenen Berechtigungen. Der in Abschnitt 11.3.1, »IAM-Anwendungen«, über die IAM-Anwendung definierte Zugriff umfasst Berechtigungen für das Anzeigen und das Genehmigen, Anlegen und Ändern von Rabattaktionen, die den Status **N** haben. Diese Berechtigungen werden nun von den über CDS-Zugriffskontrollen und in der Verhaltensimplementierung implementierten Berechtigungsprüfungen validiert. Obwohl keine Filter eingestellt wurden, werden dem Benutzer bzw. der Benutzerin also nur Rabattaktionen mit dem Status **New (N)** angezeigt (siehe Abbildung 11.16).

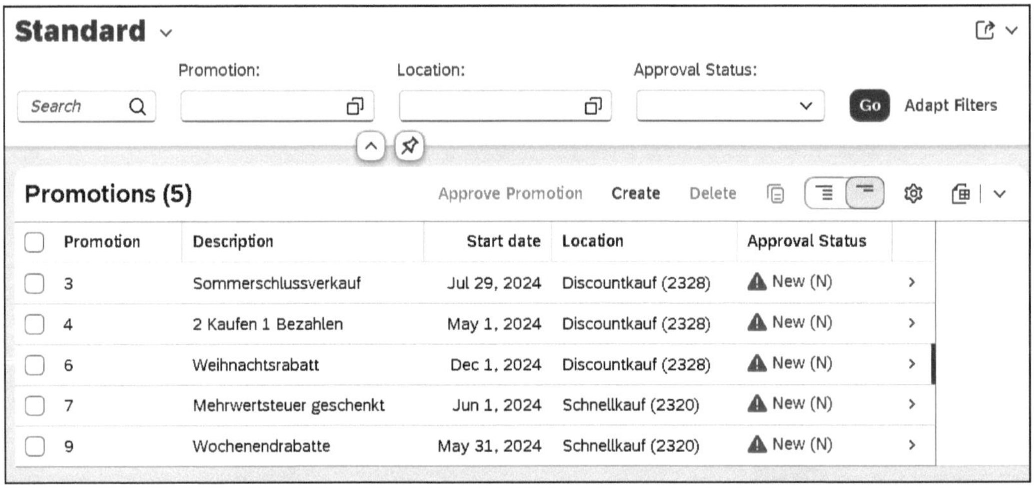

Abbildung 11.16 Eingeschränkte Ansicht der Anwendung

Bei den in Abbildung 11.15 gepflegten Einschränkungen für den schreibenden Zugriff auf das Geschäftsobjekt Rabattaktion ist das Genehmigen der angezeigten Instanzen weiterhin möglich. Wenn Sie jedoch schärfere Einschränkungen innerhalb der Rolle vornehmen, indem Sie beispielsweise keinen Zugriff (**Kein Zugriff**) erlauben, schlagen die in der Verhaltensimplementierung implementierten Berechtigungsprüfungen fehl. Es wird eine entsprechende Fehlermeldung ausgegeben, und die Aktion wird ohne Datenänderung abgebrochen.

11.4 Technischen Benutzern Berechtigungen zuweisen

Bedeutung technischer Benutzer

Technische Benutzer spielen eine wichtige Rolle im Kontext der ERP-Systeme von SAP. Diese speziellen Benutzer sind nicht für individuelle Personen bestimmt, sondern werden für Systemprozesse und Schnittstellen genutzt. Technische Benutzer werden insbesondere zur Automatisierung verschiedener Geschäftsprozesse verwendet, beispielsweise für die Ausführung von Hintergrundjobs oder für die automatische Kommunikation mit externen Systemen, ohne dass menschliches Eingreifen erforderlich wäre. Gerade für den letzten Fall ist die Autorisierung dieser technischen Benutzer von besonderer Bedeutung. Während Anwendungsbenutzer*innen über die ihnen zugeordneten Anwendungsrollen autorisiert werden, ist es innerhalb des ABAP Environments oder innerhalb von SAP S/4HANA Cloud Public Edition nicht möglich, technischen Benutzern Anwendungsrollen zuzuordnen. Anders als in Systemen der SAP Business Suite werden technischen Benutzern für die Kommunikation mit externen Systemen hier keine Berechtigungen explizit zugeordnet. Die technischen Benutzer werden stattdessen durch das *Kommunikationsszenario*, in dem sie verwendet werden, implizit autorisiert. Abbildung 11.17 verdeutlicht diesen Zusammenhang.

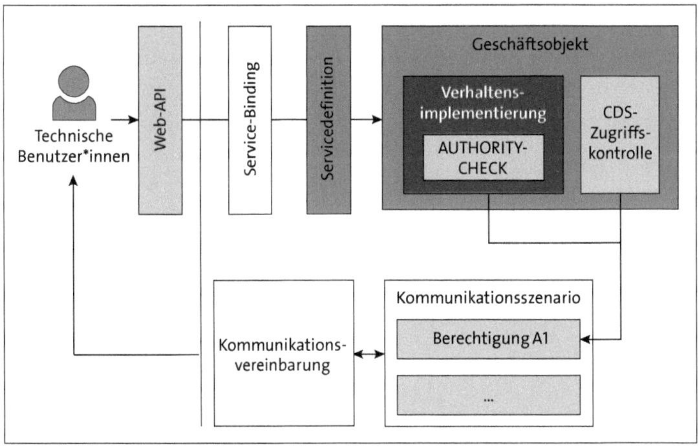

Abbildung 11.17 Berechtigung technischer Benutzer

Kommunikationsszenarien und -vereinbarungen

Kommunikationsszenarien und die sogenannten *Kommunikationsvereinbarungen* sind zwei wesentliche Komponenten der Kommunikation zwischen ABAP Environment bzw. SAP S/4HANA Cloud Public Edition und externen Systemen. Kommunikationsszenarien definieren die externen Eingangs- und Ausgangschnittstellen für einen bestimmten Geschäftsprozesses. Auf Basis eines Kommunikationsszenarios wird eine konkrete Kommunikationsvereinbarung zwischen ABAP-System und einem externen

System geschlossen, das dann beispielsweise durch einen technischen Benutzer repräsentiert wird. Eine detaillierte Erläuterung dieser Zusammenhänge und eine Anleitung, wie Sie Kommunikationsszenarien und -vereinbarungen anlegen, folgt in Kapitel 14, »Kommunikation mit externen Systemen«.

Neben den verschiedenen Eingangs- und Ausgangsschnittstellen definiert ein Kommunikationsszenario auch die Berechtigung für den Zugriff auf die abhängigen CDS-Views oder Geschäftsobjekte. Anders als bei der Zuordnung von Anwendungsrollen ergänzen sich die durch Kommunikationsszenarien einem technischen Benutzer zugeordneten Rollen allerdings nicht. Das bedeutet, ein technischer Benutzer greift immer nur mit den Berechtigungen auf einen Service zu, die er durch das spezifische Kommunikationsszenario erhält.

Berechtigungswerte für ein Kommunikationsszenario

Für unser Beispielszenario benötigen wir nicht unbedingt ein Kommunikationsszenario, zeigen Ihnen hier aber trotzdem, wie Sie vorgehen würden, um Berechtigungswerte für ein Kommunikationsszenario zu definieren:

1. Öffnen sie zunächst das jeweilige Kommunikationsszenario über den **Project Explorer** in den ADT.
2. Geben Sie im Abschnitt **Authorization Objects** ❶ die für den Zugriff auf den Service relevanten Berechtigungsobjekte an, in diesem Fall das Objekt `ZAO_PROMO` (siehe Abbildung 11.18). Sollte das entsprechende Berechtigungsobjekt bereits eingetragen sein, wählen Sie es über die linke Maustaste aus.
3. Im Abschnitt **Instances of ZAO_PROMO: Authorizations for Promotion Management** ❷ haben Sie dann, analog zur Pflege von Berechtigungen für IAM-Anwendungen, die Möglichkeit, eine konkrete Instanz des Berechtigungsobjekts auszuprägen.
4. Über die Pflegetabelle ❸ können Sie die einzelnen Werte für die Berechtigungsfelder der Berechtigungsobjektinstanz ausprägen. Speichern Sie das Kommunikationsszenario abschließend und veröffentlichen Sie es über die Schaltfläche **Publish Locally**.

[»]

Benutzer für Anwendungsjobs

Im ABAP Environment bzw. in SAP S/4HANA Cloud Public Edition ist es zum Zeitpunkt der Drucklegung dieses Buches nicht möglich, technische Benutzer für Anwendungsjobs zu hinterlegen. Im Hinblick auf die Autorisierung bedeutet dies, dass Anwendungsjobs immer mit dem zugeordneten Anwendungsbenutzerkonto und dessen Berechtigungen ausgeführt werden.

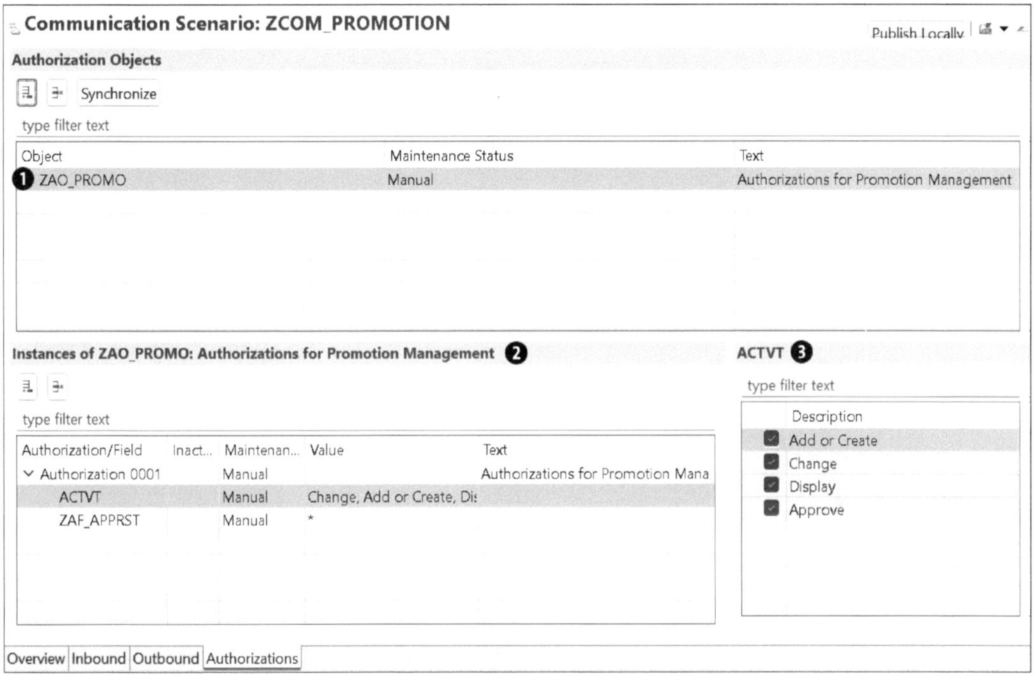

Abbildung 11.18 Berechtigungen für Kommunikationsszenarien

11.5 Zugriff auf SAP-Fiori-Anwendungen bereitstellen

In Kapitel 10, »Gestalten von Benutzeroberflächen«, haben wir eine SAP-Fiori-Anwendung entwickelt und im ABAP Environment bereitgestellt. Damit die einzelnen Anwendungsbenutzer*innen auf diese Anwendung im System zugreifen können, sind im ABAP Environment oder analog in SAP S/4HANA Cloud Public Edition noch einige weitere Schritte nötig.

Organisation von SAP-Fiori-Anwendungen

Bevor wir die Autorisierung des Zugriffs auf unsere SAP-Fiori-Anwendung betrachten, wollen wir zunächst allgemein darstellen, auf welche Art und Weise SAP-Fiori-Anwendungen in SAP S/4HANA (sowohl in den Cloud-Editionen als auch in der On-Premise-Edition) sowie im ABAP Environment organisiert werden. Abbildung 11.19 gibt einen Überblick über die wichtigsten Objekte hierfür. Sämtliche Anwendungen werden in SAP S/4HANA Cloud Public Edition und im ABAP Environment über das SAP Fiori Launchpad des jeweiligen Systems bereitgestellt. Es besteht aus mehreren Komponenten, darunter Bereiche, Seiten und Kacheln.

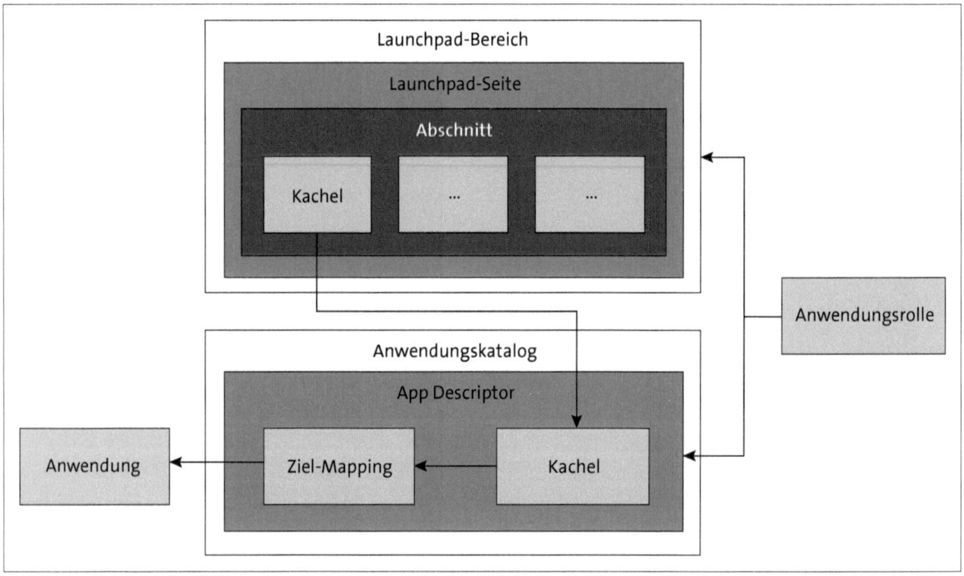

Abbildung 11.19 Organisation von Inhalten des SAP Fiori Launchpads in SAP S/4HANA und im ABAP Environment

Launchpad-Bereiche

Launchpad-Bereiche sind organisatorische Container innerhalb des SAP Fiori Launchpads. Sie ermöglichen es, Anwendungen thematisch zu gruppieren. Jeder Bereich kann verschiedene Seiten enthalten. Die Launchpad-Bereiche stellen die höchste Organisationsebene des SAP Fiori Launchpads dar.

Launchpad-Seiten

Launchpad-Seiten sind die Hauptelemente innerhalb eines Bereichs und enthalten die eigentlichen Anwendungen und Inhalte. Jede Seite kann eine bestimmte Anzahl von Kacheln und anderen UI-Elementen enthalten, die logisch und thematisch gruppiert sind. Launchpad-Seiten werden einem oder mehreren Bereichen zugeordnet.

Abschnitte

Jede Launchpad-Seite wird zusätzlich in *Abschnitte* untergliedert, die eine noch feinere inhaltliche Strukturierung der Launchpad-Seite ermöglichen.

Kacheln

Bei den *Kacheln* handelt es sich um die grundlegenden UI-Elemente auf den Seiten des SAP Fiori Launchpads. Vereinfacht gesagt, repräsentiert eine Kachel eine spezifische Anwendung oder stellt bestimmte Informationen dar, wie Kennzahlen oder Ähnliches.

Anwendungen, die über eine Kachel im SAP Fiori Launchpad aufgerufen werden sollen, benötigen ein sogenanntes *Launchpad-App-Deskriptorelement*. Dieses Element dient gewissermaßen als Verbindungsglied zwischen den dargestellten im Launchpad Kacheln und den dazugehörigen SAP-Fiori-Anwendungen. Launchpad-App-Deskriptorelemente umfassen Informationen zur Darstellung der Kachel sowie zur bereitgestellten SAP-Fiori-Anwendung und definieren die Navigation vom SAP Fiori Launchpad zur SAP-Fiori-Anwendung durch sogenannte *Ziel-Mappings*. Ziel-Mappings stellen die Beziehung zwischen einer Kachel oder einem Link im SAP Fiori Launchpad und der tatsächlichen Anwendung oder URL dar, die gestartet werden soll. Wenn die Kachel oder der Link ausgewählt werden, wird zur entsprechend hinterlegten Zielanwendung navigiert.

[«]

Launchpad-Seiten und -Bereiche

In älteren Versionen von SAP S/4HANA bzw. des SAP Fiori Frontend Servers wurden die Inhalte des SAP Fiori Launchpads über sogenannte *Kachelgruppen* gesteuert. Dieses Gruppierungskonzept wurde mit SAP S/4HANA 2020 und SAP Fiori Frontend Server 2020 zugunsten der Gruppierung über Bereiche und Seiten abgelöst. In SAP S/4HANA Cloud Public Edition und dem ABAP Environment stellen Seiten und Bereiche die einzige Gruppierungsmöglichkeit dar.

Zugriff auf SAP-Fiori-Anwendungen bereitstellen

Sehen wir uns nun an, wie einzelnen Anwendungsbenutzer*innen der Zugriff auf bestimme Bereiche, Seiten und Kacheln im SAP Fiori Launchpad ermöglicht werden kann. Analog zur Autorisierung verschiedener Handlungen an Geschäftsobjekten wird der Zugriff auf SAP-Fiori-Anwendungen für Anwendungsbenutzer*innen über Anwendungsrollen und die zugeordneten Anwendungskataloge realisiert. Wir werden dies in diesem Abschnitt am Beispiel der in Kapitel 10, »Gestalten von Benutzeroberflächen«, erstellen SAP-Fiori-Anwendung zeigen.

Anwendung einem Anwendungskatalog zuordnen

Um Anwendungsbenutzer*innen Zugriff auf eine SAP-Fiori-Anwendung zu gewähren, muss diese Anwendung zunächst einem Anwendungskatalog zugeordnet werden. Diese Zuordnung erfolgt in unserem Beispiel über die bereits in Abschnitt 11.3.1, »IAM-Anwendungen«, erstellte IAM-Anwendung:

1. Öffnen Sie die IAM-Anwendung `Z_PROMOTIONIP_EXT` in den ADT.
2. Ergänzen Sie den Namen des Launchpad-App-Deskriptorelements im Feld **Fiori Launchpad App Descr Item ID** der in Kapitel 10, »Gestalten von Benutzeroberflächen«, bereitgestellten SAP-Fiori-Anwendung, in unserem Beispiel also »Z_PROMO_MGMT_APP_UI5R« (siehe Abbildung 11.20).
3. Speichern Sie Ihre Eintragungen über die Tastenkombination [Strg] + [S]. Veröffentlichen Sie sie über die Schaltfläche **Publish Locally**.

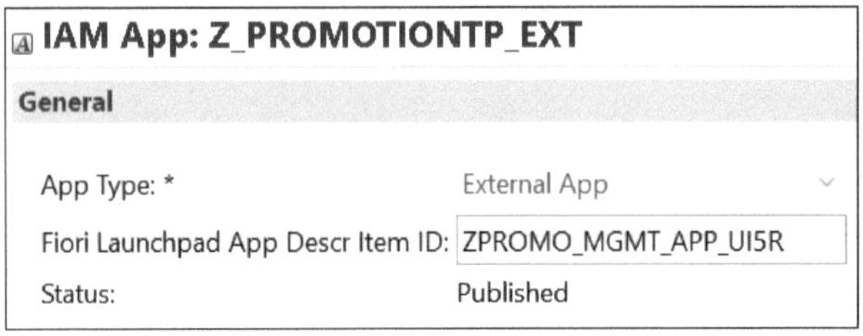

Abbildung 11.20 Launchpad-App-Deskriptorelement der IAM-Anwendung zuordnen

In Abschnitt 11.3.2, »Anwendungskataloge erstellen und veröffentlichen«, und Abschnitt 11.3.4, »Anwendungsrollen verwalten«, hatten wir die IAM-Anwendung `Z_PROMOTIONTP_EXT` bereits einem Anwendungskatalog zugeordnet, der wiederum einer Anwendungsrolle zugeordnet wurde. An dieser Stelle genügt es daher, das Launchpad-App-Deskriptorelement der IAM-Anwendung zuzuordnen, um Anwendungsbenutzer*innen mit der entsprechenden Anwendungsrolle für den Zugriff auf die SAP-Fiori-Anwendung auszustatten.

Die Kachel unserer Anwendung ist für die berechtigten Benutzer*innen aktuell jedoch nur über die Suche im SAP Fiori Launchpad auffindbar. Sie wird noch nicht auf der Startseite oder einer anderen Seite des SAP Fiori Launchpads eingeblendet. Die Anwendungsbenutzer*innen haben nun die Möglichkeit, die Anwendung eigenen Bereichen und Seiten in ihrem SAP Fiori Launchpad zuzuordnen. Neben diesen Personalisierungsmöglichkeiten können Seiten und Bereiche auch systemseitig zugeordnet werden, um die standardmäßige Anzeige von Anwendungen zu beeinflussen.

Launchpad-Bereiche anlegen

Wir möchten den Anwender*innen unsere Rabattaktionsanwendung automatisch über eine Seite des SAP Fiori Launchpads zugänglich machen. Daher beschreiben wir nun die Anlage und Zuordnung von Launchpad-Bereichen und -Seiten im ABAP Environment:

1. Um einen Launchpad-Bereich anzulegen, öffnen Sie die Anwendung **Launchpad-Bereiche verwalten** im Bereich **Administration** auf der Seite **Launchpad** im Dashboard des ABAP Environments.
2. Über die Startseite dieser Anwendung haben Sie die Möglichkeit, sowohl die kundenseitig definierten als auch die SAP-seitig ausgelieferten Launchpad-Bereiche zu verwalten. Wählen Sie auf der Registerkarte **Vom Kunden angelegt** die Funktion **Anlegen** (siehe Abbildung 11.21).
3. Es öffnet sich ein Dialog zur Eingabe der relevanten Informationen (siehe Abbildung 11.22). Geben Sie als eindeutige **Bereichs-ID** »ZPROMOTION_MANAGEMENT« ein und wählen Sie einen sprechenden Bereichstitel sowie eine Bereichsbeschreibung.

Abbildung 11.21 Launchpad-Bereiche verwalten

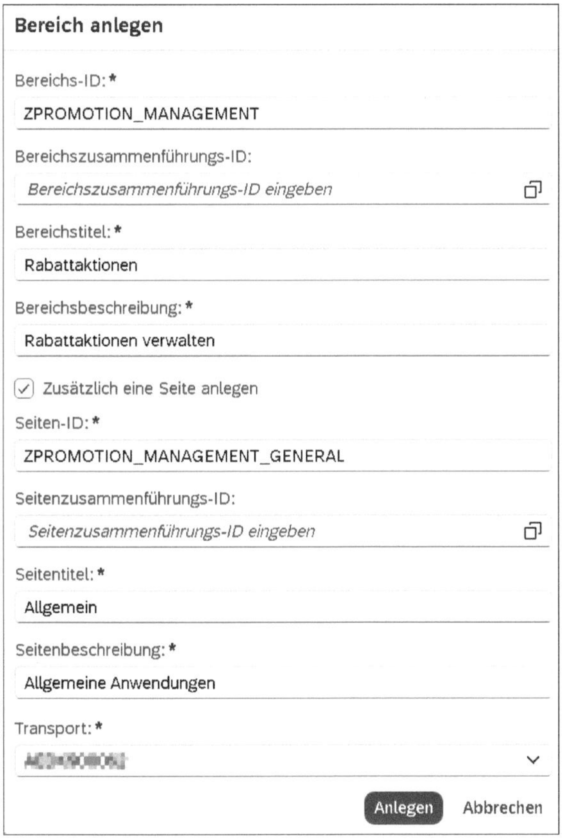

Abbildung 11.22 Launchpad-Bereich und -Seite anlegen

4. Über das Ankreuzfeld **Zusätzlich eine Seite anlegen** kann bei der Erstellung eines Bereichs zusätzlich eine initiale abhängige Launchpad-Seite angelegt werden. Wählen Sie das Ankreuzfeld aus und geben Sie zusätzlich die entsprechenden Seiteninformationen an. Geben Sie im Feld **Seiten-ID**

»ZPROMOTION_MANAGEMENT_GENERAL« ein. Vergeben Sie anschließend einen sprechenden Seitentitel und eine Seitenbeschreibung.

5. Abschließend müssen Sie einen Customizing-Transportauftrag im Eingabefeld **Transport** angeben.
6. Bestätigen Sie die Anlage über die Schaltfläche **Anlegen.**

Launchpad-Seite konfigurieren

Nach der Anlage werden Sie automatisch in die Konfiguration der angegebenen Launchpad-Seite weitergeleitet. Alternativ können Sie Launchpad-Seiten auch über die Anwendung **Launchpad-Seiten verwalten** konfigurieren, die Sie im Bereich **Administration** auf der Seite **Launchpad** finden. Fügen Sie der soeben angelegten Launchpad-Seite nun die in Kapitel 10, »Gestalten von Benutzeroberflächen«, bereitgestellte Anwendung als Kachel hinzu. Hierzu gehen sie wie folgt vor (siehe Abbildung 11.23):

1. Im Bearbeitungsmodus erstellen Sie zunächst einen Abschnitt. Wählen Sie dazu einen sprechenden **Abschnittstitel** ❶.
2. Fügen Sie diesem Abschnitt nun die gewünschten Kacheln über die Auswahl eines Anwendungskatalogs hinzu ❷. Die Anwendungskataloge können entweder manuell ausgewählt (Registerkarte **Manuell ausgewählt**) oder von Rollen abgeleitet werden, denen die Launchpad-Seite zugeordnet wurde (Registerkarte **Von Rollen abgeleitet**). Wir wählen das erste Vorgehen. Wählen Sie für die Zuordnung unserer Anwendung den in Abschnitt 11.3.2, »Anwendungskataloge erstellen und veröffentlichen«, erstellten Katalog `Z_PROMOTION_BC`.

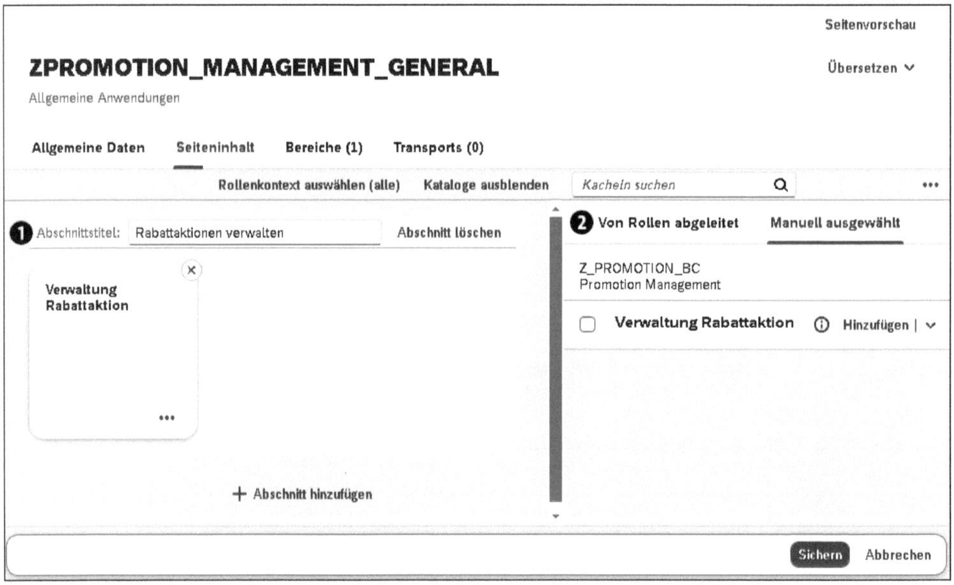

Abbildung 11.23 Launchpad-Seiten bearbeiten

3. Wählen Sie die Anwendung **Verwaltung Rabattaktion** aus und fügen Sie diese über einen Klick auf **Hinzufügen** dem erstellten Seitenabschnitt hinzu.
4. Speichern Sie Ihre Anpassungen über die Schaltfläche **Sichern**.

Bereich einer Anwendungsrolle zuzuordnen

Abschließend muss der so erstellte Launchpad-Bereich noch einer Anwendungsrolle zugeordnet werden. Hierzu öffnen Sie erneut die Anwendung **Anwendungsrollen pflegen** im Bereich **Identitäts- und Zugriffsverwaltung** des SAP Fiori Launchpads (siehe Abbildung 11.13) und bearbeiten die Rolle `ZBR_PROMOTION_MANAGEMENT_CLERK`. Auf der Registerkarte **Launchpad-Bereiche** (siehe Abbildung 11.14) ordnen Sie den soeben erstellten und veröffentlichten Bereich zu. Klicken Sie dazu auf die Schaltfläche **Hinzufügen**. Wählen Sie in dem in Abbildung 11.24 dargestellten Folgedialog im Auswahlfeld **Launchpad-Bereich zu Anwendungsrolle zuordnen** die Option **Von Kunden angelegten Bereich verwenden** und den Bereich `ZPROMOTION_MANAGEMENT` aus. Bestätigen Sie Ihre Auswahl mit einem Klick auf die Schaltfläche **Bereich zuordnen**.

Abbildung 11.24 Launchpad-Bereich der Anwendungsrolle zuordnen

Speichern Sie die Änderungen an der Rolle `ZBR_PROMOTION_MANAGEMENT_CLERK`.

Der erstellte Launchpad-Bereich, die Seite und die zugeordnete Anwendungskachel werden nun für alle Anwender*innen mit einer entsprechenden Rollenzuordnung auf der Startseite des SAP Fiori Launchpads angezeigt.

11.6 Zusammenfassung

In diesem Kapitel haben wir Sie mit den Grundlagen des Berechtigungsmodells für das ABAP Environment und SAP S/4HANA vertraut gemacht. In

Abschnitt 11.1, »Berechtigungsobjekte«, haben Sie den Aufbau und die Bedeutung von Berechtigungsfeldern und -objekten im Umfeld des ABAP Environments kennengelernt. Berechtigungsobjekte und -felder bilden die Basis für Berechtigungsmodelle in der ABAP-Entwicklung. Über Berechtigungsobjekte lassen sich Berechtigungen für einzelne Handlungen bzw. Aktivitäten auf den Instanzen eines Geschäftsobjekts abstrakt modellieren. Wir haben in diesem Abschnitt ein entsprechendes Berechtigungsobjekt und die zugehörigen Berechtigungsfelder für unser Geschäftsobjekt Rabattaktion angelegt.

Auf Basis dieses Berechtigungsobjekts haben wir in Abschnitt 11.2 diverse Berechtigungsprüfungen für den lesenden und schreibenden Zugriff auf die Instanzen unseres Geschäftsobjekts implementiert. Zur Absicherung des lesenden Zugriffs werden im Rahmen des ABAP RESTful Application Programming Models CDS-Zugriffskontrollen in Kombination mit entsprechenden Berechtigungsobjekten verwendet. Über eine solche Zugriffskontrolle haben wir einen lesenden Zugriff auf das Geschäftsobjekt Rabattaktion mit einer Prüfung des Genehmigungsstatus der einzelnen Geschäftsobjektinstanzen realisiert. Die Berechtigungsprüfung für den schreibenden Zugriff haben wir exemplarisch für die Aktion »Genehmigen« bzw. eine Anlage- oder Änderungsoperationen über die Verhaltensimplementierung unseres Geschäftsobjekts umgesetzt.

In Abschnitt 11.3 haben wir Ihnen gezeigt, wie Sie die so geprüften Berechtigungen den Anwendungsbenutzer*innen zuweisen. Wir haben hierzu eine IAM-Anwendung zur Spezifikation der Berechtigungen eines bestimmten Zugriffs auf die Instanzen unseres Geschäftsobjekts angelegt. Anwendungskataloge bündeln diese IAM-Anwendungen und erlauben die Zuweisung der so definierten Berechtigungen zu einzelnen Anwendungsbenutzer*innen über Anwendungsrollen. Die Anlage eines Anwendungskatalogs haben wir Ihnen auf Basis der im Vorfeld erstellten IAM-Anwendung demonstriert. Anschließend haben wir diesen Anwendungskatalog um Einschränkungstypen zur dynamischen Pflege bestimmter Berechtigungswerte auf Ebene der Anwendungsrollen erweitert. Zum Abschluss haben wir eine eigene Anwendungsrolle erzeugt und diese einem Anwendungsbenutzer bzw. einer Anwendungsbenutzerin zugeordnet. Dabei haben wir aufgezeigt, wie die dynamische Pflege von Einschränkungen für einzelne Rollen die Berechtigungen der ihr zugewiesenen Benutzer*innen beeinflusst.

Im Abschnitt 11.4, »Technischen Benutzern Berechtigungen zuweisen«, haben Sie die Autorisierungsmöglichkeiten von technischen Benutzern kennengelernt. Technischen Benutzern können im ABAP Environment oder in

SAP S/4HANA Cloud Public Edition keine Anwendungsrollen zugeordnet werden. Sie werden stattdessen über Kommunikationsszenarien autorisiert. Wir haben aufgezeigt, wie Sie diesen Kommunikationsszenarien Berechtigungen zuordnen und wie diese wirken.

Abschließend haben wir in Abschnitt 11.5 dargestellt, wie Sie Anwendungsbenutzer*innen für den Zugriff auf SAP-Fiori-Anwendungen berechtigen. Zusätzlich haben Sie die Möglichkeiten zur Strukturierung von Inhalten des SAP Fiori Launchpads über Bereiche und Seiten kennengelernt.

Kapitel 12
Business Configuration bereitstellen

In diesem Kapitel zeigen wir Ihnen, wie Sie mit ABAP Cloud Customizing-Funktionalitäten für Ihre Anwendungen bereitstellen können.

Customizing ist ein essenzieller Bestandteil jedes ABAP-Systems. Mithilfe von Customizing können Unternehmen ABAP-Systeme nach ihren Wünschen individuell anpassen. So lassen sich Transaktionen und Anwendungen in ihrer Funktionalität und ihrem Verhalten beeinflussen, ohne dass ihr Quellcode angepasst werden muss. Solche Customizing-Funktionalität wird in der Regel über Tabellen bereitgestellt. Im SAP-Standard können diese Tabellen z. B. über einen Customizing-Pfad in der Transaktion SPRO gepflegt werden.

Kundeneigene Tabellen werden dagegen oftmals auf »direktem Weg« gepflegt. Dazu wird mit dem *Tabellenpflegegenerator* ein Pflegedialog für die Tabelle erstellt, der anschließend über die Transaktion SM30 aufgerufen werden kann.

Auch im SAP BTP, ABAP Environment und in SAP S/4HANA Cloud Public Edition – also Systemen ohne SAP GUI und ohne die Möglichkeit, die Transaktion SM30 zu verwenden – können Sie mit ABAP Cloud Customizing-Tabellen für Ihre Anwendungen anlegen und den Anwender*innen zur Pflege zur Verfügung stellen. Solche Customizing-Funktionalität wird im Kontext von ABAP Cloud unter dem Begriff *Business Configuration* zusammengefasst. In diesem Kapitel erläutern wir, wie Sie Business Configuration mit ABAP Cloud bereitstellen können und wie sich die Bereitstellung von der über den Tabellenpflegegenerator unterscheidet.

In Abschnitt 12.1, »Eine Business-Configuration-Anwendung entwickeln«, erklären wir anhand eines Beispiels, wie Sie eine Anwendung zur Pflege von Customizing-Tabellen erstellen.

In Abschnitt 12.2, »Customizing Lifecycle Management«, gehen wir auf die Besonderheiten beim Transport von Customizing im ABAP Environment ein und zeigen Ihnen anhand der SAP-Fiori-Anwendung *Benutzerdefinierte Business Configurations* wie Sie Ihre Customizing-Tabellen pflegen können.

12.1 Eine Business-Configuration-Anwendung entwickeln

Customizing via SAP GUI

Das Bereitstellen von Customizing in SAP-Systemen mit SAP GUI folgt in der Regel immer demselben Muster: Über das ABAP Dictionary legt man eine Customizing-Tabelle an und lässt sich anschließend über den Tabellenpflegegenerator eine entsprechende Pflegeanwendung generieren. Dabei werden neben einer Programmoberfläche sämtliche CRUD-Operationen und Sperrlogiken automatisch unterstützt.

Auch über die Erzeugung eines Transportauftrags während der Pflege der Tabelle muss sich der Entwickler oder die Entwicklerin keine Gedanken machen. Der Tabellenpflegegenerator legt auch hierfür entsprechende Funktionen an. Innerhalb weniger Minuten lassen sich somit eine Customizing-Tabelle und eine dazugehörige Pflegeanwendung erstellen. Über die Transaktion SM30 lässt sich diese Oberfläche anschließend aufrufen, um die Tabelle zu pflegen. Abbildung 12.1 zeigt den Tabellenpflegedialog im SAP GUI.

Abbildung 12.1 Tabellenpflegedialog im SAP GUI

ABAP Repository Generator

Mit einem Wizard zur automatischen Generierung von ABAP-Repository-Objekten, den wir im Folgenden *ABAP Repository Generator* nennen, steht Ihnen mit ABAP Cloud ein ebenso hilfreiches Tool zur Verfügung. Neben der Anlage kompletter ABAP-RESTful-Geschäftsobjekte können Sie mit dem ABAP Repository Generator *Business-Configuration-Pflegeobjekte* anlegen. Auf Basis einer oder mehrerer Customizing-Tabellen erzeugen Sie damit vollautomatisiert eine auf dem ABAP RESTful Application Programming Model basierende SAP-Fiori-Anwendung zur Pflege von Customizing-Tabellen. Das Business-Configuration-Pflegeobjekt wird anschließend der SAP-Fiori-Anwendung **Benutzerdefinierte Business Configurations** hinzugefügt (siehe Abbildung 12.2). Diese App dient als zentraler Knotenpunkt zur Pflege Ihrer kundeneigenen Customizing-Einstellungen und lässt sich mit der Transaktion SM30 aus dem SAP GUI vergleichen.

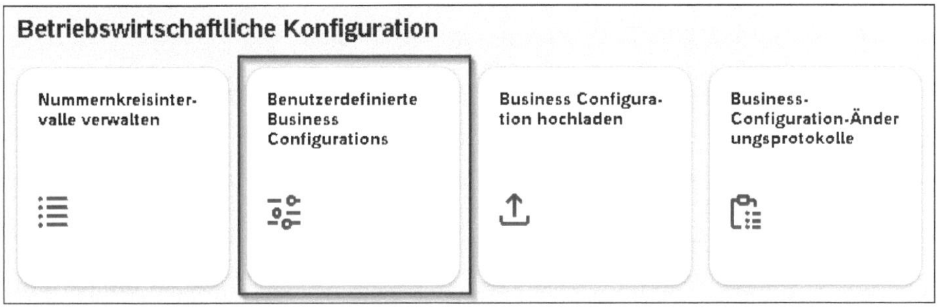

Abbildung 12.2 SAP-Fiori-Anwendung »Benutzerdefinierte Business Configurations«

> **Verfügbarkeit des ABAP Repository Generators**
>
> Der ABAP Repository Generator steht Ihnen erst ab der Version 3.26.2 der ABAP Development Tools for Eclipse (ADT) zur Verfügung.

Eigene Pflegeanwendung anlegen

In diesem Abschnitt zeigen wir Ihnen, wie Sie eine Pflegeanwendung für eine Customizing-Tabelle erzeugen können und anschließend der SAP-Fiori-Anwendung **Benutzerdefinierte Business Configurations** hinzufügen können. Dazu greifen wir auf das in Abschnitt 10.2.3, »Textassoziationen hinzufügen«, angelegte Datenelement `ZPM_APPROVAL_STATUS` zurück. In diesem Datenelement wurde eine gleichnamige Domäne zur Abbildung der gültigen Genehmigungsstatus hinterlegt. Die Domänenfestwerte sollen nun durch eine Wertetabelle ersetzt werden. Für jeden Genehmigungsstatuswert soll es möglich sein, eine mehrsprachige Beschreibung zu hinterlegen. Sowohl die Statuswerte als auch ihre Beschreibungen sollen über eine entsprechende Pflegeanwendung gepflegt werden können.

Datenmodell

Abbildung 12.3 zeigt das aus diesen Anforderungen abgeleitete Datenbankmodell der Customizing-Tabellen für den Genehmigungsstatuswert und den Beschreibungstext.

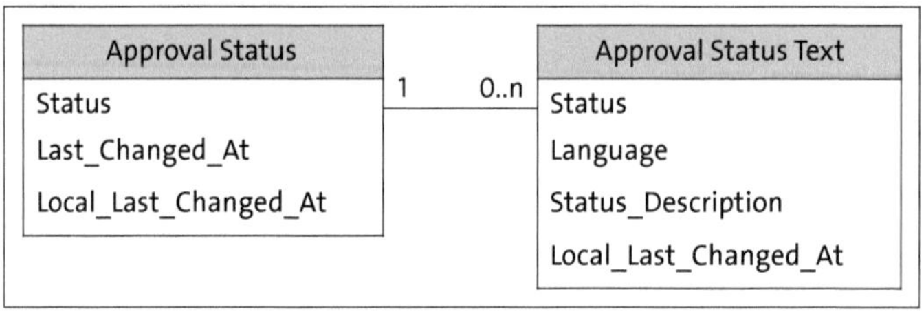

Abbildung 12.3 Datenbankmodell der Customizing-Tabellen

Für die Generierung der Pflegeanwendung müssen Sie lediglich die beiden Datenbanktabellen `ZPM_APPRVLSTAT` (Approval Status) und `ZPM_APPRVLSTAT_T` (Approval Status Text) aus diesem Datenbankmodell anlegen. Alle sonstigen Objekte, wie beispielsweise das Geschäftsobjekt, die Servicedefinition, das Service-Binding usw., werden automatisch über den ABAP Repository Generator angelegt.

12.1.1 Customizing-Tabellen anlegen

Datenelement für Genehmigungsstatusbeschreibung

Für die Beschreibung des Genehmigungsstatuswertes in der Texttabelle benötigen wir ein neues Datenelement `ZPM_APPROVAL_STATUS_DESCR`. Legen Sie dieses Datenelement innerhalb des Entwicklungspakets `ZPM_COMMON` an und verweisen Sie auf die in Abschnitt 5.3.1, »Datenbanktabellen anlegen«, angelegte Domäne `ZPM_DESCRIPTION` (siehe Abbildung 12.4). Aktivieren Sie anschließend das Datenelement.

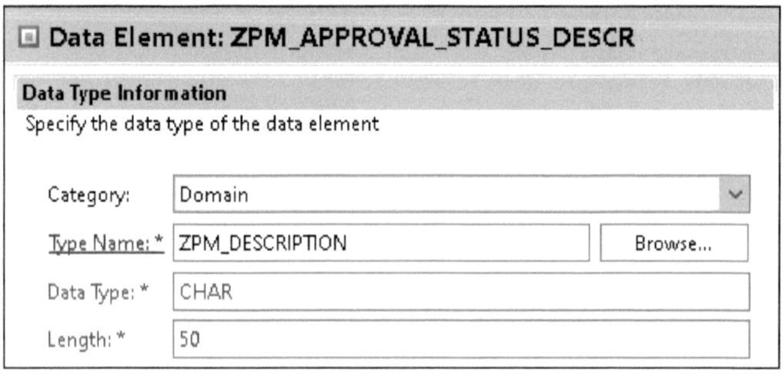

Abbildung 12.4 Datenelement für die Beschreibung des Genehmigungsstatus

Tabelle für Statuswerte

Legen Sie als Nächstes die eigentliche Wertetabelle `ZPM_APPRVLSTAT` im Entwicklungspaket `ZPM_DM` an. Übernehmen Sie anschließend die in Listing 12.1 gezeigte Tabellendefinition.

```
@EndUserText.label : 'Approval Status'
@AbapCatalog.enhancement.category : #NOT_EXTENSIBLE
@AbapCatalog.tableCategory : #TRANSPARENT
@AbapCatalog.deliveryClass : #C
@AbapCatalog.dataMaintenance : #ALLOWED
define table zpm_apprvlstat {

  key client            : abap.clnt not null;
  key status            : zpm_approval_status not null;
  last_changed_at       : abp_lastchange_tstmpl;
  local_last_changed_at : abp_locinst_lastchange_tstmpl;

}
```

Listing 12.1 Tabelle für Statuswerte

Auslieferungsklasse

Über die Annotation @AbapCatalog.deliveryClass in Listing 12.1 definieren Sie die *Auslieferungsklasse* Ihrer Tabelle. Für klassisches, mandantenabhängiges Customizing empfiehlt SAP die Verwendung des Wertes #C. Tabelleninhalte dieser Tabellen werden über Customizing-Transportaufträge in Folgesysteme transportiert. Über die Felder last_changed_at und local_last_changed_at protokollieren wir die letzte Änderung eines Datensatzes bzw. Draft-Datensatzes.

Texttabelle für Statuswerte

Legen Sie als Nächstes die Texttabelle für die Statuswerte ZPM_APPRVLSTAT_T an. Übernehmen Sie dafür das in Listing 12.2 gezeigte Coding.

```
@EndUserText.label : 'Approval Status Description'
@AbapCatalog.enhancement.category : #NOT_EXTENSIBLE
@AbapCatalog.tableCategory : #TRANSPARENT
@AbapCatalog.deliveryClass : #C
@AbapCatalog.dataMaintenance : #ALLOWED
define table zpm_apprvlstat_t {

  key client            : abap.clnt not null;
  @AbapCatalog.foreignKey.keyType : #TEXT_KEY
  @AbapCatalog.foreignKey.screenCheck : false
  key status            : zpm_approval_status not null
    with foreign key [0..*,1] zpm_apprvlstat
      where client = zpm_apprvlstat_t.client
        and status = zpm_apprvlstat_t.status;
  @AbapCatalog.textLanguage
  key language          : abap.lang not null;
  status_description    : zpm_approval_status_descr;
```

```
    local_last_changed_at : abp_locinst_lastchange_tstmpl;

}
```

Listing 12.2 Texttabelle für Statuswerte

Schließen Sie nun die Anlage des Datenmodells für die Business-Configuration-Anwendung damit ab, dass Sie die Tabelle `ZPM_APPRVLSTAT` als Wertetabelle in der Domäne `ZPM_APPROVAL_STATUS` hinterlegen, wie in Abbildung 12.5 dargestellt. Passen Sie außerdem den CDS-View `ZI_ApprovalStatusValueHelp` für die Wertehilfe der Statuswerte aus Abschnitt 10.2.4, »Wertehilfe modellieren«, und den CDS-View `ZI_ApprovalStatusValuesText` für die sprachabhängigen Texte aus Abschnitt 10.2.3, »Textassoziationen hinzufügen«, dahingehend an, dass Sie die beiden CDS-Views zum Auslesen der Domänenfestwerte durch die Tabellen `ZPM_APPRVLSTAT` und `ZPM_APPRVLSTAT_T` ersetzen.

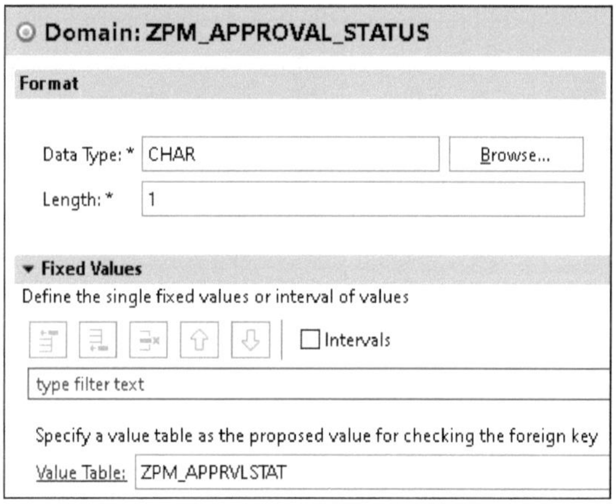

Abbildung 12.5 Hinterlegen der Wertetabelle in der Domäne

12.1.2 Business-Configuration-Anwendung bereitstellen

Die Anlage eines Business-Configuration-Pflegeobjekts erfolgt über den ABAP Repository Generator. Dieses Werkzeug legt dabei alle notwendigen Objekte zur Generierung einer Pflegeanwendung automatisch an. Dies beinhaltet auch die automatische Bereitstellung des Draft-Konzepts für Ihre Customizing-Tabellen und die sogenannte *Multi-Line-Edit-Funktion*. Über die Multi-Line-Edit-Funktion können Anwender*innen Datensätze direkt über einen SAP Fiori List Report anlegen, ändern und löschen. Eine Navigation auf die Object Page ist hierfür nicht notwendig.

Entwicklungspaket für Pflegeobjekte

Aufgrund der Vielzahl an automatisch generierten Objekten empfiehlt es sich, für jedes Business-Configuration-Pflegeobjekt ein eigenes Entwicklungspaket anzulegen:

1. Legen Sie daher zunächst ein neues Entwicklungspaket `ZPM_CUST` unterhalb Ihres Hauptpakets `Z_PROMOTION_MGMT_APP` an.
2. Rufen Sie im **Project Explorer** mit der rechten Maustaste das Kontextmenü der Wertetabelle `ZPM_APPRVLSTAT` auf und wählen Sie **Generate ABAP Repository Objects...** (sichc Abbildung 12.6).

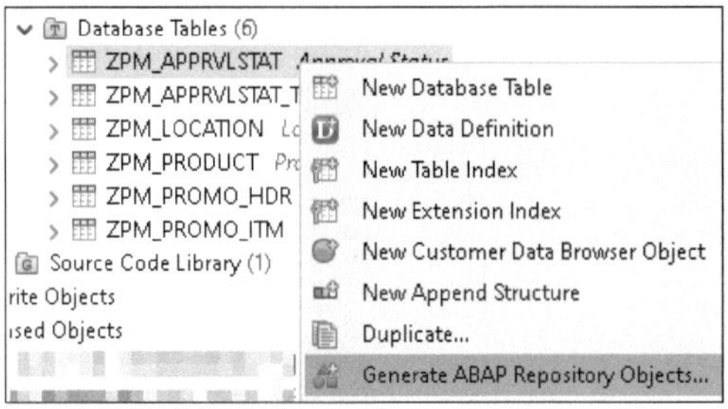

Abbildung 12.6 Aufruf des ABAP Repository Generators

3. Wählen Sie, wie in Abbildung 12.7 dargestellt, die Option **Business Configuration Management • Maintenance Object**, um eine neue SAP-Fiori-Anwendung zur Pflege von Customizing-Tabellen anzulegen. Bestätigen Sie Ihre Auswahl mit **Next**.

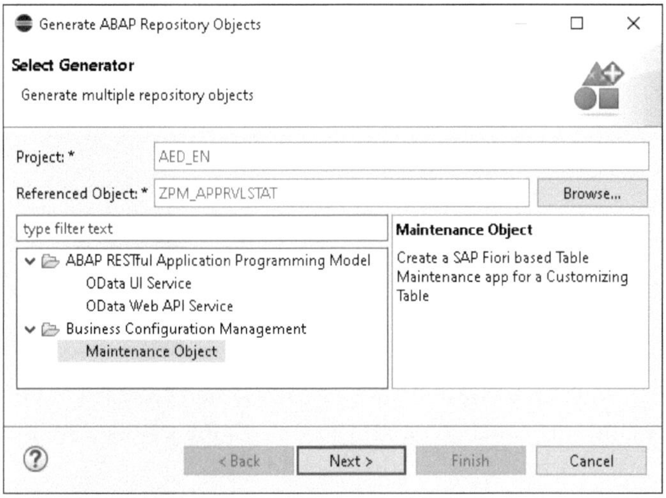

Abbildung 12.7 Auswahl des Generators

4. Geben Sie im nächsten Dialogschritt das zuvor angelegte Entwicklungspaket `ZPM_CUST` an und bestätigen Sie Ihre Auswahl mit **Next**.

5. Im nächsten Dialogschritt definieren Sie in erster Linie, wie die Namen der automatisch anzulegenden Objekte lauten sollen. Außerdem können Sie auswählen, welche Standardfunktionalitäten im Business-Configuration-Pflegeobjekt bereitgestellt werden sollen. Die vom Generator vorgeschlagenen Namen entsprechen nicht den gängigen Namenskonventionen, weshalb wir hier einige Anpassungen vornehmen.

   Damit Ihr Pflegeobjekt um eine Kopierfunktion angereichert wird, wählen Sie im Bereich **Scenario Options** die Option **Add Copy Action** aus. Für die Kopierfunktion wird automatisch ein abstrakter CDS-View mit dem im Feld **Copy Parameter Entity** vergebenen Namen angelegt. Vergeben Sie für unser Beispiel den Namen »ZA_CopyApprovalStatus« für den abstrakten CDS-View (siehe Abbildung 12.8).

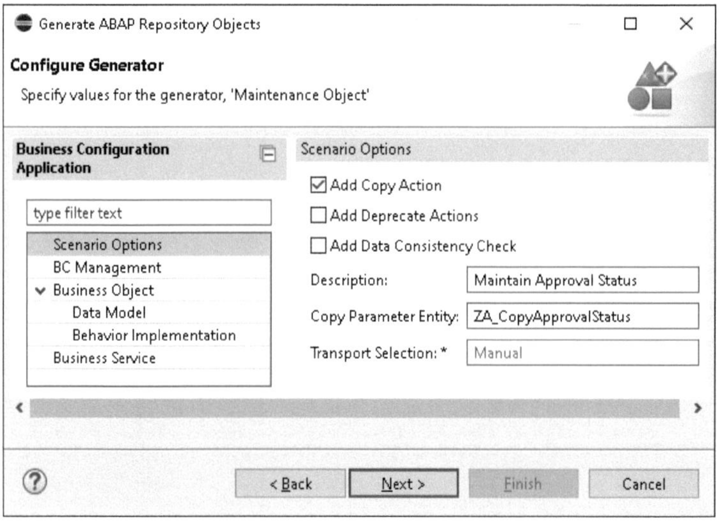

Abbildung 12.8 Auswahl der Standardfunktionalitäten

6. Unter dem Menüeintrag **BC Management** (links in der Übersicht) können Sie die Namen für das Business-Configuration-Pflegeobjekt und das Transportobjekt vergeben. Übernehmen Sie die Vorschlagswerte und wechseln Sie dann zum Menüeintrag **Business Object • Data Model**.
7. Im Bereich **Singleton Entity** definieren Sie die Namen der Objekte, die für die Multi-Line-Edit-Funktion angelegt werden. Passen Sie die vorgeschlagenen Namen wie folgt an (siehe Abbildung 12.9):
   - **Draft Table Name**: ZPMD_APRVSTS
   - **Interface View**: ZR_ApprovalStatusSTP
   - **Projection View**: ZC_ApprovalStatusSTP

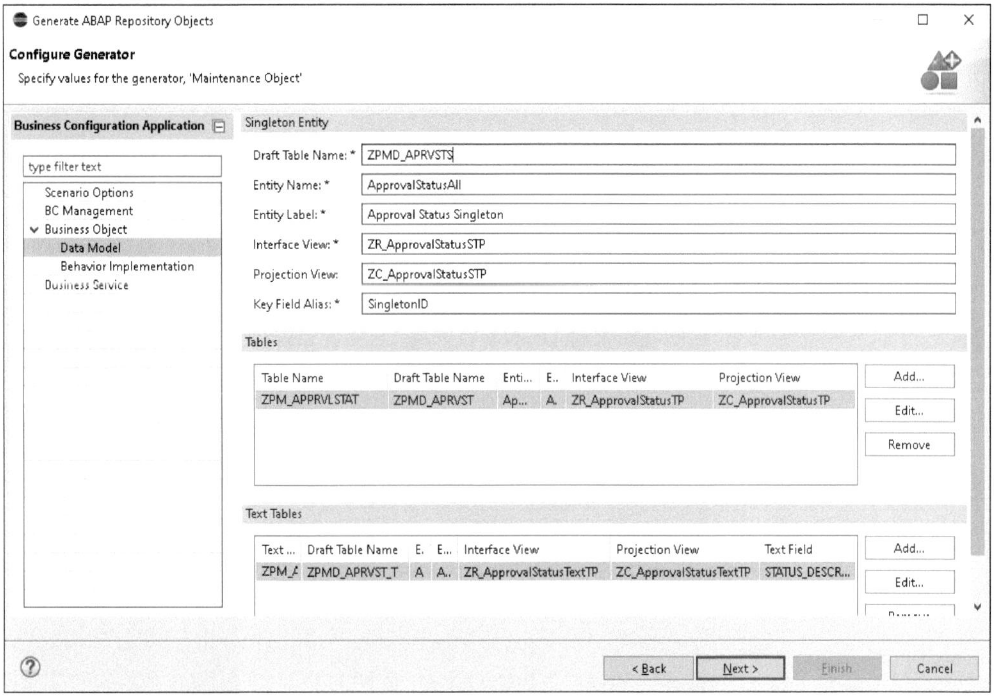

Abbildung 12.9 Objektnamen des Datenmodells

8. Ändern Sie anschließend die Vorschlagswerte im Bereich **Tables** für die Objekte Ihrer Wertetabelle wie folgt:
   - **Draft Table Name**: ZPMD_APRVST
   - **Interface View**: ZR_ApprovalStatusTP
   - **Projection View**: ZC_ApprovalStatusTP
9. Passen Sie als Letztes die vorgeschlagenen Namen für die Texttabelle wie folgt an:
   - **Draft Table Name**: ZPMD_APRVST_T
   - **Interface View**: ZR_ApprovalStatusTextTP
   - **Projection View**: ZC_ApprovalStatusTextTP
10. Wechseln Sie nun zum Menüeintrag **Business Object • Behavior Implementation**. Vergeben Sie, wie in Abbildung 12.10 gezeigt, den Klassennamen »ZBP_R_APPROVALSTATUS_S« für die Verhaltensimplementierung Ihres Geschäftsobjekts und den Klassennamen »ZBP_C_APPROVALSTATUS_S« für die Verhaltensimplementierung Ihrer Projektion.
11. Unter dem Menüeintrag **Business Service** können Sie die Namen für die Servicedefinition und das Service-Binding vergeben. Übernehmen Sie die Vorschlagswerte und wählen Sie **Next**.

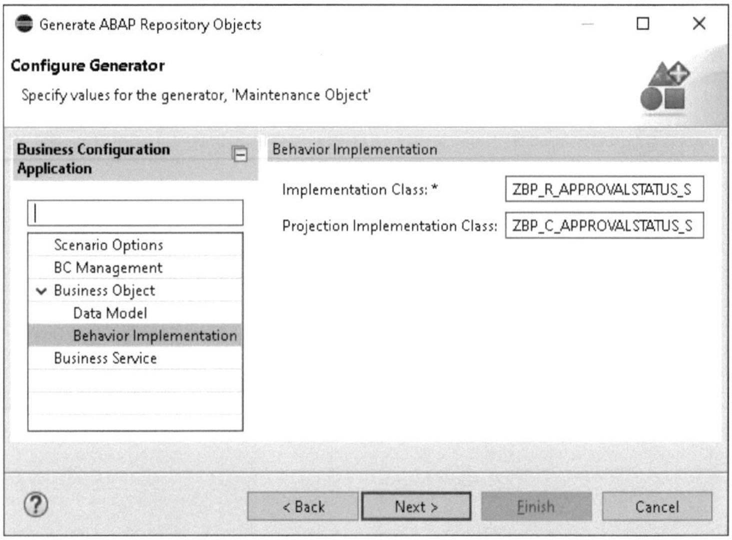

Abbildung 12.10 Klassennamen der Verhaltensimplementierungen

12. Im nächsten Dialogschritt wird Ihnen eine Übersicht aller Objekte angezeigt, die im Folgenden angelegt werden. Bestätigen Sie dies mit **Next**.
13. Wählen Sie im letzten Dialogschritt einen Transportauftrag aus und beenden Sie den Generator mit **Finish**.

12.1.3 Berechtigung für das Business-Configuration-Pflegeobjekt anlegen

Damit wir das angelegte Business-Configuration-Pflegeobjekt über die SAP-Fiori-Anwendung **Benutzerdefinierte Business Configurations** verwenden können, müssen wir das Pflegeobjekt entsprechend berechtigen. Dazu legen wir auf den folgenden Seiten eine IAM-Anwendung (Identity Access Management) und einen Anwendungskatalog an und ordnen den Anwendungskatalog einer neuen Anwendungsrolle zu. In Abschnitt 11.3.1, »IAM-Anwendungen«, haben wir Ihnen bereits anhand der Rabattaktion gezeigt, wie Sie beim Anlegen einer IAM-Anwendung vorgehen.

IAM-Anwendung anlegen

Legen Sie dieser Anleitung folgend eine neue IAM-Anwendung mit dem Namen »ZPM_APPROVAL_STATUS_MBC« und dem **Application Type MBC – Business Configuration App** im Entwicklungspaket (Feld **Package**) `ZPM_CUST` an (siehe Abbildung 12.11).

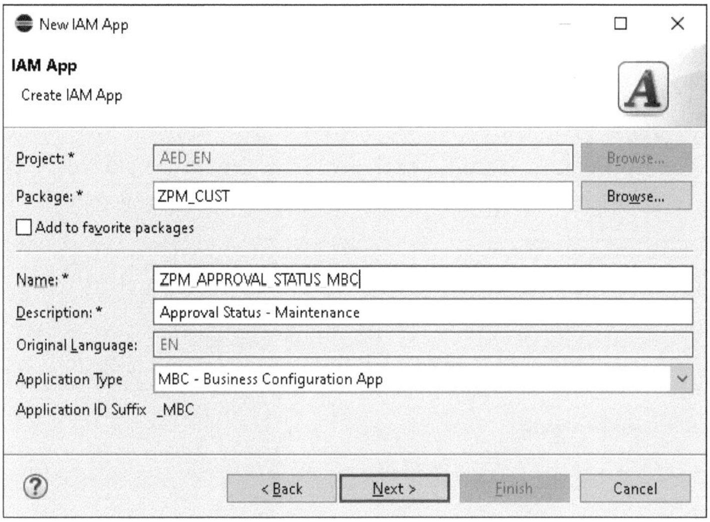

Abbildung 12.11 Anlegen einer neuen IAM-Anwendung

Fügen Sie dieser IAM-Anwendung anschließend den zuvor über den ABAP Repository Generator automatisch erzeugten Service `ZUI_APPROVALSTATUS_04` auf der Registerkarte **Services** hinzu.

Berechtigungswerte pflegen

Pflegen Sie als Nächstes die Berechtigungswerte für die IAM-Anwendung. Geben Sie dazu das Berechtigungsobjekt `S_TABU_NAM` an und definieren Sie sowohl das Lesen (**Display**) als auch das Ändern (**Change**) von Datensätzen als erlaubte Aktivitäten (**ACTVT**). Geben Sie für das Berechtigungsfeld **TABLE** den Namen des generierten Geschäftsobjekts `ZR_ApprovalStatusTP` an (siehe Abbildung 12.12) und speichern Sie Ihre Änderungen.

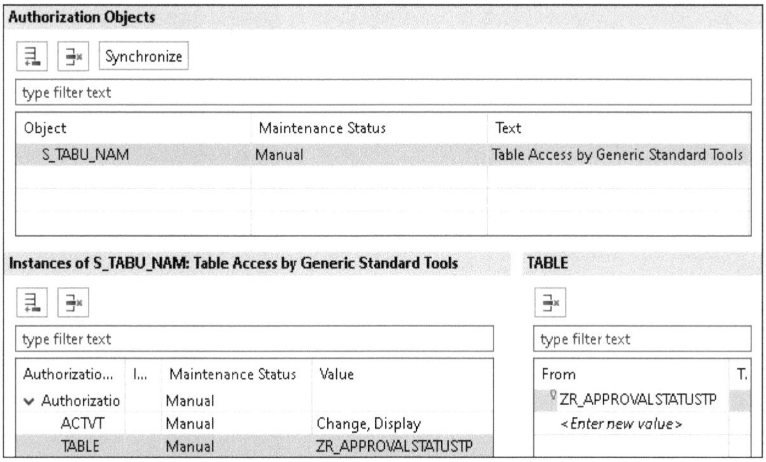

Abbildung 12.12 Berechtigungswerte für IAM-Anwendung pflegen

Anwendungskatalog erstellen

Nachdem Sie die IAM-Anwendung angelegt haben, müssen Sie einen Anwendungskatalog erstellen und diesen der IAM-Anwendung zuweisen. Gehen Sie dazu wie folgt vor:

1. Rufen Sie die Registerkarte **Overview** Ihrer IAM-Anwendung auf, und wählen Sie im Bereich **What's next?** den Link **Create a new Business Catalog and assign the App to it**, wie in Abbildung 12.13 dargestellt.

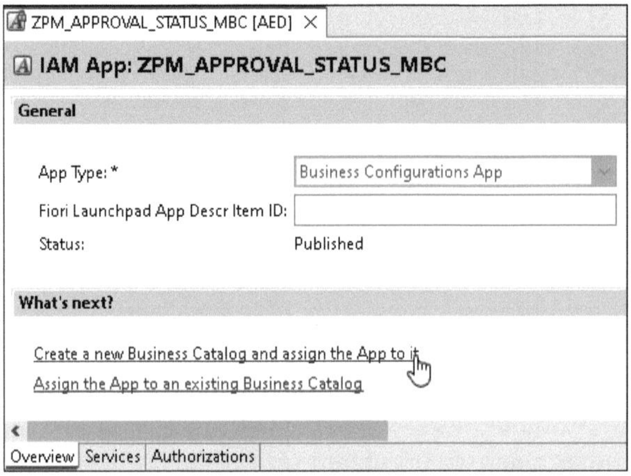

Abbildung 12.13 Anlegen eines neuen Anwendungskatalogs und Zuweisung zur IAM-Anwendung

2. Geben Sie als Namen des Anwendungskatalogs »ZPM_APPROVAL_STATUS« an und pflegen Sie eine geeignete Beschreibung. Bestätigen Sie Ihre Eingaben mit **Next**.
3. Wählen Sie im Folgedialog einen entsprechenden Transportauftrag aus und schließen Sie die Anlage mit **Finish** ab.
4. Es öffnet sich automatisch ein weiterer Dialog zur Anlage der Zuweisung zur IAM-Anwendung. Übernehmen Sie die Vorschlagswerte und schließen Sie den Dialog ab.
5. Speichern Sie den Anwendungskatalog abschließend über die Tastenkombination `Strg` + `S` und veröffentlichen Sie ihn über die Schaltfläche **Publish Locally**, die Sie auf der Registerkarte **Overview** finden.

Anwendungsrolle anlegen

Als Letztes müssen Sie Ihren Benutzer zur Verwendung des Business-Configuration-Pflegeobjekts berechtigen, damit Sie in der Lage sind, den Pflegedialog auszuführen. In Abschnitt 11.3.4, »Anwendungsrollen verwalten«, haben wir beschrieben, wie Sie eine Anwendungsrolle anlegen und ausprägen können. Legen Sie dieser Anleitung folgend eine neue Anwendungsrolle `ZBR_APPROVAL_STATUS_EXPERT` an und ordnen Sie dieser Ihren Benutzer und den Anwendungskatalog `ZPM_APPROVAL_STATUS` zu. Wechseln Sie anschließend, wie in Abbildung 12.14 dargestellt, auf die Registerkarte **Allgemeine Rollendetails** und wählen Sie im Feld **Schreiben, Lesen, Wertehilfe** den Wert **Uneingeschränkt**. Speichern Sie die Anwendungsrolle dann über die Schaltfläche **Sichern** ab.

Abbildung 12.14 Allgemeine Rollendetails der Anwendungsrolle

Damit haben Sie nun eine Business-Configuration-Anwendung zu Pflege der Beschreibungen von Statuswerten für die Genehmigung von Rabattaktionen angelegt und sind dazu berechtigt, entsprechende Beschreibungen darüber zu pflegen.

12.2 Customizing Lifecycle Management

Business Configuration ist mandantenabhängig und wird für gewöhnlich nicht direkt in produktiven Systemen vorgenommen. In einer klassischen Systemlandschaft mit drei Systemen wird das Customizing typischerweise im Entwicklungssystem (DEV) von einem Key User oder einer Entwicklerin vorgenommen und in einem Customizing-Transportauftrag aufgezeichnet. Anschließend wird das Customizing in das Qualitätssicherungssystem (QAS) transportiert und dort entsprechend getestet. Nachdem die Anpassungen erfolgreich getestet wurden, werden sie in das Produktivsystem (PRD) transportiert. Abbildung 12.15 zeigt das bekannte Vorgehen beim Transportieren von Customizing.

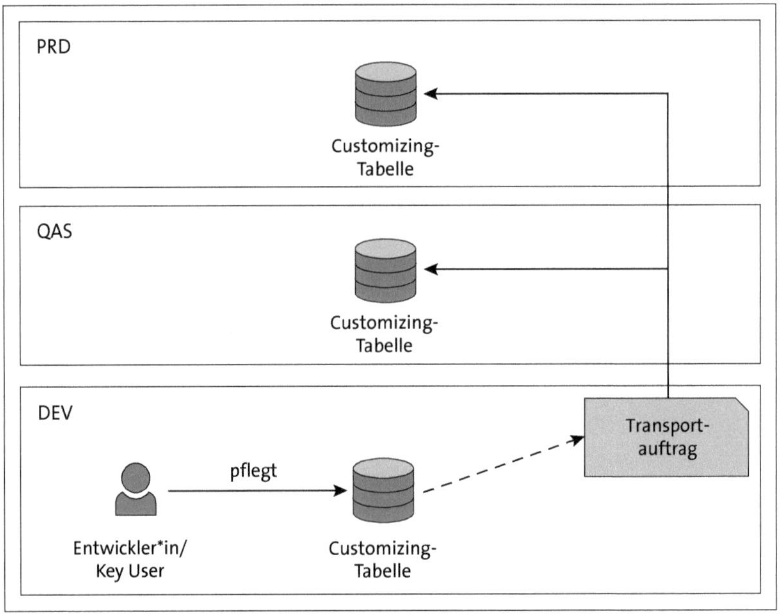

Abbildung 12.15 Bekannte Vorgehensweise im Customizing

[»]

Transport von Customizing

Im ABAP Environment und allen SAP-S/4HANA-Systemen gestaltet sich die Bereitstellung von Business-Configuration-Pflegeobjekten weitgehend gleich. Jedoch zeigen sich im Bereich des Transportwesens signifikante Unterschiede. Daher fokussieren wir uns in diesem Abschnitt ausschließlich auf das Customizing Lifecycle Management im SAP BTP, ABAP Environment. Weitere Informationen zum Transportwesen innerhalb der verschiedenen SAP-S/4HANA-Editionen sind im SAP Help Portal verfügbar.

Softwarekomponente vom Typ »Business Configuration«

Wie wir Ihnen in Abschnitt 5.2, »Softwarekomponenten«, erläutert haben, kommt den Softwarekomponenten insbesondere im ABAP Environment eine größere Bedeutung zu. Sowohl Entwicklungsobjekte als auch Customizing-Inhalte werden über Softwarekomponenten in Folgesysteme transportiert. Für die Organisation und den Transport von Entwicklungsobjekten unserer Beispielanwendung haben Sie bereits eine Softwarekomponente vom

Typ **Development** angelegt. Für Customizing-Inhalte ist diese Softwarekomponente standardmäßig nicht vorgesehen. Sie benötigen eine Softwarekomponente vom Typ **Business Configuration**.

Sie können beliebig viele Softwarekomponenten vom Typ **Development** anlegen und in das ABAP-System importieren. Das gibt Ihnen die notwendige Flexibilität, um Anwendungen voneinander zu separieren und getrennt voneinander in Folgesysteme zu transportieren. Bei Softwarekomponenten vom Typ **Business Configuration** haben Sie diese Flexibilität nicht. Mit diesen Softwarekomponenten sollen Customizing-Inhalte anwendungsübergreifend und systemweit für einen Transport in Folgesysteme gebündelt werden. Somit können Sie grundsätzlich zwar mehrere Softwarekomponenten dieses Typs anlegen, Sie können allerdings nur eine pro ABAP-System importieren. Sollten Sie eine weitere Softwarekomponente importieren, erhalten Sie die in Abbildung 12.16 dargestellte Fehlermeldung.

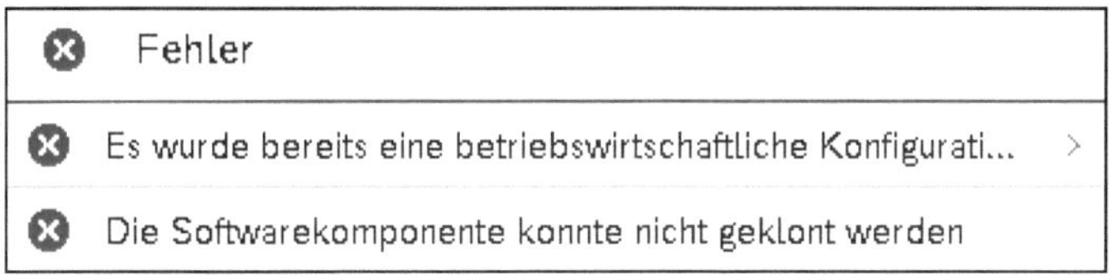

Abbildung 12.16 Fehlermeldung beim Import einer weiteren Softwarekomponente

Problematisch wird die Verwendung von Softwarekomponenten vom Typ **Business Configuration** insbesondere in der praktischen Arbeit mit mehreren Entwicklerteams, die parallel in unterschiedlichen Projekten und Softwarekomponenten arbeiten und Customizing-Inhalte unabhängig voneinander transportieren möchten. In diesem Fall können Sie Ihre Customizing-Inhalte mittels Softwarekomponenten vom Typ **Development** transportieren.

Transportmodell

Im ABAP Environment stehen Ihnen die folgenden drei *Transportmodelle* für Customizing-Inhalte zur Verfügung, die Sie abhängig von Ihren Anforderungen und Gegebenheiten verwenden können:

- **Isolierte Tenants**
  In isolierten ABAP-Systemen ohne Transportanschluss ist die Anlage einer Softwarekomponente vom Typ **Business Configuration** nicht notwendig. Alle Customizing-Inhalte werden in lokalen Customizing-Transporten ohne Ziel aufgezeichnet. Der Import oder Export von Inhalten ist nicht vorgesehen.

- **Einfach**
  Der Transport von Customizing-Inhalten erfolgt über die Softwarekomponente vom Typ **Business Configuration**. Da alle Customizing-Inhalte in einem Transportauftrag gebündelt werden, eignet sich dieses Transportmodell nur für sehr einfache Anforderungen.
- **Mehrere Softwarekomponenten**
  In komplexeren Entwicklungsumgebungen, in denen mehrere Entwicklerteams in parallelen Projekten und Softwarekomponenten arbeiten und Customizing-Anpassungen unabhängig voneinander transportiert werden müssen, sollte der Transport von Customizing-Inhalten über Softwarekomponenten vom Typ **Development** erfolgen.

In Abschnitt 12.2.2, »Transportauftrag anlegen«, geben wir Ihnen einen Überblick darüber, wie Sie bei der Anlage von Transportaufträgen beeinflussen können, welches Transportmodell verwendet wird.

In Abschnitt 16.2, »Git-fähiges Change and Transport System«, gehen wir im Detail auf den Transport von Entwicklungen mithilfe von Softwarekomponenten und dem Git-fähigen Change and Transport System (gCTS) ein.

12.2.1 Softwarekomponente anlegen

Wir entscheiden uns an dieser Stelle für die Verwendung des einfachen Transportmodells, weshalb Sie zunächst eine Softwarekomponente vom Typ **Business Configuration** benötigen.

Softwarekomponente anlegen

Legen Sie eine solche Softwarekomponente wie folgt an:

1. Rufen Sie die SAP-Fiori-Anwendung **Softwarekomponenten verwalten** über das Dashboard Ihres Entwicklungssystems auf und klicken Sie auf **Create** oberhalb der Ausgabeliste.
2. Geben Sie für die neue Softwarekomponente die folgenden Eigenschaften an (siehe Abbildung 12.17):
   - **Namensraum: Z**
   - **Name:** »_CUSTOMIZING«
   - **Beschreibung:** »Business Configuration«
   - **Typ: Business Configuration**
3. Beenden Sie die Anlage, indem Sie auf die Schaltfläche **Anlegen** klicken.

Softwarekomponente importieren

Nach dem Anlegen wird die neue Softwarekomponente angezeigt. Genau wie eine Softwarekomponente vom Typ **Development** muss auch eine Softwarekomponente vom Typ **Business Configuration** in das ABAP-System importiert werden, damit sie verwendet werden kann. Klicken Sie dazu auf die Schaltfläche **Klonen** und bestätigen Sie den darauffolgenden Dialog.

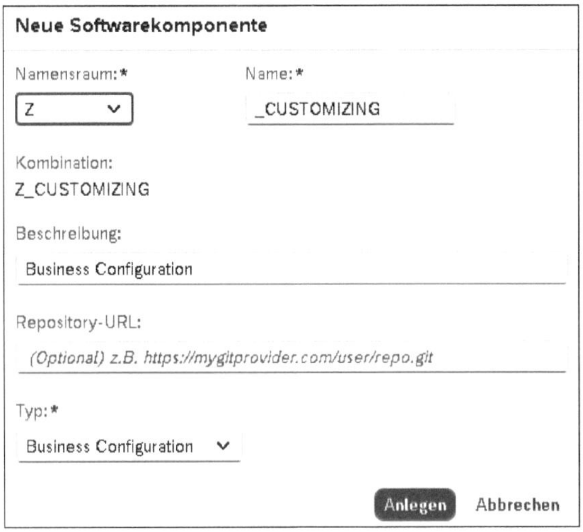

Abbildung 12.17 Softwarekomponente vom Typ »Business Configuration« anlegen

12.2.2 Transportauftrag anlegen

Customizing-Transportauftrag

Im ABAP Environment wird Customizing ebenso wie in einem On-Premise-System in einem Customizing-Transportauftrag aufgezeichnet. Solche Customizing-Transportaufträge werden über das Dashboard des ABAP Environments angelegt. Um einen Customizing-Transportauftrag anzulegen, gehen Sie wie folgt vor:

1. Öffnen Sie die SAP-Fiori-Anwendung **Customizing-Transporte exportieren**.

> **Berechtigung und Änderungsprotokolle**
>
> Entwickler*innen und Key User benötigen zur Anlage eines Transportauftrags die Anwendungsrolle SAP_BR_BPC_EXPERT. Neben der Berechtigung, Customizing-Transportaufträge anlegen zu dürfen, beinhaltet diese Anwendungsrolle die Berechtigung zur Ausführung der SAP-Fiori-Anwendung **Business-Configuration – Änderungsprotokolle**. Mit dieser SAP-Fiori-Anwendung können Sie Datenänderungen in Tabellen auswerten. Als Voraussetzung für die Protokollierung von Tabellenänderungen muss die Änderungsprotokollierung in den technischen Eigenschaften der Tabelle aktiviert sein.

2. Wählen Sie auf dem Startbildschirm der Anwendung die Schaltfläche **Anlegen**.
3. Vergeben Sie im nachfolgenden Anlagedialog eine passende Beschreibung und wählen Sie im Feld **Technischer Typ** die Option **Customizing-Auftrag**, wie in Abbildung 12.18 dargestellt.

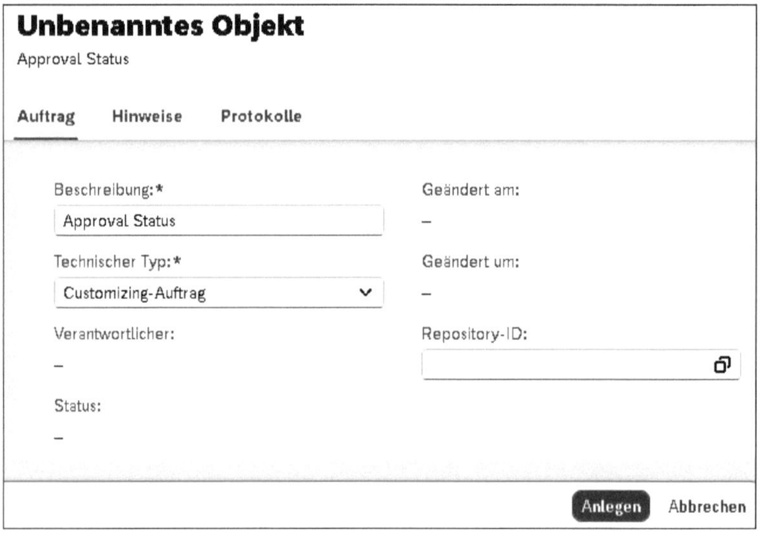

Abbildung 12.18 Neuen Customizing-Transportauftrag anlegen

4. Über die **Repository-ID** können Sie definieren, welcher Softwarekomponente der Transportauftrag zugewiesen werden soll. Sofern Sie sich für das Transportmodell mit mehreren Softwarekomponenten entschieden haben, weisen Sie dem Transportauftrag an dieser Stelle die gewünschte Softwarekomponente vom Typ **Development** zu. Da wir uns für das einfache Transportmodell entschieden haben, können wir das Feld an dieser Stelle leer lassen. Der Transportauftrag wird damit automatisch der vorhandenen Softwarekomponente vom Typ **Business Configuration** zugewiesen.
5. Klicken Sie abschließend auf **Anlegen**, um die Anlage des Transportauftrags abzuschließen.

[»]

Transportkategorie

Jedem Customizing-Transportauftrag wird bei der Anlage automatisch eine Transportkategorie zugewiesen (siehe Abbildung 12.19). Die Transportkategorie hat eine besondere Bedeutung bei der Verwendung der verschiedenen Transportmodelle. In einem ABAP-System kann es nur einen Transportauftrag mit der Transportkategorie `DEFAULT_CUST` geben. Diese Transportkategorie wird daher im einfachen Transportmodell verwendet und ermöglicht allen Entwickler*innen die Nutzung desselben Transportauftrags. Wenn bei der Anlage eines Customizing-Transportauftrags keine weiteren offenen Customizing-Transportaufträge vorhanden sind, erhält der Transport automatisch die Transportkategorie `DEFAULT_CUST`.

Attribute

Standard* ˅

Attribut	Kurzbeschreibung	Wert
SAP_ATO_TRANSPORT_TYPE	Transporttyp von ATO verwalteten Transporten	BC
SAP_CUS_TRANSPORT_CATEGORY	Customizing Transportkategorie	DEFAULT_CUST

Abbildung 12.19 Transportkategorie eines Customizing-Transportauftrags

Im Transportmodell mit mehreren Softwarekomponenten verwendet man stattdessen die Transportkategorie `MANUAL_CUST`. Diese Transportkategorie wird einem neu angelegten Transportauftrag automatisch zugewiesen, sofern bereits ein offener Transportauftrag mit der Transportkategorie `DEFAULT_CUST` existiert.

Über die Sicht **Transport Organizer** in den ADT kann die Transportkategorie eines Transportauftrags bei Bedarf angepasst werden. Somit können Sie auch nachträglich vom einfachen Transportmodell hin zum Transportmodell mit mehreren Softwarekomponenten wechseln.

12

12.2.3 Die Anwendung »Benutzerdefinierte Business Configurations« verwenden

Genehmigungsstatus pflegen

Wir haben nun alle notwendigen Vorbereitungen getroffen, damit können Sie im nächsten Schritt die Genehmigungsstatus pflegen. Gehen Sie dazu wie folgt vor:

1. Öffnen Sie die Anwendung **Benutzerdefinierte Business Configurations** über das Dashboard des ABAP Environments (siehe Abbildung 12.20).

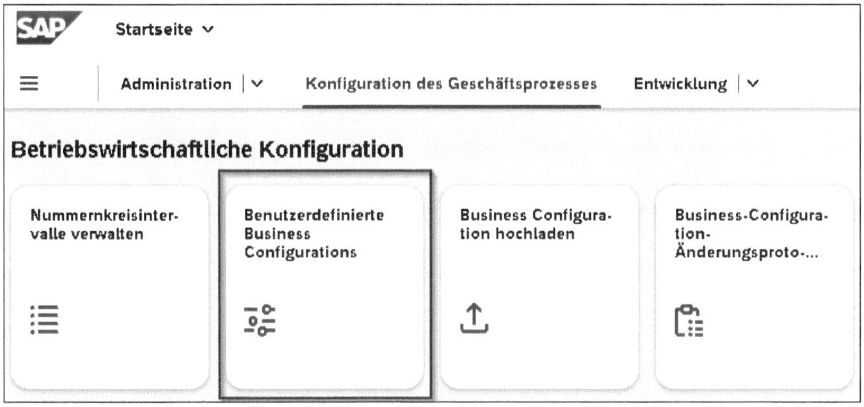

Abbildung 12.20 SAP-Fiori-Anwendung »Benutzerdefinierte Business Configurations« im Dashboard

2. Im folgenden SAP Fiori List Report werden Ihnen alle im System verfügbaren Business-Configuration-Pflegeobjekte angezeigt. Wählen Sie das Pflegeobjekt für den Genehmigungsstatus aus (siehe Abbildung 12.21).

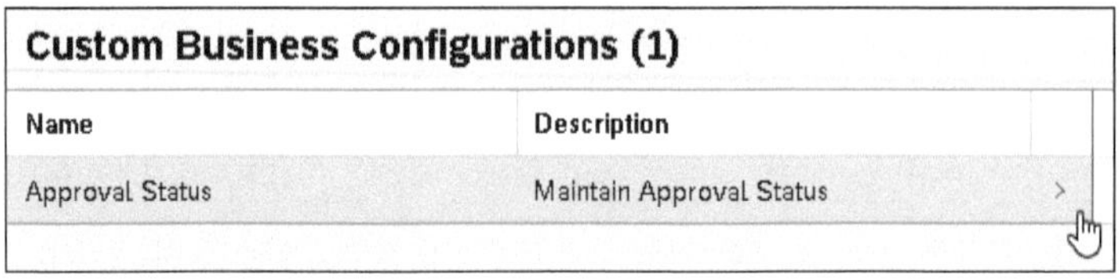

Abbildung 12.21 Auswahl des Pflegeobjekts

Anmeldesprache

Sollte sich die Anmeldesprache Ihres SAP Fiori Launchpads von der Sprache Ihres ABAP-Cloud-Projekts in den ADT unterscheiden, werden Ihnen im SAP Fiori List Report unter Umständen Pflegeobjekte ohne Text angezeigt (siehe Abbildung 12.22). Mit der SAP-Fiori-Anwendung **Übersetzungen pflegen** können Sie die Business-Configuration-Pflegeobjekte übersetzen.

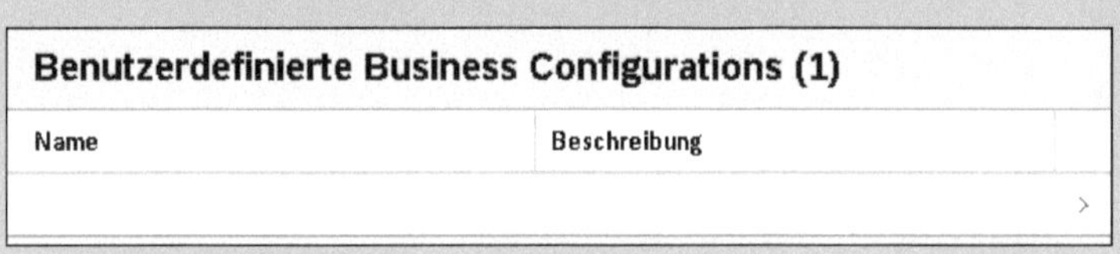

Abbildung 12.22 Darstellung eines Pflegeobjekts ohne Namen und Beschreibung

3. Klicken Sie auf die Schaltfläche **Select Transport** und wählen Sie den in Abschnitt 12.2.2, »Transportauftrag anlegen«, angelegten Customizing-Transportauftrag aus.
4. Pflegen Sie anschließend die drei Genehmigungsstatus **Approved**, **Canceled** und **New** für die Rabattaktionen in unserer Beispielanwendung (siehe Abbildung 12.23).
5. Klicken Sie auf **Sichern**, um Ihre Eingaben zu speichern.

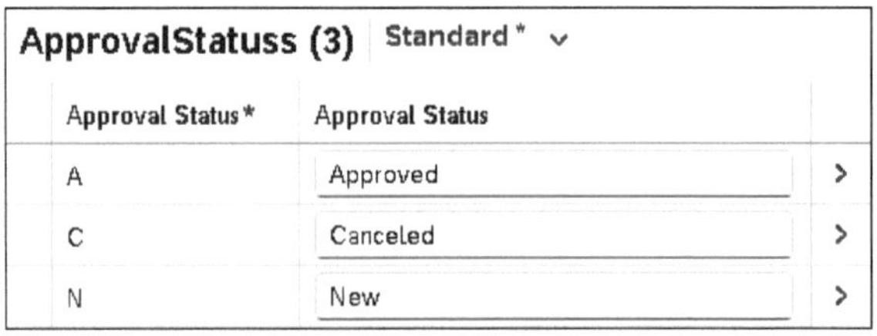

Abbildung 12.23 Gepflegte Genehmigungsstatus im Business-Configuration-Pflegeobjekt

Massenpflege mittels Excel-Tabelle

Zur schnellen Pflege einer größeren Anzahl von Datensätzen steht Ihnen eine Massenpflege mittels Excel-Tabelle zur Verfügung. Gehen Sie dazu wie folgt vor:

1. Klicken Sie im SAP Fiori List Report Ihres Business-Configuration-Pflegeobjekts auf die Schaltfläche **Tabelle exportieren** () und wählen Sie die Option **Exportieren als...**
2. Wählen Sie im sich öffnenden Dialog die Option **Zellen mit mehreren Werten aufteilen** und klicken Sie anschließend auf **Exportieren**.
3. Öffnen Sie die heruntergeladene Excel-Tabelle und pflegen Sie die gewünschten Einträge. Die Tabelle gibt Ihnen dabei die notwendige Struktur vor.
4. Kopieren Sie die neuen Einträge anschließend in die Zwischenablage und fügen Sie diese über die Schaltfläche **Einfügen** () hinzu.
5. Falls notwendig, wählen Sie abschließend wieder einen Customizing-Transportauftrag aus. **Sichern** Sie dann Ihre Anpassungen.

12.3 Zusammenfassung

In diesem Kapitel haben wir Ihnen die Customizing-Möglichkeiten vorgestellt, die ABAP Cloud vorsieht.

In Abschnitt 12.1, »Eine Business-Configuration-Anwendung entwickeln«, haben wir eine Customizing-Tabelle mit zugehöriger Texttabelle erstellt. Zusätzlich haben wir mit dem ABAP Repository Generator ein Business-Configuration-Pflegeobjekt angelegt und eine entsprechende Berechtigung vergeben.

In Abschnitt 12.2, »Customizing Lifecycle Management«, haben wir Ihnen die Unterschiede zur Vorgehensweise beim Transport von Customizing in einer On-Premise-Systemlandschaft dargestellt. Wir haben die notwendigen Vorbereitungen im ABAP Environment getroffen und eine Softwarekomponente vom Typ **Business Configuration** sowie einen Customizing-Transportauftrag angelegt. Abschließend haben wir die Genehmigungsstatus unserer Beispielanwendung über unser neu angelegtes Pflegeobjekt gepflegt.

Kapitel 13
Erweiterung von Geschäftsobjekten

Die Erweiterbarkeit von Geschäftsprozessen war schon immer ein großer Vorteil der ERP-Lösungen von SAP und bleibt auch mit ABAP Cloud bestehen.

Wie bereits in Abschnitt 2.1.2, »Erweiterbarkeit von SAP S/4HANA«, beschrieben, sind auch die Geschäftsprozesse in SAP-S/4HANA-Systemen erweiterbar. Sie können also aufatmen – Erweiterungen werden nicht verschwinden. Sie können die von SAP zur Verfügung gestellten Geschäftsprozesse weiterhin den Bedürfnissen Ihres Unternehmens anpassen.

Klassische Erweiterbarkeit

Erweiterungen wurden in SAP-ERP-Systemen mit klassischen Erweiterungstechnologien, wie z. B. Business Add-ins (BAdIs), Enhancements, User-Exits oder Customer-Exits durchgeführt. Dabei konnten Entwicklerteams uneingeschränkt auf sämtliche ABAP-Technologien zugreifen, auch wenn diese von SAP nicht für die Verwendung durch Kunden freigegeben waren. Selbst die Modifikation von SAP-Quelltext war bei Bedarf möglich. Auf diese Weise vorgenommene Erweiterungen waren jedoch häufig nicht upgrade-stabil. Dadurch war die Lauffähigkeit der Software nach einem System-Upgrade nicht immer gewährleistet.

Erweiterbarkeit von Systemen mit ABAP Cloud

Die Verwendung von nicht freigegebenen Entwicklungsobjekten für die Implementierung von Erweiterungen ist heute nicht mehr zeitgemäß. Gerade in Systemen wie SAP S/4HANA Cloud Public Edition und dem SAP BTP, ABAP Environment, bei denen SAP für das Einspielen neuer Releases verantwortlich ist, dürfen Erweiterungen die Systemstabilität und -verfügbarkeit nicht beeinflussen.

Clean-Core-Ansatz

SAP verfolgt daher für alle SAP-S/4HANA-Editionen einen *Clean-Core-Ansatz*. Diesem Ansatz gemäß werden Erweiterungen streng von den Kernfunktionalitäten des SAP-S/4HANA-Systems getrennt, in dem ausschließlich freigegebene Objekte für Erweiterungen verwendet werden dürfen. Die freigegebenen Objekte sind upgrade-stabil und bilden die Schnittstelle zu den Kernfunktionalitäten eines SAP-S/4HANA-Systems. Mit SAP S/4HANA Cloud, ABAP Environment (Embedded ABAP Environment) und ABAP Cloud können Sie von dem Clean-Core-Ansatz in allen SAP-S/4HANA-Editionen ab Release 2022 profitieren.

Aufbau dieses Kapitels

In diesem Kapitel stellen wir Ihnen die Erweiterbarkeit nach dem Clean-Core-Ansatz anhand der Erweiterung eines SAP-Geschäftsobjekts mittels ABAP Cloud vor. In Abschnitt 13.1 zeigen wir Ihnen, wie Sie die Geschäftsobjekte, die für die Erweiterung freigegeben sind, ermitteln können. Dazu können Sie z. B. den SAP Business Accelerator Hub oder die ABAP Development Tools (ADT) in Eclipse nutzen.

Anschließend zeigen wir Ihnen in Abschnitt 13.2 wie Sie mit ABAP Cloud und dem ABAP RESTful Application Programming Model SAP-Geschäftsobjekte upgrade-stabil erweitern können, indem wir die SAP-Fiori-Standardanwendung **Kundenaufträge verwalten – Version 2** (engl. **Manage Sales Orders – Version 2**) erweitern.

13.1 Erweiterbare Geschäftsobjekte ermitteln

Bei der Erweiterung der Geschäftsobjekte eines SAP-S/4HANA-Systems muss zwischen der Key-User-Erweiterbarkeit und der Entwicklererweiterbarkeit über das Embedded ABAP Environment unterschieden werden. Beide Erweiterungsmöglichkeiten haben wir Ihnen in Abschnitt 2.1.2, »Erweiterbarkeit von SAP S/4HANA«, vorgestellt. In diesem Kapitel werden wir ausschließlich die Entwicklererweiterbarkeit betrachten.

Keine klassischen Erweiterungspunkte

Wahrscheinlich haben Sie schon oft mit der Anforderung zu tun gehabt, SAP-Geschäftsanwendungen zu erweitern. Typische Erweiterungen umfassen beispielsweise das Hinzufügen kundenspezifischer Felder oder die Implementierung eigener Ermittlungs- oder Validierungslogiken. In der Vergangenheit war es verhältnismäßig einfach, Erweiterungspunkte in einer SAP-Geschäftsanwendung zu identifizieren. Notfalls konnte man sich damit behelfen, den Debugger im SAP GUI über das Befehlsfeld und den Befehl `/h` zu starten. Anschließend konnte man die jeweilige Transaktion oder den jeweiligen Report analysieren, indem man beispielsweise Breakpoints bei den ABAP-Befehlen `CALL BADI` oder `CALL CUSTOMER-FUNCTION` setzte, um entsprechende Erweiterungspunkte zu finden. In einer SAP-Fiori-Standardanwendung ist dieses Vorgehen jedoch nicht mehr möglich. Dies stellt Sie vor die Frage, wie Sie die Entwicklungsobjekte einer SAP-Fiori-Anwendung ausfindig machen können, um diese dann erweitern zu können.

Möglichkeiten der Objektsuche

Sie haben verschiedene Möglichkeiten, die für die Erweiterbarkeit freigegebenen Entwicklungsobjekte zu ermitteln. Wir gehen in den folgenden Abschnitten auf die drei wichtigsten ein:

- SAP Business Accelerator Hub
- SAP Fiori Apps Reference Library
- ABAP Development Tools

13.1.1 SAP Business Accelerator Hub

Zentrale Anlaufstelle

Der *SAP Business Accelerator Hub* ist die zentrale Anlaufstelle für die freigegebenen Entwicklungsobjekte, die von SAP zur Verfügung gestellt werden. Der SAP Business Accelerator Hub enthält unter anderem Dokumentationen zu Application Programming Interfaces (APIs), Events und Erweiterungspunkten des jeweiligen SAP-Produkts, z. B. zu SAP S/4HANA Cloud Public Edition. Sie haben hier die Möglichkeit, APIs (z. B. OData-Services) mithilfe einer Mock-up-Funktion testweise auszuführen, und können sich Codeschnipsel für den Aufruf der jeweiligen API in Ihrer bevorzugten Programmiersprache erstellen lassen.

Der SAP Business Accelerator Hub ist über die URL *https://api.sap.com* erreichbar. Abbildung 13.1 zeigt einen Ausschnitt der Einstiegsseite mit einem Teil der zur Verfügung stehenden SAP-Produkte.

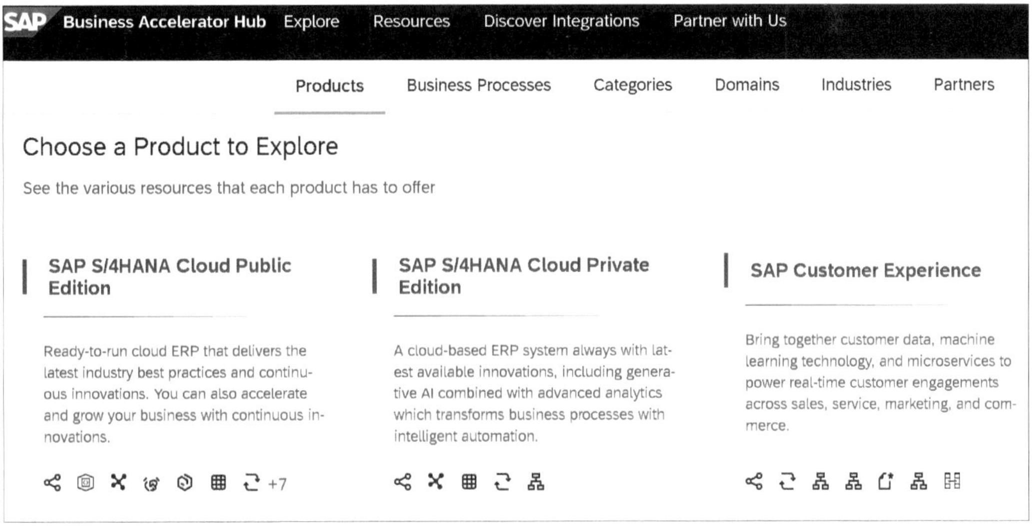

Abbildung 13.1 SAP Business Accelerator Hub

Aufbau des SAP Business Accelerator Hubs

Sobald Sie hier ein Produkt ausgewählt haben, können Sie sich über ein Register die verschiedenen freigegebenen Entwicklungsartefakte anzeigen lassen. Dazu zählen unter anderem APIs (SOAP, OData V2, OData V4 etc.), Events und CDS-Views. Für die Objekte, die für die Entwicklererweiterbarkeit von besonderer Bedeutung sind, gibt es eine eigene Registerkarte **Developer Extensibility**. Hier können Sie sich Business-Objekt-Interfaces (BO-Interfaces) und BAdIs anzeigen lassen, die Sie für Ihre Erweiterungen nutzen können.

Beispiel: Kundenauftrag erweitern

Wollen Sie z. B. wissen, wie Sie das Geschäftsobjekt »Kundenauftrag« erweitern können, können Sie ganz einfach im Suchfeld nach »Sales Order«

suchen (eine Suche nach deutschen Begriffen ist nicht möglich) und bekommen anschließend die für den Geschäftsprozess relevanten BO-Interfaces und BAdIs angezeigt (siehe Abbildung 13.2).

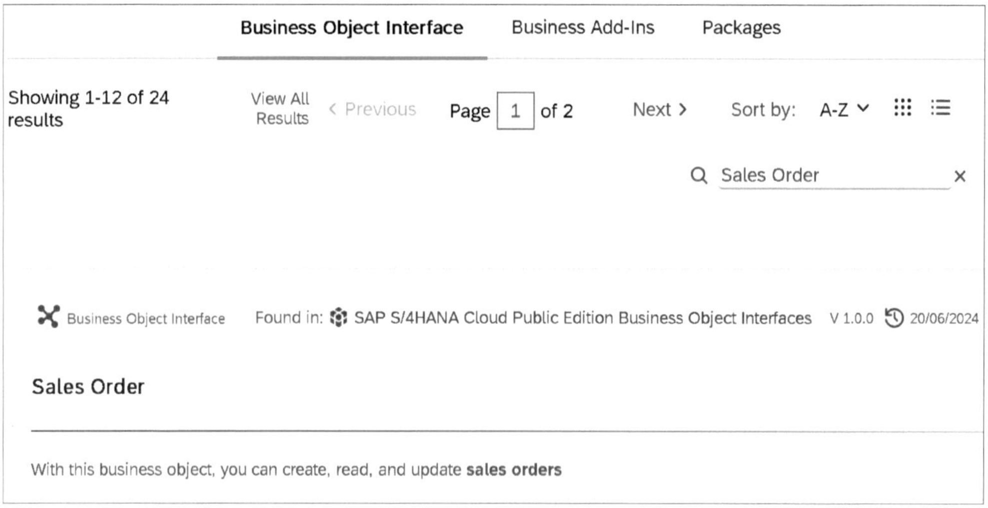

Abbildung 13.2 Suche nach dem Geschäftsobjekt »Sales Order«

Detailinformationen zu Geschäftsobjekten

Im Anschluss können Sie sich weitere Details zu den Geschäftsobjekten anzeigen lassen. Ihnen wird unter anderem das eigentliche Entwicklungsobjekt genannt und Sie erhalten zusätzliche Informationen, wie z. B. den Releasestatus, den Status der Entwicklererweiterbarkeit und die Operationen, die auf diesem Geschäftsobjekt ausgeführt werden können. Wie Sie dem Bereich **Release State** in Abbildung 13.3 entnehmen können, ist beispielsweise das BO-Interface `I_SalesOrderTP` für die Entwicklererweiterbarkeit freigegeben (**Release State Developer Extensibility**).

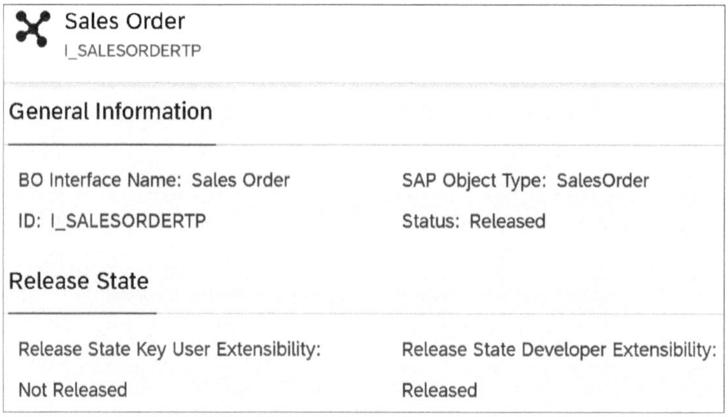

Abbildung 13.3 Detailsicht zum Geschäftsobjekt »Sales Order«

13.1.2 SAP Fiori Apps Reference Library

Haben Sie die Anforderung, eine bestimmte SAP-Fiori-Anwendung zu erweitern, deren technische Details Ihnen nicht bekannt sind, können Sie Ihre Suche nach Informationen in der *SAP Fiori Apps Reference Library* beginnen. Sie erreichen diese Bibliothek unter der URL *http://s-prs.de/v1023907*.

Suche nach SAP-Anwendungen

In der SAP Fiori Apps Reference Library haben Sie die Möglichkeit, gefiltert nach den jeweiligen SAP-Produkten nach SAP-Anwendungen zu suchen. Verwenden Sie z. B. ein SAP-S/4HANA-on-Premise-System und wollen wissen, auf welchen technischen Objekten die zu Beginn dieses Kapitels genannte SAP-Fiori-Anwendung **Kundenaufträge verwalten – Version 2** basiert, können Sie in der Freitextsuche der SAP Fiori Apps Reference Library einfach nach den Begriffen »Manage Sales Order« bzw. »Kundenaufträge verwalten« suchen. Eine Suche nach dem englischen Suchbegriff führt zum selben Ergebnis wie die Suche nach dem deutschen Suchbegriff. Sie können anschließend über die in Abbildung 13.4 gezeigten Auswahlfelder das verwendete SAP-Produkt und die passendende Produktversion auswählen.

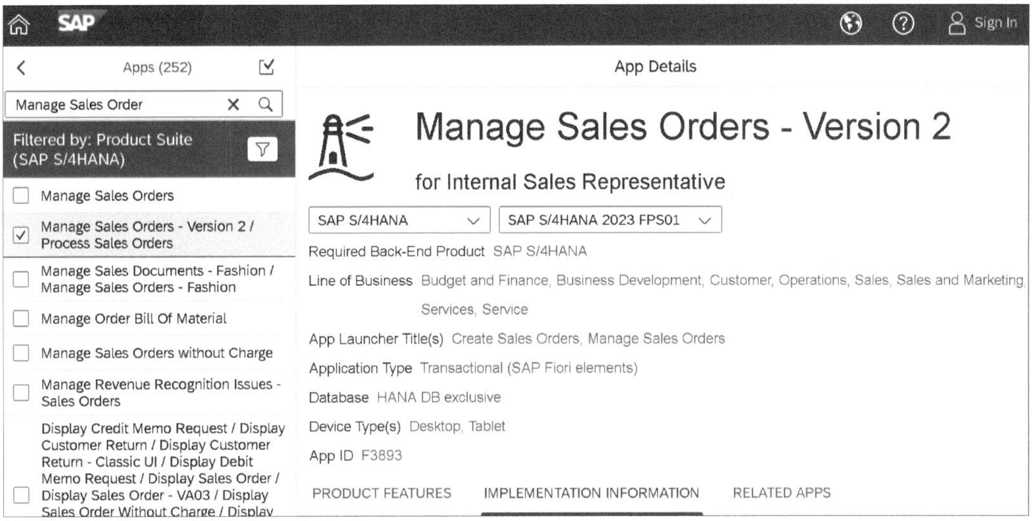

Abbildung 13.4 SAP Fiori Apps Reference Library

Implementierungsdetails

Auf der Registerkarte **IMPLEMENTATION INFORMATION** finden Sie weiterführende Informationen zu den technischen Implementierungsdetails der Anwendung. Dieser Bereich beinhaltet z. B. Informationen über die benötigten Konfigurationen, um die Anwendung verwenden zu können. Dazu gehören unter anderem die zu aktivierenden ICF-Knoten, OData-Services sowie die benötigten Anwendungsrollen. Im Bereich **Extensibility** der Registerkarte **IMPLEMENTATION INFORMATION** finden Sie zusätzlich Angaben, wie Sie die Anwendung erweitern können.

13.1.3 ABAP Development Tools

Releasekontrakt C0

Ob ein Objekt für die Erweiterung freigegeben ist, können Sie in den ADT in Eclipse dem API-Status des jeweiligen Objekts entnehmen. Objekte, die für die Erweiterung freigegeben sind, sind dem Releasekontrakt C0 zugeordnet. Dieser stellt die Stabilität für die von SAP bereitgestellten Erweiterungspunkte sicher. Die Bedeutung des Releasekontrakts C0 haben wir bereits in Abschnitt 3.3.3, »Freigegebene Objekte suchen«, beschrieben.

Abbildung 13.5 zeigt den API-Status des BO-Interface `I_SalesOrderTP` des Geschäftsobjekts Kundenauftrag. Anhand der Werte in den Feldern **Use in Cloud Development** und **Use in Key User Apps** erkennen Sie, dass die Erweiterung in diesem Fall sowohl per Key-User-Erweiterbarkeit als auch per Entwicklererweiterbarkeit erfolgen kann.

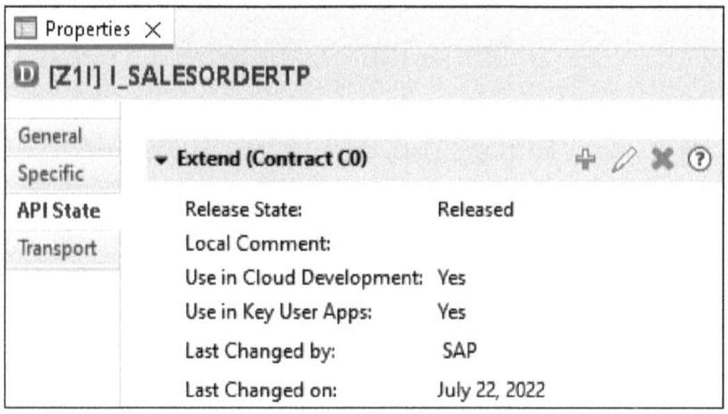

Abbildung 13.5 API-Status des BO-Interface »I_SalesOrderTyp«

EXTEND_IN_CLOUD_DEVELOPMENT

Um erweiterbare Objekte schneller zu finden, steht im **Project Explorer** der Knoten **EXTEND_IN_CLOUD_DEVELOPMENT** im vordefinierten Repository Tree **Released Objects** zur Verfügung (siehe Abbildung 13.6). Dieser Knoten beinhaltet alle Objekte, die entweder für die Key-User- oder für die Entwicklererweiterbarkeit freigegeben sind.

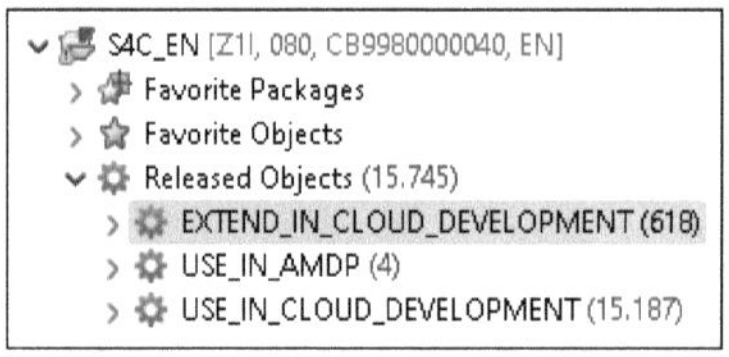

Abbildung 13.6 Knoten »EXTEND_IN_CLOUD_DEVELOPMENT«

Suche nach erweiterbaren Objekten

Sie können natürlich auch den Dialog für die Suche nach ABAP-Entwicklungsobjekten verwenden, den wir Ihnen in Abschnitt 3.3.3, »Freigegebene Objekte suchen«, vorgestellt haben. Für die Erweiterung freigegebene Objekte können Sie über den API-Status `extend_in_cloud_development` suchen.

Abbildung 13.7 zeigt eine Suche nach Verhaltensdefinitionen, die für die Erweiterung freigegeben sind.

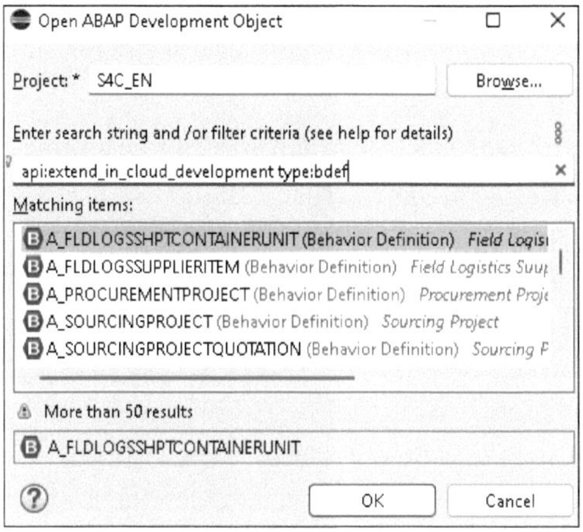

Abbildung 13.7 Suche nach erweiterbaren Verhaltensdefinitionen

Suche nach BAdIs

BAdIs, die für die Verwendung in ABAP Cloud freigegeben sind, sind nicht dem Releasekontrakt C0 zugeordnet, sondern dem Releasekontrakt C1. Entsprechend müssen Sie nach freigegebenen BAdIs über den API-Status `use_in_cloud_development` suchen.

13.2 Geschäftsobjekt erweitern

In diesem Abschnitt zeigen wir Ihnen anhand des SAP-Geschäftsobjekts *Kundenauftrag* und der SAP-Fiori-Anwendung **Kundenaufträge verwalten – Version 2**, wie Sie Geschäftsobjekte erweitern können, die auf dem ABAP RESTful Application Programming Model basieren. Stellvertretend werden wir die Erweiterungen auf einem SAP-S/4HANA-Cloud-Public-Edition-System durchführen. Ab Release 2023 können Sie entsprechende Erweiterungen auch mit SAP S/4HANA Cloud Private Edition oder SAP S/4HANA on premise durchführen.

13.2.1 ABAP RESTful Application Programming Model als Grundlage für die Geschäftsobjekterweiterung

Das ABAP RESTful Application Programming Model bietet die Möglichkeit, Geschäftsobjekte, die auf diesem Programmiermodell basieren, upgradesicher zu erweitern. Dazu stehen auf den verschiedenen Ebenen des Geschäftsobjekts *Erweiterungspunkte* zur Verfügung. Diese können von Entwicklerteams verwendet werden, um beispielsweise das Datenmodell zu erweitern oder zusätzliches Verhalten, wie Ermittlungen, Validierungen und Aktionen, bereitzustellen.

Erweiterungsmöglichkeiten eines Geschäftsobjekts

Standardmäßig ist ein auf dem ABAP RESTful Application Programming Model basierendes Geschäftsobjekt *nicht* erweiterbar. Um die Erweiterbarkeit zu ermöglichen, muss sie vom ursprünglichen Geschäftsobjektanbieter aktiviert werden. Der Umfang, in dem ein Geschäftsobjekt erweitert werden kann, hängt davon ab, für welche der verschiedenen Ebenen des Geschäftsobjekts die Erweiterbarkeit aktiviert ist. Das bedeutet, dass alle Entwicklungsobjekte, wie etwa Datenbanktabellen, CDS-Views, Verhaltensdefinitionen, CDS-Projektions-Views und BO-Interfaces, explizit für die Erweiterbarkeit freigegeben sein müssen, bevor das jeweilige Geschäftsobjekt von einem Entwickler oder einer Entwicklerin erweitert werden kann. Es gibt folgende Erweiterungsmöglichkeiten, die wir uns in den folgenden Abschnitten genauer ansehen:

- Datenmodellerweiterung
- Verhaltenserweiterung
- Entitätenerweiterung

Datenmodellerweiterung

Damit ein Geschäftsobjekt um kundenspezifische Felder erweitert werden kann, müssen die zugrunde liegenden Datenbanktabellen und CDS-Views für die Erweiterung freigegeben sein.

Erweiterung von Datenbanktabellen

Die Erweiterung von Datenbanktabellen erfolgt über *Erweiterungs-Includes*, die vom Geschäftsobjektanbieter bereitgestellt werden. Technisch gesehen ist es zwar möglich, Datenbanktabellen direkt zu erweitern, jedoch würde dies die Trennung zwischen Erweiterungsfeldern und ursprünglicher Datenbank verhindern. Die Erweiterungs-Includes dienen als Abstraktionsschicht zwischen den Erweiterungsfeldern und der Datenbanktabelle und sind über den Releasekontrakt C0 freigegeben. Abbildung 13.8 stellt den Zusammenhang zwischen Datenbanktabelle, Erweiterungs-Include und Erweiterung grafisch dar.

Erweiterungsannotationen für Datenbanktabellen

Zusätzlich zur Freigabe für die Erweiterung über den Releasekontrakt C0 verfügen Erweiterungs-Includes über *Erweiterungsannotationen*. Diese Annotationen definieren, in welcher Art und Weise die Erweiterung erfolgen kann. Tabelle 13.1 beschreibt die wichtigsten Ergänzungen der Erweiterungsannotation `@AbapCatalog.enhancement`. Die Annotation für die Erweiterungskategorie `@AbapCatalog.enhancement.category` haben wir bereits in Tabelle 5.5 beschrieben.

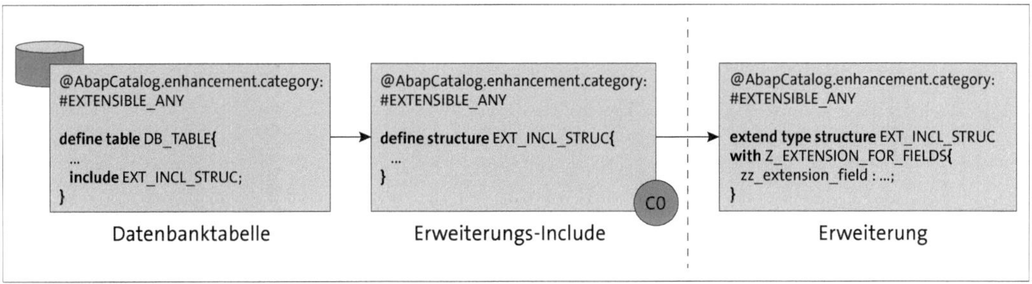

Abbildung 13.8 Erweiterung von Datenbanktabellen

Annotation	Beschreibung
`fieldSuffix`	Suffix, das für Erweiterungsfelder zu verwenden ist, um Namenskonflikte bei Feldern zu vermeiden
`quotaMaximumFields`	Begrenzung der Anzahl von Erweiterungsfeldern
`quotaMaximumBytes`	maximale Byte-Kapazität, die für Erweiterungen reserviert ist

Tabelle 13.1 Erweiterungsannotationen für Datenbanktabellen

Erweiterung von CDS-Views

Ähnlich den Erweiterungs-Includes bei Datenbanktabellen stehen in einem CDS-View sogenannte *Erweiterungs-Include-Views* zur Verfügung, die dann über einen *Erweiterungs-View* erweitert werden. Abbildung 13.9 stellt den Zusammenhang zwischen den verschiedenen Views grafisch dar.

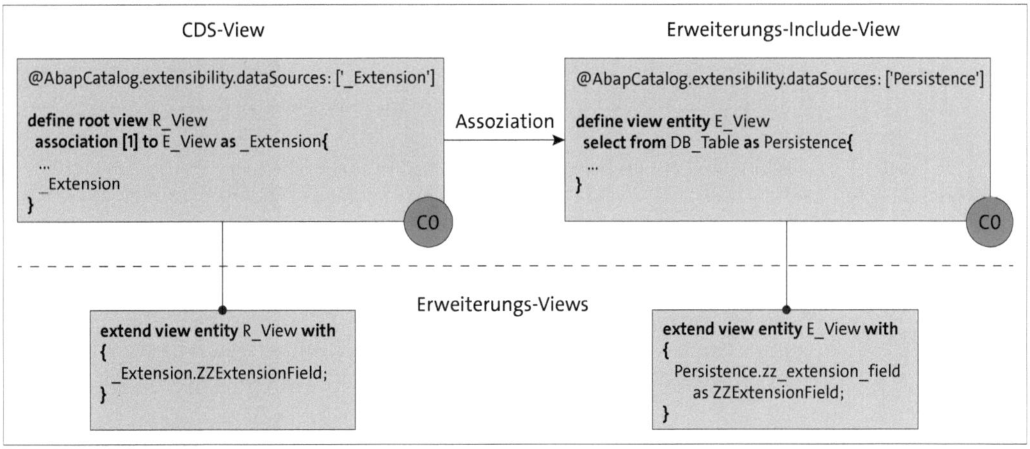

Abbildung 13.9 Erweiterung von CDS-Views

Wie Sie in Abbildung 13.9 erkennen können, besteht eine Assoziation zwischen dem Erweiterungs-Include-View `E_View`, der vom Geschäftsobjektanbieter explizit bereitgestellt wird, und dem ursprünglichen CDS-View `R_View`. Der Erweiterungs-Include-View führt damit eine Selektion auf die ursprüngliche Datenbanktabelle aus. Zu dem Erweiterungs-Include-View `E_View` gibt es außerdem einen Erweiterungs-View, der die Erweiterungsfelder der Datenbanktabelle bereitstellt. Um die Erweiterungsfelder im ursprünglichen CDS-View `R_View` zur Verfügung zu stellen, gibt es einen weiteren Erweiterungs-View, der die Felder der Assoziation `_Extension` zugänglich macht.

Erweiterungsannotationen für CDS-Views

Genau wie bei Datenbanktabellen gibt es auch für CDS-Views Erweiterungsannotationen, die die Art und den Umfang der Erweiterungen definieren. Tabelle 13.2 beschreibt die wichtigsten Ergänzungen der Erweiterungsannotation `@AbapCatalog.extensibility`.

Annotation	Beschreibung
`extensible`	Der Wert `true` definiert den CDS-View als erweiterbar.
`elementSuffix`	Suffix für Erweiterungsfelder und Assoziationen, um Namenskonflikte zu vermeiden
`dataSources`	Nur die hier definierten Datenquellen dürfen in einer Erweiterung verwendet werden. Diese Annotation definiert zusätzlich einen stabilen Alias für Assoziationen und Datenbanktabellen. Der Alias darf nach der Freigabe des CDS-Views nicht mehr geändert werden.
`allowNewDatasources`	Definiert, ob dem CDS-View neue Datenquellen hinzugefügt werden dürfen.
`allowNewCompositions`	Definiert, ob dem CDS-View neue Kompositionsassoziationen hinzugefügt werden dürfen.

Tabelle 13.2 Erweiterungsannotationen für CDS-Views

Verhaltenserweiterung

Verhaltenserweiterung aktivieren

Für die Erweiterung des Geschäftsobjektverhaltens stellt das ABAP RESTful Application Programming Model ebenfalls Erweiterungspunkte zur Verfügung. Ob das Verhalten eines Geschäftsobjekts erweitert werden kann, wird (neben der Freigabe per Releasekontrakt C0) durch das Schlüsselwort `extensible` im Kopfbereich der Verhaltensdefinition festgelegt. Listing 13.1 zeigt die Aktivierung der Erweiterbarkeit eines Geschäftsobjekts in der Verhaltensdefinition.

```
...
strict(2);
extensible;

define behavior for R_Entity
...
```

Listing 13.1 Aktivierung der Verhaltenserweiterung

Aktivierung der Operationserweiterung

Durch die Definition der grundlegenden Erweiterbarkeit der Verhaltensdefinition können statische und dynamische Feldeigenschaften hinzugefügt werden. In diesem Fall spricht man von *feldbezogener Erweiterbarkeit*. Darüber hinaus ermöglicht die Aktivierung der Erweiterbarkeit die Erweiterung um Aktionen und Funktionen. Operationen, um die ein Geschäftsobjekt erweitert werden kann, müssen explizit im Geschäftsobjekt angegeben sein. Sie werden, wie in Listing 13.2 gezeigt, ebenfalls im Kopfbereich definiert. Das Geschäftsobjekt kann nur um die Operationen erweitert werden, die hier explizit genannt sind.


```
...
extensible {
  with determinations on modify;
  with determinations on save;
  with validations on save;
  with additional save;
}

define behavior for R_Entity
...
```

Listing 13.2 Aktivierung der Operationserweiterung

Bei der in Listing 13.2 gezeigte Verhaltensdefinition kann jede Entität des Geschäftsobjekts um Ermittlungen, Validierungen und ein erweitertes Speicherverhalten erweitert werden.

Verhaltensdefinitionserweiterungen

Die eigentliche Erweiterung erfolgt dann über sogenannte *Verhaltensdefinitionserweiterungen* (Behavior Definition Extensions), die immer ein Verhaltensdefinitions-Interface eines BO-Interface verwenden. Zu BO-Interfaces lesen Sie mehr in Abschnitt 9.4, »Geschäftsobjekte freigeben«. Durch eine Verhaltensdefinitionserweiterung können nur die Entitäten erweitert werden, die über das Verhaltensdefinitions-Interface exponiert werden. Wenn das Verhaltensdefinitions-Interface nur eine Teilmenge der Entitäten der Geschäftsobjektbasis enthält, können daher nur diese Entitäten mit Verhaltenserweiterungen angereichert werden. Abbildung 13.10 stellt den Zusammenhang zwischen der Verhaltensdefinition, dem Verhaltensdefinitions-Interface und der Verhaltensdefinitionserweiterung grafisch dar.

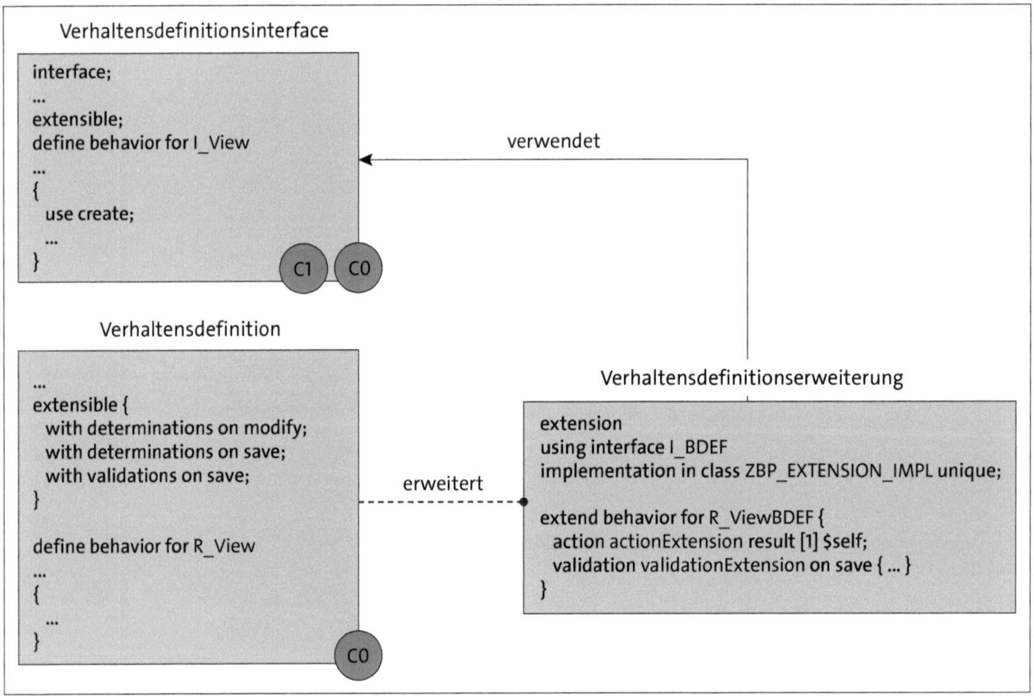

Abbildung 13.10 Erweiterung von Geschäftsobjektverhalten

Die Implementierung der Erweiterungslogik erfolgt in einer separaten Verhaltensimplementierungsklasse, die in der Verhaltensdefinitionserweiterung anzugeben ist.

Entitätenerweiterung

Zusätzliche Kindknoten

Die *Entitätenerweiterung* ermöglicht es, Geschäftsobjekte mittels Kompositionsassoziationen um zusätzliche Kindknoten zu erweitern. Diese neuen Entitäten können mit eigenständigem Verhalten angereichert werden.

Um ein Geschäftsobjekt für die Entitätenerweiterung freizugeben, muss es mit der Annotation `@AbapCatalog.extensibility.allowNewCompositions: true` versehen sein (siehe Tabelle 13.2). Dies gilt sowohl für den Root-View als auch für die BO-Interface-Views und die CDS-Projektions-Views. Abbildung 13.11 stellt die Zusammenhänge grafisch dar.

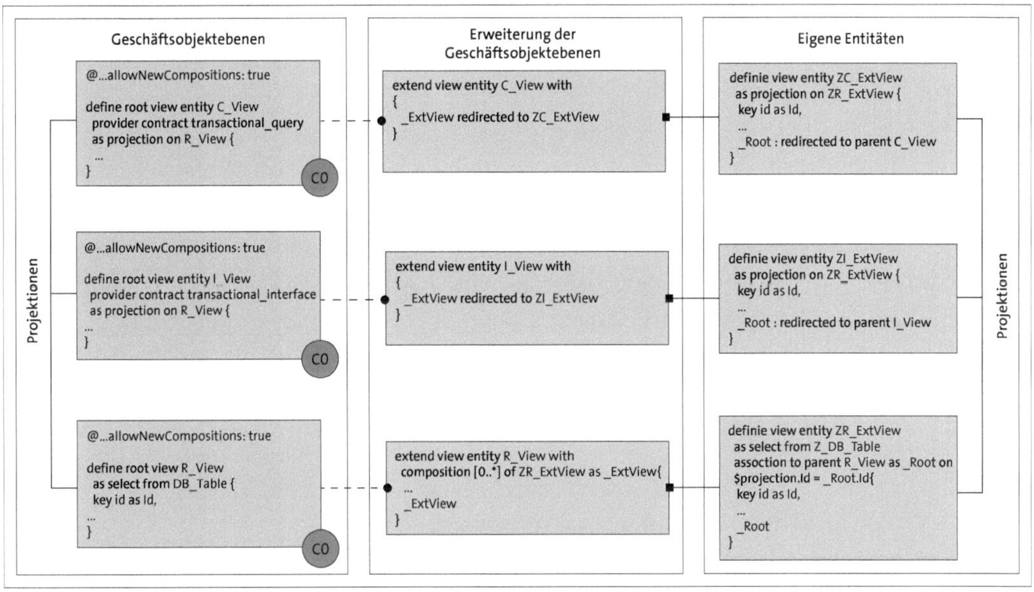

Abbildung 13.11 Erweiterung um zusätzliche Kindknoten

Freigabe für die Erweiterung

Wie an Abbildung 13.11 zu erkennen ist, wird das ursprüngliche Geschäftsobjekt durch die Verwendung der Annotation `@AbapCatalog.extensibility.allowNewCompositions: true` und des Releasekontrakts CO für die Entitätenerweiterung freigegeben. Dies ermöglicht es, einen Erweiterungs-View für den Root-View `R_View` anzulegen. Über den Erweiterungs-View wird dann eine Kompositionsassoziation zu dem neuen Kindknoten `ZR_ExtView` erstellt, der auf einer kundeneigenen Datenbanktabelle basiert.

Erweiterung der Geschäftsobjektebenen

Damit die Entitätenerweiterung auf allen Ebenen des Geschäftsobjekts zur Verfügung steht, müssen auch sie durch einen Erweiterungs-View erweitert werden. Die Erweiterungs-Views leiten die Kompositionsassoziation dann zu dem BO-Interface-View `ZI_ExtView` und dem CDS-Projektions-View `ZC_ExtView` um, die den neuen Kindknoten `ZR_ExtView` projizieren.

Servicedefinition zur Erweiterung freigeben

Damit die neuen Knoten in den APIs und auf den Benutzeroberflächen genutzt werden können, müssen darüber hinaus die entsprechenden Servicedefinitionen für die Erweiterung freigegeben sein. Listing 13.3 zeigt eine für die Erweiterung freigegebene Servicedefinition.

```
@AbapCatalog.extensibility.extensible: true
define service <UI_ServiceDefinition>
provider contracts odata_v2_ui, odata_v4_ui {
```

```
  expose R_View as Root;
  ...
}
```

Listing 13.3 Zur Erweiterung freigegebene Servicedefinition

Zu der Servicedefinition ist anschließend eine sogenannte *Servicedefinitionserweiterung* (Service Definition Extension) anzulegen, die dann die CDS-Views der neuen Kindknoten exponiert.

Provider Contract

Durch den in Listing 13.3 angegebenen *Provider Contract* (`provider contracts`) wird sichergestellt, dass über die Servicedefinitionserweiterung nur solche CDS-Views dem Service hinzugefügt werden, die mit der angegebenen Serviceart kompatibel sind.

13.2.2 Datenmodellerweiterung anlegen

Wie bereits zu Beginn des Abschnitt 13.2, »Geschäftsobjekt erweitern«, beschrieben, werden wir als Beispiel die auf dem ABAP RESTful Application Programming Model basierende SAP-Fiori-Anwendung **Kundenaufträge verwalten – Version 2** erweitern (siehe Abbildung 13.12).

Abbildung 13.12 SAP-Fiori-Anwendung »Kundenaufträge verwalten – Version 2«

Die Anwendung soll um einen kundeneigenen Genehmigungsstatus erweitert werden. Die Benutzer*innen sollen in der Lage sein, den Genehmigungsstatus auf »Genehmigt« (**A**) zu setzen. Dieser Statuswechsel soll über eine Schaltfläche in der Detailsicht eines Kundenauftrags erfolgen.

Aufbau der Anwendung

Wie Sie unter anderem dem SAP Business Accelerator Hub entnehmen können, basiert das Geschäftsobjekt Kundenauftrag auf dem Root-View `R_SalesOrderTP`. Abbildung 13.13 stellt den Aufbau des Geschäftsobjekts Kundenauftrag und der SAP-Fiori-Anwendung dar. Der Einfachheit halber haben wir auf die Darstellung des CDS-View-Stacks, auf dem der Root-View basiert, verzichtet.

Datenbankerweiterung anlegen

Wie Sie in Abbildung 13.13 erkennen können, basiert der CDS-View-Stack des Root-Views `R_SalesOrderTP` auf der Datenbanktabelle `VBAK`. Diese Datenbanktabelle kann nicht direkt erweitert werden. Für ihre Erweiterung steht das Erweiterungs-Include SDSALESDOC_INCL_EEW_PS zur Verfügung. Gehen Sie wie folgt vor, um dieses Erweiterungs-Include um ein kundeneigenes Feld zu erweitern:

1. Rufen Sie den Anlagedialog für Strukturen über den **Project Explorer** in den ADT auf, indem Sie einen Rechtsklick auf das Erweiterung-Include SDSALESDOC_INCL_EEW_PS ausführen und im Kontextmenü den Eintrag **New Structure** wählen.
2. Vergeben Sie in dem sich daraufhin öffnenden Dialog den Namen »ZSD_SALESORDER_APPROVAL_STATUS« und eine Beschreibung für die Erweiterungsstruktur. Bestätigen Sie Ihre Eingaben über die Schaltfläche **Next**.

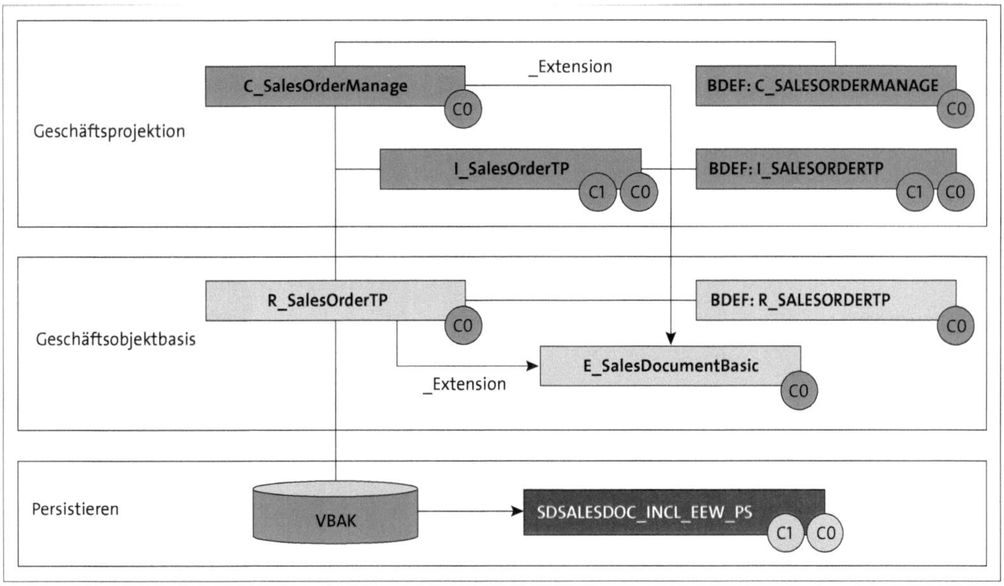

Abbildung 13.13 Aufbau des Geschäftsobjekts »Kundenauftrag«

3. Wählen Sie abschließend einen Transportauftrag aus und schließen die Anlage der Struktur über die Schaltfläche **Finish** ab.
4. Ändern Sie die Struktur ab, wie in Listing 13.4 gezeigt, und aktivieren Sie sie abschließend.

```
@AbapCatalog.enhancement.category : #NOT_EXTENSIBLE
extend type sdsalesdoc_incl_eew_ps with
  zsd_salesorder_approval_status {
    zz_approval_status_sdh : zsd_approval_status;
}
```

Listing 13.4 Erweiterung um das Feld »Genehmigungsstatus«

Durch die Annotation `@AbapCatalog.enhancement.fieldSuffix : 'SDH'` im Erweiterungs-Include `SDSALESDOC_INCL_EEW_PS` ist definiert, dass alle kundeneigenen Felder mit dem Suffix `SDH` enden müssen.

Für das Erweiterungsfeld verwenden wir in Listing 13.4 ein kundeneigenes Datenelement, das – wie bei unserem Anwendungsbeispiel der Rabattaktion – den Genehmigungsstatus repräsentiert. Es steht Ihnen frei, dieses Datenelement ebenfalls anzulegen. Abbildung 13.14 stellt die Erweiterung der Datenbanktabelle grafisch dar.

Abbildung 13.14 Erweiterung der Datenbanktabelle VBAK

Root-CDS-View erweitern

Damit das kundeneigene Feld im Geschäftsobjekt und in der Geschäftsobjektprojektion verwendet werden kann, muss der Root-View `R_SalesOrderTP` ebenfalls erweitert werden. Für die Erweiterung des CDS-View-Stacks steht der Erweiterungs-Include-View `E_SalesDocumentBasic` zur Verfügung. Wie Sie Abbildung 13.13 entnehmen können, verfügen sowohl der Root-View `R_SalesOrderTP` als auch der CDS-Projektions-View `C_SalesOrderManage` über eine Assoziation `_Extension` zu diesem Erweiterungs-Include-View. Gehen Sie wie folgt vor, um den Erweiterungs-Include-View um das kundeneigene Feld zu erweitern:

1. Rufen Sie den Anlagedialog für CDS-Views über den **Project Explorer** auf, indem Sie einen Rechtsklick auf den Erweiterungs-Include-View `E_SalesDocumentBasic` ausführen und im Kontextmenü den Eintrag **New Data Definition** wählen.
2. Vergeben Sie anschließend den Namen »ZSD_X_SalesDocumentBasic« und eine entsprechende Beschreibung für die neue View-Erweiterung. Wählen Sie im Feld **Referenced Object** den Erweiterungs-View `E_SalesDocumentBasic` aus. Bestätigen Sie Ihre Eingaben über die Schaltfläche **Next**.
3. Wählen Sie einen Transportauftrag aus und bestätigen Sie mit **Next**.
4. Wählen Sie im letzten Schritt das Template **Extend View Entity** aus und schließen die Anlage über die Schaltfläche **Finish** ab.
5. Übernehmen Sie den in Listing 13.5 gezeigten Quelltext und aktivieren Sie den Erweiterungs-View.

```
extend view entity E_SalesDocumentBasic with {
 Persistence.zz_approval_status_sdh as zz_approval_status_sdh
}
```

Listing 13.5 Erweiterung des Erweiterungs-Include-Views »E_SalesDocumentBasic«

Erweiterungs-View für die Geschäftsobjektbasis

Durch die Definition des Erweiterungs-Views ZSD_X_SalesDocumentBasic haben wir die Basis geschaffen, um das kundeneigene Feld ZZ_APPROVAL_STATUS_SDH im Root-View ZR_SalesOrderTP verwenden zu können. Nun legen wir einen zusätzlichen Erweiterungs-View für den Root-View an, der die Felder der Assoziation _Extension bereitstellt:

1. Legen Sie zum Root-View ZR_SalesOrderTP den Erweiterungs-View ZSD_X_SalesOrderTP an.
2. Übernehmen Sie anschließend das in Listing 13.6 gezeigte Coding und aktivieren Sie den Erweiterungs-View.

```
extend view entity R_SalesOrderTP with {
  _Extension.zz_approval_status_sdh as zz_approval_status_sdh
}
```

Listing 13.6 Erweiterung des Root-Views »R_SalesOrderTP«

Erweiterungs-View für die Geschäftsobjektprojektion

Durch die Erweiterung des Root-Views R_SalesOrderTP kann das kundeneigene Feld in die darauf aufbauende Geschäftsobjektprojektion aufgenommen werden. Dies ist nötig, um das kundeneigene Feld z. B. auf der Benutzeroberfläche der SAP-Fiori-Anwendung anzeigen zu können. Wir werden als Erstes einen Erweiterungs-View ZSD_X_I_SalesOrderTP für den BO-Interface-View I_SalesOrderTP erstellen und hier den Genehmigungsstatus aufnehmen.

Die Erstellung eines Erweiterungs-Views für die Erweiterung der Oberfläche der SAP-Fiori-Anwendung erfolgt dann in Abschnitt 13.2.4, »UI-Erweiterung bereitstellen«.

Gehen Sie bei der Anlage des Erweiterungs-Views ZSD_X_I_SalesOrderTP genauso vor wie bei den vorherigen Erweiterungs-Views. Übernehmen Sie den in Listing 13.7 gezeigten Quelltext.

```
extend view entity I_SalesOrderTP with {
  SalesOrder.zz_approval_status_sdh as zz_approval_status_sdh
}
```

Listing 13.7 Erweiterung des BO-Interface-Views »I_SalesOrderTP«

Abbildung 13.15 stellt die durchgeführten Datenmodellerweiterungen grafisch dar. Damit haben wir die Erweiterung des Datenmodells um das kundeneigene Feld »Genehmigungsstatus« abgeschlossen.

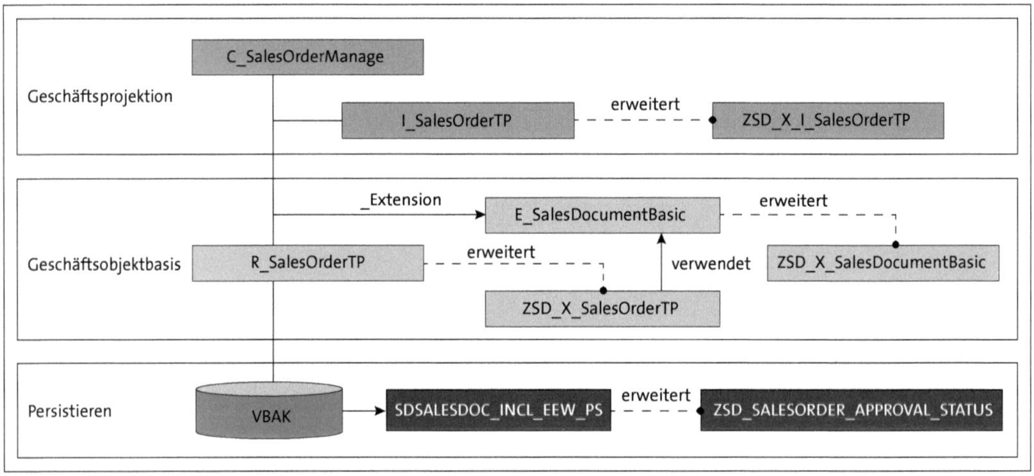

Abbildung 13.15 Datenmodellerweiterung des Geschäftsobjekts »Kundenauftrag«

[+]

Assistent für Erweiterungsfelder

Bei der Erweiterung des Datenmodells eines Geschäftsobjekts unterstützen Sie die ADT mit einem Assistenten, dem sogenannten *Extension Field Wizard*. Mithilfe dieses Assistenten lässt sich das gesamte Datenmodell eines Geschäftsobjekts um kundeneigene Felder erweitern. Um den Assistenten zu starten, führen Sie einen Rechtsklick auf den Root-View des Geschäftsobjekts aus (z. B. `R_SalesOrderTP`) und wählen im Kontextmenü anschließend den Eintrag **Generate ABAP Repository Objects...** Abbildung 13.16 zeigt den sich daraufhin öffnenden Extension Field Wizard.

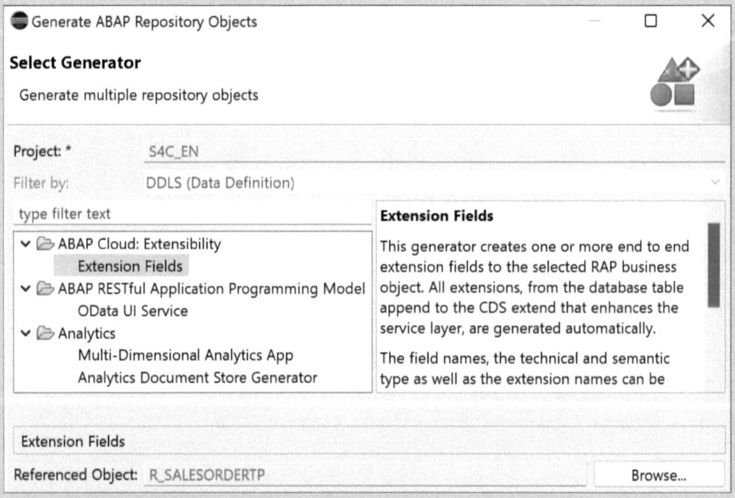

Abbildung 13.16 Extension Field Wizard

13.2.3 Geschäftslogikerweiterung implementieren

Wie in Abschnitt 13.2.2, »Datenmodellerweiterung anlegen«, zu Beginn beschrieben, soll die Genehmigung eines Kundenauftrags über eine Schaltfläche in der Detailsicht eines Kundenauftrags erfolgen. Dafür muss die Verhaltensdefinition `R_SalesOrderTP` des Geschäftsobjekts Kundenauftrag erweitert werden. In diesem Abschnitt legen wir eine entsprechende Erweiterung an:

Verhaltensdefinition erweitern

1. Rufen Sie die Verhaltensdefinition auf. Wie Sie in Abbildung 13.17 erkennen können, ist die Verhaltensdefinition für die Erweiterung freigegeben.

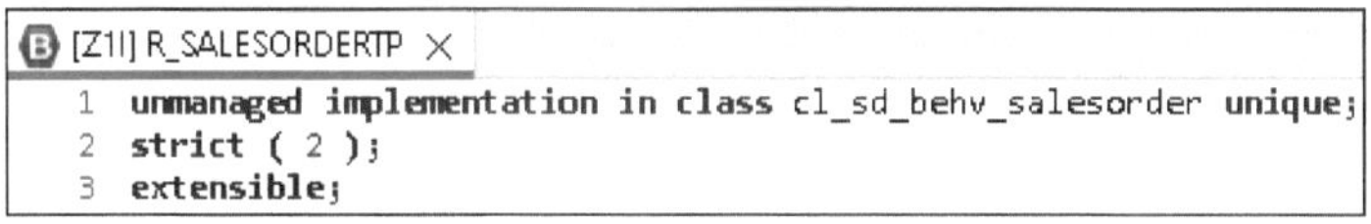

Abbildung 13.17 Zur Erweiterung freigegebene Verhaltensdefinition

2. Klicken Sie im **Project Explorer** mit der rechten Maustaste auf die Verhaltensdefinition `R_SalesOrderTP` und wählen Sie **New Behavior Extension**.
3. Vergeben Sie im sich daraufhin öffnenden Anlagedialog folgende Werte:
   - **Name**: »ZSD_X_SalesOrderTP«
   - **Description**: »Erweiterung R_SalesOrderTP«
   - **Behavior Definition**: `R_SalesOrderTP`
   - **BO Interface**: `I_SalesOrderTP`

   Wählen Sie darüber hinaus ein Entwicklungspaket im Z-Namensraum aus.
4. Schließen Sie die Anlage der Verhaltensdefinitionserweiterung ab, indem Sie einen Transportauftrag auswählen und auf **Finish** klicken.

Abbildung 13.18 zeigt den initialen Quelltext der neu angelegten Verhaltensdefinitionserweiterung.

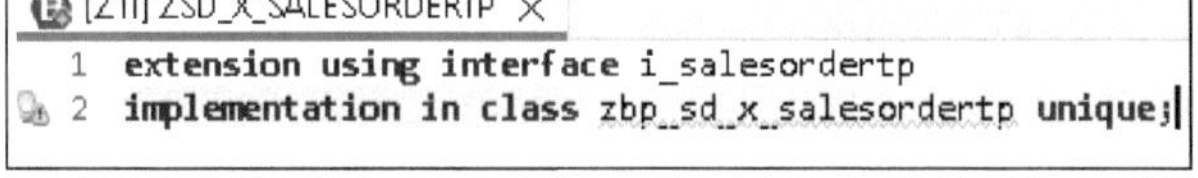

Abbildung 13.18 Verhaltensdefinitionserweiterung ZSD_X_SALESORDERTP

Definieren Sie, wie in Listing 13.8 gezeigt, das Feld `ZZ_APPROVAL_STATUS_SDH` als schreibgeschützt (`readonly`). Definieren Sie außerdem die Aktion `zz_approveSalesOrder`.

```
extension using interface I_SalesOrderTP
implementation in class zbp_sd_x_salesordertp unique;

extend behavior for SalesOrder {
  field (readonly) zz_approval_status_sdh;
  action( authorization : update, features : instance )
    zz_approveSalesOrder result [1] $self;
}
```

Listing 13.8 Definition der kundeneigenen Aktion »zz_approvePromotion«

Verhaltensimplementierung anlegen

Legen Sie nun eine Verhaltensimplementierung für die Implementierung des erweiterten Geschäftsobjektverhaltens an:

1. Selektieren Sie dazu den Klassennamen in der Verhaltensdefinitionserweiterung und rufen Sie über die Tastenkombination [Strg] + [1] die QuickFix-Funktion auf. Wählen Sie hier **Create behavior implementation class zbp_sd_x_salesordertp**.
2. Vergeben Sie eine Beschreibung und bestätigen Sie Ihre Eingaben mit **Next**.
3. Wählen Sie einen entsprechenden Transportauftrag aus und schließen die Anlage mit der Schaltfläche **Finish** ab.
4. Aktivieren Sie die Klasse.
5. Rufen Sie erneut die Verhaltensdefinitionserweiterung auf und implementieren Sie die Methoden für die dynamischen Feldeigenschaften und die Aktion über die QuickFix-Funktion.

Abbildung 13.19 zeigt die generierten Methoden der Verhaltensimplementierungsklasse.

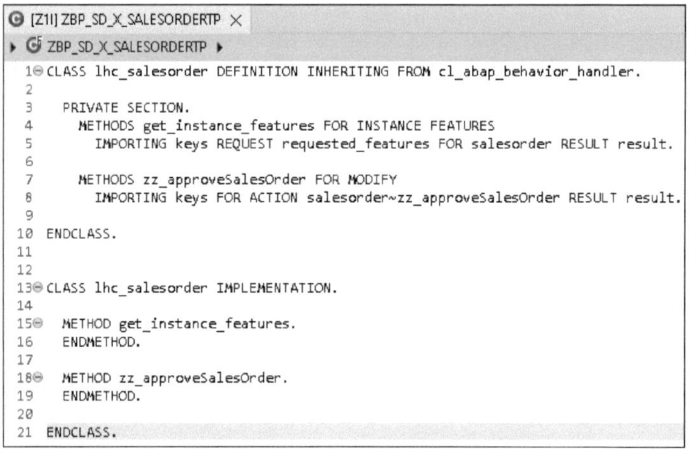

[Z1I] ZBP_SD_X_SALESORDERTP
ZBP_SD_X_SALESORDERTP

```
CLASS lhc_salesorder DEFINITION INHERITING FROM cl_abap_behavior_handler.

  PRIVATE SECTION.
    METHODS get_instance_features FOR INSTANCE FEATURES
      IMPORTING keys REQUEST requested_features FOR salesorder RESULT result.

    METHODS zz_approveSalesOrder FOR MODIFY
      IMPORTING keys FOR ACTION salesorder~zz_approveSalesOrder RESULT result.

ENDCLASS.


CLASS lhc_salesorder IMPLEMENTATION.

  METHOD get_instance_features.
  ENDMETHOD.

  METHOD zz_approveSalesOrder.
  ENDMETHOD.

ENDCLASS.
```

Abbildung 13.19 Verhaltensimplementierung ZBP_SD_X_SALESORDERTP

Implementieren Sie nun die Methode zz_approveSalesOrder für die Genehmigungsaktion, wie in Listing 13.9 gezeigt.

Aktion implementieren

```
METHOD zz_approveSalesOrder.

  " 1. Setzen des Genehmigungsstatus auf "Genehmigt (A)"
  MODIFY ENTITIES OF I_SalesOrderTP IN LOCAL MODE
      ENTITY SalesOrder
      UPDATE FIELDS ( zz_approval_status_sdh )
      WITH VALUE #( FOR key IN keys
                    ( %tky                    = key-%tky
                      zz_approval_status_sdh = 'A' ) ).

  " 2. Lesen der geänderten Daten
  READ ENTITIES OF I_SalesOrderTP IN LOCAL MODE
      ENTITY SalesOrder ALL FIELDS WITH
      CORRESPONDING #( keys )
      RESULT DATA(sales_orders).

  " 3. Zurückliefern der geänderten Daten
  result = VALUE #( FOR sales_order IN sales_orders
                    ( %tky   = sales_order-%tky
                      %param = sales_order ) ).
ENDMETHOD.
```

Listing 13.9 Implementierung der Aktionsmethode

Der Genehmigungsstatus wird nicht über die Root-Verhaltensdefinition R_SalesOrderTP des Geschäftsobjekts gesetzt, sondern über das BO-Interface I_SalesOrderTP. Bei dem BO-Interface I_SalesOrderTP handelt es sich um eine freigegebene API, die in kundeneigenen Implementierungen verwendet werden kann, um das Geschäftsobjekt Kundenauftrag zu verwenden.

Dynamische Aktionseigenschaften

Die Schaltfläche zur Genehmigung des Kundenauftrags soll nur so lange aktiv bleiben, bis der Kundenauftrag den Status »Genehmigt« (**A**) hat. Wie bereits in Abschnitt 7.8.2, »Dynamische Feldeigenschaften definieren«, beschrieben, wird die Darstellung von Aktionen und Feldern durch dynamische Aktions- bzw. Feldeigenschaften gesteuert. In der Verhaltensdefinitionserweiterung haben wir bereits die dynamische Aktionseigenschaft über den Zusatz features : instance definiert. Implementieren Sie nun die Aktionseigenschaft in der Methode get_instance_features der lokalen Klasse lhc_salesorder, wie in Listing 13.10 gezeigt.

```
METHOD get_instance_features.
  " 1. Lesen der Geschäftsobjektinstanzen
  READ ENTITIES OF I_SalesOrderTP IN LOCAL MODE
      ENTITY SalesOrder
      ALL FIELDS WITH CORRESPONDING #( keys )
      RESULT DATA(sales_orders).

  LOOP AT sales_orders ASSIGNING FIELD-SYMBOL(<sales_order>).
    " 2. Dynamische Aktionseigenschaften setzen
    IF <sales_order>-zz_approval_status_sdh = 'A'.
      INSERT VALUE #(
        %tky  = <sales_order>-%tky
        %features-%action-zz_approveSalesOrder =
             if_abap_behv=>fc-o-disabled ) INTO TABLE result.
    ENDIF.
  ENDLOOP.
ENDMETHOD.
```

Listing 13.10 Dynamische Aktionseigenschaft

Mit der Implementierung der lokalen Handlerklasse `lhc_salesorder` in der Verhaltensimplementierungsklasse `ZBP_SD_X_SALESORDERTP` haben Sie das Geschäftsobjekt um Ihre eigene Logik erweitert. Abbildung 13.20 veranschaulicht die bis hierhin durchgeführten Erweiterungen.

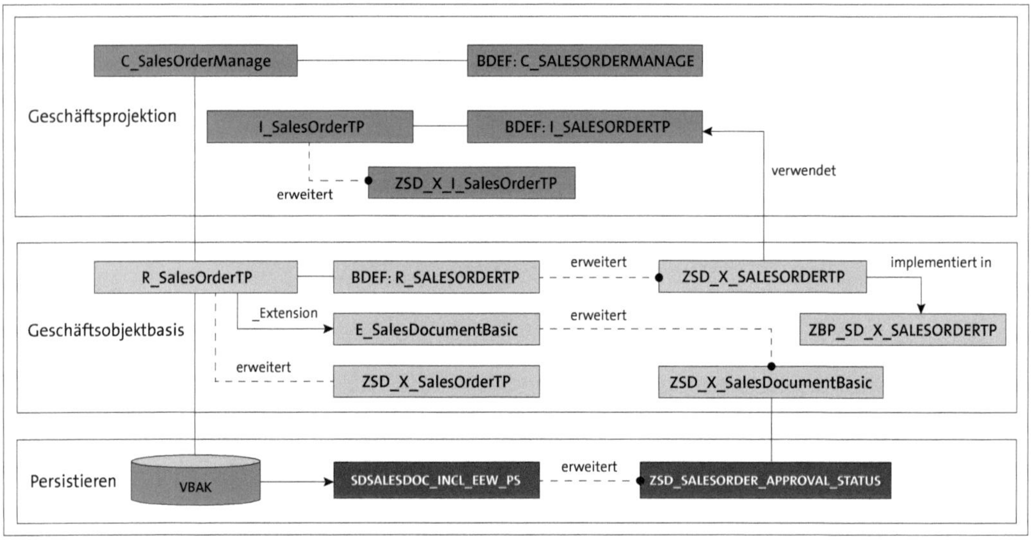

Abbildung 13.20 Erweiterung des Datenmodells und des Geschäftsobjektverhaltens

13.2.4 UI-Erweiterung bereitstellen

Bisher haben wir das Datenmodell sowie das Geschäftsobjektverhalten des Kundenauftrags erweitert. Damit diese Erweiterungen auf der Benutzeroberfläche der SAP-Fiori-Anwendung zur Verfügung stehen, ist auch diese entsprechend zu erweitern.

Die Oberfläche basiert auf dem CDS-Projektions-View C_SalesOrderManage und der gleichnamigen Projektionsverhaltensdefinition. Als ersten Schritt werden wir einen entsprechenden Erweiterungs-View für den CDS-Projektions-View erstellen. Dieser Erweiterungs-View soll das Feld für den Genehmigungsstatus sowie die Schaltfläche zum Genehmigen bereitstellen.

CDS-Projektions-View erweitern

Legen Sie dazu einen Erweiterungs-View ZSD_X_SalesOrderManage für den CDS-Projektions-View C_SalesOrderManage an. Wie Sie Erweiterungs-Views erstellen, haben wir Ihnen bereits in Abschnitt 13.2.2, »Datenmodellerweiterung anlegen«, gezeigt. Übernehmen Sie die in Listing 13.11 gezeigte Definition.


```
extend view entity C_SalesOrderManage with {
  @UI: {
    fieldGroup: [
     { qualifier: 'OrderData', importance: #HIGH ,
       label: 'Genehmigungsstatus', position: 80 } ],
    identification: [
     { type: #FOR_ACTION, dataAction: 'zz_approveSalesOrder',
       label: 'Genehmigen' } ] }
  SalesOrder.zz_approval_status_sdh as zz_approval_status_sdh
}
```

Listing 13.11 Erweiterung des CDS-Projektions-Views »C_SalesOrderManage«

Durch die Erweiterung werden das Feld **Genehmigungsstatus** und die Schaltfläche **Genehmigen** in der Detailsicht eines Kundenauftrags angezeigt (siehe Abbildung 13.21).

Beschreibender Text

Wie Sie in Abbildung 13.21 erkennen können, wird im Feld **Genehmigungsstatus** neben dem Statuskürzel auch ein beschreibender Text angezeigt. Genau wie in Abschnitt 10.2.3, »Textassoziationen hinzufügen«, haben wir dazu einen CDS-View angelegt, der die Domänenfestwerte des Genehmigungsstatus ausgibt. Dieser CDS-View wird dem Erweiterungs-View ZSD_X_SalesOrderTP als Assoziation hinzugefügt (siehe Listing 13.12).

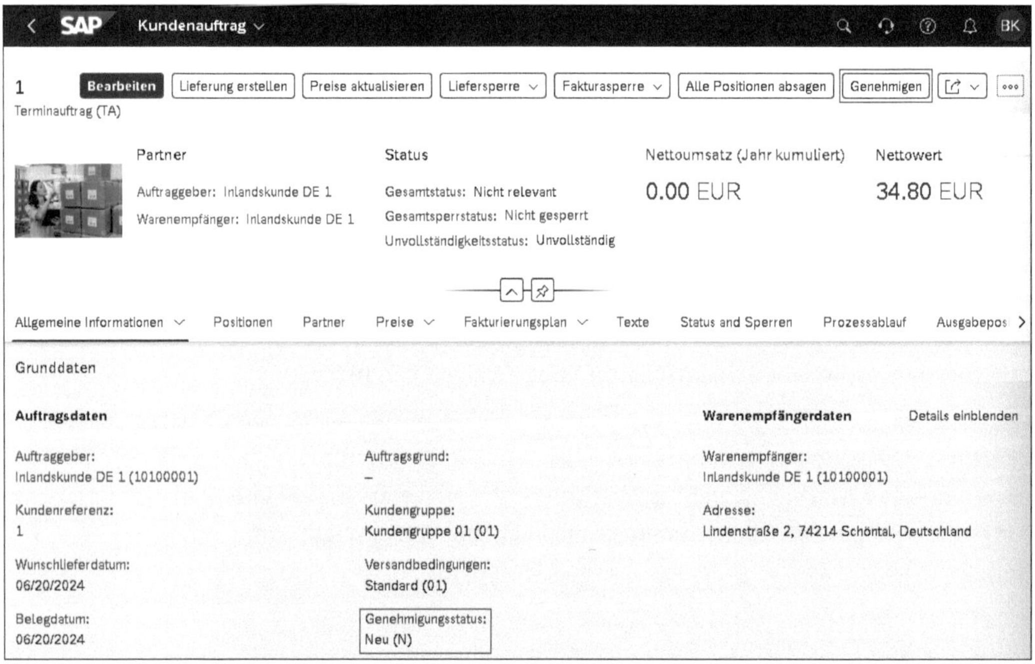

Abbildung 13.21 Erweiterungsfelder in der SAP-Fiori-Anwendung »Kundenauftrag verwalten – Version 2«

```
extend view entity R_SalesOrderTP with
  association [1..*] to ZSD_I_ApprovalStatusText as
    _ZZ_ApprovalStatusTextSDH
  on $projection.zz_approval_status_sdh =
    _ZZ_ApprovalStatusTextSDH.ApprovalStatus
{
  _Extension.zz_approval_status_sdh as
     zz_approval_status_sdh,
  _ZZ_ApprovalStatusTextSDH
}
```

Listing 13.12 Erweiterungs-View »ZSD_X_SalesOrderTP« mit Textassoziation

Textassoziation in Erweiterungs-Views verwenden

Beachten Sie, dass auch Assoziationen im Z- oder Y-Namensraum liegen und mit dem Suffix enden müssen, der im Originalentwicklungsobjekt durch die Annotation `@AbapCatalog.extensibility.elementSuffix` angegeben wird. Verwenden Sie die Textassoziation anschließend im Erweiterungs-View `ZSD_X_SalesOrderManage`, wie in Listing 13.13 gezeigt.

```
extend view entity C_SalesOrderManage with {
...
```

```
@ObjectModel.text.element: [ 'ZZ_ApprovalStatusDescrSDH' ]
SalesOrder.zz_approval_status_sdh as zz_approval_status_sdh,
@Semantics.text: true
SalesOrder._ZZ_ApprovalStatusTextSDH.ApprovalStatusDescription as
ZZ_ApprovalStatusDescrSDH : localized
}
```

Listing 13.13 Verwenden der Textassoziation im Erweiterungs-View »ZSD_X_SalesOrderManage«

Projektionsverhaltensdefinition erweitern

Wenn Sie auf die Schaltfläche **Genehmigen** klicken, wird der Genehmigungsstatus derzeit noch nicht auf »Genehmigt« (**A**) gesetzt. Das liegt daran, dass die Projektionsverhaltensdefinition `C_SalesOrderManage` noch nicht erweitert wurde und daher die kundeneigene Aktion `zz_approveSalesOrder` noch nicht verwendet wird. Legen Sie nun eine Erweiterung für die Projektionsverhaltensdefinition an. Gehen Sie dabei wie folgt vor:

1. Klicken Sie mit der rechten Maustaste auf die Projektionsverhaltensdefinition `C_SalesOrderManage` im **Project Explorer** und wählen Sie im Kontextmenü den Eintrag **New Behavior Extension**.
2. Vergeben Sie im sich daraufhin öffnenden Anlagedialog folgende Werte:
   - **Name**: »ZSD_X_SalesOrderManage«
   - **Description**: »Erweiterung C_SalesOrderManage«
   - **Behavior Definition**: `C_SalesOrderManage`

   Lassen Sie das Feld **BO Interface** leer und bestätigen Sie Ihre Eingaben über die Schaltfläche **Next**.
3. Wählen Sie einen Transportauftrag aus und schließen die Anlage über die Schaltfläche **Finish** ab.
4. Fügen Sie der Erweiterung die Aktion `zz_approveSalesOrder` hinzu, wie in Listing 13.14 gezeigt:

   ```
   extension for projection;
   extend behavior for SalesOrder
   {
     use action zz_approveSalesOrder;
   }
   ```

   Listing 13.14 Aktion der Erweiterung hinzufügen
5. Aktivieren Sie die Erweiterung der Projektionsverhaltensdefinition.

Erweiterung testen

Rufen Sie nun erneut die Anwendung **Kundenaufträge verwalten – Version 2** auf, um sie zu testen. Klicken Sie in der Detailsicht eines Kundenauftrags auf die Schaltfläche **Genehmigen**. Der **Genehmigungsstatus** wird anschließend auf »Genehmigt« (**A**) gesetzt, und die Schaltfläche **Genehmigen** ist nicht mehr auswählbar (siehe Abbildung 13.22).

Abbildung 13.22 Genehmigter Kundenauftrag

Gratulation, Sie haben die auf dem ABAP RESTful Application Programming Model basierende SAP-Fiori-Anwendung **Kundenaufträge verwalten – Version 2** damit erfolgreich erweitert! Abbildung 13.23 gibt Ihnen einen abschließenden Überblick über die auf den verschiedenen Geschäftsobjektebenen erstellten Erweiterungen.

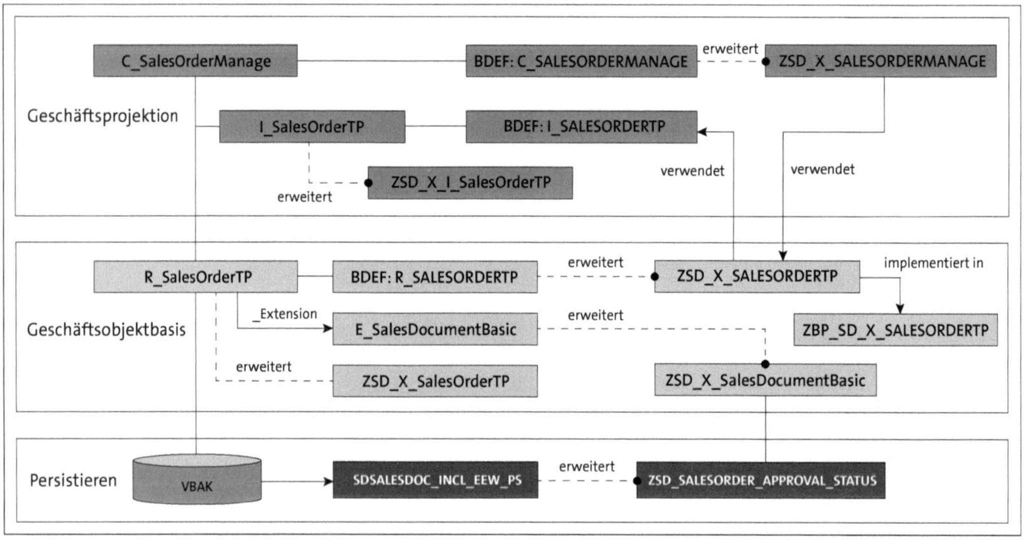

Abbildung 13.23 Vollständig erweitertes Geschäftsobjekt »Kundenauftrag«

13.3 Zusammenfassung

In diesem Kapitel haben wir Ihnen gezeigt, wie Sie auf dem ABAP RESTful Application Programming Model basierende Geschäftsobjekte erweitern können. Dazu stellt das Programmiermodell upgrade-stabile Erweiterungspunkte zur Verfügung.

Es gibt verschiedene Möglichkeiten, um diese Erweiterungspunkte bzw. erweiterbaren Geschäftsobjekte zu ermitteln. Die drei wichtigsten Möglichkeiten, um zur Erweiterung freigegebene Entwicklungsobjekte zu identifizieren, sind der SAP Business Accelerator Hub, die SAP Fiori Apps Reference Library und die ADT.

Das ABAP RESTful Application Programming Model stellt auf den verschiedenen Ebenen des Geschäftsobjekts Erweiterungspunkte zur Verfügung. Diese können von Entwickler*innen verwendet werden, um beispielsweise das Datenmodell zu erweitern oder zusätzliches Verhalten bereitzustellen, wie Ermittlungen, Validierungen und Aktionen. Es wird zwischen den folgenden Erweiterungsmöglichkeiten unterschieden:

- Datenmodellerweiterung
- Verhaltenserweiterung
- Entitätenerweiterung

In Abschnitt 13.2, »Geschäftsobjekt erweitern«, haben wir Ihnen abschließend am Beispiel der SAP-Fiori-Anwendung **Kundenaufträge verwalten – Version 2** gezeigt, wie Sie die verschiedenen Erweiterungsmöglichkeiten verwenden können, um das Geschäftsobjekt Kundenauftrag um ein eigenes Feld und eine eigene Aktion zu erweitern.

TEIL III

Weiterführende Konzepte

Kapitel 14
Kommunikation mit externen Systemen

In diesem Kapitel lernen Sie, wie die Kommunikation mit Systemen innerhalb und außerhalb Ihrer Systemlandschaft erfolgt.

Mit ABAP Cloud lässt sich eine Vielzahl von Anwendungsszenarien umsetzen. In den vorangegangenen Kapiteln haben wir eine eigene Beispielanwendung mit dem ABAP RESTful Application Programming Model umgesetzt. ABAP Cloud eignet sich jedoch nicht nur für die Entwicklung eigener, hochmoderner Anwendungen. Aufgrund der vielfältigen Möglichkeiten, externe Systeme anzubinden, kann das Entwicklungsmodell auch genutzt werden, um Daten aus verschiedensten Datenquellen in die eigenen Prozesse zu integrieren. Sie können beispielsweise ein On-Premise-System an SAP S/4HANA Cloud Public Edition anbinden und so die Vorzüge von SAP Business Technology Platform (SAP BTP) und On-Premise-Systemlandschaft verbinden. Sie haben auch die Möglichkeit, eigene Funktionalität über APIs externen Systemen bereitzustellen oder das ABAP Environment als zentrale Erweiterungsumgebung für Ihre Cloud-Systeme zu verwenden. In diesem Kapitel geben wir Ihnen einen praxisorientierten Einblick in die vielfältigen Möglichkeiten zur Kommunikation mit externen Systemen.

In Abschnitt 14.1, »Kommunikationsmanagement«, erläutern wir die grundlegenden Begriffe und Komponenten rund um die Kommunikation mit externen Systemen. Abschnitt 14.2 beschäftigt sich mit der Verwendung von APIs in den ABAP-Cloud-Systemen. Wir zeigen Ihnen, wie Sie externe APIs aufrufen und eigene APIs für den Aufruf von außen bereitstellen können.

In Abschnitt 14.3 beschäftigen wir uns mit der Anbindung eines On-Premise-Systems an ein ABAP-Cloud-System. Wir zeigen Ihnen, wie Sie Daten aus diesem System über einen RFC-Funktionsbaustein (Remote Function Call) ermitteln und wie Sie einen OData-Service konsumieren können, der Daten aus einem On-Premise-System exponiert.

Abschließend stellen wir Ihnen in Abschnitt 14.4, »Mit Events arbeiten«, den Service SAP Event Mesh vor. Mithilfe von SAP Event Mesh können Sie in ereignisgesteuerten Architekturen Events in einer hybriden Systemlandschaft verteilen, um so eine asynchrone Kommunikation zwischen Systemen und Anwendungen zu realisieren.

[!]

Kommunikation von ABAP-Cloud-Systemen

In diesem Kapitel konzentrieren wir uns auf die Kommunikation externer Systeme mit ABAP-Cloud-Systemen, wie dem SAP BTP, ABAP Environment und SAP S/4HANA Cloud Public Edition. Die Kommunikation externer Systeme mit SAP S/4HANA on premise oder SAP S/4HANA Cloud Private Edition wird in diesem Kapitel nicht thematisiert.

14.1 Kommunikationsmanagement

Damit Sie externe Funktionen in die Geschäftslogik Ihrer mit ABAP Cloud entwickelten Anwendungen integrieren oder eigene Funktionalität für externe Systeme bereitstellen können, müssen die unterschiedlichen Systeme miteinander kommunizieren. Diese Kommunikation setzt die Konfiguration bestimmter Komponenten voraus. Das Zusammenspiel dieser einzelnen technischen Komponenten gewährleistet eine funktionierende und sichere Kommunikation. In diesem Abschnitt stellen wir Ihnen die verschiedenen Komponenten und ihre jeweilige Rolle bei der Kommunikation mit externen Systemen vor.

Exponieren von Business-Services

Abbildung 14.1 zeigt die obersten Ebenen und Artefakte des ABAP RESTful Application Programming Models bei der Freigabe eines Business-Service. In den folgenden Abschnitten sehen wir uns die Ebenen Kommunikationsszenario und Kommunikationsvereinbarung genauer an.

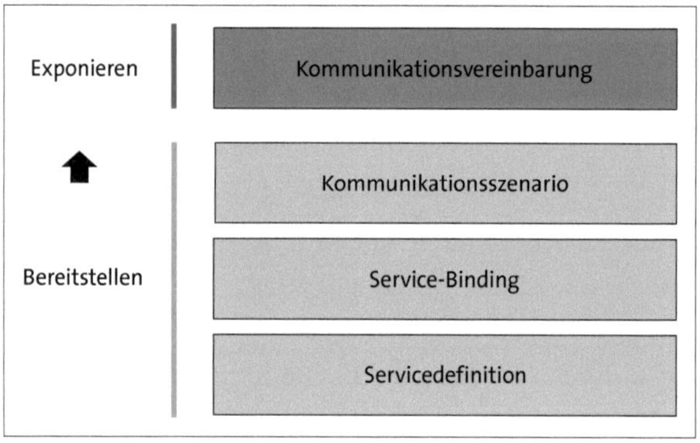

Abbildung 14.1 Exponieren von Business-Services

14.1.1 Kommunikationsszenario

Eingangs- und Ausgangsservices

Kommunikationsszenarien definieren die Eingangs- und Ausgangsservices eines Geschäftsprozesses:

- Von *Eingangsservices* spricht man, wenn man eigene Web-APIs bereitstellt. Dabei kann es sich sowohl um Web-APIs auf Basis kundeneigener Geschäftsobjekte als auch um Web-APIs auf Basis von SAP-Standard-Geschäftsobjekten handeln.
- Von *Ausgangsservices* spricht man dagegen, wenn man externe Services in seine Geschäftsprozesse integriert.

Exponieren eines CDS-Views

Angenommen, Sie möchten die Daten eines CDS-Views außerhalb Ihres ABAP-Cloud-Systems einem externen System bereitstellen und haben über eine Servicedefinition und ein Service-Binding bereits einen Business-Service erstellt, der sich lokal aufrufen lässt. Damit Sie diesen Business-Service externen Systemen zur Verfügung stellen können, würden Sie ihn im nächsten Schritt einem Kommunikationsszenario hinzufügen. Dabei ist es nicht zwingend erforderlich, ein neues Kommunikationsszenario anzulegen. Sie können den Business-Service auch einem bestehenden Kommunikationsszenario hinzufügen.

Stellen Sie sich das Kommunikationsszenario wie eine Art Werkzeugkiste vor. Jeder Business-Service entspricht in dieser Analogie einem Werkzeug. In einer Werkzeugkiste verstauen Sie nur zusammengehörige Werkzeuge. So würden Sie z. B. eine Maurerkelle nicht in die Werkzeugkiste für Holzarbeiten legen. Sofern Sie also bereits eine passende Werkzeugkiste haben, können Sie das Werkzeug auch darin verstauen. Genauso verhält es sich mit den Business-Services. Sie fassen diejenigen Business-Services in einem Kommunikationsszenario zusammen, die Ihrer Ansicht nach zu einem Geschäftsprozess zusammengefasst werden sollten.

Authentifzierungsmethoden

Zusätzlich zur Definition der Eingangs- und Ausgangsservices legen Sie über das Kommunikationsszenario die Authentifizierungsmethode fest. Für eingehende Services können Sie zwischen den Authentifizierungsmethoden *Basis*, *X.509* und *OAuth-2.0-Authentifizierung* wählen. Bei der Basisauthentifizierung verifizieren Sie sich über einen Benutzernamen und ein Passwort, bei der X.509-Authentifizierung über ein Zertifikat und OAuth 2.0 arbeitet mit *Access Tokens*. Über Berechtigungsobjekte können Sie außerdem eine Berechtigungsprüfung implementieren und so den unautorisierten Zugriff verhindern.

Bestandteile eines Kommunikationsszenarios

Abbildung 14.2 fasst die elementaren Bestandteile eines eingehenden Kommunikationsszenarios noch einmal zusammen.

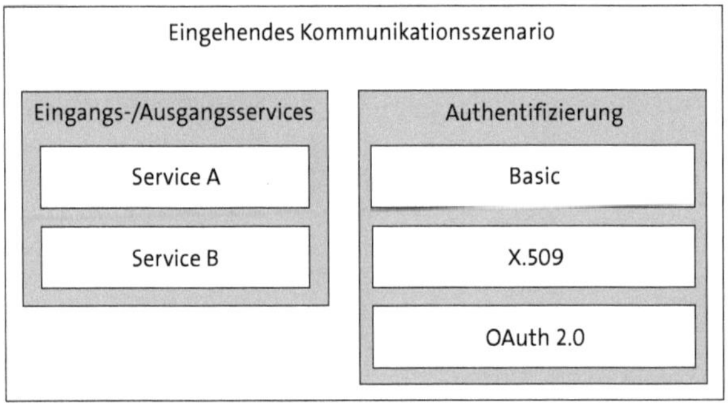

Abbildung 14.2 Elementare Bestandteile des eingehenden Kommunikationsszenarios

Kommunikationsszenarien anzeigen

Im Dashboard des ABAP-Cloud-Systems erhalten Sie mit der SAP-Fiori-Anwendung **Kommunikationsszenarien anzeigen** eine Übersicht Ihrer existierenden Kommunikationsszenarien. Neben der ID und dem Namen des Szenarios wird Ihnen hier angezeigt, ob das Kommunikationsszenario von Ihnen angelegt oder von SAP ausgeliefert wurde. Des Weiteren können Sie der Übersicht entnehmen, ob es sich um eine ausgehende oder eingehende Kommunikation handelt (siehe Abbildung 14.3). In der Detailansicht eines Kommunikationsszenarios finden Sie weitere Informationen, wie z. B. den zugeordneten Business-Service oder die gewählte Authentifizierungsmethode.

Kommunikationsszenarien (47)

Szenarioname	Szenario-ID	Typ	Enthält Eingehend	Enthält Ausgehend	
Integration von SAP Enable Now	SAP_COM_0011	Von SAP verwaltet		✓	>
SAP Analytics Cloud-Integration	SAP_COM_0065	Von SAP verwaltet	✓	✓	>
Enterprise-Eventing-Integration	SAP_COM_0092	Von SAP verwaltet	✓	✓	>
Identity-Management-Integration	SAP_COM_0093	Von SAP verwaltet	✓		>
Integration der Identity-Bereitstellung	SAP_COM_0193	Von SAP verwaltet	✓		>
SAP Cloud Platform - Destinationsserviceintegrati on	SAP_COM_0276	Von SAP verwaltet		✓	>
Externer Scheduler - Integration der Anwendungsjobverwaltung	SAP_COM_0326	Von SAP verwaltet	✓		>

Abbildung 14.3 Übersicht der Kommunikationsszenarien

Je nachdem, welches System und Release Sie einsetzen, stellt Ihnen SAP bereits eine Vielzahl vordefinierter Kommunikationsszenarien zur Verfügung. Die Anlage eines eigenen Kommunikationsszenarios, um beispielsweise die Daten eines CDS-Views externen Systemen zur Verfügung zu stellen, erfolgt in Eclipse. Wir zeigen sie Ihnen Schritt für Schritt in Abschnitt 14.2.2, »APIs bereitstellen«.

14.1.2 Kommunikationssystem

Kommunikationssysteme repräsentieren einzelne Kommunikationspartner, wie z. B. externe Systeme. Sie stellen den Endpunkt eines außenstehenden Systems oder Service dar. Jegliche eingehende und ausgehende Kommunikation erfolgt über das Kommunikationssystem als technischer »Anlaufpunkt« innerhalb des ABAP-Cloud-Systems. Kernbestandteile der Kommunikationssysteme sind daher auch die Verbindungsinformationen eines Kommunikationspartners.

Kommunikationssysteme

Für die Verwaltung von Kommunikationssystemen steht Ihnen die SAP-Fiori-Anwendung **Kommunikationssysteme** im Dashboard des ABAP-Cloud-Systems zur Verfügung (siehe Abbildung 14.4).

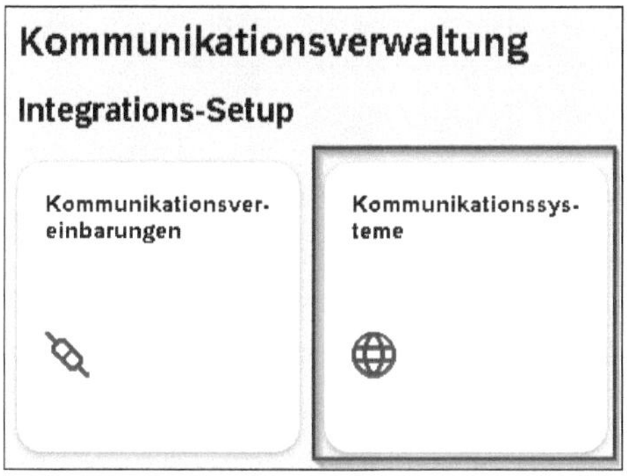

Abbildung 14.4 Kachel der SAP-Fiori-Anwendung »Kommunikationssysteme«

Für jedes Kommunikationssystem müssen eine System-ID und ein Systemname vergeben werden. Damit wird das Kommunikationssystem innerhalb des ABAP-Cloud-Systems identifiziert. System-ID und -Name werden beispielsweise auch für den direkten Zugriff im Quellcode verwendet.

Verbindungsinformationen

Für die Angabe der Verbindungsinformationen haben Sie zwei verschiedene Möglichkeiten: Sie können die Verbindungsinformationen entweder direkt über einen Hostnamen und Port hinterlegen oder Sie hinterlegen den Namen der *Destination-Service-Instanz* und den Namen der *Destination*, sofern das anzubindende System als Destination innerhalb des SAP Destination Service (siehe Abschnitt 14.1.5, »Destinations und SAP Destination Service«) gepflegt wird.

Kommunikationsbenutzer

Zusätzlich zu den Verbindungsinformationen definieren Sie im Kommunikationssystem, welche *Kommunikationsbenutzer* für die eingehende und ausgehende Kommunikation verwendet werden können. Für jeden Kommunikationsbenutzer können Sie dabei die zu verwendende Authentifizierungsmethode festlegen. Kommunikationsbenutzer können sich über die Basisauthentifizierung oder mithilfe eines SSL-Zertifikats über OAuth 1.0 oder OAuth 2.0 authentifizieren.

Bestandteile eines Kommunikationssystems

Abbildung 14.5 zeigt die elementaren Bestandteile eines Kommunikationssystems noch einmal in der Übersicht.

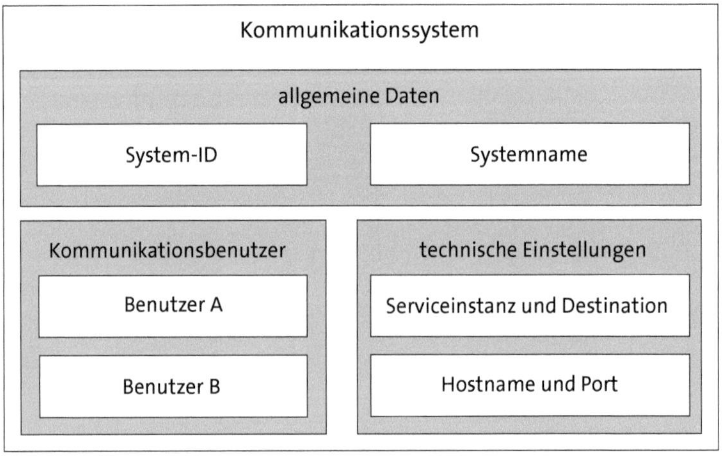

Abbildung 14.5 Elementare Bestandteile des Kommunikationssystems

14.1.3 Kommunikationsbenutzer

Der Kommunikationsbenutzer ist ein technischer Benutzer, mit dem sich ein Service gegenüber dem ABAP-Cloud-System oder einem externen System authentifiziert. Dazu wird ein Kommunikationsbenutzer einem entsprechenden Kommunikationssystem zugeordnet. Der Kommunikationsbenutzer kann mit einem technischen Benutzer eines On-Premise-Systems zum Aufbau einer RFC-Verbindung verglichen werden.

Kommunikationsbenutzer pflegen

Kommunikationsbenutzer werden mit der SAP-Fiori-Anwendung **Kommunikationsbenutzer pflegen** verwaltet. Bei der Anlage eines Kommunikationsbenutzers müssen Sie einen Benutzernamen und eine Beschreibung vergeben. Des Weiteren müssen Sie für den Benutzer ein Passwort mit mindestens 20 Zeichen festlegen. Zusätzlich zur Authentifizierung über dieses Passwort können Sie auch entsprechende Zertifikate hinterlegen.

Benutzer-IDs im ABAP Environment

Für alle Anwendungs- und Kommunikationsbenutzer, die Sie im ABAP Environment anlegen, wird automatisch eine Benutzer-ID (z. B. CB0000000002) generiert. Diese Benutzer-ID erschwert jedoch eine Unterscheidung der Benutzertypen. Anhand der ersten beiden Zeichen können Sie die Anwendungsbenutzer allerdings von technischen Benutzern differenzieren. Beginnt eine Benutzer-ID mit »CB«, handelt es sich um einen Anwendungsbenutzer. Beginnt sie mit »CC«, handelt es sich um einen technischen Benutzer.

Bestandteile eines Kommunikationsbenutzers

Abbildung 14.6 zeigt den Aufbau eines Kommunikationsbenutzers.

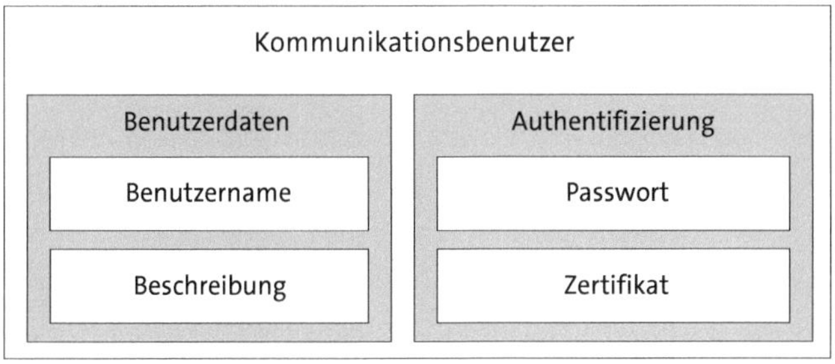

Abbildung 14.6 Elementare Bestandteile des Kommunikationsbenutzers

14.1.4 Kommunikationsvereinbarung

Mit der *Kommunikationsvereinbarung* konfigurieren Sie den elektronischen Datenaustausch zwischen dem ABAP-Cloud-System und einem Kommunikationspartner. Die Kommunikationsvereinbarung führt ein Kommunikationsszenario, einen Kommunikationsbenutzer und ein Kommunikationssystem technisch zusammen.

SAP-Fiori-Anwendung »Kommunikationsvereinbarungen«

Für die Verwaltung von Kommunikationsvereinbarungen steht Ihnen im Dashboard des ABAP-Cloud-Systems die SAP-Fiori-Anwendung **Kommunikationsvereinbarungen** zur Verfügung. Bei der Anlage einer Kommunikationsvereinbarung geben Sie immer zuerst ein Kommunikationsszenario an. Eine Kommunikationsvereinbarung basiert daher immer auf einem Kommunikationsszenario und kann sowohl als Eingangs- als auch als Ausgangskommunikation konfiguriert werden.

Abbildung 14.7 zeigt die elementaren Bestandteile der Kommunikationsvereinbarung.

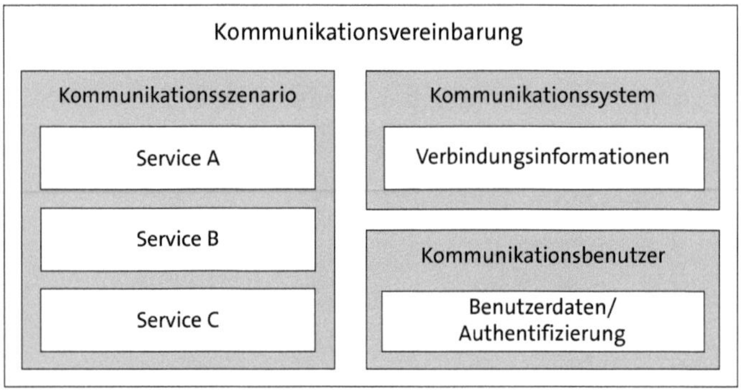

Abbildung 14.7 Elementare Bestandteile der Kommunikationsvereinbarung

Komponenten des Kommunikationsmanagements

Abbildung 14.8 gibt Ihnen abschließend noch einmal einen Überblick, in welcher Beziehung zueinander die einzelnen Komponenten des Kommunikationsmanagements stehen. Eine Kommunikationsvereinbarung besteht aus einem Kommunikationsszenario, einem Kommunikationssystem und einem Kommunikationsbenutzer. Für jedes Kommunikationssystem können Sie mehrere Kommunikationsbenutzer hinterlegen, sodass Ihnen in der Kommunikationsvereinbarung anhängig vom ausgewählten Kommunikationssystem gegebenenfalls mehrere Kommunikationsbenutzer zur Auswahl stehen.

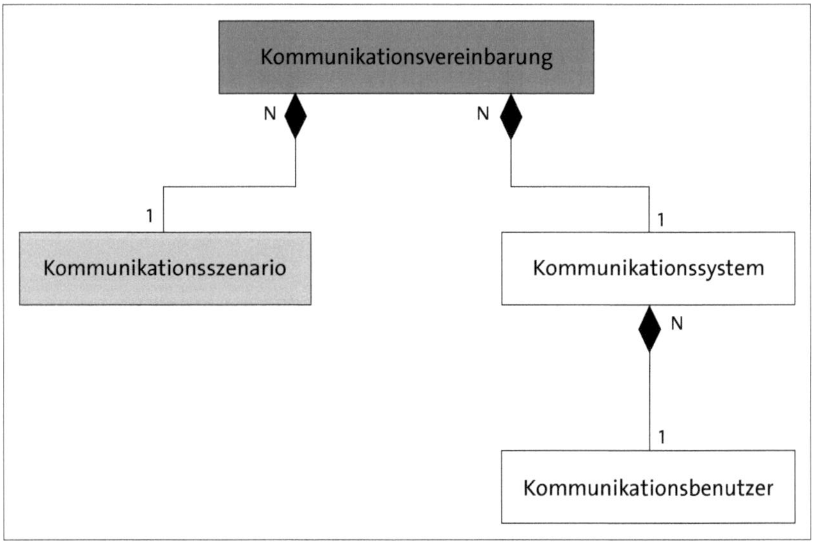

Abbildung 14.8 Beziehungen zwischen den verschiedenen Komponenten des Kommunikationsmanagements

14.1.5 Destinations und SAP Destination Service

Damit Sie in ABAP-Cloud-Systemen Funktionalität externer Systeme, wie z. B. eine API, verwenden können, müssen Sie zunächst eine Verbindung zum entsprechenden Endpunkt konfigurieren. Solche Verbindungsendpunkte werden in der SAP BTP als *Destinations* angelegt. Für SAP S/4HANA Cloud Public Edition werden Destinations direkt im Subaccount angelegt. Im SAP BTP, ABAP Environment steht Ihnen zusätzlich der *SAP Destination Service* aus dem Service Marketplace der SAP BTP zur Verfügung.

Abhängig von den zugewiesenen Quota können Sie eine bestimmte Anzahl an Instanzen für diesen SAP Destination Service anlegen. Beachten Sie allerdings, dass Sie in Ihrer ABAP-Serviceinstanz nur Destinations verwenden können, deren Serviceinstanz sich im selben Cloud Foundry Space wie die ABAP-Serviceinstanz befindet.

Aufbau des SAP Destination Service

Abbildung 14.9 zeigt den Aufbau des SAP Destination Service. Stellen Sie sich eine Instanz dieses Service wie eine Art Telefonbuch vor. Jede Instanz des Service stellt ein Telefonbuch dar. In jedem dieser Telefonbücher können Sie mehrere Telefonnummern finden. Die Telefonnummern in den jeweiligen Telefonbüchern entsprechen den einzelnen Destinations.

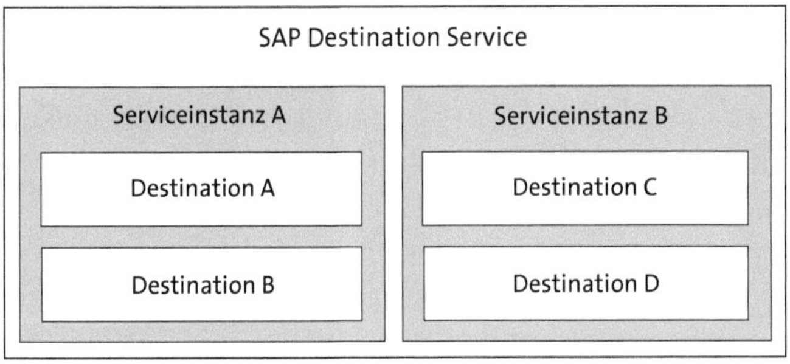

Abbildung 14.9 Aufbau des SAP Destination Service

Anlegen einer Destination-Service-Instanz

Wir zeigen Ihnen nun, wie man eine Instanz des SAP Destination Service angelegt und diese mit dem ABAP Environment verknüpft. Diese Instanz wird uns im weiteren Verlauf dieses Kapitels als Basis für die Anlage von Destinations dienen:

1. Melden Sie sich zunächst an der SAP BTP an und navigieren Sie in den Cloud Foundry Space, in dem sich auch Ihr ABAP Environment befindet.
2. Wählen Sie im Navigationsmenü auf der linken Seite den Eintrag **Service Marketplace** aus und lassen Sie sich mithilfe der Suchfunktion und des Stichwortes »destination« den SAP Destination Service anzeigen (siehe Abbildung 14.10).

Abbildung 14.10 Auswahl des SAP Destination Service

3. Über die Kachel **Destination Service** gelangen Sie in die Übersicht des SAP Destination Service.
4. Starten Sie die Anlage einer neuen Instanz über die Schaltfläche **Create**.
5. Vergeben Sie im Anlagedialog einen Namen für Ihre Destination-Service-Instanz und übernehmen Sie die vorgeschlagenen Werte in den Feldern **Service** und **Plan** (siehe Abbildung 14.11).

Abbildung 14.11 Übersicht der Anlage einer Destination-Service-Instanz

6. Überspringen Sie das Spezifizieren zusätzlicher Parameter und beenden Sie den Assistenten, indem Sie auf die Schaltfläche **Create** klicken.

> **Destinations im Subaccount**
>
> Sie können Destinations auch direkt im Subaccount über den Menüpunkt **Connectivity** pflegen. Für diese Destinations wird keine Serviceinstanz benötigt. Solche Destinations sind von allen Serviceinstanzen des gesamten Subaccounts, also unabhängig vom Space, erreichbar. Für SAP S/4HANA Cloud Public Edition ist das die gängige Vorgehensweise, um Destinations anzulegen.

Service Key anlegen

Damit Sie die Instanz des SAP Destination Service innerhalb der SAP BTP nutzen können, müssen Sie als Nächstes einen Service Key erstellen:

1. Navigieren Sie dazu in Ihre Destination-Service-Instanz und wählen Sie im Navigationsmenü auf der linken Seite den Menüpunkt **Service Keys**.
2. Klicken Sie anschließend auf die Schaltfläche **Create Service Key**.
3. Vergeben Sie im darauffolgenden Dialog im Feld **Name** einen entsprechenden Namen für den Service Key und klicken Sie abschließend auf **Create**.
4. Markieren Sie den angelegten Service Key, wie in Abbildung 14.12 dargestellt, und kopieren Sie die JSON-Struktur in Ihre Zwischenablage.

14

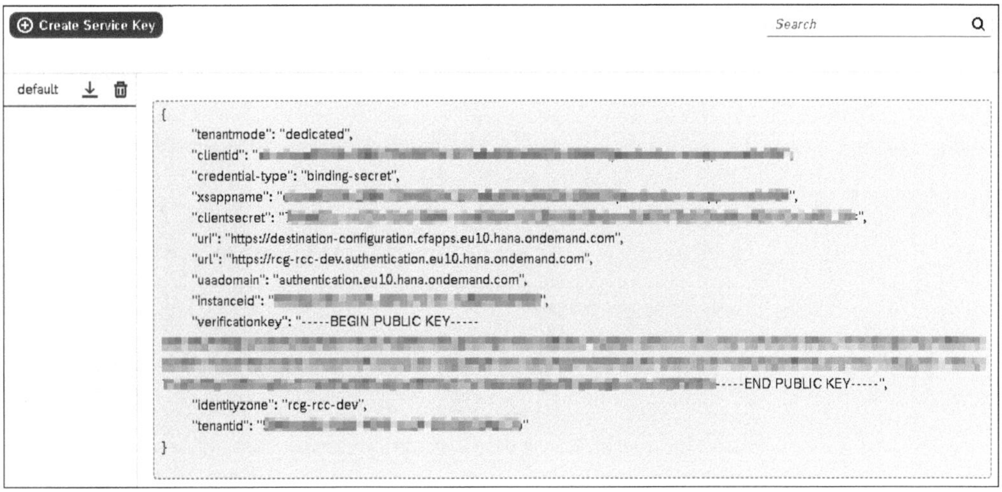

Abbildung 14.12 Angelegter Service Key

Stellen Sie im letzten Schritt die Kommunikation zwischen der angelegten Destination-Service-Instanz und Ihrer ABAP-Environment-Instanz her, indem Sie eine neue Kommunikationsvereinbarung für das Kommunikationsszenario `SAP_COM_0276` anlegen:

1. Rufen Sie dazu die SAP-Fiori-Anwendung **Kommunikationsvereinbarungen** im Dashboard Ihres ABAP Environments auf und klicken Sie auf die Schaltfläche **Neu**.
2. Wählen Sie im Anlagedialog im Feld **Szenario** das Kommunikationsszenario **SAP_COM_0276**, vergeben Sie im Feld **Vereinbarungsname** einen entsprechenden Namen und fügen Sie den Service Key aus Ihrer Zwischenablage im Feld **Serviceschlüssel** ein (siehe Abbildung 14.13).

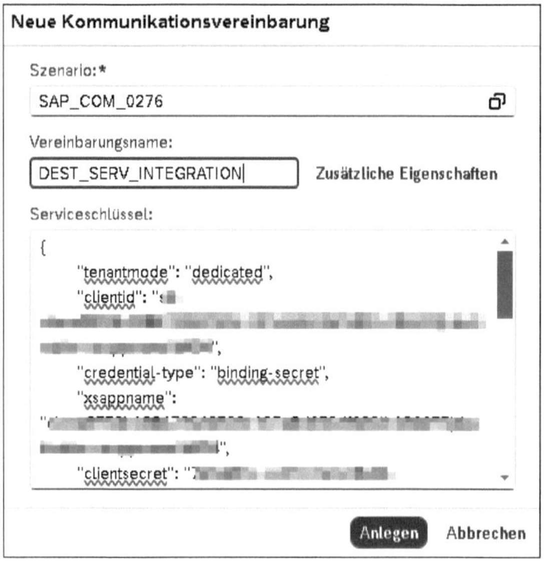

Abbildung 14.13 Anlegen einer neuen Kommunikationsvereinbarung

3. Klicken Sie auf **Zusätzliche Eigenschaften** und definieren Sie, wie in Abbildung 14.14 dargestellt, den Namen der Serviceinstanz. Dieser Wert identifiziert die Destination-Service-Instanz beim Zugriff über den Quellcode und kann bei Bedarf später noch geändert werden.

Abbildung 14.14 Name der Destination-Service-Instanz für den Quellcodezugriff

4. Schließen Sie das Fenster für die zusätzlichen Eigenschaften und beenden Sie den Anlagedialog mit einem Klick auf die Schaltfläche **Anlegen**.

Mithilfe des Service Keys legt das System nun eine entsprechende Kommunikationsvereinbarung mit allen notwendigen Verbindungs- und Authentifizierungsinformationen an. Bei der Anlage der Kommunikationsvereinbarung wird außerdem automatisch ein Kommunikationssystem angelegt, das den Namen der Kommunikationsvereinbarung trägt.

14.2 Mit APIs arbeiten

Bedeutung von APIs

Die serviceorientierte Cloud-Architektur spielt in jeder Hinsicht eine bedeutende Rolle bei der ABAP-Cloud-Entwicklung. Auf deren Basis können Sie externe Funktionalität über Web-APIs in Ihre bestehenden Anwendungen integrieren und so beispielsweise Wetterdaten über öffentliche Webservices abrufen oder APIs aus dem SAP Business Accelerator Hub verwenden. Ebenso können Sie auch eigene APIs bereitstellen. Sie könnten so beispielsweise Funktionen des Geschäftsobjekts Rabattaktion exponieren und diese in Ihrem On-Premise-System verwenden. Abbildung 14.15 zeigt die Arbeit mit APIs im ABAP Environment in der Übersicht.

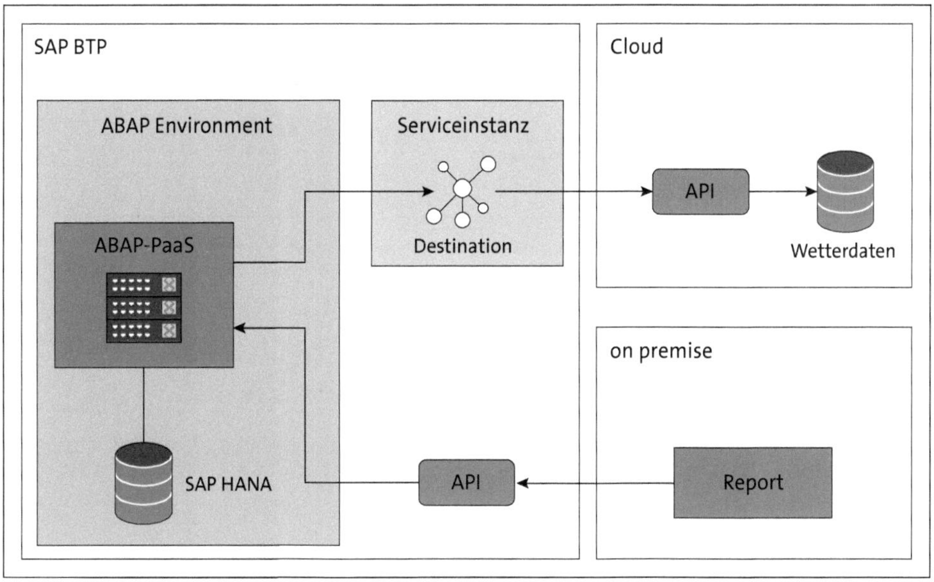

Abbildung 14.15 Arbeit mit APIs im ABAP Environment

14.2.1 APIs aufrufen

Um Ihnen zu zeigen, wie einfach sich externe Funktionalität in ein ABAP-Cloud-System einbinden lässt, erklären wir Ihnen in diesem Abschnitt stellvertretend anhand des ABAP Environments, wie Sie eine API aufrufen können. Wir verwenden dazu den OData-Service *Product Master* aus dem

SAP Business Accelerator Hub (*https://api.sap.com/api/API_PRODUCT_SRV/overview*). Unser Ziel ist es, eine Konsolenanwendung zu entwickeln, die Produktdaten ausliest und in der Konsole ausgibt.

Destination anlegen

Konfigurieren Sie zunächst eine Verbindung zum Endpunkt der API, indem Sie eine entsprechende Destination anlegen. Rufen Sie dazu die in Abschnitt 14.1.5, »Destinations und SAP Destination Service«, angelegte Destination-Service-Instanz auf und wählen Sie im Navigationsmenü auf der linken Seite den Menüpunkt **Destinations** aus. Wie in Abbildung 14.16 dargestellt, werden Ihnen daraufhin alle Destinations der Serviceinstanz angezeigt.

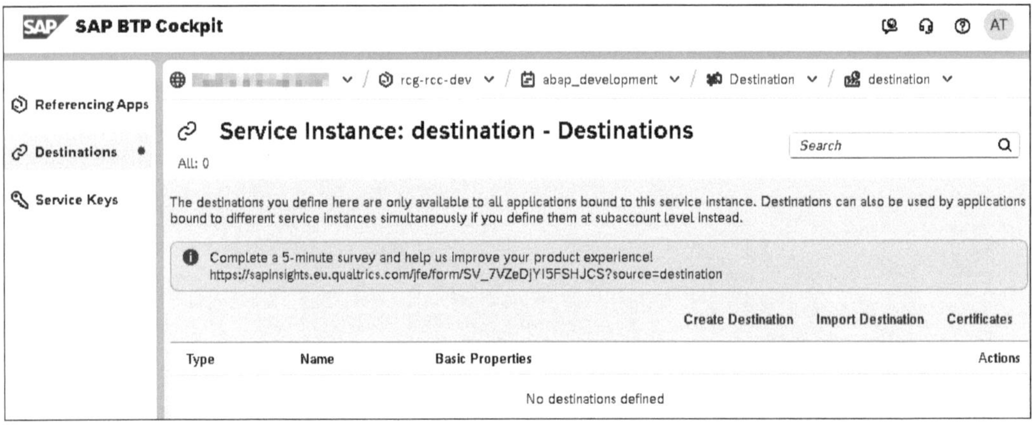

Abbildung 14.16 Destinations einer Destination-Service-Instanz

Klicken Sie auf die Schaltfläche **Create Destination** und übernehmen Sie die in Tabelle 14.1 aufgeführten Eigenschaften. Schließen Sie die Anlage anschließend mit einem Klick auf die Schaltfläche **Save** ab.

Eigenschaft	Wert
Name	»s4_api_sandbx_prd_a2x«
Type	**HTTP**
Description	»Product Master Sandbox«
URL	*https://sandbox.api.sap.com/s4hanacloud/sap/opu/odata/sap/API_PRODUCT_SRV/A_Product*
Proxy Type	**Internet**
Authentication	**NoAuthentication**

Tabelle 14.1 Eigenschaften der Product-Master-API

Nachdem Sie die Destination angelegt haben, können Sie diese bereits in Ihrem Quellcode verwenden. Mit der Klasse CL_HTTP_DESTINATION_PROVIDER und der Methode CREATE_BY_CLOUD_DESTINATION erzeugen Sie für die Kombination aus einer Destination-Service-Instanz und einer Destination eine entsprechende *HTTP-Destination*, die Sie wiederum in einem HTTP-Client verwenden können.

Eine API via Destination aufrufen

Legen Sie dazu eine neue Konsolenanwendung an, wie in Abschnitt 5.4, »Eine Konsolenanwendung anlegen«, beschrieben, und übernehmen Sie den in Listing 14.1 gezeigten Quellcode.

Konsolenanwendung

```
METHOD if_oo_adt_classrun~main.

TRY.

" 1. HTTP-Destination erzeugen
DATA(lo_destination) = cl_http_destination_provider=>
create_by_cloud_destination(
      i_name = 's4_api_sandbx_prd_a2x'
      i_service_instance_name = 'DEST_SERV_INTEGRATION'
      i_authn_mode = if_a4c_cp_service=>service_specific ).

" 2. HTTP-Client erzeugen
DATA(lo_web_http_client) = cl_web_http_client_manager=>
create_by_http_destination(
     lo_destination ).

" 3. HTTP-Header-Felder setzen
DATA(lo_http_web_request) =
lo_web_http_client->get_http_request( ).

lo_http_web_request->set_header_fields( VALUE #(
       (  name = 'Content-Type' value = 'application/json' )
       (  name = 'Accept' value = 'application/json' )
       (  name = 'APIKey' value = '***********' ) ) ).

" 4. Webservice aufrufen
DATA(lo_web_http_response) =
lo_web_http_client->execute( if_web_http_client=>get ).

out->write( lo_web_http_response->get_text( ) ).
```

```
  CATCH cx_http_dest_provider_error
        cx_web_http_client_error
        cx_web_message_error INTO DATA(l_error).
    out->write( l_error->get_text( ) ).
ENDTRY.

ENDMETHOD.
```

Listing 14.1 Konsolenanwendung zur Ermittlung und Ausgabe von Produktdaten

Wir gehen an dieser Stelle auf die wichtigsten Abschnitte in Listing 14.1 ein:

1. **HTTP-Destination erzeugen**
   Es wird eine HTTP-Destination auf Basis einer Destination erzeugt. Über die Parameter `i_name` und `i_service_instance_name` werden der Name der Destination und der Name der Destination-Service-Instanz übergeben. Bei dem Namen der Serviceinstanz handelt es sich um den Eigenschaftswert unter **Zusätzliche Eigenschaften** in der korrespondierenden Kommunikationsvereinbarung (siehe Abschnitt 14.1.5, »Destinations und SAP Destination Service«).
2. **HTTP-Client erzeugen**
   Es wird ein HTTP-Client auf Basis der zuvor erzeugten HTTP-Destination erzeugt.
3. **HTTP-Header-Felder setzen**
   Die für den Aufruf notwendigen HTTP-Header-Felder werden gefüllt. Über das Header-Feld `APIKey` wird der Authentifizierungsschlüssel zur Identifizierung gegenüber dem Service übergeben. Den Authentifizierungsschlüssel einer API aus dem SAP Business Accelerator Hub können Sie sich anzeigen lassen, indem Sie auf der Webseite der entsprechenden API auf die Schaltfläche **Show API Key** klicken.
4. **Webservice aufrufen**
   Der Webservice wird aufgerufen und der Body der HTTP-Antwort in der Konsole ausgegeben.

Konsolenausgabe

Nachdem Sie die Konsolenanwendung aktiviert und aufgerufen haben, wird die Konsolenausgabe wie Abbildung 14.17 aussehen.

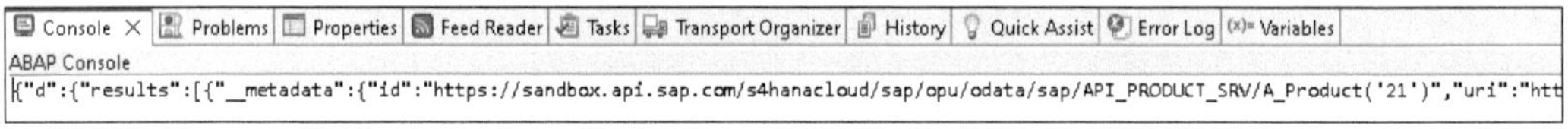

Abbildung 14.17 HTTP-Antwort in der Konsolenausgabe

[«]

API via URL aufrufen

Sie können eine API auch direkt über ihre URL aufrufen, ohne zuvor eine Destination anlegen zu müssen. Die HTTP-Destination wird in diesem Fall mit der Klasse CL_HTTP_DESTINATION_PROVIDER und der Methode CREATE_BY_URL erzeugt. In Listing 14.2 wird eine HTTP-Destination via URL erzeugt.

```
DATA(lo_http_destination) =
cl_http_destination_provider=>create_by_url( 'https://
sandbox.api. sap.com/s4hanacloud/sap/opu/OData/sap/
API_PRODUCT_SRV/A_Product' ).
```

Listing 14.2 HTTP-Destination über eine URL erzeugen

14.2.2 APIs bereitstellen

Sie können nicht nur externe Funktionalität in ABAP-Cloud-Systeme einbinden, sondern auch selbst entwickelte Funktionalitäten außerhalb ihrer Systemlandschaft in Form von Web-APIs zur Verfügung stellen. Wir zeigen Ihnen in diesem Abschnitt stellvertretend anhand des ABAP Environments, wie Sie die Daten der Rabattaktion für die Abfrage durch externe Systeme bereitstellen können.

Definition eines API-Service

Erstellen Sie zunächst die Servicedefinition und das Service-Binding aus Tabelle 14.2 im Entwicklungspaket ZPM_BO.

Objekttyp	Name
Servicedefinition	ZAPI_PROMOTION
Service-Binding	ZAPI_PROMOTION_02

Tabelle 14.2 Servicedefinition und Service-Binding der Rabattaktionsdaten

Basic Interface View exponieren

Exponieren Sie dann den Basic Interface View ZI_PromotionHeader über die Servicedefinition ZAPI_PROMOTION, wie in Listing 14.3 dargestellt.

```
@EndUserText.label: 'Service Definition for Promotion (API)'
define service ZAPI_PROMOTION {
  expose ZI_PromotionHeader as PromotionHeader;
}
```

Listing 14.3 Servicedefinition ZAPI_PROMOTION

Service-Binding

Achten Sie bei der Anlage des Service-Bindings darauf, im Feld **Binding Type** den Bindungstyp **ODATA V2 – Web API** auszuwählen. Da es sich bei dem angelegten Service-Binding um eine API handelt, steht die Anwendungsvorschau von SAP Fiori Elements nicht zur Verfügung.

Anlegen der Kommunikationskomponenten

Nachdem Sie das Service-Binding aktiviert und veröffentlicht haben, ist die Anlage des API-Service abgeschlossen. Bis jetzt kann der Service allerdings nur intern verwendet werden. Ein Aufruf von außen ist nicht möglich. Damit der Service von externen Systemen verwendet werden kann, muss eine Sicherheitsschicht für den Service in Form einer Kommunikationsvereinbarung angelegt werden. Wie in Abschnitt 14.1.4, »Kommunikationsvereinbarung«, beschrieben, handelt es sich bei dieser Kommunikationsvereinbarung um die Zusammenführung eines Kommunikationsszenarios, eines Kommunikationssystems und eines Kommunikationsbenutzers. Wir legen diese Komponenten nun nacheinander an.

Kommunikationsszenario anlegen

Kommunikationsszenario für die Rabattaktion

Mit einem Kommunikationsszenario definieren Sie, welche Business-Services Sie bereitstellen möchten. Die Anlage erfolgt in Ihrer Eclipse-Umgebung. Legen Sie das Kommunikationsszenario für unser Beispiel innerhalb des Pakets `ZPM_BO` an:

1. Rufen Sie im **Project Explorer** mit der rechten Maustaste das Kontextmenü auf und wählen Sie **New • Other ABAP Repository Object • Cloud Communication Management • Communication Scenario** (siehe Abbildung 14.18). Alternativ können Sie den Dialog zur Erstellung von Entwicklungsobjekten auch mit der Tastenkombination [Strg] + [N] aufrufen.

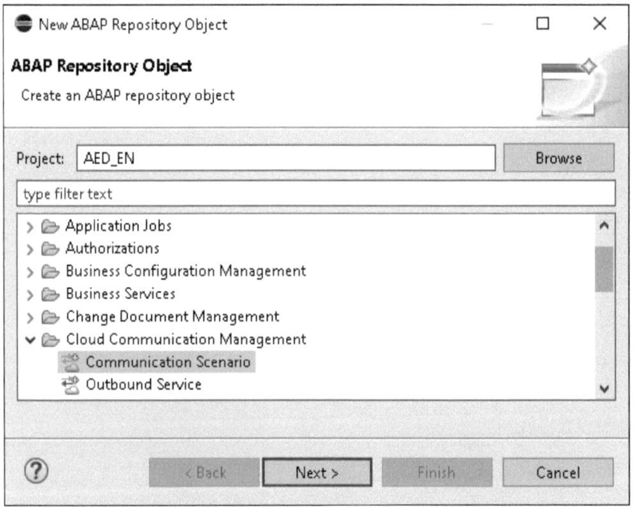

Abbildung 14.18 Anlage eines neuen Repository-Objekts

2. Bestätigen Sie Ihre Auswahl mit **Next**.
3. Vergeben Sie den Namen »ZCOM_PROMOTION« und die Beschreibung »Communication Scenario for Promotion«, wie in Abbildung 14.19 gezeigt.
4. Klicken Sie auf die Schaltfläche **Next**. Wählen Sie im nächsten Dialogschritt einen Transportauftrag aus und beenden Sie den Anlagedialog mit **Finish**.

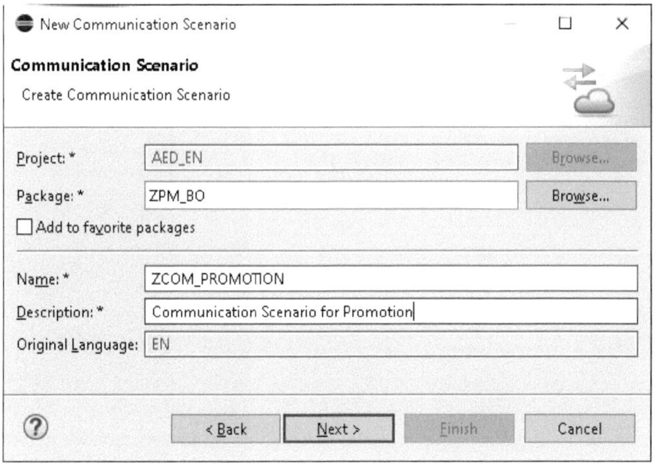

Abbildung 14.19 Anlage eines neuen Kommunikationsszenarios

5. Es öffnet sich die Anzeige zur Pflege von Kommunikationsszenarien. Die Einstellungen werden hier über drei verschiedene Registerkarten vorgenommen. Wählen Sie zunächst die Registerkarte **Overview** aus.
6. Auf dieser Registerkarte können Sie konfigurieren, in wie vielen Instanzen gleichzeitig die zugewiesenen Services aufgerufen werden können. Übernehmen Sie die vorgeschlagene Option **One instance per scenario & communication system**, wie in Abbildung 14.20 dargestellt.

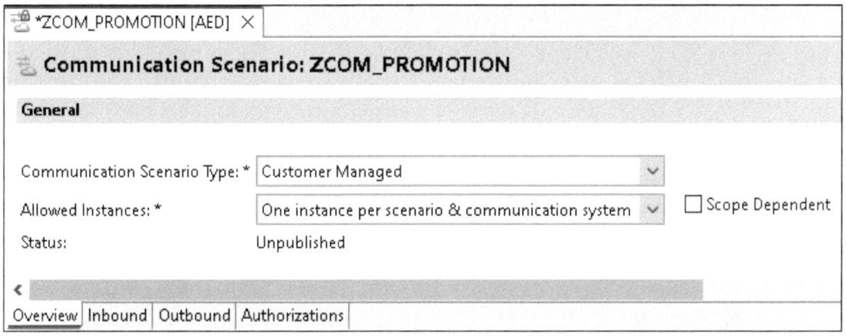

Abbildung 14.20 Erlaubte Instanzen eines Kommunikationsszenarios

7. Auf der Registerkarte **Inbound** können Sie die Authentifizierungsmethode und die bereitzustellenden Business-Services festlegen. Wählen Sie **Basic** als Authentifizierungsmethode und fügen Sie anschließend Ihren Business-Service über die Schaltfläche **Add** dem Kommunikationsszenario hinzu.
8. Im sich öffnenden Dialog müssen Sie eine Service-ID eingeben. Über die Wertehilfe können Sie sich alle zur Verfügung stehenden Service-IDs anzeigen lassen. Wählen Sie die Service-ID `ZAPI_PROMOTION_02_IWSG` und bestätigen Sie Ihre Eingabe mit **Finish**. Abbildung 14.21 zeigt das Kommunikationsszenario mit dem hinzugefügten Service.

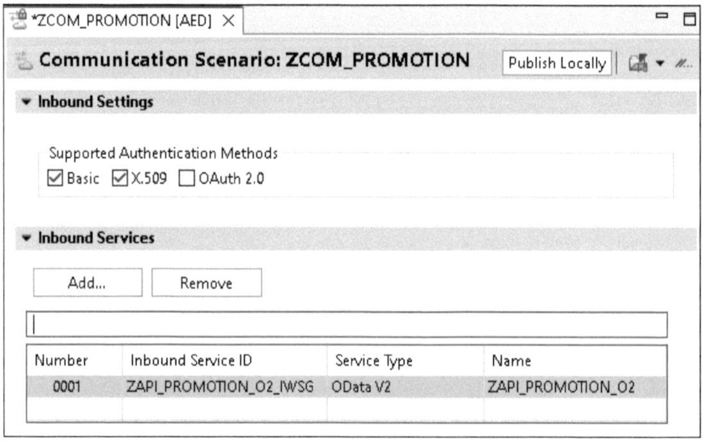

Abbildung 14.21 Services eines Kommunikationsszenarios

> **Berechtigungen hinzufügen**
>
> Falls Sie zu Ihrem Kommunikationsszenario Berechtigungsobjekte hinterlegen möchten, können Sie das auf der Registerkarte **Authorizations** tun. In unserem Fall sind hier keine Einstellungen nötig.

Kommunikationsszenario veröffentlichen

Speichern und veröffentlichen Sie das Kommunikationsszenario über die Schaltfläche **Publish Locally**. Dadurch wird das neu erstellte Szenario aktiviert und kann im ABAP-Cloud-System verwendet werden.

Kommunikationsbenutzer anlegen

Zur Authentifizierung gegenüber einem Kommunikationssystem mittels Basisauthentifizierung benötigen Sie einen Kommunikationsbenutzer. Rufen Sie daher die SAP-Fiori-Anwendung zur Pflege der Kommunikationsbenutzer im Dashboard Ihres ABAP-Cloud-Systems auf und legen Sie einen neuen Kommunikationsbenutzer über die Schaltfläche **Neu** an. Vergeben Sie, wie in Abbildung 14.22 dargestellt, **Benutzername**, **Beschreibung** und ein entsprechendes **Kennwort**. Bei Bedarf können Sie sich das Kennwort auch vorschlagen lassen. Schließen Sie die Anlage des Kommunikationsbenutzers mit der Schaltfläche **Anlegen** ab.

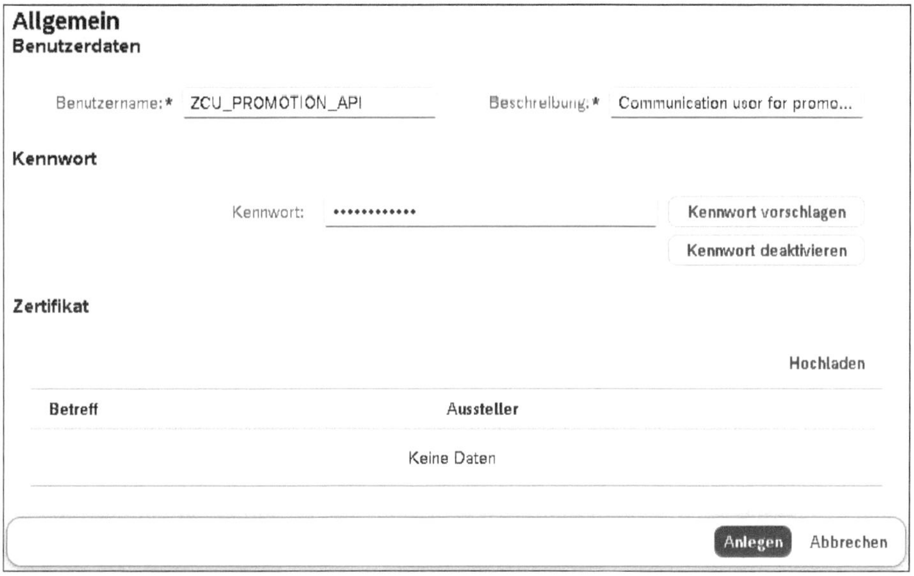

Abbildung 14.22 Anlegen eines Kommunikationsbenutzers

Kommunikationssystem anlegen

System-URL

Damit sich externe Systeme bei der Verwendung bereitgestellter Web-APIs authentifizieren können, benötigen Sie ein Kommunikationssystem für Ihr ABAP-Cloud-System. Sie können das Kommunikationssystem ganz einfach auf Basis der System-URL Ihres ABAP-Cloud-Systems anlegen:

1. Kopieren Sie die System-URL aus den Eigenschaften Ihres ABAP-Cloud-Projekts in Eclipse in Ihre Zwischenablage.
2. Rufen Sie als Nächstes die SAP-Fiori-Anwendung **Kommunikationssysteme** im Dashboard Ihres ABAP-Cloud-Systems auf.
3. Legen Sie ein neues Kommunikationssystem über die Schaltfläche **Neu** an.
4. Vergeben Sie im sich öffnenden Dialog eine System-ID und einen Systemnamen und bestätigen Sie die Anlage über die Schaltfläche **Anlegen**.
5. Es öffnet sich nun die Detailansicht des Kommunikationssystems. Deaktivieren Sie hier im Bereich **Technische Daten** den Schalter zur Verwendung eines Destination-Service unten rechts und fügen Sie die System-

URL aus der Zwischenablage im Feld **Hostname** ein, jedoch ohne das Protokollpräfix »https://«.

6. Geben Sie im Feld **Port** außerdem den Wert »443« an (siehe Abbildung 14.23).

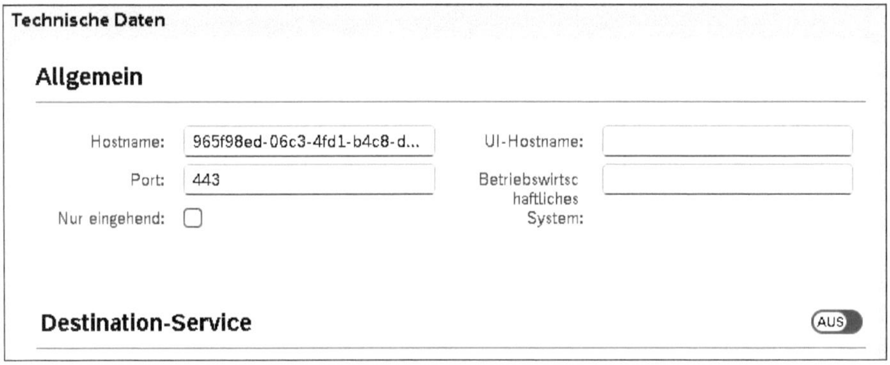

Abbildung 14.23 Technische Daten des Kommunikationssystems

Kommunikationsbenutzer zuweisen

Weisen Sie nun den zuvor erstellten Kommunikationsbenutzer dem Kommunikationssystem zu. Klicken Sie dazu auf die Plusschaltfläche (⊞) im Bereich **Benutzer für eingehende Kommunikation** und wählen Sie den entsprechenden Kommunikationsbenutzer aus. Nachdem der Kommunikationsbenutzer, wie in Abbildung 14.24 dargestellt, dem Kommunikationssystem hinzugefügt wurde, sichern Sie Ihre Anpassungen über die Schaltfläche **Sichern**.

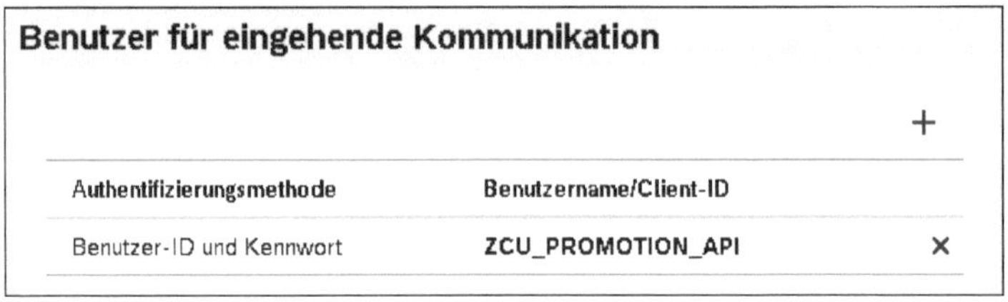

Abbildung 14.24 Kommunikationsbenutzer eines Kommunikationssystems

Kommunikationsvereinbarung anlegen

Kommunikationselemente zusammenführen

Vereinen Sie nun das Kommunikationsszenario, den Kommunikationsbenutzer und das Kommunikationssystem in einer Kommunikationsvereinbarung:

1. Rufen Sie dazu die SAP-Fiori-Anwendung **Kommunikationsvereinbarungen** im Dashboard Ihres ABAP-Cloud-Systems auf und klicken Sie auf die Schaltfläche **Neu**.

2. Wählen Sie im sich öffnenden Dialog das Kommunikationsszenario `ZCOM_PROMOTION` über die Wertehilfe aus und vergeben Sie bei Bedarf einen abweichenden Namen für die Kommunikationsvereinbarung.
3. Klicken Sie auf **Anlegen**.
4. Es öffnet sich die Detailansicht der Kommunikationsvereinbarung. Geben Sie im Bereich **Gemeinsame Daten** im Feld **Kommunikationssystem** das zuvor angelegte Kommunikationssystem an (siehe Abbildung 14.25).

Abbildung 14.25 Kommunikationssystem einer Kommunikationsvereinbarung

5. Der zuvor im Kommunikationssystem hinterlegte Kommunikationsbenutzer wird im Bereich **Eingehende Kommunikation** automatisch als **Benutzername** übernommen.
6. Schließen Sie die Anlage der Kommunikationsvereinbarung über die Schaltfläche **Sichern** ab.

Bereitgestellte API testen

Aufruf im REST-Client

Nachdem Sie die Kommunikationsvereinbarung angelegt haben, haben Sie alle notwendigen Schritte zur Bereitstellung einer API abgeschlossen. Sie können die API nun mit einem beliebigen REST-Client, wie beispielsweise *Postman* (*https://www.postman.com/*), testen. Verwenden Sie dazu die in der Kommunikationsvereinbarung angegebene Service-URL und erweitern Sie diese um die freigegebene Entität aus Ihrer Servicedefinition (siehe Abbildung 14.26).

Abbildung 14.26 URL des Webservice

Wählen Sie als Authentifizierungsmethode **Basic Auth** und geben Sie die Anmeldedaten des zuvor erstellten Kommunikationsbenutzers an. Abbildung 14.27 zeigt die ermittelten Daten von zwei Rabattaktionen.

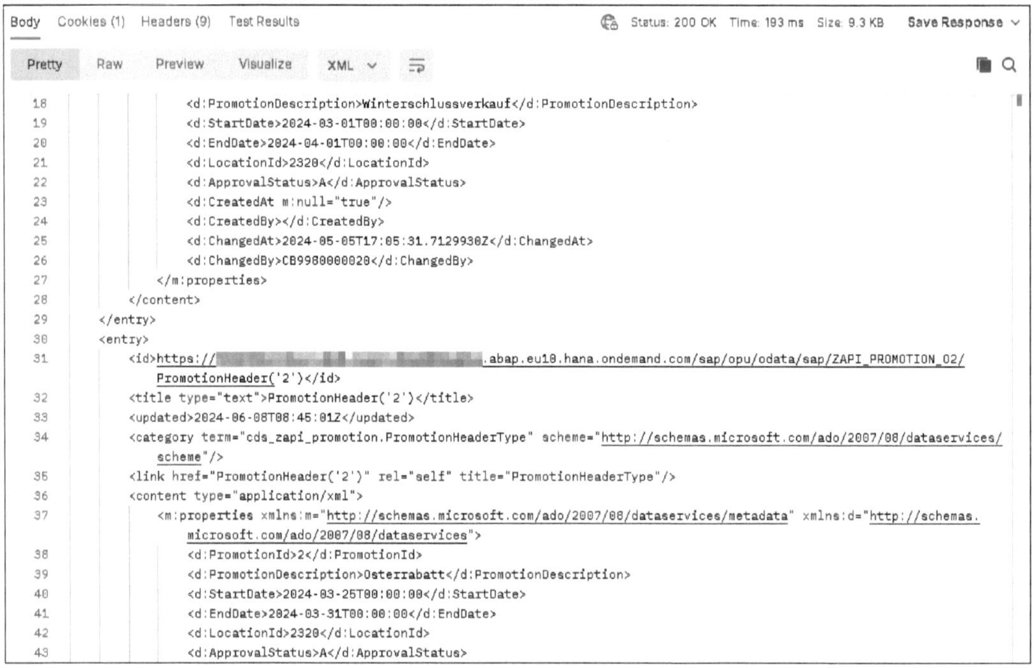

Abbildung 14.27 Ergebnis des API-Aufrufes

14.3 Anbindung an On-Premise-SAP-Systeme

Bisher haben wir die ABAP-Cloud-Systeme überwiegend unabhängig von einer bestehenden Systemlandschaft betrachtet. Die Integration eines ABAP-Cloud-Systems in Ihre bestehende On-Premise-Systemlandschaft ermöglicht Ihnen jedoch eine Vielzahl neuer Anwendungsszenarien. So können Sie beispielsweise bereits vorhandene Stammdaten aus Ihrem On-Premise-System in modernen Webanwendungen verwenden, die Sie in ABAP-Cloud-Systemen entwickeln. In diesem Abschnitt betrachten wir daher stellvertretend die Anbindung des ABAP Environments an On-Premise-SAP-Systeme.

Cloud Connector

Damit Sie On-Premise-Systeme an ABAP-Cloud-Systeme anbinden können, benötigen Sie den *Cloud Connector* als zentralen Verbindungspunkt. Er fungiert als Gateway zwischen der SAP BTP und der On-Premise-Systemlandschaft. Dazu verwaltet er die Aufrufe aus der Cloud und leitet diese an die adressierten On-Premise-Systeme weiter, ohne die komplette On-Premise-Systemlandschaft offenzulegen.

Abbildung 14.28 zeigt die Positionierung des Cloud Connectors in der Systemlandschaft.

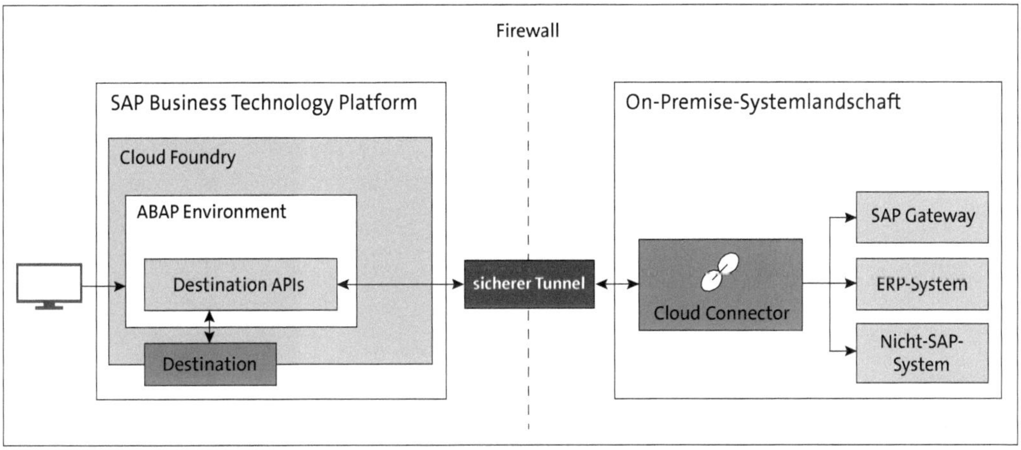

Abbildung 14.28 Cloud Connector in der Systemlandschaft

14.3.1 On-Premise-System an die SAP Business Technology Platform anbinden

Mapping im Cloud Connector

Damit die SAP BTP Aufrufe an ein On-Premise-System weiterleiten kann, müssen Sie im Cloud Connector zunächst das anzubindende On-Premise-System definieren. Dazu wird ein entsprechendes *Mapping* zwischen einem virtuellen und einem tatsächlichen System definiert. Über dieses Mapping können zusätzliche Eigenschaften und Zugriffskontrollen konfiguriert werden. So können beispielsweise HTTP-Verbindungen auf der On-Premise-Seite über das virtuelle System via HTTPS zur Verfügung gestellt werden. Wir setzen dabei voraus, dass Sie bereits einen installierten und eingerichteten Cloud Connector verwenden und dieser mit einem Subaccount im Cloud Foundry Environment verbunden ist.

[«]

Cloud Connector mit SAP S/4HANA Cloud Public Edition verwenden

Die Integration des Cloud Connectors in das ABAP Environment ist unkompliziert. Es genügt, wenn sich die ABAP-Serviceinstanz in einem Cloud-Foundry-Subaccount befindet, der mit dem Cloud Connector verbunden ist.

Im Umfeld von SAP S/4HANA Cloud Public Edition haben Sie allerdings keine solche Instanz, die sich in Ihrem Subaccount befindet. Für die Integration des Cloud Connectors sind daher folgende zusätzliche Schritte notwendig:

1. Legen Sie eine Instanz des *SAP Connectivity Service* in Ihrem Subaccount der SAP BTP an.
2. Rufen Sie das SAP Fiori Launchpad Ihrer SAP S/4HANA Cloud Public Edition auf und erstellen Sie eine neue Kommunikationsvereinbarung für das Kommunikationsszenario `SAP_COM_0574`. Fügen Sie hier anschließend den Serviceschlüssel Ihrer Connectivity-Serviceinstanz ein.

1. Melden Sie sich an der Oberfläche Ihres Cloud Connectors an und wählen Sie im Navigationsmenü auf der linken Seite den Menüpunkt **Cloud To On-Premise**.
2. Sie gelangen in die Übersicht Ihrer Mappings. Bevor Sie mit der Anlage des Mappings fortfahren, achten Sie unbedingt darauf, dass Sie im Feld **Subaccount** im oberen Bereich den Subaccount Ihres Cloud Foundry Environments ausgewählt haben (siehe Abbildung 14.29).

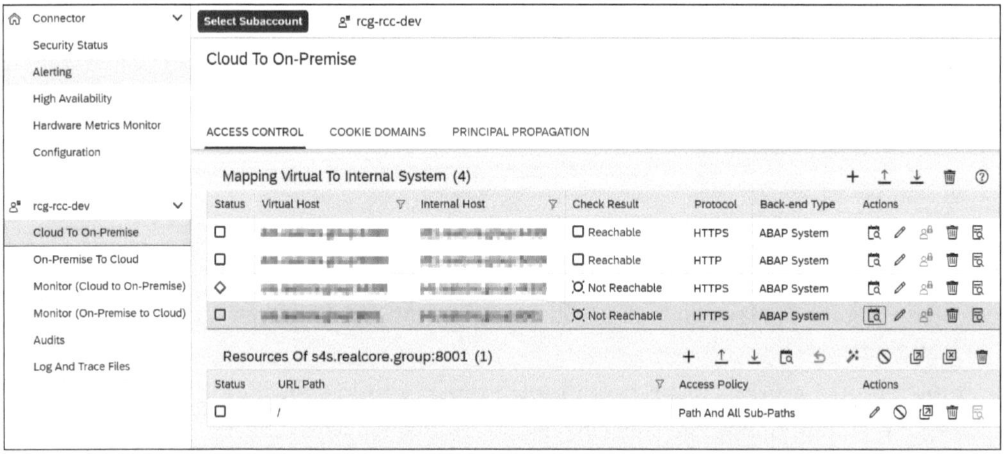

Abbildung 14.29 Übersicht der Mappings im Cloud Connector

3. Legen Sie ein neues Mapping über die Plusschaltfläche (+) an. Wählen Sie im Feld **Back-end Type** die Option **ABAP System** aus und fahren Sie mit **Next** fort.
4. Wählen Sie als Nächstes das Verbindungsprotokoll für die Kommunikation mit dem On-Premise-System aus. Für ein ABAP-System stehen Ihnen die folgenden Protokolle zur Verfügung:
   - HTTP
   - HTTPS
   - LDAP
   - LDAPS
   - RFC
   - RFC SNC
   - TCP
   - TCP SSL

   Wir richten an dieser Stelle zunächst eine Verbindung via RFC ein. Wählen Sie daher die Option **RFC**.

Verbindungsprotokolle

Die Verbindungsprotokolle HTTP und HTTPS verwenden Sie, wenn Sie auf Webfunktionalität, wie z. B. OData-Services, zugreifen möchten. Für klassische Funktionalität, wie z. B. RFC-Funktionsbausteine, können Sie die Verbindungsprotokolle RFC und RFC SNC (Secure Network Communications) verwenden. Abhängig vom ausgewählten Verbindungsprotokoll unterscheiden sich die Folgeschritte bei der Anlage des Mappings.

5. Im nächsten Dialogschritt können Sie angeben, ob Sie eine Lastverteilung innerhalb des SAP-Systems vornehmen möchten. Wählen Sie für unser Beispiel aus, dass Sie keine Lastverteilung wünschen, und bestätigen Sie mit **Next**.
6. Tragen Sie als Nächstes die Adresse und Instanznummer bzw. den Port Ihres Anwendungsservers ein (siehe Abbildung 14.30).

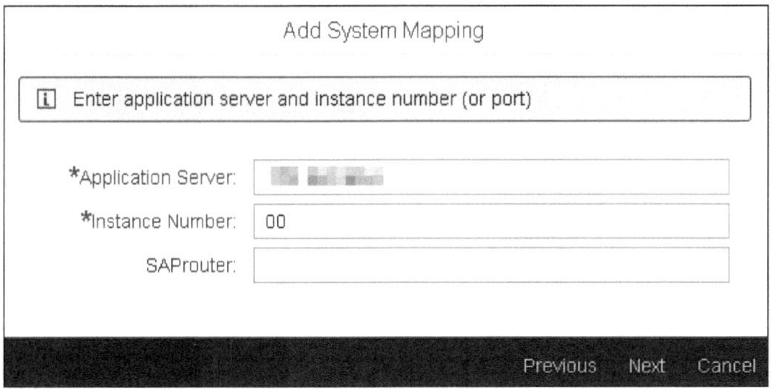

Abbildung 14.30 Anwendungsserver und Port angeben

7. Nachdem Sie die internen Systemdaten angegeben haben, müssen Sie im nächsten Dialogschritt die Daten des virtuellen Systems angeben. Übernehmen Sie die vorgeschlagenen Daten des internen Systems.
8. Überspringen Sie den nächsten Dialogschritt zur optionalen Angabe einer Beschreibung.

Virtuelle Systeme

Das virtuelle System ist die »Außendarstellung« der Verbindung im Cloud Connector. Mit diesem System konfigurieren Sie später die Verbindung in die SAP BTP.

9. Abschließend wird Ihnen noch einmal eine Übersicht Ihrer vorgenommenen Konfigurationen angezeigt. Wählen Sie die Option **Check Internal**

Host, damit direkt nach Abschluss der Anlage ein Verbindungstest durchgeführt wird, und schließen Sie die Anlage mit **Finish** ab (siehe Abbildung 14.31).

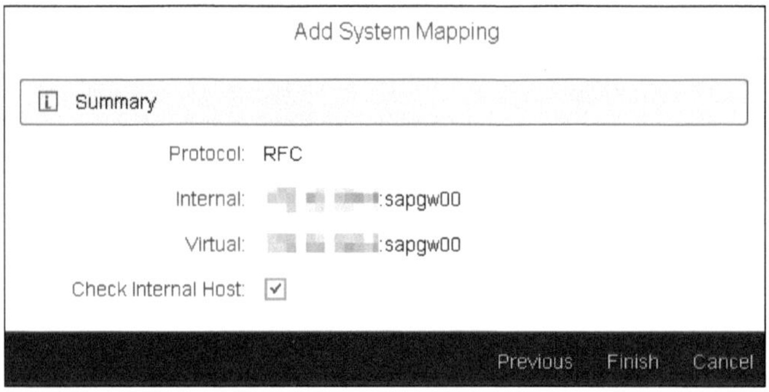

Abbildung 14.31 Zusammenfassung des neuen Mappings

Destination anlegen

Verlief der Verbindungstest erfolgreich, ist die Konfiguration auf der On-Premise-Seite abgeschlossen. Fahren Sie nun mit der Konfiguration der Verbindung im Cloud Foundry Environment der SAP BTP fort und legen Sie eine neue Destination an. Vergeben Sie einen sprechenden Namen für die Destination und geben Sie gültige Anmeldedaten für das On-Premise-System ein. Übernehmen Sie außerdem die in Tabelle 14.3 aufgeführten Werte für die Eigenschaften der Destination.

Eigenschaft	Wert
Type	**RFC**
Proxy Type	**OnPremise**

Tabelle 14.3 Eigenschaften für die RFC-Destination

Für eine RFC-Destination müssen außerdem noch weitere systemspezifische Angaben vorgenommen werden. Fügen Sie über die Schaltfläche **New Property** die folgenden drei zusätzlichen Eigenschaften zur Destination hinzu und tragen Sie die entsprechenden Daten Ihres Systems ein:

- `jco.client.ashost`
- `jco.client.client`
- `jco.client.sysnr`

Abbildung 14.32 zeigt eine exemplarisch eingerichtete Destination zu einem On-Premise-System.

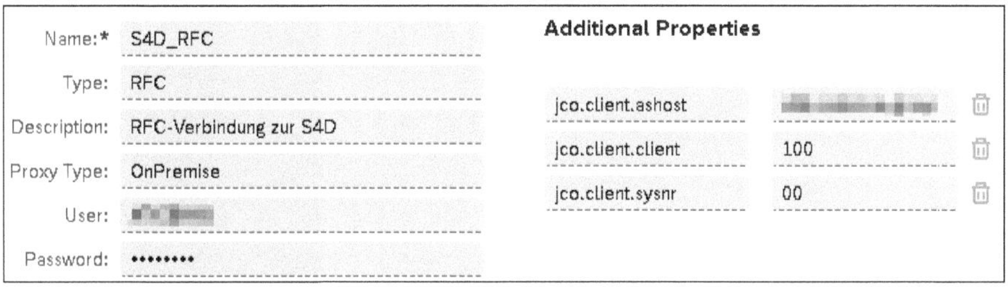

Abbildung 14.32 Destination eines On-Premise-Systems

14.3.2 On-Premise-System über einen Funktionsbaustein aufrufen

In diesem Abschnitt zeigen wir Ihnen, wie Sie einen RFC-Funktionsbaustein aus einem On-Premise-System aufrufen können. Unser Ziel ist es, dass das Geschäftsobjekt Rabattaktion seine Filialdaten nicht länger aus dem ABAP Environment bezieht, sondern über einen RFC-Funktionsbaustein aus einem On-Premise-System ermittelt.

Veröffentlichen von Entwicklungsobjekten

Wenn Sie über den Cloud Connector auf Entwicklungsobjekte eines On-Premise-Systems zugreifen möchten, müssen diese Entwicklungsobjekte innerhalb des Cloud Connectors veröffentlicht werden. Für jedes On-Premise-System verwendet der Cloud Connector eine Whitelist von Entwicklungsobjekten, über die die Erreichbarkeit eines Systems limitiert wird. Sollte ein nicht freigegebenes Entwicklungsobjekt aufgerufen werden, wird der Aufruf abgelehnt.

RFC-Funktionsbaustein veröffentlichen

Um einen RFC-Funktionsbaustein zu veröffentlichen, gehen Sie wie folgt vor:

1. Melden Sie sich zunächst an der Oberfläche Ihres Cloud Connectors an.
2. Navigieren Sie zu den Mappings Ihres Cloud Foundry Environments und markieren Sie das in Abschnitt 14.3.1, »On-Premise-System an die SAP Business Technology Platform anbinden«, angelegte Mapping.
3. Im Bereich **Resources Accessible On** werden Ihnen die freigegebenen Entwicklungsobjekte als Ressourcen angezeigt. Abhängig vom Mapping-Typ (HTTP oder RFC) hinterlegen Sie Funktionsbausteine oder URLs zu OData-Services als Ressourcen. Fügen Sie über die Plusschaltfläche (⊞) eine neue Ressource hinzu.
4. Geben Sie im sich öffnenden Dialog im Feld **Function Name** den Namen des Funktionsbausteins oder ein allgemeines Präfix zur Freigabe mehrerer Funktionsbausteine an (siehe Abbildung 14.33).
5. Mit dem Kontrollkasten **Active** können Sie steuern, ob die Veröffentlichung aktiv ist oder nicht.

Abbildung 14.33 Hinzufügen einer neuen RFC-Ressource

6. Der Parameter **Naming Policy** beeinflusst die Interpretation bzw. Prüfung des Funktionsbausteinnamens. Sofern Sie **Exact Name** wählen, wird der mitgegebene Name bei jedem Aufruf geprüft. Mit der Auswahl **Prefix** wird nur der Beginn des Funktionsbausteinnamens geprüft. Damit können Sie beispielsweise alle Funktionsbausteine eines Namensraumes veröffentlichen, ohne jeden Funktionsbaustein einzeln hinzufügen zu müssen.
7. Schließen Sie die Anlage der Ressource mit einem Klick auf die Schaltfläche **Save** ab.

CDS Custom Entity

Nachdem Sie den Funktionsbaustein auf diese Weise veröffentlicht haben, können Sie die Datenquelle der Filialdaten in unserem Geschäftsobjekt Rabattaktion durch diese Ressource ersetzen. Zurzeit werden die Filialdaten über den Basic Interface View `ZI_Location` und die zugrunde liegende Tabelle `ZPM_LOCATION` bereitgestellt. Um die Filialdaten aus dem On-Premise-System abzubilden, verwenden wir eine *CDS Custom Entity*. CDS Custom Entities sind CDS-Views, deren Datenermittlung in einer ABAP-Klasse implementiert ist.

Legen Sie zunächst den CDS-View `ZI_LocationCustomEntity` im Entwicklungspaket `ZPM_DM` an und übernehmen Sie die in Listing 14.4 gezeigte CDS-View-Definition.

```
@EndUserText.label: 'Locations from S4D'
@ObjectModel.query.implementedBy: 'ABAP:ZCL_PM_LOCATION_BY_RFC'
define custom entity ZI_LocationCustomEntity
{
  key LocationId          : abap.char(10);
      LocationDescription : abap.string(0);
      City                : abap.string(0);
      PostalCode          : abap.numc(10);
```

```
    Street               : abap.string(0);
    StreetNumber         : abap.int4;
}
```

Listing 14.4 CDS Custom Entity für die Filialdaten

Die Feldbeschreibungen und zugehörigen Datentypen der CDS Custom Entity entsprechen denen des Basic Interface Views ZI_LOCATION. Über die Annotation @ObjectModel.query.implementedBy geben Sie die Klasse an, in der die Datenermittlung implementiert ist. Da wir die Klasse noch nicht angelegt haben, ist eine fehlerfreie Aktivierung des CDS-Views noch nicht möglich. Speichern Sie deshalb lediglich Ihre Änderungen und fahren Sie mit der Anlage der Klasse fort.

Klasse zur Datenermittlung

Legen Sie die Klasse ZCL_PM_LOCATION_BY_RFC im Entwicklungspaket ZPM_DM an und implementieren Sie darin das Interface IF_RAP_QUERY_PROVIDER. Übernehmen Sie anschließend den in Listing 14.5 gezeigten Quellcode.


```
METHOD if_rap_query_provider~select.
  DATA lt_locations TYPE TABLE OF ZI_LocationCustomEntity.

  " 1. Auslesen verschiedener Informationen der Webanfrage
  DATA(lv_top)    = io_request->get_paging( )->get_page_size( ).
  DATA(lv_skip)   = io_request->get_paging( )->get_offset( ).
  DATA(lt_fields) = io_request->get_requested_elements( ).
  DATA(lt_sort)   = io_request->get_sort_elements( ).

  TRY.
    " 2. RFC-Destination erzeugen
    DATA(lo_destination) =
cl_rfc_destination_provider=>create_by_cloud_destination(
        i_name                  = 'S4D_RFC'
        i_service_instance_name = 'DEST_SERV_INTEGRATION' ).

    " 3. Destination auslesen
    DATA(lv_destination) =
      lo_destination->get_destination_name( ).

    " 4. Funktionsbaustein aufrufen
    IF io_request->is_data_requested( ).
      CALL FUNCTION 'ZPM_GET_LOCATIONS'
        DESTINATION lv_destination
        IMPORTING
          et_locations = lt_locations.
```

```
      " 5. Daten zurückliefern
      io_response->set_total_number_of_records(
        lines( lt_locations ) ).
      io_response->set_data( lt_locations ).
    ENDIF.

    CATCH cx_rfc_dest_provider_error.
      "Ausnahme behandeln
  ENDTRY.
ENDMETHOD.
```

Listing 14.5 Implementierung einer CDS Custom Entity

Wir gehen an dieser Stelle auf die wichtigsten Abschnitte in Listing 14.5 ein:

1. **Auslesen verschiedener Daten der Webanfrage**
   Es werden verschiedene Informationen der Webanfrage ausgelesen und in interne Variablen geschrieben. Mit diesen Informationen können Sie Datenfilterungen, Sortierungen oder Paging-Funktionalität realisieren. Wir verzichten an dieser Stelle jedoch auf die Implementierung solcher Funktionalität.

   Ein Aufruf der Methoden ist allerdings obligatorisch. Sollten die Methoden nicht aufgerufen werden, würde dies zu einem Programmabbruch führen.
2. **RFC-Destination erzeugen**
   Es wird eine RFC-Destination auf Basis einer Destination erzeugt. Über die Parameter `i_name` und `i_service_instance_name` werden der Name der Destination und der Name der Destination-Service-Instanz übergeben. Bei dem Namen der Serviceinstanz handelt es sich um den **Eigenschaftswert** der korrespondierenden Kommunikationsvereinbarung unter **Zusätzliche Eigenschaften** (siehe Abschnitt 14.1.5, »Destinations und SAP Destination Service«).
3. **Destination auslesen**
   Auslesen und Speichern des generischen Namens der Destination in einer Variablen.
4. **Funktionsbaustein aufrufen**
   Sofern Daten angefordert wurden, wird der RFC-Funktionsbaustein aufgerufen und die zurückgelieferten Daten werden in eine interne Tabelle vom Typ der CDS Custom Entity geschrieben. Achten Sie darauf, dass die Feldnamen der On-Premise-Struktur mit denen der CDS Custom Entity übereinstimmen.

5. **Daten zurückliefern**
   Es werden sowohl die Daten als auch die Anzahl der Datensätze zurück ans Framework gemeldet.

[+]

Generierung von Feldlisten

Die Definition von CDS Custom Entities kann sehr mühsam sein. Abhängig vom Strukturtyp des verwendeten RFC-Funktionsbausteins muss gegebenenfalls eine Vielzahl von Feldern im CDS-View definiert und typisiert werden. Um den zeitlichen Aufwand hier möglichst gering zu halten, hat SAP eine Klasse entwickelt, mit der sich Feldlisten für Strukturtypen generieren und in der Konsole ausgeben lassen.

Weitere Informationen dazu erhalten Sie in folgendem Blogbeitrag in der SAP Community: *http://s-prs.de/v783022*

Nachdem Sie die Klasse `ZCL_PM_LOCATION_BY_RFC` und den CDS-View `ZI_LocationCustomEntity` aktiviert haben, können Sie die »alte« Datenquelle an allen relevanten Stellen durch die CDS Custom Entity ersetzen. An dieser Stelle gehen wir nicht weiter auf den Austausch der Datenquelle ein.

Verwendung von CDS Custom Entities

Beachten Sie, dass die Verwendung und Einbindung von CDS Custom Entities etwas umständlich ist. So können Sie eine CDS Custom Entity beispielsweise nicht als Datenquelle in anderen CDS-Views oder per Assoziation in Feldlisten verwenden. Für die Wertehilfe der Filialdaten müssten Sie daher eine weitere CDS Custom Entity `ZI_LocationCustomEntityValueHelp` mit den entsprechenden Annotationen für die Wertehilfe anlegen und die »alte« Werteliste `ZI_LocationValueHelp` an der entsprechenden Stelle ersetzen.

14.3.3 On-Premise-System über einen OData-Service aufrufen

Mittels RFC-Funktionsbausteinen Daten aus On-Premise-Systemen zu ermitteln, gibt Ihnen die Möglichkeit, ABAP-Cloud-Systeme optimal in die bereits existierende Systemlandschaft zu integrieren. Bereits in Systemen vorhandene Datenbestände können so weiterhin verwendet werden, ohne dass die Daten repliziert werden müssen. Dennoch ist die Verwendung von Funktionsbausteinen im Hinblick auf die Serviceorientierung heute nicht mehr zeitgemäß. Auch für Operationen, bei denen Datensätze im On-Premise-System angelegt oder geändert werden sollen, sind Funktionsbausteine nicht immer praktikabel. Hier bietet sich insbesondere die Verwendung von OData-Services an.

OData-Client-Proxy

Der sicherlich einfachste Weg, um OData-Services in einem ABAP-Cloud-System zu konsumieren, ist der über *OData-Client-Proxys*. Ein OData-

Client-Proxy fungiert als eine Art Vermittler für das Weiterreichen und Umwandeln von OData-Anfragen von einem Client zu einem anderen. OData-Client-Proxys können über den Import einer *EDMX-Datei* (Entity Data Model XML) eines OData-Service generiert werden.

Service Consumption Model

Der Import dieser EDMX-Datei erfolgt über die Anlage eines *Service Consumption Models*. Während der Anlage werden die verschiedenen Metadaten aus der EDMX-Datei ausgelesen, und es werden automatisch ein CDS-View für das Geschäftsobjekt, eine Servicedefinition und optional eine Verhaltensdefinition erzeugt. Das Service Consumption Model bietet aber noch mehr: Nach der Anlage können Sie sich Quellcodebeispiele für jede beliebige HTTP-Methode des Service Consumption Models anzeigen lassen. Die Verwendung von OData-Services in Ihrem Quellcode ist damit in wenigen Schritten möglich.

Wir zeigen Ihnen nun, wie Sie einen OData-Client-Proxy in einem ABAP-Cloud-System anlegen und anschließend verwenden. Als Basis dient uns ein OData-Service zur Verarbeitung von Filialdaten. Diesem OData-Service liegt ein CDS-View mit transaktionalem Verhalten zugrunde, der nach dem ABAP-Programmiermodell für SAP Fiori entwickelt wurde.

Cloud Connector konfigurieren

Zunächst müssen Sie Ihr On-Premise-System für den Aufruf von OData-Services im Cloud Connector angeben. Erstellen Sie dazu ein neues Mapping für das Verbindungsprotokoll HTTP oder HTTPS, wie in Abschnitt 14.3.1, »On-Premise-System an die SAP Business Technology Platform anbinden«, beschrieben. Veröffentlichen Sie anschließend Ihren OData-Service, indem Sie eine neue Ressource hinzufügen und die URL des OData-Service im Feld **URL Path** hinzufügen. Wir geben an dieser Stelle alle Pfade frei (siehe Abbildung 14.34).

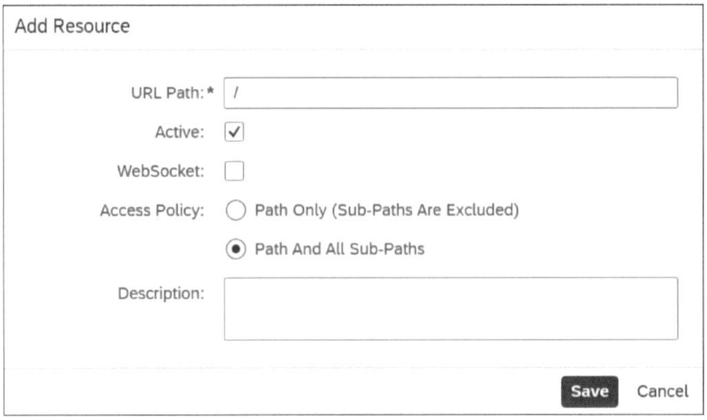

Abbildung 14.34 Hinzufügen einer neuen HTTP-Ressource

HTTP-Destination anlegen

Fahren Sie nun mit den Einstellungen in der SAP BTP fort. Legen Sie dort eine neue Destination für die Verbindung via HTTP an. Vergeben Sie einen sprechenden Namen für die Destination und geben Sie die URL und die Anmeldedaten des On-Premise-Systems an. Übernehmen Sie außerdem die in Tabelle 14.4 aufgeführten Werte für die Eigenschaften der Destination.

Eigenschaft	Wert
Type	HTTP
Proxy Type	OnPremise
Authentication	BasicAuthentication

Tabelle 14.4 Eigenschaften für die HTTP-Destination

Für HTTP-Destinations müssen außerdem noch weitere systemspezifische Angaben gemacht werden. Fügen Sie über die Schaltfläche **New Property** die folgenden vier zusätzlichen Eigenschaften zur Destination hinzu und tragen Sie die entsprechenden Daten Ihres Systems ein:

- `jco.client.ashost`
- `jco.client.client`
- `jco.client.sysnr`
- `sap-client`

Abbildung 14.35 zeigt eine exemplarisch eingerichtete HTTP-Destination zu einem On-Premise-System.

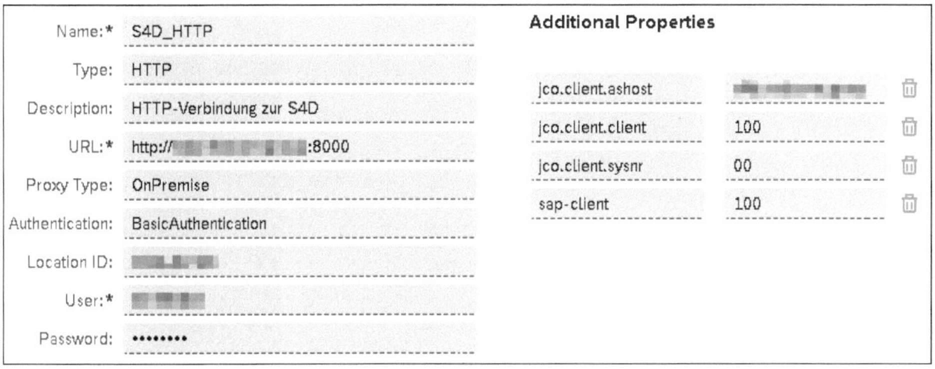

Abbildung 14.35 Eigenschaften einer HTTP-Destination

Service Consumption Model anlegen

Wechseln Sie nun in die Eclipse-Umgebung und legen Sie dort ein neues Service Consumption Model im Paket `ZPM_BO` an:

1. Rufen Sie dazu im **Project Explorer** mit der rechten Maustaste das Kontextmenü auf und wählen Sie **New • Other ABAP Repository Object • Business Services • Service Consumption Model** (siehe Abbildung 14.36).

Alternativ können Sie den Dialog zur Erstellung von Entwicklungsobjekten auch mit der Tastenkombination [Strg] + [N] aufrufen.

2. Bestätigen Sie Ihre Auswahl mit **Next**.

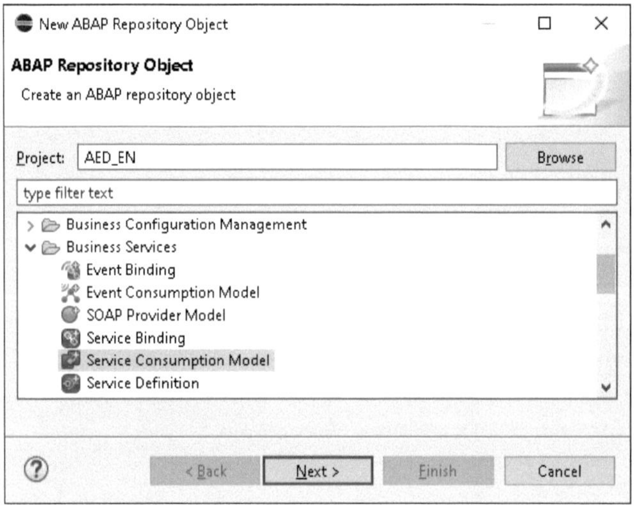

Abbildung 14.36 Anlage eines neuen Service Consumption Models

3. Vergeben Sie im nächsten Dialogschritt einen sprechenden Namen für das Service Consumption Model, wie z. B. »ZSB_LOCATION«, sowie eine entsprechende Beschreibung.
4. Wählen Sie im Feld **Remote Consumption Model** die Option **OData** und bestätigen Sie Ihre Eingaben mit **Next**.
5. Wählen Sie im nächsten Dialogschritt die gespeicherte Metadatendatei (EDMX-Datei) Ihres OData-Service aus (siehe Abbildung 14.37) und fahren Sie mit **Next** fort.

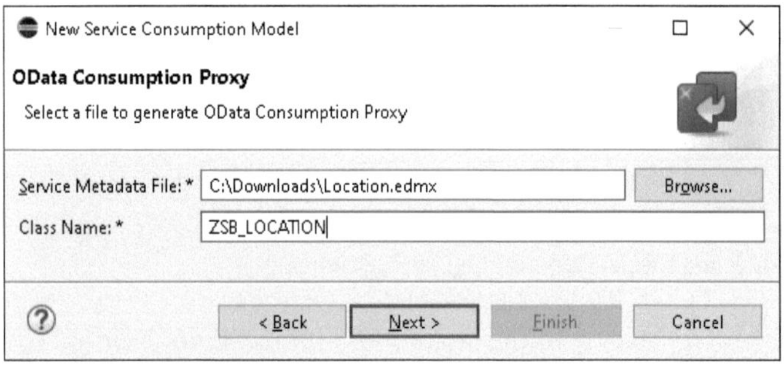

Abbildung 14.37 Auswahl der Metadatendatei

6. Im nächsten Dialogschritt werden die Komponenten des OData-Service und etwaige Fehler dargestellt. Klicken Sie auf **Next**.

7. Abbildung 14.38 zeigt Ihnen den vorletzten Dialogschritt. Hier können Sie auswählen, ob Sie die Unterstützung von ETags wünschen. Fahren Sie mit **Next** fort und schließen Sie die Anlage mit der Auswahl eines Transportauftrags ab.

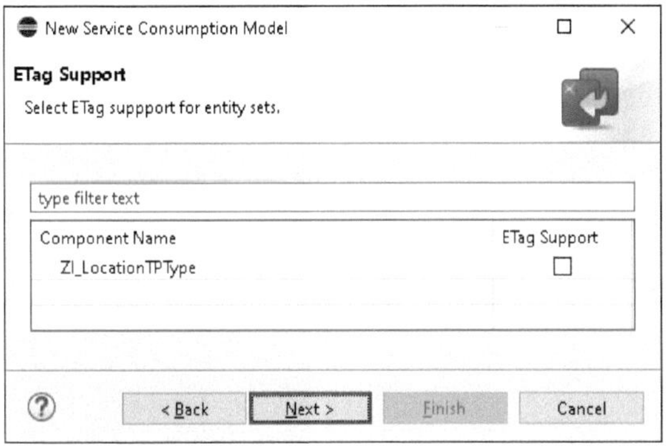

Abbildung 14.38 Einstellungen zur Verwendung von ETags

Anzeige des Service Consumption Models

Nach der erfolgreichen Anlage öffnet sich das Service Consumption Model automatisch, wie in Abbildung 14.39 dargestellt. Für jede im linken Bildschirmbereich markierte Entität können Sie in der Auswahlliste **Operation** eine HTTP-Operation auswählen und sich den Beispielquellcode anzeigen lassen.

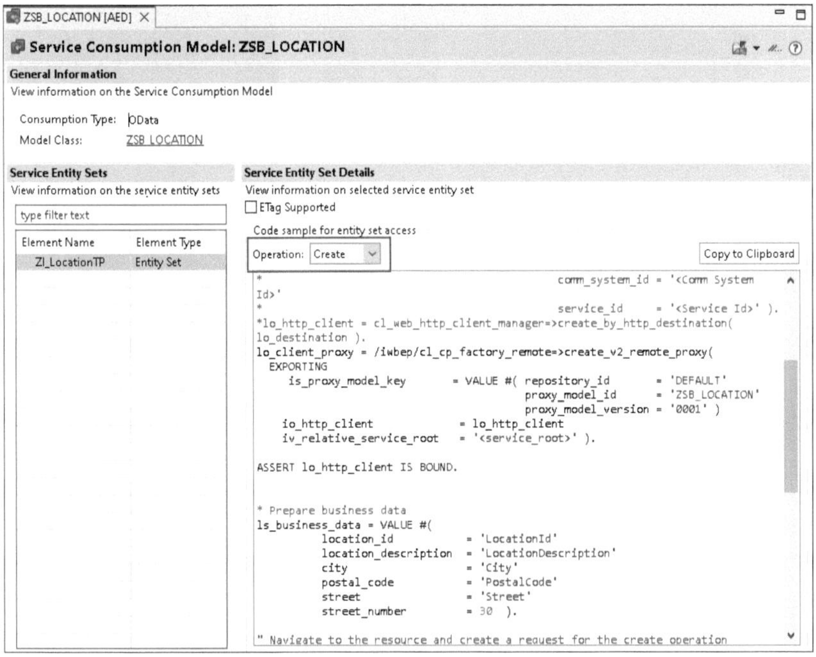

Abbildung 14.39 Beispielquellcode im Service Consumption Model

Quellcode für eine Leseoperation

Sie können den Beispielquellcode kopieren und anschließend in Ihre Anwendungen übernehmen. Dort müssen Sie lediglich noch den auskommentierten Quellcode zur Erzeugung des HTTP-Clients und die Erzeugung der HTTP-Destination einbauen sowie die Destination und die Destination-Service-Instanz einsetzen. Des Weiteren müssen Sie noch die relative Root-URL Ihres Service angeben. Listing 14.6 zeigt einen Auszug aus dem exemplarischen Aufruf einer Leseoperation des OData-Service für die Filialdaten.

```
...
" Create http client
DATA(lo_destination) =
cl_http_destination_provider=>create_by_cloud_destination(
       i_name  = 'S4D_HTTP'
       i_service_instance_name = 'DEST_SERV_INTEGRATION' ) ).

lo_http_client =
  cl_web_http_client_manager=>create_by_http_destination(
    lo_destination ).
lo_client_proxy =
  /iwbep/cl_cp_factory_remote=>create_v2_remote_proxy(
     EXPORTING
        is_proxy_model_key = VALUE #(
          repository_id       = 'DEFAULT'
          proxy_model_id      = 'ZSB_LOCATION'
          proxy_model_version = '0001' )
        io_http_client     = lo_http_client
        iv_relative_service_root =
          '/sap/opu/OData/sap/ZI_LOCATIONTP_CDS' ).

ASSERT lo_http_client IS BOUND.

" Set entity key
ls_entity_key = VALUE #(
          location_id   = 'LocationId' ).

" Navigate to the resource
lo_resource = lo_client_proxy->create_resource_for_entity_set(
'ZI_LOCATION_TP' )->navigate_with_key( ls_entity_key ).

" Execute the request and retrieve the business data
lo_response = lo_resource->create_request_for_read( )->execute( ).
...
```

Listing 14.6 Beispielquellcode zum Aufruf der Leseoperation eines OData-Service

Service Consumption Models ermöglichen durch die Generierung von Beispielquellcode eine schnelle und einfache Integration externer OData-Services in Anwendungen der ABAP-Cloud-Systeme. Sie sind daher ein nützliches Werkzeug zur Integration von externen Systemen und ABAP-Cloud-Systemen.

14.4 Mit Events arbeiten

In den vorangegangenen Abschnitten haben wir Ihnen vor allem die synchrone Kommunikation zwischen Systemen vorgestellt. Wie gehen Sie jedoch vor, wenn Sie eine asynchrone Kommunikation zwischen Systemen in Ihrer Systemlandschaft realisieren wollen?

Asynchrone Kommunikation

Asynchrone Kommunikation zwischen Systemen bietet sich besonders an, wenn eine Entkopplung der Systeme erforderlich ist, um die Skalierbarkeit und Reaktionsfähigkeit zu verbessern. Dies gilt vor allem für Szenarien, in denen eine sofortige Verarbeitung nicht notwendig oder möglich ist und die Systeme und Anwendungen unabhängig voneinander arbeiten können, wodurch Engpässe und Wartezeiten vermieden werden.

Als Beispiel dazu bietet sich der in Abschnitt 8.1, »Erweitertes Speicherverhalten implementieren«, vorgestellte Folgeprozess unseres Rabattaktion-Anwendungsbeispiels an. Dieser Folgeprozess sieht vor, dass die Daten der Rabattaktion automatisch an die Kassen der Filialen gesendet werden, sobald sich der Genehmigungsstatus einer Rabattaktion auf »Genehmigt« (**A**) ändert. Wenn zum Zeitpunkt der Genehmigung der Rabattaktion die Kassensysteme jedoch nicht erreichbar sind, würde die Genehmigung bei einer synchronen Kommunikation fehlschlagen. Der Genehmigungsprozess müsste dann so lange neu gestartet werden, bis die Kassensysteme wieder verfügbar sind. Genau in solchen Fällen bietet sich eine eventgetriebene asynchrone Kommunikation an.

Melden von Zustandsänderungen

Das Melden von Zustandsänderungen an einem Geschäftsobjekt erfolgt mit ABAP Cloud über Ereignisse (*Events*). Events sind vollständig in das ABAP RESTful Application Programming Model integriert.

14.4.1 SAP Event Mesh

Für *ereignisgesteuerte Architekturen* stellt SAP den Service *SAP Event Mesh* bzw. *SAP Integration Suite, Advanced Event Mesh* auf der SAP BTP zur Verfügung. In ereignisgesteuerten Architekturen tauschen verschiedene Systeme und Anwendungen Events aus, anstatt direkt miteinander zu kommunizieren. Ein System oder eine Anwendung sendet dazu ein Event, das dann in einer sogenannten *Queue* eines *Event Brokers* abgelegt wird. SAP Event Mesh ist ein Beispiel für einen solchen Event Broker. Anwendungen können dann dieses Event konsumieren. Bei dem Event Broker handelt es sich um eine *Middleware*, die die Übertragung von Events zwischen Sender und Empfänger ermöglicht und als Vermittler fungiert. Abbildung 14.40 skizziert diese Architektur.

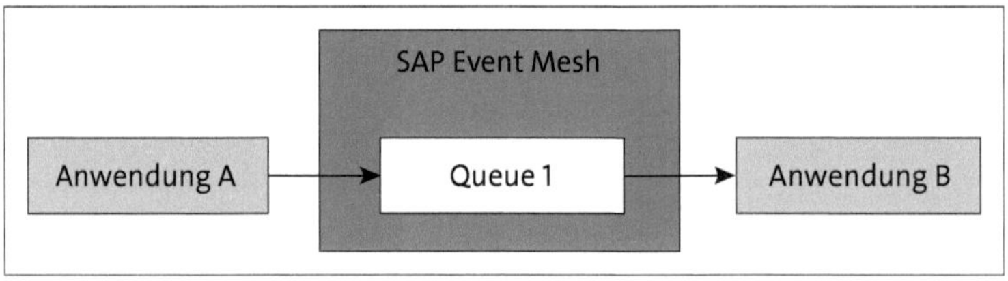

Abbildung 14.40 Ereignisgesteuerte Architektur mit SAP Event Mesh

Eins-zu-Eins-Kommunikation

Queues kommen bei der Eins-zu-Eins-Kommunikation zum Einsatz, bei der Events von einem einzigen Empfänger verarbeitet werden. Die Events bleiben so lange in der Queue stehen, bis der Empfänger diese verarbeitet. Übersetzt heißen Queues treffenderweise *Warteschlangen*. Sender und Empfänger arbeiten unabhängig voneinander, was eine asynchrone und entkoppelte Kommunikation ermöglicht.

Eins-zu-viele-Kommunikation

Gibt es zu einem Event mehrere Empfänger, spricht man von einer Eins-zu-viele-Kommunikation. In so einem Fall kommen sogenannte *Topics* zum Einsatz. Topics werden durch *Queue Subscriptions* (Warteschlangen-Abonnements) verwaltet. Hierbei werden die von einem sendenden System zu einem Topic veröffentlichten Events an die angebundene Queue gesendet. Empfangende Systeme können dann die zu einem Topic abgelegten Events abonnieren und anschließend konsumieren. So können Events aus einem SAP-S/4HANA-System nur an Topics gesendet werden. Die Queue Subscription stellt sicher, dass ein an ein Topic gesendetes Event so lange aufbewahrt wird, bis es von der empfangenden Anwendung konsumiert wird. Abbildung 14.41 skizziert diese Eins-zu-viele-Kommunikation.

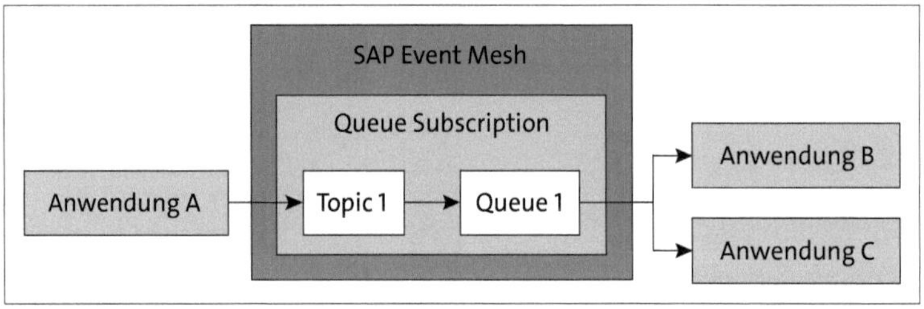

Abbildung 14.41 Eins-zu-viele-Kommunikation mit SAP Event Mesh

14.4.2 Events bereitstellen

Wir werden Ihnen nun am Beispiel des ABAP Environments zeigen, wie Sie mit ABAP Cloud Events erzeugen und in SAP Event Mesh bereitstellen. Wie bereits zu Beginn dieses Abschnitts erwähnt, ist die Erzeugung von Events vollständig in das ABAP RESTful Application Programming Model integriert.

Business Event

Um Zustandsänderungen eines Geschäftsobjekts bekannt zu geben, stehen im ABAP RESTful Application Programming Model sogenannte *Business Events* zur Verfügung. Business Events werden innerhalb der Verhaltensdefinition definiert:

```
event <EventName> [ parameter <AbstractEntity> ];
```

Für das Event muss ein Name vergeben werden. Zusätzliche können dem Event über den Zusatz `parameter` weitere Informationen mitgegeben werden, die dann dem Konsumenten des Events bereitgestellt werden.

Business Event definieren

Erweitern Sie, wie in Listing 14.7 gezeigt, die Verhaltensdefinition `ZR_PROMOTIONTP` um das Event `PromotionApproved`.

```
define behavior for ZR_PromotionTP alias Promotion
...
{ ... event PromotionApproved; }
```

Listing 14.7 Definition des Business Events »PromotionApproved«

Business Event ausführen

Das Event soll ausgeführt werden, wenn sich der Genehmigungsstatus einer Rabattaktion auf »Genehmigt« (**A**) ändert. Bereits in Listing 8.4 in Abschnitt 8.1, »Erweitertes Speicherverhalten implementieren«, haben wir die Methode `SAVE_MODIFIED` implementiert, um Daten an ein Fremdsystem zu übertragen. Genau an dieser Stelle werden wir nun das Business Event `PromotionApproved` ausführen. Ergänzen Sie dazu die Methode `SAVE_MODIFIED` um den in Listing 14.8 gezeigten Quellcode.

```
METHOD save_modified.
...
  " 2. Prüfen, ob sich der Wert im Feld ApprovalStatuts
  " geändert hat.
  IF <promotion_u>-%control-approvalstatus =
    if_abap_behv=>mk-on
    AND <promotion_u>-approvalstatus= 'A'.

    " Business Event ausführen
    RAISE ENTITY EVENT ZR_PromotionTP~PromotionApproved
```

```
    FROM VALUE #( ( %key = <promotion_u>-%key ) ).
...
ENDMETHOD.
```

Listing 14.8 Business Event »PromotionApproved« ausführen

Um das Event `PromotionApproved` an SAP Event Mesh senden zu können, muss für das Event ein *Event Binding* erstellt werden.

SAP-Objekttyp anlegen

Bevor Sie mit der Anlage des Event Bindings beginnen können, müssen Sie jedoch noch einen sogenannten *SAP-Objekttyp* anlegen. Ein SAP-Objekttyp ist ein ABAP-Repository-Objekt, dass freigegebene Objekte semantisch gruppiert. Bei der Anlage eines Event Bindings muss dieser Objekttyp angegeben werden. Legen Sie den SAP-Objekttyp wie folgt an:

1. Wählen Sie im Kontextmenü des ABAP-Cloud-Projekts den Eintrag **New • Other ABAP Repository Object • SAP Object Type Management • SAP Object Type** aus.
2. Definieren Sie, wie in Abbildung 14.42 gezeigt, folgende Eigenschaften und bestätigen Ihre Eingaben mit **Next**:
   - **Name**: »ZPROMOTION«
   - **Description**: »Promotion object type«
   - **Type Category: Business Object**

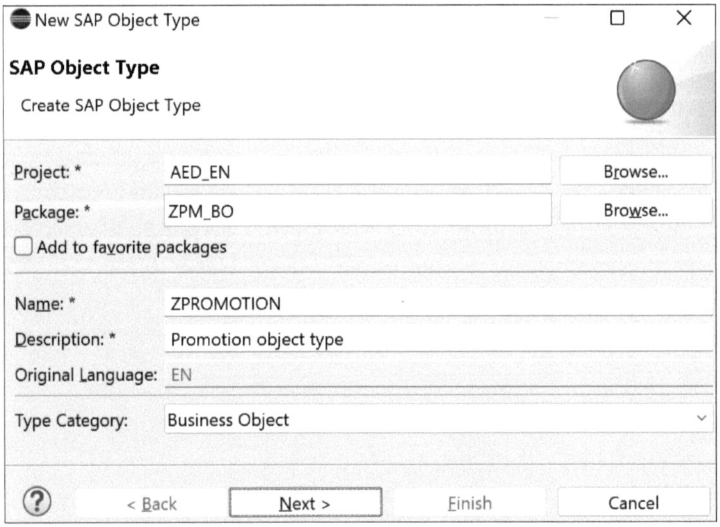

Abbildung 14.42 SAP-Objekttyp anlegen

3. Wählen Sie einen Transportauftrag aus und schließen die Anlage über die Schaltfläche **Finish** ab.

4. Vergeben Sie in dem sich daraufhin öffnenden Editor im Feld **Object Type Code** einen Wert zwischen 90000 und 99999. Dieser Bereich kennzeichnet kundeneigene Objekttypen.
5. Aktivieren Sie den SAP-Objekttyp abschließend.

SAP-Objekt-Knotentyp anlegen

Zu einem SAP-Objekttyp ist auch immer ein *SAP-Objekt-Knotentyp* anzulegen:

1. Führen Sie dazu einen Rechtsklick auf den zuvor angelegten SAP-Objekttyp aus und wählen Sie **New SAP Object Node Type**.
2. Vergeben Sie in dem sich daraufhin öffnenden Dialog den Namen »ZPROMOTION« und eine Beschreibung für den SAP-Objekt-Knotentyp (siehe Abbildung 14.43). Markieren Sie die Option **Root Node**, da es sich um einen Wurzelknoten handelt, und bestätigen Sie Ihre Eingaben mit **Next**.

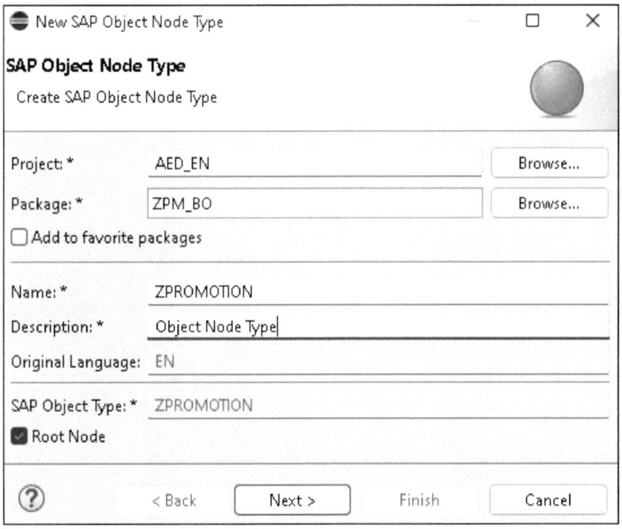

Abbildung 14.43 SAP-Objekt-Knotentyp anlegen

3. Wählen Sie einen Transportauftrag aus und beenden Sie den Assistenten über die Schaltfläche **Finish**. Aktivieren Sie den SAP-Objekt-Knotentyp abschließend.
4. Weisen Sie den CDS-View `ZR_PromotionTP` dem SAP-Objekt-Knotentyp `ZPROMOTION` zu, indem Sie die Annotation `@ObjectModel.sapObjectNodeType.name: 'ZPROMOTION'` im Kopfbereich ergänzen.

Event Binding erstellen

Im nächsten Schritt können Sie nun das Event Binding erstellen:

1. Rufen Sie mit einem Rechtsklick auf das Entwicklungspaket `ZPM_BO` das Kontextmenü auf und wählen Sie **New • Other ABAP Repository Object • Business Services • Event Binding**.

2. Vergeben Sie den Namen »ZEVENT_PROMOTION_APPROVED« und eine entsprechende Beschreibung für das Event Binding. Bestätigen Sie Ihre Eingaben über die Schaltfläche **Next**.
3. Wählen Sie einen Transportauftrag aus und schließen Sie die Anlage über die Schaltfläche **Finish** ab.
4. In dem sich daraufhin öffnenden Editor definieren Sie folgende Eigenschaften:
   - **Type Namespace**: »zevent«
   - **SAP Object Type**: `ZPROMOTION`
   - **Operation**: `approved`
5. Fügen Sie über die Schaltfläche **Add** den CDS-View `ZR_PromotionTP` und das Business Event `PromotionApproved` hinzu.
6. Aktivieren Sie das Event Binding.

Abbildung 14.44 zeigt das erstellte Event Binding `ZEVENT_PROMOTION_APPROVED`.

Abbildung 14.44 Event Binding ZEVENT_PROMOTION_APPROVED

Wie Sie in Abbildung 14.44 erkennen können, handelt es sich bei dem Wert im Feld **Type** um eine Verkettung der drei Attribute **Type Namespace**, **SAP Object Type** und **Operation** sowie der Version des Events. Das Platzhaltersternchen (*) verweist auf das entsprechende Event. Bei dem Wert im Feld **Type** handelt es sich im Endeffekt um das Topic, über das später die Adressierung des Events in SAP Event Mesh erfolgt.

Verbindung zu SAP Event Mesh

Damit das Event in SAP Event Mesh ankommt, muss eine Verbindung zwischen dem SAP-System und SAP Event Mesh konfiguriert werden. Wie in Abschnitt 14.1.4, »Kommunikationsvereinbarung«, beschrieben, erfolgt eine solche Kommunikation mit externen Systemen über eine Kommunikationsvereinbarung. Für die Anbindung von SAP Event Mesh stellt SAP das Kommunikationsszenario SAP_COM_0092 zur Verfügung, für das wir eine Kommunikationsvereinbarung erstellen werden. Eine Anleitung dazu finden Sie in Abschnitt 14.1.5, »Destinations und SAP Destination Service«.

Kommunikationsvereinbarung anlegen

Erstellen Sie dieser Anleitung folgend mit der SAP-Fiori-Anwendung **Kommunikationsvereinbarungen** eine Kommunikationsvereinbarung für das Kommunikationsszenario SAP_COM_0092. Vergeben Sie als Namen »Z_EVENT_MESH«, und tragen Sie einen Kommunikationsbenutzer und den Service Key Ihrer Event-Mesh-Instanz im Feld **Serviceschlüssel** ein.

[«]

Service Key von SAP Event Mesh

Den Service Key Ihrer Event-Mesh-Instanz finden Sie auf der Registerkarte **Service Keys** des entsprechenden Subaccounts unter **Services • Instances and Subscriptions • Instances**.

Ereigniskanal-Binding pflegen

14

Mit erfolgreicher Anlage der Kommunikationsvereinbarung wird automatisch ein gleichnamiger *Ereigniskanal* (Outbound Channel) zwischen dem SAP-System und SAP Event Mesh erstellt. Diesem Ereigniskanal muss das Topic zevent/ZPROMOTION/approved/* des Event Bindings ZEVENT_PROMOTION_APPROVED zugeordnet werden. Gehen Sie dazu wie folgt vor:

1. Rufen Sie über das SAP Fiori Launchpad Ihres SAP-Systems die Anwendung **Bereitstellung von Unternehmens-/technischen Ereignissen** auf (siehe Abbildung 14.45).

Abbildung 14.45 SAP-Fiori-Anwendung »Bereitstellung von Unternehmens-/technischen Ereignissen«

2. Wählen Sie aus den zu Verfügung stehenden Kanälen den Kanal Z_EVENT_MESH aus.
3. Fügen Sie anschließend im Bereich **Bindungen ausgehendes Topic** über die Schaltfläche **Anlegen** das Topic zevent/ZPROMOTION/approved/* hinzu (siehe Abbildung 14.46).

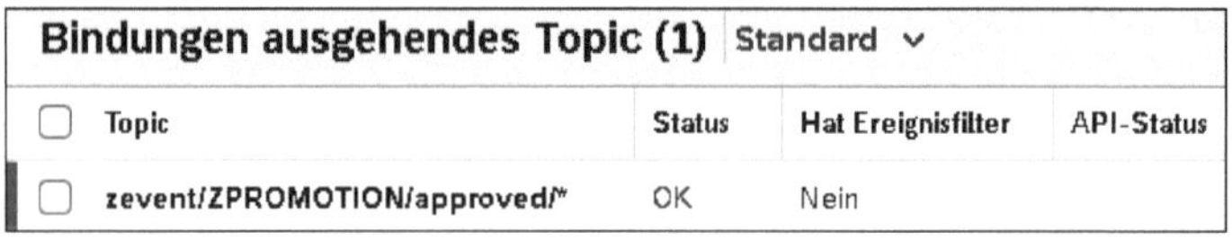

Abbildung 14.46 Bindung des ausgehenden Topics

Queue Subscription anlegen

Wir gehen an dieser Stelle davon aus, dass Ihnen bereits eine Queue in Ihrer Event-Mesh-Instanz zur Verfügung steht. Erstellen Sie zu dieser Queue eine Queue Subscription, indem Sie in der Liste der Queues in der Spalte **Actions** über die Schaltfläche (**Action**) den Menüpunkt **Queue Subscriptions** auswählen (siehe Abbildung 14.47).

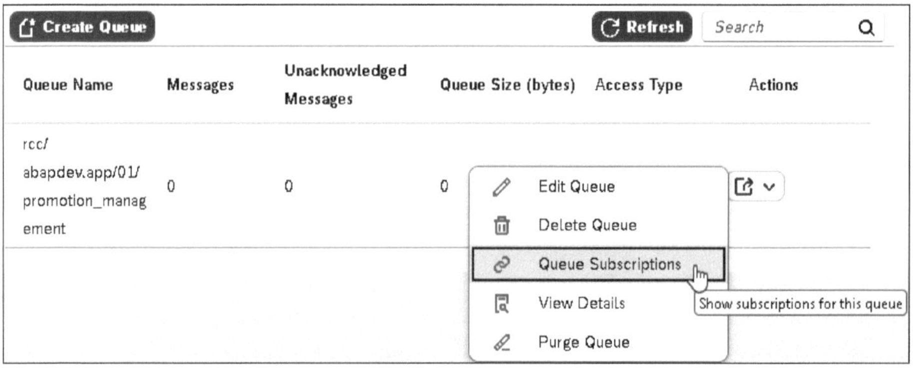

Abbildung 14.47 Queue Subscription in SAP Event Mesh anlegen

Geben Sie, wie in Abbildung 14.48 gezeigt, das **Topic** des Event Bindings an und bestätigen Sie Ihre Eingabe über die Schaltfläche **Add**. Das Topic können Sie dem Ereigniskanal auf der Registerkarte **Ereignis-Metadaten** der Anwendung **Bereitstellung von Unternehmens-/technischen Ereignissen** entnehmen. Sie finden das Topic im JSON-Attribut `channels` der angezeigten Metadaten.

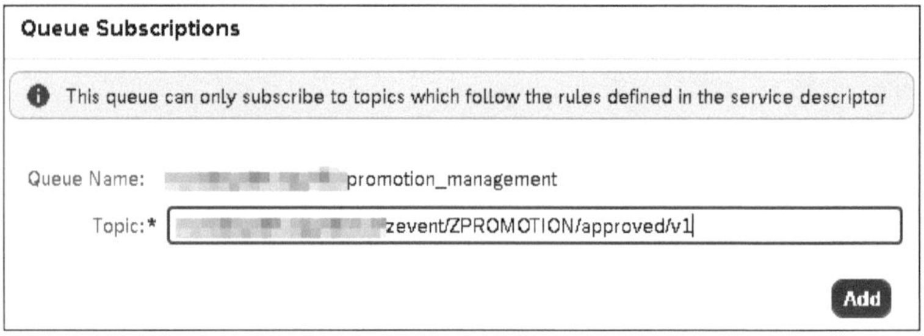

Abbildung 14.48 Ein Topic abonnieren

Damit haben Sie alle benötigten Konfigurationsschritte vorgenommen, um ein Business Event an SAP Event Mesh zu senden.

Rabattaktion genehmigen

Wenn Sie nun eine Rabattaktion genehmigen, wird das Business Event `PromotionApproved` innerhalb der Methode `SAVE_MODIFIED` ausgeführt. Dieses wird dann automatisch in der entsprechenden Queue in SAP Event Mesh abgelegt. Abbildung 14.49 zeigt die Daten, die als Nachricht (*Message*) in der Queue abgelegt werden. Diese Nachricht enthält den Typ aus dem Event Binding sowie den Schlüssel der genehmigten Rabattaktion. Empfangende Systeme können die zu dem Topic abgelegten Events nun konsumieren.

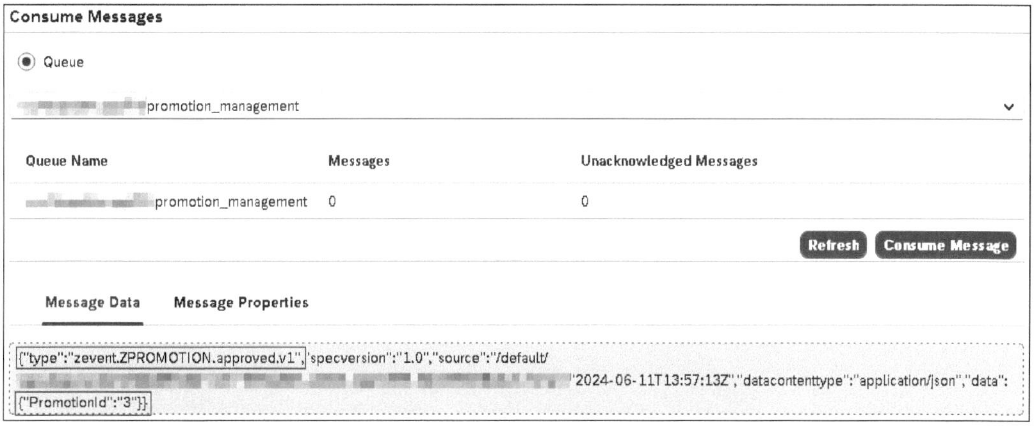

Abbildung 14.49 Daten des erzeugten Events in SAP Event Mesh

14.4.3 Events konsumieren

Sie können mithilfe von ABAP Cloud nicht nur Events bereitstellen, sondern diese auch konsumieren. Dazu kommen sogenannte *Event Consumption Models* zum Einsatz. Wir zeigen Ihnen in diesem Abschnitt, wie Sie Events mit ABAP Cloud konsumieren können. Um das Beispiel so einfach wie möglich zu halten, werden wir das Event `PromotionApproved` verwenden, das wir im vorangegangenen Abschnitt implementiert haben, und aus SAP Event Mesh konsumieren.

Separates Entwicklungspaket

Um das Konsumieren des Events zu ermöglichen, muss eine Vielzahl von Objekten erstellt werden, die wir in einem separaten Entwicklungspaket `ZPM_EVENT_CONSUMPTION` ablegen. Erstellen Sie daher als Erstes dieses Entwicklungspaket, wie in Abschnitt 5.2.2, »Projektstruktur anlegen«, beschrieben.

Event-Spezifikation

Nachdem Sie das Entwicklungspaket angelegt haben, können Sie mit der Anlage des Event Consumption Models beginnen. Dazu benötigen Sie die Spezifikation des Events, das Sie konsumieren wollen. Diese finden Sie in dem in Abschnitt 14.4.2, »Events bereitstellen«, erstellten Kanal `Z_EVENT_`

`MESH` auf der Registerkarte **Ereignis-Metadaten** der Anwendung **Bereitstellung von Unternehmens-/technischen Ereignissen**. Speichern Sie diese Metadaten als lokale JSON-Datei auf Ihrem Rechner.

Event Consumption Model anlegen

Gehen Sie wie folgt vor, um ein Event Consumption Model anzulegen:

1. Rufen Sie über das Kontextmenü des Entwicklungspakets `ZPM_EVENT_CONSUMPTION` den Pfad **New • Other ABAP Repository Object • Business Services • Event Consumption Model** auf, um den Assistenten zur Anlage von Event Consumption Models zu öffnen.
2. Vergeben Sie, wie in Abbildung 14.50 gezeigt, in dem sich daraufhin öffnenden Dialog eine Beschreibung (**Description**) sowie ein Präfix und eine Kennung (**Namespace / Prefix / Identifier**). Geben Sie zusätzlich im Feld **Event Specification File** die JSON-Datei mit den Metadaten des Events an. Wählen Sie dann die Schaltfläche **Next**.

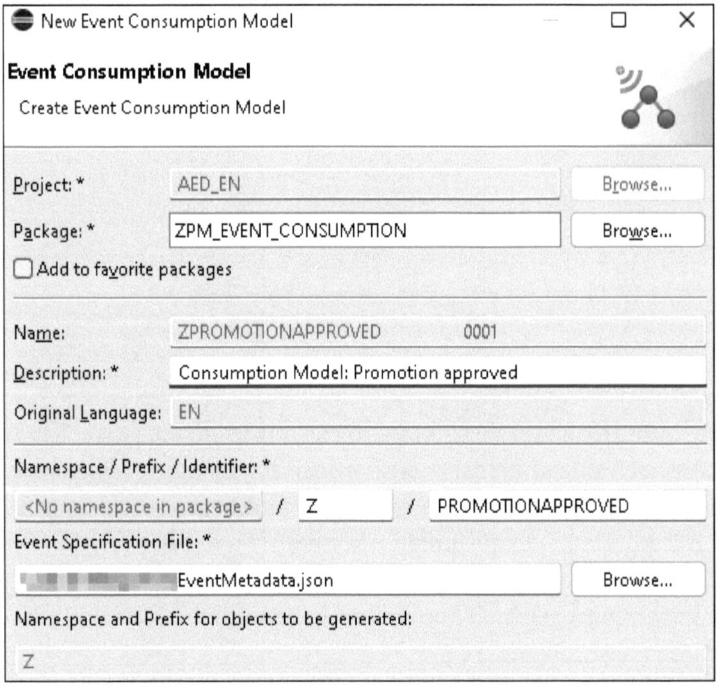

Abbildung 14.50 Event Consumption Model anlegen

3. Klicken Sie im nächsten Schritt auf die Schaltfläche **Next**, um den Event-Typ für das Event `PromotionApproved` zu bestätigen. Danach werden Ihnen die Entwicklungsobjekte für die Konsumierung des Events angezeigt. Die Konsumierung des Events erfolgt in einer sogenannten *Consumer Class*. Der Name dieser Klasse wird im Feld **Consumer Class** angezeigt.

4. Klicken Sie erneut auf **Next**, um eine Übersicht der zu generierenden Entwicklungsobjekte zu erhalten. Bestätigen Sie diese Übersicht erneut mit **Next**, wählen Sie einen Transportauftrag aus und schließen die Anlage des Event Consumption Models mit der Schaltfläche **Finish** ab.

Das Entwicklungspaket `ZPM_EVENT_CONSUMPTION` enthält nun die generierten Objekte. Vergewissern Sie sich, dass alle Objekte aktiv sind.

Kommunikationsszenario erstellen

Legen Sie als Nächstes ein eigenes Kommunikationsszenario `ZCOM_EVENT_CONSUMPTION` für das Event Consumption Model an. Wie Sie ein Kommunikatonsszenario anlegen, haben wir in Abschnitt 14.2.2, »APIs bereitstellen«, beschrieben. Auf der Registerkarte **Inbound** fügen Sie dem Kommunikationsszenario über die Schaltfläche **Add** den während der Erstellung des Event Consumption Models automatisch generierten, Inbound-Service hinzu. Diesen finden Sie im Paket `ZPM_EVENT_CONSUMPTION` unter **Cloud Communication Management • COM Inbound Services**. Speichern und veröffentlichen Sie das Kommunikationsszenario über die Schaltfläche **Publish Locally**. Abbildung 14.51 zeigt das erstellte Kommunikationsszenario.

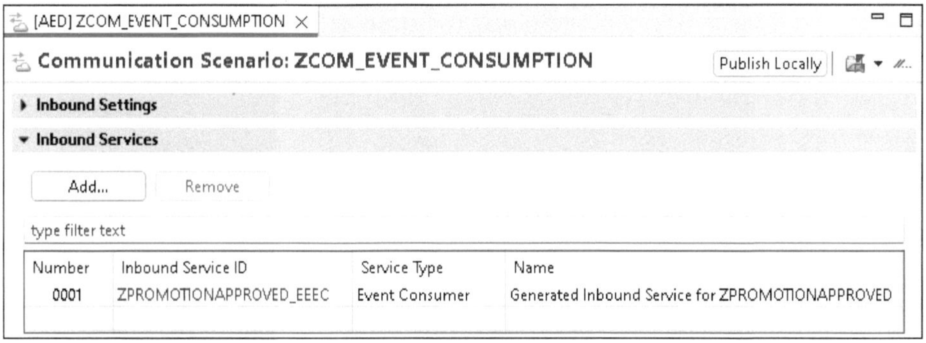

Abbildung 14.51 Kommunikationsszenario ZCOM_EVENT_CONSUMPTION

Kommunikationsvereinbarung erstellen

Zu dem Kommunikationsszenario müssen Sie anschließend eine Kommunikationsvereinbarung erstellen. Dazu nutzen Sie erneut die SAP-Fiori-Anwendung **Kommunikationsvereinbarungen**:

1. Wählen Sie im Anlagedialog das Kommunikationsszenario `ZCOM_EVENT_CONSUMPTION` über die Wertehilfe aus und vergeben Sie bei Bedarf einen abweichenden Namen für die Kommunikationsvereinbarung. Klicken Sie auf **Anlegen**.
2. Erstellen Sie anschließend ein neues Kommunikationssystem. Aktivieren Sie im Bereich **Event Exchange Infrastructure** des Kommunikationssystems den Schalter für die Event-Infrastruktur und fügen Sie den

in Abschnitt 14.4.2, »Events bereitstellen«, angelegten Ereigniskanal Z_EVENT_MESH über die Plusschaltfläche (⊞) hinzu (siehe Abbildung 14.52).

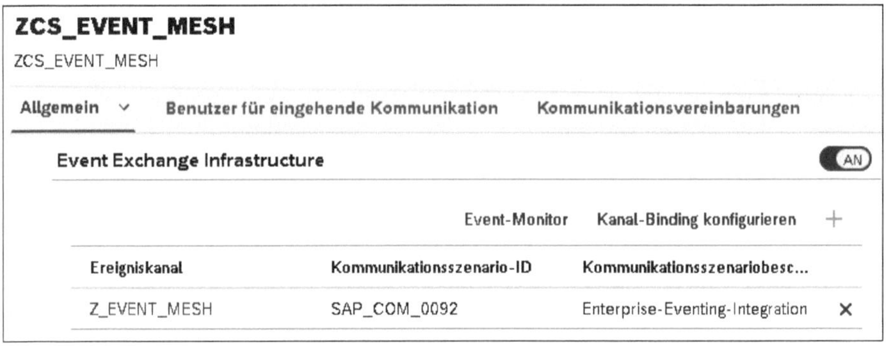

Abbildung 14.52 Kommunikationssystem ZCS_EVENT_MESH

3. Tragen Sie auf der Registerkarte **Benutzer für eingehende Kommunikation** einen Kommunikationsbenutzer ein und schließen die Anlage des Kommunikationssystems über die Schaltfläche **Sichern** ab.
4. Tragen Sie das neue Kommunikationssystem in der Kommunikationsvereinbarung ein und beenden Sie die deren Anlage über die Schaltfläche **Sichern**.

Als Ergebnis aller vorgenommenen Schritte wird vom eingehenden Event nun das Topic im Kanal Z_EVENT_MESH im Bereich **Bindungen eingehendes Topic** angezeigt (siehe Abbildung 14.53). Tragen Sie im Bereich **Subskriptionen** den Namen der Queue aus SAP Event Mesh ein, in der Sie das in Abschnitt 14.4.2, »Events bereitstellen«, erzeugte Event gespeichert haben.

Abbildung 14.53 Binding des eingehenden Topics

Nachdem Sie die Änderungen im Ereigniskanal gespeichert haben, sind alle notwendigen Schritte für die Konsumierung des Events abgeschlossen. Sobald eine Rabattaktion auf »Genehmigt« (**A**) gesetzt wird, wird das Event PromotionApproved in SAP Event Mesh gespeichert (siehe Abbildung 14.49) und anschließend vom System konsumiert.

Das Event wird in der Klasse ZCL_PROMOTIONAPPROVED konsumiert, die bei der Anlage des Event Consumption Models ZPROMOTIONAPPROVED generiert wurde. Diese Klasse enthält die in Listing 14.9 gezeigte Methode, mit der Sie auf das Event reagieren können.

```
METHOD
zif_promotionapproved_handler~handle_zpromotion_approved_v1.
  ...
  business_data = io_event->get_business_data( ).
  ...
ENDMETHOD.
```

Listing 14.9 Methode zum Konsumieren des Events »PromotionApproved«

Es steht Ihnen frei, diese Methode zu nutzen, um z. B. Einträge in die in Abschnitt 8.1, »Erweitertes Speicherverhalten implementieren«, erstellte Datenbanktabelle ZPM_PROMO_TRANS zu schreiben.

14.5 Zusammenfassung

Die Integration externer Systeme in ABAP-Cloud-Systeme ist Bestandteil vieler Anwendungsszenarien. Durch die vielfältigen Möglichkeiten, externe Systeme anzubinden, können Daten aus verschiedensten Datenquellen abgegriffen und in die eigenen Cloud- und On-Premise-Prozesse integriert werden. Wir haben Ihnen in diesem Kapitel die Grundlagen für die Kommunikation mit Systemen innerhalb und außerhalb Ihrer Systemlandschaft nahegebracht.

Die Kommunikation mit externen Systemen setzt die Konfiguration bestimmter Komponenten voraus, die wir Ihnen in Abschnitt 14.1, »Kommunikationsmanagement«, vorgestellt haben. In ABAP-Cloud-Systemen definierte Business-Services können Sie externen Systemen bereitstellen, indem Sie diese einem Kommunikationsszenario zuordnen. In den meisten Fällen fügen Sie einem Kommunikationsszenario alle Business-Services hinzu, die Ihrer Ansicht nach zu einem Geschäftsprozess zusammengefasst werden sollten. Über das Kommunikationsszenario legen Sie auch die Authentifizierungsmethode fest.

Kommunikationspartner, wie externe Systeme, werden durch Kommunikationssysteme repräsentiert. Jegliche eingehende und ausgehende Kommunikation erfolgt über das Kommunikationssystem als technischem »Anlaufpunkt« innerhalb der ABAP-Cloud-Systeme. Das Kommunikationssystem umfasst die Verbindungsinformationen eines Kommunikationspartners. Zusätzlich zu den Verbindungsinformationen definieren Sie, welche Kommunikationsbenutzer für die Kommunikation verwendet werden.

Der Kommunikationsbenutzer ist ein technischer Benutzer, mit dem man sich gegenüber einem ABAP-Cloud-System oder einem externen System authentifiziert. Dazu wird ein Kommunikationsbenutzer einem Kommunikationssystem zugeordnet.

Die Kommunikationsvereinbarung führt das Kommunikationsszenario, Kommunikationssystem und den Kommunikationsbenutzer zusammen. Sie definiert somit den elektronischen Datenaustausch zwischen dem ABAP-Cloud-System und einem Kommunikationspartner. In Abschnitt 14.1.5 haben wir Ihnen gezeigt, wie Sie Destinations und den SAP Destination Service verwenden, um so eine Verbindung zu APIs aufzubauen.

In Abschnitt 14.2, »Mit APIs arbeiten«, haben Sie erfahren, wie Sie externe APIs konsumieren sowie einen Service zum Lesen von Rabattaktionsdaten für externe Systeme bereitstellen.

Sie haben ebenfalls die Möglichkeit, ein ABAP-Cloud-System in Ihre bestehende On-Premise-Systemlandschaft zu integrieren. So können Sie beispielsweise bereits vorhandene Stammdaten aus Ihrem On-Premise-System in modernen Webanwendungen verwenden, die im ABAP-Cloud-System laufen. Ist das ABAP-Cloud-System erst einmal an Ihre On-Premise-Systemlandschaft angebunden, haben Sie die Möglichkeit, Daten über RFC-Funktionsbausteine oder OData-Services auszutauschen.

Abschließend haben wir Ihnen in Abschnitt 14.4, »Mit Events arbeiten«, gezeigt, wie Sie eine ereignisgesteuerte Kommunikation in ABAP-Cloud-Systemen implementieren können. Dazu stellt SAP den Service SAP Event Mesh auf der SAP BTP zur Verfügung. Bei SAP Event Mesh handelt es sich um einen Event Broker, über den Systeme Ereignisse, sogenannte Events, bereitstellen können. Die Systeme kommunizieren also nicht direkt miteinander, sondern asynchron. Asynchrone Kommunikation zwischen Systemen oder Anwendungen bietet sich besonders an, wenn eine Entkopplung der Systeme erforderlich ist.

In Abschnitt 14.4.2 haben wir beschrieben, wie Sie mittels ABAP Cloud solche Events bereitstellen können. Die Erzeugung von Events ist vollständig in das ABAP RESTful Application Programming Model integriert. Events werden innerhalb der Verhaltensdefinition eines Geschäftsobjekts definiert. Über ein Event Binding und einen Ereigniskanal wird das Event im SAP Event Mesh zur Verfügung gestellt.

Für das Konsumieren von Events kommen bei ABAP Cloud sogenannte Event Consumption Models zum Einsatz. Bei der Anlage eines Event Consumption Models wird unter anderem eine sogenannte Consumer Class generiert, mit der Events konsumiert werden.

Kapitel 15
Kundeneigenen Quellcode migrieren

In diesem Kapitel lernen Sie, wie Sie kundeneigenen Quellcode in das ABAP-Cloud-Entwicklungsmodell migrieren.

Mit dem ABAP Environment und SAP S/4HANA Cloud Public Edition erweitern Sie Ihre bestehende Systemlandschaft um innovative Technologien für den Betrieb und die Bereitstellung cloudfähiger Anwendungen. Sicherlich haben Sie bereits kundeneigene Anwendungen in Ihren On-Premise-Systemen im Einsatz, die Sie nun gegebenenfalls migrieren möchten. In diesem Kapitel zeigen wir Ihnen am Beispiel des ABAP Environments, wie Sie dabei vorgehen.

In Abschnitt 15.1, »Cloud-Readiness-Prüfungen durchführen«, erläutern wir, wie Sie Ihren kundeneigenen Quellcode analysieren, um einschätzen zu können, wie hoch der Aufwand für die Anpassung des Quellcodes ist, um die Kompatibilität mit ABAP Cloud herzustellen. Dabei können Sie bei Bedarf bereits erste Anpassungen vornehmen.

In Abschnitt 15.2, »Migration in das ABAP Environment«, zeigen wir Ihnen anschließend, wie Sie kundeneigenen Quellcode von einem On-Premise-System in Ihr ABAP Environment migrieren können.

Abschließend erklären wir in Abschnitt 15.3, »Halbautomatische Quellcodeanpassungen«, wie Sie den transformierten, kundeneigenen Quellcode mit Unterstützung durch die halbautomatischen Quellcodeanpassungen der ABAP Development Tools (ADT) im ABAP Environment lauffähig machen.

Kundeneigenen Quellcode in das Embedded ABAP Environment migrieren

In diesem Kapitel werden die Hilfsmittel und Vorgehensweise zur Migration von kundeneigenem Quellcode in das SAP BTP, ABAP Environment beschrieben. Die in diesem Kapitel beschriebenen Hilfsmittel und die Vorgehensweise eignen sich nur bedingt für eine Migration in das Embedded ABAP Environment, da die Migration von kundeneigenem Quellcode nach SAP S/4HANA in der Regel im Rahmen eines Transformationsprojekts erfolgt und eine sorgfältige Analyse und Projektplanung erfordert.

Für detailliertere Informationen zur Migration von kundeneigenem Quellcode nach SAP S/4HANA empfiehlt sich weiterführende Literatur, wie beispielsweise das Buch »Custom-Code-Migration nach SAP S/4HANA« von Emily Celen und Lutz Rosenpflanzer (SAP PRESS 2020).

15.1 Cloud-Readiness-Prüfungen durchführen

Wie bereits in Abschnitt 3.3, »Freigegebener Sprachumfang und Objekte«, erläutert, steht Ihnen mit ABAP Cloud nur noch ein eingeschränkter ABAP-Sprachumfang zur Verfügung. Eine Vielzahl von ABAP-Sprachelementen kann daher nicht weiterverwendet und muss durch Alternativen ersetzt werden. Ähnlich verhält es sich mit vielen Repository-Objekten wie Klassen, Datenelementen, Domänen etc. Auch hier können Sie nur noch die von SAP freigegebenen (Whitelisted) Repository-Objekte verwenden. Alle Anwendungen, die Sie in das ABAP Environment oder Embedded ABAP Environment migrieren, können nur dann fehlerfrei aktiviert werden, wenn sie ausschließlich den freigegebenen Sprachumfang nutzen. Für Sie kann das also einen erheblichen Anpassungsaufwand bedeuten. Damit Sie für ein Migrationsprojekt ausreichend vorbereitet sind, sollten Sie daher frühzeitig den Aufwand für die erforderlichen Anpassungen kennen.

ABAP Test Cockpit

Mit dem *ABAP Test Cockpit* (ATC) stellt Ihnen SAP ein Werkzeug für die statische Analyse von Quellcode zur Seite. Das ATC wird bereits seit vielen Jahren zur Qualitätssicherung in der ABAP-Entwicklung eingesetzt und leistet somit einen signifikanten Beitrag zur robusten und performanten Entwicklung.

Simplification

Mit der Einführung von SAP S/4HANA wurden viele Standardobjekte von SAP mit dem Ziel der Vereinfachung (*Simplification*) modernisiert. Diese Modernisierung hat zur Folge, dass kundeneigene Anwendungen, die nach SAP S/4HANA migriert werden sollen, gegebenenfalls angepasst werden müssen. Mithilfe des ATCs und des *SAP Readiness Checks für SAP S/4HANA* können Sie die notwendigen Anpassungen identifizieren und vornehmen.

SAP Readiness Checks

Mit der Einführung des ABAP Environments mitsamt den neuen sprachlichen Herausforderungen hat SAP einen weiteren SAP Readiness Check bereitgestellt: *Cloud Readiness*. Generell stellen SAP Readiness Checks in erster Linie ein probates Mittel zur Aufwandsermittlung dar. Sie erlauben Ihnen, die notwendigen Anpassungsaufwände für Ihre Anwendungen bereits frühzeitig zu ermitteln und Migrationsprojekte optimal zu planen. Nicht immer lassen sich vorhandene Inkompatibilitäten bereits in den Quellsystemen beheben. Gewisse Entwicklungsobjekte stehen Ihnen beispielsweise ausschließlich im Zielsystem zur Verfügung. Eine Anpassung von Codingstellen auf die Nutzung dieser Objekte kann somit erst nach der Migration im Zielsystem erfolgen.

Cloud Readiness

Für die Cloud-Readiness-Prüfungen stellt Ihnen SAP eine *Prüfvariante* `SAP_CP_READINESS_REMOTE` im ATC zur Verfügung. Mit dieser Prüfvariante wird Ihr Quellcode auf die folgenden Inkompatibilitäten hin überprüft:

- Verwendung nicht freigegebener Objekttypen, wie z. B. Reports oder Dynpros
- Verwendung nicht freigegebener ABAP-Sprachelemente
- Verwendung nicht freigegebener Repository-Objekte

In Abbildung 15.1 sehen Sie alle Prüfungen der Prüfvariante für die Cloud-Readiness-Prüfungen.

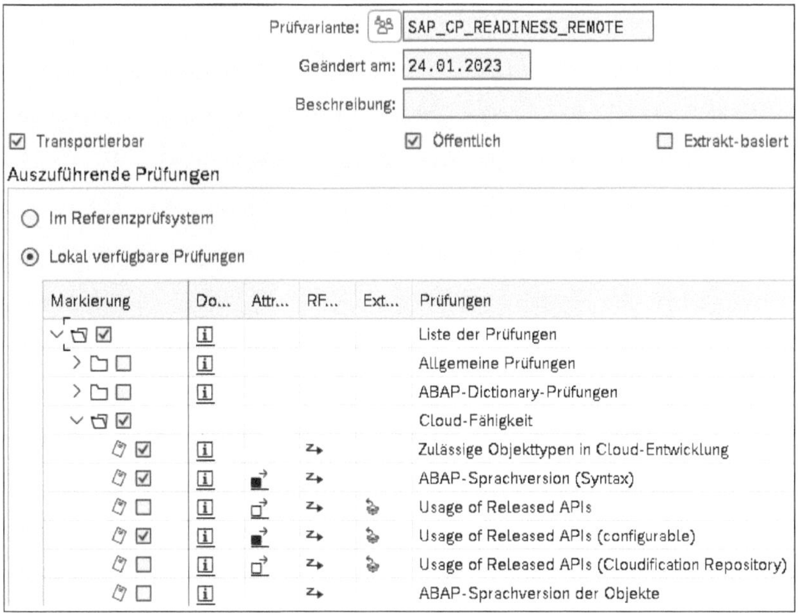

Abbildung 15.1 Prüfvariante für Cloud-Readiness-Prüfungen

Nicht freigegebene Repository-Objekte

Mit den Prüfungen **Zulässige Objekttypen in Cloud-Entwicklung** und **ABAP-Sprachversion (Syntax)** wird Ihr Quellcode auf nicht freigegebene Objekttypen und nicht freigegebene ABAP-Sprachelemente hin überprüft. Diese beiden Prüfungen sollten sich auch mit zukünftigen Releases des ABAP Environments und Embedded ABAP Environments nicht ändern.

Anders verhält es sich bei der Prüfung auf nicht freigegebene Repository-Objekte (**Usage of Released APIs (configurable)**). Mit jedem weiteren Release des ABAP Environments und Embedded ABAP Environments werden in der

Regel auch zusätzliche Repository-Objekte für die Verwendung freigegeben. Diese Prüfung ist so aufgebaut, dass SAP für jeden in Tabelle 15.1 genannten Repository-Objekttyp genau die Objekte festlegen kann, die für ABAP Cloud freigegeben sind.

Objekttyp	Beschreibung
INTF	Interface
CLAS	Klasse
FUNC	Funktionsbaustein
DOMA	Domäne
DTEL	Datenelement
TABL	Strukturen/DB-Tabelle
TTYP	Tabellentyp
STOB	CDS-Entitäten
XSLT	Transformation
SXSD	BAdI-Definitionen
AUTH	Felder der Berechtigungsprüfung
BDEF, CHKC etc.	sonstige Objekttypen

Tabelle 15.1 Repository-Objekttypen

In Abbildung 15.2 sehen Sie die genaue Ausprägung dieser Prüfung. Für jeden Repository-Objekttyp wird über Einzelwerte genau festgelegt, welche Objekte für die Verwendung in ABAP Cloud freigegeben sind. Mit dieser Prüfung können auch zuvor zur Verwendung freigegebene Repository-Objekte mit dem Status **Deprecated** als veraltet gekennzeichnet werden. Die Prüfvariante ist somit nicht nur für ein Migrationsszenario interessant, sondern unterstützt Sie im Idealfall auch im laufenden Betrieb dabei, veraltete Repository-Objekte auszutauschen.

Status »Deprecated«

Mit jedem weiteren Release des ABAP Environments und Embedded ABAP Environments können also weitere Repository-Objekte freigegeben oder als **Deprecated** gekennzeichnet werden. Folglich aktualisiert sich die Prüfvariante `SAP_CP_READINESS_REMOTE` auch mit jedem Release. Die dafür notwendigen Anpassungen werden über SAP-Hinweise in das System eingespielt. Im folgenden Abschnitt gehen wir näher auf die notwendigen SAP-Hinweise für die Cloud-Readiness-Prüfungen ein.

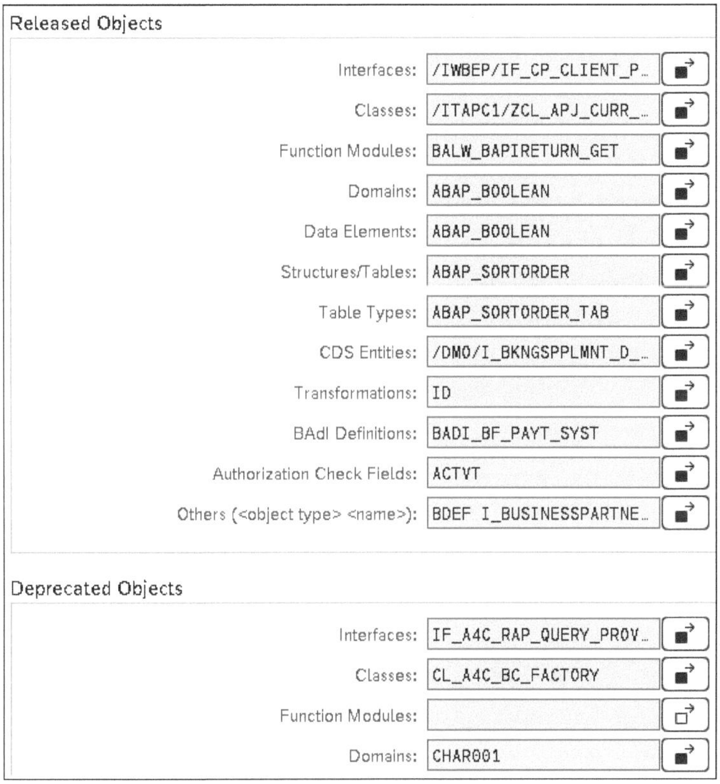

Abbildung 15.2 Freigegebene Repository-Objekte

Durchführung der Cloud-Readiness-Prüfungen

Abhängig von Ihrer Systemlandschaft und den korrespondierenden Releaseständen haben Sie verschiedene Möglichkeiten, Cloud-Readiness-Prüfungen durchzuführen. In den folgenden beiden Abschnitten stellen wir Ihnen diese Möglichkeiten vor.

15.1.1 Prüfung mit dem ABAP Test Cockpit

SAP GUI oder Eclipse

Die naheliegendste Möglichkeit zur Durchführung von Cloud-Readiness-Prüfungen in einem On-Premise-System ist sicherlich die Nutzung des ABAP Test Cockpits im SAP GUI. Über die Transaktion ATC können Sie Jobläufe für automatisierte Prüfungen einrichten oder Default-Prüfvarianten für manuell angestoßene Prüfungen definieren. Ergänzend können Sie auch Prüfungen mit den ADT in Eclipse durchführen. Werden ATC-Prüfungen direkt auf dem korrespondierenden System durchgeführt, spricht man auch vom Szenario *Non-Remote ATC*. Für die Durchführung von Cloud-Readiness-Prüfungen benötigen Sie mindestens SAP NetWeaver Application Server ABAP (SAP NetWeaver AS ABAP) 7.52. Sie müssen also genau schauen, welchen Releasestand Ihr On-Premise-System aufweist, und abhängig davon evaluieren, ob eine Systemaktualisierung für Sie infrage kommt.

Remote ATC

Eine deutlich gängigere Praxis ist allerdings das Aufsetzen eines zentralen Testsystems, auch *Remote ATC* genannt. Ein solches zentrales Testsystem erlaubt Ihnen die Prüfung von Entwicklungsobjekten auf sogenannten *Satellitensystemen* via RFC-Verbindung (Remote Function Call, siehe Abbildung 15.3). Der Vorteil eines solchen zentralen Testsystems ist, dass Sie Ihre bestehenden On-Premise-Systeme nicht aktualisieren müssen und auch die Aktualisierung der Prüfvarianten nur auf einem System erfolgen muss.

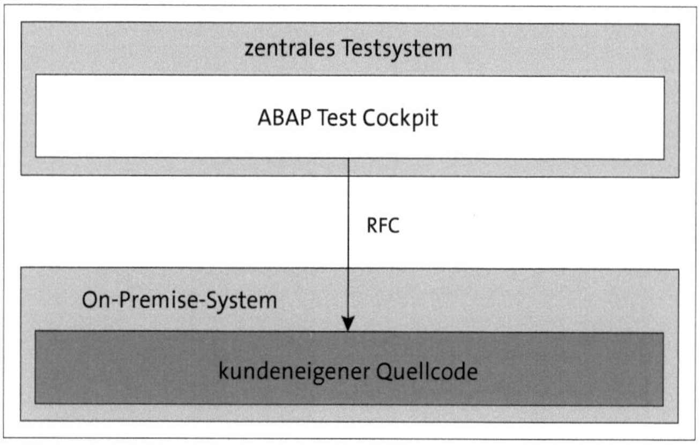

Abbildung 15.3 Cloud-Readiness-Prüfungen über ein zentrales Testsystem

[»]

Leitfaden für das ABAP Test Cockpit

Sollten Sie an weiteren Informationen zum ABAP Test Cockpit interessiert sein, empfehlen wir Ihnen einen Leitfaden der Deutschsprachigen SAP-Anwendergruppe (DSAG). Auf fast 100 Seiten erhalten Sie darin eine gut strukturierte Übersicht über die Funktionen des ABAP Test Cockpits. Sie können den Leitfaden für das ABAP Test Cockpit unter folgender Adresse finden: *http://s-prs.de/v1023908*

SAP-Hinweise

Damit Sie Cloud-Readiness-Prüfungen direkt auf Ihrem lokalen oder zentralen Testsystem ausführen können, müssen Sie vorab einige SAP-Hinweise implementieren. Mit den SAP-Hinweisen 2682626 und 2684665 erweitern Sie Ihr System grundlegend um die notwendige Funktionalität zur Durchführung dieser Prüfungen. Zusätzlich müssen Sie noch den SAP-Hinweis 2830799 implementieren. Dieser Hinweis beinhaltet die Prüfvariante `SAP_CP_READINESS_REMOTE` und somit auch die Liste an freigegebenen und veralteten Repository-Objekten.

[!]

Aktualisierung der Prüfvariante

Mit jedem neuen Release des ABAP Environments erhöht sich auch die Anzahl freigegebener Repository-Objekte. Mit dem SAP-Hinweis 2989803 können Sie die Prüfvariante `SAP_CP_READINESS_REMOTE` regelmäßig um die zusätzlich freigegebenen Repository-Objekte aktualisieren.

Prüfung starten

Wenn Sie eine Cloud-Readiness-Prüfung direkt auf Ihrem lokalen System durchführen möchten, haben Sie dazu mehrere Möglichkeiten:

- Sie können die Prüfung über das Kontextmenü eines Entwicklungspakets oder -objekts im *Repository Browser* der Transaktion SE80 starten (siehe Abbildung 15.4).

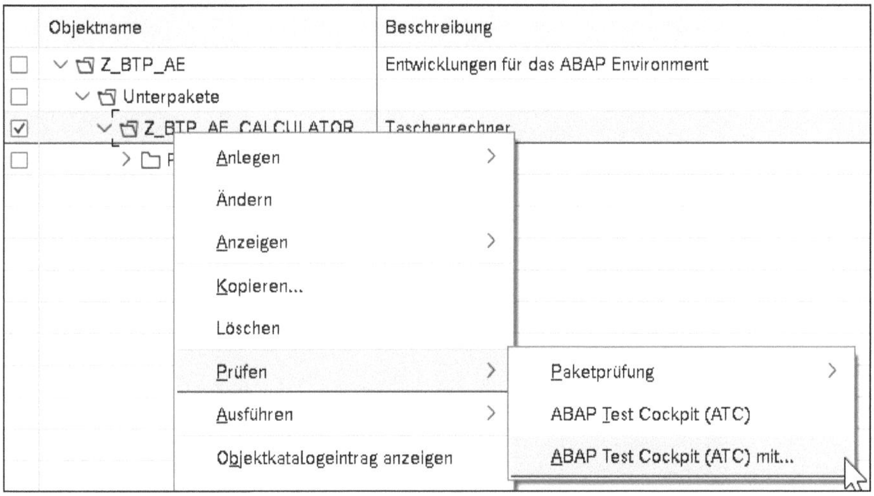

Abbildung 15.4 Quellcode über den Repository Browser prüfen

- Wenn Sie bereits Eclipse einsetzen, können Sie die Prüfung selbstverständlich auch über den **Project Explorer** in Eclipse starten.
- Sie können einen *Prüflauf* im ATC einplanen. Ein Prüflauf definiert eine Objektmenge und eine für die Prüfung zu verwendende Prüfvariante.

Prüflauf anlegen

Wir zeigen Ihnen auf den folgenden Seiten, wie Sie einen Prüflauf einplanen und auswerten können:

1. Rufen Sie die Transaktion ATC in Ihrem On-Premise-System auf. Diese Transaktion ist die »Schaltzentrale« des ATCs. Hier können Sie verschiedene grundlegende Einstellungen zur Durchführung von Prüfungen vornehmen und in verschiedene Reports des ATCs abspringen.

2. Führen Sie einen Doppelklick auf den Eintrag **ATC-Administration • Läufe • Läufe einplanen** im Hauptmenübaum der Transaktion aus (siehe Abbildung 15.5).

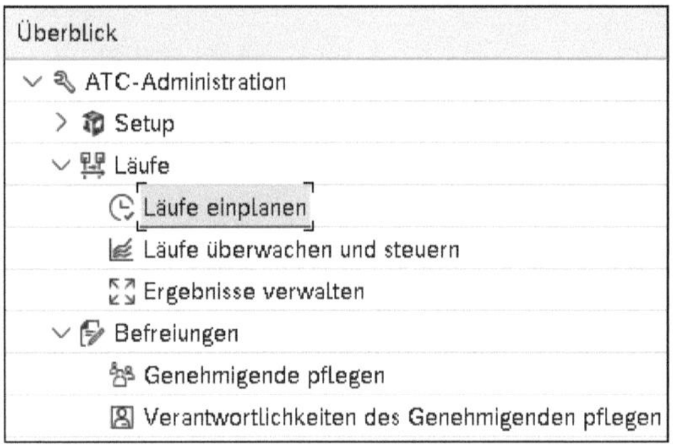

Abbildung 15.5 Hauptmenü der Transaktion ATC

3. Sie gelangen in die Übersicht Ihrer Prüfläufe. Legen Sie einen neuen Prüflauf über die Schaltfläche **Anlegen** an.
4. Vergeben Sie im folgenden Dialog eine sprechende Bezeichnung im Feld **Serienname** (siehe Abbildung 15.6).

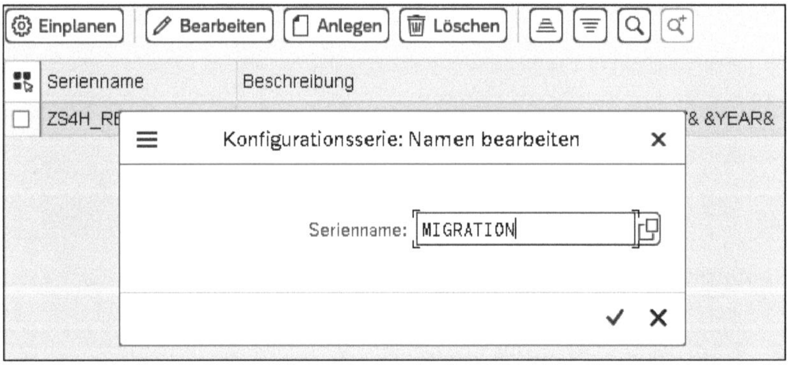

Abbildung 15.6 Anlegen eines neuen Prüflaufs

5. Im folgenden Fenster konfigurieren Sie Ihren Prüflauf (siehe Abbildung 15.7). Im oberen Bereich können Sie eine kurze **Beschreibung** der Prüfung angeben sowie Einstellungen zur Behandlung von Pragmas und Pseudokommentaren vornehmen. Im Feld **Beschreibung** stehen Ihnen auch diverse Variablen zur Verfügung. Was sich hinter den einzelnen Variablen verbirgt, können Sie der F1-Hilfe zum Beschreibungsfeld entnehmen.
6. Geben Sie im Feld **Name** die Prüfvariante »SAP_CP_READINESS_REMOTE« ein und definieren Sie, welche Objekte geprüft werden sollen.

7. Speichern Sie abschließend die Konfiguration Ihres Prüflaufs, um automatisch zur Übersicht der Prüfläufe zurückzukehren.

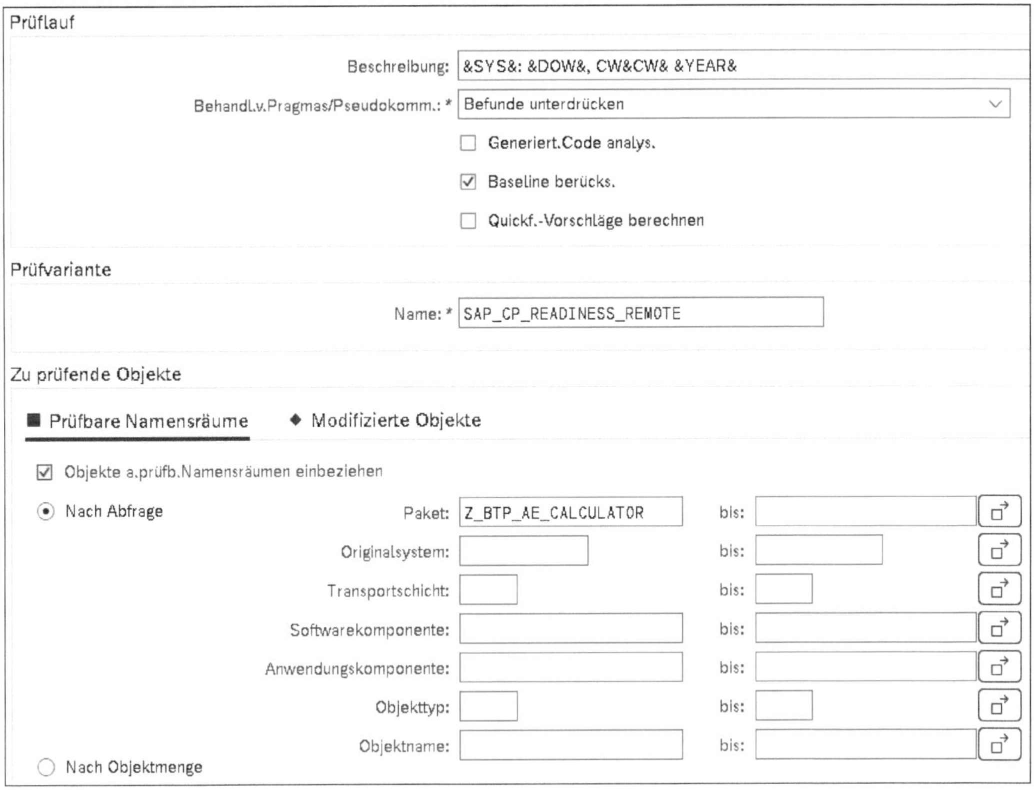

Abbildung 15.7 Prüflauf konfigurieren

Prüflauf einplanen

Damit Ihr Prüflauf ausgeführt wird, müssen Sie diesen einplanen. Markieren Sie dazu Ihren Prüflauf in der Übersicht und klicken Sie auf die Schaltfläche **Einplanen**. Es öffnet sich der Report zur Einplanung von Prüfläufen. Über den Selektionsbildschirm können Sie das Verhalten des eingeplanten Prüflaufs über eine Vielzahl von Parametern beeinflussen. Wir wollen an dieser Stelle nicht näher auf die einzelnen Parameter eingehen. Über die [F1]-Hilfe können Sie sich die jeweiligen Beschreibungen dazu anschauen. Für unseren Fall verändern Sie keine der vorausgefüllten Parameterwerte, sondern achten lediglich darauf, ob im Feld **Serienname** unser Prüflauf angegeben ist, wie in Abbildung 15.8 zu sehen.

Schließen Sie die Einplanung des Prüflaufs anschließend über die Schaltfläche (**Ausführen**) ab.

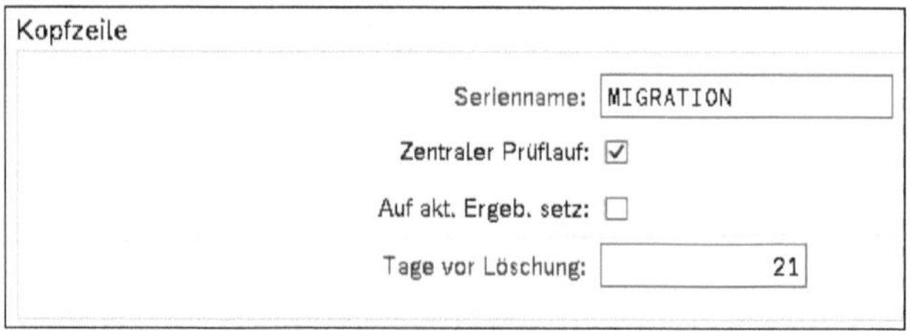

Abbildung 15.8 Laufserie einplanen

Prüflauf auswerten

Als Nächstes können Sie sich die Ergebnisse des Prüflaufs im *ATC-Laufmonitor* anzeigen lassen. Navigieren Sie dazu zurück in das Hauptmenü der Transaktion ATC und wählen Sie den Eintrag **Läufe überwachen und steuern** per Doppelklick aus. Geben Sie im darauffolgenden Selektionsbildschirm den Namen Ihres Prüflaufs an und führen Sie den Report aus. Ihnen wird nun eine Übersicht aller von Ihnen eingeplanten Prüfläufe angezeigt (siehe Abbildung 15.9). An der Spalte **Zustand** können Sie den Status des eingeplanten Prüflaufs ablesen. Einen abgeschlossenen Prüflauf erkennen Sie an dem Icon (**Status: Beendet**).

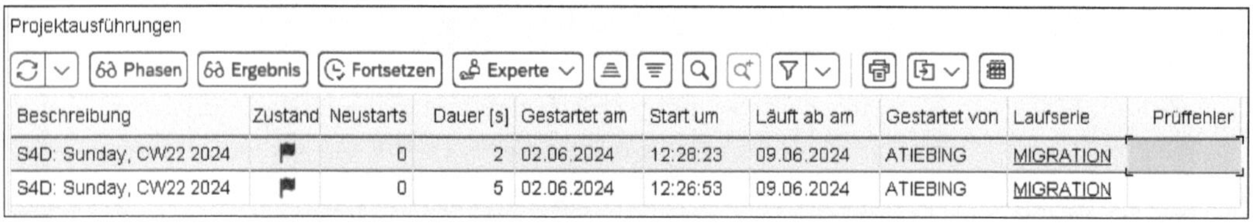

Abbildung 15.9 ATC-Laufmonitor

Sie können sich nun die Befunde des Prüflaufs anzeigen lassen. Markieren Sie dazu den Prüflauf und klicken Sie auf die Schaltfläche **Ergebnis**. Abbildung 15.10 zeigt die Befunde eines Prüflaufs.

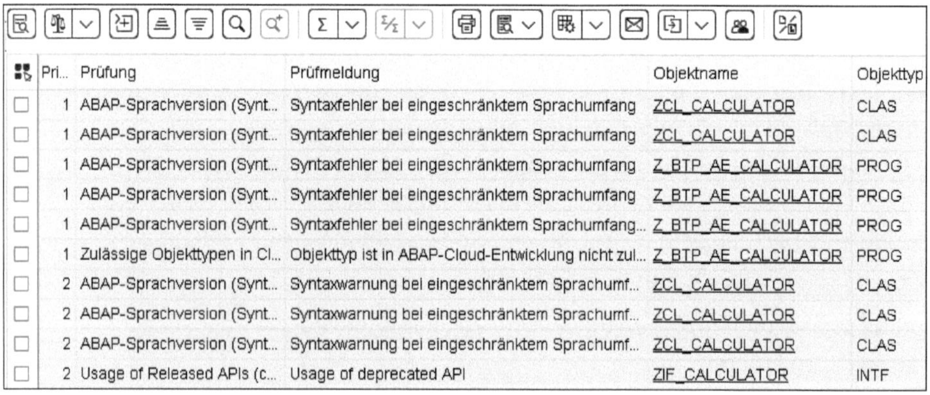

Abbildung 15.10 Befunde eines Prüflaufs

Zu jedem aufgetretenen Befund werden Ihnen verschiedene Informationen, wie z. B. der Prüftitel oder das betroffene Objekt, dargestellt.

Befunde eines Prüflaufs

Zu jedem Befund können Sie sich außerdem Detailinformationen anzeigen lassen (siehe Abbildung 15.11). Markieren Sie dazu einen entsprechenden Befund und klicken Sie auf die Schaltfläche (**Details anzeigen**).

	Ort / Befund
Paket	Z_BTP_AE_CALCULATOR
Class-Pool	ZCL_CALCULATOR
Methode	ZIF_CALCULATOR~ADD
Zeilennummer	2
Prüftitel	ABAP-Sprachversion (Syntax)
Prüfmeldung	Syntaxfehler bei eingeschränktem Sprachumfang
Anwendungskomponente / Prüfklasse / Meldungscode	BC-ABA-LA-EPC / CL_CI_TEST_EXTENDED_CHECK_VERS / 2700
Priorität	Priorität 1
Gefunden am	02.06.2024 15:10:40
Referenzobjekt	MOVE
Syntaxfehler bei eingeschränktem Sprachumfang	
Eine Anweisung "MOVE" ist in der eingeschränkten Sprachversion "5" nicht vorgesehen.	

Abbildung 15.11 Detailinformationen zu einem Befund

Über den Objektnamen in der Liste der Befunde können Sie mit einem Klick zu der betroffenen Stelle im Quellcode springen und diese, soweit möglich, direkt korrigieren.

15.1.2 Prüfung mit der Anwendung »Migration der Eigenentwicklungen«

Mit der SAP-Fiori-Anwendung **Migration der Eigenentwicklungen** stellt Ihnen SAP eine weitere Möglichkeit zur Verfügung, um Cloud-Readiness-Prüfungen durchzuführen. Die Anwendung bietet Ihnen die Infrastruktur eines zentralen Testsystems mit den Vorzügen einer modernen SAP-Fiori-Benutzeroberfläche. Genau wie beim Remote-ATC-Szenario werden die Entwicklungsobjekte auf den verschiedenen Satellitensystemen über RFC-Verbindungen geprüft.

Migrationsprojekte

In der Anwendung verwalten Sie Ihre Migrationen in sogenannten *Migrationsprojekten*. Für jedes Migrationsprojekt können Sie den zu prüfenden Umfang in Form von Entwicklungspaketen festlegen. Filterungen und grafische Auswertungen unterstützen Sie außerdem bei der Überwachung Ihres Migrationsprojekts.

SAP S/4HANA

Die SAP-Fiori-Anwendung ist seit dem Release 1909 für SAP S/4HANA verfügbar. Das SAP-S/4HANA-System agiert als zentrales Prüfsystem (siehe Abbildung 15.12). Auch bei dieser Variante der Prüfung liegt es in Ihrer Verantwortung, die Prüfvariante `SAP_CP_READINESS_REMOTE` regelmäßig zu aktualisieren.

Möchten Sie Ihr SAP-S/4HANA-System als zentrales Testsystem für die SAP-Fiori-Anwendung einrichten, finden Sie alle notwendigen Informationen und Anweisungen im SAP-Hinweis 2436688.

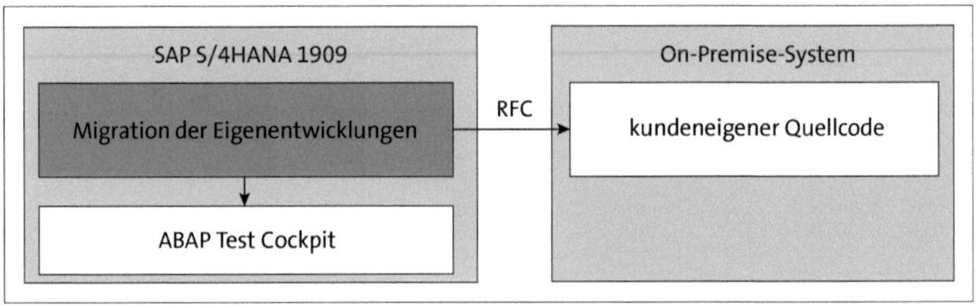

Abbildung 15.12 Verbindung der Anwendung »Migration der Eigenentwicklungen« mit einem SAP-S/4HANA-System

ABAP Environment

Seit Version 1908 ist die SAP-Fiori-Anwendung **Migration der Eigenentwicklungen** auch Bestandteil des ABAP Environments und bietet sich daher insbesondere für Migrationsprojekte an, bei denen Sie eine Instanz des ABAP Environments im Einsatz haben. Wie in Abbildung 15.13 dargestellt, werden die Satellitensysteme über den Cloud Connector an das ABAP Environment angebunden. Als Protokoll wird auch hier RFC verwendet. Im Vergleich zu den zuvor vorgestellten Optionen hat der Einsatz des ABAP Environments als zentrales Testsystem den großen Vorteil, dass sich die in diesem Szenario eingesetzte Prüfvariante `SAP_CP_READINESS` mit jedem weiteren Release automatisch aktualisiert. Eine manuelle Aktualisierung der Prüfvariante ist somit nicht notwendig.

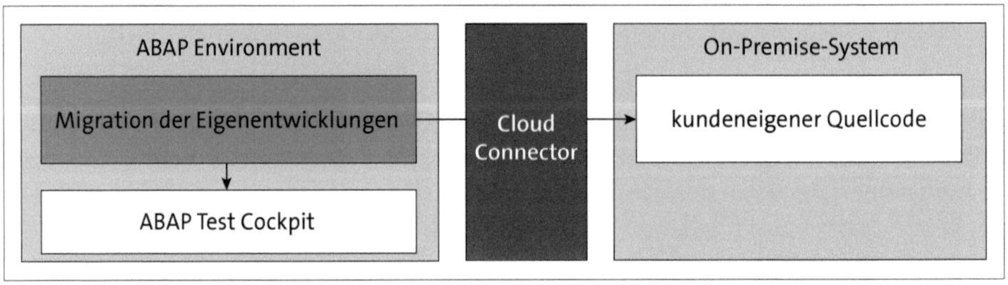

Abbildung 15.13 Verwendung der Anwendung »Migration der Eigenentwicklungen« im ABAP Environment

Auf den folgenden Seiten zeigen wir Ihnen die Verwendung der SAP-Fiori-Anwendung im ABAP Environment und führen ein exemplarisches Migrationsprojekt durch.

Voraussetzungen

Wenn Sie die SAP-Fiori-Anwendung **Migration der Eigenentwicklungen** im ABAP Environment nutzen möchten, müssen zunächst einige Voraussetzungen erfüllt sein:

1. Weisen Sie den Anwendungskatalog SAP_CORE_BC_CCM einer Ihnen zugewiesenen Anwendungsrolle zu.
2. Definieren Sie ein Mapping für Ihr On-Premise-System im Cloud Connector.
3. Erstellen Sie eine Destination für Ihr On-Premise-System in der Destination-Service-Instanz des Cloud Foundry Environments der SAP BTP.
4. Legen Sie im ABAP Environment ein Kommunikationssystem für Ihr On-Premise-System an und verwenden Sie dazu den SAP Destination Service.
5. Erstellen Sie zuletzt eine Kommunikationsvereinbarung für das Kommunikationsszenario SAP_COM_0464 und weisen Sie das zuvor erstellte Kommunikationssystem zu. Über den **Objekt-Provider** identifizieren Sie das On-Premise-System später in der SAP-Fiori-Anwendung **Migration der Eigenentwicklungen** (siehe Abbildung 15.14).

Abbildung 15.14 Kommunikationsvereinbarung für die Migration von Eigenentwicklungen

Detaillierte Anweisungen zur Einrichtung finden Sie auch unter folgender Adresse im SAP Help Portal: *http://s-prs.de/v1023909*

Anwendung aufrufen

Um die Anwendung aufzurufen, melden Sie sich am Dashboard des ABAP Environments an und wählen Sie die Kachel **Migration der Eigenentwicklungen** (siehe Abbildung 15.15).

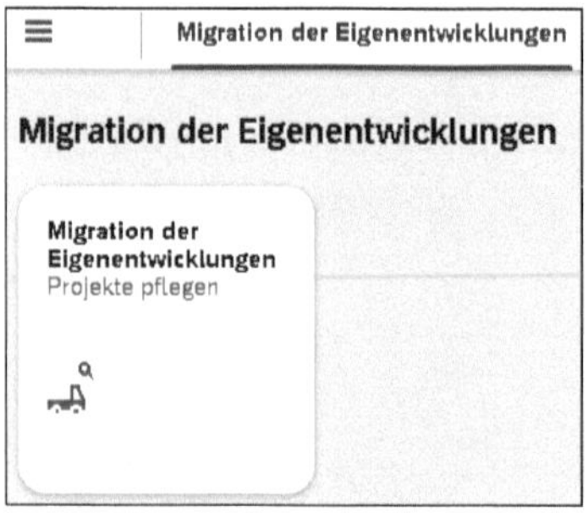

Abbildung 15.15 Kachel der SAP-Fiori-Anwendung im Dashboard

Sie landen im Einstiegsbild (siehe Abbildung 15.16). Hier finden Sie eine Übersicht aller von Ihnen angelegten Migrationsprojekte. Sie können in der Anwendung mehrere Migrationsprojekte anlegen und verwalten. Für jedes Migrationsprojekt definieren Sie den zu prüfenden Umfang an Entwicklungspaketen und legen außerdem das zu prüfende Zielrelease fest. Abhängig davon, wie Sie Ihre Migration organisieren möchten und ob Sie parallel noch eine SAP-S/4HANA-Systemkonvertierung vornehmen, ist es nicht ungewöhnlich, mehrere Migrationsprojekte parallel zu verwalten.

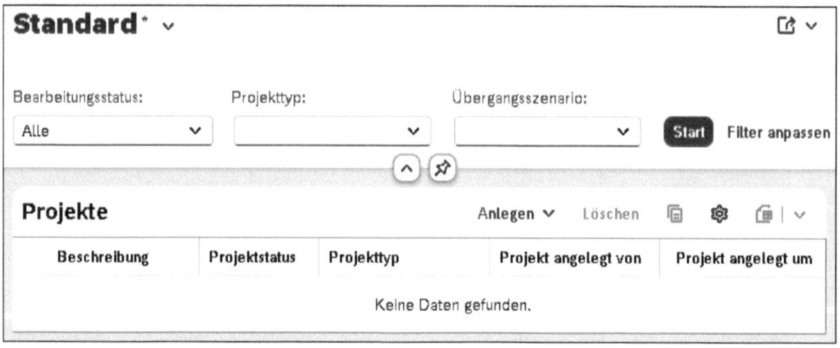

Abbildung 15.16 Einstiegsbild der SAP-Fiori-Anwendung »Migration der Eigenentwicklungen«

Migrationsprojekt anlegen

Um ein neues Migrationsprojekt anzulegen, gehen Sie wie folgt vor:

1. Wählen Sie **Anlegen • Migrationsprojekt für SAP BTP**.
2. Vergeben Sie eine sprechende Bezeichnung für das Migrationsprojekt unter **Projektbeschreibung** und wählen Sie im Feld **Ort der Eigenentwicklungen** die Option **In Remote-System**. Geben Sie im Feld **Objekt-Provider zu Remote-System** außerdem den Objekt-Provider der Kommunikationsvereinbarung für Ihr zu prüfendes On-Premise-System an (siehe Abbildung 15.17).
3. Bestätigen Sie die Anlage des Projekts mit **Anlegen**.

Abbildung 15.17 Anlage eines neuen Migrationsprojekts

Übersicht des Projekts

Nachdem Sie das Migrationsprojekt angelegt haben, gelangen Sie in das Übersichtsbild des Projekts. Die Anwendung beginnt automatisch mit der Ermittlung aller kundeneigenen Objekte und führt anschließend die Cloud-Readiness-Prüfung durch. Den Fortschritt der Analyse können Sie in der Übersicht verfolgen. Hier finden Sie auch weitere nützliche Informationen zu Ihrem Migrationsprojekt. Zum Beispiel finden Sie die Anzahl an Objekten, die Ihrem Migrationsprojekt zugeordnet sind, sowie die Anzahl an aufgetretenen Cloud-Readiness-Fehlern. Abbildung 15.18 zeigt das Übersichtsbild eines Migrationsprojekts während einer laufenden Cloud-Readiness-Prüfung.

Abbildung 15.18 Übersichtsbild eines Migrationsprojekts

Umfang definieren

Als Nächstes definieren Sie den Umfang unseres Migrationsprojekts. Für jedes Migrationsprojekt können Sie die zu berücksichtigenden Entwicklungspakete und somit die zu prüfenden Objekte festlegen. Lassen Sie sich über die Registerkarte **Scope** unterhalb der Projektübersicht eine grafische Darstellung der Umfangsinformationen anzeigen. Wie Sie dem entsprechenden Diagramm in Abbildung 15.19 entnehmen können, befinden sich initial noch keine Objekte im Umfang Ihres Migrationsprojekts.

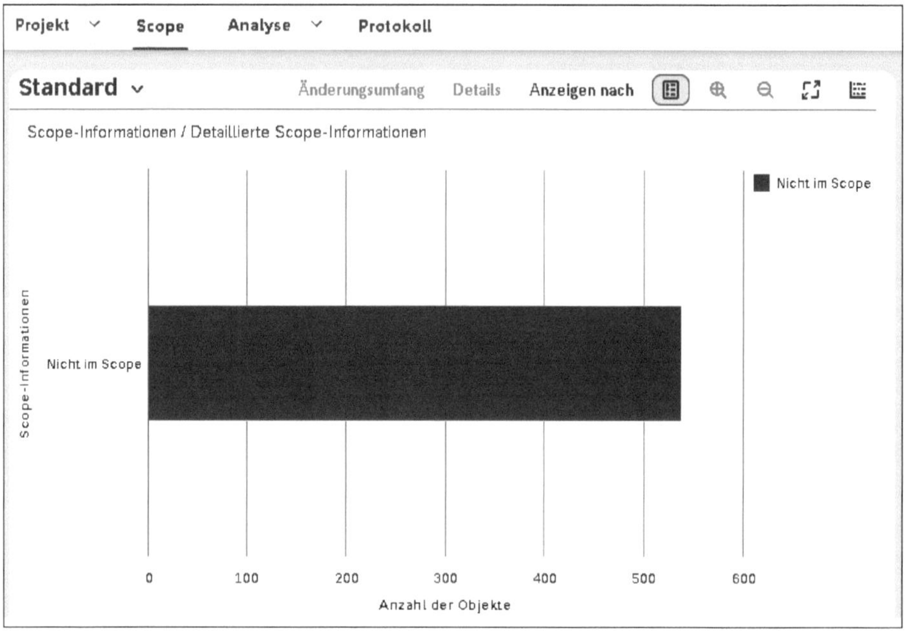

Abbildung 15.19 Scope-Informationen des Migrationsprojekts

Übersicht der Entwicklungspakete

Klicken Sie auf der Registerkarte **Scope** auf die Schaltfläche **Änderungsumfang**. Daraufhin werden Ihnen alle Entwicklungspakete Ihres On-Premise-Systems angezeigt. Für jedes Entwicklungspaket werden relevante Informationen aufgeführt. So können Sie z. B. sehen, ob ein Paket bereits dem Umfang Ihres Migrationsprojekts hinzugefügt wurde, wie viele Objekte sich in dem Entwicklungspaket befinden und wie viele Fehler die Cloud-Readiness-Prüfung in diesem Paket gefunden hat.

Des Weiteren können Sie in die Detailinformationen jedes Entwicklungspakets navigieren. Hier finden Sie eine Auflistung der untersuchten Entwicklungsobjekte, Details zu den gefundenen Fehlern und viele weitere Informationen. Wählen Sie, wie in Abbildung 15.20 dargestellt, die Entwicklungspakete aus, die Sie dem Umfang Ihres Migrationsprojekts hinzufügen möchten, und bestätigen Sie Ihre Auswahl mit einem Klick auf **Paket zum Scope hinzufügen**.

Mittels statischer Analysen werden während des Scopings Abhängigkeiten zwischen den Entwicklungsobjekten ermittelt. Dadurch soll insbesondere vermieden werden, dass abhängige Entwicklungsobjekte vergessen werden.

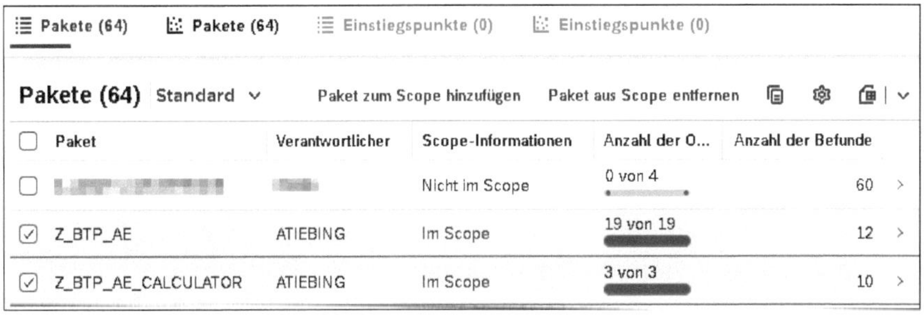

Abbildung 15.20 Hinzufügen von Entwicklungspaketen zum Migrationsprojekt

Navigieren Sie nun zurück in das Übersichtsbild Ihres Migrationsprojekts. Das Diagramm in Abbildung 15.21 sollte nun die von Ihnen hinzugefügten Entwicklungsobjekte beinhalten. Den Umfang Ihres Migrationsprojekts können Sie jederzeit ändern. Das Hinzufügen und Entfernen von Entwicklungspaketen ist auch später noch möglich.

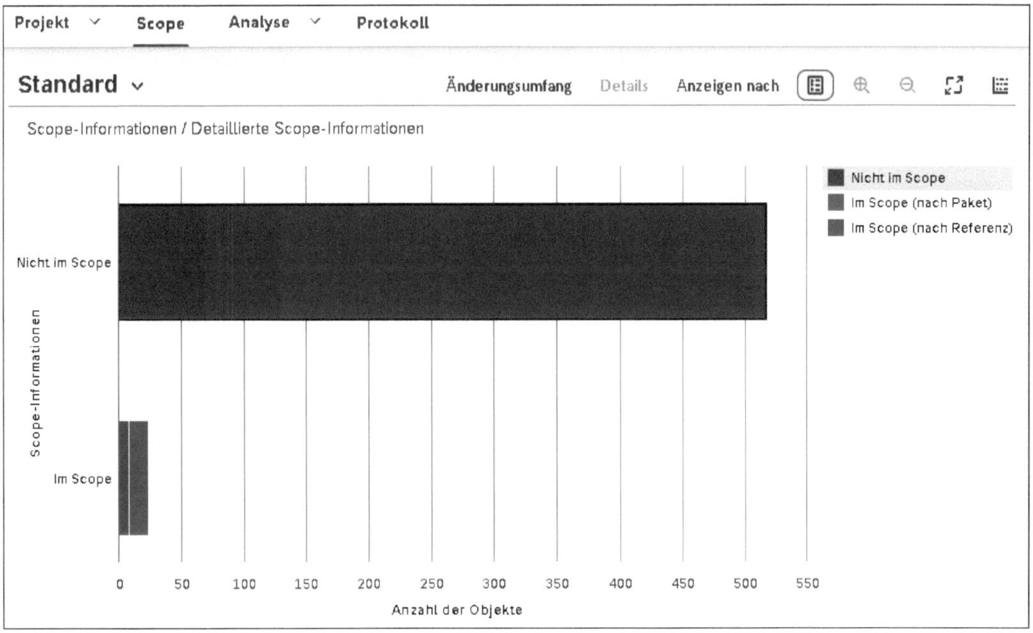

Abbildung 15.21 Scope-Informationen des Migrationsprojekts nach dem Hinzufügen von Entwicklungspaketen

Analyse der Befunde

Nachdem Sie den Umfang Ihres Migrationsprojekts festgelegt haben, können Sie die Befunde analysieren. Wechseln Sie dazu im Übersichtsbild Ihres Migrationsprojekts auf die Registerkarte **Analyse**, um sich ein Diagramm der gefundenen Befunde anzeigen zu lassen. Über die Schaltfläche **Befunde analysieren** können Sie in die Detailauswertung navigieren. Über eine Vielzahl grafischer Filter im Kopfbereich der Detailauswertung können Sie die Anzeige der Befunde der Cloud-Readiness-Prüfung einschränken. Im Folgenden finden Sie eine Auflistung der wichtigsten Filter für die Migration zum ABAP Environment:

- **Befunde nach Priorität**
- **Befunde nach Prüftitel**
- **Befunde nach Quickfix-Verfügbarkeit**
- **Befunde nach Scope-Informationen**
- **Befunde nach Paket**

Abbildung 15.22 zeigt die Detailauswertung für Entwicklungsobjekte, die im Umfang des Migrationsprojekts vorhanden sind und für die es keine halbautomatischen Quellcodeanpassungen gibt.

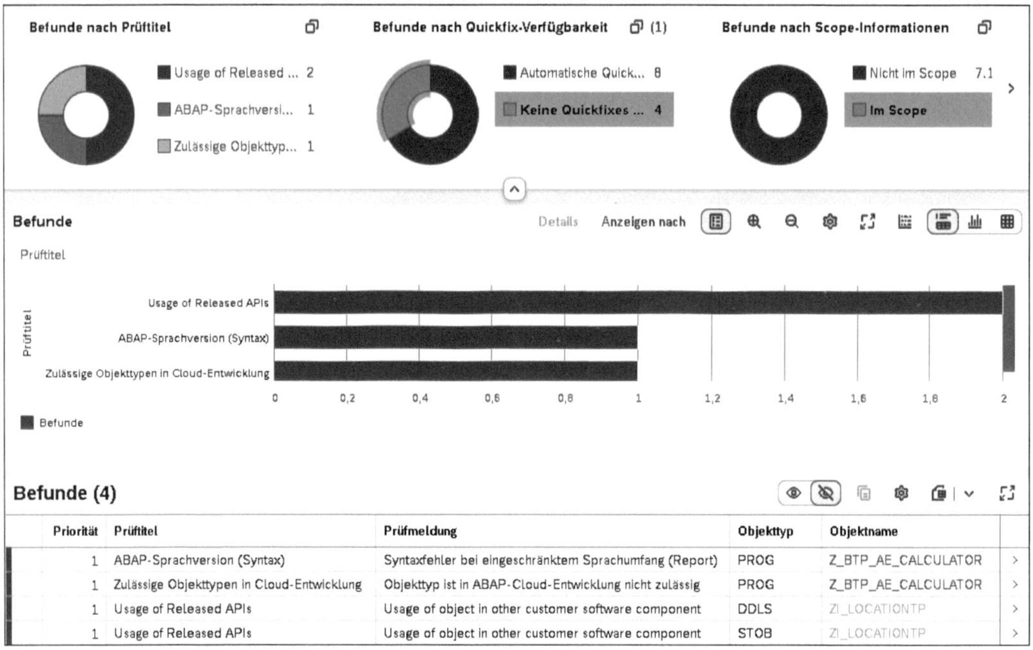

Abbildung 15.22 Detailauswertung der Befunde für Entwicklungsobjekte des Migrationsprojekts

15.2 Migration in das ABAP Environment

abapGit

In diesem Abschnitt zeigen wir Ihnen, wie Sie Ihren kundeneigenen Quellcode von einem On-Premise-System in das ABAP Environment migrieren können. Als Cloud-System ist das ABAP Environment nicht an das klassische SAP-Transportsystem angeschlossen. Die alternative Infrastruktur liefert Ihnen *abapGit*. Als Git-Client für SAP-Systeme wurde abapGit bereits 2014 von Lars Hvam als Open-Source-Projekt ins Leben gerufen und ermöglicht es Ihnen seitdem, Ihre ABAP-Entwicklungen außerhalb des SAP NetWeaver AS ABAP mit Git zu versionieren. Seit 2018 wird das Open-Source-Projekt auch direkt von SAP unterstützt.

Export

Die Migration von kundeneigenem Quellcode in das ABAP Environment erfolgt in zwei separaten Schritten. Im ersten Schritt nutzen Sie den abapGit-Client in Ihrem On-Premise-System, um Ihren kundeneigenen Quellcode in ein Remote Repository zu übertragen, wie in Abbildung 15.23 schematisch dargestellt.

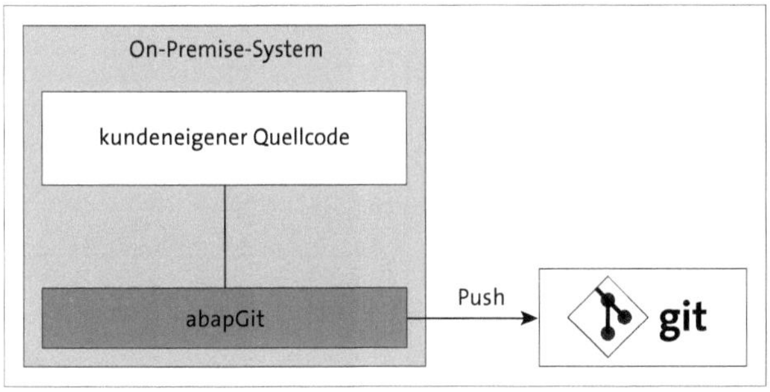

Abbildung 15.23 Export des kundeneigenen Quellcodes nach Git

Import

Nachdem Sie die gewünschten Objekte in ein Remote Repository exportiert haben, werden diese Objekte in einem zweiten Schritt in das ABAP Environment importiert. Für den Import aus einem Remote Repository verwenden Sie ebenfalls abapGit. Da Sie hier keine SAP-GUI-Oberfläche für den Start des Imports zur Verfügung haben, nutzen Sie ein Eclipse-Plug-in. Abbildung 15.24 stellt den Import von kundeneigenem Quellcode schematisch dar.

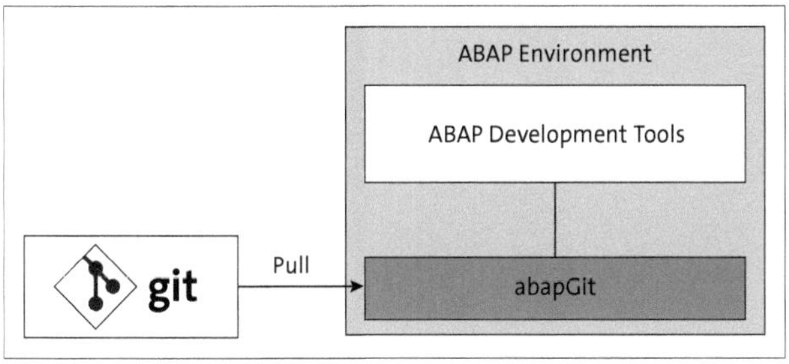

Abbildung 15.24 Importieren von kundeneigenem Quellcode in das ABAP Environment

15.2.1 Quellcode aus einem Backend-System exportieren

Repository anlegen

Damit Sie kundeneigenen Quellcode exportieren können, benötigen Sie ein Repository bei einem Onlinedienst, wie z. B. *GitHub*, *Bitbucket* oder *GitLab*.

Für die Transformation in diesem Abschnitt verwenden wir exemplarisch GitHub. Bei anderen Onlinediensten weichen die erforderlichen Schritte gegebenenfalls von den beschriebenen ab.

1. Erstellen Sie sich zunächst einen Account auf *www.github.com*, sofern Sie noch keinen haben.
2. Loggen Sie sich anschließend in Ihren GitHub-Account ein und legen Sie ein neues Repository über die Schaltfläche **New** an (siehe Abbildung 15.25).

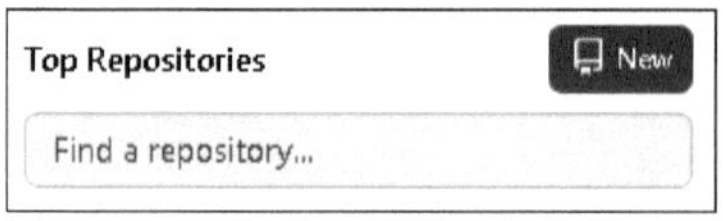

Abbildung 15.25 Schaltfläche für die Anlage eines neuen Repositorys

3. Vergeben Sie einen Namen für das Repository und fügen Sie bei Bedarf eine Beschreibung im entsprechenden Feld hinzu.

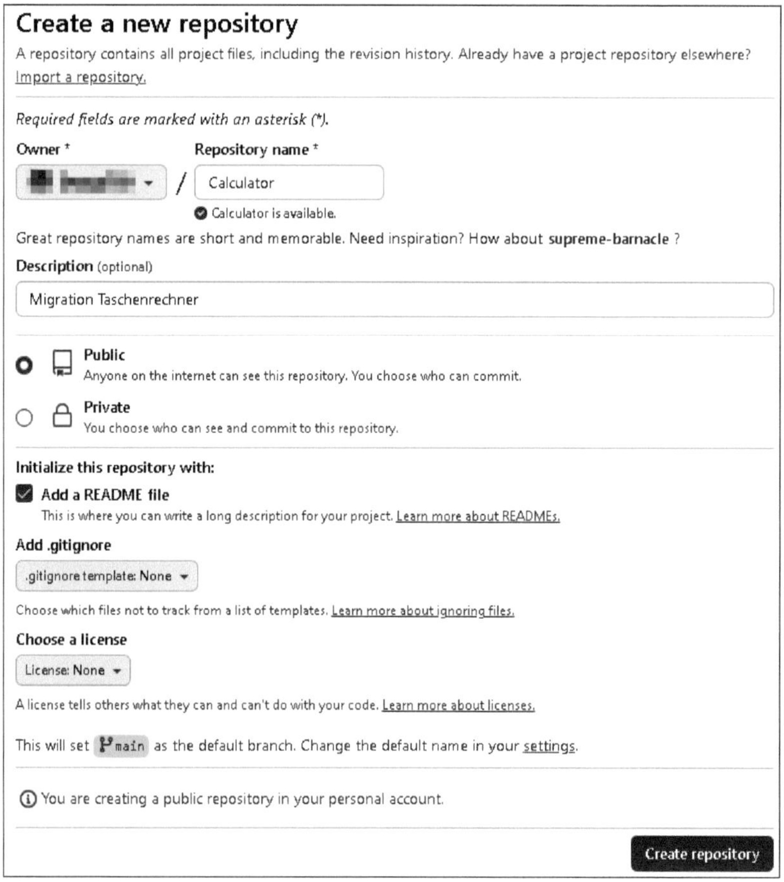

Abbildung 15.26 Anlage eines neuen Git Repositorys

4. Achten Sie zudem darauf, dass das Kennzeichen **Add a README file** gesetzt ist, damit ein initialer *Master Branch* angelegt wird. Branches in Git sind etwa mit einem Verweis auf eine bestimmte Version Ihrer Änderungen im Repository zu vergleichen (siehe Abschnitt 16.1, »Git«).
5. Bestätigen Sie Ihre Eingaben über die Schaltfläche **Create repository** (siehe Abbildung 15.26).

Abbildung 15.27 zeigt das neu angelegte Repository. Aktuell befindet sich im Repository nur die initial angelegte Datei **README.md**.

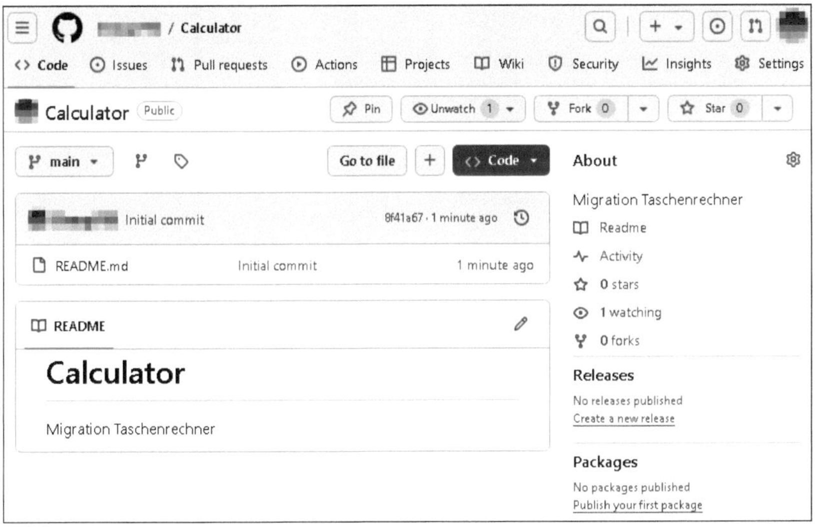

Abbildung 15.27 Neu angelegtes Repository

Für die Übertragung Ihrer Entwicklungsobjekte vom On-Premise-System in das Remote Repository benötigen Sie den abapGit-Client in Ihrem On-Premise-System. Melden Sie sich also zunächst an Ihrem On-Premise-System an. abapGit-Installation

[!]

Anmeldesprache

Die Anmeldesprache muss beim Export und Import von Quellcode identisch sein. Achten Sie daher unbedingt darauf, als Anmeldesprache für das On-Premise-System dieselbe Sprache zu verwenden, die Sie auch in Eclipse für die Anmeldung am ABAP Environment verwenden. Sollten die Anmeldesprachen voneinander abweichen, erhalten Sie später beim Import in das ABAP Environment die in Abbildung 15.28 dargestellte Fehlermeldung.

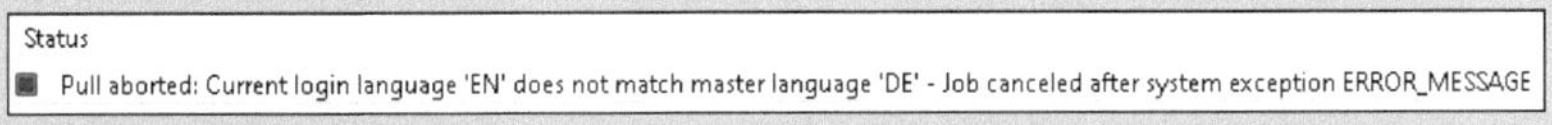

Abbildung 15.28 Fehler beim Import in das ABAP Environment

Falls Sie abapGit in der Vergangenheit noch nicht eingesetzt haben, sollten Sie die Anwendung nun auf Ihrem On-Premise-System installieren. Die Installation ist sehr einfach und in wenigen Schritten erledigt. Rufen Sie dazu zunächst die URL *http://s-prs.de/v1023910* auf und kopieren Sie den Quellcode in die Zwischenablage. Alternativ können Sie den Quellcode auch über die rechte Maustaste und **Speichern unter...** in eine neue Datei zwischenspeichern. Rufen Sie die Transaktion SE38 oder SE80 auf, um einen neuen Report `ZABAPGIT_FULL` anzulegen.

[!]

Namenskonvention für den ABAP-Report

In der Vergangenheit wurde abapGit häufig unter dem Report-Namen `ZABAPGIT` angelegt. Bitte sehen Sie davon ab, diesen Namen für abapGit zu verwenden, da er für die Installation und Aktualisierung von abapGit über das GitHub-Repository verwendet wird.

Fügen Sie das Coding aus der Zwischenablage in den Report ein und aktivieren Sie ihn. Wenn Sie abapGit in einem Entwicklungssystem verwenden, können Sie den Report einfach einem lokalen Entwicklungspaket zuordnen.

Falls Sie abapGit bereits im Einsatz haben, sollten Sie die Anwendung sicherheitshalber aktualisieren. Ersetzen Sie dazu einfach das bestehende Coding und aktivieren Sie den Report. Starten Sie anschließend den Report neu.

[»]

SSL und weitere Informationen

Damit Sie abapGit mit einem Remote Repository verbinden können, müssen Sie *Secure Sockets Layer* (SSL) auf Ihrem On-Premise-System einrichten. Laden Sie dazu die benötigte Zertifikatsdatei von der Seite *https://github.com* herunter und fügen Sie diese mithilfe des *Trust Managers* (Transaktion STRUST) Ihres On-Premise-Systems Ihrer Zertifikatsliste hinzu. Eine detaillierte Anleitung zur Einrichtung von SSL und viele weitere Informationen zu abapGit finden Sie auch unter: *https://docs.abapgit.org/*

Projekte in abapGit

Als Nächstes legen Sie ein neues Projekt mit abapGit an. In abapGit werden Projekte als Offline- oder Onlineprojekte angelegt. Für beide Projekttypen wird ein lokales Repository auf dem On-Premise-System angelegt:

- *Offlineprojekte* haben keine direkte Anbindung an ein Remote Repository. Jeglicher Datenaustausch findet über den Import und Export von ZIP-Dateien statt.
- *Onlineprojekte* lassen sich dagegen mit einem Remote Repository verknüpfen.

Für das Remote Repository können Sie Onlinedienste verwenden , wie z. B. GitHub oder Bitbucket. Die Verwendung eines eigenen Git-Servers ist ebenfalls möglich.

Projekt anlegen

Legen Sie wie folgt ein neues Onlineprojekt an:

1. Klicken Sie auf der Startseite von abapGit auf die Schaltfläche **New Online** (siehe Abbildung 15.29).

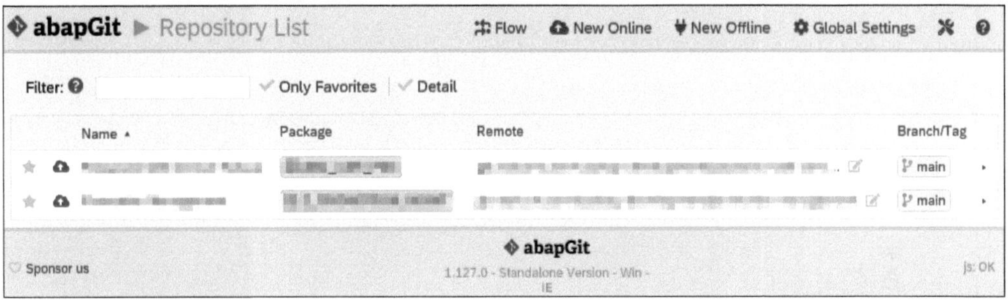

Abbildung 15.29 Startseite von abapGit

2. Daraufhin öffnet sich der Dialog aus Abbildung 15.30. Im Feld **Git Repository URL** müssen Sie die URL zu Ihrem Remote Repository angeben.

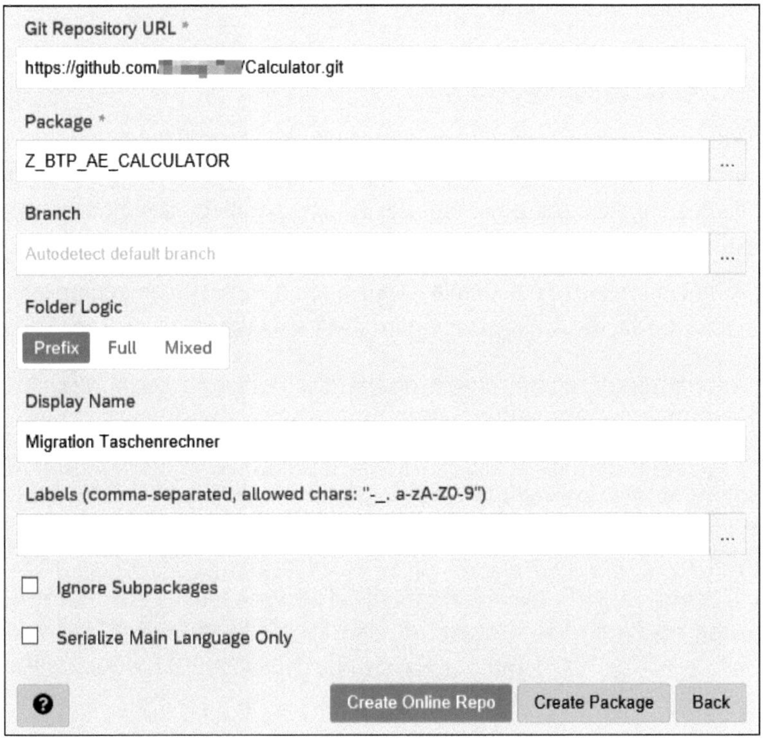

Abbildung 15.30 Anlage eines neuen Onlineprojekts

3. Wechseln Sie dazu in Ihren Webbrowser und rufen Sie Ihr angelegtes Repository unter *www.github.com* auf. Wählen Sie die Schaltfläche **Code** im oberen Bereich des Bildschirms und kopieren Sie die URL zu Ihrem Repository in die Zwischenablage (siehe Abbildung 15.31).

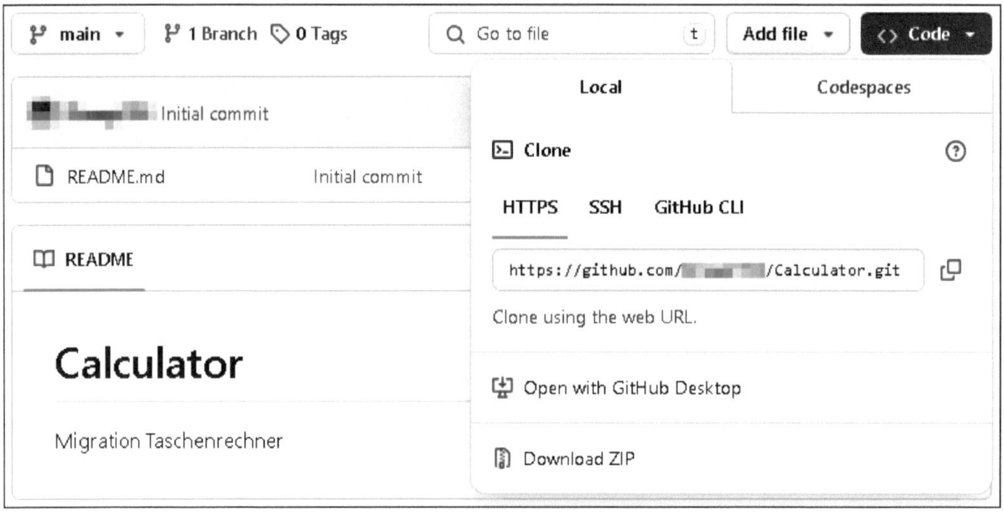

Abbildung 15.31 Kopieren der Repository-URL

4. Wechseln Sie nun wieder zu Ihrem abapGit-Client und fügen Sie die URL im Feld **Git Repository URL** ein.
5. Geben Sie anschließend im Feld **Package** das Entwicklungspaket an, das Sie dem Projekt zuordnen möchten. Durch die Zuordnung verknüpfen Sie das Entwicklungspaket mit dem korrespondierenden Remote Repository des Projekts.
6. Vergeben Sie im Feld **Display Name** noch einen Anzeigenamen und schließen Sie die Anlage mit einem Klick auf **Create Online Repo** ab.

[»]

Struktur von abapGit-Projekten

Abbildung 15.32 zeigt Ihnen die Struktur von abapGit-Projekten. Jedem Projekt in abapGit wird ein Entwicklungspaket zugeordnet. Die Zuordnung eines Entwicklungspakets zu mehreren Projekten ist nicht möglich. Für jedes Projekt wird automatisch ein korrespondierendes lokales Repository auf dem On-Premise-System angelegt. Bei der Verwendung von Onlineprojekten ordnen Sie Ihrem Projekt zusätzlich ein Remote Repository zu. Ein Remote Repository wiederum können Sie in mehreren Projekten verwenden.

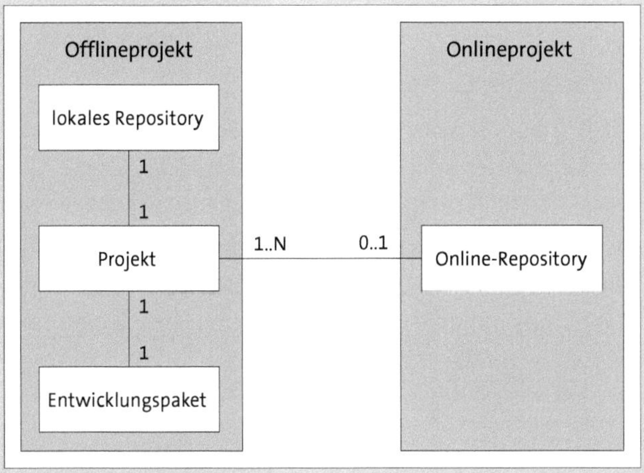

Abbildung 15.32 Struktur von abapGit-Projekten

Nach der Anlage öffnet sich automatisch die Detailansicht des Onlineprojekts (siehe Abbildung 15.33). Hier werden Ihnen alle Entwicklungsobjekte des verknüpften Entwicklungspakets aufgelistet.

Detailansicht des Projekts

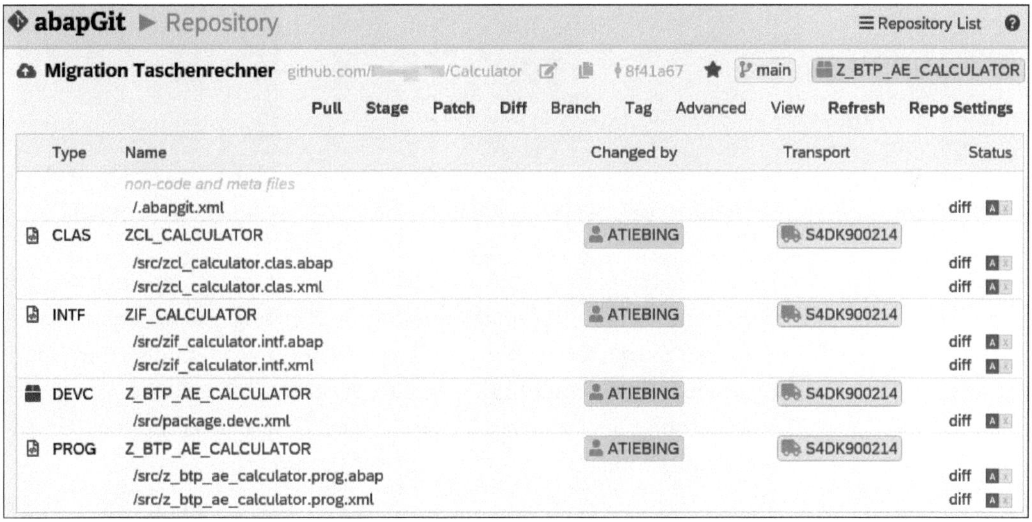

Abbildung 15.33 Detailansicht eines Onlineprojekts

Für jedes Entwicklungsobjekt werden der jeweilige Objekttyp und die zugehörigen Dateien angezeigt. An den Icons am rechten Bildschirmrand erkennen Sie den Status der jeweiligen Dateien, d. h., ob eine Datei bereits an das Remote Repository übertragen wurde (A X) oder ob die lokale Version vom Remote Repository abweicht (M). Bei Bedarf können Sie sich zudem über die Schaltfläche **diff** die Abweichungen anzeigen lassen.

Übertragung der Entwicklungsobjekte

Beginnen Sie nun mit der Übertragung der Entwicklungsobjekte ins Remote Repository:

1. Klicken Sie auf die Schaltfläche **Stage**.
2. Im sich daraufhin öffnenden Fenster können Sie auswählen, welche Entwicklungsobjekte Sie übertragen wollen (siehe Abbildung 15.34). Möchten Sie nur einzelne Objekte Ihres Entwicklungspakets übertragen, können Sie diese jeweils über die Schaltfläche **add** auswählen und Ihre Auswahl anschließend mit **Commit selected** bestätigen. Möchten Sie dagegen alle Entwicklungsobjekte übertragen, wählen Sie einfach **Add all and commit**.

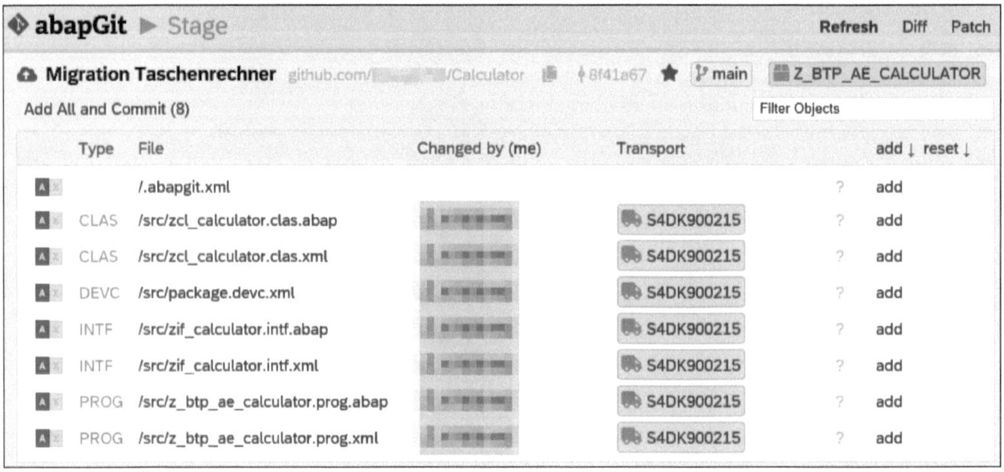

Abbildung 15.34 Auswahl der Entwicklungsobjekte für die Übertragung

3. Damit Übertragungen an das Remote Repository später einer Person zugeordnet werden können, müssen Sie im folgenden Fenster Ihren Namen (**Committer Name**) und Ihre E-Mail-Adresse (**Committer Email**) angeben (siehe Abbildung 15.35). Des Weiteren müssen Sie eine kurze Beschreibung der Übertragung in das Feld **Comment** eingeben. Bestätigen Sie Ihre Eingaben anschließend mit Commit.
4. Als Nächstes werden Sie aufgefordert, Ihre Anmeldedaten für GitHub einzugeben. Geben Sie Ihren Benutzernamen und Ihr Passwort ein und bestätigen Sie den Dialog anschließend über die Ausführen-Schaltfläche (☑, siehe Abbildung 15.36).

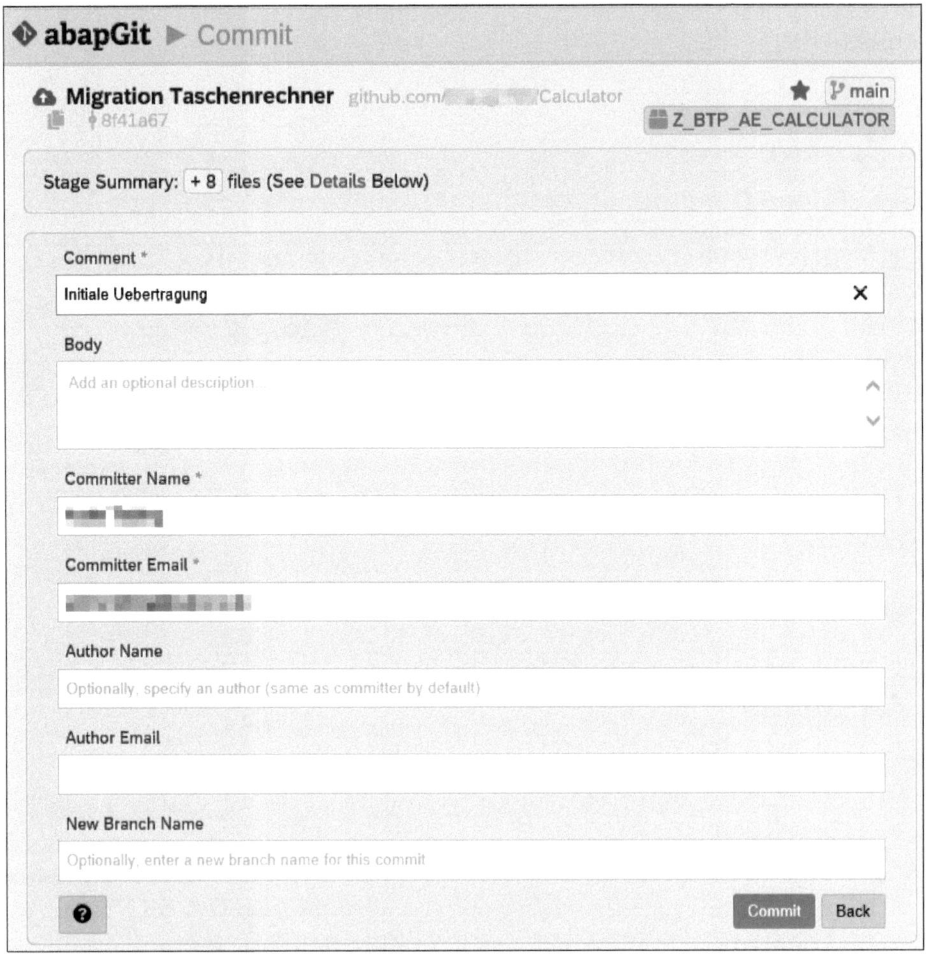

Abbildung 15.35 Angaben zur Übertragung

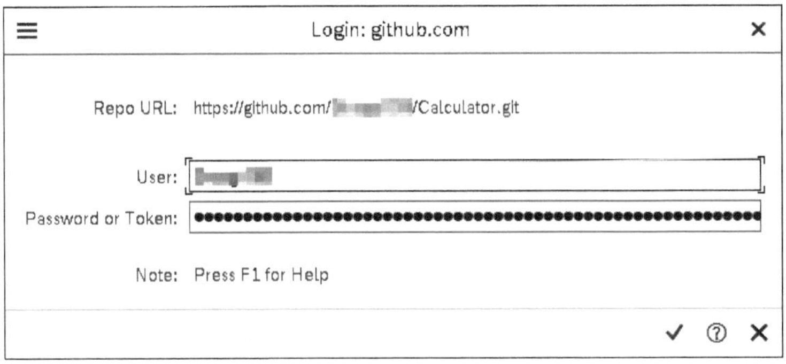

Abbildung 15.36 Eingabe der Login-Daten für GitHub

Repository mit übertragenen Objekten

Damit ist die Übertragung Ihrer Entwicklungsobjekte nach GitHub abgeschlossen. Abbildung 15.37 zeigt das Repository auf GitHub nach der Übertragung.

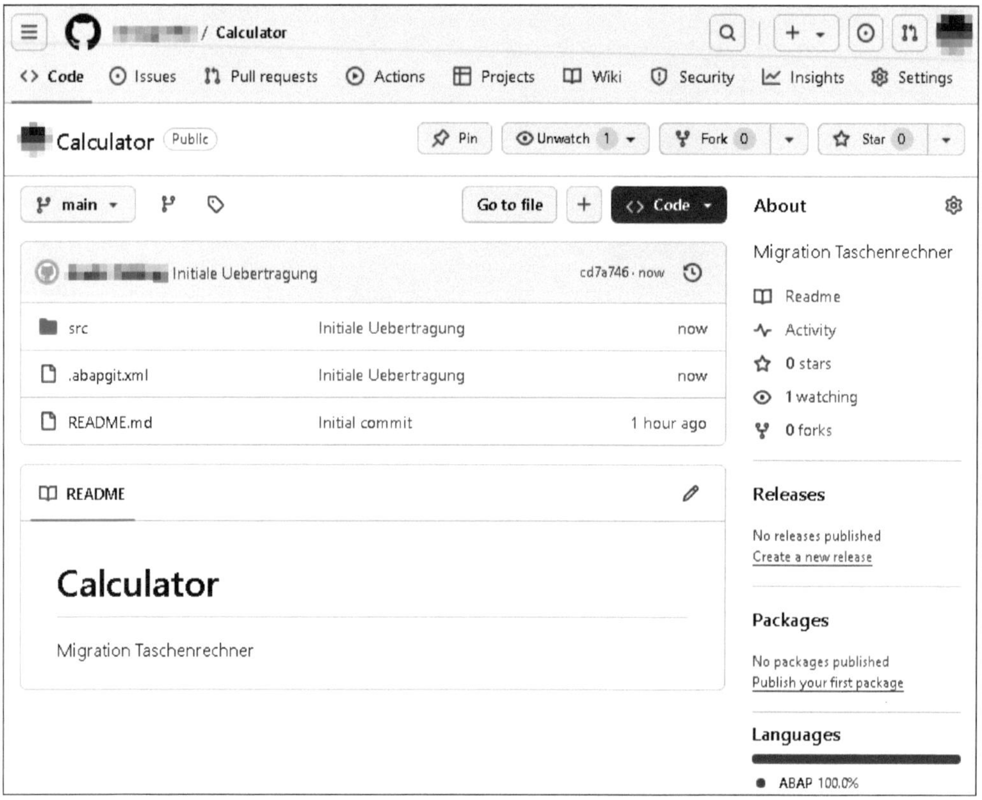

Abbildung 15.37 Repository nach der Übertragung der Objekte

15.2.2 Quellcode in das ABAP Environment importieren

abapGit-Client installieren

Der Import von Entwicklungsobjekten aus einem Remote Repository in das ABAP Environment erfolgt ebenso wie der Export über abapGit. Nun nutzen Sie allerdings Ihre Eclipse-Umgebung für den Import. Der abapGit-Client ist als installierbares Plug-in für Eclipse verfügbar. Um ihn zu installieren, gehen Sie wie folgt vor:

1. Öffnen Sie die ADT in Eclipse und wählen Sie im Menü **Help • Install New Software...** (siehe Abbildung 15.38).
2. Tragen Sie im Feld **Work with** die URL »http://eclipse.abapgit.org/updatesite/« ein und bestätigen Sie die Eingabe mit [↵].
3. Wählen Sie anschließend **abapGit for ABAP Development Tools (ADT)** aus und fahren Sie mit **Next** fort (siehe Abbildung 15.39).

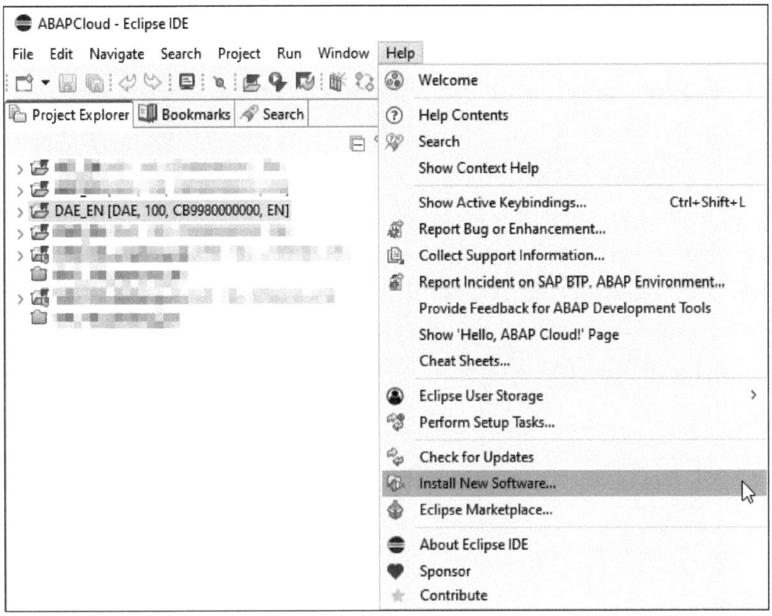

Abbildung 15.38 Installieren neuer Software in Eclipse

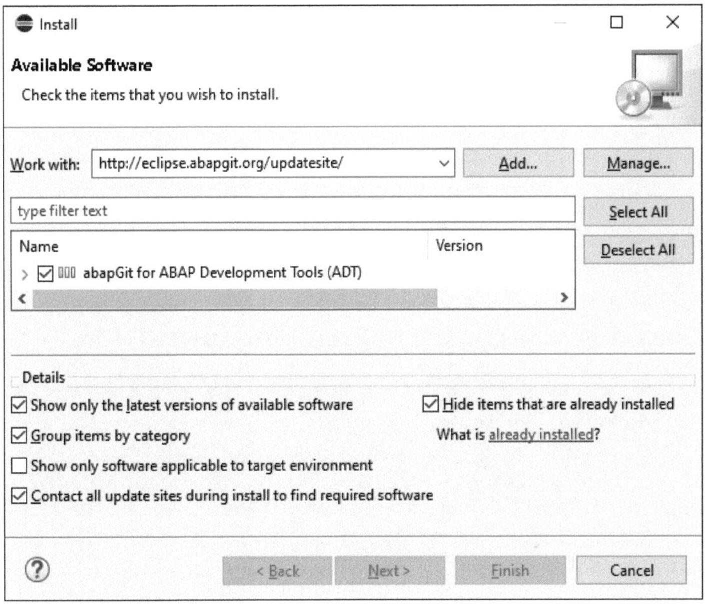

Abbildung 15.39 Installation von abapGit

4. Im nächsten Dialogschritt wird Ihnen noch einmal eine Zusammenfassung der Objekte angezeigt, die installiert werden. Fahren Sie mit der Installation fort, indem Sie die Schaltfläche **Next** drücken.

5. Bestätigen Sie im letzten Dialogschritt die Lizenzvereinbarung und starten Sie die Installation mit **Finish**.
6. Sobald die Installation abgeschlossen ist, werden Sie dazu aufgefordert, Eclipse neu zu starten. Bestätigen Sie den Dialog und warten Sie, bis Eclipse neu gestartet wurde.

abapGit-View einblenden

Für den abapGit-Client gibt es in Eclipse eine eigene Ansicht. Um sich den abapGit-View einzublenden, navigieren Sie über **Window • Show View • Other...** in die Einstellungen zur Anzeige der Ansichten. Expandieren Sie den Knoten **ABAP** und markieren Sie **abapGit Repositories**. Schließen Sie Ihre Auswahl mit **Open** ab (siehe Abbildung 15.40).

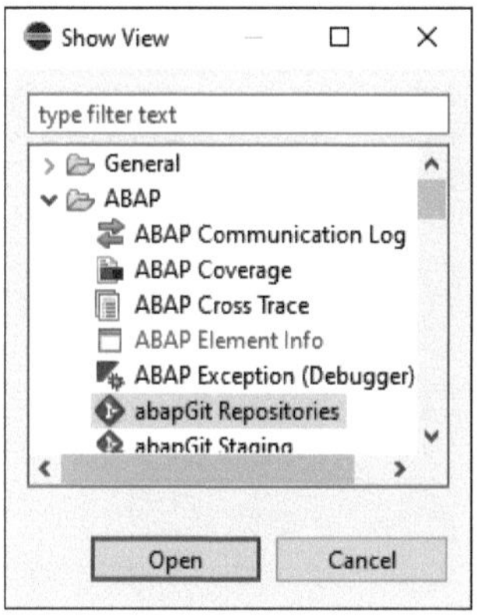

Abbildung 15.40 Hinzufügen des abapGit-Views in Eclipse

Die Ansicht **abapGit Repositories** sollte nun in Ihrer Entwicklungsumgebung sichtbar sein, wie in Abbildung 15.41 dargestellt. Bevor Sie als Nächstes damit beginnen, Ihr Repository dem ABAP Environment hinzuzufügen, sollten Sie sicherstellen, dass Sie am ABAP Environment angemeldet sind und das entsprechende Projekt im **Project Explorer** ausgewählt ist.

Entwicklungspaket prüfen

Wenn Sie ein neues Repository dem abapGit-Client in Eclipse hinzufügen, ordnen Sie dem Repository ein Entwicklungspaket zu. Im Dialog für das Hinzufügen eines neuen Repositorys haben Sie jedoch keine Möglichkeit, ein neues Entwicklungspaket anzulegen. Sie sollten sich daher im Vorfeld überlegen, welches Entwicklungspaket Sie dem Repository zuordnen wollen, und gegebenenfalls ein neues Entwicklungspaket anlegen.

Repository hinzufügen

Um ein neues Repository dem abapGit-Client hinzuzufügen, gehen Sie wie folgt vor:

1. Klicken Sie auf das Plussymbol ().

Abbildung 15.41 Ansicht des abapGit-Clients

2. Geben Sie im ersten Dialogschritt die URL Ihres Remote Repositorys ein (siehe Abbildung 15.42). Sie ist identisch mit der URL, die Sie für den abapGit-Client auf Ihrem On-Premise-System verwendet haben. Fahren Sie mit **Next** fort.

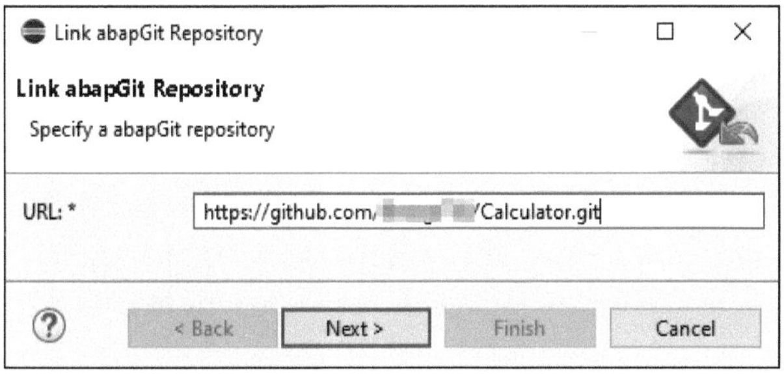

Abbildung 15.42 Eingabe der Repository-URL

3. Wählen Sie im nächsten Dialogschritt im Feld **Branch** den Branch Ihres Repositorys aus (siehe Abbildung 15.43). In unserem Repository haben wir nur einen Branch zur Auswahl, deshalb wählen wir hier **refs/heads/main**.
4. Geben Sie im Feld **Package** das Entwicklungspaket an, in das Sie Ihre Entwicklungsobjekte importieren möchten.

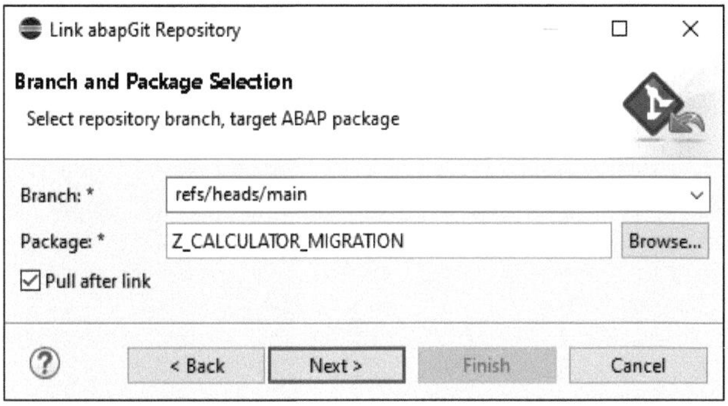

Abbildung 15.43 Auswahl des Branches und des Entwicklungspakets

[!]

Keine Strukturpakete verwenden

Entwicklungsobjekte können nur einem Entwicklungspaket zugeordnet werden. Sowohl die Wertehilfe als auch die manuelle Eingabe erlauben Ihnen die Auswahl eines Strukturpakets. Beim Import der Entwicklungsobjekte aus dem Repository führt dies allerdings später zu einem Fehler. Sie sollten daher unbedingt darauf achten, dass Sie in das Feld **Package** ein Entwicklungspaket eintragen.

5. Mit dem Kennzeichen **Pull after link** können Sie festlegen, ob nach dem Hinzufügen des Repositorys ein automatischer Import Ihrer Entwicklungsobjekte erfolgen soll. Alternativ können Sie den Import (*Pull*) später auch manuell anstoßen.
6. Wählen Sie im letzten Dialogschritt einen Transportauftrag aus und schließen Sie das Hinzufügen des Repositorys mit **Finish** ab.

Sofern Sie die Option **Pull after link** gewählt haben, beginnt der Client nun automatisch mit dem Import der Entwicklungsobjekte. Abbildung 15.44 zeigt das hinzugefügte Repository mit einem laufenden Import.

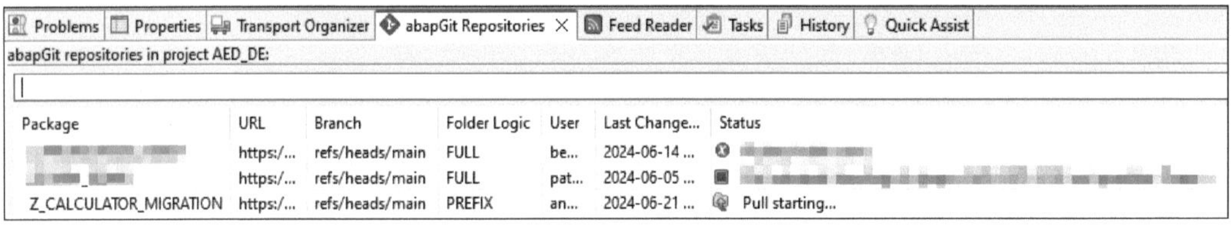

Abbildung 15.44 Laufender Import von Entwicklungsobjekten

Import manuell anstoßen

Sollten Sie die Option für den automatischen Import nicht ausgewählt haben, können Sie den Import manuell anstoßen. Klicken Sie dazu mit der rechten Maustaste auf das Repository und wählen Sie **Pull...** im Kontextmenü (siehe Abbildung 15.45).

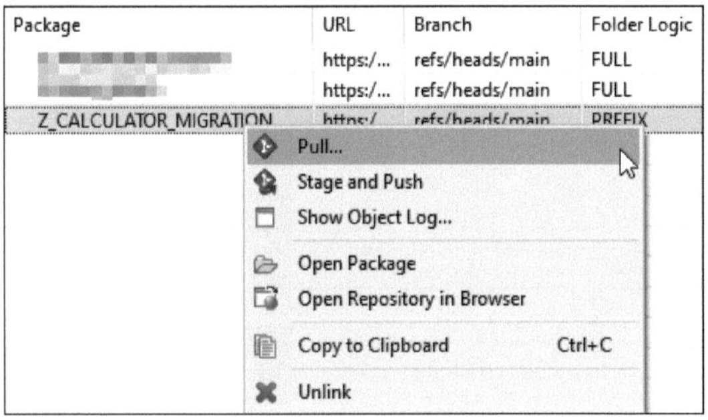

Abbildung 15.45 Manueller Import

Verarbeitungsprotokoll

Während des Imports können Sie den Status der Verarbeitung jederzeit über die Schaltfläche (**Refresh**) aktualisieren. Sobald der Import abgeschlossen ist, können Sie sich das Verarbeitungsprotokoll anzeigen lassen. Klicken Sie dazu mit der rechten Maustaste auf das Repository und wählen Sie **Show Object Log...** im Kontextmenü (siehe Abbildung 15.46).

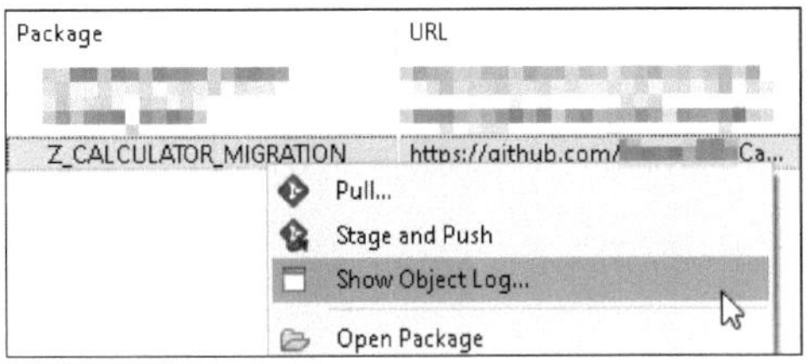

Abbildung 15.46 Verarbeitungsprotokoll anzeigen

Das Verarbeitungsprotokoll gibt Ihnen Aufschluss darüber, welche Entwicklungsobjekte importiert wurden und bei welchen Objekten es gegebenenfalls zu einem Fehler gekommen ist. Im Kopfbereich des Protokolls stehen Ihnen verschiedene Schaltflächen zur Filterung und zum Export der Ausgabe zur Verfügung (siehe Abbildung 15.47).

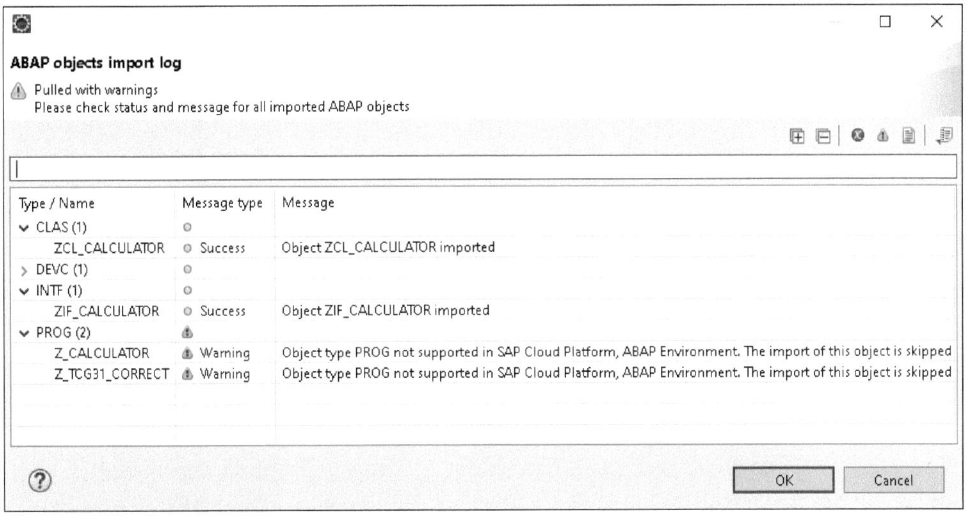

Abbildung 15.47 Verarbeitungsprotokoll

[!]

Nicht freigegebene Objekttypen

Sollten sich im Repository Entwicklungsobjekte nicht freigegebener Objekttypen, wie z. B. Programme oder Dynpros, befinden, werden diese bei dem Import ignoriert. Im Verarbeitungsprotokoll wird für diese Entwicklungsobjekte eine Warnmeldung ausgegeben.

Importierte Entwicklungsobjekte

Abbildung 15.48 zeigt die importierten Entwicklungsobjekte im **Project Explorer**. Im nächsten Schritt sollten Sie diese Objekte prüfen, gegebenenfalls den Quellcode anpassen und die Objekte anschließend aktivieren.

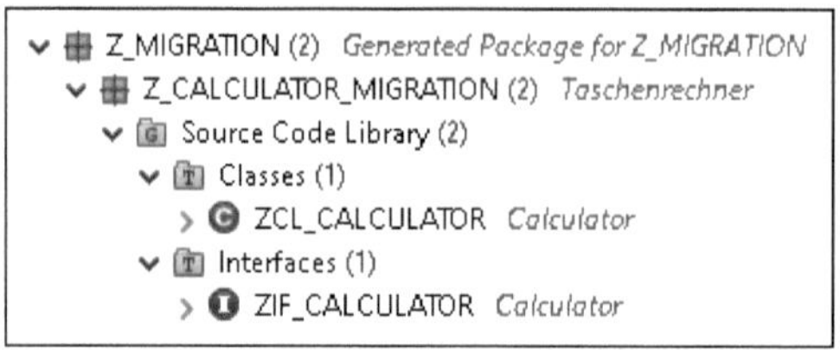

Abbildung 15.48 Importierte Entwicklungsobjekte

15.3 Halbautomatische Quellcodeanpassungen

Nachdem Sie kundeneigene Entwicklungsobjekte von Ihrem On-Premise-System in das ABAP Environment transportiert haben, liegen diese zunächst in einer inaktiven Fassung vor. Die Aktivierung der Entwicklungsobjekte ist allerdings nicht immer möglich. Das liegt an den in Abschnitt 3.3, »Freigegebener Sprachumfang und Objekte«, beschriebenen Einschränkungen. So steht Ihnen mit ABAP Cloud beispielsweise nur noch ein eingeschränkter ABAP-Sprachumfang zur Verfügung, der die Verwendung verschiedener ABAP-Sprachelemente, wie z. B. `MOVE`, untersagt. Auch die Nutzung von Repository-Objekten beschränkt sich auf die von SAP freigegebenen Objekte.

Kompatibilität mit ABAP Environment

Mit den in Abschnitt 15.1, »Cloud-Readiness-Prüfungen durchführen«, vorgestellten Methoden zur Prüfung Ihres Quellcodes konnten Sie sich bereits im Vorfeld einen Überblick über die Befunde und notwendigen Quellcodeanpassungen verschaffen. Sofern Sie die erforderlichen Anpassungen nicht bereits im On-Premise-System vorgenommen haben bzw. vornehmen konnten, führen diese Befunde nun zu Fehlern im ABAP Environment und verhindern eine fehlerfreie Aktivierung Ihrer Entwicklungsobjekte (siehe Abbildung 15.49). In diesem Abschnitt zeigen wir Ihnen, wie Sie die notwendigen Anpassungen ermitteln können und dabei durch halbautomatische Quellcodeanpassungen unterstützt werden.

Welche Quellcodeanpassungen im ABAP Environment erforderlich sind, ermitteln Sie mit dem ATC in Eclipse. SAP stellt Ihnen dazu die Prüfvariante `ABAP_CLOUD_READINESS` zur Verfügung. Das Ergebnis aus der Quellcodeprüfung dient Ihnen als Arbeitsvorrat für die notwendigen Anpassungen.

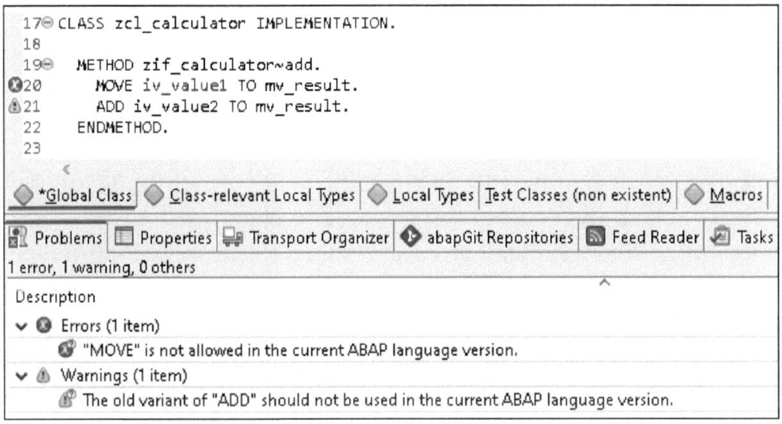

Abbildung 15.49 Fehlerhafter Quellcode

Quick Fixes

Um den Aufwand für die Quellcodeanpassungen möglichst gering zu halten, stellt Ihnen SAP die *Quick-Fix-Funktion* innerhalb der ADT zur Verfügung. Sollten Sie bereits in der Vergangenheit mit Eclipse gearbeitet haben, wird Ihnen diese Funktion sicherlich bekannt sein. Über eine eigene Eclipse-Ansicht oder über die Tastenkombination Strg + 1 unterstützen Sie die Quick Fixes bei der Beseitigung von Fehlern im Quellcode. So können Sie mithilfe von Quick Fixes beispielsweise die fehlende Implementierung einer Methode anlegen (siehe Abbildung 15.50) oder fehlende Textelemente hinzufügen.

15

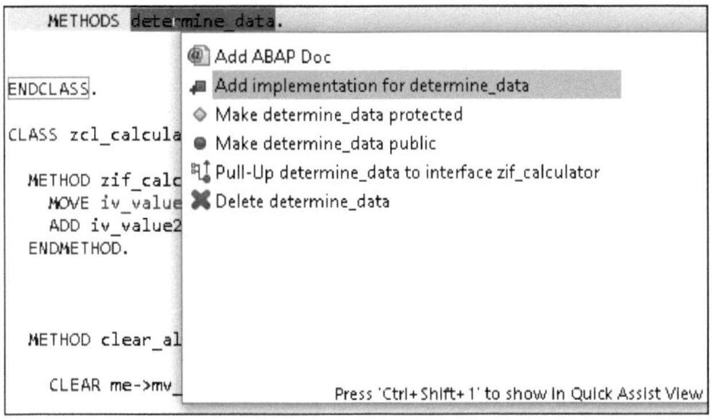

Abbildung 15.50 Quick Fix zur Anlage einer Methodenimplementierung

Voraussetzungen

Die Idee, Quick Fixes für die automatische Quellcodeanpassung in Migrationsprojekten zu verwenden, ist nicht neu. Auch bei der Migration kundeneigenen Quellcodes auf ein SAP-S/4HANA-System kann die Quick-Fix-Funktion bereits seit Release SAP S/4HANA 1809 und den ADT in der Version 2.96 eingesetzt werden.

Anwendungsfälle für Quick Fixes

Mit Quick Fixes können Sie allerdings nicht alle Befunde der Quellcodeprüfung automatisiert beheben lassen. SAP stellt Ihnen lediglich Quick Fixes für die gängigsten Fehler zur Verfügung:

- **ABAP-Sprachelemente**

  Eine Vielzahl von ABAP-Sprachelementen ist nicht für die Nutzung in ABAP Cloud freigegeben. So führt beispielsweise die Nutzung der Anweisung `MOVE` zu einem Syntaxfehler und verhindert eine fehlerfreie Aktivierung des Quellcodes (siehe Abbildung 15.51).

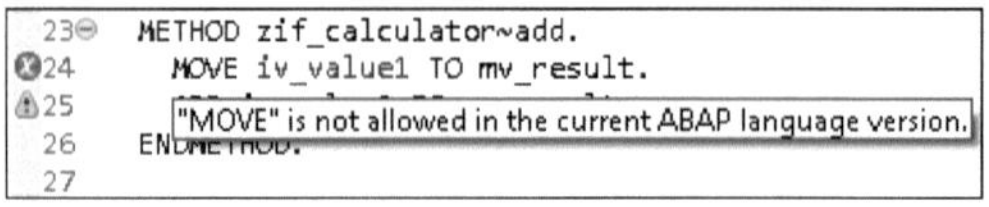

Abbildung 15.51 Verwendung eines ungültigen ABAP-Sprachelements

Tabelle 15.2 gibt Ihnen eine Übersicht über die verfügbaren Quick Fixes zur Korrektur von Anweisungen mit ungültigen ABAP-Sprachelementen.

Ungültige Anweisung	Anweisung nach Quick Fix
ADD	+= oder +
DIVIDE	/= oder /
MULTIPLY	*= oder *
SUBTRACT	-= oder -
COMPUTE	=
MOVE	=
DESCRIBE TABLE LINES	LINES( )
FREE	CLEAR
REFRESH	CLEAR
MESSAGE	MESSAGE INTO (Wird nur ersetzt, wenn MESSAGE für den Verwendungsnachweis verwendet wird und innerhalb von IF 1 = 0 und ENDIF steht.)
CLASS-DEFINITION-LOAD	Anweisung wurde gelöscht.
INTERFACE-LOAD	Anweisung wurde gelöscht.

Tabelle 15.2 Verfügbare Quick Fixes für ABAP-Sprachelemente

- **Nicht freigegebene Repository-Objekte**

  In ABAP Cloud können nur noch explizit freigegebene Repository-Objekte verwendet werden. Sollten Sie in Ihrem kundeneigenen Quellcode beispielsweise ein Datenelement verwenden, das nicht zur Verwendung freigegeben ist, erhalten Sie einen Syntaxfehler (siehe Abbildung 15.52). Die Quick-Fix-Funktion unterstützt Sie hier leider nicht mit einer automatischen Quellcodeanpassung, sondern Sie müssen solche Stellen manuell anpassen.

  ```
  METHODS set_date IMPORTING iv_aedat TYPE aedat.
                                  The use of Data Element AEDAT is not permitted.
  ```

  Abbildung 15.52 Verwendung eines nicht freigegebenen Datenelements

  Anders verhält es sich bei Datenelementen, die zur Verwendung im ABAP Environment freigegeben sind, aber von SAP als veraltet (**Deprecated**) gekennzeichnet wurden. Hier erhalten Sie keinen Syntaxfehler, sondern lediglich eine Warnung. Quick Fixes unterstützen Sie hier außerdem bei der automatischen Quellcodeanpassung und ersetzen das veraltete Datenelement durch den Nachfolger (siehe Abbildung 15.53).

  ```
  METHODS is_zero IMPORTING iv_value       TYPE i
                  RETURNING VALUE(rv_bool) TYPE boole_d.
                       Data Element BOOLE_D is deprecated. Use Data Element ABAP_BOOLEAN instead.
  ```

  Abbildung 15.53 Verwendung eines veralteten Datenelements

- **Systemfelder**

  Sie können weiterhin auf alle Systemfelder (SY-Strukturen) lesend zugreifen. Anstelle mancher Systemfelder empfiehlt SAP allerdings eine alternative API. Sollten Sie dennoch die Systemfelder verwenden, führt dies zu der in Abbildung 15.54 dargestellten Warnmeldung.

  ```
  ls_message-text1  = |Berechnung vom: { sy-datum }|.
  ls_message-text2 = |Ergebnis: { mv_resu
                The old variant of "SY-DATUM" should not be used in the current ABAP language version.
  ```

  Abbildung 15.54 Verwendung von nicht empfohlenen Systemfeldern

  Quick Fixes ersetzen diese Systemfelder durch Aufrufe der APIs. Tabelle 15.3 gibt Ihnen eine Übersicht über die verfügbaren Quick Fixes für die Verwendung von Systemfeldern.

Systemfeld	Anweisung nach Quick Fix
SY-ZONLO	cl_abap_context_info=>get_user_time_zone( )
SY-DATUM	cl_abap_context_info=>get_system_date( )
SY-UZEIT	cl_abap_context_info=>get_system_time( )

Tabelle 15.3 Verfügbare Quick Fixes für Systemfelder

- **ABAP SQL**

  In ABAP Cloud darf nur noch die neue, mit AS ABAP 7.4 eingeführte, ABAP-SQL-Syntax verwendet werden. Für migrierte SQL-Abfragen müssen insbesondere die Feldselektionen kommasepariert aufgeführt werden und bei der Verwendung von Variablen muss @ als Fluchtsymbol vorangestellt werden (siehe Abbildung 15.55). Quick Fixes unterstützen Sie bei der automatischen Anpassung Ihrer veralteten SQL-Abfragen.

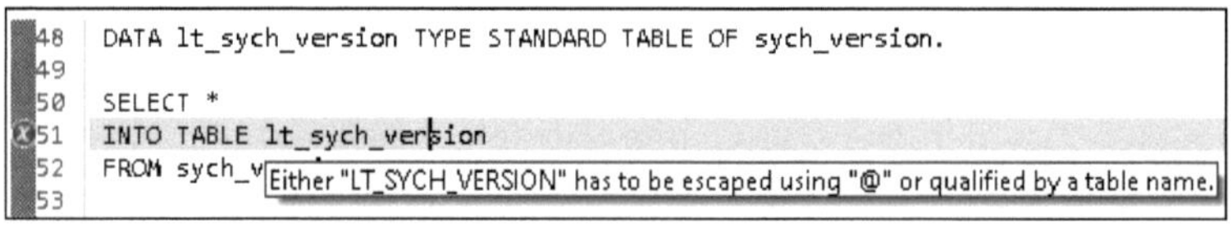

Abbildung 15.55 Verwendung veralteter SQL-Syntax

Quellcode aktivieren

Bevor Sie Ihren Quellcode mit dem ATC prüfen, müssen Sie zunächst Ihre Entwicklungsobjekte aktivieren. Falls Ihr Quellcode Syntaxfehler aufweist, erhalten Sie dabei die in Abbildung 15.56 dargestellte Meldung. Bestätigen Sie, dass Sie die Entwicklungsobjekte trotz der Syntaxfehler aktivieren möchten.

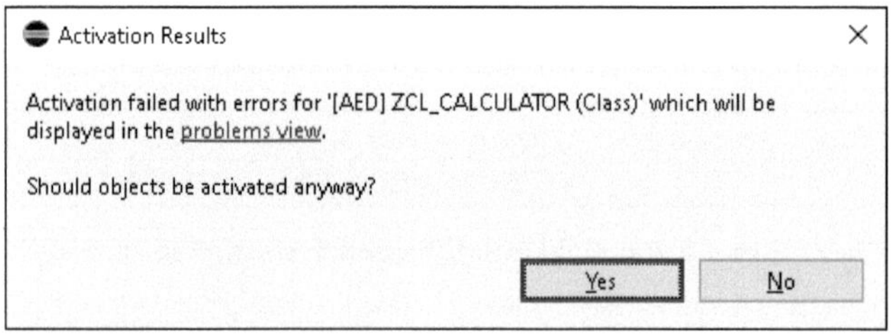

Abbildung 15.56 Aktivieren von fehlerhaften Entwicklungsobjekten

Aktivieren im Vordergrund

Mit den Standardeinstellungen von Eclipse erfolgt die Aktivierung von Entwicklungsobjekten im Hintergrund. Bei der Aktivierung fehlerhafter

Entwicklungsobjekte erhalten Sie bei dieser Einstellung nicht die in Abbildung 15.56 dargestellte Meldung. Es wird dann lediglich eine Fehlermeldung ausgegeben, dass die Aktivierung fehlgeschlagen ist:

»Activation failed with erros. See Problems View for details«

Um die Aktivierung von Entwicklungsobjekten im Vordergrund ausführen zu können, navigieren Sie über **Window • Preferences** in die Einstellungen von Eclipse. Wählen Sie anschließend den Menüpunkt **General** und entfernen Sie den Haken bei der Option **Always run in background** (siehe Abbildung 15.57).

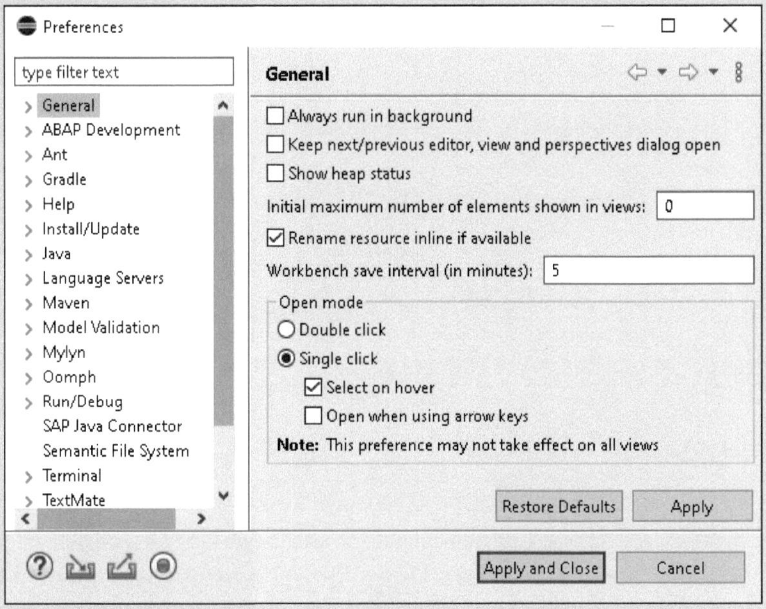

Abbildung 15.57 Aktivierung im Vordergrund einstellen

ABAP Test Cockpit ausführen

Erstellen Sie sich nun Ihren Arbeitsvorrat für die durchzuführenden Anpassungen, indem Sie Ihren Quellcode mit dem ATC prüfen. Achten Sie dabei darauf, dass Sie die Prüfung mit der Prüfvariante `ABAP_CLOUD_READINESS` durchführen. Sollten Sie die Prüfung mit der Tastenkombination Strg + ⇧ + F2 starten, verwendet das ATC die in den Eigenschaften des Projekts festgelegte Prüfvariante. Sofern Sie keine alternative Prüfvariante in den Eigenschaften konfiguriert haben, handelt es sich dabei um die Prüfvariante `ABAP_CLOUD_DEVELOPMENT_DEFAULT`. Wir empfehlen Ihnen, die Prüfung sicherheitshalber über das Kontextmenü eines Entwicklungspakets oder Entwicklungsobjekts zu starten und dabei die Prüfvariante manuell auszuwählen.

[+]

ABAP-Test-Cockpit-Konfigurator

Mit der SAP-Fiori-Anwendung **ABAP-Test-Cockpit-Konfigurator** können Sie verschiedene ATC-spezifische Einstellungen vornehmen. So können Sie beispielsweise die Standardprüfvariante festlegen.

Für den Start der Prüfung über das Kontextmenü, klicken Sie mit der rechten Maustaste auf das gewünschte Objekt im **Project Explorer** und wählen **Run As • ABAP Test Cockpit With...** (siehe Abbildung 15.58).

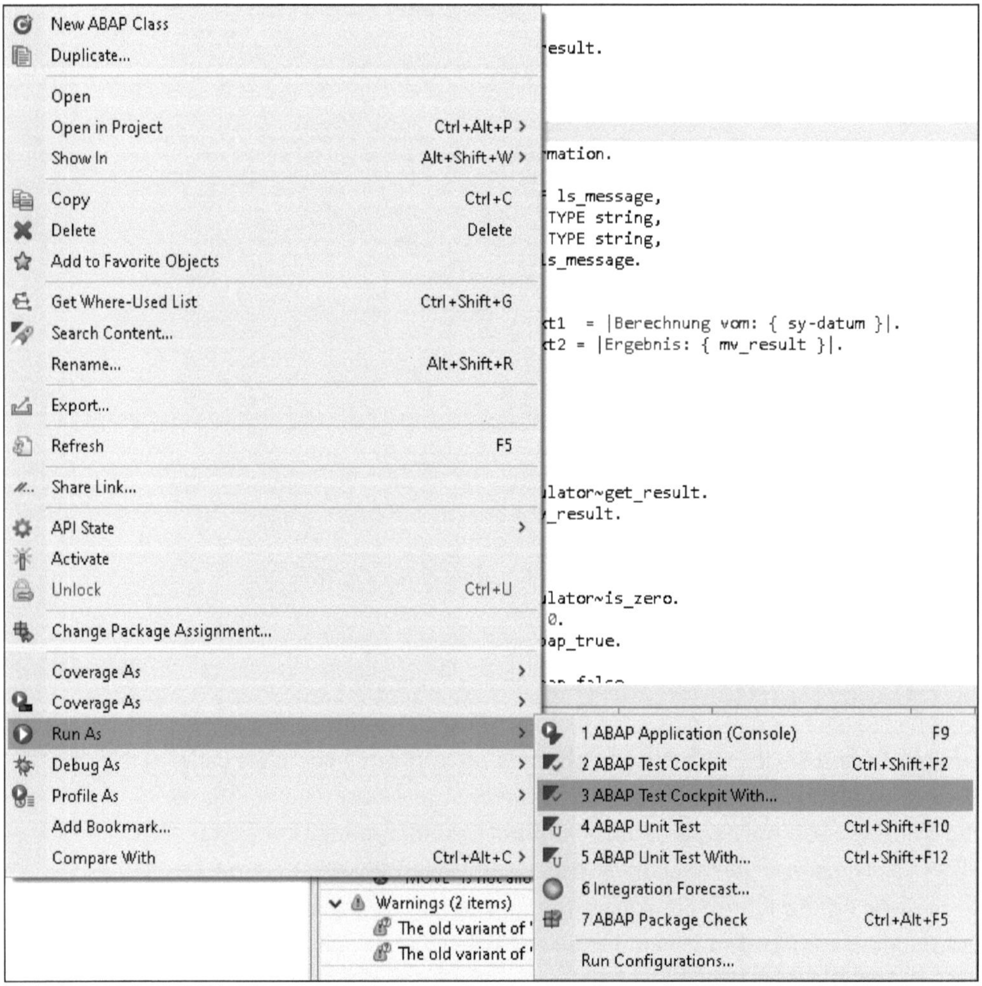

Abbildung 15.58 Start des ABAP Test Cockpits mit Auswahl der Prüfvariante

Abbildung 15.59 zeigt den Dialog zur Auswahl der Prüfvariante. Geben Sie »ABAP_CLOUD_READINESS« ein und starten Sie die Prüfung mit **OK**.

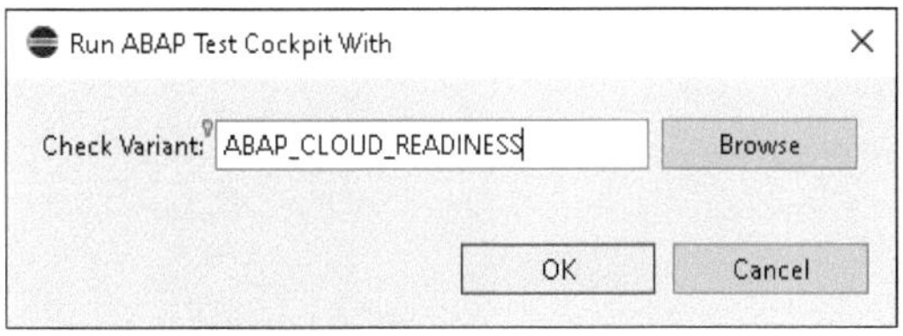

Abbildung 15.59 Auswahl der Prüfvariante

Befunde beheben

Sobald die Quellcodeprüfung abgeschlossen ist, können Sie die Ergebnisse in der Ansicht **ATC Problems** einsehen (siehe Abbildung 15.60). Um die Migration Ihres kundeneigenen Quellcodes abzuschließen, sollten Sie nun alle dort ausgegebenen Befunde nacheinander korrigieren. Befunde, die Sie mit der Quick-Fix-Funktion automatisch beheben lassen können, sind mit den Icons (**Syntax warning in restricted language scope**) oder (**Syntax error in restricted language scope**) gekennzeichnet.

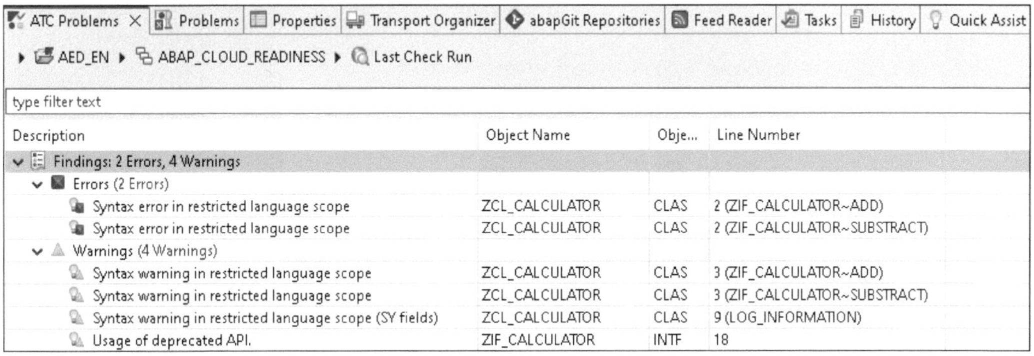

Abbildung 15.60 Darstellung der Befunde in der Ansicht »ATC Problems«

Quick Fix anwenden

Um einen Quick Fix anzuwenden, klicken Sie mit der rechten Maustaste auf einen Befund und wählen den Eintrag **Quick Fix...** im Kontextmenü. Alternativ können Sie auch einen Befund markieren und die Tastenkombination [Strg] + [1] drücken. Im darauffolgenden Dialog können Sie wählen, welche Korrektur Sie anwenden möchten. Abhängig vom Befund und dem ABAP-Ausdruck werden Ihnen gelegentlich mehrere Korrekturen vorgeschlagen. Wählen Sie die für Sie passende Korrektur aus und starten Sie die Korrektur mit **Finish** (siehe Abbildung 15.61).

Sie können einen Quick Fix auch direkt aus dem Quellcode heraus anwenden. Navigieren Sie dazu zunächst zu der entsprechenden Stelle im Code, indem Sie einen Doppelklick auf den Befund ausführen. Klicken Sie mit der rechten Maustaste auf die Codestelle und wählen Sie im Kontextmenü **Quick Fix**. Alternativ können Sie auch den Cursor auf die entsprechende

Stelle setzen und den Quick Fix mit der Tastenkombination [Strg] + [1] anwenden (siehe Abbildung 15.62).

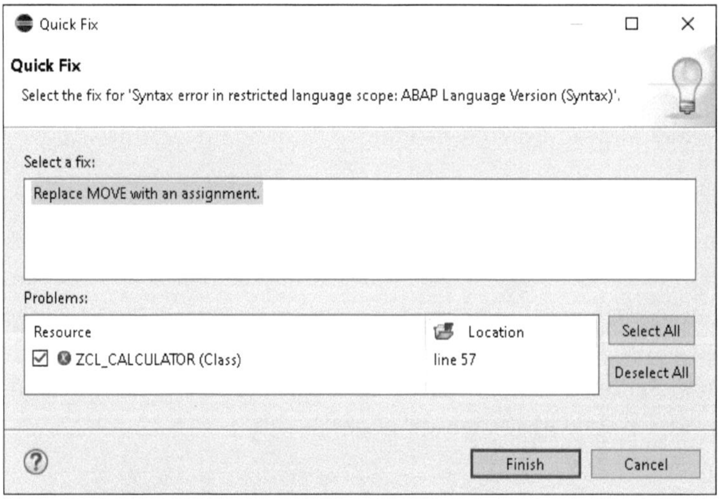

Abbildung 15.61 Auswahl einer Korrektur

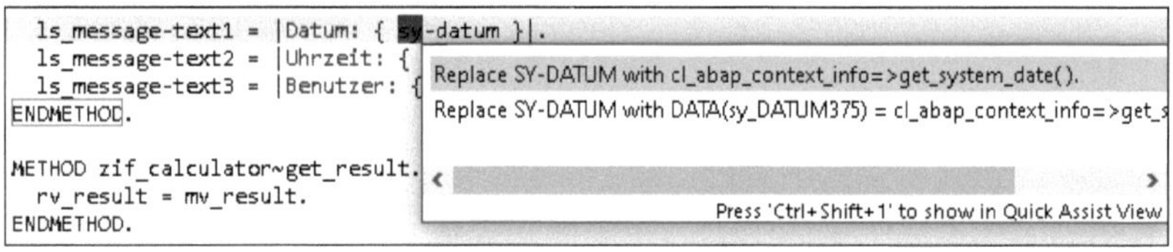

Abbildung 15.62 Quick Fix über den Quellcode aufrufen

Massentauglicher Quick Fix

Sie können Quick Fixes auch auf mehrere Befunde gleichzeitig anwenden und so große Mengen an Befunden in wenigen Schritten bearbeiten. Das reduziert den Aufwand für die Quellcodeanpassung um ein Vielfaches. Markieren Sie dazu in der Ansicht **ATC Problems** als Erstes alle Befunde, die Sie korrigieren möchten. Rufen Sie anschließend das Kontextmenü über die rechte Maustaste auf und wählen Sie **Recommended Quick Fixes** (siehe Abbildung 15.63).

Es öffnet sich ein Assistent und zeigt Ihnen für jeden zuvor markierten Befund die vorgeschlagene Korrektur an (siehe Abbildung 15.64). Über das Kennzeichen **Group by Object** können Sie die Gruppierung der dargestellten Befunde beeinflussen und zwischen einer Gruppierung nach Entwicklungsobjekt oder einer Gruppierung nach Fehlertyp wechseln. Über die Kennzeichen **Activate changed objects** und **Recheck** können Sie auswählen, ob Ihre Objekte nach der Korrektur automatisch aktiviert und gegebenenfalls noch einmal geprüft werden sollen. Wählen Sie nun alle Korrekturen aus, die Sie durchführen möchten, und klicken Sie auf **Next**.

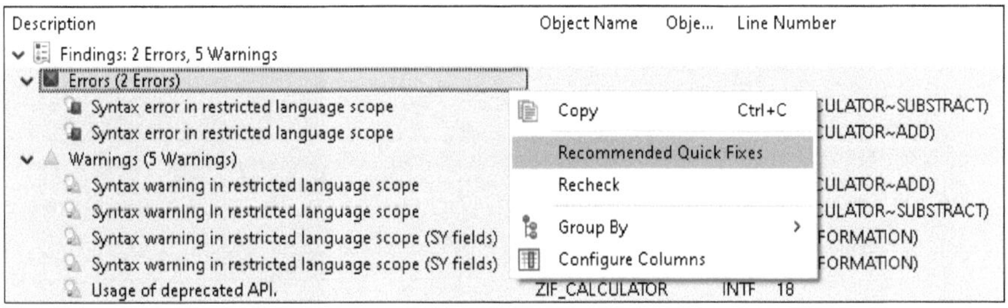

Abbildung 15.63 Anwendung von Quick Fixes auf mehrere Befunde

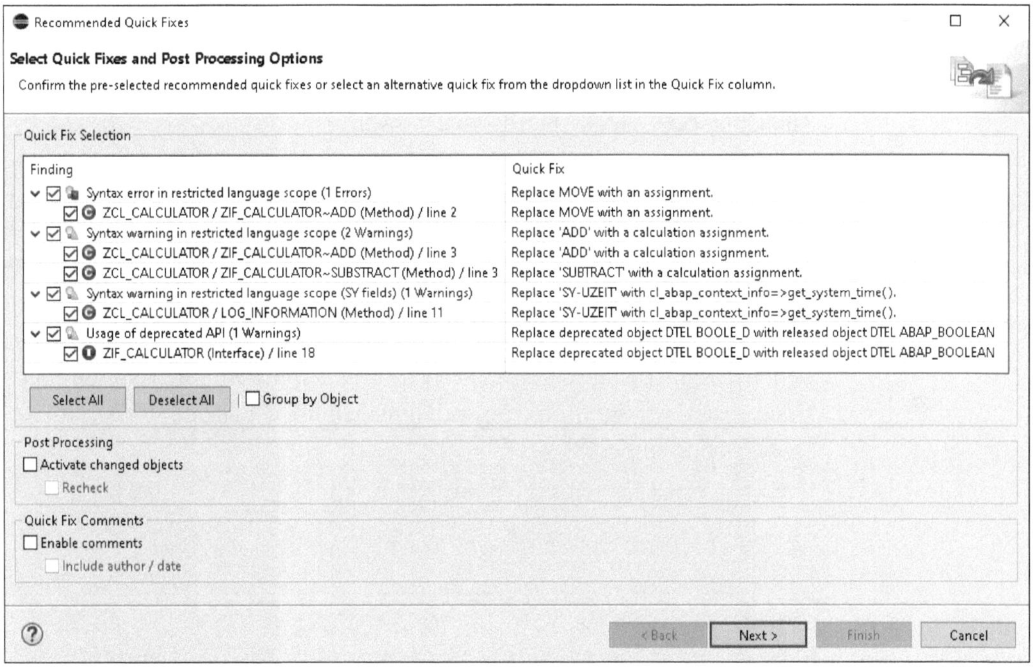

Abbildung 15.64 Auswählen der Korrekturen für den Quick Fix mehrerer Befunde

Nachdem Sie im nächsten Fenster einen Transportauftrag ausgewählt haben, können Sie sich im darauffolgenden Fenster für jedes Entwicklungsobjekt noch einmal anschauen, welche Änderungen durch Quick Fixes angewendet werden (siehe Abbildung 15.65). Schließen Sie den Assistenten mit **Finish** ab.

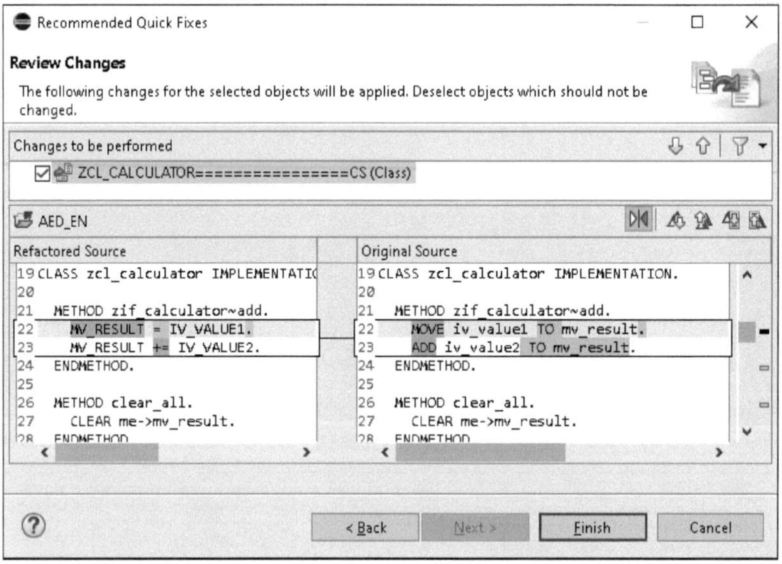

Abbildung 15.65 Vergleichen der Änderungen

Abschluss der Quellcodeprüfungen

Nachdem Sie den Assistenten beendet haben, beginnt Eclipse mit der automatischen Anpassung Ihres Quellcodes. Sollte Ihr Quellcode nach Abschluss der Anpassungen nicht automatisch aktiviert und erneut geprüft worden sein, sollten Sie das jetzt manuell nachholen. Beseitigen Sie auch alle weiteren Fehler, die nicht durch die Quick-Fix-Funktion korrigiert werden können. Sobald die Quellcodeprüfung keine weiteren Befunde mehr findet, ist die Migration von kundeneigenem Quellcode abgeschlossen (siehe Abbildung 15.66).

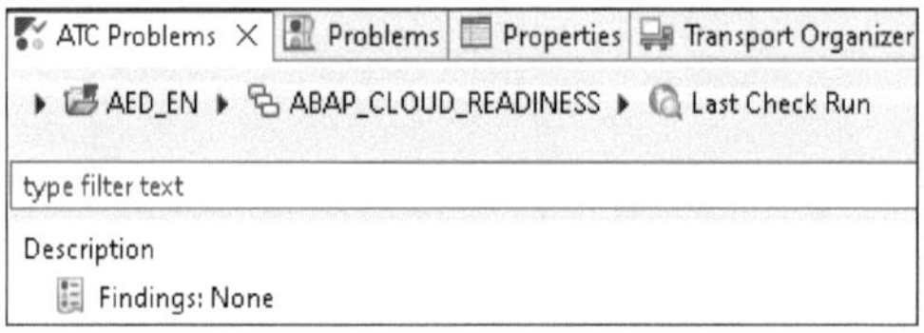

Abbildung 15.66 ATC-Befunde nach abgeschlossenen Anpassungen

15.4 Zusammenfassung

In ABAP Cloud können Sie nur noch einen eingeschränkten ABAP-Sprachumfang und die von SAP festgelegten Repository-Objekte verwenden. Möchten Sie kundeneigenen Quellcode von Ihrem On-Premise-System in das ABAP Environment migrieren, müssen Sie damit rechnen, dass dieser Quellcode angepasst werden muss.

In Abschnitt 15.1, »Cloud-Readiness-Prüfungen durchführen«, haben wir Ihnen verschiedene Möglichkeiten vorgestellt, wie Sie sich in einem ersten Schritt einen Überblick über die notwendigen Anpassungen und die daraus resultierenden Aufwände verschaffen können. Abhängig von Ihrer Systemlandschaft können Sie dabei Ihren Quellcode entweder mit dem ATC im SAP GUI prüfen oder mit **Migration der Eigenentwicklungen** eine moderne SAP-Fiori-Anwendung nutzen.

Für den Export und Import des kundeneigenen Quellcodes nutzen Sie Git in Verbindung mit einem Repository bei einem Onlinedienst, wie z. B. GitHub. In Abschnitt 15.2, »Migration in das ABAP Environment«, haben wir Ihnen den abapGit-Client für die Transformation vorgestellt. Damit exportieren Sie zunächst Ihren kundeneigenen Quellcode vom On-Premise-System in das Remote Repository. Anschließend nutzen Sie den abapGit-Client in Eclipse, um den kundeneigenen Quellcode in das ABAP Environment zu importieren.

Im letzten Abschnitt 15.3, »Halbautomatische Quellcodeanpassungen«, haben wir Ihnen die Quick-Fix-Funktion von Eclipse vorgestellt. Diese Funktion unterstützt Sie bei der halbautomatischen Anpassung Ihres Quellcodes. Damit lässt sich eine Vielzahl von Fehlern, die im Kontext der Einschränkungen von ABAP Cloud auftauchen können, sehr einfach beheben.

Kapitel 16
Software Lifecycle Management

In diesem Kapitel lernen Sie, wie Sie Entwicklungsobjekte in Folgesysteme transportieren können und wie sich das Software Lifecycle Management in ABAP Environment und SAP S/4HANA integriert.

Es gibt eine Vielzahl an Programmiersprachen. Jede dieser Programmiersprachen ist einzigartig hinsichtlich ihrer Syntax oder Semantik. Dennoch sind sich die meisten Sprachen in ihren grundlegenden Konzepten sehr ähnlich. Das Ziel jeder Programmiersprache ist die Auslieferung eines funktionierenden Stücks Software. Dabei ist unerheblich, ob Sie eine ganze Anwendung entwickeln, einzelne Komponenten oder lediglich eine einzelne Datenbankabfrage. Unabhängig von der Programmiersprache durchläuft jede Software den in Abbildung 16.1 dargestellten Lebenszyklus.

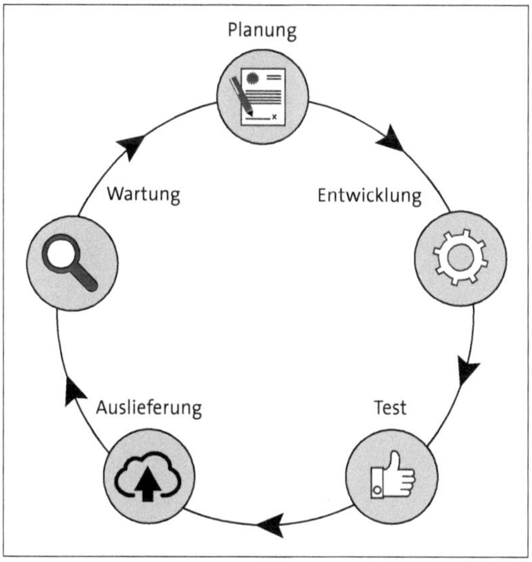

Abbildung 16.1 Softwarelebenszyklus

Sprachabhängige Besonderheiten

Jedes Unternehmen strukturiert seine IT-Prozesse nach eigenen Anforderungen und Möglichkeiten. Folglich werden auch die Phasen des Softwarelebenszyklus in jedem Unternehmen anders praktiziert. Die verwendete

Programmiersprache kann dabei als limitierender Faktor eine entscheidende Rolle spielen und die Möglichkeiten während der einzelnen Phasen einschränken.

Bei der ABAP-Entwicklung ist man beispielsweise in der Auslieferungsphase auf das *Change and Transport System* (CTS) von SAP angewiesen. Änderungen an Entwicklungsobjekten werden in Transportaufträgen dokumentiert. Sobald ein Transportauftrag freigegeben wurde, werden für die Entwicklungsobjekte neue Versionen in der Versionshistorie angelegt, und der Transportauftrag kann im Folgesystem importiert werden.

Weiterentwicklung des CTS

Dieses bewährte Vorgehen begleitet uns in der ABAP-Entwicklung bereits seit vielen Jahren. Dennoch hat auch das CTS seine Schwächen und muss sich den Anforderungen an eine flexiblere Entwicklung und Auslieferung von Software stellen. Die logische Konsequenz, die SAP daraus ziehen musste, war die Weiterentwicklung des altbewährten CTS. In diesem Kapitel stellen wir Ihnen diese Weiterentwicklung vor und vermitteln Ihnen ein Grundverständnis der neuen Möglichkeiten im Lebenszyklus von ABAP-basierter Software.

In Abschnitt 16.1, »Git«, stellen wir Ihnen die Software Git und deren Funktionen vor. In Abschnitt 16.2, »Git-fähiges Change and Transport System«, erläutern wir das neue Transportwesen von SAP und wie Sie Entwicklungsobjekte mittels Git in Folgesysteme transportieren können.

In Abschnitt 16.3, »Software Lifecycle Management im SAP BTP, ABAP Environment«, zeigen wir Ihnen anhand eines Beispiels, wie Sie Entwicklungsobjekte in Folgesysteme transportieren können und wie die Arbeit mit Branches erfolgt.

In Abschnitt 16.4, »Software Lifecycle Management in SAP S/4HANA«, geben wir Ihnen schließlich eine Übersicht über die Möglichkeiten des Transportwesens in SAP S/4HANA.

16.1 Git

In Kapitel 15, »Kundeneigenen Quellcode migrieren«, haben Sie Git bereits kennengelernt. Da Git im Lebenszyklus von ABAP-basierter Software einen immer größeren Stellenwert einnimmt, wollen wir Ihnen in diesem Kapitel die wichtigsten Bestandteile von Git näher erläutern.

Git ist eine Open-Source-Software für die verteilte Versionsverwaltung. Die plattformunabhängige Software lässt sich nahezu in jeder Umgebung nutzen und wird vor allem im Bereich der Softwareentwicklung häufig zur Versionierung von Dateien eingesetzt. So überrascht es wenig, dass Git auch zur Verwaltung vieler bekannter Projekte wie Eclipse, dem Linux-Kernel oder dem Android-Betriebssystem eingesetzt wird. Änderungen an Objekten können für Entwicklerteams nachvollziehbar und einfach festgehalten werden. Die Versionskontrolle erlaubt es zudem, jederzeit auf einen älteren Stand des Projekts zuzugreifen. Außerdem kann man seine Änderungen anderen Entwickler*innen zur Verfügung stellen oder Aktualisierungen von anderen Personen einholen.

Repositories

Git organisiert sich über *Repositories*. Dabei handelt es sich um Speicherbereiche, die dazu verwendet werden, Projekte abzubilden und zu organisieren. In diesen Repositories befinden sich alle Dateien des Projekts. Außerdem kann man dort alle vorangegangenen Versionen der Dateien finden. Da in einem Repository alle Änderungen zur Verfügung stehen, kann einfach nachvollzogen werden, wer welche Änderung wann durchgeführt hat.

Verteilte Versionsverwaltung

Im Gegensatz zu einigen anderen Systemen für die Versionskontrolle, wie z. B. *Apache Subversion* (SVN), setzt Git dabei auf eine verteilte Versionsverwaltung (siehe Abbildung 16.2). Das bedeutet, dass jedem Entwickler bzw. jeder Entwicklerin eine lokale Kopie des Projekts in Form eines *lokalen Repositorys* zur Verfügung steht. Ohne eine Abhängigkeit zu einem zentralen Server kann somit jedes Teammitglied offline auf seinem eigenen Entwicklungssystem arbeiten. Verschiedene Teammitglieder können demzufolge auch parallele Anpassungen am selben Projekt vornehmen.

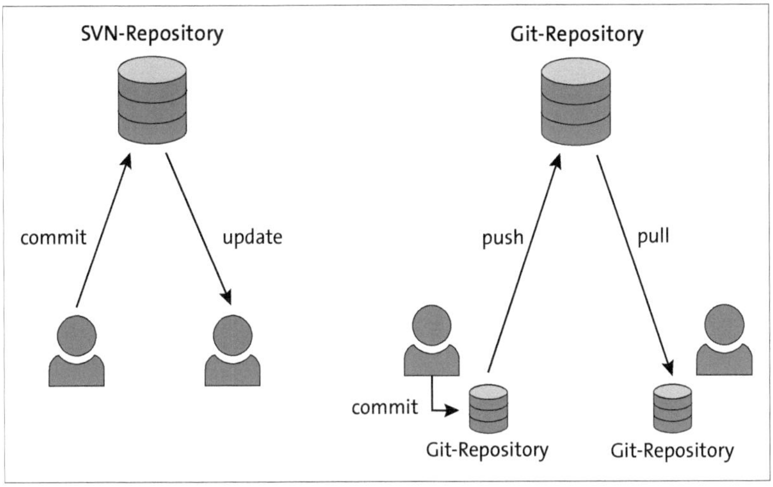

Abbildung 16.2 Vergleich von SVN und Git

Remote Repository

Sie können Git in der beschriebenen Konstellation bereits für eine grundlegende Versionierung Ihres Projekts nutzen. Dabei liegt Ihr Repository allerdings nur lokal auf Ihrem Entwicklungssystem. Sie sollten sich daher früh genug Gedanken über Datensicherungsmaßnahmen machen, um gegen einen Systemausfall geschützt zu sein. Spätestens wenn Sie aber mit mehreren Entwickler*innen an einem Projekt arbeiten, ist diese Vorgehensweise nicht mehr praktikabel und Sie sollten auf ein *Remote Repository* setzen. Ein solches Repository liegt zentral auf einem Server und befindet sich »hinter« Ihrem lokalen Repository. Sie haben dabei die Wahl, ob Sie selbst einen Server mit einem Git-System betreiben möchten oder auf einen Onlinedienst setzen, wie z. B. GitHub, GitLab oder BitBucket.

Commit und Push Bei der Projektarbeit mit Git werden alle Anpassungen zunächst im entsprechenden Arbeitsverzeichnis Ihrer Entwicklungsumgebung vorgenommen. Sobald Ihre Arbeit einen Zustand erreicht, den Sie für angemessen halten, können Sie diesen mittels eines *Commits* an das lokale Repository übertragen. Erst mit dieser Übertragung wird eine neue Version Ihres Projekts erzeugt, und die Änderungen werden dokumentiert. Möchten Sie Ihre Änderungen zusätzlich für Ihre Kolleg*innen im Remote Repository zur Verfügung stellen, nutzen Sie dafür einen *Push*. Mit einem *Pull* können Sie sich im Umkehrschluss die aktuellsten Anpassungen Ihrer Kolleg*innen von einem Remote Repository in Ihr lokales Repository und Arbeitsverzeichnis laden. Abbildung 16.3 veranschaulicht diese Übertragung von Änderungen.

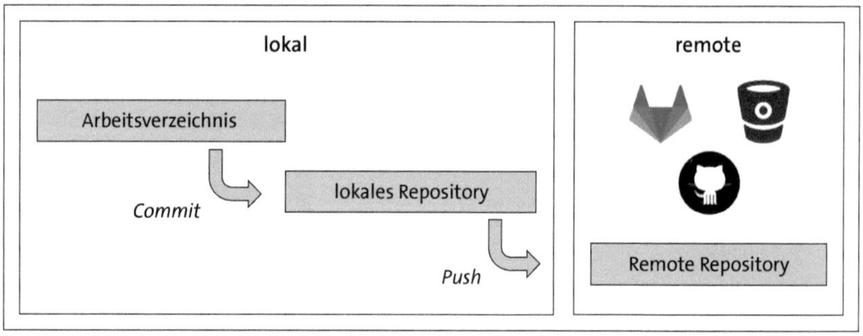

Abbildung 16.3 Projektarbeit mit Git

Branches Ein wichtiger Bestandteil des alltäglichen Entwicklungsprozesses mit Git sind die *Branches*. Mit Branches zweigen Sie von der Hauptlinie Ihrer Entwicklung ab. Branches stellen quasi einen Verweis auf eine bestimmte Version Ihrer Änderungen dar. Wenn Sie beispielsweise einen Fehler per Hotfix beheben und zeitgleich Ihre Anwendung erweitern möchten, legen Sie jeweils einen Branch an. In diesen Branches können Sie dann die entsprechenden Anpassungen vornehmen. Sie stellen damit sicher, dass beide Entwicklungen unabhängig voneinander fortgeführt werden können, und reduzieren damit die Wahrscheinlichkeit, dass instabile Änderungen in den *Main Branch*, also das Hauptcoding, übertragen werden. In Abbildung 16.4

sehen Sie die typische baumartige Struktur, die bei der Anlage und Bearbeitung verschiedener Branches entstehen kann.

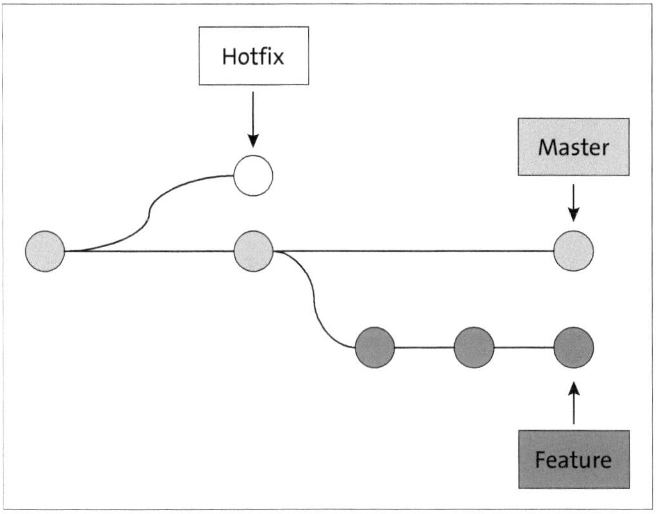

Abbildung 16.4 Baumstruktur bei der Verwendung mehrerer Branches

Merge

Sobald Sie die Entwicklung in Ihrem Branch abgeschlossen haben, sollten Sie diese Änderungen auch wieder an den Main Branch übertragen. Damit stellen Sie sicher, dass zukünftig angelegte Branches Ihre Änderungen beinhalten. Das Zusammenführen eines Branches mit dem Main Branch nennt man *Merge*. Sofern sich unterschiedliche Dateien oder Stellen im Quelltext geändert haben, erfolgt dieser Prozess komplett automatisiert durch Git. Sollten Änderungen an denselben Stellen im Quelltext vorgenommen worden sein, führt dies zu einem Konflikt. Git signalisiert Ihnen die betroffenen Stellen, und Sie müssen diesen Konflikt manuell beheben. Dazu geben Sie an, welcher Teil des Quelltextes »richtig« ist und in den Main Branch überführt werden soll.

Weiterführende Informationen zu Git finden Sie unter folgender URL: *https://git-scm.com/doc*.

16.2 Git-fähiges Change and Transport System

Softwareentwicklung hat sich in den letzten Jahrzehnten massiv weiterentwickelt, und die Bedeutung agiler Methoden und DevOps-Praktiken hat stetig zugenommen. Mit der Einführung des *Git-fähigen Change and Transport Systems* (gCTS) konnten moderne Softwareentwicklungspraktiken wie Versionskontrolle, Continuous Integration und Continuous Delivery (CI/CD) schließlich auch in der Welt der SAP-Entwicklung Einzug halten. gCTS erweitert das klassische CTS um Git als externes Versionierungssystem (siehe Abbildung 16.5).

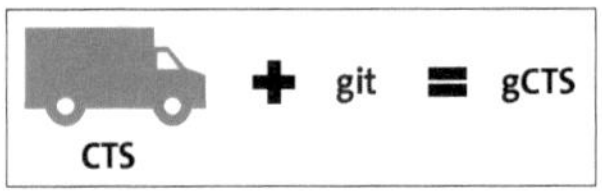

Abbildung 16.5 Erweitertes CTS

Freigabe von Transportaufträgen

Genau wie beim klassischen CTS werden bei der Verwendung von gCTS alle Änderungen an Entwicklungsobjekten in Transportaufträgen aufgezeichnet. Sobald Sie einen Transportauftrag freigeben, werden die Objekte automatisch an ein zentrales Git-Repository übertragen. Die Freigabe eines Transportauftrags kombiniert dabei die beiden Git-Aktionen Commit und Push. Diese Änderungen können in Folgesystemen wiederum über ein Pull aus dem zentralen Git-Repository importiert werden.

Abbildung 16.6 zeigt die Softwareverteilung mit gCTS im ABAP Environment.

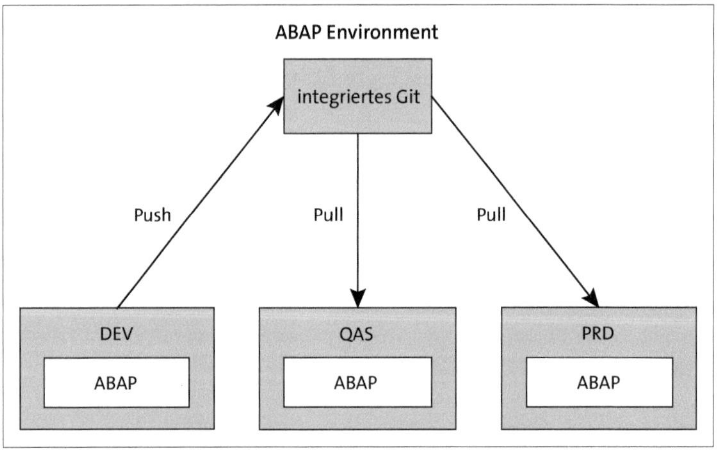

Abbildung 16.6 Softwareverteilung mit gCTS

16.3 Software Lifecycle Management im SAP BTP, ABAP Environment

Eine typische SAP-Systemlandschaft besteht aus drei Systemen: einem Entwicklungssystem (DEV), einem Qualitätssicherungssystem (QAS) und einem

Produktivsystem. Solche Systemlandschaften können selbstverständlich auch mit dem ABAP Environment abgebildet werden und erfordern ein entsprechendes Transportwesen. Für den Transport von Entwicklungsobjekten zwischen den verschiedenen ABAP-Systemen desselben Global Accounts steht Ihnen ausschließlich gCTS zur Verfügung. Das aus dem On-Premise-Umfeld bekannte CTS können Sie nicht mehr verwenden.

Integriertes Git vs. externes Git

Bei der Verwendung von gCTS im ABAP Environment haben Sie die Wahl, ob Sie das integrierte Git der SAP BTP verwenden möchten oder ein externes Git, wie z. B. GitHub oder Bitbucket. Bei der Verwendung des integrierten Gits haben Sie den Vorteil, dass Sie sich nicht um die Einrichtung eines Gits kümmern müssen. Dafür ist das integrierte Git nur für die ABAP-Systeme Ihres Global Accounts sichtbar. Ein direkter Zugriff auf das integrierte Git ist nicht möglich. Bei der Verwendung eines externen Gits haben Sie dafür den Vorteil auch »speziellere« Git-Funktionen, wie beispielsweise Merge, nutzen zu können. Außerdem können auch Systeme außerhalb Ihres Global Accounts auf das Git zugreifen. In beiden Fällen arbeiten Sie aber wie gewohnt mit den bereits bekannten Transportaufträgen.

16.3.1 Mit Softwarekomponenten arbeiten

In Abschnitt 5.2, »Softwarekomponenten«, haben wir Ihnen bereits gezeigt, wie Sie eine Softwarekomponente anlegen können. Wir sind jedoch nur kurz auf die Bedeutung von Softwarekomponenten eingegangen und haben Ihnen den Unterschied zwischen Softwarekomponenten vom Typ Development und solchen vom Typ Business Configuration erläutert. Da Softwarekomponenten eine wichtige Rolle im ABAP Environment spielen, gehen wir in diesem Abschnitt noch einmal vertieft auf sie ein. Hierbei behandeln wir insbesondere die Softwarekomponenten vom Typ Development, die sich grundlegend von jenen vom Typ Business Configuration unterscheiden, die wir in Kapitel 12, »Business Configuration bereitstellen«, ausführlicher behandelt haben.

Struktur- und Entwicklungspakete

Über Softwarekomponenten organisieren und verwalten Sie Ihre Entwicklungen. Softwarekomponenten beinhalten das gesamte Coding und alle Entwicklungsobjekte einer oder mehrerer Anwendungen. Dazu existiert für jede Softwarekomponente ein korrespondierendes Strukturpaket in Ihrem ABAP-System. In Strukturpaketen können Sie allerdings keine Entwicklungsobjekte anlegen. Dazu stehen Ihnen wiederum Entwicklungspakete zur Verfügung, mit denen Sie Ihr Strukturpaket in fachliche oder technische Einheiten unterteilen.

Verwendung von Softwarekomponenten

Nach Möglichkeit sollten Softwarekomponenten unabhängig voneinander lauffähig sein und Entwicklungen nur lose über mehrere Softwarekomponenten gekoppelt werden. Diese Anforderung begründet sich insbesondere durch die in sich geschlossene Struktur einer Softwarekomponente. Grundsätzlich können Objekte einer Softwarekomponente nicht die Objekte einer anderen Softwarekomponente verwenden. Jegliches Bereitstellen von Funktionalität »außerhalb« der eigenen Softwarekomponente kann nur über explizite Application Programming Interfaces (APIs) erfolgen. Dazu muss der API-Status entsprechender Entwicklungsobjekte auf **Released** stehen. In Abschnitt 9.4, »Geschäftsobjekte freigeben«, haben wir Ihnen gezeigt, wie Sie ein Geschäftsobjekt freigeben und somit in anderen Softwarekomponenten verwenden können.

[!]

Keine nachträglichen Zuordnungen möglich

Objekte können nachträglich nicht in eine andere Softwarekomponente umgehängt werden. Wir empfehlen Ihnen daher, sich bereits im Vorfeld einer Entwicklung ausreichend Gedanken zu der Anlage von Softwarekomponenten zu machen.

Transport über Softwarekomponenten

Softwarekomponenten spielen nicht nur in der Verwaltung und Organisation von Entwicklungsobjekten eine wichtige Rolle. Über Softwarekomponenten erfolgt auch der Transport von kundeneigenen Entwicklungsobjekten in die Folgesysteme. Für jede Softwarekomponente, die Sie über die SAP-Fiori-Anwendung **Softwarekomponenten verwalten** anlegen, definieren Sie, ob Sie ein externes Git verwenden möchten. Dazu geben Sie einfach die URL eines externen Repositorys an. Sofern Sie keine URL angeben, verwenden Sie das integrierte Git, und es wird automatisch ein korrespondierendes Repository im Git der SAP BTP angelegt. Jede Softwarekomponente ist genau einem Repository zugewiesen. Die Softwarekomponente und das korrespondierende Git-Repository sind im gesamten Global Account für alle ABAP-Systeme eindeutig.

Sobald Sie einen Transportauftrag freigeben, werden Änderungen an das Git-Repository der entsprechenden Softwarekomponente übertragen. Anschließend können diese Änderungen in ein Folgesystem importiert werden. Der Import erfolgt immer für die gesamte Softwarekomponente. Sie haben keine Möglichkeit, einzelne Transportaufträge zu selektieren.

Abbildung 16.7 verdeutlicht die Bedeutung von Softwarekomponenten im Zusammenhang mit gCTS.

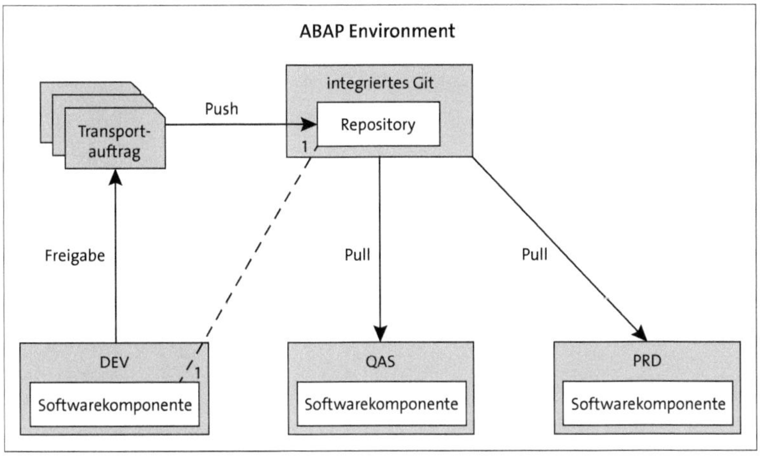

Abbildung 16.7 Bedeutung von Softwarekomponenten in gCTS

16.3.2 Entwicklungsobjekte transportieren

Nachdem Sie erfahren haben, wie das Transportwesen des ABAP Environments aufgebaut ist, zeigen wir Ihnen in diesem Abschnitt, wie der Transport von Entwicklungsobjekten in der Praxis aussieht. Zur Veranschaulichung transportieren wir die Entwicklungsobjekte, die wir in Abschnitt 15.2.2, »Quellcode in das ABAP Environment importieren«, in das ABAP Environment migriert haben.

Wir gehen an dieser Stelle davon aus, dass das in Abschnitt 15.2.2 verwendete Entwicklungspaket `Z_CALCULATOR_MIGRATION` der Softwarekomponente `Z_MIGRATION` untergeordnet ist. Abbildung 16.8 zeigt das korrespondierende Strukturpaket zur Softwarekomponente mit dem untergeordneten Entwicklungspaket `Z_CALCULATOR_MIGRATION`.

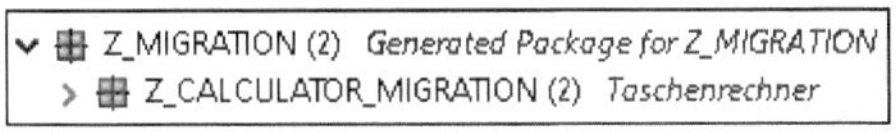

Abbildung 16.8 Pakethierarchie der Softwarekomponente Z_MIGRATION

Übertragung an das Git-Repository

Damit wir neu angelegte und geänderte Entwicklungsobjekte in ein Folgesystem importieren können, müssen diese zuvor an das Git-Repository der Softwarekomponente übertragen werden. Die Übertragung an das Git-Repository erfolgt, sobald der Transportauftrag, in dem sich die Änderungen befinden, freigegeben wurde. Bisher haben Sie für die Freigabe von Transportaufträgen gegebenenfalls die Transaktion SE10 benutzt. Da wir im ABAP Environment keinen Zugriff auf das SAP GUI haben, können wir diese und ähnliche Transaktionen allerdings nicht zur Freigabe verwenden. Stattdessen verwenden wir den *Transport Organizer* in Eclipse.

Transport Organizer Bei dem Transport Organizer handelt es sich um eine Eclipse-Ansicht, die Ihnen grundlegende Transportfunktionen zur Verfügung stellt. Sie können diese Ansicht über **Window • Show View • Other...** in Ihrer Eclipse-Umgebung einblenden. Viele der Funktionen des Transport Organizers kennen Sie bereits aus der Transaktion SE10. So können Sie mit dem Transport Organizer Transporte anlegen, Benutzer hinzufügen, den Inhaber bzw. die Inhaberin ändern und Freigaben vornehmen. Wir wollen an dieser Stelle nicht weiter auf die einzelnen Funktionen eingehen. Abbildung 16.9 zeigt die Transport-Organizer-Ansicht und die Detailansicht eines Transportauftrags.

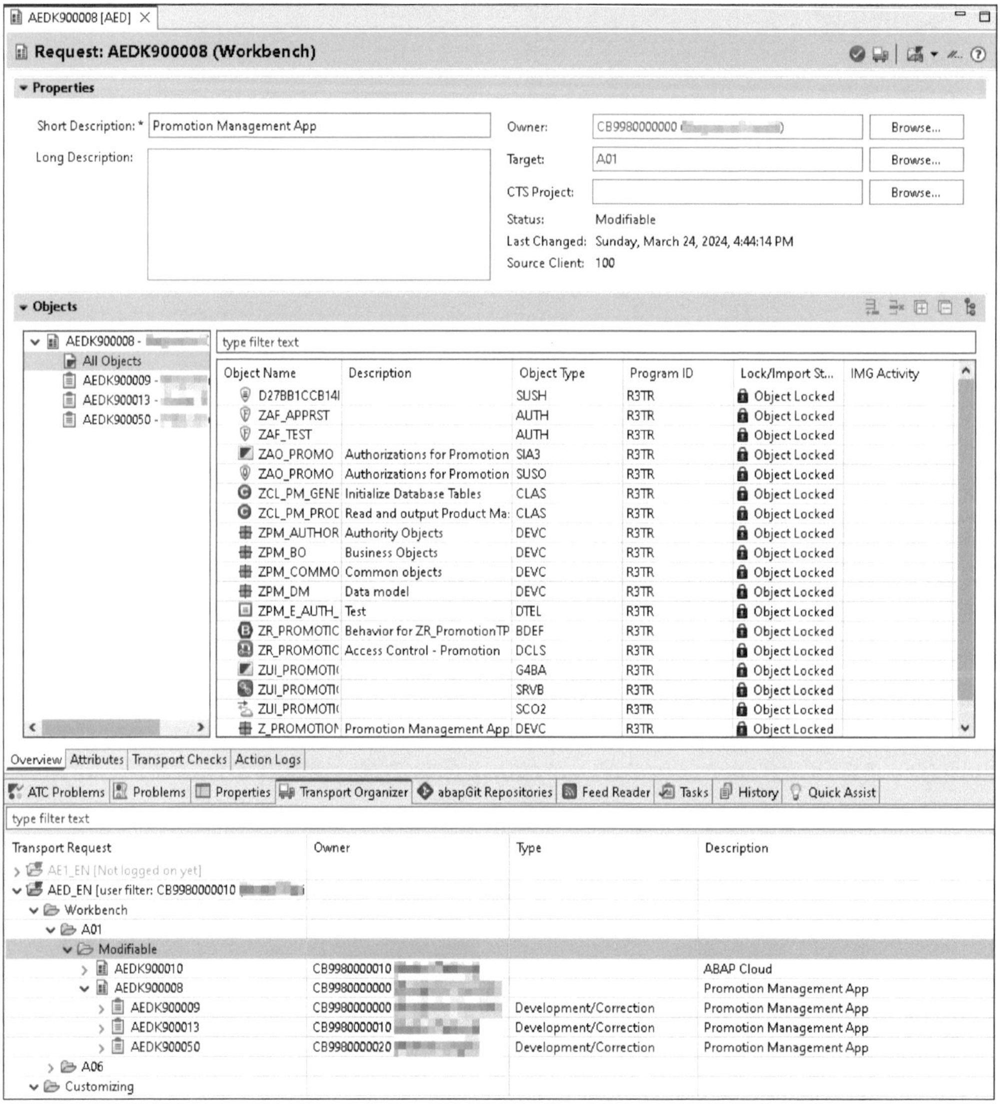

Abbildung 16.9 Transport Organizer mit der Detailansicht eines Transports

Transportauftrag freigeben

Geben Sie nun sowohl die Aufgaben des Transportauftrags als auch den zuvor angelegten Transportauftrag selbst frei:

1. Rufen Sie dazu jeweils das Kontextmenü mit der rechten Maustaste auf und wählen Sie jeweils den Eintrag **Release** (siehe Abbildung 16.10).

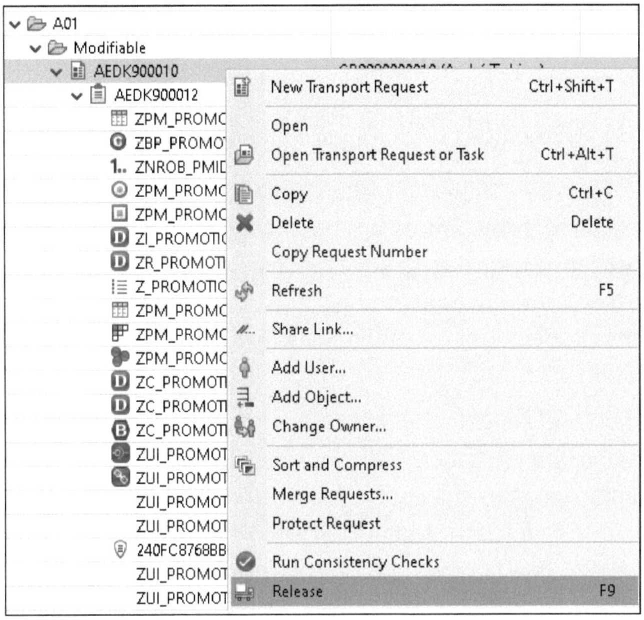

Abbildung 16.10 Freigabe eines Transportauftrags

2. Wechseln Sie anschließend in das Dashboard Ihres Folgesystems und rufen Sie die SAP-Fiori-Anwendung **Softwarekomponenten verwalten** auf.
3. Wählen Sie dort Ihre Softwarekomponente aus und klicken Sie auf die Schaltfläche **Clone**.

Im Anschluss startet der asynchrone Import der Softwarekomponente.

[!]

Zurückziehen von Änderungen

Beachten Sie, dass Sie keine Möglichkeit haben, einzelne Transporte selektiv in das Folgesystem zu transportieren. Es werden immer alle Änderungen aller freigegebenen Transportaufträge einer Softwarekomponente transportiert. Sollten Sie Änderungen zurückziehen wollen, müssen Sie das manuell über die Ansicht **History** in Eclipse vornehmen.

Wir empfehlen Ihnen zudem, Entwicklungsobjekte aus dem Transportauftrag zu entfernen, sofern sich durch das Zurückziehen einer Änderung keine tatsächliche Änderung für das Entwicklungsobjekt ergibt.

16.3.3 Mit Branches arbeiten

Stellen Sie sich die folgende Situation vor: Sie arbeiten gerade an einer neuen Funktionalität einer bereits produktiven Anwendung. Plötzlich berichtet Ihnen der Fachbereich von einem Fehler in eben dieser Anwendung. Die Korrektur dieses Fehlers muss schnellstmöglich erfolgen und kann nicht auf die Auslieferung der neuen Funktionalität warten. Damit Ihre bereits vorgenommenen Anpassungen im produktiven Betrieb keine ungewollten Auswirkungen haben, müssen diese wieder entfernt werden. Das kann beispielsweise durch das Auskommentieren der entsprechenden Quelltextstellen erfolgen. Dieses Vorgehen ist zwar für überschaubare Entwicklungen vielleicht noch umsetzbar, für größere Entwicklungen mit mehreren Entwicklungsobjekten sieht das aber anders aus. Außerdem können Sie mit dieser Vorgehensweise lediglich Quelltextobjekte »zurücksetzen«. Bei anderen Entwicklungsobjekten, wie z. B. Tabellen, ist das Auskommentieren nicht möglich.

Eine solche oder ähnliche Situation haben Sie sicherlich schon einmal erlebt. Im ABAP Environment haben Sie deshalb die Möglichkeit, Branches für Ihre Softwarekomponenten anzulegen. Damit sind Sie in der Lage, solche Situationen zukünftig deutlich eleganter zu lösen.

Softwarekomponenten verwalten

Die Anlage und Verwaltung von Branches erfolgt über die SAP-Fiori-Anwendung **Softwarekomponenten verwalten**. Jeder Branch wird im Git-Repository der Softwarekomponente angelegt. Da die Namen der Softwarekomponenten und der korrespondierenden Git-Repositories im Global Account eindeutig sind, können Sie einen Branch aus jedem beliebigen ABAP-System heraus anlegen.

Abbildung 16.11 zeigt den Bereich **Branching** in der Detailansicht einer Softwarekomponente in der SAP-Fiori-Anwendung **Softwarekomponenten verwalten**. Dort finden Sie eine Übersicht aller vorhandenen Branches. Über verschiedene Schaltflächen können Sie neue Branches erzeugen oder bestehende Branches auschecken.

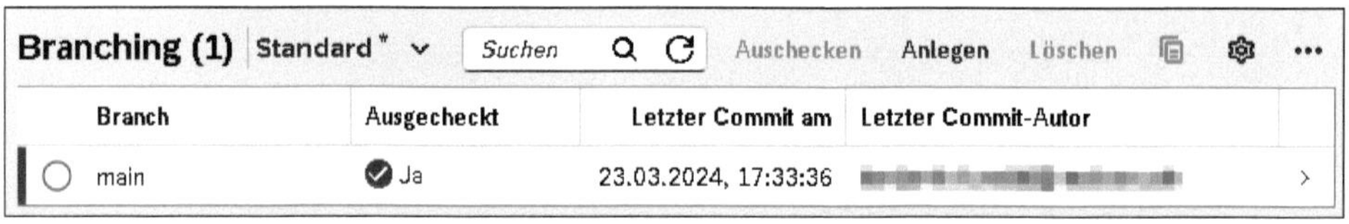

Abbildung 16.11 Branching-Bereich innerhalb der Anwendung »Softwarekomponenten verwalten«

Branches anlegen

Die manuelle Anlage eines neuen Branches erfolgt immer basierend auf einem bereits bestehenden Branch. Der initiale Main Branch wird bei der

Anlage einer Softwarekomponente (siehe Abschnitt 5.2.1, »Softwarekomponenten anlegen«) automatisch erzeugt. Klicken Sie auf die Schaltfläche **Anlegen** und wählen Sie im folgenden Dialog zunächst den übergeordneten Branch. Vergeben Sie anschließend einen Namen für den Branch und schließen Sie die Anlage mit **Anlegen** ab (siehe Abbildung 16.12).

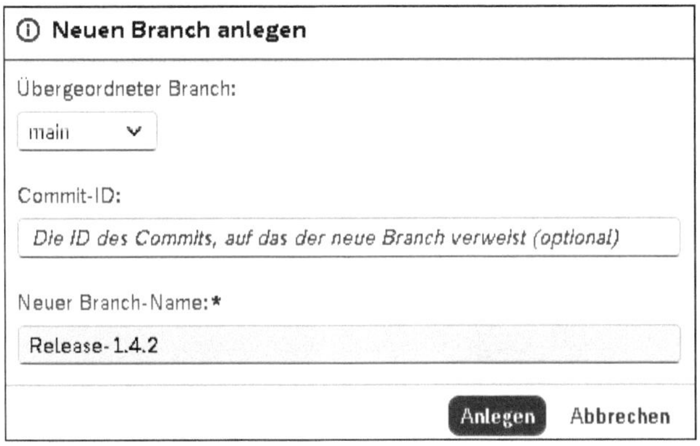

Abbildung 16.12 Anlage eines neuen Branches

[!]

16

Quell-Branch berücksichtigen

Beachten Sie, dass ein neuer Branch nur die Änderungen des Quell-Branches enthält, die sich im Git-Repository befinden. Sollten Sie noch offene Transportaufträge haben, befinden sich diese Änderungen nicht im Git-Repository und würden somit auch nicht in den neuen Branch übernommen werden. Der Spalte **Last Remote Commit Nachricht** in der Übersicht der vorhandenen Branches können Sie entnehmen, welcher Transport zuletzt freigegeben wurde.

Branches auschecken

Wenn Sie einen neu angelegten Branch verwenden möchten, muss dieser *ausgecheckt* werden. Markieren Sie dazu den entsprechenden Branch in der Übersicht und wählen Sie die Schaltfläche **Auschecken**. Durch das Auschecken werden alle Änderungen des Branches an das ABAP-System übertragen. Dieser Vorgang ist systemabhängig. Achten Sie daher darauf, dass Sie die SAP-Fiori-Anwendung im Dashboard für das »richtige« ABAP-System aufgerufen haben.

Damit Sie einen Branch auschecken können, müssen alle Transportaufträge, die Objekte der Softwarekomponente beinhalten, freigegeben sein. Sie müssen Ihre Änderungen somit an das Git-Repository übertragen. Es gibt aktuell keine Möglichkeit, Änderungen zwischenzuspeichern, ohne sie an das Git-Repository zu übertragen, wie es bei der Git-Aktion *Stash* der Fall wäre.

Aktiver Branch

Für jedes ABAP-System kann nur ein Branch einer Softwarekomponente zur selben Zeit aktiv sein. Demzufolge arbeiten alle Entwickler*innen mit derselben Objektversion. Das Sperrverhalten für Entwicklungsobjekte ändert sich dadurch jedoch nicht. Genau wie in einem On-Premise-System kann ein Entwicklungsobjekt immer nur von einer Person gleichzeitig bearbeitet werden.

History

Abbildung 16.13 zeigt die Übersicht der letzten Aktivitäten einer Softwarekomponente im Bereich **Historie**. Hier können Sie auch das Auschecken eines Branches nachverfolgen, indem Sie über die Schaltfläche (**Auffrischen**) den Status aktualisieren.

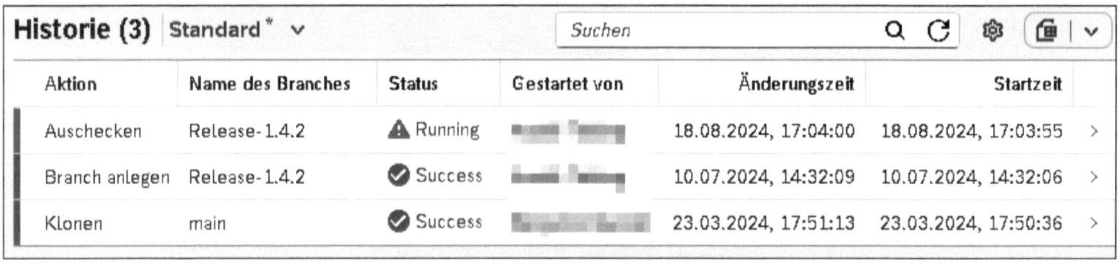
Historie (3) Standard * Suchen

Aktion	Name des Branches	Status	Gestartet von	Änderungszeit	Startzeit
Auschecken	Release-1.4.2	Running	[illegible]	18.08.2024, 17:04:00	18.08.2024, 17:03:55
Branch anlegen	Release-1.4.2	Success	[illegible]	10.07.2024, 14:32:09	10.07.2024, 14:32:06
Klonen	main	Success	[illegible]	23.03.2024, 17:51:13	23.03.2024, 17:50:36

Abbildung 16.13 Letzte Aktivitäten einer Softwarekomponente

Änderungen durchführen

Sobald der Branch komplett ausgecheckt wurde, können Sie damit arbeiten. Entwicklungsobjekte, die Sie während des Auscheckens in der Eclipse-Umgebung geöffnet hatten, sollten Sie sicherheitshalber über das Kontextmenü aktualisieren. Klicken Sie dazu mit der rechten Maustaste auf das Entwicklungsobjekt im **Project Explorer** und wählen Sie den Eintrag **Refresh** im Kontextmenü. Alternativ können Sie auch die Taste F5 verwenden. Sobald Sie Ihre Arbeit abgeschlossen haben, geben Sie Ihren Transportauftrag frei und übertragen somit die Änderungen in den ausgecheckten Branch.

Merge

Die Möglichkeit des Branchings ist ein wichtiger Schritt für eine zukunftsorientierte Softwareentwicklung im SAP-Umfeld. Dennoch unterscheidet sich das Branching hier grundlegend von dem in anderen Entwicklungsumgebungen und Programmiersprachen. Typischerweise werden Branches dort zu Beginn einer neuen Entwicklung oder Erweiterung angelegt und nach Fertigstellung zurück in den Main Branch gemergt. Im gCTS entsprechen Branches eher dem Zustand einer releasefähigen Softwareversion. Das bedeutet, dass Sie neue Funktionalitäten grundsätzlich im Main Branch entwickeln. Sobald im Testsystem die Entscheidung getroffen wird, dass die Entwicklungen ins Produktivsystem überführt werden können, wird dieser Zustand mit einem *Release Branch* »festgehalten« und anschließend ins Produktivsystem importiert. Diese Einschränkungen sind dem Umstand geschuldet, dass Sie im gCTS keine Möglichkeit haben, unterschiedliche Branches miteinander zu mergen.

Im Folgenden möchten wir Ihnen einen besseren Überblick über die Arbeit mit Branches im gCTS verschaffen. Anhand von zwei Anwendungsfällen gehen wir mit Ihnen die einzelnen Schritte exemplarisch für eine klassische Systemlandschaft durch, die aus drei Systemen besteht.

Entwicklung neuer Funktionalität

Abbildung 16.14 stellt den Ablauf bei der Entwicklung einer neuen Funktionalität für eine bereits produktive Anwendung dar. Das Entwicklungssystem basiert dabei auf dem Main Branch und das Qualitätssicherungssystem und das Produktivsystem jeweils auf dem letzten Release Branch:

❶ In Eclipse entwickeln Sie die neue Funktionalität für eine bereits produktive Anwendung. Dabei werden alle Änderungen in Transportaufträgen aufgezeichnet.

❷ Sobald Sie die Entwicklung abgeschlossen haben, werden die Transportaufträge mit dem Transport Organizer in Eclipse freigegeben und die Änderungen in den Main Branch übertragen.

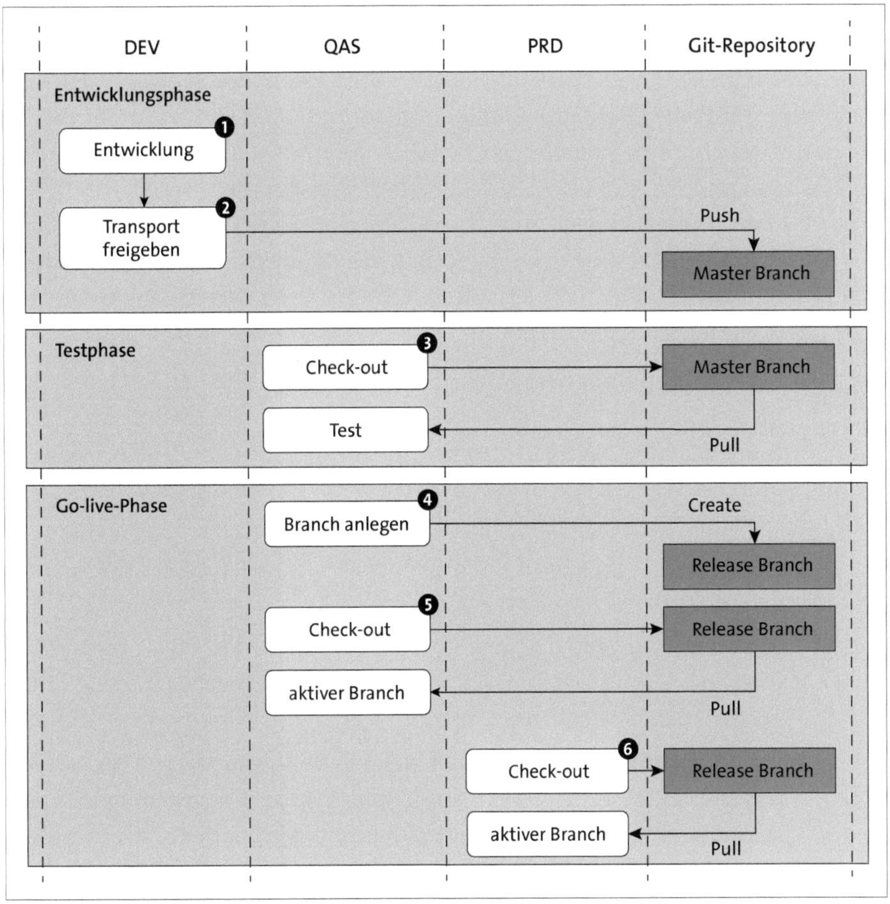

Abbildung 16.14 Ablauf der Entwicklung einer neuen Funktionalität

❸ In der darauffolgenden Testphase müssen diese Änderungen ins Testsystem importiert werden. Dazu checken Sie den Main Branch im Testsystem mit der Anwendung **Softwarekomponenten verwalten** aus. Sollten weitere Änderungen erforderlich sein, werden die zuvor genannten Schritte wiederholt.

❹ Sobald die Tests erfolgreich abgeschlossen wurden, beginnt die Go-live-Phase. Im Testsystem erzeugen Sie mit der SAP-Fiori-Anwendung **Softwarekomponenten verwalten** einen neuen Release Branch, basierend auf dem Main Branch.

❺ Als Nächstes wird auch dieser Release Branch im Testsystem über die SAP-Fiori-Anwendung **Softwarekomponenten verwalten** ausgecheckt. Das stellt sicher, dass das Testsystem und das Produktivsystem später denselben Stand haben.

❻ Zum Schluss erfolgt die eigentliche Produktivnahme. Dazu wird der Release Branch im Produktivsystem über die SAP-Fiori-Anwendung **Softwarekomponenten verwalten** ausgecheckt.

Entwicklung dringender Korrekturen

Abbildung 16.15 stellt den Ablauf bei der Entwicklung einer dringenden Korrektur für eine schon produktive Anwendung dar. Es wurde bereits mit der Entwicklung einer neuen Funktionalität begonnen, und die Korrektur soll schnellstmöglich in das Produktivsystem transportiert werden. Die Auslieferung der Korrektur kann nicht erst zusammen mit der neuen Funktionalität erfolgen. Das Entwicklungssystem basiert dabei auf dem Main Branch und das Qualitätssicherungssystem und das Produktivsystem jeweils auf dem letzten Release Branch:

❶ Im Entwicklungssystem muss die Entwicklung der neuen Funktionalität im Main Branch pausiert werden. Die Korrektur erfolgt im aktuellsten Release Branch. Dieser Release Branch wird mit der SAP-Fiori-Anwendung **Softwarekomponenten verwalten** im Entwicklungssystem ausgecheckt.

❷ In Eclipse wird die Korrektur implementiert. Dabei werden alle Änderungen in Transportaufträgen aufgezeichnet.

❸ Sobald die Korrektur abgeschlossen wurde, werden die Transportaufträge mit dem Transport Organizer in Eclipse freigegeben und die Änderungen in den Release Branch übertragen.

❹ In der darauffolgenden Testphase müssen diese Änderungen ins Testsystem importiert werden. Der Release Branch ist im Testsystem bereits ausgecheckt. Mit der SAP-Fiori-Anwendung **Softwarekomponenten verwalten** wird die Softwarekomponente importiert. Sollten weitere Änderungen erforderlich sein, werden die zuvor genannten Schritte wiederholt.

❺ Sobald die Tests erfolgreich abgeschlossen wurden, erfolgt die Produktivnahme der Korrektur. Da der Release Branch auch im Produktivsystem ausgecheckt ist, wird analog zum Testsystem lediglich die Softwarekomponente mithilfe der SAP-Fiori-Anwendung **Softwarekomponenten verwalten** importiert.

❻ Anschließend kann mit der Entwicklung der neuen Funktionalität fortgefahren werden. Dazu wird mit der SAP-Fiori-Anwendung **Softwarekomponenten verwalten** zunächst der Main Branch im Entwicklungssystem ausgecheckt.

❼ Bevor nun mit der weiteren Entwicklung der neuen Funktionalität fortgefahren werden kann, müssen die zuvor durchgeführten Korrekturen auch im Main Branch vorgenommen werden.

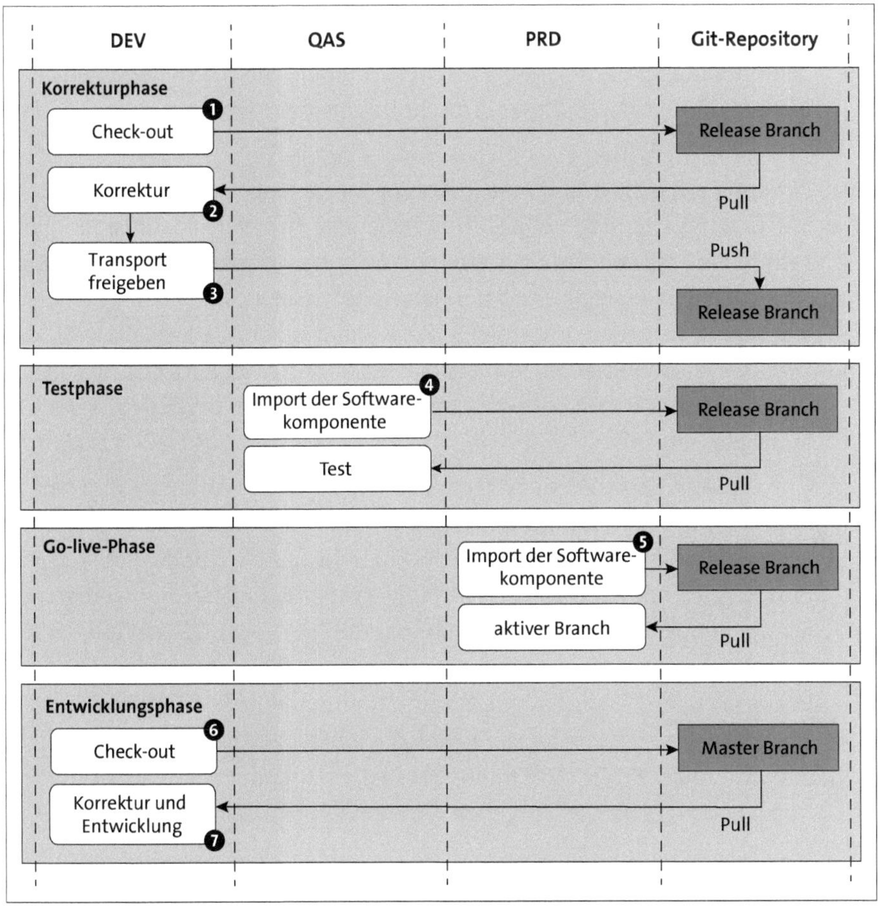

Abbildung 16.15 Ablauf bei der Entwicklung einer dringenden Korrektur

Abgrenzung der Anwendungsfälle

Grundsätzlich unterscheiden sich diese beiden Anwendungsfälle darin, in welchen Branches entwickelt wird. Sofern eine Korrektur erfolgen muss und parallel keine neue Funktionalität entwickelt wird, kann die Implementierung der Korrektur auch, wie im ersten Ablauf dargestellt, direkt im Main Branch erfolgen.

16.4 Software Lifecycle Management in SAP S/4HANA

Wie wir Ihnen in den vorangegangenen Abschnitten erläutert haben, steht Ihnen im ABAP Environment ausschließlich gCTS in Verbindung mit Softwarekomponenten als Möglichkeit für den Transport und die Auslieferung von kundeneigenen Entwicklungen zur Verfügung. In den verschiedenen SAP-S/4HANA-Editionen ist das Transportwesen deutlich komplexer. Je nach SAP-S/4HANA-Edition, Anwendungsfall und auch abhängig von kundenindividuellen Anforderungen stehen Ihnen verschiedene Möglichkeiten zur Verfügung. In diesem Abschnitt geben wir Ihnen einen Überblick über die Optionen.

SAP S/4HANA Cloud Public Edition

Für den Transport und die Auslieferung kundeneigener Entwicklungen in SAP S/4HANA Cloud Public Edition haben Sie zwei verschiedene Möglichkeiten: *One-off-Delivery* und *Multi-off-Delivery*. Je nachdem, ob Ihre Entwicklungen in der eigenen Systemlandschaft oder außerhalb Ihrer Systemlandschaft ausgeliefert werden sollen, entscheiden Sie sich für eine der beiden Möglichkeiten. Beide Möglichkeiten unterscheiden sich hinsichtlich der zu verwendenden Softwarekomponenten, Pakete und ihres Transport Managements.

One-off-Delivery

One-off-Delivery verwenden Sie für Entwicklungen von Anwendungen in Ihrer eigenen Systemlandschaft. Dazu steht Ihnen die vordefinierte Softwarekomponente `ZCUSTOM_DEVELOPMENT` zur Verfügung. Für die Entwicklung lokaler Anwendungen, die nicht in Folgesysteme transportiert werden sollen, verwenden Sie die Softwarekomponente `ZLOCAL`. Für Entwicklungen, die in Ihrer eigenen SAP-S/4HANA-Cloud-Landschaft ausgeliefert werden sollen, verwenden Sie dagegen die Softwarekomponente `ZCUSTOM_DEVELOPMENT`. Ausschließlich Entwicklungsobjekte, die Unterpaketen der Softwarekomponente `ZCUSTOM_DEVELOPMENT` zugeordnet sind, können in Folgesystemen importiert werden. Das Vorgehen gestaltet sich dabei folgendermaßen:

1. Entwicklung einer kundeneigenen Anwendung in einem Unterpaket der Softwarekomponente bzw. des dazugehörigen Strukturpakets `ZCUSTOM_DEVELOPMENT`
2. Freigabe der Aufgaben und Transporte über die Ansicht **Transport Organizer** in Eclipse

3. Import des freigegebenen Transports in das Folgesystem mit der SAP-Fiori-Anwendung **Softwarekollektion importieren**. Besteht die Systemlandschaft lediglich aus zwei Systemen, ist der Vorgang damit abgeschlossen.
4. Sofern die Systemlandschaft aus mehr als zwei Systemen besteht, muss der Transport auch in diese Systeme über die SAP-Fiori-Anwendung **Softwarekollektion importieren** importiert werden. Bevor das jedoch möglich ist, muss der Transport im jeweiligen Vorgängersystem für den Import ins nächste System »freigeschaltet« werden. Dieses sogenannte *Übermitteln* erfolgt ebenfalls über die SAP-Fiori-Anwendung **Softwarekollektion importieren**.

Abbildung 16.16 verdeutlich das Vorgehen beim Transport kundeneigener Entwicklungen mit der One-off-Delivery.

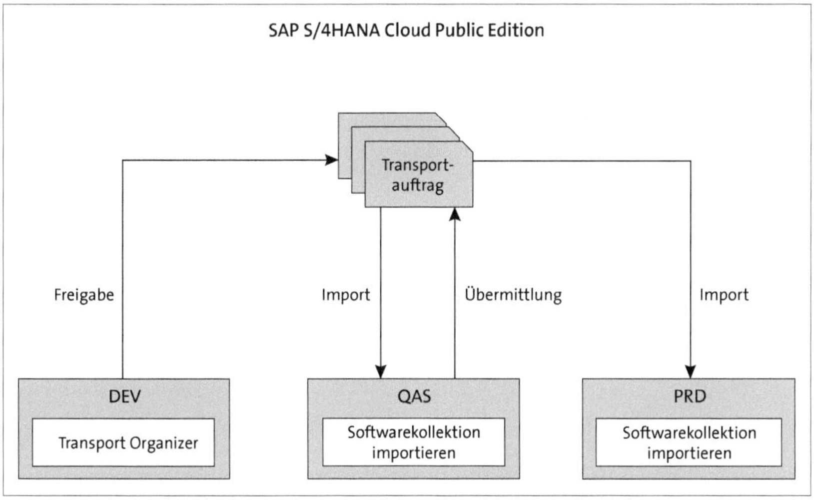

Abbildung 16.16 Transport Management mit One-off-Delivery

One-off-Delivery eignet sich nicht für die Auslieferung von kundeneigenen Entwicklungen außerhalb der eigenen Systemlandschaft. Außerdem gibt es zum Zeitpunkt der Drucklegung dieses Buches keine Möglichkeit, hierbei gCTS zu verwenden.

Multi-off-Delivery

Für die Entwicklung von Anwendungen, die außerhalb Ihrer eigenen SAP-S/4HANA-Cloud-Systemlandschaft ausgeliefert werden sollen, verwenden Sie Multi-off-Delivery. Mit gCTS und einem externen Git-Repository stellen Sie eine lose Verbindung zwischen den zwei verschiedenen Systemlandschaften her. Für die Entwicklung steht Ihnen die Softwarekomponente ZPARTNER zur Verfügung. Das grobe Vorgehen gestaltet sich dabei folgendermaßen:

1. Anlage eines Entwicklungspakets unterhalb der Softwarekomponente bzw. des dazugehörigen Strukturpakets ZPARTNER
2. Verknüpfen des Entwicklungspakets mit einem Remote-Git-Repository über die SAP-Fiori-Anwendung **Git-fähiges CTS** (siehe Abbildung 16.17)

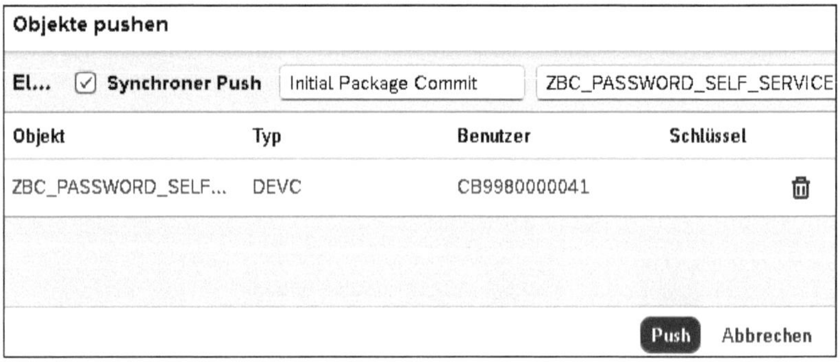

Abbildung 16.17 Paket dem Repository hinzufügen

3. Entwicklung der kundeneigenen Anwendung im entsprechenden Entwicklungspaket
4. Freigabe der Aufgaben und Transporte mittels Transport Organizer in Eclipse. Die Objekte werden dadurch automatisch in das Repository gepusht.
5. Erzeugen eines eindeutigen Tags für den auszuliefernden Zustand mit der SAP-Fiori-Anwendung **Git-fähiges CTS** (siehe Abbildung 16.18)

Abbildung 16.18 Erzeugen eines Tags für den letzten Commit des Main Branches

6. Mit der SAP-Fiori-Anwendung **Git-fähiges CTS** im Entwicklungssystem der Zielsystemlandschaft klonen Sie zunächst das Git-Repository und holen anschließend den getaggten Auslieferungszustand per Pull.
7. Das Klonen und Pullen können Sie bei Bedarf für weitere Systeme wiederholen.

Abbildung 16.19 verdeutlicht das Vorgehen beim Transport und der Auslieferung kundeneigener Entwicklungen mit der Multi-off-Delivery.

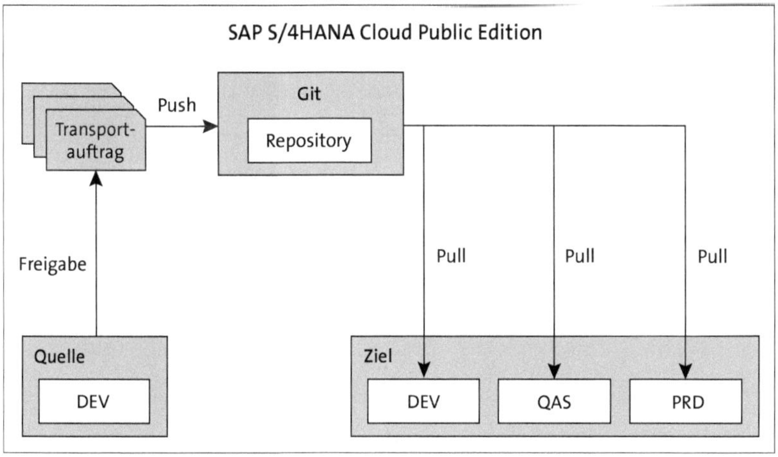

Abbildung 16.19 Transport Management mit Multi-off-Delivery

16

[«]

Erweiterungen mit Multi-off-Delivery entwickeln

Detaillierte Informationen zur Einrichtung und Verwendung von Multi-off-Delivery finden Sie im SAP Help Portal unter folgender URL: *http://s-prs.de/v1023911*

SAP S/4HANA Cloud Private Edition und on premise

In SAP S/4HANA Cloud Private Edition und SAP S/4HANA on premise steht Ihnen auch weiterhin das bekannte CTS zur Verfügung. Sofern Sie Ihre kundeneigenen Entwicklungen lediglich in Folgesysteme transportieren möchten, ist die Verwendung des CTS ausreichend. Allerdings hat sich die Welt der ABAP-Entwicklung in den letzten Jahren massiv geändert, weshalb sich viele SAP-Kunden eine bessere Verwaltung und Organisation von Releases und Hotfixes, eine parallele Entwicklung in verschiedenen Zweigen oder die Integration automatisierter DevOps-Prozesse wünschen. Für all diese Anwendungsfälle steht Ihnen gCTS als optionales Feature zur Verfügung. Weitere Informationen hierzu finden Sie im SAP Help Portal unter folgender URL: *http://s-prs.de/v1023912*

16.5 Zusammenfassung

In diesem Kapitel haben wir Ihnen das Transportwesen für das ABAP Environment und die verschiedenen SAP-S/4HANA-Editionen vorgestellt. Ein elementarer Bestandteil des Transportwesens ist gCTS. Dabei handelt es sich um eine Erweiterung des klassischen CTS um Git als externes Versionierungssystem. In Abschnitt 16.1, »Git«, und Abschnitt 16.2, »Git-fähiges Change and Transport System«, haben wir Ihnen die grundlegenden Funktionen und Begrifflichkeiten von Git und gCTS erläutert.

In Abschnitt 16.3, »Software Lifecycle Management im SAP BTP, ABAP Environment«, haben wir dargestellt, welche Bedeutung Softwarekomponenten für das Transportwesen im ABAP Environment haben. Wir haben Ihnen gezeigt, wie Sie Entwicklungsobjekte mit dem Transport Organizer in Eclipse und der SAP-Fiori-Anwendung **Softwarekomponenten verwalten** in Folgesysteme transportieren können. Als Letztes haben wir Ihnen erklärt, wie Sie mit Branches arbeiten. Bei der Verwendung von Branches mit gCTS steht Ihnen derzeit noch nicht der volle Umfang der Funktionalität zur Verfügung. Ein Merge verschiedener Branches ist beispielsweise nicht möglich.

Das Transportwesen der verschiedenen SAP-S/4HANA-Editionen ist komplex und unterscheidet sich je nach Edition, Anwendungsfall und kundenindividueller Anforderung. In Abschnitt 16.4, »Software Lifecycle Management in SAP S/4HANA«, haben wir Ihnen eine Übersicht über die verschiedenen Möglichkeiten gegeben.

Kapitel 17
ABAP Cloud für On-Premise-Systeme anwenden

Sie können ABAP Cloud auch für eine zukunftssichere ABAP-Entwicklung in Ihren bestehenden SAP-S/4HANA-on-Premise-Landschaften und in SAP S/4HANA Cloud Private Edition verwenden. Wie das geht, erfahren Sie in diesem Kapitel.

ABAP Cloud on premise? Was zunächst wie ein Paradoxon klingen mag, ist tatsächlich eine gute und wirkungsvolle Möglichkeit, auch in bestehenden SAP-S/4HANA-on-Premise-Landschaften und in SAP S/4HANA Cloud Private Edition eine zukunftssichere und upgrade-stabile ABAP-Entwicklung zu gewährleisten. Wir möchten Ihnen in diesem Kapitel die Möglichkeiten für den Einsatz von ABAP Cloud in den genannten Editionen von SAP S/4HANA vorstellen und konkrete Handlungsempfehlungen geben.

In Abschnitt 17.1, »Embedded ABAP Environment«, stellen wir noch detaillierter als in den vorangegangenen Kapiteln die Funktionsweise von SAP S/4HANA Cloud, ABAP Environment bzw. des Embedded ABAP Environments für SAP-S/4HANA-on-Premise-Systeme und für SAP S/4HANA Cloud Private Edition dar. Dabei gehen wir darauf ein, wie Sie das Embedded ABAP Environment für die Entwicklung in den genannten Systemen nutzen können. Da sich SAP S/4HANA on premise und SAP S/4HANA Cloud Private Edition hinsichtlich der technischen Möglichkeiten zur Erweiterung kaum bis gar nicht unterscheiden, sprechen wir im Folgenden nur von On-Premise-Systemen. Die Beschreibungen gelten jedoch analog für SAP S/4HANA Cloud Private Edition.

In Abschnitt 17.2, »Vorgehen bei der On-Stack-Erweiterung«, stellen wir Ihnen dann ein Vorgehen bei der Entwicklung vor, das im ersten Schritt die Koexistenz von klassischen Erweiterungen und Erweiterungen mittels ABAP Cloud ermöglicht und Sie auf lange Sicht dabei unterstützt, Ihre klassischen Entwicklungen sukzessive durch ABAP-Cloud-konformes Coding abzulösen.

In Abschnitt 17.3, »Wahl der richtigen Erweiterungsstrategien«, geben wir Ihnen abschließend einige Handlungsempfehlungen für die Anwendung der verschiedenen Strategien für ABAP-basierte Erweiterungen an die Hand, die sie im Rahmen dieses Buches bereits kennengelernt haben. Da die Verwendung klassischer Erweiterungstechnologien in SAP S/4HANA on premise weiterhin notwendig sein kann, geben wir Ihnen zusätzlich einige Tipps, wie die negativen Auswirkungen solcher Erweiterungen für zukünftige Release-Upgrades minimiert werden können.

17.1 Embedded ABAP Environment

Wie bereits in Abschnitt 2.1.3, »SAP S/4HANA Cloud, ABAP Environment«, erläutert, wird mit dem Begriff *Embedded ABAP Environment* zunächst einmal eine Erweiterungsoption umschrieben, mit der Sie kundeneigene ABAP-Entwicklungen direkt auf dem Stack eines SAP-S/4HANA-Cloud-Public-Edition-Systems vornehmen können. Das Embedded ABAP Environment liefert hierbei die technische Grundlage für die Implementierung komplexerer Erweiterungen (Entwicklererweiterungen) auf Basis des ABAP-Cloud-Entwicklungsmodells. Seit SAP S/4HANA 2022 kann das Embedded ABAP Environment auch für die Anwendungsentwicklung in SAP-S/4HANA-on-Premise-Systemen verwendet werden. Anders als in SAP S/4HANA Cloud Public Edition ist die Verwendung des Embedded ABAP Environments in On-Premise-Systemen keine technische Notwendigkeit, sondern lediglich optional.

ABAP Cloud On-Premise-Systemen

Die Bezeichnung *Embedded ABAP Environment* legt die Vorstellung nahe, dass es sich hierbei um eine Art eigenständiges System innerhalb eines SAP-S/4HANA-Systems handelt. Technisch gesehen ist das allerdings nicht der Fall. Bei dem Embedded ABAP Environment handelt es sich um eine Erweiterungsoption, mit der Sie kundeneigene ABAP-Entwicklungen direkt auf dem Cloud-Stack eines SAP-S/4HANA-Systems vornehmen können. Das Embedded ABAP Environment basiert auf dem ABAP-Cloud-Entwicklungsmodell und ermöglicht es Ihnen, eng gekoppelte, cloudfähige und upgradestabile Erweiterungen in Ihrem System vorzunehmen. Für Objekte, die dem Embedded ABAP Environment innerhalb von SAP S/4HANA on premise zugeordnet sind, gelten dieselben Regeln wie für Entwicklungsobjekte in cloudbasierten Systemen wie dem SAP BTP, ABAP-Environment oder SAP S/4HANA Cloud. Die Zuordnung zum Embedded ABAP Environment sorgt auf Compiler-Ebene für eine Überprüfung der Cloud-Konformität des entsprechenden Codings. Nicht ABAP-Cloud-konformes Coding führt zu Laufzeit- oder Syntaxfehlern, genauso, als würde es im SAP BTP, ABAP-Environment ausgeführt.

Die Vorteile des Embedded ABAP Environments

Die Vorteile des Embedded ABAP Environments in SAP-S/4HANA-on-Premise-Systemen ergeben sich genau aus diesen Beschränkungen: Die harte Einschränkung der technischen Erweiterungsmöglichkeiten stellt die Anwendung des Entwicklungsmodells ABAP Cloud und damit die Zukunftssicherheit und Upgrade-Stabilität der entsprechenden Erweiterungen sicher.

Die Zuordnung zum Embedded ABAP Environment wird in On-Premise-Systemen auf Ebene der einzelnen Entwicklungsobjekte über deren spezifische Sprachversion (Language Version) gesteuert. Über die Eigenschaften des jeweiligen Entwicklungsobjekts kann festgelegt werden, ob es den Regeln von ABAP Cloud unterliegen soll und ob es von anderen ABAP-Cloud-konformen Entwicklungsobjekten (außerhalb seiner eigenen Softwarekomponente) verwendet werden kann.

Sprachversion eines Entwicklungsobjekts ändern

Die Regelkonformität mit ABAP Cloud wird durch die in Abschnitt 3.3.1, »ABAP-Sprachversion und -elemente«, beschriebene ABAP-Sprachversion des Objekts festgelegt. Im Embedded ABAP Environment verwendete Objekte sind der Sprachversion **ABAP for Cloud Development** zuzuordnen. Um die Sprachversion eines Entwicklungsobjekts zu ändern, gehen sie wie folgt vor:

1. Öffnen Sie die **Properties**-Sicht des entsprechenden Entwicklungsobjekts in den ABAP Development Tools (ADT).
2. Wählen Sie auf der Registerkarte **General** die Schaltfläche **Edit...** zum Ändern der ABAP-Sprachversion.
3. Wählen Sie in dem Auswahlfeld im folgenden Dialogfenster analog zu Abbildung 17.1 die Sprachversion **ABAP for Cloud Development** und bestätigen Sie Ihre Eingabe über die Schaltfläche **OK**.

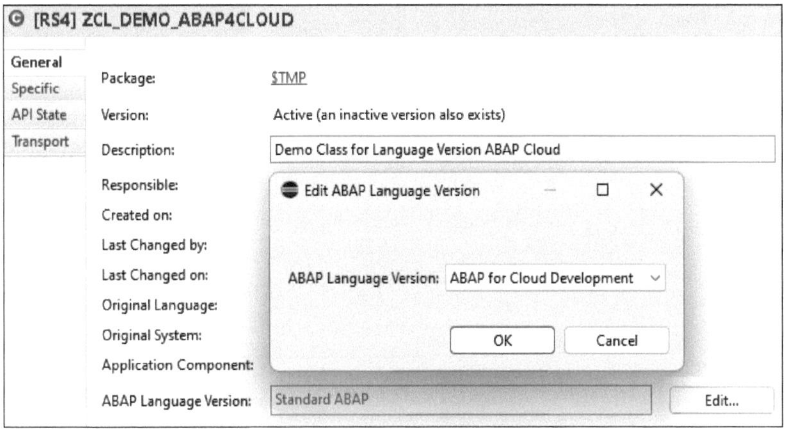

Abbildung 17.1 ABAP-Sprachversion eines Entwicklungsobjekts ändern

4. Speichern und Aktivieren ([F8]) Sie das Entwicklungsobjekt.

Syntaxfehler bei nicht freigegebenen Objekten

Infolge dieser Anpassung der ABAP-Sprachversion führt die Verwendung eines nicht freigegebenen Sprachelements oder nicht freigegebener Entwicklungsobjekte zu entsprechenden Syntaxfehlern, wie in Abbildung 17.2 dargestellt.

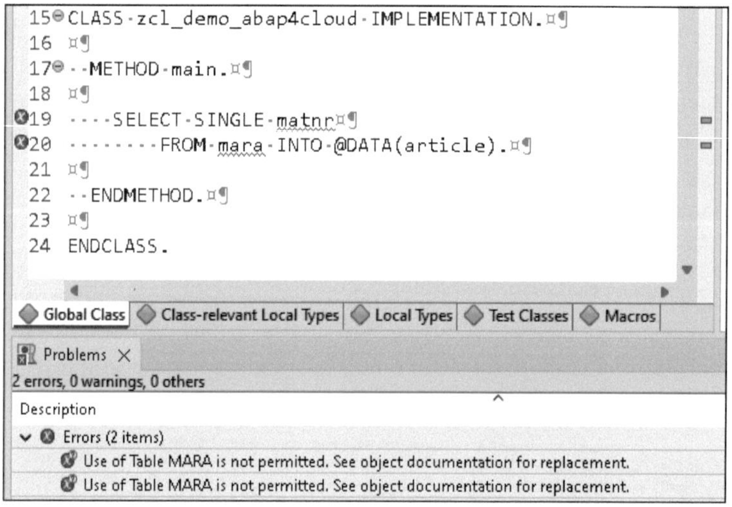

Abbildung 17.2 Syntaxfehler bei Verwendung nicht freigegebener Objekte

Sprachversion für Pakete oder Softwarekomponenten

Die ABAP-Sprachversion kann auch auf Paket- oder Softwarekomponentenebene definiert werden. Die Einstellung auf Paket- oder Softwarekomponentenebene sorgt dafür, dass die ABAP-Sprachversion der zugordneten Objekte automatisch vorbelegt wird. Diese Vorgehensweise wird speziell im Umgang mit ABAP-Cloud-Entwicklungen empfohlen (siehe Abschnitt 17.2.1, »ABAP Cloud«). Abbildung 17.3 zeigt exemplarisch die Zuordnung der ABAP-Sprachversion auf Paketebene.

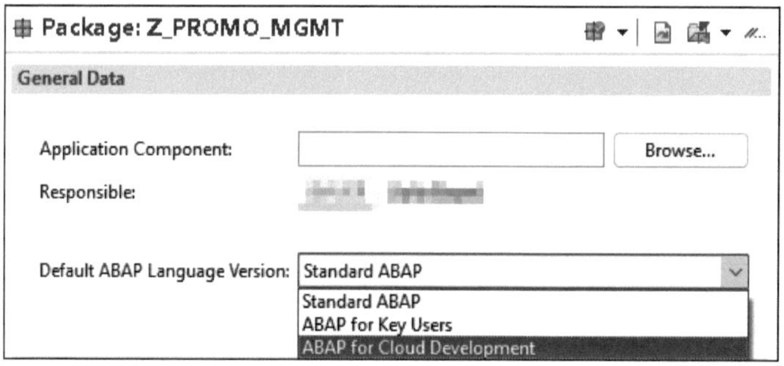

Abbildung 17.3 ABAP-Sprachversion für Pakete ändern

Entwicklungsobjekte freigeben

Damit ein Entwicklungsobjekt von Objekten des Embedded ABAP Environments (außerhalb seiner eigenen Softwarekomponente) verwendet werden kann, ist zusätzlich die Freigabe dieses Entwicklungsobjekts über dessen Releasekontrakt notwendig. Abbildung 17.4 zeigt die notwendigen Einstellungen für die Freigabe eines Entwicklungsobjekts zur Verwendung in ABAP Cloud bzw. innerhalb des Embedded ABAP Environments.

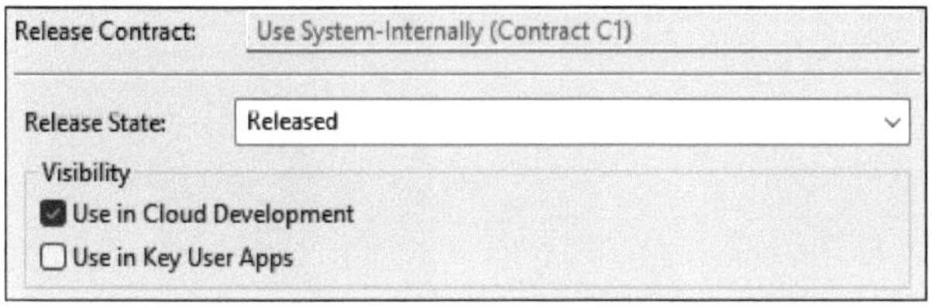

Abbildung 17.4 Releasekontrakt für die Verwendung in ABAP Cloud

Hierzu ist innerhalb des Releasekontrakts im Bereich **Visibility** die Option **Use in Cloud Development** zu wählen. Beachten Sie, dass zwischen dem Releasekontrakt eines Entwicklungsobjekts und dessen ABAP-Sprachversion keinerlei Abhängigkeiten bestehen. So können beispielsweise auch Entwicklungsobjekte mit der ABAP-Sprachversion **Standard ABAP** für die Verwendung innerhalb des Embedded ABAP Environments freigegeben werden.

17.2 Vorgehen bei der On-Stack-Erweiterung

Obwohl die Nutzung des Embedded ABAP Environments und folglich von ABAP Cloud dringend zu empfehlen ist, um reibungslose Upgrades und die Vereinfachung weiterer Cloud-Transformationsschritte zu gewährleisten, wird in SAP S/4HANA on premise in der Regel weiterhin klassischer ABAP-Code für die Implementierung eigener Erweiterungen verwendet. Dies ist zum einen darin begründet, dass On-Premise-SAP-S/4HANA-Systeme häufig nicht »auf der grünen Wiese«, also nach dem Greenfield-Ansatz, aufgesetzt wurden, sondern im Rahmen eines Brownfield-Vorgehens aus der Transformation bestehender SAP-Business-Suite-Systeme entstanden sind. Im Rahmen solcher Brownfield-Transformationen wird bestehendes ABAP-Coding zwar im Hinblick auf die Kompatibilität mit SAP S/4HANA hin geprüft und angepasst, die Konformität des entsprechenden Codings mit ABAP Cloud wird in der Regel jedoch nicht berücksichtigt. Zum anderen kann es vorkommen, dass die Verwendung des ABAP-Cloud-Entwicklungsmodells für bestimmte Erweiterungs-Use-Cases nicht möglich ist, etwa weil die notwendigen Entwicklungsobjekte nicht für die Verwendung mit ABAP Cloud freigegeben sind.

Three-Tier-Modell

Als Kompromiss zwischen einem möglichst ABAP-Cloud-konformen Entwicklungsvorgehen und der Notwendigkeit, klassische Erweiterungen zu integrieren, schlägt SAP vor, die bestehenden Erweiterungen in drei Schichten (engl. *Tiers*) zu klassifizieren. Abbildung 17.5 stellt dieses sogenannte *Three-Tier-Modell* und die Zusammenhänge zwischen den einzelnen Schichten grafisch dar.

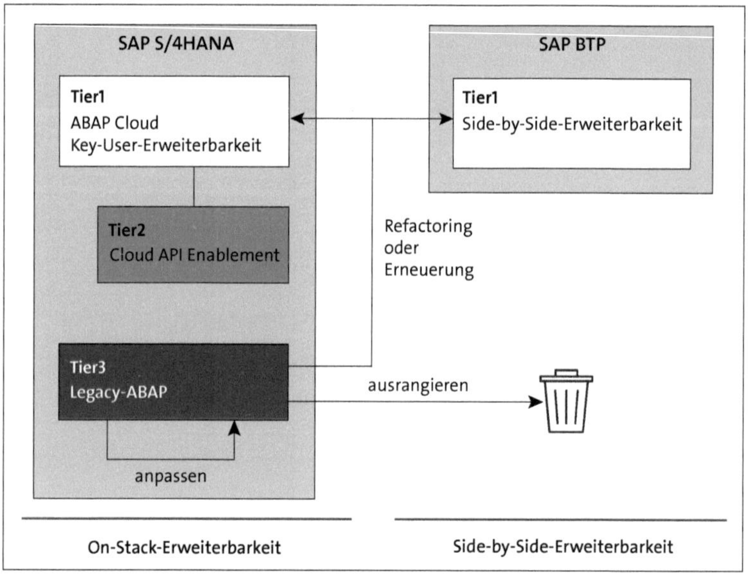

Abbildung 17.5 Three-Tier-Modell

Das Three-Tier-Modell besteht aus den folgenden Schichten:

- ABAP Cloud (Tier 1)
- Cloud API Enablement (Tier 2)
- Legacy ABAP (Tier 3)

Tier 1: ABAP Cloud

Für jede Schicht des Modells gelten bestimmte technische Rahmenbedingungen sowie Handlungsempfehlungen für den Umgang mit den kundeneigenen Erweiterungen, die der jeweiligen Schicht zuzuordnen sind. Abbildung 17.6 ordnet verschiedene Arten von Erweiterungen den einzelnen Schichten des Three-Tier-Modells zu.

Wir erläutern die verschiedenen Schichten in den folgenden Abschnitten detaillierter.

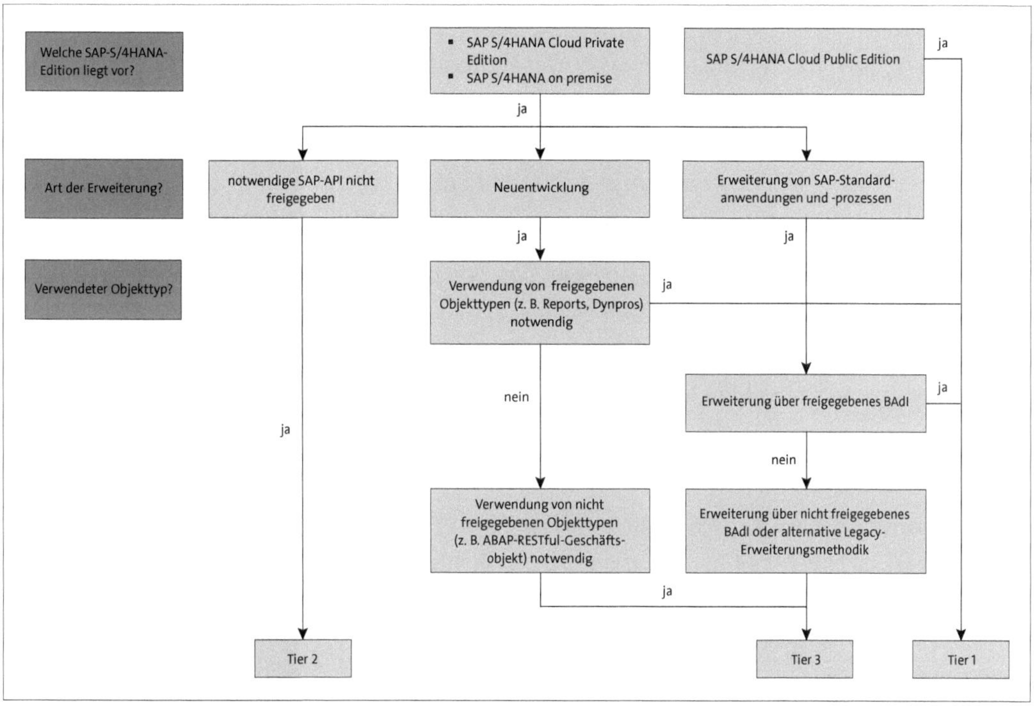

Abbildung 17.6 Klassifizierung von Erweiterungen nach dem Three-Tier-Modell

17.2.1 ABAP Cloud

Tier 1 kann gemäß dem hier beschriebenen Erweiterungsvorgehen als »Zielschicht« angesehen werden. Diese Schicht umfasst zum einen Erweiterungen, die on stack mittels Key-User- oder Entwicklererweiterbarkeit entwickelt wurden. Zum anderen fallen sämtliche Side-by-Side-Erweiterungen, die beispielsweise unter Nutzung des ABAP Environments auf der SAP BTP realisiert wurden, unter Tier 1. Neue kundeneigene Entwicklungen sollten idealerweise direkt in Tier 1 realisiert werden, während bestehende Erweiterungen aus Tier 3 sukzessive in Tier 1 überführt werden sollten.

Entwicklererweiterbarkeit in Tier 1

Sehen wir uns die Entwicklererweiterbarkeit in Tier 1 etwas genauer an. Tier-1-Entwicklungsobjekte müssen immer konform mit ABAP Cloud implementiert werden. Dies wird in On-Premise-Systemen durch die Nutzung des in Abschnitt 17.1 beschriebenen Embedded ABAP Environments und die daraus resultierenden Laufzeit- und Syntaxprüfungen erzwungen. Das bedeutet, dass Entwicklungsobjekte in Tier 1 ausschließlich folgende Objekte umfassen:

- Kundeneigene Entwicklungsobjekte, die über ihren Releasekontrakt für die Verwendung in ABAP Cloud freigegeben wurden. Dabei handelt es sich zum einen um Tier-1-Entwicklungsobjekte, zum anderen um in Tier 2 implementierte Wrapper-APIs.
- SAP-Standard-Entwicklungsobjekte, die über ihren Releasekontrakt für die Verwendung in ABAP Cloud freigegeben wurden

SAP empfiehlt, sämtliche Entwicklungen in Tier 1 innerhalb einer separaten Softwarekomponente mit der entsprechenden Sprachversion zu implementieren. Dies stellt sicher, dass alle innerhalb dieser Softwarekomponente angelegten Entwicklungsobjekte dem ABAP-Cloud-Entwicklungsmodell folgen.

17.2.2 Cloud API Enablement

Wrapper zwischen Erweiterungen und SAP-Code

Obwohl die Anzahl der für die Verwendung in ABAP Cloud freigegebenen Entwicklungsobjekte stetig zunimmt, ist es wahrscheinlich, dass für bestimmte Erweiterungsszenarien benötigte SAP-Standardobjekte nicht freigegeben sind. So kann es beispielsweise vorkommen, dass ein benötigter CDS-View oder eine Datenbanktabelle nicht in ABAP Cloud verwendet werden darf oder dass eine benötigte Klasse oder ein Business Application Programming Interface (BAPI) nicht für die Verwendung in ABAP Cloud zugelassen ist. Der Zweck von Tier 2 ist es an dieser Stelle, das Problem fehlender öffentlicher SAP-APIs zu entschärfen und gleichzeitig die Regeln und Richtlinien der ABAP-Cloud-Entwicklung so weit wie möglich einzuhalten. Darüber hinaus schaffen die in Tier 2 entwickelten Objekte eine kontrollierte kundeneigene Schnittstelle, auch als *Wrapper* bezeichnet, zwischen kundeneigenen Erweiterungen und nicht freigegebenem SAP-Code, die ein späteres Refactoring erleichtert.

[»]

Freigegebene Alternativen prüfen

Bevor Sie die Implementierung eines eigenen Wrapper-Objekts gemäß den Vorgaben von Tier 2 in Betracht ziehen, sollten Sie sorgfältig prüfen, ob es für die benötigte SAP-Standard-API nicht eine freigegebene Alternative gibt. Hilfestellung kann hierbei z. B. der *Cloudification Repository Viewer* von SAP bieten, der eine Übersicht über die SAP-Entwicklungsobjekte mit ihrem jeweiligen Releasestatus und etwaigen Nachfolgeobjekten gibt. Sie erreichen den Cloudification Repository Viewer über die folgende URL: *https://sap.github.io/abap-atc-cr-cv-s4hc/*

Darüber hinaus können Sie die bereits in Kapitel 3, »Das ABAP-Cloud-Entwicklungsmodell«, beschriebenen Werkzeuge nutzen.

Um einen Wrapper-Objekt gemäß Tier 2 anzulegen, gehen Sie in der Regel wie folgt vor:

Tier-2-Wrapper anlegen

1. Legen Sie das gewünschte Entwicklungsobjekt unter Verwendung der Sprachversion **Standard ABAP** an.
2. Implementieren Sie das Objekt unter Verwendung des nicht freigegebenen SAP-Standardobjekts. Dies ist in der ABAP-Sprachversion **Standard ABAP** ohne Syntaxfehler möglich.
3. Geben Sie das Entwicklungsobjekt über seinen Releasekontrakt für die Verwendung im Embedded ABAP Environment frei.

Mögliche Entwicklungsobjekte

Tabelle 17.1 spezifiziert das Vorgehen noch einmal am Beispiel der verschiedenen ABAP-Entwicklungsobjekte, die als Wrapper-Objekt verwendet werden können.

ABAP-Objekttyp	Vorgehen bei der Tier-2-Entwicklung
ABAP-RESTful-Geschäftsobjekt	1. Erstellen Sie zunächst eine Wrapper-Klasse. Diese sollte in sich geschlossen sein, d. h., nach Möglichkeit alle relevanten Typen lokal definieren, um unabhängig von nicht freigegebenen Dictionary-Typen zu sein. 2. Erstellen Sie für jeden benötigten Zugriff auf das Geschäftsobjekt (CRUD-Operationen, Aktionen etc.) eine entsprechende Wrapper-Methode. 3. Verwenden Sie innerhalb der Methodenimplementierung EML für den Zugriff auf das RAP-Geschäftsobjekt.
Funktionsbaustein/Klasse/Interface	1. Erstellen Sie eine in sich geschlossene Wrapper-Klasse. 2. Erstellen Sie für jeden benötigten Zugriff, d. h. für jede nicht freigegebene Methode oder jeden Funktionsbaustein eine entsprechende Wrapper-Methode. 3. Rufen Sie innerhalb der Wrapper-Methoden die entsprechenden Funktionsbausteine oder Methoden auf.
CDS-View/Tabelle	1. Erstellen Sie eine CDS-View-Entity auf Basis der nicht freigegebenen Tabelle oder des CDS-Views. Hierbei sollten Sie darauf achten, eher kleinere use-case-spezifische Wrapper anstelle von komplexen allgemeinen Wrappern zu verwenden.

Tabelle 17.1 Vorgehen bei der Tier-2-Entwicklung für die verschiedenen ABAP-Objekttypen

ABAP-Objekttyp	Vorgehen bei der Tier-2-Entwicklung
	2. Entkoppeln Sie den Wrapper-CDS-View von abgeleiteten Annotationen durch die Angabe von `@Metadata.ignorePropagatedAnnotations: true` und fügen Sie die so ausgeblendeten Annotationen bei Bedarf erneut manuell hinzu. 3. Erstellen Sie bei Bedarf eine eigene CDS-Zugangskontrolle für den Wrapper-CDS-View.

Tabelle 17.1 Vorgehen bei der Tier-2-Entwicklung für die verschiedenen ABAP-Objekttypen (Forts.)

Dictionary-Objekte

Für SAP-ABAP-Dictionary-Objekte wie Datenelemente, Domänen, Strukturtypen etc. werden in der Regel keine Wrapper benötigt, auch wenn die entsprechenden Objekte nicht für die Entwicklung im Embedded ABAP Environment freigegeben wurden. Derartige Objekte sollten entweder lokal in den entsprechenden Wrapper-Klassen definiert oder als kundeneigener Typ in Tier 1 angelegt werden. Im Allgemeinen sollen in Tier 2 nur Objekte mit API-Charakter wie in Tabelle 17.1 beschrieben ummantelt werden.

[»]

Tier 2 RFC Proxy Generator

Mit dem *Tier 2 RFC Proxy Generator* (*https://github.com/SAP-samples/tier2-rfc-proxy*) stellt Ihnen SAP ein hilfreiches Werkzeug zur Verfügung, um Wrapper-Klassen für nicht freigegebene RFC-fähige Funktionsbausteine schneller und einfacher implementieren zu können. Das Werkzeug ist zum Zeitpunkt der Drucklegung dieses Buches noch nicht in die Eclipse-Entwicklungsumgebung integriert. Sie können den Tier 2 RFC Proxy Generator jedoch mithilfe von abapGit auf Ihrem System bereitstellen. Der Tier 2 RFC Proxy Generator kann aktuell nur in SAP S/4HANA Cloud Private Edition verwendet werden.

Tier-2-Paketstruktur

Entwicklungsobjekte in Tier 2 benötigen Zugriff auf nicht freigegebene SAP-Standardobjekte. Sie müssen daher in einer Softwarekomponente mit der Standardsprachversion **Standard ABAP** liegen (wie z. B. `HOME`). Es wird allerdings empfohlen, für alle erstellten Tier-2-Entwicklungsobjekte eine dedizierte Paketstruktur anzulegen, um die entsprechenden Wrapper für ein späteres Refactoring einfacher identifizieren zu können.

Dies ist von besonderer Wichtigkeit, da die implementierten Wrapper nach jedem Upgrade von SAP S/4HANA im Hinblick auf die Freigabe der ummantelten SAP-Standardobjekte geprüft werden sollten. Wenn eine öffentliche SAP-API für eine ummantelte Funktionalität verfügbar ist, sollten die freigegebenen SAP-Standardobjekte anstelle der freigegebenen Objekte verwendet werden. Im Rahmen des Refactorings von Tier-2-Entwicklungsobjekten können diese an den entsprechenden Aufrufstellen in Tier-1-Entwicklungsobjekten direkt durch die freigegebene Standard-API ausgetauscht werden. Das Wrapper-Objekt wird hiernach nicht mehr benötigt. Alternativ kann das ummantelte, nicht freigegebene SAP-Standardobjekt innerhalb des Wrapper-Objekts ausgetauscht werden. Zusätzlich wird in diesem Fall die Sprachversion **ABAP for Cloud Development** für das Wrapper-Objekt gesetzt, und dieses Objekt wird von diesem Zeitpunkt an als Tier-1-Objekt betrachtet. Die Verwendungen des Wrapper-Objekts müssen bei dieser Vorgehensweise nicht ausgetauscht werden.

[+]

ABAP Cloud API Enablement Guidelines

Für detaillierte Informationen und Best Practices rund um die Nutzung von Tier 2 empfehlen wir Ihnen die »ABAP Cloud API Enablement Guidelines« für SAP S/4HANA. Sie können diese Guidelines über die URL *http://s-prs.de/v1023913* abrufen.

17.2.3 Legacy ABAP

Anwendungsszenarien für Tier-3-Erweiterungen

Tier 3 umfasst alle Erweiterungen, die nicht gemäß dem ABAP-Cloud-Entwicklungsmodell realisiert wurden. Dabei unterscheiden wir in der Regel zwischen Alt-Entwicklungen, die beispielsweise im Rahmen einer Brownfield-Migration nach SAP S/4HANA übernommen wurden, und Neuentwicklungen, die nicht in Tier 1 oder Tier 2 realisiert werden konnten. Letzteres kann besonders in folgenden Fällen vorkommen:

- Benutzerdefinierte Felder zu Tabellen oder CDS-Views wurden über nicht freigegebene Append-Strukturen oder Erweiterungs-Includes hinzugefügt.
- Es wurde ein nicht freigegebenes BAdI oder ein nicht freigegebener User-/Customer-Exit implementiert. Wie in Abschnitt 17.2.2, »Cloud API Enablement«, angedeutet, lassen sich insbesondere BAdIs nicht durch Tier-2-Wrapper ersetzen.
- Eine SAP-Anwendung wurde mit einer obsoleten UI-Technologie wie Dynpro oder Web Dynpro erweitert, sodass für diese Anwendung keine SAP-Fiori-Anwendung zur Verfügung steht.

Für alle anderen Erweiterungs-Use-Cases raten wir von der Implementierung in Tier 3 ab. Sie sollten in diesen Fällen eine Realisierung der Anforderungen in Tier 1 oder eine Kombination von Tier 1 und Tier 2 präferieren.

Auch für die oben beschriebenen Fälle sollten die in Tier 3 entwickelten Erweiterungen regelmäßig geprüft und auf ein Minimum reduziert werden, da sie bei Upgrades zu Fehlern führen können. Um die negativen Auswirkungen der beschriebenen Erweiterungen abzuschwächen, empfehlen wir die Verwendung von ATC-Prüfungen (ABAP Test Cockpit) für die Erweiterungsentwicklung sowie die Berücksichtigung der Best

Practices für die klassischen Erweiterungstechnologien.

[!]

Alt-Entwicklungen überarbeiten

Unsere Empfehlungen an dieser Stelle gelten besonders für Neuentwicklungen in Tier 3. Für Alt-Entwicklungen ist speziell die Anwendung des ATC oft nicht sinnvoll, da schlichtweg zu viele ATC-Fehler berücksichtigt werden müssten. Hier empfehlen wir eine Überarbeitung der Erweiterungen in Betracht zu ziehen, wie wir sie in Abschnitt 17.3.2, »Klassische Erweiterungsstrategien«, beschreiben.

ATC-Prüfungen für kundeneigene Erweiterungen

Die durch die ABAP-Sprachversion **ABAP for Cloud Development** geltenden Einschränkungen für die Implementierung von Erweiterungen können durch explizite ATC-Prüfungen auch in der Sprachversion **Standard ABAP** weitgehend durchgesetzt werden. Auf diese Weise ist es auch hier möglich, klassische ABAP-Entwicklungen eng an ABAP Cloud auszurichten. Die Verwendung von nicht freigegebenen SAP-APIs und ABAP-Anweisungen aus dem Standard-ABAP-Sprachumfang kann aber, wo erforderlich, erlaubt werden. Das ABAP Test Cockpit bietet für diese Abweichungen vom ABAP-Cloud-Entwicklungsmodell eine effektive Monitoring- und Governance-Option. Für ATC-Prüfungen wird empfohlen, eine kundenindividuelle Kombination aus den beiden ATC-Standardprüfvarianten `ABAP_CLOUD_DEVELOPMENT_DEFAULT`und `ABAP_CLOUD_READINESS` als Prüfvariante zu verwenden. Den Umfang der Prüfvarianten haben wir in Abschnitt 15.1.1, »Prüfung mit dem ABAP Test Cockpit«, erläutert. Ergänzend sei an dieser Stelle erwähnt, dass wir die Verwendung des ABAP Test Cockpits natürlich auch für Erweiterungsimplementierungen in Tier 2 und Tier 1 empfehlen.

[+]

Entwicklerberechtigungen

Über das neue Berechtigungsobjekt `S_ABPLNGVS` haben Sie zusätzlich zum ATC eine weitere Steuerungsmöglichkeit für kundenindividuelle Erweiterungen. Das Berechtigungsobjekt `S_ABPLNGVS` steuert, für welche ABAP-Sprachversion Sie Objekte anlegen bzw. bearbeiten können. So können Entwickler*innen explizit zur Entwicklung in Tier 1 gezwungen bzw. für die Entwicklung in Tier 2 oder Tier 3 berechtigt werden.

Über das Berechtigungsobjekt S_DEVELOP können Entwickler*innen zusätzlich auf die ausschließliche Verwendung der ADT eingeschränkt werden, was beispielsweise die Verwendung der Dynpro-Technologie verhindert.

Modifikationen vermeiden

Betrachten wir nun einige Best Practices für die Implementierung in Tier 3. An erster Stelle gilt auch für die Implementierung von klassischen Erweiterungen an SAP-Standardobjekten in Tier 3 die folgende goldene Regel: Modifikationen an SAP-Standardobjekten sollten unter allen Umständen vermieden werden.

Für alle übrigen Erweiterungstechnologien gelten die Empfehlungen in Tabelle 17.2.

Klassifizierung	Erweiterungstechnologie	Empfehlung
Strukturerweiterungen	ABAP Dictionary (z. B. Tabellen, Strukturen)	■ Hängen Sie Felder an Datenbanktabellen oder Strukturen über bestehende Kunden-Includes oder Append-Strukturen an. ■ Verwenden Sie Domänenwert-Appends, Suchhilfe-Appends oder Suchhilfe-Exits.
	CDS	■ Verwenden Sie CDS-Erweiterungen. ■ Verwenden Sie CDS-Metadatenerweiterungen.
	OData-Services (Transaktion SEGW)	Nutzen Sie die Neudefinition von OData-Services.
Geschäftslogik	BAdIs	BAdIs sind die beste Wahl für die Implementierung klassischer Erweiterungen in Tier 3. Es besteht eine hohe Wahrscheinlichkeit, dass nicht freigegebene BAdIs in zukünftigen Releases freigegeben werden oder einen Nachfolger erhalten.
	User-Exits	User-Exits sind in der Regel unproblematisch im Hinblick auf Upgrades. Dennoch werden sie technisch als Modifikation behandelt und sollten vermieden werden. Verwenden Sie stattdessen BAdIs, sofern möglich.

Tabelle 17.2 Empfehlungen für klassische Erweiterungstechnologien

Klassifizierung	Erweiterungs-technologie	Empfehlung
Geschäftslogik	Customer-Exits	Customer-Exits sollten nur in Ausnahmefällen verwendet werden, in denen noch keine BAdIs in der Anwendung existieren.
	explizite Erweiterungspunkte	Explizite Erweiterungspunkte sollten nur verwendet werden, um kundeneigene BAdIs (nach Möglichkeit in Tier 1) in SAP-Coding einzubetten.
	implizite Erweiterungspunkte	Diese Erweiterungstechnik ist den Modifikationen sehr ähnlich und sollte daher nicht zur Erweiterung von SAP-Standardobjekten verwendet werden.

Tabelle 17.2 Empfehlungen für klassische Erweiterungstechnologien (Forts.)

17.3 Wahl der richtigen Erweiterungsstrategien

Wir haben im Rahmen dieses Buches verschiedene Erweiterungsoptionen für SAP S/4HANA aufgezeigt. Bereits in Abschnitt 2.1.2, »Erweiterbarkeit von SAP S/4HANA«, haben Sie die verschiedenen Erweiterbarkeitsdomänen, die On-Stack- und die Side-by-Side-Erweiterbarkeit, kennengelernt. Bei der On-Stack-Erweiterbarkeit haben wir zusätzlich zwischen low-code-basierter Key-User-Erweiterbarkeit und Entwicklererweiterbarkeit unterschieden. Im Kontext von SAP S/4HANA Cloud Private Edition und SAP S/4HANA on premise haben wir in diesem Kapitel das Three-Tier-Model zu Klassifizierung von Erweiterungen betrachtet. In diesem Abschnitt sehen wir uns nun genauer an, wann welche der beschriebenen Erweiterungsoptionen zu verwenden ist und wann die Implementierung einer kundenindividuellen Erweiterung in welchem Tier zu empfehlen ist.

17.3.1 Wann ist welche ABAP-Erweiterungsstrategie zu verwenden?

Auswahl der richtigen Erweiterungsoption

Einige der wichtigsten Aspekte für die Auswahl der richtigen Erweiterungsoption sind:

- **Anwendungsfall der Erweiterung**
  Bei dem Anwendungsfall der Erweiterung ist hauptsächlich zu berück-

sichtigen, ob es sich um eine neue Anwendung oder eine Erweiterung einer SAP-Standardanwendung handelt.

- **Architektur der Erweiterung**
  Hinsichtlich der Architektur ist besonders zu berücksichtigen, ob die Erweiterung lose oder eng mit SAP S/4HANA gekoppelt sein soll.
- **Umfang und Größe der Erweiterung**
  Hinsichtlich des Umfangs und der Größe der Erweiterung ist zu beachten, wer die Erweiterung für welchen Zweck bereitstellt. Handelt es sich bei der Erweiterung beispielsweise um eine kleine spezifische Erweiterung für Key User, um ein größeres kundenspezifisches Entwicklungsprojekt oder um eine SaaS-Partneranwendung (Software as a Service), die außerhalb des SAP-Systems zur Verfügung gestellt werden soll?

Entscheidungsbaum

Abbildung 17.7 enthält einen Entscheidungsbaum mit den wichtigsten Kriterien zur Auswahl der Erweiterungsoption.

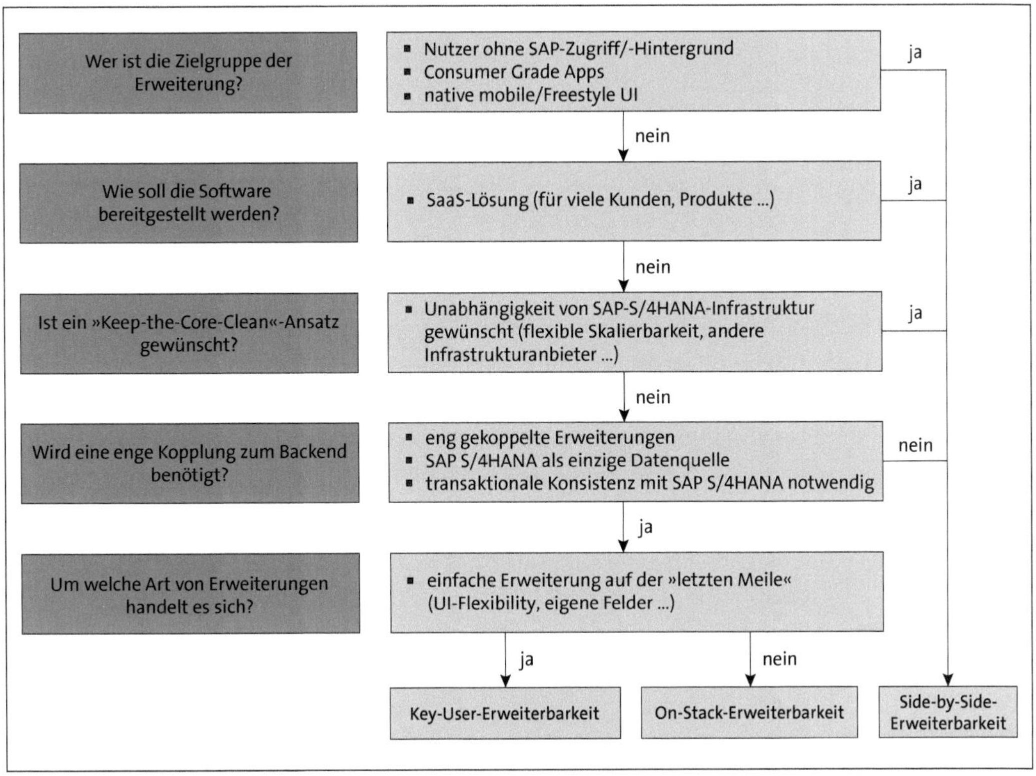

Abbildung 17.7 Entscheidungsbaum für Erweiterungsoptionen

Anwendungsszenarien für Side-by-Side-Erweiterungen

Die ersten drei Aspekte beschreiben typische Anwendungsszenarien für Side-by-Side-Erweiterungsszenarien:

- **Zielgruppe der Erweiterung**
  Zunächst müssen Sie sich die Frage stellen, ob die Erweiterung für eine externe Zielgruppe bereitgestellt werden soll. Dabei handelt es sich in Regel um Endanwender*innen, die keine Benutzerkonten für SAP S/4HANA besitzen, wie Endkunden, Lieferanten etc. Des Weiteren ist zu berücksichtigen, ob die Anwendung native mobile Oberflächen oder alternative UI-Technologien anstelle von SAP Fiori verwenden soll. Werden diese Fragen mit »Ja« beantwortet, lassen sich diese Anforderungen nicht mittels On-Stack-Erweiterungen realisieren und müssten als Side-by-Side-Erweiterungen ausgelagert werden.
- **SaaS-Lösung**
  Wenn es sich bei der Erweiterung um eine Partnerlösung bzw. eine Lösung handelt, die als Cloud-Service gemäß dem SaaS-Modell bereitgestellt wird, kann dieser Anwendungsfall nur losgelöst vom SAP-S/4HANA-System realisiert werden und ist daher immer ein Side-by-Side-Szenario.
- **Unabhängigkeit von der SAP-S/4HANA-Infrastrukur**
  Ein weiterer Aspekt ist die Unabhängigkeit von der Infrastrukur von SAP S/4HANA. Durch Side-by-Side-Erweiterungen haben SAP-Kunden die Möglichkeit, Erweiterungen auf einer flexiblen Cloud-Infrastruktur zu betreiben. Diese kann ohne Auswirkungen auf das SAP-S/4HANA-System skaliert werden. Die Kunden können auf diese Weise die Arbeitslast und den Ressourcenverbrauch der Erweiterungen auf andere Infrastrukturen verlagern, um die Auslastung ihres ERP-Systems zu schonen und dessen Performance zu verbessern. Zusätzlich können sie etwaige Down-Times oder Update-Zyklen ihrer Erweiterungen unabhängig von ihrer SAP-S/4HANA-Installation planen.

Lose und eng gekoppelte Erweiterungen

Sollte bislang keines der beschriebenen Kriterien für die Verwendung einer Side-by-Side-Erweiterung auf ihr Erweiterungsszenario zutreffen, ist das nächste wichtige Auswahlkriteriun die Nähe zu und Kopplung mit SAP-S/4HANA-Daten, -Transaktionen und -Anwendungen. Hier unterscheiden wir zwischen *losen* und *eng gekoppelten Erweiterungen*:

- **Lose gekoppelte Erweiterungen**
  Lose gekoppelte Erweiterungen sind prädestiniert für die Umsetzung als Side-by-Side-Erweiterungen. Hierbei handelt es sich um Erweiterungen, die nicht stark von den Daten, Transaktionen oder Anwendungen in SAP S/4HANA abhängen. Sie können als eigenständige Anwendungen oder neue Prozessschritte implementiert werden, die gelegentlich Daten aus

SAP S/4HANA nutzen. Die benötigten Daten werden in die SAP BTP repliziert oder über Events und Remote-API-Aufrufe aus SAP S/4HANA gelesen.

Ein wichtiger Punkt ist hierbei, dass die Anwendungsdaten nicht synchron mit den Daten in SAP S/4HANA geändert werden, d. h., dass keine Transaktionskonsistenz zwischen SAP S/4HANA und der Erweiterung erforderlich ist. Anwendungen, die Daten aus vielen Systemen integrieren, sammeln oder verteilen, sind typisch für lose gekoppelte Szenarien.

- **Eng gekoppelte Erweiterungen**
  Eng gekoppelte Erweiterungen sind stark von den Daten, Transaktionen oder Anwendungen in SAP S/4HANA abhängig. Sie können nicht als eigenständige Anwendungen implementiert werden, sondern müssen in die bestehenden Prozesse und Logiken von SAP S/4HANA eingebettet werden. Eng gekoppelte Erweiterungen müssen häufig innerhalb derselben ABAP-LUW (Logical Unit of Work) wie die SAP-Standardanwendungen ausgeführt werden, um die Transaktionskonsistenz zwischen SAP S/4HANA und der Erweiterung zu gewährleisten. Anwendungen, die einen spezifischen Geschäftsprozess erweitern oder optimieren, sind typisch für eng gekoppelte Szenarien. Weitere typische Kriterien für eng gekoppelte Erweiterungen sind beispielsweise ein häufiger Lesezugriff, Änderungen an SAP-S/4HANA-Daten oder komplexe SQL-Abfragen (z. B. Joins) mit hohem Datenvolumen.

  Für eng gekoppelte Erweiterungen kommt nur die Realisierung mittels On-Stack-Erweiterbarkeit infrage. Es muss abschließend noch entschieden werden, ob diese im Rahmen der Key-User-Erweiterbarkeit umsetzbar sind oder ob umfassendere Entwicklungen im Rahmen einer Entwicklererweiterung erforderlich sind. Die Verwendung der Key-User-Erweiterbarkeit bietet sich in der Regel bei einfachen Felderweiterungen von Geschäftsobjekten oder Tabellen und simplen Oberflächenanpassungen an.

17

Weitere Kriterien für die Wahl der Erweiterungsoption

Beachten Sie, dass neben den beschriebenen Faktoren für die Wahl der richtigen Erweiterungsoptionen auch weitere individuelle Aspekte, wie die vorhandenen Kompetenzen in den Entwicklerteams oder die Komplexität bei hybriden Landschaften, berücksichtigt werden müssen. So kann es im Sinne der Homogenität der IT-Landschaft in einigen Fällen sinnvoll sein, ein Erweiterungsszenario nicht side by side umzusetzen, auch wenn es dafür qualifiziert wäre. Zudem lassen sich Erweiterungsszenarien häufig nicht nur durch *eine* Erweiterungsoption abbilden. So kann es beispielsweise notwendig sein, die Daten für eine Side-by-Side-Anwendung über einen OData-Service bereitzustellen, der unter Verwendung der Entwicklererweiterbarkeit implementiert wurde.

17.3.2 Klassische Erweiterungsstrategien

Das Three-Tier-Modell gilt, wie bereits beschrieben, prinzipiell auch für Kunden, die SAP S/4HANA über eine einfache Brownfield-Konvertierung eingeführt haben. Bei diesen Kunden ist allerdings der Umfang des Legacy-Codes in Tier 3 so groß, dass das Neuschreiben des gesamten Codes gemäß Tier 1 und Tier 2 schon aus Kostenaspekten kein gangbarer Weg wäre. Das vollständige Refactoring des Legacy-Codes käme hier dem Umfang eines Neuimplementierungsprojekts gleich. Nichtsdestotrotz sollte auch hier die Prämisse gelten, den Legacy-Code in Tier 3 möglichst zu minimieren. Es empfiehlt sich, bestehende Alt-Erweiterungen sukzessive zu bereinigen.

Umgang mit Alt-Erweiterungen

Ein mögliches Vorgehen im Umgang mit Alt-Erweiterungen haben wir bereits in Abbildung 17.5 in Abschnitt 17.2, »Vorgehen bei der On-Stack-Erweiterung«, skizziert. Wir stellen die einzelnen Schritte im Folgenden noch einmal ausführlicher dar:

1. **Nicht mehr genutzten Legacy-Code entfernen**
   Im ersten Schritt sollte nicht mehr genutzter Legacy-Code entfernt werden. Dieser Code ist für ein weiteres Refactoring im Sinne von ABAP Cloud nicht zu berücksichtigen. Nach einer SAP-S/4HANA-Umstellung sind gegebenenfalls große Teile des kundeneigenen Legacy-Codes nicht mehr relevant, beispielsweise weil die Anwendungsfälle nun durch einen Standardprozess abgedeckt werden. Statistiken zeigen, dass bis zu 60 % des kundeneigenen Codings nicht mehr genutzt werden müssen. Es empfiehlt sich daher dringend, ungenutzten Code über den *ABAP Call Monitor* (Transaktion SUSG bzw. SCMON) sowie über die bereits in Kapitel 15, »Kundeneigenen Quellcode migrieren«, vorgestellte Anwendung **Migration der Eigenentwicklungen** zu analysieren und bei Bedarf zu entfernen.

2. **Refactoring im Sinne des ABAP-Cloud-Entwicklungsmodells**
   Für alle weiteren, noch genutzten klassischen Erweiterungen empfehlen wir das Refactoring des Codes im Sinne von ABAP Cloud. Legacy-Erweiterungen mit hoher Komplexität und damit tendenziell hohem Anpassungsaufwand in zukünftigen Release-Upgrades sollten hierbei priorisiert werden. Derartige Erweiterungen können Sie durch die Anwendung **Migration der Eigenentwicklungen** identifizieren.

Realisierung des Refactorings

Die konkrete Realisierung des Refactorings ist hierbei abhängig von der Art der Erweiterung. Die Entscheidung sollte besonders im Hinblick auf die enge oder lose Kopplung der betreffenden Erweiterung mit den SAP-Standardprozessen getroffen werden (siehe Abschnitt 17.3.1, »Wann ist welche

ABAP-Erweiterungsstrategie zu verwenden?«). Im Allgemeinen sollten Sie die folgenden Empfehlungen beachten:

- Verwenden Sie das ABAP Test Cockpit mit den beschriebenen Prüfvarianten zur Identifizierung des nicht ABAP-Cloud-konformen Codings.
- Ersetzen Sie nicht freigegebene Objekte durch freigegebene Alternativen oder Wrapper-Objekte gemäß Tier 2. Das schließt den Austausch von Tabellenerweiterungen durch freigegebene Erweiterungs-Includes sowie den Austausch klassischer Erweiterungspunkte wie User-Exits, Customer-Exits und expliziter bzw. impliziter Enhancements durch freigegebene BAdIs mit ein.
- Klassische ABAP-Reports und Dynpro- bzw. Web-Dynpro-basierte Applikationen sollten zugunsten von auf dem ABAP RESTful Application Programming Model basierenden Anwendungen mit SAP-Fiori- bzw. SAP-Fiori-Elements-Oberflächen abgelöst werden.
- Bestehende Anwendungen auf Basis des ABAP-Programmiermodells für SAP Fiori sollten durch Anwendungen auf Basis des ABAP RESTful Application Programming Models ersetzt werden.

17.4 Zusammenfassung

In diesem Kapitel ging es um die Frage, wie Sie ABAP Cloud in SAP-S/4HANA-on-Premise-Systemen und in SAP S/4HANA Cloud Private Edition einsetzen können, um eine zukunftssichere und upgrade-stabile Entwicklung sicherzustellen.

In Abschnitt 17.1 haben wir das Embedded ABAP Environment als zentrale Komponente zur Unterstützung von kundeneigenen ABAP-Entwicklungen innerhalb eines SAP-S/4HANA-Systems näher vorgestellt. Mit SAP S/4HANA 2022 wurde diese Technologie auch für On-Premise-Systeme verfügbar und bietet eine Umgebung für die auf Cloud-Prinzipien basierende ABAP-Entwicklung. Durch Compiler-Überprüfungen wird hier die ABAP-Cloud-Konformität des kundeneigenen Codes sichergestellt, die etwa die Einhaltung cloudkonformer Syntaxregeln und die Verwendung eines restriktiveren Typensystems umfasst.

Die Nutzung des Embedded ABAP Environments unterstützt damit die zukunftssichere ABAP-Entwicklung. Zudem eröffnet sie Möglichkeit, bestehende On-Premise-Landschaften schrittweise auf Cloud-Technologien umzustellen.

Abschnitt 17.2, »Vorgehen bei der On-Stack-Erweiterung«, erläutert das Three-Tier-Modell, das es ermöglicht, klassische und mit ABAP Cloud implementierte Erweiterungen in SAP S/4HANA zu harmonisieren. Das vorgestellte Modell gliedert die Erweiterungen in drei Kategorien:

1. **ABAP Cloud**
   Diese Erweiterungen sind vollständig cloudkonform und nutzen ausschließlich freigegebene APIs und Services.
2. **Cloud API Enablement**
   Diese Kategorie umfasst Wrapper für die Verwendung nicht freigegebener Standardfunktionen in Tier-1-Erweiterungen.
3. **Legacy ABAP**
   Hierzu zählen alle bestehenden ABAP-Erweiterungen, die nicht den neuen Cloud-Prinzipien entsprechen und nach wie vor mit klassischen Techniken entwickelt wurden.

Ziel des Three-Tier-Modells ist es, Unternehmen eine klare Strategie für den Umgang mit ihren bestehenden Erweiterungen vorzugeben und gleichzeitig die ABAP-Cloud-konforme Entwicklung voranzutreiben. Mit seiner Anwendung stellen Sie sicher, dass Ihre Entwicklungen auch in zukünftigen Systemreleases stabil und funktional bleiben.

In Abschnitt 17.3, »Wahl der richtigen Erweiterungsstrategien«, haben wir Ihnen explizite Entscheidungskriterien für Wahl einer der verschiedenen Erweiterungsmöglichkeiten in SAP S/4HANA an die Hand gegeben. Wichtige Kriterien sind hierbei zum einen der Anwendungsfall der Erweiterung, also ob es sich um eine neue Applikation oder die Erweiterung eines SAP-Standardprozesses handelt, zum anderen die lose oder enge Kopplung der Erweiterung mit SAP S/4HANA sowie der Zweck und die Zielgruppe der Erweiterung. Schließlich haben wir unsere Empfehlung betont, nicht genutzten kundeneigenen Quellcode kontinuierlich zu entfernen und klassische Erweiterungen, die bei zukünftigen Release-Upgrades zu erheblichen Aufwänden führen könnten, sukzessive zu überarbeiten.

Anhang

A Eine ABAP-Serviceinstanz anlegen 579

B Quellen- und Literaturverzeichnis 587

Anhang A
Eine ABAP-Serviceinstanz anlegen

In diesem Anhang zeigen wir Ihnen, wie Sie Ihre Instanz des SAP BTP, ABAP Environments einrichten. Bevor Sie eine ABAP-Serviceinstanz anlegen können, müssen die *Entitlements* (siehe Abschnitt 1.3.3, »Account-Struktur«) Ihres ABAP Environments dem gewünschten Subaccount der SAP BTP zugewiesen sein. Je nach Strukturierung und Organisation Ihres Unternehmens stehen Ihnen unterschiedlich viele Subaccounts zur Verfügung. Vielleicht unterteilen Sie Ihre Subaccounts klassisch nach Entwicklungs-, Test- und Produktivumgebung oder haben separate Subaccounts für Abteilungen oder einzelne Teams. Wichtig ist, dass das ABAP Environment nur in einem Subaccount betrieben werden kann, der dem Cloud Foundry Environment zugewiesen ist.

Anmelden an der SAP BTP

Beginnen Sie damit, die Anmeldeseite des SAP BTP Cockpits über die URL *https://account.hana.ondemand.com* aufzurufen. Melden Sie sich mit Ihrem Benutzer an. Abbildung A.1 zeigt den Einstiegsbildschirm des SAP BTP Cockpits und die Ihnen zur Verfügung stehenden Spaces.

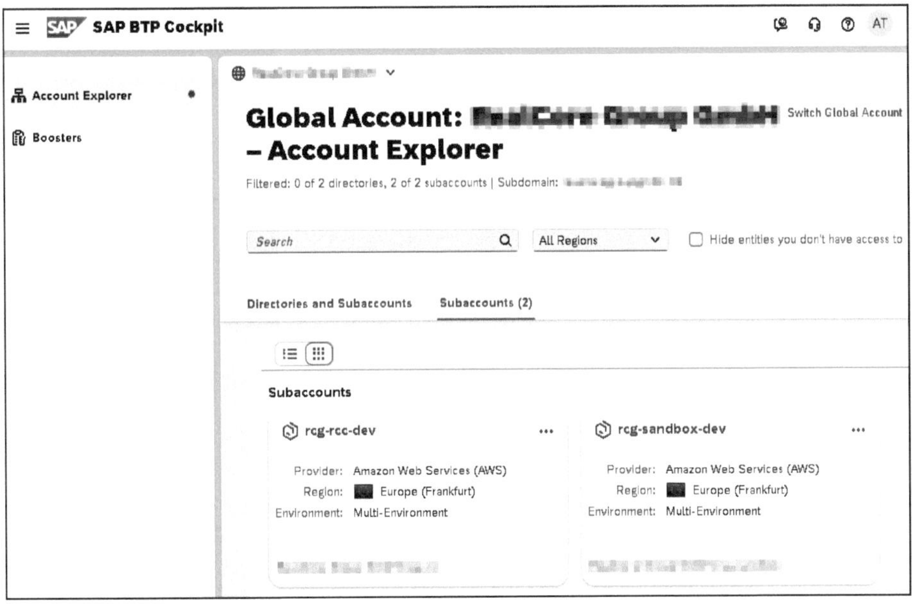

Abbildung A.1 SAP BTP Cockpit

[+]

Booster

SAP stellt für die automatische Anlage einer ABAP-Environment-Instanz einen sogenannten *Booster* zur Verfügung. Der Booster kann verwendet werden, um einige der in diesem Anhang beschriebenen Einrichtungsschritte zu automatisieren. Dazu gehören z. B. das Erstellen eines Subaccounts sowie eines Space, das Hinzufügen der benötigten Entitlements und das Zuweisen von Administratoren und Entwicklerinnen zu dem Subaccount. Beachten Sie jedoch, dass der Booster nur für die Erstellung von Entwicklungssystemen vorgesehen ist.

Zugewiesene Entitlements

Wählen Sie den Space aus, in dem Sie die ABAP-Serviceinstanz anlegen wollen. Navigieren Sie anschließend im Menü an der linken Seite über **Entitlements** zu dem Bereich, in dem Sie Ihre zugeordneten Ressourcenkontingente und Nutzungsrechte sehen und Ihrem Subaccount zuweisen können. Die Zuweisung der zu nutzenden Dienste erfolgt dabei über *Servicepläne*. Ein Serviceplan stellt eine Variante eines Dienstes dar. Die einzelnen Servicepläne unterscheiden sich nach Funktion und Größe. Abbildung A.2 zeigt die einem Subaccount zugewiesenen Servicepläne. An dieser Stelle gehen wir davon aus, dass die benötigten Servicepläne bereits Ihrem Subaccount zugewiesen sind.

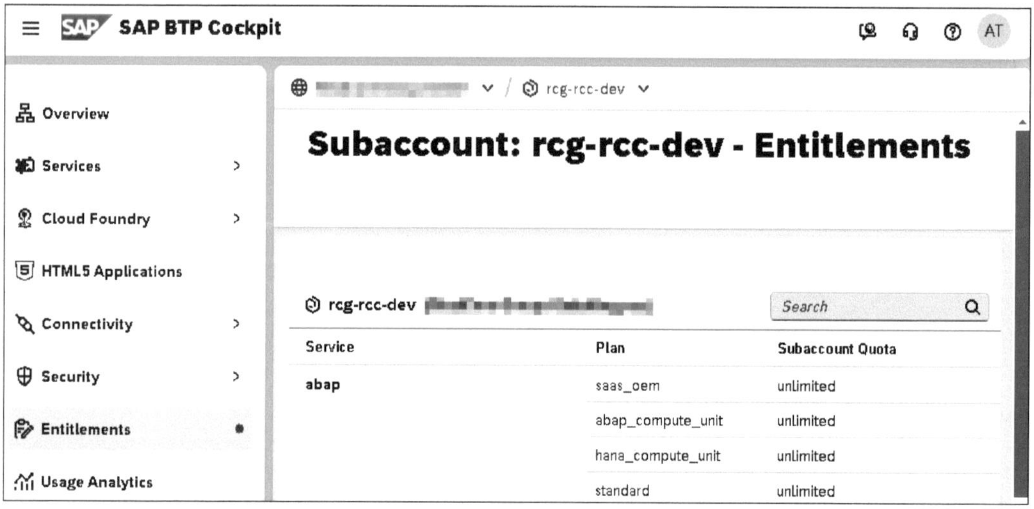

Abbildung A.2 Subaccount mit zugewiesenen Serviceplänen

Webzugriff

Damit Sie nach der Anlage der ABAP-Serviceinstanz per Internetbrowser Zugriff auf die ABAP-Instanz haben, einschließlich des Zugriffs auf das

Dashboard, müssen Sie Ihrem Subaccount die Anwendung *Web access for ABAP* zuweisen. Gehen Sie dafür wie folgt vor:

1. Navigieren Sie über das Auswahlmenü Ihres Subaccounts zu **Services • Service Marketplace**.
2. Suchen Sie nach der Anwendung »Web access for ABAP« und wählen Sie anschließend die Kachel **Web access for ABAP** aus.
3. Klicken Sie nun, wie in Abbildung A.3 dargestellt, auf die Schaltfläche **Create**.

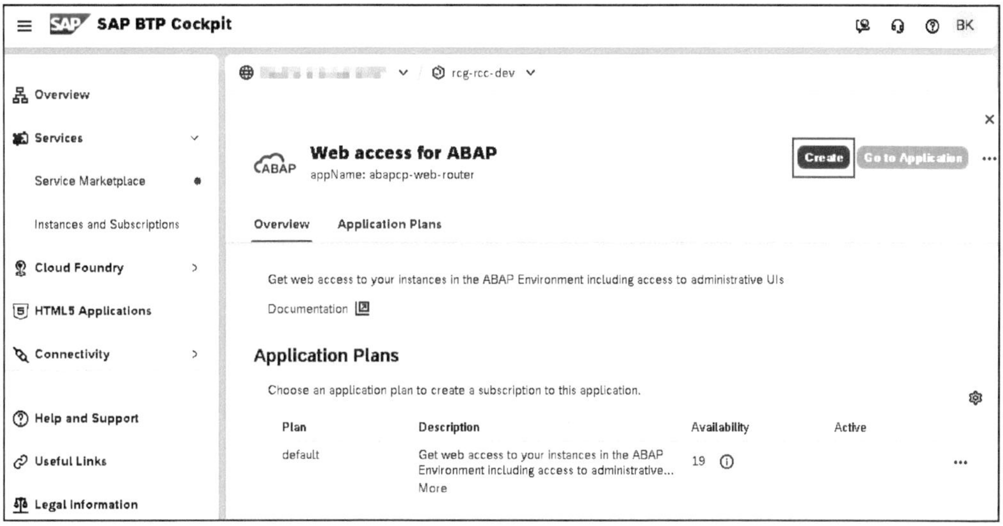

Abbildung A.3 Auswahl der Anwendung »Web access for ABAP«

4. Bestätigen Sie das sich öffnende Fenster und warten Sie, bis die Anwendung bereitgestellt wird.

Serviceinstanz in einem Space einrichten

Nachdem Sie die Anwendung Ihrem Subaccount zugewiesen haben, können Sie mit der Einrichtung der ABAP-Serviceinstanz beginnen. Die Einrichtung der ABAP-Serviceinstanz erfolgt in einem Cloud Foundry Space, oft auch nur Space genannt. Innerhalb des Cloud Foundry Environments ermöglichen Spaces die Strukturierung und Organisation. In den Spaces erfolgen die Entwicklung und Bereitstellung der Cloud-Anwendungen (siehe auch Abschnitt 1.4.3, »Orgs und Spaces«).

1. Wählen Sie über **Cloud Foundry • Spaces** den Space Ihres Subaccounts aus, in dem die Einrichtung der ABAP-Serviceinstanz vorgenommen werden soll. Über die Schaltfläche **Create Space** können Sie einen Space anlegen, falls noch kein entsprechender Space existiert. Abbildung A.4 zeigt die im Subaccount zur Verfügung stehenden Spaces.

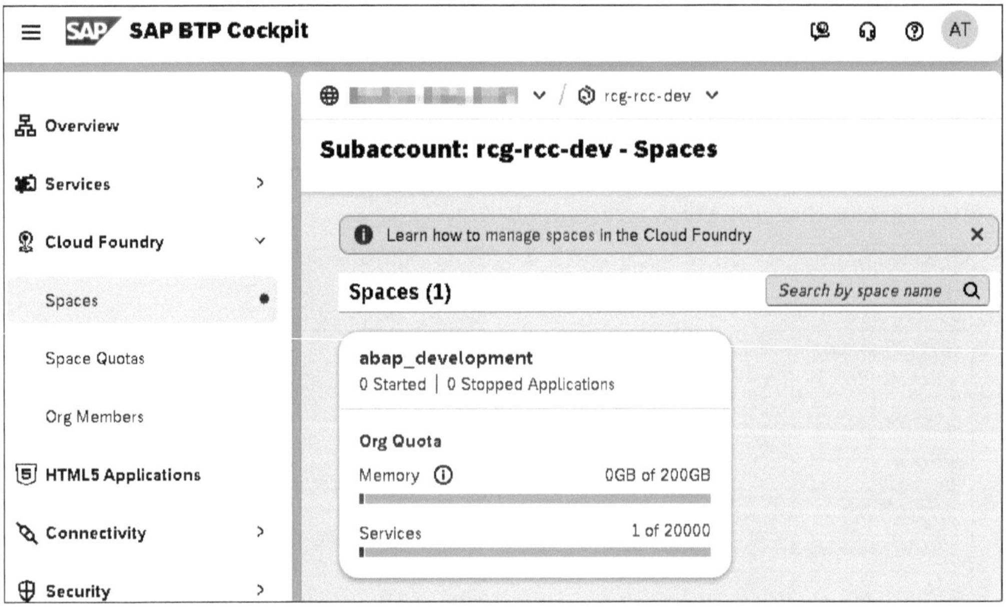

Abbildung A.4 Subaccount mit den zugehörigen Spaces

2. Nachdem Sie den passenden Space ausgewählt haben, wählen Sie im Navigationsmenü auf der linken Seite den Eintrag **Services • Service Marketplace** aus und lassen sich so die Ihnen zugewiesenen Services anzeigen (siehe Abbildung A.5).

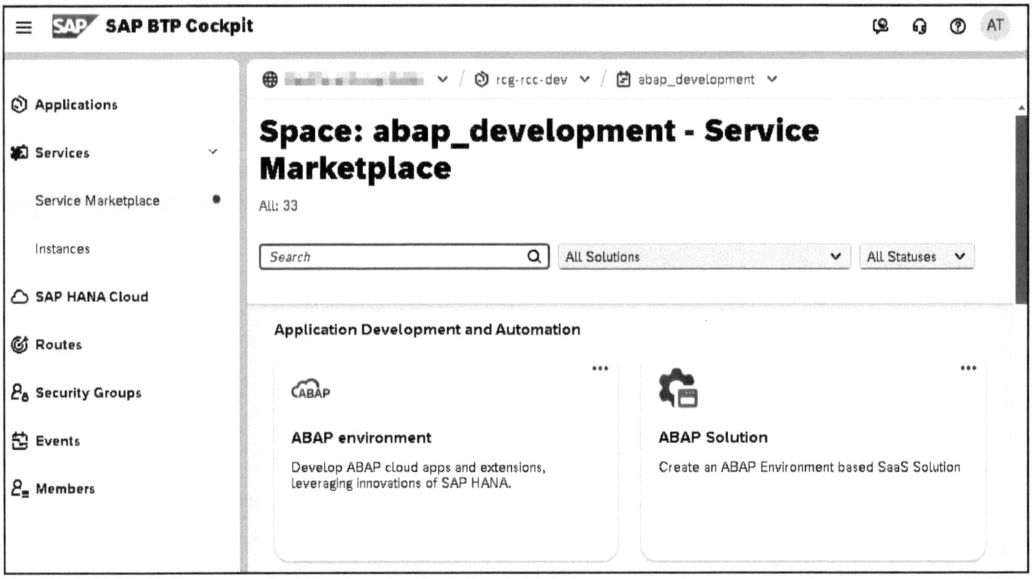

Abbildung A.5 Auswahl des ABAP Environments im Service Marketplace

3. Über die Kachel **ABAP environment** gelangen Sie anschließend in die Übersicht des Service.
4. Starten Sie das Anlegen einer neuen ABAP-Serviceinstanz über die Schaltfläche **Create** (siehe Abbildung A.6).

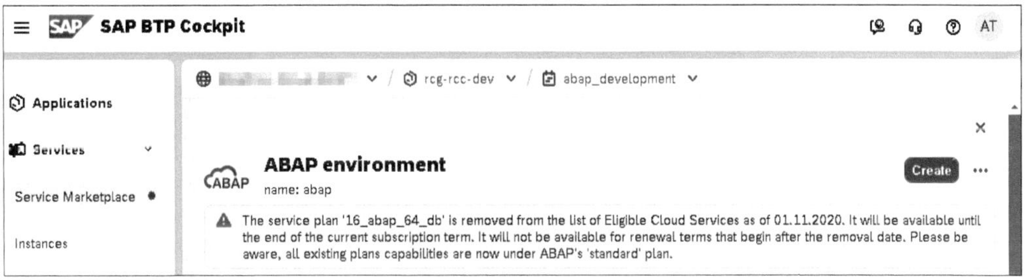

Abbildung A.6 Anlegen einer neuen ABAP-Serviceinstanz

5. In dem sich öffnenden Assistenten müssen Sie als Erstes den für Sie passenden Serviceplan auswählen (siehe Abbildung A.7) und einen Instanznamen vergeben. Als Serviceplan stehen Ihnen `standard`, `free` und `saas_oem` zur Verfügung. Bestätigen Sie anschließend die Auswahlbox mit dem Hinweis, dass die Nutzung des Service Kosten verursacht. Bestätigen Sie Ihre Angaben über die Schaltfläche **Next**.

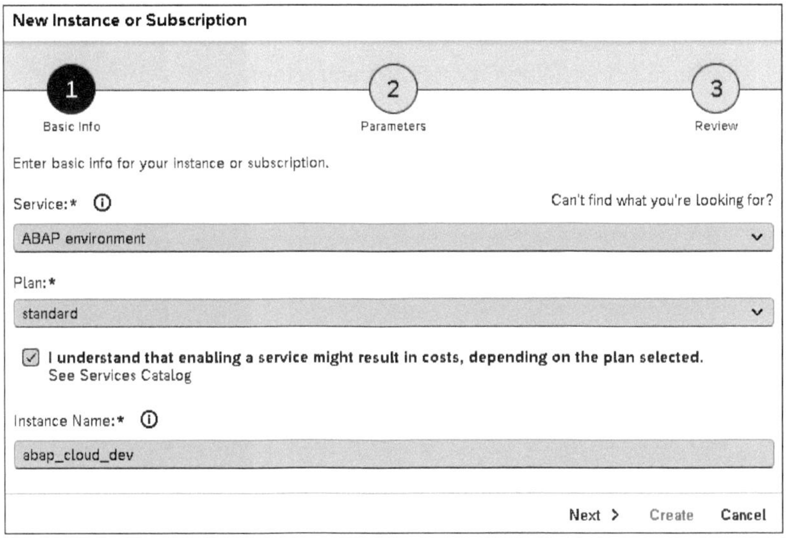

Abbildung A.7 Auswahl des Serviceplans

6. Im nächsten Schritt legen Sie einige grundlegende Parameter Ihrer ABAP-Serviceinstanz fest. Die Festlegung dieser Parameter kann in Form eines Formulars oder JSON-Formats erfolgen. Wenn Sie sich für das

JSON-Format entscheiden, können Sie entweder eine bereits vordefinierte JSON-Datei hochladen oder direkt im Textfeld editieren. Geben Sie, wie in Abbildung A.8 gezeigt, die für Ihre ABAP-Serviceinstanz relevanten Systemparameter an und bestätigen Sie die Eingaben, indem Sie die Schaltfläche **Next** drücken.

Abbildung A.8 Definition von Systemparametern

[»]

Systemparameter in JSON konfigurieren

Wir gehen hier kurz auf die in Abbildung A.8 gezeigten Parameter und deren Eigenschaften ein:

- **admin_email**
  Die Eingabe einer E-Mail-Adresse ist Pflicht. Für diese Adresse wird automatisch ein initialer Benutzer für das System angelegt. Dieser Benutzer erhält außerdem die Administratorenrolle und ist der einzige Benutzer, mit dem eine initiale Anmeldung am System möglich ist. Sie können hier nur eine E-Mail-Adresse angeben, die einem Mitglied Ihres Cloud Foundry Space zugeordnet ist. Je nach *User Base*, also je nach Benutzerstamm in Ihrem Global Account, handelt es sich dabei in der Regel um die Adresse eines S-Users.
- **description**
  Mit der optionalen Beschreibung Ihres Systems erleichtern Sie sich dessen Identifizierung innerhalb der Entwicklungsumgebung.

- **is_development_allowed**
  Mit diesem Parameter haben Sie die Möglichkeit, Ihre ABAP-Serviceinstanz gegen Änderungen zu sperren. In einer Systemlandschaft mit zwei Systemen würden Sie diesen Parameter im Entwicklungssystem auf den Wert `true` setzen und im Produktivsystem auf `false`.
- **sapsystemname**
  Zur Identifizierung des Systems in der Entwicklungsumgebung muss ein Systemname vergeben werden. Dieser Systemname muss technisch nicht eindeutig sein.
- **size_of_runtime**
  Mit diesem Parameter legen Sie die Speichergröße Ihrer Laufzeitumgebung fest. Geben Sie hier ebenfalls die Anzahl der 16-GB-Blöcke an.
- **elastic**
  Definieren Sie mit diesem Parameter, ob die Anzahl der ABAP-Anwendungsserver je nach Systemlast dynamisch angepasst werden sollen. Standardmäßig hat dieser Parameter den Wert »false«.
- **size_of_persistence**
  Legen Sie mit diesem Parameter die gewünschte Größe des Arbeitsspeichers Ihrer SAP-HANA-Datenbank fest. Geben Sie dazu die Anzahl der 15-GB- bzw. 16-GB-Blöcke an (siehe Abschnitt 2.2.2 »Architektur des SAP BTP, ABAP Environments«). Es sind mindestens zwei Blöcke anzugeben.
- **size_of_persistence_disk**
  Durch den Parameter `size_of_persistence_disk` definieren Sie die physische Speichergröße der SAP-HANA-Datenbank in Gigabyte. Setzen Sie den Parameter auf den Wert `auto`, wenn die Speichergröße automatisch ermittelt werden soll.
- **admin_user_name**
  Mit diesem optionalen Parameter können Sie für den Administrationsbenutzer einen Benutzernamen vergeben. Dieser darf jedoch nicht mit `SAP_` oder einem Unterstrich beginnen und darf maximal 40 Zeichen enthalten. Sollten Sie sich für den Login mittels Benutzernamen entscheiden, ist hier ein entsprechender Name zu definieren.
- **login_attribute**
  Mit diesem Parameter legen Sie fest, wie sich Benutzer an der ABAP-Serviceinstanz authentifizieren. Zur Auswahl steht die Authentifizierung per E-Mail-Adresse oder Benutzername.

Weiterführende Informationen zu den Systemparametern finden Sie im SAP Help Portal unter folgender URL: *http://s-prs.de/v1023900*

Abschließend gelangen Sie zu einer Übersicht Ihrer vorgenommenen Konfigurationen (siehe Abbildung A.9). Beenden Sie den Assistenten, indem Sie auf die Schaltfläche **Create** klicken.

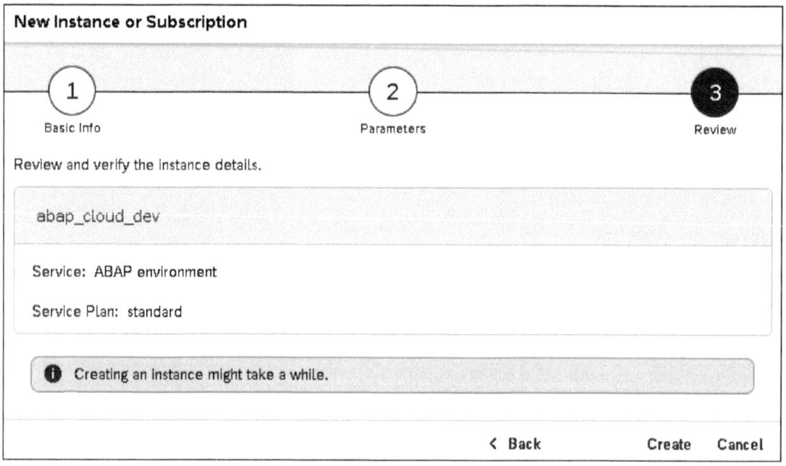

Abbildung A.9 Übersicht über die Systemkonfiguration

Ihr ABAP-System wird nun eingerichtet. Dieser Vorgang kann mehrere Minuten dauern. In der Übersicht Ihrer ABAP-Serviceinstanzen können Sie den Status des Vorgangs in der Spalte **Status** beobachten. Sobald die komplette Einrichtung abgeschlossen ist, wird eine E-Mail an die zuvor angegebene Adresse versendet.

Gratulation, Sie haben erfolgreich Ihre erste ABAP-Serviceinstanz angelegt! Abbildung A.10 zeigt Ihre neue ABAP-Serviceinstanz in der Übersicht der Serviceinstanzen.

Abbildung A.10 Erfolgreich erstellte ABAP-Serviceinstanz

Anhang B
Quellen- und Literaturverzeichnis

Bücher

Lutz Baumbusch, Matthias Jäger, Michael Lensch (2024): ABAP RESTful Application Programming Model, 2., aktualisierte und erweiterte Auflage, SAP PRESS.

Emily Celen, Lutz Rosenpflanzer (2020): Custom-Code-Migration nach SAP S/4HANA. SAP PRESS.

Renzo Colle, Ralf Dentzer, Jan Hrastnik (2023): Core Data Services für ABAP. 3., aktualisierte und erweiterte Auflage. SAP PRESS.

Holger Seubert (2024): SAP Business Technology Platform. Einsatz, Services, Konzepte. 3., aktualisierte und erweiterte Auflage, SAP PRESS.

Artikel aus Internetquellen

Cloud Foundry Foundation (o. J.): Provisioning and integrating service instances, *https://docs.cloudfoundry.org/devguide/services/index.html* [zuletzt abgerufen am 16.10.2024]

Cloud Foundry Foundation (o. J.): Runtime Components,

https://docs.cloudfoundry.org/concepts/architecture/ [zuletzt abgerufen am 16.10.2024]

Cloud Foundry Foundation (o. J.): Welcome to Cloud Foundry BOSH, *https://bosh.io/docs/* [zuletzt abgerufen am 16.10.2024]

Martin Fowler, James Lewis (2014): Microservices, *https://martinfowler.com/articles/microservices.html* [zuletzt abgerufen am 16.10.2024]

SAP SE (2023): ABAP Cloud API Enablement Guidelines for SAP S/4HANA Cloud, private edition, and SAP S/4HANA, *https://www.sap.com/documents/2023/05/b0bd8ae6-747e-0010-bca6-c68f7e60039b.html* [zuletzt abgerufen am 16.10.2024]

SAP SE (2023): ABAP RESTful Programming Model, *https://help.sap.com/docs/ABAP_PLATFORM_NEW/fc4c71aa50014fd1b43721701471913d/289477a81eec4d4e84c0302fb6835035.html* [zuletzt abgerufen am 11.10.2024]

SAP SE (2024): Extend SAP S/4HANA in the cloud and on premise with ABAP based extensions, *https://www.sap.com/documents/2022/10/52e0cd9b-497e-0010-bca6-c68f7e60039b.html* [zuletzt abgerufen am 16.10.2024]

SAP SE (2024): SAP Helps Customers Build a Cloud-First Business Strategy, *https://news.sap.com/2024/01/rise-with-sap-migration-and-modernization-cloud-first-business-strategy/* [zuletzt abgerufen am 16.10.2024]

Quellenangaben zu Abbildungen

Abbildung 1.2: Cloud-Servicemodelle am Beispiel der SAP Business Technology Platform (in Anlehnung an: SAP SE: What is the SAP Business Technology Platform?, *https://learning.sap.com/learning-journeys/discover-sap-business-technology-platform/illustrating-the-intelligent-sustainable-enterprise_df1d2992-a95a-487a-9a06-7226bebbb11d* [zuletzt abgerufen am 16.10.2024])

Abbildung 1.5: Three-Tier-Modell (in Anlehnung an: SAP SE [2024]: Extend SAP S/4HANA in the cloud and on premise with ABAP based extensions, *https://www.sap.com/documents/2022/10/52e0cd9b-497e-0010-bca6-c68f7e60039b.html* [zuletzt abgerufen am 16.10.2024])

Abbildung 2.2: ABAP Environment in der Systemlandschaft (in Anlehnung an: Wahl, Florian [2020]: SAP Cloud Platform ABAP Environment – Erfahrungsbericht, Seite 9. In: Dokumente des DSAG Arbeitskreises Development im DSAGNet, *https://www.dsag.de/system/files/node/document/field_doc_file/dsag_abapdevdays2020_sap_cp_abap_environment_erfahrungsbericht_1.pdf* [zuletzt abgerufen am 25.09.2020])

Abbildung 2.3: Anbindung von SAP-Cloud-Systemen an das ABAP Environment (in Anlehnung an: Wahl, Florian [2020]: SAP Cloud Platform ABAP Environment – Erfahrungsbericht, Seite 11. In: Dokumente des DSAG Arbeitskreises Development im DSAGNet, *https://www.dsag.de/system/files/node/document/field_doc_file/dsag_abapdevdays2020_sap_cp_abap_environment_erfahrungsbericht_1.pdf* [zuletzt abgerufen am 25.09.2020])

Abbildung 2.4: Anbindung von On-Premise-Systemen an das ABAP Environment (in Anlehnung an: Wahl, Florian [2020]: SAP Cloud Platform ABAP Environment – Erfahrungsbericht, Seite 16. In: Dokumente des DSAG Arbeitskreises Development im DSAGNet, *https://www.dsag.de/system/files/node/document/field_doc_file/dsag_abapdevdays2020_sap_cp_abap_environment_erfahrungsbericht_1.pdf* [zuletzt abgerufen am 25.09.2020])

Abbildung 2.5: Nutzung des ABAP Environment als Daten-Hub (in Anlehnung an: Wahl, Florian [2020]: SAP Cloud Platform ABAP Environment – Erfahrungsbericht, Seite 17. In: Dokumente des DSAG Arbeitskreises Development im DSAGNet, *https://www.dsag.de/system/files/node/document/field_doc_file/dsag_abapdevdays2020_sap_cp_abap_environment_erfahrungsbericht_1.pdf* [zuletzt abgerufen am 25.09.2020])

Abbildung 2.6: Komponenten und Funktionen des ABAP Environment (in Anlehnung an: Wahl, Florian [2020]: SAP Cloud Platform ABAP Environment – Erfahrungsbericht, Seite 17. In: Dokumente des DSAG Arbeitskreises Development im DSAGNet, *https://www.dsag.de/system/files/node/document/field_doc_file/dsag_abapdevdays2020_sap_cp_abap_environment_erfahrungsbericht_1.pdf* [zuletzt abgerufen am 25.09.2020])

Abbildung 7.4: Transaktionszyklus des ABAP RESTful Application Programming Models (Quelle: SAP SE [2023]: ABAP RESTful Programming Model, *https://help.sap.com/docs/ABAP_PLATFORM_NEW/fc4c71aa50014fd1b43721701471913d/cc-da1094b0f845e28b88f9f50a68dfc4.html* [zuletzt abgerufen am 11.10.2024])

Abbildung 9.2: Einordnung der Projektionsschicht (Quelle: SAP SE [2023], ABAP RESTful Programming Model, *https://help.sap.com/docs/ABAP_PLATFORM_NEW/fc4c71aa50014fd1b43721701471913d/289477a81eec4d4e84c0302fb6835035.html* [zuletzt abgerufen am 11.10.2024])

Abbildung 11.1: Überblick über das Berechtigungskonzept (In Anlehnung an: SAP SE [o. J.], Authorization Basics, *https://help.sap.com/docs/btp/sap-business-technology-platform/authorization-basics* [zuletzt abgerufen am 16.10.2024])

Abbildung 17.7: Entscheidungsbaum für Erweiterungsoptionen (in Anlehnung an: SAP SE [2024]: Extend SAP S/4HANA in the cloud and on premise with ABAP based extensions, https://www.sap.com/documents/2022/10/52e0cd9b-497e-0010-bca6-c68f7e60039b.html [zuletzt abgerufen am 16.10.2024])

Das Autorenteam

André Tiebing ist ABAP Senior Consultant bei der RealCore Group. Sein Wissen aus über 14 Jahren Erfahrung in der Konzeptionierung und Entwicklung individueller Lösungen bringt er in Kundenprojekte namhafter Handelsunternehmen ein. Seit Anfang 2020 leitet er zusammen mit Benjamin Kunold das Competence Center SAP Development und ist für die Identifizierung und Analyse von neuen und zu vertiefenden Technologieschwerpunkten verantwortlich. Nach seiner Ausbildung zum Fachinformatiker für Anwendungsentwicklung bei einem großen Textileinzelhandelsunternehmen hat er einige Jahre als Entwickler im Bereich SAP Retail gearbeitet, bevor er zu seinem aktuellen Arbeitgeber wechselte.

Benjamin Kunold arbeitet seit 2010 für die RealCore Group. Er ist zusammen mit André Tiebing als Head of Competence Center SAP Development beschäftigt. Zu seinem Tätigkeitsbereich gehört neben der Identifizierung und Analyse vielversprechender neuer Technologien auch der Wissenstransfer im Bereich der ABAP-Entwicklung. Im Mittelpunkt stehen hier vor allem SAP Business Technology Platform, ABAP Environment und ABAP Cloud. Benjamin Kunold besitzt mehr als zehn Jahre Erfahrung in der ABAP-Entwicklung und arbeitet in verschiedenen Projekten des Einzelhandels sowie des Energiedienstleistungssektors. Nach seiner Ausbildung als Fachinformatiker für Anwendungsentwicklung absolvierte er nebenberuflich den Bachelor-Studiengang Wirtschaftsinformatik an der Fachhochschule Dortmund.

Patrick Jungk ist SAP Technology Consultant und Anwendungsentwickler bei der RealCore Group, wo er als Unit Lead die Verantwortung für den Bereich SAP Development trägt. Bereits in seiner Schulzeit entdeckte er sein Talent für und Interesse an SAP-Programmierung und schrieb seine ersten ABAP-Programme. Nach einem erfolgreich abgeschlossenen Studium der Wirtschaftsinformatik betreut er heute anspruchsvolle Projekte bei namhaften Unternehmen. Sein Fokus liegt insbesondere auf der Konzeption und Realisierung von Anwendungen mit ABAP- und SAP-Fiori-Technologien sowie der Implementierung von SAP-S/4HANA-Clean-Core-Ansätzen unter Nutzung der umfangreichen technologischen Möglichkeiten der SAP Business Technology Platform.

Index

%control 210, 212, 255

A

ABAP
- *für Cloud-Entwicklung* 65, 86
- *für Key User* 86
- *Historie* 55
- *klassisches* 80, 85
- *Legacy* 567
- *Projekt* 110
- *Sprachversion* 559
- *Standard-ABAP* 86

ABAP_DOCU_VERSION_WHITELIST 89
ABAP Call Monitor 574
ABAP Cloud 64, 79, 82, 85, 558, 563
ABAP-Cloud-Projekt 109–110
- *anlegen* 110
- *Struktur* 127
- *Strukturpaket* 126

ABAP Development Tools 55, 83, 107
ABAP Dictionary 80, 140
ABAP Environment 44–45, 65, 82, 383
- *Anwendungsszenario* 65
- *Architektur* 69
- *Booster* 580
- *Datenbank* 71
- *Servicemodell* 39
- *Testversion* 72

abapGit 507
- *Installation* 509
- *Projekt* 510

ABAP Managed Database Procedure 72, 94
ABAP Objects 55
ABAP-Plattform 56, 58
ABAP-Programmiermodell 79
ABAP-Programmiermodell für SAP Fiori 80
ABAP Repository Generator 385, 388
ABAP RESTful Application Programming Model 67, 70, 81, 157
- *Aufbau* 158
- *Erweiterungskonzept* 411

ABAP-Serviceinstanz 579
- *anlegen* 583
- *Dashboard* 102

ABAP-Sprachversion 86
ABAP SQL 71, 87, 526
ABAP Test Cockpit 490, 568, 575
- *Laufmonitor* 498
- *Non-Remote* 493
- *Remote* 494

ABAP-Test-Cockpit-Konfigurator (Anwendung) 528
ABAP Workbench 108
Abschnitt, SAP-Fiori-Launchpad-Seite 374, 378
Account-Struktur 44
action 228
Additional Save 248
ADJUST_NUMBERS 204–205
Administrationsanwendung 103
Administrationsrolle 584
ADT → ABAP Development Tools
Aktion 213, 227
- *definieren* 227
- *dynamische Eigenschaft* 234, 425
- *implementieren* 229
- *Schaltfläche* 230

Aktivitätsfeld 342, 346
Alias 150, 193
ALP 295
ALV 143
Amazon Web Services 40, 58, 69, 72
AMDP 72, 94
Analytical List Page 295
Änderungsbeleg 248
Änderungsoperation, Berechtigung 350
Anmeldesprache 509
Annotation 135
- *@AbapCatalog.dataMaintenance* 136
- *@AbapCatalog.deliveryClass* 137, 387
- *@AbapCatalog.enhancement* 412
- *@AbapCatalog.enhancement.category* 137
- *@AbapCatalog.enhancement.fieldSuffix* 420
- *@AbapCatalog.extensibility.allowNewCompositions* 416
- *@AbapCatalog.foreignKey.keyType* 142

@AbapCatalog.foreignKey.screenCheck ... 143
@AbapCatalog.tableCategory ... 136
@AccessControl.authorizationCheck ... 350
@API.state ... 325
@Consumption.valueHelpDefinition ... 316
@Metadata.ignorePropagatedAnnotations 285
@Metadata.layer ... 326
@MetadataExtension.usageAllowed ... 325
@ObjectModel.query.implementedBy ... 465
@ObjectModel.resultSet.sizeCategory ... 317
@ObjectModel.sapObjectNodeType 477
@ObjectModel.text.element ... 313
@ObjectModel.virtualElementCalculatedBy ... 278
@Search.fuzzinessThreshold ... 309
@Search.searchable ... 308
@Semantics ... 221, 307
@Semantics.amount.currencyCode 140
@UI.facet ... 305
@UI.fieldGroup ... 321, 323
@UI.headerInfo ... 301, 304
@UI.hidden ... 307
@UI.identification ... 176, 306, 320
@UI.identification.criticality ... 319
@UI.lineItem ... 176, 302, 306
@UI.lineItem.criticality ... 319
@UI.selectionField ... 310
@UI.textArrangement ... 314
aktive ... 328
Definition ... 325
Elementannotation ... 139
exportieren ... 326
obligatorische ... 136
optionale ... 136
User Interface ... 81, 300
Wertehilfe ... 316

Anwendung
- *cloudnative* ... 45
- *Entwicklungspaket* ... 129
- *Metadaten* ... 47
- *monolitische* ... 35

Anwendungsbenutzer*in ... 104, 358
Anwendungsjob, Berechtigungen ... 372
Anwendungskatalog ... 104, 106, 361, 375, 392
- *anlegen* ... 361, 394
- *Anwendungszuweisung* ... 361
- *Anwendung zuordnen* ... 361

Anwendungslogik ... 80, 145
Anwendungsprotokoll ... 171
Anwendungsrolle ... 103, 107, 361, 366, 375, 394
- *anlegen* ... 366
- *SAP_BR_ADMINISTRATOR* ... 103
- *SAP_BR_BPC_EXPERT* ... 399
- *SAP_BR_DEVELOPER* ... 110
- *zuordnen* ... 379

Anwendungsrollen pflegen (Anwendung) ... 367, 379
Anwendungsrollenvorlage SAP_BR_DEVELOPER ... 107
Anwendungsserver ... 69
Anwendungsszenario ... 65
API ... 32, 447, 542
- *RESTful* ... 158
- *testen* ... 457

API Key ... 450
API Management ... 52
API-Status ... 92, 410
- *löschen* ... 290
- *Releasekontrakt* ... 92, 283

Append-Struktur ... 569
Application Programming Interface → API
aspect ... 349
as projection on ... 271
association <Association> { create; } 191
Assoziation ... 153, 191, 210
- *auslesen* ... 210
- *Definition* ... 153
- *Kardinalität* ... 153
- *projizieren* ... 273
- *Text* ... 311
- *to parent* ... 164–165

ATC → ABAP Test Cockpit
Ausgabefeld ... 301
Ausgangsservice ... 437
Auslieferungsklasse ... 137, 387
Authentifizierung ... 105
Authentifizierungsmethode ... 437
AUTHORITY-CHECK ... 354, 356
authorization dependent ... 350
authorization master ... 191, 350
Autorisierung, implizite ... 371
AWS → Amazon Web Services

B

BAdI → Business Add-in
BAPI ... 80
Basic Interface View ... 148, 451
Basic Restricted Reuse View ... 164
Basisauthentifizierung ... 437
BDL ... 191
Befund ... 499
Behavior ... 182
Managed ... 185
Unmanaged ... 183
Behavior Definition Language ... 191
Behavior Definition → Verhaltensdefinition
Behavior Implementation → Verhaltensimplementierung
Behavior Pool ... 195
Beispielanwendung ... 118
Benutzer
*Anwendungsbenutzer*in* ... 104
ID ... 104
technischer ... 358, 371, 440
Benutzerdefinierte Business Configurations (Anwendung) ... 385, 401
Benutzername, Ausgabe ... 313
Benutzeroberfläche ... 293
Benutzeroberflächenerweiterung ... 427
Berechtigung ... 339, 342
globale ... 351
instanzbasierte ... 351
zuweisen ... 357
Berechtigungsfeld ... 341, 360, 363, 372
ACTVT ... 346
anlegen ... 344
Datenelement ... 344
Berechtigungskonzept, additives ... 341
Berechtigungsmodell ... 340
Berechtigungsobjekt ... 341
anlegen ... 345
Entwicklungspaket ... 129
Instanz ... 342, 360, 372
Klasse ... 343
kundeneigenes ... 343
S_ABPLNGVS ... 568
S_DEVELOP ... 569
zuordnen ... 360, 372
Berechtigungsprüfung
explizite ... 341
implementieren ... 351
Typ ... 351
Berechtigungswert, Default ... 359–360
Bereich
anlegen ... 376
SAP Fiori Launchpad ... 374
Bereitstellungsmodell ... 37, 41
Bereitstellungsschicht ... 160, 267
Bereitstellung von Unternehmens-/technischen Ereignissen (Anwendung) ... 479, 482
Betragsfeld ... 140, 307
betriebswirtschaftliche Logik ... 162
Bewertungsindikator ... 318
Big Data ... 27
BO-Framework ... 185, 199
BO-Interface ... 99, 283–284
BOPF ... 81, 208
BOSH ... 46
Branch ... 509, 538, 546
auschecken ... 547
Main ... 538, 546
Release ... 548
Broad Network Access ... 35
Brownfield-Ansatz ... 184, 574
BTP → SAP Business Technology Platform
Business Account ... 45
Business Add-in ... 61, 405, 569
Business Application Programming Interface ... 80
Business Catalog → Anwendungskatalog
Business Configuration ... 383
Anwendung ... 384
benutzerdefinierte ... 385
Lifecycle Management ... 395
Pflegeobjekt ... 385, 388–389, 392, 402
Texttabelle ... 387
Wertetabelle ... 386
Business-Configuration-Änderungsprotokolle (Anwendung) ... 399
Business Event ... 252, 475
Business Object Behavior API ... 194
Business Object Processing Framework ... 81
Business Object Runtime Infrastructure ... 185
Business-Objekt-Interface → BO-Interface
Business-Objekt → Geschäftsobjekt
Business Role → Anwendungsrolle
Business Server Page ... 80
Business-Service ... 160, 454
Aufbau ... 167
aufrufen ... 174

Berechtigung ... 359
erstellen ... 167
exponieren ... 436–437

C

Caching ... 158
CDS ... 81
abstrakte Entität ... 171
Annotationen ... 136
Custom Entity ... 464
Editor ... 150
Erweiterung ... 569
Projektionsverhaltensdefinition ... 266
Rollen ... 347
Tabellendefinition ... 135
Tabellenfunktion ... 71
Zugriffskontrolle ... 347–348
CDS-Metadatenerweiterung → Metadatenerweiterung
CDS-Projektions-View → Projektions-View
CDS-View ... 71, 81, 147
Aktivierungsreihenfolge ... 166
anlegen ... 148
DDCDS_CUSTOMER_DOMAIN_VALUE ... 312, 316
Erweiterbarkeit ... 412
exponieren ... 437, 451
Geschäftsobjektmodellierung ... 164
I_APIsForCloudDevelopment ... 99
I_User ... 313
Projektion ... 266, 269, 284
Projektionsliste ... 150
Template ... 149
verknüpfen ... 153
Change and Transport System ... 536, 555
Child Entity ... 161
CI/CD ... 540
Clean Core ... 30, 405
CLI ... 47
Client-Server-Architektur ... 158
Cloud API Enablement ... 564
Cloud-Computing ... 25, 33
Bereitstellungsmodell ... 41
Charakteristika ... 34
Servicemodelle ... 37
Stack ... 38
Cloud Connector ... 52, 67, 458–459, 468, 501
Cloud Controller ... 47
Cloud-Dienst ... 33
Cloud-first ... 25, 76
Cloud Foundry ... 35, 45
Application Runtime ... 43
Architektur ... 46
BOSH ... 46
Cloud Controller ... 47
Command Line Interface ... 47
Diego ... 47
Environment ... 45
Garden Container ... 47
Laufzeitumgebung ... 46
Organisationen ... 49
Service ... 47
Space ... 49
Cloud-Foundry-Umgebung ... 42
Cloudification Repository Viewer ... 564
cloudnativ ... 32
cloudnative Anwendung ... 45
Cloud Platform Enterprise Agreement 73
Cloud-Provider ... 33, 69
Cloud Readiness ... 490
Cloud-Sicherheit ... 87
Code Pushdown ... 71
Commit ... 188, 538
COMMIT ENTITIES ... 214
Composable Architecture ... 31
Compute Unit ... 69
Consumer Class ... 482
Consumption-Based Commercial Model ... 73
Consumption View ... 267
Container ... 43, 47
Containervirtualisierung ... 43
Content Area ... 303
Continuous Delivery ... 540
Continuous Integration ... 540
Core Data Services → CDS
corresponding ... 192
CPEA ... 73
CREATE ... 191, 211
CREATE BY ... 212
CRUD-Operation ... 81
CSS ... 293
CTS → Change and Transport System
CUD-Operation ... 159, 162, 191
Customer-Exit ... 61, 405, 570
Customizing ... 383
Lifecycle Management ... 395
Tabelle ... 383, 386
Transportauftrag ... 399

Customizing-Transporte exportieren (Anwendung) ... 399

D

DAO-Klasse ... 129
Dashboard ... 102, 112
Data Access Objects ... 129
Database Table Editor ... 132
Data Control Language ... 349
Data Preview → Datenvorschau
Datenbanktabelle
anlegen ... 132, 134
Auslieferungsklasse ... 137
Erweiterbarkeit ... 412
erweitern ... 418
Erweiterungskategorie ... 137
Felddefinition ... 133
Datendefinition ... 148
Datenelement ... 129, 420
anlegen ... 133, 311, 386
veraltetes ... 525
Daten-Hub ... 67
Datenmodell
Entwicklungspaket ... 129
Erweiterung ... 412
Implementierung ... 131
virtuelles ... 147
Datenmodellierung
ABAP Dictionary ... 80
Business-Configuration-Anwendung ... 386
Datentyp ... 134
Datentyp, elementarer ... 133, 139
Datenvorschau ... 99, 151
DCL ... 349
DDLA ... 325
DDLX ... 325
Default-Berechtigungswert ... 359–360
define behavior for ... 191
define role ... 349
DELETE ... 213
delete ... 191
DEMO_ABAP_VERSIONS ... 88
Deployment ... 336
Deployment Model → Bereitstellungsmodell
Deprecation ... 94, 289, 525
Designrichtlinie ... 293
Destination ... 439, 443, 501
anlegen ... 448, 462
HTTP ... 449
HTTP-Verbindung ... 468
Serviceinstanz ... 439, 443, 501
Detailsicht ... 296, 303
determination ... 215
Developer Extensibility → Entwicklererweiterbarkeit
DevOps ... 555
Dev Space ... 330
Diego ... 47
Dienst ... 49
Digital Core ... 30
digitale Revolution ... 27
digitaler Kern ... 30
digitales Unternehmen ... 27
digitale Transformation ... 27
Digital Experience ... 51
Directory ... 44
Docker ... 43
Domäne ... 129, 134, 201, 311
Domänenfestwert ... 311–312, 427
Draft ... 188
Draft-Konzept ... 188
Draft-Tabelle ... 188
Dropdown-Liste ... 317
Dynamic Page Header ... 303
dynamische Aktionseigenschaft ... 234
Dynpro ... 80

E

Eclipse ... 55, 107
abapGit ... 516
ABAP Test Cockpit ... 522
Installation ... 109
EDMX-Datei ... 468
Eingangsservice ... 437
eingeschränkter Basic-Wiederverwendungs-View ... 164
Einheitenfeld ... 140, 317
Einschränkung ... 368
Einschränkungsfeld ... 363, 368–369
Einschränkungstyp ... 362, 364, 368
Element, virtuelles ... 278
Elementannotation ... 139, 142, 164, 302
Elternentität ... 161
Eltern-Kind-Beziehung ... 161
Embedded ABAP Environment ... 63, 84, 490, 558
EML ... 206
EML → Entity Manipulation Language

Endpunkt ... 443, 448
Enhancement ... 61, 405
Entität ... 160
ändern ... 211
Erweiterung ... 416
lesen ... 209
Entitlement ... 44, 579
Entity Manipulation Language ... 206, 208, 282
Entwicklererweiterbarkeit ... 62, 558
Entwicklererweiterung ... 406, 573
Entwicklungsmodell ... 82
Entwicklungsobjekt ... 120
aktivieren ... 526
importieren ... 516
Sprachversion ... 65, 559
strukturieren ... 128
suchen ... 94, 410
transportieren ... 543
übertragen ... 514
Entwicklungspaket ... 120, 127, 389, 481, 499, 541
anlegen ... 129
Migration ... 504
Sprachversion ... 65, 560
Entwicklungssystem ... 540
Entwurf ... 188
ereignisgesteuerte Architektur ... 473
Ereigniskanal ... 479
Ereignis → Event
Ermittlung ... 162, 214
annotationsbasierte ... 220
Namenskonvention ... 216
Erweiterbarkeit ... 59
feldbezogene ... 415
klassische ... 61
erweitertes Speicherverhalten ... 249
Erweiterung
eng gekoppelte ... 573
lose gekoppelte ... 572
Technologie ... 569
Zielgruppe ... 572
Erweiterungsannotation ... 412, 414
Erweiterungs-Include ... 412, 419
Erweiterungs-Include-View ... 413, 420
Erweiterungskategorie ... 60, 137
Erweiterungspunkt ... 92, 412
expliziter ... 570
impliziter ... 570
Erweiterungsstrategie
Auswahl ... 570
klassische ... 574
Erweiterungs-View ... 413
Estimator Tool ... 74
ETag ... 240
eTag-Feld ... 275
Event ... 52, 473
Event Binding ... 476–477
Event Broker ... 474
Event Consumption Model ... 481
Event-Spezifikation ... 481
EXECUTE ... 210, 213
Exponieren ... 154
Extension Field Wizard ... 422
External Early Numbering ... 199

F

Facet ... 303, 320
Collection ... 322
definieren ... 305
Feldgruppen ... 321
ID ... 306
verschachteln ... 322
FAILED ... 210, 212
Feature Control → Feldeigenschaft
Feld
ausblenden ... 307
Bezeichner ... 302
Definition ... 136
Feldbezeichner ... 138
Feldbezeichnung ... 176
Feldeigenschaft
dynamische ... 232, 234
statische ... 232
Felderweiterung ... 420
Feldgruppe ... 320, 322
Feldliste ... 210, 467
Feld-Mapping ... 192, 259
Feldselektion ... 526
Feld-Trigger ... 215
field ( ) ... 199
FIELDS(<Field1> ... <FieldN>) WITH ... 210, 212
Floorplan ... 176, 295, 300
Floorplan Manager ... 80
FOR AUTHORIZATION ... 352
FOR DETERMINE ON SAVE|MODIFY 218
FOR FEATURES ... 235
FOR MODIFY ... 229
Fortschrittsleiste ... 318
FOR VALIDATE ... 223
Free Tier Model ... 73

Freigabe
aufheben ... 289
Konflikt ... 288
Freigegebene ABAP-Artefakte (Anwendung) ... 100
Freitextsuche ... 308
Fremdschlüssel ... 140
Fremdschlüsselbeziehung 133, 140–141
Fremdschlüsseltabelle ... 140
Frontend-Entwicklung ... 298
Funktionsbaustein ... 80, 258
Funktionsbaustein, remote ... 463
Funktionsgruppe ... 258
Fuzzy Search ... 309

G

Garden Container ... 47
gCTS → Git-fähiges Change and Transport System
Geschäftslogik ... 181
Geschäftsobjekt ... 160
Basis ... 265
BOPF ... 81
Entwicklungspaket ... 129
Erweiterbarkeitsinformationen ... 408
erweitern ... 411
flexibles Konsumieren ... 266
Instanz ... 163
modellieren ... 157, 163
Projektion ... 264
Struktur ... 160
Verhalten ... 162, 181
Git ... 507, 536
Branch ... 509, 538, 546
Commit ... 538
Merge ... 539, 548
Onlinedienst ... 507, 511, 538
Pull ... 538
Push ... 514, 538
Repository ... 537
Stash ... 547
Git-fähiges Change and Transport System ... 121–122, 539, 552–553
Git-fähiges CTS (Anwendung) ... 554
GitHub ... 508
Git-Repository ... 123
Global Account ... 44
Google Cloud ... 40, 58
grant select on ... 349
Greenfield-Ansatz ... 58, 185

H

HANA Cloud Disc Size ... 72
HANA Cloud Memory Size ... 72
Handlerklasse ... 195, 223
Berechtigungsprüfung ... 351
lokale ... 426
Headless ... 32
HTML5 ... 293
HTTP ... 35
Client ... 449
Destination ... 449
Hybrid Cloud ... 42
Hypertext Transfer Protocol → HTTP

I

I_APIsForCloudDevelopment ... 99
IaaS ... 38
IAM ... 104, 358
Anwendung ... 359, 375, 392
Identitäts- und Zugriffsverwaltung → IAM
Identity Authentication ... 105
Identity Directory ... 105
Identity Provisioning ... 105
implementation in class ... 198
Implementierungstyp ... 190, 285
Inbound-Service ... 483
Indikator ... 158
Industry Cloud ... 41
Informationstechnologie ... 28
Infrastructure as a Service ... 38
inheriting conditions from entity ... 349
Initial Page ... 297
IN LOCAL MODE ... 211
In-Memory-Technologie ... 71
Integrationsdienst ... 50
Interaktionsphase ... 186–187, 195
Interface
IF_ABAP_BEHV ... 354
IF_SADL_EXIT_CALC_ELEMENT_READ ... 279
Interface View ... 150
Internal Early Numbering ... 199
Managed ... 199
Unmanaged ... 200
Internet of Things ... 27
IT-Ressource ... 33

J

JavaScript ... 293
jQuery Mobile ... 293
JSON ... 583

K

Kachel ... 374
Kardinalität ... 141, 153, 163
Key-User-Erweiterbarkeit 62, 66, 86, 573
Kindentität ... 161, 191
Kindknoten ... 416
Klasse ... 80
anlegen ... 144
CL_ABAP_BEHAVIOR_HANDLER 225
CL_ABAP_BEHAVIOR_SAVER ... 195
CL_ABAP_BEHV ... 195
CL_HTTP_DESTINATION_PROVIDER ... 449, 451
Editor ... 144
klassische Erweiterung ... 61, 574
Kommunikation ... 435
asynchrone ... 473–474
synchrone ... 473
Kommunikations-benutzer ... 440, 454, 456, 484
Kommunikationsbenutzer pflegen (Anwendung) ... 440
Kommunikationsmanagement ... 436
Kommunikationssystem ... 439, 455, 483, 501
Kommunikationssysteme (Anwendung) ... 439, 455
Kommunikationsszenarien anzeigen (Anwendung) ... 438
Kommunikationsszenario ... 437, 452, 459, 479, 501
Kommunikationsvereinbarung ... 371, 441, 445, 452, 456, 459, 479, 501
Kommunikationsvereinbarungen (Anwendung) ... 441, 446, 456, 483
Kommunikatonsszenario ... 483
Komposition ... 160
definieren ... 163
Kardinalität ... 163
Kompositionsassoziation ... 161, 191, 417
Kompositionsbaum ... 271
Konsolenanwendung ... 143, 449
Konsumierungsebene ... 160
Kontrollstruktur ... 210, 212, 255
Korrektur, dringende ... 550
Kubernetes ... 43
kundeneigener Quellcode, Migration ... 489
künstliche Intelligenz ... 27
Kyma ... 35
Kyma Environment ... 43

L

Lastverteilung ... 461
Late Numbering > Nummern-vergabe ... 204
Launchpad-Bereiche verwalten (Anwendung) ... 376
Launchpad-Seiten verwalten (Anwendung) ... 378
Leaf Entity ... 161
Legacy ABAP ... 567
Legacy-Code ... 184, 574
List Report ... 174, 295, 300
Lizenzmodell ... 72
Cloud Platform Enterprise Agreement ... 73
Free Tier Model ... 73
nutzungsbasierte Abrechnung ... 73
Pay-As-You-Go ... 73
lock dependent by ... 242
lock master ... 191, 242
Logical Unit of Work ... 188
Logik, betriebswirtschaftliche ... 162
lokaler Modus ... 211
Look and Feel ... 295
Low-Code ... 60
LUW ... 188

M

MACH ... 31
Main Branch ... 538, 546
Major Upgrade Window ... 75
Managed Behavior ... 185, 351
Managed Save ... 247
mandatory ... 199
MAPPED ... 212
Mapping, Cloud Connector ... 459, 468
mapping for ... 192
MAPPING FROM ENTITY ... 259
Master Branch ... 509
Mengenfeld ... 140
Merge ... 539, 548
Metadaten ... 298

Metadatenerweiterung ... 569
anlegen ... 326
Namensraum ... 326
Schicht ... 326
Methode
ADJUST_NUMBERS ... 204–205
SAVE_MODIFIED ... 251, 256, 475
Micro-Chart ... 318
Microservice ... 32, 35, 49
Microsoft Azure ... 40, 58, 63, 69, 72
Middleware ... 474
Migration ... 489
Migration der Eigenentwicklungen (Anwendung) ... 499, 574
Migrationsprojekt ... 499, 502
Modellierungsebene ... 159
Modifikation ... 569
MODIFY ENTITIES ... 211
Modus, lokaler ... 211
Multi-Cloud ... 63
Multi-Cloud-Foundation ... 43
Multi-Environment ... 43
Multi-Line-Edit-Funktion ... 388
Multi-off-Delivery ... 552, 554–555

N

Nachfolgeobjekt ... 94, 289
Nachrichtenklasse ... 225
National Institute of Standards and Technology ... 33
Navigationsbalken ... 303
Neo-Umgebung ... 42
NIST ... 33
Nummernkreisintervall ... 202
Nummernkreisintervalle verwalten (Anwendung) ... 202
Nummernkreisobjekt ... 200
Nummernvergabe ... 198
frühe, externe ... 199
frühe, interne ... 199
implementieren ... 203
späte ... 199–200, 204
Nutzbarkeitsbereich ... 94

O

OAuth 2.0 ... 437
Object Page ... 176, 296, 303
Inhaltsbereich ... 303
Kopfbereich ... 303
Objekt
freigegebene Typen ... 89
semantisches ... 334
Objekt-Provider ... 501–502
OData ... 81
Client-Proxy ... 467
Service ... 171, 467, 569
Version ... 172
Offlineprojekte ... 510
On-Demand-Self-Service ... 34
One-off-Delivery ... 552
Onlineprojekte ... 510
on modify ... 187, 215
on premise ... 59
On-Premise-Architektur, Nachteile ... 31
On-Premise-System, Anbindung ... 458
on save ... 188, 215, 222
On-Stack-Erweiterbarkeit ... 60–61, 66, 558, 573
Open SQL → ABAP SQL
Operation ... 182
ändernde ... 183, 211
Definition ... 191
Implementierung ... 194
lesende ... 182, 209
Org ... 49
Outbound Channel ... 479
Overview Page ... 297

P

PaaS ... 38
Paket
Entwicklungspaket ... 127
gekapseltes ... 131
Strukturpaket ... 126
Parent Child Relationship ... 161
Parent Entity ... 161
Pay-As-You-Go ... 73
persistent table ... 191
Persistenzebene ... 159
Persistierung ... 195
Platform Account ... 45
Platform as a Service ... 38
Platformdienst ... 40
Point of no Return ... 204, 249
Preview → Vorschau
Private Cloud ... 42
Pro-Code ... 60
Produktivsystem ... 541

Programm
ABAP_DOCU_VERSION_WHITELIST ... 89
DEMO_ABAP_VERSIONS ... 88
Programmiermodell ... 79
Evolution ... 80
für SAP Fiori ... 80
Programmierschnittstelle → API
projection ... 275
Projection Behavior Definition → Projektionsverhaltensdefinition
Projection Layer → Projektionsschicht
Projekt, abapGit ... 510
Projektionsliste ... 150
Projektionsschicht ... 263–265, 267
Projektionsverhaltensdefinition ... 427
anlegen ... 273
erweitern ... 429
Projektions-View ... 168, 266, 284
anlegen ... 269
Eigenschaften ... 271
erweitern ... 427
Projektstruktur ... 127
Propagationslogik ... 164, 328
provider contract transactional_interface ... 285
provider contract transactional_query ... 271
Prüflauf ... 495
Prüftabelle ... 140
Prüfvariante
ABAP_CLOUD_DEVELOPMENT_DEFAULT ... 527, 568
ABAP_CLOUD_READINESS ... 522, 527, 568
SAP_CP_READINESS ... 500
SAP_CP_READINESS_REMOTE ... 491, 494–495
Public Cloud ... 41
Puffer, transaktionaler ... 187
Pull ... 520, 538
Pull Request ... 125
Push, Git ... 538

Q

Qualitätssicherungssystem ... 540
Quellcode
halbautomatische Anpassung ... 522
Migration ... 489
Queue ... 474
Queue Subscription ... 474, 480
Quick Fix ... 523, 529
Quota ... 44

R

Rapid Elasticity ... 34
READ ENTITIES ... 209
READ ENTITY ... 224
readonly ... 199, 232
Rechenzentrum ... 45
Refactoring ... 574
Region ... 45
Release Branch ... 548
Releasekontrakt ... 92, 127, 131, 283, 561
C0 ... 92, 410
C1 ... 93, 283
C2 ... 93
C3 ... 93
C4 ... 94
Releasezyklus ... 74
Remote API ... 93
Remote Repository ... 538
Report ... 80, 143
REPORTED ... 210, 212
Repository ... 537
GitHub ... 507
lokales ... 537
Remote ... 538
Tree ... 97
Repository-Objekt, freigegebenes ... 88, 491, 525
Representational State Transfer ... 158
Resource Pooling ... 34
Responsive Design ... 294
Ressource ... 463
REST ... 158
Restriction Field → Einschränkungsfeld
Restriction Type → Einschränkungstyp
RESULT ... 210
RFC-Funktionsbaustein ... 463
Rolle
Anwendungsrolle ... 366
CDS ... 347
Root Entity → Wurzelentität
RSMAINTAIN_SWCOMPONENTS ... 124

S

SaaS ... 39
SAP Build Apps ... 51

SAP Build Code ... 51
SAP Build Process Automation ... 51
SAP Build Work Zone ... 51
SAP Business Accelerator Hub ... 99, 407, 447
SAP Business Application Studio ... 51, 81, 329
SAP Business Technology Platform ... 26, 63
Cloud Foundry Environment ... 43, 45
Cockpit ... 36, 579
Dienste ... 49
Einsatzgebiete ... 33
IaaS-Schicht ... 40
Integration Suite ... 51
Konzepte ... 36
Kyma Environment ... 43
Platform as a Service ... 40
Region ... 45
Servicemodell ... 39
Testversion ... 36
Umgebungen ... 42
SAP Business Technology Platform, ABAP Environment → ABAP Environment
SAP Cloud Identity Services ... 105
SAP Connectivity Service ... 52, 459
SAP Destination Service ... 443
SAP Discovery Center ... 50
SAP Event Mesh ... 52, 83, 473
Ereigniskanal ... 479
Message ... 481
Queue ... 474
Queue Subscription ... 474
Service Key ... 479
Topic ... 474
SAP Fiori ... 293
Anwendungserweiterungsmöglichkeiten ... 409
Designrichtlinien ... 294, 298
Floorplan ... 176, 295
Grundprinzipien ... 294
List Report ... 118, 174, 330
SAP Fiori Application Generator ... 330
SAP Fiori Apps Reference Library ... 409
SAP Fiori Elements ... 298, 300
Vorschau ... 174
SAP Fiori Launchpad ... 101, 373
Anwendungskataloge ... 106
Bereich ... 374, 376
Kachel ... 374
Launchpad-App-Deskriptorelement ... 374
Seite ... 374, 377
SAP Gateway Service Builder ... 160
SAP GUI ... 35
SAP HANA ... 71, 80
Prozedur ... 72
SAP Integration Suite ... 51
SAP Integration Suite, Advanced Event Mesh ... 473
SAP List Viewer ... 143
SAP Logon ... 70, 110
SAP Mobile Services ... 51
SAP-Objekt-Knotentyp ... 477
SAP-Objekttyp ... 476
SAP Readiness Check ... 490
SAP S/4HANA ... 574
Editionen ... 56, 552
Erweiterbarkeit ... 59
on premise ... 59, 64, 84, 555
Release ... 63
SAP S/4HANA Cloud ... 40
Private Edition ... 42, 57–58, 64, 84, 555
Public Edition ... 56–57, 61, 76, 84, 383, 459, 552, 558
SAP S/4HANA Cloud, ABAP Environment → Embedded ABAP Environment
SAP S/4HANA Cloud Public Edition ... 61
SAPUI5 ... 80, 293
SAPUI5-Präprozessor ... 299
SAVE_MODIFIED ... 251, 256, 475
Saver-Klasse ... 204–205, 250
Schlüsselfeld ... 151
Schlüsseltabelle ... 210, 212
Schnittstelle, REST-basierte ... 158
Schreibschutz ... 232
Secure Sockets Layer ... 510
Seite
anlegen ... 377
SAP Fiori Launchpad ... 374
Seiteneffekt ... 220
Selektionsfeld definieren ... 310
semantisches Objekt ... 334
Server ... 158
Service ... 47
Cloud Foundry ... 47
Endpunkt ... 48
Instanz ... 48
SAP Business Technology Platform 49
URL ... 457

Service-Binding 171, 334–335, 451
anlegen 172
Namenskonvention 172
Projektions-View 276
Service Consumption Model 468–469
Servicedefinition 167, 451
Erweiterbarkeit 417
Erweiterung 418
Projektions-View 276
Provider Contract 418
Service Key 49, 445
Service Level Agreement für SAP-Cloud-Services 75
Service Marketplace 48
Servicemodell 37
Serviceplan 48, 580
Sichtbarkeitsbereich 94
Side-by-Side Erweiterbarkeit 572
Side-by-Side-Erweiterbarkeit 39, 60, 62, 66
Simplification 490
SLA 75
SOAP-Webservice 80
Software as a Service 32, 39, 57
Softwarekollektion importieren (Anwendung) 553
Softwarekomponente 120, 541, 552
anlegen 122, 398
Ausführungsprotokoll 126
Branch 546
Business Configuration 397
Development 397, 541
HOME 120
importieren 125
Pull Request 125
SAP S/4HANA Cloud Private Edition 124
SAP S/4HANA Cloud Public Edition 121
SAP S/4HANA on premise 124
Tier 2 566
Transportwesen 542
Typ 123
Verwendung 127
ZCUSTOM_DEVELOPMENT 122
ZLOCAL 122
ZPARTNER 122
Softwarekomponenten verwalten (Anwendung) 121, 398, 542, 546
Software Lifecycle Management 535
Space 49, 579, 581
Spalte hinzufügen 302
späte Nummernvergabe 200
Speicherhandler 195
Speicherroutine 247, 256
Speichersequenz 186, 188, 195
Speicherverhalten 247
erweitertes 249
kombinieren 261
Sperrabhängigkeit 242
Sperre
automatische 241
Managed Behavior 241
optimistische 239
pessimistische 239
Unmanaged Behavior 241
Sperreintrag 239
Sperrkonzept 238
Sperrlogik, kundeneigene 242
Sperrtabelle 239
Sprachelement
Blacklistet 87
Whitelistet 87
Sprachumfang 490
Sprachversion 65, 86, 559
SSL 510
Stabilitätsanforderung 93
Standard-ABAP 86
Status
farbliche Hervorhebung 318
Icon 319
Steampunk → ABAP Environment
Strukturerweiterung 569
Strukturpaket 126, 128, 520, 541
Subaccount 44, 579
Subversion 537
Successor 94, 289
Suchdialog 94
Suche 308
Suche, fehlertolerante 309
Suchfeld 308
SVN → Subversion
SYCH_VERSION 87
Syntaxprüfung 88
System
Anbindung 435
Name 585
Parameter 584
URL 455
virtuelles 461
Systemfeld 525
systeminterne Verwendung 286
Systemlandschaft 540

T

Tabelle
- *Art* ... 136
- *Editor* ... 132
- *globale temporäre* ... 136
- *kundeneigene* ... 383
- *SYCH_VERSION* ... 87
- *transparente* ... 136

Tabellen-Editor ... 135
Tabellenpflegedialog ... 384
Tabellenpflegegenerator ... 384
Tabellentyp definieren ... 257
technischer Benutzer ... 358, 371
technologische Schulden ... 30
Teilbereich → Facet
Testsystem ... 494
Textassoziation ... 311, 428
Text-Provider-View ... 312
Three-Tier-Modell ... 562
- *Tier 1* ... 563
- *Tier 2* ... 564
- *Tier 3* ... 567, 574

Tier 2 RFC Proxy Generator ... 566
Time to Market ... 29
to parent-Assoziation ... 164–165
Topic ... 52, 474, 478
Transactional Processing ... 164
Transaktion ... 186
- *ATC* ... 493, 495
- *SE10* ... 543
- *SE80* ... 108
- *SM30* ... 384
- *SPRO* ... 383
- *STRUST* ... 510

transaktionales Verhalten 157, 159, 186
transient ... 278
Transportauftrag ... 130, 536, 540
- *Customizing* ... 384
- *freigeben* ... 545

Transportkategorie ... 400
Transportmodell ... 397, 401
Transport Organizer ... 543, 553
Transportwesen ... 541
TRDIR ... 86
Trigger
- *Bedingung* ... 222
- *Feldebene* ... 215
- *Operationsebene* ... 215

Trust Manager ... 510

U

UI ... 160
UI-Annotation ... 176, 298, 300
UI-Service ... 160, 167, 266
- *definieren* ... 276
- *Metadaten* ... 171

Umgebung ... 42
UML-Sequenzdiagramm ... 204
Unit-Test ... 209
Universally Unique Identifier ... 199
Unmanaged Behavior ... 183
Unmanaged Lock ... 242
Unmanaged Save ... 247, 256
Unschärfeklassifizierung ... 309
UPDATE ... 191, 212
Usability ... 294
use ... 275
User Account ... 45
User-Exit ... 61, 405, 569
User Experience ... 294
User Interface → UI
UUID ... 199
UX ... 294

V

validation ... 222
Validierung ... 162, 221
- *Ausführungsreihenfolge* ... 227
- *definieren* ... 222
- *implementieren* ... 223

VDM ... 147
Verbindungsinformation ... 439
Verbindungsprotokoll ... 461
Verbuchungsbaustein ... 256–257, 259
Verhalten, transaktionales 157, 159, 186
Verhaltensdefinition ... 129, 159
- *anlegen* ... 189
- *Berechtigungsdefinition* ... 350
- *Erweiterung* ... 415, 423
- *Interface* ... 283, 285, 415

Verhaltenserweiterung ... 414
Verhaltensimplementierung ... 129, 159, 194–195
- *anlegen* ... 196, 424
- *Berechtigungsprüfung* ... 350
- *Namenskonvention* ... 198
- *Saver-Klasse* ... 251

Verhaltensmerkmal ... 182
Verhaltensmerkmalsdefinition ... 191

Versionskontrolle 540
Versionsverwaltung 536
Verwendung, systeminterne 93, 286
virtual 278
virtuelle Maschine 38, 43
virtuelles Datenmodell 147
virtuelles Element 278
definieren 278
ermitteln 281
virtuelles System 461
Vorschau 174, 193

W

Währungsfeld 139, 307, 317
Warteschlange 474
Wartung 75
Web access for ABAP 581
Web-API 160, 167, 171, 266
Web Dynpro ABAP 80
Wertehilfe 315
Dropdown-Liste 317
Währungs- und Einheitenfelder 317
Whitelist 490
Whitelisted API 69
with additional save 251
with unmanaged save 257
Wizard 298
Worklist 297
Wrapper 564
WRITE 143
Wurzelentität 161, 163

X

X.509-Authentifizierung 437
XML-View 299
XML-View-Template 299

Z

ZCUSTOM_DEVELOPMENT 122
Zeitstempel 240
Ziel-Mapping 375
ZLOCAL 122
ZPARTNER 122
Zugriffsbedingung 349
Zugriffskontrolle 339, 347
Zugriffsschutz 339
Zugriffsverwaltung 104
Zustandslosigkeit 158